牟宗三先生全集⑤

心體與性體

（第一冊）

牟宗三　著

《心體與性體》全集本編校說明

蔡仁厚、林月惠

《心體與性體》共分三冊，起草於1961年先生任教香港大學之時，至1968年5月，由台北正中書局出版第一冊，10月出版第二冊，次年6月出版第三冊。十年後由台灣學生書局出版的《從陸象山到劉蕺山》可視爲此書之第四冊。

牟先生在正式撰寫《心體與性體》之前，已有《宋明儒學綜述》之講辭。該講辭係他於1963年爲香港大學校外課程部講授「宋明儒學」課程時所講，最初計畫分爲十二講。前六講由王煜記錄、整理，經牟先生校訂後，在香港《人生》雜誌連載，由第25卷第12期至第26卷第4期（1963年5月1日至7月1日）分五期刊出。據文前的〈小序〉可知，牟先生本擬以此講辭作爲《心體與性體》之引論。

在發表了前六講之後，牟先生又親自撰成〈寂感眞幾之生化之理與「道德的形上學」之完成〉一文，刊載於《民主評論》第14卷第16期（1963年8月20日）。據牟先生在文前之說明，此文應爲《宋明儒學綜述》之第七、八講，其內容原定爲六節，篇目如下：

第一節　對於前講之回顧

第二節　實現之理與形成之理之區別

第三節　實現之理與科學歸納所得之理之區別

第四節　道德性的實理天理與實然自然之契合

第五節　康德所以只有「道德的神學」而無「道德的形上學」之故

第六節　「道德的形上學」之完成

　　但牟先生此文只寫到第三節，其中第二、三節之思路相當於《心體與性體》第一部〈綜論〉第二章第三、四節之思路。至於此文之後三節，則分別獨立成文，亦刊於《民主評論》。其篇目及出處如下：

　　〈道德性的實理、天理與實然自然之契合——兼論道德理性三義〉第14卷第17期1963年9月5日

　　〈康德所以只有「道德的神學」而無「道德的形上學」之故〉第14卷第18/19期1963年9月20日／10月5日

　　〈「道德的形上學」之完成〉第14卷第20期1963年10月20日

　　這三篇論文之標題與內容與《心體與性體》第一冊第一部〈綜論〉第三章之三節幾乎完全相同，惟第三節之標題改為〈論道德理性三義〉。此書第一、二、三冊有關濂溪、橫渠、明道、伊川、胡五峰與朱子的思想，在其1988年所發表的《宋明理學演講錄》中也有扼要的講解。

　　本書之編校工作以最新版（第一冊1991年，第二冊1996年，第三冊1995年）為準，凡有訛誤之處，均直接修改，不另註明。但初版不誤而後版有誤者，則以初版為準，共有二處：

　　第一冊第470頁第9－10行：「知太虛即氣，則無，何無」當作

「知太虛即氣,則無無。」

第一冊第514頁第6行:「『之』字皆代萬表道。」當作「『之』字皆代表道。」

本書之編校工作,第一冊由蔡仁厚負責,第二、三冊由林月惠負責。

序

王龍溪有言：悟道有解悟，有證悟，有澈悟。今且未及言悟道，姑就宋、明六百年中彼體道諸大儒所留之語言文字視作一期學術先客觀了解之，亦是欲窺此學者之一助。

了解有感性之了解，有知性之了解，有理性之了解。彷彿一二，望文生義，曰感性之了解。意義釐清而確定之，曰知性之了解。會而通之，得其系統之原委，曰理性之了解。

荀子曰：「倫類不通，仁義不一，不足謂善學。學也者固學一之也。」又曰：「全之盡之，然後學者也。君子知夫不全不粹之不足以爲美也，故誦數以貫之，思索以通之，爲其人以處之。」「全之盡之」即通過知性之了解而至理性之了解也。

予以頑鈍之資，恍惚搖蕩困惑于此學之中者有年矣。五十以前，未專力于此，猶可說也；五十而後，漸爲諸生講說此學，而困惑滋甚，寢食難安。自念若未能了然于心，誠無以對諸生，無以對先賢，亦無以對此期之學術也。乃發憤誦數，撰成此書，亦八年來之心血也。或于語意之釐清與系統之確定稍盡力焉，然究能至「全之盡之」否，亦未敢必也。

前賢對于人物之品題輒有高致，而對于義理系統之確解與評

鑑，則稍感不足。此固非前賢之所重視，然處于今日，則將爲初學之要務，未可忽也。

　　理性之了解亦非只客觀了解而已，要能融納于生命中方爲眞實，且亦須有相應之生命爲其基點，否則未有能通解古人之語意而得其原委者也。

　　莊生有云：「聖人懷之，衆人辯之以相示也。」吾所作者亦只辯示而已。過此以往，則期乎各人之默成。吾未敢云有若何自得處，願與天下之善士共勉之，此非筆舌所可宣也。

　　凡吾所欲言者俱見于〈綜論部〉，茲略贅數語以爲序。

目　次

第一部　綜　論

第一章　宋明儒學之課題

第一節　正名：宋明儒學之定位

　　宋、明六百年之儒學通常亦名「宋明理學」。「理學」之「理」字固有實指，但人可就表面只想其通泛之意義。平常有詞章、義理、考據之分，就《易經》言，有象數、義理之別。若如此使用「義理」，則「義理」一詞便甚通泛，其意當是普通所說之「道理」或「理論」，或如今日所說之廣義之「哲學」。若依此意義之「義理」想宋明理學之「理」字，則太通泛，不能標明其特質，亦不能使人知其與先秦儒家之關係。是以若用「理」字去想宋明儒學之所講，則須有簡別。

　　先秦典籍未有依「理」之不同劃分學問者，開始作此區分者是漢末魏初之劉劭。其《人物志·材理》篇第四云：

　　　　夫理有四部，明有四家。〔……〕若夫天地氣化，盈虛損
　　　　益，道之理也。法制正事，事之理也。禮教宜適，義之理
　　　　也。人情樞機，情之理也。四理不同，其於才也，須明而

章。明待質而行。是故質與理合，合而有明。明足見理，理
足成家。是故質性平淡，思心玄微，能通自然，道理之家
也。質性警徹，權略機捷，能理煩速，事理之家也。質性和
平，能論禮教，辨其得失，義理之家也。質性機解，推情原
意，能適其變，情理之家也。

據此，則理分四部，即道理、事理、義理、情理。其所謂「道理」
即天道之理，其所謂「道理之家」，其心目中大體是指「道家者
流」而言，實則儒家亦講「天道」。其所謂「事理」是就政治制度
與政治措施兩面而言；其所謂「事理之家」是就政治家以及有處事
之才之人而言。若就依理成學而言，此當屬于政治哲學（包括人法
而言），此是依橫的與靜的觀點說「事理」；若復依縱的與動的觀
點看事理，則當屬于「歷史哲學」。其所謂「義理」是指禮樂教化
而言，此是屬于道德的，非通泛之義理；其所謂「義理之家」大抵
是指「儒家者流」而言。其所謂「情理」與「情理之家」大體可包
括于「事理」與「事理之家」中。「事理」是政治性、歷史性的，
而「情理」則比較偏于社會性的。明「情理」者雖不必能進而為
「事理之家」，然「事理之家」必通「情理」。

　　依以上四理之分，宋、明儒所講者當是兼攝「道理」與「義
理」兩者而一之之學。「道理」是儒家所講的天道、天命之理。
「義理」是自覺地作道德實踐時所見的內在的當然理，亦不只是
如劉劭所說之「禮教宜適」之只為外部的。

　　但此四理之分當然不能盡此「理」字之全部意義。友人唐君毅
先生依中國思想史之發展，分理為六義：

一是文理之理，此大體是先秦思想家所重之理。二是名理之理，此亦可指魏晉玄學中所重之玄理。三是空理之理，此可指隋、唐佛學家所重之理。四是性理之理，此是宋、明理學家所重之理。五是事理之理，此是王船山以至清代一般儒者所重之理。六是物理之理，此為現代中國人受西方思想影響後特重之理。此六種理，同可在先秦經籍中所謂理之涵義中得其淵源。如以今語言之，文理之理乃人倫人文之理，即人與人相互活動或相互表現其精神而合成之社會或客觀精神中之理。名理玄理之理是由思想名言所顯之意理，而或通于哲學之本體論上之理者。空理之理是一種由思想言說以超思想言說所顯之理。性理之理是人生行為之內在的當然之理而有形而上之意義並通于天理者。事理之理是歷史事件之理。物理之理是作為客觀對象看的存在事物之理。（《中國哲學原論》第一章〈原理〉上，一、導言）

唐先生所說之「理之六義」實可賅攝中國思想史中「理」字之全部意義。但若以學門觀之，先秦所說之「文理」之理很難劃在一門學問內，其意蓋甚通泛。故若從「理」字之意義上想，有此一義，但若從學門觀之，則不知其當何所屬。是以理之諸義，若以學門範域之，吾意當重列如下：

1. 名理——此屬于邏輯，廣之，亦可該括數學。
2. 物理——此屬于經驗科學，自然的或社會的。
3. 玄理——此屬于道家。
4. 空理——此屬于佛家。

5.性理——此屬于儒家。

6.事理（亦攝情理）——此屬于政治哲學與歷史哲學。

依是，3、4、5三者當屬于道德宗教者。宋、明儒所講者即「性理之學」也。此亦道德亦宗教，即道德即宗教，道德宗教通而一之者也。

此「性理之學」亦可直曰「心性之學」。蓋宋、明儒講學之中點與重點唯是落在道德的本心與道德創造之性能（道德實踐所以可能之先天根據）上。「性理」一詞並非性底理，乃是即性即理。若只說「性理之學」，人可只以伊川、朱子所說之「性即理也」之「性理」義去想，此則便不周遍，不能概括「本心即性」之「性理」義。當吾人說「性理之學」時，此中「性理」一詞，其義蘊並不專限于伊川、朱子所說之「性即理」之義，故亦不等于其所說之「性即理」之「性理」義，乃亦包括「本心即性」之「性理」義。依此之故，直曰「心性之學」，或許更較恰當。說心性，人易想到「空談心性」。實則欲自覺地作道德實踐，心性不能不談。念茲在茲而講習之，不能說是空談。空談者自是空談，不能因此而影響此學之本質。

此「心性之學」亦曰「內聖之學」。「內聖」者，內而在于個人自己，則自覺地作聖賢工夫（作道德實踐）以發展完成其德性人格之謂也。「內聖外王」一語雖出于《莊子·天下》篇，然以之表象儒家之心願實最爲恰當。「外王」者，外而達于天下，則行王者之道也。王者之道，言非霸道，此一面足見儒家之政治思想。宋、明儒所講習者特重在「內聖」一面，「內聖」一面在先秦儒家本已彰顯而成定型，因而亦早已得其永恆之意義。此本屬于孟子所謂：

「求則得之，舍則失之，是求有益於得也，是求之在我者也」。此「求之在我者」實是儒家之最內在的本質。經過宋、明儒六百年之弘揚與講習，益達完整而充其極之境。本來即此一面亦可使儒家自足獨立。與政治劃開，如普通宗教然，亦未嘗不可。此或更可使儒家不與政治糾纏于一起，不隨時代為浮沈，而只以個人之成德為人類開光明之門，以保持其永恆獨立之意義。然儒家究與一般宗教不同。其道德的心願究不能與政治劃開，完全退縮于以個人之成德為滿足。就個人言，「外王」一面雖屬孟子所謂「求之有道，得之有命，是求無益於得也，是求之在外者也」，然政治意識之方向究亦為儒家本質之一面，此與個人之能得不能得、能作不能作，並無關。不因我不能得、不能作，即可不過問，而認為與我不相干。但此一面在先秦儒家即未達定型之境，只有一大體之傾向，只順現實歷史稱贊堯、舜三代。但堯、舜三代究不如內聖面之完整與清晰。內聖面可即得其完整而永恆之意義，而外王面之堯、舜三代卻並不能即代表政治型態之完整而永恆之意義。是以儒家之政治思想尚只在朦朧之發展中，宋、明儒對此亦貢獻甚少，只以堯、舜三代寄託其外王之理想。以堯、舜三代為外王之定型，此即其政治思想不如內聖面之完整與清晰之故也。對于內聖面有積極之講習與浸潤，而對于外王面則並無積極之討論。彼等或以為只正心誠意即可直接達之治國平天下，實則政治問題不如此之簡單，只一「家天下」便非只是道德的正心誠意所能解決。不滿意于宋、明儒之只講內聖之學而要求事功者，皆是屬于「外王」面之問題。然要求事功者皆只成第二義寡頭的事功，而不知其第一義之只為政治型態問題也。黃梨洲、王船山已知之矣，而猶不得其解決之道，此可見儒家外王一面

之困難以及其思想之尙在發展中。凡此吾已論之于《政道與治道》，下第五章論葉水心處亦將有詳言。然無論如何，宋、明儒之弘揚內聖一面並無過。衡之「內聖外王之道」之全體，謂其不足可，詆誣而反對之則不可。實則要求事功者皆未得其門而入，其成就遠不如弘揚「內聖之學」者成就之大。

此「內聖之學」亦曰「成德之教」。「成德」之最高目標是聖、是仁者、是大人，而其眞實意義則在于個人有限之生命中取得一無限而圓滿之意義。此則即道德即宗教，而爲人類建立一「道德的宗教」也。此則既與佛教之以捨離爲中心的滅度宗教不同，亦與基督教之以神爲中心的救贖宗教不同。在儒家，道德不是停在有限的範圍內，不是如西方者然以道德與宗教爲對立之兩階段。道德即通無限，道德行爲有限，而道德行爲所依據之實體以成其爲道德行爲者則無限。人而隨時隨處體現此實體以成其道德行爲之「純亦不已」，則其個人生命雖有限，其道德行爲亦有限，然而有限即無限，此即其宗教境界。體現實體以成德（所謂盡心或盡性），此成德之過程是無窮無盡的。要說不圓滿，永遠不圓滿，無人敢以聖自居；然而要說圓滿，則當體即圓滿，聖亦隨時可至。要說解脫，此即是解脫；要說得救，此即是得救。要說信仰，此即是信仰，此是內信內仰，而非外信外仰以假祈禱以賴救恩者也。聖不聖且無所謂，要者是在自覺地作道德實踐，本其本心性體澈底清澈其生命。此將是一無窮無盡之工作，一切道德宗教性之奧義盡在其中，一切關于內聖之學之義理盡由此展開。

此「成德之教」本非是宋、明儒無中生有之誇大，乃是先秦儒者已有之弘規。孔子即教人作「仁者」，而亦不輕易以「仁」許

人，其本人亦說：「若聖與仁，則吾豈敢？」然而其「教不倦、學不厭」即是「仁且智」。是以其踐仁以知天即是「成德之教」之弘規。《中庸》說：「肫肫其仁，淵淵其淵，浩浩其天」，即是就此弘規而說，亦是對于聖人生命之「上達天德」之最恰當的體會。

曾子守約慎獨是真能自覺地作道德實踐者，「士不可以不弘毅，任重而道遠。仁以為己任，不亦重乎？死而後已，不亦遠乎？」此亦是真切于「成德之教」之精神者。

孟子說「士尚志」。又說「得其大者為大人，得其小者為小人」。又說「君子所性，雖大行不加焉，雖窮居不損焉，分定故也。」又說「君子所性，仁義禮智根於心，其生色也，睟然見於面，盎於背，施於四體，四體不言而喻」。其「盡心知性知天」、「存心養性事天」、「夭壽不貳，修身以俟之，所以立命」即是成德之教之全部展開。象山說：「夫子以仁發明斯道，其言渾無罅縫。孟子十字打開，更無隱遁。」所謂「十字打開」者即是將此「成德之教」之弘規全部展開也。

《荀子‧勸學篇》亦曰「學惡乎始？惡乎終？曰：其數，則始乎誦經，終乎讀禮。其義，則始乎為士，終乎為聖人。」不管其言心性非儒者之正宗，然而「成德之教」則仍自若。

《易‧乾文言》則曰「夫大人者，與天地合其德，與日月合其明，與四時合其序，與鬼神合其吉凶。先天而天弗違，後天而奉天時。天且弗違，而況于人乎？況于鬼神乎？」此即「成德之教」之極致。〈坤文言〉亦說「直其正也，方其義也。君子敬以直內，義以方外。敬義立而德不孤。直方大，不習无不利，則不疑其所行也。」

　　宋、明儒所弘揚者無能越此「成德之教」之弘規。

　　此「成德之教」，就其爲學說，以今語言之，亦可說即是一「道德哲學」（moral philosophy）。進一步，此道德哲學亦函一「道德的形上學」（moral metaphysics）。道德哲學意即討論道德的哲學，或道德之哲學的討論，故亦可轉語爲「道德底哲學」（philosophy of morals）。人對于哲學的態度不一，哲學的思考活動（釐清活動）亦可到處應用，故「道德底哲學」其系統亦多端，其所處理之問題亦可有多方面。但自宋、明儒觀之，就道德論道德，其中心問題首在討論道德實踐所以可能之先驗根據（或超越的根據），此即心性問題是也。由此進而復討論實踐之下手問題，此即工夫入路問題是也。前者是道德實踐所以可能之客觀根據，後者是道德實踐所以可能之主觀根據，宋、明儒心性之學之全部即是此兩問題。以宋、明儒詞語說，前者是本體問題，後者是工夫問題。就前者說，此一「道德底哲學」相當于康德所講的「道德底形上學」，即其《道德底形上學之基本原則》（*Fundamental Principles of the Metaphysics of Morals*）一書是也。康德此書並未涉及工夫問題。此蓋由于西哲對此學常只視爲一純哲學之問題，而不知其復亦是實踐問題也。然而宋、明儒之講此學則是由「成德之教」而來，故如當作「道德底哲學」而言之，亦當本體與工夫兩面兼顧始完備。而且他們首先所注意者勿寧是工夫問題，至于本體問題則是由自覺地作道德實踐而反省澈至者，澈至之以成全其道德實踐者。

　　由「成德之教」而來的「道德底哲學」旣必含本體與工夫之兩面，而且在實踐中有限即通無限，故其在本體一面所反省澈至之本

體，即本心性體，必須是絕對的普遍者，是所謂「體物而不可遺」之無外者，頓時即須普而爲「妙萬物而爲言」者，不但只是吾人道德實踐之本體（根據），且亦須是宇宙生化之本體，一切存在之本體（根據）。此是由仁心之無外而說者，因而亦是「仁心無外」所必然函其是如此者。不但只是「仁心無外」之理上如此，而且由「肫肫其仁，淵淵其淵，浩浩其天」之聖證之示範亦可驗其如此。由此一步澈至與驗證，此一「道德底哲學」即函一「道德的形上學」。此與「道德之（底）形上學」並不相同：此後者重點在道德，即重在說明道德之先驗本性；而前者重點則在形上學，乃涉及一切存在而爲言者，故應含有一些「本體論的陳述」與「宇宙論的陳述」，或綜曰「本體宇宙論的陳述」（onto-cosmological statements），此是由道德實踐中之澈至與聖證而成者，非如西方希臘傳統所傳的空頭的或純知解的形上學之純爲外在者然，故此曰「道德的形上學」，意即由道德的進路來接近形上學，或形上學之由道德的進路而證成者，此是相應「道德的宗教」而成者。

　　康德建立起一個「道德的神學」（moral theology），但並無「道德的形上學」一詞；但雖無此詞，卻並非無此學之實。他由意志之自由自律來接近「物自身」（thing in itself），並由美學判斷來溝通道德界與自然界（存在界）。吾人以爲此一套規劃即是一「道德的形上學」之內容。但他只成立一個「道德的神學」，卻並未成立一個「道德的形上學」。當然名之有無不算重要，如果眞有此學之實而眞能作得出，則即實有一「道德的形上學」；但吾人以爲他所規劃的屬于「道德的形上學」之一套卻並未能充分作得成。意志之自由自律是道德實踐所以可能之先天根據（本體），此不

錯；但此本體能達其「無外」之絕對普遍性否，此則康德並無明確之態度。「物自身」一概念是就一切存在而言，並不專限于人類或一切有理性的存在；但自由自律之意志能普遍地相應此概念否，此則康德亦無明確之態度。又，以美學判斷來溝通道德界與自然界，此並非一康莊之大道，此只是一旁蹊曲徑，作為一輔助的指點可，作為一擔綱則不可。康德走上旁蹊曲徑，故兩界合一問題實未能得到充分之解決，此本是由依據道德實踐中所證的絕對普遍之實體而來的稱體起用之問題。康德不從此處著眼，卻由輔助的指點處著眼，此其所以不能充分解決之故。此處走上旁蹊曲徑之途，則其對于前兩點無明確之態度蓋亦甚顯。此三點綜起來即表示康德所規劃的屬于「道德的形上學」之一套並未能充分作得成，此亦是其所以不能積極地意識到一個「道德的形上學」之故。但只順其宗教傳統而意識到一個「道德的神學」，但卻又有此一套屬于「道德的形上學」之規劃！

在此，立即顯出一個問題，即此兩套規劃能免于床上架床之重疊否？能終于維持其為兩套否？如果「道德的形上學」能充分作得成，「道德的神學」還有必要否？還有其獨立的意義否？我看只有一套，並無兩套。如真維持其「道德的神學」，則「道德的形上學」即應取消。如果「道德的形上學」真能充分作得成，則此形上學即是神學，兩者合一，仍只是一套，並無兩套。康德後的發展即向此而趨；而宋、明儒者卻正是將此「道德的形上學」充分地作得出者。故在宋、明儒，此「道德的形上學」即是其「成德之教」下相應其「道德的宗教」之「道德的神學」。此兩者是一，除此「道德的形上學」外，並無另一套「道德的神學」之可言。在此，宋、

明儒者依據先秦儒家「成德之敎」之弘規所弘揚之「心性之學」實超過康德而比康德爲圓熟。但吾人亦同樣可依據康德之意志自由、物自身、以及道德界與自然界之合一，而規定出一個「道德的形上學」，而說宋、明儒之「心性之學」若用今語言之，其爲「道德哲學」正函一「道德的形上學」之充分完成，使宋、明儒六百年所講者有一今語學術上更爲淸楚而確定之定位。

第二節　所謂「新儒學」：新之所以爲新之意義

宋、明心性之學，西方學者一般亦稱之爲「新儒學」（neo-Confucianism）。中國以前並無此名，儒學即儒學耳，何「新」之有？宋、明儒者亦不以爲其所講者是「新儒學」，彼等以爲其所講者皆是聖人原有之義，（彼等以聖人代表其所講習之儒家經典之全部），皆是聖敎本有之舊；民國以來，中國人之習慣亦不用此名，惟最近順西人之習慣亦常沿用之。此名亦有其新鮮恰當處，且可避免就內容起名之麻煩，只是一儒家之思想加一「新」字而已；且可表示思想之發展，免得像以前之渾淪而爲一。

但是新之所以爲新究何在，則頗難說，亦未見有人能作確定之規定。若只因時代之不同而爲新，則無意義；若謂其因雜有佛老而爲新，則是虛妄；若謂其與先秦儒家總有相當之距離，即此即可說爲新，不管其距離如何講，此則太空洞。依是，新之所以爲新實有待于詳細確定也。本節試依以下之線索作一說明。

1.《韓非子‧顯學》篇云：「自孔子之死也，有子張之儒，有子思之儒，有顏氏之儒，有孟氏之儒，有漆雕氏之儒，有仲良氏之

儒，有孫氏之儒，有樂正氏之儒。」是則自孔子沒，「儒分爲八」，見仁見智，各有所得。此一龐大之集團究誰能代表儒家之眞？韓非所舉，在今日有許多已無文獻可徵，如顏氏、漆雕氏、仲良氏（仲梁子）、樂正氏便是。自今日觀之，孔子後有二百年之發展，有孟子，有荀子，亦有不能確知作者之名之作品，如《中庸》，如《易傳》，如《大學》。時時在新中，究誰能代表正宗之儒家？究誰是儒家之本質？孟子固赫然之大家，然荀子又非之。在先秦，大家齊頭並列，吾人只知其皆宗孔氏，然並無一確定傳法之統系。吾人如不能單以孔子個人爲儒家，亦不能孤懸孔子于隔絕之境，復亦不便如西方哲學史然只以分別地論各個人之思想爲已足，則孔子之生命與智慧必有其前後相呼應，足以決定一基本之方向，以代表儒家之本質。此點可得而確定否？如能確定，則於了解儒家之本質，孔子生命智慧之基本方向，必大有助益；如不能確定，則必只是一團混雜，難有清晰之眉目。

2.兩漢以傳經爲儒。對于孔子之眞生命以及其所立之敎之本質亦未能有所確定。司馬談云：「夫儒者以六藝爲法。六藝經傳以千萬數，累世不能通其學，當年不能究其禮。故曰博而寡要，勞而少功。若夫列君臣父子之禮，序夫婦長幼之別，雖百家弗能易也。」（〈論六家要旨〉）。此觀點大體支配兩漢四百年，亦是一般所易接近之觀點，此可曰通俗之觀點。魏、晉以後，則是以王弼之「聖人體無」、向、郭之迹本論爲主流，此則對于儒聖之體會已超過兩漢之經生，然此是當時會通孔、老之說，或不能盡儒聖之實，故一般習儒業者仍是以傳經爲儒也。夫「以六藝爲法」非必無是處，孔子即習六藝，亦傳經。然六藝是孔子以前之經典，（《春秋》稍不

同），傳經以教是一事，孔子之獨特生命又是一事。只習六藝不必真能了解孔子之獨特生命也。以習六藝傳經爲儒，是從孔子繞出去，以古經典爲標準，不以孔子生命智慧之基本方向爲標準，孔子亦只是一媒介人物而已。故累世當年窮究六藝，而對于孔子之所以爲孔子反不了解。此真荀子所謂「雜而無統」者也。傳經亦非無價值，然就儒家論儒家，則不能盡儒家之本質。又，「列君臣父子之禮，序夫婦長幼之別」，此固「雖百家弗能易」，亦當爲任何儒者所共許。「儒分爲八」，雖見仁見智各有不同，然禮樂人倫或仁義教化則當爲儒者所共執。人或可謂此即是儒家之本質。然此義太鬆泛，既是「雖百家弗能易」，則知徒如此說，不足以盡孔子獨特生命智慧之實。是以傳經只可爲了解孔子之助緣，了解其生命智慧之歷史文化的背景，而禮樂人倫、仁義教化，則只是孔子抒發其生命智慧之底據，固不足以盡其生命智慧之本質也。孔子所說之「仁」決不只是普通所說仁義教化之仁也。言仁義者多矣，豈真能皆合孔子之實意乎？是以儒之所以爲儒必須有進一步之規定，決不能認爲止于禮樂人倫、仁義教化爲已足。必須由外部通俗的觀點進而至于內在本質的觀點方能見儒家生命智慧之方向。

如果宋、明儒所講者可稱爲新儒學，則其新之所以爲新首先即是對上述兩點而爲新。1.對先秦之龐雜集團、齊頭並列，並無一確定之傳法統系，而確定出一個統系，藉以決定儒家生命智慧之基本方向，因而爲新。他們對于孔子生命智慧前後相呼應之傳承有一確定之認識，並確定出傳承之正宗，決定出儒家之本質。他們以曾子、子思、孟子及《中庸》、《易傳》與《大學》爲足以代表儒家傳承之正宗，爲儒家教義發展之本質，而荀子不與焉，子夏傳經亦

不與焉。2.對漢人以傳經爲儒而爲新，此則直接以孔子爲標準，直就孔子之生命智慧之方向而言成德之敎以爲儒學，或直相應孔孟之生命智慧而以自覺地作道德實踐以清澈自己之生命，以發展其德性人格，爲儒學。宋以前是周、孔並稱，宋以後是孔、孟並稱。周、孔並稱，孔子只是堯、舜、禹、湯、文、武、周公之驥尾，對後來言，只是傳經之媒介，此只是外部看孔子，孔子並未得其應得之地位，其獨特之生命智慧並未凸現出。但孔、孟並稱，則是以孔子爲敎主，孔子之所以爲孔子始正式被認識。故二程品題聖賢氣象唯是以孔、顏、孟爲主。王充《論衡·超奇》篇云：「孔子得史記以作《春秋》。及其立義創意，褒貶賞誅，不復因史記者，眇思自出於胸中也。」。「立義創意」，「眇思自出於胸中」，即是孔子之獨特的生命與智慧。若徒習《魯史》，則墨子能讀百國春秋，亦傳經也。然而墨子無此生命與智慧，至少未表現出如此方向之生命與智慧。又如冠禮爲成人之禮，《禮記·冠義》云：「成人之者，將責成人禮焉也。責成人禮焉者，將責爲人子、爲人弟、爲人臣、爲人少者之禮行焉。將責四者之行於人，其禮可不重與？」冠禮是由兒童進至于「成人」之標誌。「成人之者」是把一個兒童的人看成一個「成人」也。視之爲一「成人」即在此可以責成其盡成人之禮焉。責成其盡成人之禮即責成其對父母盡「爲人子」之禮、對兄盡「爲人弟」之禮、對君盡「爲人臣」之禮、對長者盡「爲人少者」之禮也。能盡此等等禮即爲一獨立之人格（成人）。但冠禮所規定之成人只是一**形式的成人**，其規定亦只是**形式地規定之**，此即是王者禮樂中之成人，王者禮樂中之人倫。但由形式地成進至**自覺地實踐地成**則是聖者成德之敎中的成人，**成德之敎中的人倫**。故荀子

云：「王者盡制者也，聖者盡倫者也。」成德之教中的成人即是孔子的仁教之所開啓，此代表孔子生命智慧之方向。又如昏禮「成婦禮，明婦順，又申之以著代」（《禮記·昏義》），此是夫婦之道之規定，此規定亦是形式地**規定**，但《中庸》說：「君子之道造端乎夫婦，及其至也，察乎天地」，則是成德之教中的夫婦之道。君子自覺地實踐人倫以成其德即從這裡開始，「及其至也」，無窮無盡，故云「察乎天地」。開始時，雖夫婦之愚不肖可以與知能行，及其至也，雖聖人亦有所不知，亦有所不能。此種成德之教是孔子之所開啓，與王者盡制中之禮樂人倫不同也。是故劉蕺山〈人譜續篇〉二，〈證人要旨〉：「四曰敦大倫以凝道」，解之云：「人生七尺，墮地後，便爲五大倫關切之身，而**所性之理**與之**一齊俱到**。〔……〕然必待其人而後行。故學者工夫，自**慎獨**以來，根心生色，暢於四肢，自當發於事業；而其大者，先授之**五倫**。於此尤加致力，外之何以極其規模之大，內之何以究其節目之詳，總期踐履敦篤，慥慥君子以無忝此**率性之道**而已。昔人之言曰：『五倫間有多少不盡分處。』夫惟常懷**不盡之心**，而黽黽以從事焉，庶幾其誼於責乎？」（《劉子全書》卷一，〈人譜〉）。此方眞是「成德之教」之實，此是孔子生命智慧之所開啓，王者盡制並未言及此也。是故徒以傳經爲儒，徒以「列君臣父子之禮，序夫婦長幼之別」爲儒，則是從孔子繞出去而從王者，是並未眞能了解儒家之本質。故儒之爲儒必須從王者盡制之外部的禮樂人倫處規定者進而至于由聖者盡倫之「成德之教」來規定，方能得其本質，盡其生命智慧方向之實。此則必須以孔子爲標準，而不能以堯、舜、禹、湯、文、武爲標準也。此中之差別亦恰似基督教與猶太教之差別。而爲宋儒所

認識，此其所以為新也。故以傳經為儒，固是以王者之禮樂人倫為中心，此不足以了解孔子，不足以盡儒家之本質，即後來之言經制事功者，亦仍是以王者為中心，進而更輕忽于孔子，至于曾子、子思、孟子尤不在話下，此則以葉水心為代表，詳論見下第五章。

惟以上所述之兩點「新」猶是外部的。如果誠有此事實，如果孔子真不只是堯、舜、禹、湯、文、武之驥尾，傳經之媒介，而有其獨特處，則宋、明儒亦不過將此事實予以圈出而已，于客觀事實無增減。如果孔子誠有一傳統，其師弟間誠有一生命智慧上之相呼應，而孟子、《中庸》、《易傳》與《大學》亦事實俱在，誠能代表此呼應，不容抹殺，則宋、明儒亦只是圈出此傳統，于客觀事實亦無增減。如果此生命智慧相呼應所成之傳統確足以代表儒家之本質，確足以表示孔子生命智慧之方向，則宋、明儒就此規定儒亦只是圈出一事實，於客觀事實亦無增減。是以上述兩點新只是外部的認識，尚不是客觀內容之新。此種認識上圈定上的「新」，人易見也，雖不必能知其實義。然則宋、明儒于此兩點新以外，是否尚有客觀內容上的新？如有之，則真成其為新，如無之，則終不足成其為新。「新」有二義：一是順本有者引申發展而為本有者之所函，此種「函」是調適上遂地函；二是于基本處有相當之轉向，（不是徹底轉向），歧出而另開出一套以為輔助，而此輔助亦可為本有者之所允許，此種允許是迂曲歧出間接地允許，不是其本質之所直接地允許者。前者之新于本質無影響，亦即是說恰合原義；後者之新于本質有影響，亦即是說于原義有不合處。依通常使用「新」字之義說，于本質無影響者實不得為「新」，只是同一本質之不同表示法而已。而于本質有影響者始有「新」的意義。然則宋、明儒所講

者之客觀內容底新，如其有之，究是前者之新？抑是後者之新？抑是兩者兼而有之？此則未易言也。此須對于孔子傳統真有生命上之感應，對于宋、明儒所圈定之代表此傳統之儒家經典真有生命上之相契，而對于宋、明儒諸大家真有確實之經歷與檢定，方足以決定之，此非浮汎、搖蕩、淺嘗者所能知也。吾茲先言其大略如下：

1.孔子踐仁知天，未說仁與天合一或爲一，但依宋、明儒，其共同傾向則認爲仁之內容的意義（intensional meaning）與天之內容的意義到最後完全合一，或即是一。（在此，伊川、朱子稍有不同）。

2.孟子言盡心知性知天，心性是一，但未顯明地表示心性與天是一。宋、明儒的共同傾向則認爲心性天是一。（在此，伊川、朱子亦有不同）。

3.《中庸》說「天命之謂性」，但未顯明地表示天所命于吾人之性其內容的意義完全同于那「天命不已」之實體，或「天命不已」之實體內在于個體即是個體之性。宋、明儒則顯明地如此表示。此所謂天道性命通而爲一也。在此，伊川、朱子亦無異辭，惟對於天命實體與性體理解有不同。

4.《易傳》說「乾道變化，各正性命」（〈乾彖〉），此字面的意思只表示在乾道（天道）變化底過程中各個體皆得正定其性命，未顯明地表示此所正之「性」即是乾道實體或「爲物不貳，生物不測」之天道實體內在于各個體而爲其性，所正之「命」亦即是此實體所定之命。但宋、明儒則顯明地如此表示，在此處與在《中庸》處同。

5.《大學》言「明明德」，未表示「明德」即是吾人之心性

（就本有之心性說明德），甚至根本不表示此意，乃只是「光明的德行」之意。但宋、明儒一起皆認爲「明德」是就因地之心性說，不就果地之「德行」說。又《大學》言「致知在格物」亦不必如伊川、朱子所理解，「致知」爲致吾心氣之靈之知，「格物」爲即物而窮其存在之理（窮究實然者之所以然之理）。至於陽明解爲「致良知之天理以正物」，則只是孟子學之《大學》，非必《大學》之本義。劉蕺山之誠意教則亦只是《中庸》、孟子學之《大學》，亦非《大學》之本義。大學之「明德」既只是就「德行」說，知是「知止」、知「至善」、知「本末先後」之「知」，物是「心、意、身、家、國、天下」之物，至善之道（止處）是就應物之「事」上說，至于至善之道究往何處落，則不能定。陽明、蕺山是往心性處落，伊川、朱子是往存在之理處落，皆非《大學》原有之義。是則《大學》只列舉出一個實踐底綱領，只說一個當然，而未說出其所以然，在內聖之學之義理方向上爲不確定者，究往那裡走，其自身不能決定，故人得以塡彩而有三套之講法。

以上前四點是就《論》、《孟》、《中庸》、《易傳》而推進一步，自然表示一種「新」的意義，但此「新」吾人可斷定是調適上遂的新，雖是引申發展，但卻爲原有者之所函。第五點就《大學》所表示的新，陽明、蕺山的講法雖不合大學章句原義，然如將《大學》納于《論》、《孟》、《中庸》、《易傳》之成德之教中而提挈規範之，則該兩種講法于先秦儒家之本質不生影響。但伊川、朱子之講法，再加上其對于《論》、《孟》、《中庸》、《易傳》之仁體、心體、性體，乃至道體理解有差，結果將重點落在《大學》，以其所理解之《大學》爲定本，則于先秦儒家原有之義

有基本上之轉向，此則轉成另一系統，此種新于本質有影響，此為歧出之「新」。此一系統雖在工夫方面有輔助之作用，可為原有者之所允許，然亦是迂曲歧出間接地助緣地允許，不是其本質之所直接地允許者，即不是其本質的工夫之所在。至于在本體方面，則根本上有偏差，有轉向，此則根本上非先秦儒家原有之義之所允許。如果前一種新，以《論》、《孟》、《中庸》、《易傳》為主者，實不算得是新，則宋、明儒學中有新的意義而可稱為「新儒學」者實只在伊川、朱子之系統。大體以《論》、《孟》、《中庸》、《易傳》為主者是宋、明儒之大宗，而亦較合先秦儒家之本質；伊川、朱子之以《大學》為主則是宋、明儒之旁枝，對先秦儒家之本質言則為歧出。然而自朱子權威樹立後，一般皆以朱子為正宗，儱侗稱之曰程、朱，實則只是伊川與朱子，明道不在內。朱子固偉大，能開一新傳統，其取得正宗之地位，實只是別子為宗也。人忘其舊，遂以為其紹孔、孟之大宗矣。

何以能如此判斷？此則須有進一步之說明。

第三節　宋、明儒之課題

如上節所述，宋、明儒是把《論》、《孟》、《中庸》、《易傳》與《大學》劃為孔子傳統中內聖之學之代表。此五部經典，就分量方面說，亦並不甚多。但此中當有辨。據吾看，《論》、《孟》、《中庸》、《易傳》是孔子成德之教（仁教）中其獨特的生命智慧方向之一根而發，此中實見出其師弟相承之生命智慧之存在地相呼應。至于《大學》，則是開端別起，只列出一個綜括性

的，外部的（形式的）主客觀實踐之綱領，所謂只說出其當然，而未說出其所以然。宋、明儒之大宗實以《論》、《孟》、《中庸》、《易傳》為中心，只伊川、朱子以《大學》為中心。分別言之，濂溪開始，只注意《中庸》、《易傳》，對于《論》、《孟》所知甚少，且無一語道及《大學》。橫渠漸能注意《論》、《孟》，亦未言及《大學》。至明道，通《論》、《孟》、《中庸》、《易傳》而一之，以言其「一本」義，亦少談大學。胡五峰亦不論《大學》。象山純是《孟子》學，以《孟子》攝《論語》。就關涉於《中庸》、《易傳》之理境言，則只是一心之申展，是亦兼攝《中庸》、《易傳》也。然而亦很少論《大學》。偶有言及，亦只是假借《大學》之詞語以寄意耳。自朱子權威成立後，陽明亦著力於《大學》，著落于《大學》以展示其系統，實則仍是《孟子》學，假《大學》以寄意耳。劉蕺山就《大學》言誠意，其背景仍是《中庸》、《易傳》與《孟子》也。伊川、朱子所講之《大學》雖亦不必合《大學》之原義，然一因伊川、朱子對于《論》、《孟》、《中庸》、《易傳》所言之仁體、心體、性體、道體不能有相應之契悟，（心性為二、性道只是理、心理為二），二因《大學》之「明德」不必是因地之心性，「至善之則」不能確定往何處落，故伊川、朱子以其實在論的、順取的態度將其所理解之性體、道體、仁體（都只是理）著落於致知格物以言之，以成其能所之二，認知關係之靜攝，將致知格物解為常情所易見之認知義，將「至善之則」著落在所格之物之「存在之理」上，此雖不合《大學》之原義，然因在《大學》，至善之則不能確定往何處落，則如此解《大學》亦甚順適，此即成主智論，以智決定意，此是直接從

《大學》上順著講而即可講出者。此是以《大學》為主而決定《論》、《孟》、《中庸》、《易傳》也。是故《大學》在伊川、朱子之系統中，其比重比以《論》、《孟》、《中庸》、《易傳》為主者為重，對于其系統有本質上之作用，而在其他則只是假託以寄意耳。其實意是將《大學》上提于《論》、《孟》、《中庸》、《易傳》，而以《論》、《孟》、《中庸》、《易傳》決定或規範《大學》也。此是宋明儒之事實。故吾人實可將《大學》與《論》、《孟》、《中庸》、《易傳》分開看，而以《大學》為待決定者，由此以識宋、明儒之大宗。若以《大學》為決定者，則即形成伊川、朱子之系統。

識宋明儒之大宗即是恢復《論》、《孟》、《中庸》、《易傳》之主導的地位。在此，吾人首先須知：依宋、明儒大宗之看法，《論》、《孟》、《中庸》、《易傳》是通而為一而無隔者，故成德之教是道德的同時即宗教的，就學問言，道德哲學即函一道德的形上學。在此，吾人可問：此**通而為一**的看法是否可允許？先秦儒家的發展是否能啟發出此看法而可以使吾人認為此看法為合法？茲仍順上節所開之大略申明之如下：

1.**關于仁與天**。孔子所說的「天」、「天命」，或「天道」當然是承《詩》、《書》中的帝、天、天命而來。此是中國歷史文化中的超越意義，是一老傳統。以孔子聖者之襟懷以及其歷史文化意識（文統意識）之強，自不能無此超越意識，故無理由不繼承下來。但孔子不以三代王者政權得失意識中的帝、天、天命為已足，其對于人類之絕大的貢獻是暫時撇開客觀面的帝、天、天命而不言（但不是否定），而自主觀面開啟道德價值之源、德性生命之門以

言「仁」。孔子是由踐仁以知天，在踐仁中或「肫肫其仁」中知之、默識之、契接之或崇敬之。故其暫時撇開客觀面的帝、天、天命而不言，並不是否定「天」或輕忽「天」，只是重在人之所以能契接「天」之主觀根據（實踐根據），重人之「眞正的主體性」也。重「主體性」並非否定或輕忽帝、天之客觀性（或客體性），而勿寧是更加重更眞切于人之對于超越而客觀的天、天命、天道之契接與崇敬。不然，何以說「五十而知天命」？又何以說「畏天命」？孔子此步「踐仁知天」之提供，一方豁醒人之眞實主體性，一方解放了王者政權得失意識中之帝、天或天命。

《詩》、《書》中的帝、天、天命雖常有人格神的意味，然亦不如希伯來民族之強烈與凸出。《詩》、《書》中之重德行已將重點或關捩點移至人身上來，此亦可說已開孔子重「主體性」之門。孔子之提出「仁」，實由《詩》、《書》中之重德、敬德而轉出也。是故《詩》、《書》中之帝、天、天命只肯認有一最高之主宰，只凸出一超越之意識，並不甚向人格神之方向凸出。迤邐而至孔子，此方向總不甚凸出。故孔子承其以前之氣氛，其心目中之天、天命或天道亦只集中而爲一超越意識，並不像希伯來宗教意識中之上帝那樣孤峭而挺立，其意味甚爲肅穆，對于天地萬物甚具有一種「超越的親和性」（引曳性 transcendental affinity），冥冥穆穆運之以前進，是這樣意味的一個「天」。並不向「人格神」的方向走。孔子雖未說天即是一「形而上的實體」（metaphysical reality），然「天何言哉？四時行焉，百物生焉。天何言哉！」實亦未嘗不函蘊此意味。「維天之命，於穆不已」，難說孔子未讀此詩句，亦難說其不契此詩句。前聖後聖，其心態氣氛之相感應，大

體可見矣。是故後乎孔子之《中庸》即視天為「為物不貳，生物不測」之創生實體，而以「維天之命，於穆不已」明「天之所以為天」，此即以「天命不已」之實體視天也。此種以「形而上的實體」視天雖就孔子推進一步，然亦未始非孔子意之所函與所許。此亦是其師弟相承之生命智慧之相感應相呼招，故即如此自然地視「天」也。此亦不礙超越意識之凸出，亦不礙其對于天之崇敬與尊奉。孔子前後生命智慧之相呼應既如此，則宋、明儒尤其如明道者即如孔門之呼應而亦存在地以真實生命如此呼應之，直視孔子之天為一形而上的實體而與後來之《中庸》、《易傳》通而一之也。其如此看自亦不妨礙天之超越義，以及對于天之崇敬與尊奉。

天之義既如此，則仁心感通之無限即足以證實「天之所以為天」，天之為「於穆不已」，而與之合而為一。在孔子，踐仁知天，雖似仁與天有距離，仁不必即是天，孔子亦未說仁與天合一或為一，然(1)因仁心之感通乃原則上不能劃定其界限者，此即函其向絕對普遍性趨之申展。(2)因踐仁知天，仁與天必有其「內容的意義」之相同處，始可由踐仁以知之，默識之，或契接之，依是二故，仁與天雖表面有距離，而實最後無距離，故終可合而一之也。《中庸》言「肫肫其仁，淵淵其淵，浩浩其天」，此即示仁心仁道之深遠與廣大而與天為一矣。《易傳》言天道「顯諸仁，藏諸用，鼓萬物而不與聖人同憂，盛德大業至矣哉！」此亦是仁與天為一也。此亦未始非孔子意之所函與所許。如果天向形而上的實體走，不向人格神走，此種合一乃是必然者。此亦是孔門師弟相承，其生命智慧之相呼應，故如此自然說出也。宋、明儒尤其如明道即依此呼應而亦存在地呼應之，遂直視仁與天為一矣。在此，明道對于仁

之體會不誤也。此須有生命智慧之存在地相感應始能知，非文字之訓詁與知解事也。自明道如此體會後，宋、明儒之大宗無人不首肯。伊川、朱子之講法（以公說仁，仁性愛情，仁是心之德愛之理），不能有此呼應也。

以上由踐仁知天，說仁與天合一，天是「實體」義的天，積極意義的天，是從正面說，從「先天而天弗違」說。（「天弗違」之天是形而下的天）。至于孔子說「知天命」，「畏天命」，「知命」，以及慨嘆語句中的「天」，則是表示一「超越的限定」義。此則不純是以「實體」言（普通所謂以理言）的天，當然亦不純是以氣言的天，乃是「實體帶著氣化、氣化通著實體」的「天」，此是從「後天而奉天時」說。此義在此不論。

2.關于仁與心性以及心性與天。孔子未說「心」字，亦未說「仁」即是吾人之道德的本心，然孔子同樣亦未說仁是理、是道。心、理、道都是後人講說時隨語意帶上去的。實則落實了，仁不能不是心。仁是理、是道，亦是心。孔子由「不安」指點仁，不安自是心之不安。其他不必詳舉。故孟子即以「不忍人之心」說仁。理義悅心，亦以「理」說仁。「仁者人也，合而言之，道也」，亦以「道」說仁。這些字都是自然帶上去的，難說非孔子意之所函，亦難說孔子必不許也，是以孟子即以道德的本心攝孔子所說之仁。

孔子亦未說仁即是吾人之「性」。子貢言「夫子之言性與天道不可得而聞也」。孔子亦偶爾言及「性相近也，習相遠也。」其心中如何意謂「性」字很難說。「性相近也」之「性」，伊川、朱子俱視為氣質之性，此大體亦不誤。劉蕺山解「相近」為「相同」即指同一「於穆不已」之性體言，故性無不善。（參看《劉子全書》

卷十九，〈答王右仲州刺〉）。吾人由此可以想孔子所說之「相
近」即是孟子所說「其好惡與人相近也者幾希」之「相近」。孟子
說此「幾希」之「相近」是指良心好惡之呈露言。所呈露者雖不
多，然卻是與人相同者，並無異樣之良心。是則「相近」即相同。
如果孔子所說之「相近」即是此意義之「相同」，則「性」當是同
一的義理本然之性，不能是氣質之性。如果是同一的義理本然之
性，則孔子當該想到仁就是性，就是吾人之性之實。即使想不到，
亦未說到，後人（如孟子）如此說，亦無過。但孔子所說之「相
近」是否必如此，則難定。即使與孟子所說之「相近」字面相同，
而其實指不必相同。孟子可用「相近」指本然之性（良心）言，因
而「相近」即「相同」，而孔子所用之「相近」不必指此本然之性
言，而亦仍可用「相近」，因而「相近」不必即「相同」。如果與
「唯上智與下愚不移」連在一起看，則此「可移」之「相近」者亦
仍只是氣性，才性之類也。是則伊川、朱子說爲氣質之性亦非定
誤。至于子貢所不可得而聞之「性」，與「天道」連在一起說，究
是指何層面之「性」，則亦難說。如果指超越面的義理之性說，則
當與仁爲一，仁即是吾人性體之實。如果指經驗面的氣性、才性或
「生之謂性」之性說，則仁與性不能是一。而無論自那一面說，
「性」之義皆是相當奧密而難聞的。在此，吾人對于孔子的態度不
能確知。孔子前「性」字即已流行，然大體是「性者生也」，無自
超越面言性者。「生之謂性」是一老傳統。孔子已接觸此問題，然
可能一時未能消化澈，猶處于「性者生也」之老傳統中，故性是
性，仁是仁，齊頭並列，一時未能打併爲一。（性者生也，雖卑之
無高論，說的是現實的人性，自然生命之徵象，似乎無甚難聞處，

然認眞討論起來，亦並不簡單。非必只同于「天道」之性或超越面之性爲難聞也）。然孔子言仁如此親切，而又眞切，其看人性亦斷然不會直說爲惡，亦斷然不會只從人之欲性看性。然亦同樣未自覺地說到仁即是性。是則性之問題在孔子猶是敞開者，雖或偶爾觸及，然未能十分正視而著力。若依子貢之語觀之，雖難聞，而夫子未始不言，至少亦未始無其洞悟處，而結果終所以難聞而又不常言多言者，則或可如此說，即，性之問題，初次觀之，似是屬於「存有」之問題，無論卑之從「生之謂性」說，或高之從超越面說，皆然。而一涉及「存有」問題，則總是奧密的，此即法國存在主義者馬塞爾（Marcel）所謂「存有之秘密」（mystery of being）是也。此其所以爲難聞乎？而一個聖者如孔子則總是多偏重于自實踐言道理，很少有哲學家之興趣去積極地思議存有問題也。即使有洞悟，亦是在踐履中洞悟之，因而多言踐履之道如仁，而少涉及存有問題如性與天道，此其所以不常言多言也。

　　至孟子時，性之問題正式成立。告子順「性者生也」之老傳統說性，而孟子遮撥之，則從道德的本心說，此顯然以孔子之仁爲背景。在孔子，仁與性未能打倂爲一，至此則打倂爲一矣。在孔子，存有問題在踐履中默契，或孤懸在那裡，而在孟子，則將存有問題之性即提升至超越面而由道德的本心以言之，是即將存有問題攝于實踐問題解決之，亦即等于攝「存有」于「活動」（攝實體性的存有于本心之活動）。如是，則本心即性，心與性爲一也。至此，性之問題始全部明朗，而自此以後，遂無隔絕之存有問題，而中國亦永無或永不會走上西方柏拉圖傳統之外在的，知解的形上學中之存有論，此孟子創闢心靈之所以爲不可及也，而實則是孔子之仁有以

啓之也。仁之全部義蘊皆收于道德之本心中，而本心即性，故孔子
所指點之所謂「專言」之仁，即作爲一切德之源之仁，亦即是吾人
性體之實也。此唯是**攝性于仁、攝仁于心、攝存有于活動**，而自道
德實踐以言之。至此，人之「眞正主體性」始正式挺立而朗現，而
在孔子之踐仁知天，吾人雖以重主體性說之，然仁之爲主體性只是
吾人由孔子之指點而逼近地如此說，雖是呼之欲出，而在孔子本人
究未如孟子之如此落實地開出也。此即象山所謂「夫子以仁發明斯
道，其言渾無罅縫，孟子十字打開，更無隱遁」之義也。孟子如此
「打開」，是其生命智慧與其所私淑之孔子相呼應，故能使仁與心
與性通而一之，而宋、明儒如明道與象山者即如其相呼應而亦存在
地呼應之，直下視仁與心與性爲一也。而伊川與朱子則去此遠矣。

　　仁與心、性既如此，則孟子處心性與天之關係即同于孔子處仁
與天之關係。孟子從道德實踐上只表示本心即性，只說盡心知性則
知天，未說心性與天爲一。然「萬物皆備於我矣，反身而誠，樂莫
大焉」，則心即函一無限的申展，即具一「體物而不可遺」的絕對
普遍性。是則心本可與天合一而爲一也，能盡其心，則即可知性，
是則心之內容的意義與性之內容的意義全同，甚至本心即性。蓋性
即吾人的「內在道德性」之性，亦即能起道德創造大用，能使道德
行爲純亦不已之「性」也。由盡心（充分實現其本心）而知性，即
知的這個「性」。同樣，若知了性，則即可知「天」，是則性之
「內容的意義」亦必有其與天相同處，吾人始可即由知性而知天
也。在孟子的語句上似表示心性與天尚有一點距離，本心即性，而
心性似不必即天。然此一點距離，一因心之絕對普遍性，二因性或
心性之內容的意義有同于天處，即可被撤銷。故明道云：「只心便

是天，盡之便知性，知性便知天，當下便認取，更不可外求。」明道如此說，實因其生命智慧與孟子相呼應，孟子本可有此開啟，故即存在地呼應之而即如此說出也。如果「天」不是向「人格神」的天走，又如果「知天」不只是知一超越的限定，與「知命」稍不同，則心性與天爲一，「只心便是天」，乃係必然者。盡心知性則知天，順心性說，則此處之「天」顯然是「實體」義的天，即所謂以理言的天，從正面積極意義看的天。所謂性之內容的意義有其與天相同處亦是從積極意義的「天」、「實體」意義的天說。此所謂「內容的意義」相同實則同一**創生實體**也。「天」是客觀地、本體宇宙論地言之，心性則是主觀地、道德實踐地言之。及心性顯其絕對普遍性，則即與天爲一矣。明道如此呼應，宋明儒之大宗亦無一不如此呼應。惟伊川、朱子則轉成另一系統，遂亦不能有此呼應矣。

「盡其心者知其性也，知其性則知天矣」。此相當于〈乾・文言〉之「先天而天弗違」。在此，唯是一實體之徹底朗現，故心性天是一。（「而天弗違」之「天」是形而下的天，與「心性天是一」之天不同。）天地鬼神皆不能違離此實體也。

「存其心，養其性，所以事天也」。此相當于〈乾・文言〉之「後天而奉天時」。在此，「天」須帶著氣化說，而吾人心性之與天不即是一。然亦須存住吾人之本心而不放失，養住吾人之道德創造之性而不鑿喪，然後始能事天而奉天。及其一體而化，則天之氣化即吾之氣化（吾之性體純亦不已之所顯），天時之運即吾之運，知即奉，奉即知，知奉之分泯，而先後天之異亦融而爲一矣。此孟子所謂「上下與天地同流」，亦明道所謂之「一本」也。此是「大

而化之」之聖神之境。然人畢竟亦是一現實之存在。自現實存在言，則不能不有一步謙退，因此顯出一層退處之「事天」義。不但顯出此退處之「事天」義，且可進而言「立命」。

「夭壽不貳，修身以俟之，所以立命也。」「立命」即立「超越之限定」義。在此，如說「天」，亦是帶著氣化的天，而且特重氣化對于吾人之限制，吾人之現實存在與此氣化相順相違之距離。在此，即有「命」之意義，此即所謂「立命」。知道有此限制，此是「命」之實。命本自有之。此是客觀地立。但必須真能主觀地「夭壽不貳，修身以俟之」，方始真能「立命」，此是主觀地，實踐地立。「修身」亦須以「盡心知性」、「存心養性」為根據，否則亦不能「修身」。是則「修身」即函蘊盡心知性、存心養性也。

是故「盡心知性知天」是自「體」上言。在此，心性天是一。「存心養性事天」是自人為一現實存在言，天亦是帶著氣化說。在此，心性因現實存在之拘限與氣化之廣大，而與天不即是一。自「一體而化」言，則此分別即泯。從體上說是一，帶著用說亦是一也。「立命」則是就現實存在與氣化之相順相違言，此不是說心性與天的事，而是說帶著氣化的天與吾人之現實存在間之相順相違的事。至「一體而化」之境，則一切皆如如之當然，亦無所謂「命」也。言至此，知天、事天、立命以及一體而化，全部皆備，此真所謂「孟子十字打開，更無隱遁」也。

朱子解盡心知性為致知格物，解存心養性為正心誠意，固誤；而王陽明以盡心知性為「生而知之」，以存心養性為「學而知之」，以「立命」為「困而知之」，此種比配尤為不類。陽明《傳習錄》義理精熟圓透，很少有不順適處，惟于此處則極顯不類，滯

之甚矣。不知何故。而且此義凡三見，此非偶爾之失。吾想象山決
不至此也。

3.關于「**天命之謂性**」。《中庸》說此語，其字面的意思是：
天所命給吾人者即叫做是性，或：天定如此者即叫做是性。單就此
語本身看，尚看不出此天所命而定然如此之「性」究是何層面之
性。然依下句「率性之謂道」一語看，性不會是氣性之性。又依
「中也者，天下之大本也」一語看，如果「中」字即指「性體」
言，則作為「天下之大本」之中體、性體，亦決不會是氣性之性。
又依《中庸》後半部言誠、言盡性，誠是工夫亦是本體，是本體亦
是工夫，誠體即性體，性亦不會是氣性之性。此可能是根據孟子言
性善而來。孟子雖從道德自覺上只道德實踐地言「仁義內在」，言
本心即性，言「我固有之」，似未客觀地從天命、天定言起，然孟
子亦言「心之官則思，思則得之，不思則不得也。此天之所與我
者。得其大者，則其小者弗能奪也。」由「此天之所與我者」看，
則于此心此性，孟子亦未嘗無「天命、天定」義。又引「天生烝
民，有物有則，民之秉彝，好是懿德」之詩以證性善，則「秉彝」
之性亦未嘗不是天所命而定然如此者。「固有」即是先天而本有，
即是天所命而定然如此者。然則《中庸》說「天命之謂性」即是與
孟子相呼應而說出也。

宋、明儒如橫渠、明道、五峰、蕺山等人不但承認此呼應，且
進而表示此「天所命而定然如此」之性，其內容的意義即同于「於
穆不已」之天命實體。「天命之謂性」不能直解為「於穆不已」之
天命實體即叫做是性，然「天所命而定然如此」之性，如進一步看
其「內容的意義」，亦實函此義。從此義說性，則孟子之自道德自

覺上道德實踐地所體證之心性，由其「固有」、「天之所與」，即
進而提升為與「天命實體」為一矣。而此亦即形成客觀地從本體宇
宙論的立場說性之義。如果「天」不是人格神的天，而是「於穆不
已」的「實體」義之天，而其所命給吾人而定然如此之性又是以理
言的性體之性，即超越面的性，而不是氣性之性，則此「性體」之
實義（內容的意義）必即是一道德創生之「實體」，而此說到最後
必與「天命不已」之實體（使宇宙生化可能之實體）為同一，決不
會「天命實體」為一層，「性體」又為一層。依《中庸》後半部言
「誠」，本是內外不隔，主客觀為一，而自絕對超然的立場上以言
之的，此即「誠體」即同于「於穆不已」之天命實體也。言「天地
之道」為「為物不貳，生物不測」，則天地之道即是一「於穆不
已」之創生實體，而此亦即是「無內外」之誠體也。《中庸》引
「維天之命於穆不已」之詩句以證「天之所以為天」，則「天」非
人格神的天可知。是則誠體即性體，亦即天道實體，而性體與實體
之實義不能有二亦明矣。就其統天地萬物而為其體言，曰實體；就
其具于個體之中而為其體言，則曰**性體**。言之分際有異，而其為體
之實義則不能有異。是即橫渠所謂「天所性者通極於道，氣之昏明
不足以蔽之」之義。性體與道體或天命實體通而為一，故自此義言
性者特重「維天之命於穆不已」之詩，遂形成客觀地超越地自本體
宇宙論的立場說性之義，而與孟子之自道德自覺實踐地說性、特重
「民之秉彝好是懿德」之詩句者有異，然而未始不相呼應、相共
鳴，而亦本可如此上提也。由孟子之自道德自覺上實踐地說性，由
其如此所體證之性之「固有」義、「天之所與」義，以及本心即
性、「萬物皆備於我」、心性向絕對普遍性申展之義，則依一形而

上的洞悟滲透，充其極，即可有「性體與天命實體通而爲一」之提升。《中庸》如此提升，實與孟子相呼應，而圓滿地展示出。《中庸》之如此提升與孟子並非互相敵對之兩途。此不可以西方康德之批判哲學與康德前之獨斷形上學之異來比觀。此只可以**圓滿發展**看，不可以**相反之兩途**看。

由于《中庸》之提升，宋、明儒即存在地與之相呼應，不但性體與天命實體上通而爲一，而且直下由上面斷定；天命實體之下貫于個體而具于個體（流注于個體）即是性。「於穆不已」即是「天」此實體之命令作用之不已，即不已地起作用也。此不已地起命令作用之實體命至何處即是作用至何處，作用至何處即是流注至何處。流注于個體即爲個體之性。此是承《中庸》之圓滿發展直下存有論地言之也。此雖與《中庸》稍有間，然實爲《中庸》之圓滿發展之所函，宋、明儒如此斷定，不得謂無根也。

此斷定幾乎是宋、明儒共同之意識，即伊川、朱子亦不能外乎此，即象山、陽明亦不能謂此爲歧出。惟積極地把握此義者是橫渠、明道、五峰與蕺山，此是承《中庸》、《易傳》之圓滿發展而言此義者之正宗。伊川、朱子亦承認此義，惟對于實體、性體、理解有偏差，即理解爲只是理，只存有而不活動，此即喪失「於穆不已」之實體之本義，亦喪失能起道德創造之「性體」之本義。象山、陽明則純是孟子學，純是一心之申展。此心即性，此心即天。如果要說天命實體，此心即是天命實體。象山云：「萬物森然於方寸之中，滿心而發，充塞宇宙，無非斯理。」陽明云：「充天塞地中間，只有這個靈明。人只爲形體自間隔了。我的靈明便是天地鬼神的主宰。天沒有我的靈明，誰去仰他高？地沒有我的靈明，誰去

俯他深？鬼神沒有我的靈明，誰去辨他吉凶災祥？天地鬼神萬物離
卻我的靈明，便沒有天地鬼神萬物了。我的靈明離卻天地鬼神萬
物，亦沒有我的靈明。如此便是一氣流通的，如何與他間隔得？又
問：天地鬼神萬物千古見在。何沒了我的靈明，便俱無了？曰：今
看死的人，他這些精靈游散了，他的天地萬物尚在何處？」（《傳
習錄》卷三）。此便是一心之申展、一心之涵蓋、一心之遍潤。自
道德自覺上道德實踐地所體證之本心、所擴充推致之良知靈明頓時
即普而爲本體宇宙論的實體，道德實踐地言之者頓時即普而爲存有
論地言之者。惟不先客觀地言一「於穆不已」之實體而已。而先客
觀地言之、再回歸于心以實之，或兩面皆飽滿頓時即爲一以言之，
亦無過，此即橫渠、明道、五峰、蕺山之路也。

　　4.關于「乾道變化，各正性命」。天命實體之下貫于個體而具
于個體即是性，此義《中庸》雖未顯明地言之，而實已函之，而顯
明地表示之者則爲《易傳》之〈乾彖〉。宋、明儒即會通《中
庸》、《易傳》而如此斷定也。《中庸》、《易傳》是一個方向
（圓滿發展）之呼應，宋、明儒即如其呼應而亦存在地呼應之。
《易傳》窮神知化，正式言誠體、神體、寂感眞幾，此是妙運萬物
之實體。濂溪即由此而開宋儒之端。此實體即曰天道，亦曰「乾
道」，此仍是「於穆不已」之天命實體之別名。

　　「乾道變化，各正性命」，此語字面的意思是：在乾道變化底
過程中，萬物（各個體）皆各得正定其性命。此語本身並不表示所
正定的各個體之性命即是以理言的性命，亦可能是以氣言的性命。
但首先不管是以理言的性命，抑還是以氣言的性命，此總是從「乾
道變化」說下來，此即是性命之本體宇宙論的說明。此說明之方式

尚未見之于《中庸》。《中庸》只表示性體與道體通而爲一，未直接表示從道體之變化中說性命之正或成。但《易傳》卻直接宣明此方式。〈乾文言〉曰：「乾元者始而亨者也。利貞者性情也。」從利貞處說性情即是從個體之成處說「各正性命」也。從利貞處見個體之成，即見性情之實，亦即見性命之正。乾道之元亨利貞即表示乾道之變化。實則乾道自身並無所謂變化，乃假氣（即帶著氣化）以顯耳。乾道剛健中正，生物不測，即是一創生實體，亦即一「於穆不已」之實體。然此實體雖是一創生的實體，雖是不已地起作用，而其自身實無所謂「變化」。「變化」者是帶著氣化以行，故假氣化以顯耳。變化之實在氣，不在此實體自身也。假氣化以顯，故元亨利貞附在氣化上遂亦成四階段，因而遂儼若成爲乾道之變化過程矣。然而元亨利貞亦稱乾之四德，則隨著氣化伸展出去說爲四階段，亦可收攝回來附在乾道之體上說爲四德也。旣是體之四德，則申展出去成爲四階段而顯一「變化」相，此顯是假氣以顯耳。乾道即是元，故曰「乾元」。亨者通也，此是內通。爲物不貳，生物不測，於穆不已地起作用，即是內通之亨，言誠體之不滯也。利者向也，言外通也。利而至於個體之成處，即是其「貞」相，故于個體之成處見「利貞」也。否則，乾道之於穆不已只成一虛無流，已不成其爲創生實體矣。故濂溪《通書・誠上第一》云：「大哉乾元，萬物資始。誠之源也。乾道變化，各正性命。誠斯立焉。」言由「各正性命」處見誠體之利貞，即見誠體之所以立，所以「立」者即誠體（乾道實體）之於此而自立自見其自己也。否則流逝無收煞。故又云：「元亨，誠之通；利貞，誠之復。」復即立也。濂溪此點撥不誤，純就體上言四德也。所謂「變化」而顯四階段者乃假

氣以顯耳。濂溪最後又贊之曰：「大哉易也，性命之源乎？」即就
「各正性命」而說也。

　　然則此所正之「性命」是以理言的性命，還是以氣言的性命？
濂溪之贊語只表示易道是「性命之源」，未表示此性命即是以理言
的性命。然通極于「體」而言性命，衡之以儒家之道德意識，此性
命不會是以氣言的性命，歷來亦無人作如此理會者。是故必是正面
的、超越面的、以理言的性命。當然以氣言的性命，于個體之成
時，亦自然帶在氣之凝結處。然言道德實踐之先天根據（超越的根
據），卻無人以此性命為氣之凝結處之氣之性命，卻必須視為超越
面的理之性命。如其是理之性命，則性即是此實體之流注於個體
中。實體之流注於個體中，因而個體得正其性也。正其性即是定其
性，亦即成其性。此是存有論地正、定、成也。「命」即是此性之
命，乃是個體生命之方向，吾人之大分，孟子所謂「分定故也」之
分。此亦是橫渠所謂「天所性者通極於道，氣之昏明不足以蔽之，
天所命者通極於性，遇之吉凶不足以戕之」之義也。此顯然不就氣
之凝結說氣之性命也。此當是宋、明儒之共同意識，故無人認「各
正性命」為氣之性命也。此亦由於《易傳》之氣氛本自如此，不會
陷落下來專言氣之性命也。即使氣之性命亦帶在內，而必以正面理
之性命為主也。〈說卦傳〉云：「昔者聖人之作《易》也，將以順
性命之理」，即順通此「通極於道、通極於性」之性命之理也。又
曰：「窮理盡性以至於命。」「窮理」即窮性命之理，「盡性」即
盡以理言的性。「至於命」，則以理言的與以氣言的俱可在內。
「順性命之理」即是通「性命之源」，首先必以通正面的以理言的
性命之源為主也。此一說明之方式顯明地表示于《易傳》中，亦顯

明地表示于《大戴禮記・本命》篇「分於道謂之命，形於一謂之性」之語句中。「分於道」即分得于道之命（命令之命），因分得此道之命乃成個體生命之方向，即吾人之大分。「形於一」即將此道之命形著之于一個體中便叫做是「性」。此亦是從正面說性命之源也。此與《易傳》為同一思理模式。大抵先秦後期儒家通過《中庸》之性體與道體通而為一，必進而從上面由道體說性體也。此即是《易傳》之階段，此是最後之圓成，故直下從「實體」處說也。此亦當作圓滿之發展看，不當視作與《論》、《孟》為相反之兩途。蓋《論》、《孟》亦總有一**客觀地、超越地言之之「天」也**。如果「天」不向人格神方向走，則性體與實體打成一片，乃至由實體說性體，乃係必然者。此與漢人之純粹的氣化宇宙論不同，亦與西方康德前之獨斷形上學不同。此只是一道德意識之充其極，故只是一「道德的形上學」也。先秦儒家如此相承相呼應，而至此最後之圓滿，宋、明儒即就此圓滿亦存在地呼應之，而直下通而一之也：仁與天為一，心性與天為一，性體與道體為一，最終由道體說性體，道體性體仍是一。若必將《中庸》、《易傳》抹而去之，視為歧途，則宋、明儒必將去一大半，只剩下一陸、王，而先秦儒家亦必只剩下一《論》、《孟》，後來之呼應發展皆非是，而孔、孟之「天」亦必**抹而去之**，只成一氣命矣。孔、孟之生命智慧之方向不如此**枯萎孤寒也**。是故儒家之道德哲學必承認其函有一「道德的形上學」，始能將「天」收進內，始能充其智慧方向之極而至圓滿。

　　以上是《論》、《孟》、《中庸》、《易傳》之相繼承與相呼應，而宋、明儒之大宗即如此圈定，認為此是孔門之傳統，圓滿之

發展，如其呼應而亦存在地呼應之，視爲一整體，直下通而一之，而不認其有隔也。此通而爲一之看法既合法，則《論》、《孟》、《中庸》、《易傳》之主導地位自成立。此主導地位既確定，則《大學》即可得而規範矣。

　　宋、明儒以六百年之長期，費如許之言詞，其所宗者只不過是《論》、《孟》、《中庸》、《易傳》與《大學》而已，分量並不多。即此五部經典，提綱挈領，其重要語句而爲宋、明儒所反覆講說者亦甚有限。就《論》、《孟》、《中庸》、《易傳》之通而爲一而爲一整體說，其義理主脈又可繫之於兩詩：

> 1.〈大雅·烝民〉：「天生烝民，有物有則。民之秉彝，好是懿德。」
> 2.〈頌·維天之命〉：「維天之命，於穆不已。於乎不顯，文王之德之純。」

前者爲孟子所引以證性善，而孔子亦贊之曰「爲此詩者，其知道乎？」後者爲《中庸》所引，以明「天之所以爲天」以及「文王之所以爲文——純亦不已」。此頌詩即是天道性命通而爲一之根源，此頌詩並未表示文王之「純亦不已」是以「於穆不已」之天命之體爲性，然實可開啓此門。通過孔子之言仁，孟子之言本心即性，《中庸》、《易傳》即可認性體通于天命實體，並以天命實體說性體也，故此圓滿發展即可繫之于此詩，而以此詩表示之也。此兩詩者可謂是儒家智慧開發之最根源的源泉也。孟子曰「源泉混混，不舍晝夜，有本者若是。」儒家智慧之深遠以及其開發之無窮，亦可

謂「有本者若是」矣。孟子引〈烝民〉之詩，是孟子言性善（本心即性）與此詩之洞悟相呼應也。《中庸》引〈維天之命〉詩，是《中庸》作者言天道誠體與此詩之洞悟相呼應也。宋、明儒能相應而契悟之，通而一之，是宋、明儒之生命能與此兩詩以及《論》、《孟》、《中庸》、《易傳》之智慧方向相呼應，故能通而一之也。此種生命之相呼應，智慧之相承續，亦可謂「有本者若是」矣！此與佛老有何關哉？只因秦、漢後無人理解此等經典，遂淡忘之矣。至宋儒起，開始能相應而契悟之，人久昏重蔽，遂以為來自佛老矣。若謂因受佛教之刺激而豁醒可，若謂其所講之內容乃陽儒陰釋，或儒、釋混雜，非先秦儒家經典所固有，則大誣枉。無人能因受佛教之刺激而豁醒即謂其是陽儒陰釋或儒、釋混雜。焉有不接受刺激（所謂挑戰），不正視對方，而能擔當文運學運者乎？此種誣枉亦大部由于朱子之忌諱而成。汝自家內部尚且如此，則外人更津津有辭矣。實則皆吠影吠聲，未能沉下心去，正式理會此等經典之語意，故亦無生命上之呼應也。

　　宋、明儒之將《論》、《孟》、《中庸》、《易傳》通而一之，其主要目的是在豁醒先秦儒家之「成德之教」，是要說明吾人之自覺的道德實踐所以可能之超越的根據。此超越根據直接地是吾人之性體，同時即通「於穆不已」之實體而為一，由之以開道德行為之純亦不已，以洞澈宇宙生化之不息。性體無外，宇宙秩序即是道德秩序，道德秩序即是宇宙秩序。故成德之極必是「與天地合其德，與日月合其明，與四時合其序，與鬼神合其吉凶，先天而天弗違，後天而奉天時」，而以聖者仁心無外之「天地氣象」以證實之。此是絕對圓滿之教，此是宋、明儒之**主要課題**。此中「**性體**」

一觀念居關鍵之地位，最為特出。西方無此觀念，故一方**道德與宗教不能一**，一方**道德與形上學亦不能一**。彼方哲人言「實體」（reality）者多矣，如布拉得賴（F. H. Bradley）有《現象與實體》（*Appearance and Reality*）之作，懷悌海（N. A. Whitehead）有《歷程與實體》（*Process and Reality*）之作，柏格森（H. Bergson）有《創化論》（*Creative Evolution*）之作，近時海德格（M. Heidegger）之存在哲學又大講「存有」，有《時間與存有》（*Being and Time*）之作，即羅素（B. Russell）之《邏輯原子論》（*Logical Atomism*）亦有其極可欣賞之風姿。大體或自知識論之路入，如羅素與柏拉圖；或自宇宙論之路入，如懷悌海與亞里士多德；或自本體論（存有論）之路入，如海德格與虎塞爾（E. Husserl）；或自生物學之路入，如柏格森與摩根（L. Morgan）；或自實用論（pragmatism）之路入，如杜威（J. Dewey）與席勒（F.C.S. Schiller）；或自獨斷的，純分析的形上學之路入，如斯頻諾薩（Spinoza）與來布尼茲（Leibniz）及笛卡爾（Descartes）。凡此等等皆有精巧繁富之理論，讀之可以益人心智，開發玄思。然無論是講實體，或是講存有，或是講本體（substance），皆無一有「性體」之觀念，皆無一能扣緊儒者之作為道德實踐之根據、能起道德之創造之「性體」之觀念而言實體、存有或本體。無論自何路入，皆非自道德的進路入，故其所講之實體、存有或本體皆只是一說明現象之哲學（形上學）概念，而不能與道德實踐使人成一道德的存在生關係者。故一方**道德與宗教不能一**，一方**道德與形上學不能一**，而無一能開出一即函**宗教境界**之「**道德的形上學**」。其中唯一例外者是康德。彼自道德的進路接近

本體界，建立「道德的神學」。意志自由、靈魂不滅、上帝存在，只有在實踐理性上始有意義，始得其妥實性。然無「性體」一觀念，視「意志自由」爲設準，幾使意志自由成爲掛空者，幾使實踐理性自身成爲不能落實者。而其所規劃之「道德的形上學」（其內容是意志自由、物自身、道德界與自然界之合一）亦在若隱若顯中，而不能全幅展示、充分作成者。黑格爾（Hegel）言精神哲學已佳矣。吾亦常借用其辭語以作詮表上之方便，如「眞實主體性」、「在其自己」、「對其自己」、「具體的普遍」，等等。然此只是表示方法上之借用，非謂其哲學內容與儒者成德之教同也。彼只籠統言精神之發展，而總無「**性體**」一核心之觀念，故其全部哲學總不能落實，只展現而爲一大邏輯學。夫理想主義（idealism）自柏克萊（Berkeley）起至黑格爾而完成，本集中于三點：一曰觀念性（ideality），二曰現實性（actuality），三曰合理性（rationality），此本不錯。凡此皆見于吾之《認識心之批判》，讀之可知其詳。然如不能落實于心性，以道德實踐證實之，則總不能順適調暢，只是一套生硬之哲學理論而已。今攝之于成德之教中，點出「**性體**」一觀念，則一一皆實而順適調暢矣。故宋、明儒所發展之儒家成德之教，一所以實現康德所規劃之「道德的形上學」，一所以收攝融化黑格爾之精神哲學也。而同時亦是一使宗教與道德爲一，一使形上學與道德爲一也。此儒家智慧方向之所以爲特出，而爲西方道術傳統所未及。比而觀之，其眉目自朗然矣。

又，亞里士多德有 essence 一詞。此詞，通常譯爲「本質」或「體性」。此似是可類比儒者所言之「性體」；然實則不類。蓋此詞若作名詞看，其實指是一「類概念」（class-concept），又是一

方法學上之概念，可以到處應用。而儒者所言之性體則不是一**類概念**。即使孟子由此以言「人之所以異於禽獸者幾希」，然此幾希一點亦不是**類概念**，孟子說此幾希一點亦不是視作人之**定義**，由定義而表示出。如當作形容詞使用或當作方法學上之概念使用，則可，此如要點、本質的一點（essential point），或人之所以為人之「本質」（the essence of human being）等皆是。此性體亦可說是人之本質的一點，是人之所以為人，乃至所以為道德的存在之本質；但即以此「本質」一詞譯此「性體」，則非是。此亦如吾人亦說此性體即是吾人道德實踐（道德行為之純亦不已）之「先天根據」或「超越的根據」，但同樣不能即以先天根據或超越根據譯此「性體」一詞。此皆是詮表方法上之詞語，可以廣泛使用，俱非足以代表此「性體」一觀念也。儒者所說之「性」即是能起道德創造之「**性能**」；如視為體，即是一能起道德創造之「**創造實體**」（creative reality）。此不是一「類概念」，它有絕對的普遍性（性體無外、心體無外），惟在人而特顯耳，故即以此體為人之「性」。自其有絕對普遍性而言，則與天命實體通而為一。故就統天地萬物而為其體言，曰形而上的實體（道體 metaphysical reality），此則是能起宇宙生化之「創造實體」；就其具於個體之中而為其體言，則曰「性體」，此則是能起道德創造之「創造實體」，而由人能自覺地作道德實踐以證實之，此所以孟子言本心即性也。（客觀地、本體宇宙論地自天命實體而言，萬物皆以此為體，即**潛能地或圓頓地**皆以此為性。然自自覺地作道德實踐言，則只有人能以此為性，宋、明儒即由此言人物之別。然此區別亦非定義劃類所成之**類概念**中本質不同之區別，故此性體非**類概念中之本**

質也）。故此性體譯爲 nature 固不恰，即譯爲 essence 亦不恰，其意實只是人之能自覺地作道德實踐之「道德的性能」（moral ability）或「道德的自發自律性」（moral spontaneity），亦即作爲「內在道德性」（inward morality）看的「道德的性能」或「道德的自發性」也。心之自律（autonomy of mind），康德所謂「意志之自律」（autonomy of will），即是此種「性」。作「體」看，即是「道德的創造實體」（moral creative reality）也。

　　「性體」義既殊特，則「心」亦必相應此「性體」義而成立。「心」以孟子所言之「道德的本心」爲標準。孟子言心具體而生動，人或以 heart 一詞釋之。此若以詩人文學家之筆出之，亦未嘗不可；然就學名言，則決不可。故孟子所言之心實即「道德的心」（moral mind）也。此既非血肉之心，亦非經驗的心理學的心，亦非「認識的心」（cognitive mind），乃是內在而固有的、超越的、自發、自律、自定方向的道德本心。象山言「萬物森然於方寸之中」，以「方寸」喻心，此是象徵的指點語，言萬物皆收攝于一點，豈眞是視心爲血肉的方寸之心耶？此一點豈眞是方寸之一點耶？劉蕺山亦言「心徑寸耳」，此亦是現象學的指點語，重在以意、知、物、家、國、天下以充實之，豈眞是視心爲血肉的徑寸之心耶？儒者言學喜就眼前具體字眼指點，而其實義則無盡藏。是故心即是「道德的本心」，此本心即是吾人之性。如以性爲首出，則此本心即是彰著性之所以爲性者。故「盡其心者即知其性」。及其由「萬物皆備於我」以及「盡心知性知天」而滲透至「天道性命通而爲一」一面，而與自「於穆不已」之天命實體處所言之性合一，則此本心是**道德的**，同時亦即是**形上的**。此心有其絕對的普遍性，

爲一超然之大主，本無局限也。心體充其極，性體亦充其極。心即是體，故曰心體。自其爲「形而上的心」（metaphysical mind）言，與「於穆不已」之體合一而爲一，則**心也而性矣**。自其爲「道德的心」而言，則性因此始有眞實的道德創造（道德行爲之純亦不已）之可言，是則**性也而心矣**。是故客觀地言之曰性，主觀地言之曰心。自「在其自己」而言，曰性；自其通過「對其自己」之自覺而有眞實而具體的彰顯呈現而言則曰心。**心而性**，則堯、舜性之也。**性而心**，則湯、武反之也。心性爲一而不二。

客觀地自「於穆不已」之天命實體言性，其「心」義首先是形而上的，自誠體、神體、寂感眞幾而表示。若更爲形式地言之，此「心」義即爲「**活動**」義（activity），是「**動而無動**」之動。此實體、性體，本是「**即存有即活動**」者，故能妙運萬物而起宇宙生化與道德創造之大用。與《論》、《孟》通而爲一而言之，即由孔子之仁與孟子之心性彰著而證實之。是故仁亦是體，故曰「仁體」；而孟子之心性亦是「**即活動即存有**」者。

以上由《論》、《孟》、《中庸》、《易傳》通而爲一以言宋、明儒之主要課題爲成德之教，並言其所弘揚之成德之教之**殊特**。此下再就宋、明儒之發展以言其分系。

第四節　宋、明儒之分系

以上言通而爲一，是就宋、明儒總持地言之，並由《論》、《孟》、《中庸》、《易傳》之發展以明其通而爲一爲合法。然此通而爲一亦不是開始時即如此。又先秦儒家是由《論》、《孟》發

展至《中庸》與《易傳》，而北宋諸儒則是直接由《中庸》、《易傳》之圓滿頂峰開始漸漸向後返，返至于《論》、《孟》。人不知其通而爲一之背景，遂以爲北宋諸儒開始，是形而上學的意味重，似是遠離孔孟實踐之精神。固是形而上學，然卻是先秦儒家發展至《中庸》、《易傳》所本有之「道德的形上學」，固以《論》、《孟》爲底據，非是空頭的「知解形上學」（theoretical metapysics）。惟因自此圓滿頂峰開始，一時或未能意識及，然其不自覺的背景固以通而爲一爲其底據也。例如濂溪對於「天道性命通而爲一」一面，雖言之而略，亦有不盡處，（如言性自剛柔中而言），然此脈絡則固已顯出；而對於誠體、神體、寂感眞幾則體會的極精透，太極眞體亦不能外乎此。惟對于《論》、《孟》則所知甚少，至少亦未能甚注意。然彼亦云「聖人定之以中正仁義，主靜而立人極焉。」並用〈洪範〉之「思曰睿，睿作聖」而言：「無思本也，思通用也。幾動于此，誠動于彼。無思而無不通爲聖人。」是則仍以實踐與聖證爲根據，並未空頭言形上學。蓋其言誠體本無內外之隔也。

橫渠對於「天道性命通而爲一」，言之極爲精透；盛言「知虛空即氣，則有無、隱顯、神化、性命，通一無二」。首以儒家「本天道爲用」之眞實无妄、充實飽滿、體用不二之宇宙觀，對治佛家之緣起性空、如幻如化。此種沈雄弘偉之大手筆實不可輕侮。然而「聖人盡道其間，兼體而不累者，存神其至矣」，則亦未嘗憑空猜測料度、構畫一套外在的知解的形上學。其對于《論》、《孟》已甚能注意，不似濂溪之全未能注意，卻只轉而借用〈洪範〉語以言心。其言「天體物不遺，猶仁體事無不在」，又言「仁以敦化爲

深，化行則顯」，又言「敦篤虛靜者仁之本」，「無所繫閡昏塞，則是虛靜也」，由此可見其對於「仁體」體會之深，仁體感通之無局限已甚顯。其〈大心篇〉之言心顯有本於孟子。其對於主觀面仁與心性之注意顯已不弱。「心能盡性，人能弘道也。性不知檢其心，非道弘人也。」此語即足證其對于心之重視。其言「兼體無累」、「參和不偏」、「性其總合兩也」，又言繼善成性、盡心易氣以成性，此皆表示已回歸于《論》、《孟》，以主觀面統攝客觀面。然此一面之義理為其言太和太虛、言神言氣所掩蓋，人不易見，遂令人感覺其言主觀面，比之其言客觀面，比重猶嫌輕，不免使人有虛歉之感。是亦由《中庸》《易傳》向後返之勢然也，然其實亦並無虛歉也。

　　至明道則兩方面皆飽滿，無遺憾矣。明道不言太極，不言太虛，直從「於穆不已」、「純亦不已」言道體、性體、誠體、敬體。首挺立「仁體」之無外，首言「只心便是天，盡之便知性，知性便知天，當下便認取，更不可外求」，而成其「一本」之義。是則道體、性體、誠體、敬體、神體、仁體，乃至心體，一切皆一。故真相應先秦儒家之呼應而**直下通而為一之者**是明道。明道是此「通而一之」之造型者，故明道之「**一本**」義乃是**圓教之模型**。從濂溪、橫渠而至明道是此回歸之成熟，兩方皆挺立而一之，故是圓教之造型者。此圓教之造型亦是宋、明儒學之**所以為新**，此是順先秦儒家之呼應直下通而一之，調適上遂之新。如果有可以使吾人感到宋、明儒之理境有與先秦儒家不相似處，首先當從此**本質的圓教之意義上**去想，不可浮光掠影，從枝末點滴上去妄肆譏議也。至於造詣、意味、氣象，則是主觀的事，隨時有不同，自不會全同，亦

不必能及先秦之儒家，此不必言。

由濂溪、橫渠而至明道，此爲一組。此時猶未分系也。

義理間架至伊川而轉向。伊川對于客觀言之的「於穆不已」之體以及主觀言之的仁體、心體與性體似均未能有相應之體會，旣不同于前三家，亦不能與先秦儒家之發展相呼應。他把「於穆不已」之體（道體）以及由之而說的性體只收縮提練，淸楚割截地視爲「只是理」，即「只存有而不活動」的理，（明道亦說理或天理，但明道所說的天理是就其所體悟的「於穆不已」之體說，廣之，是就其所體悟的道體、性體、誠體、敬體、神體、仁體、心體皆一說，是即存有即活動者。）他把孟子所說的「本心即性」亦拆開而爲心性情三分：性亦只是理，性中只有仁義禮智，仁義禮智亦只是理；仁性愛情，惻隱羞惡等亦只是情；心是實然的心氣，大體是後天心理學的心，心與性成爲後天與先天、經驗的與超越的、能知與所知的相對之二。心發而爲情，心亦有兩個重要的觸角：一是後天的偶然的收歛凝聚，由此說敬、說涵養；一是心知之明，由此說致知格物。孔子的仁亦只是理，以公說仁，公而以人體之便是仁。此全部與其老兄所體會者不同，實體性體只是存有論的理，而心與性不能一自此始。工夫之重點落在大學之致知格物上，總之是「涵養須用敬，進學則在致知」。此即喪失《論》、《孟》、《中庸》、《易傳》通而爲一之境以及其主導之地位，而居主導之地位者是《大學》。彼有取于《中庸》、《易傳》者只是由之將道體提練而爲一個存有論的理，彼所取于《論》、《孟》者亦只是將仁與性提練而爲理，而心則沈落與傍落。此一套大體是實在論的心態，順取之路，與前三家遠矣，亦與先秦儒家《論》、《孟》、《中庸》、

《易傳》之相呼應遠矣。此一系統爲朱子所欣賞、所繼承，而且予以充分的完成。此一系統，吾名之曰主觀地說是靜涵靜攝之系統，客觀地說是本體論的存有之系統，總之是橫攝系統，而非縱貫系統，此方是有一點新的意味，此是歧出轉向之新，而非調適上遂之新。此是以荀子之心態講孔子之仁，孟子之心與性，以及《中庸》、《易傳》之道體與性體，只差荀子未將其所說之禮與道視爲「性理」耳。此自不是儒家之大宗，而是「別子爲宗」也，此一系統因朱子之強力，又因其近於常情，後來遂成爲宋、明儒之正宗，實則是以別子爲宗，而忘其初也。

　　但南渡後，胡五峰是第一個消化者。五峰倒卻是承北宋前三家而言道體性體，承由《中庸》、《易傳》回歸於《論》、《孟》之圓滿發展，即承明道之圓教模型，而言以心著性、盡心成性，以明心性之所以爲一爲圓者。明道只是圓頓地平說，而五峰則先心性分設，正式言心之形著義，以心著性而成性，以明心性之所以一。心即孔子之仁、孟子之本心也。性即由「於穆不已」之體而言者也。故言「性天下之大本」，「性也者天地所以立也」，「性也者天地鬼神之奧也」，「誠成天下之性，性立天下之有」；而于心，則言永恆而遍在，「心也者知天地宰萬物以成性者也」，「仁者人所以肖天地之機要也」，「聖人傳心，教天下以仁也」，聖人「盡心者也，故能立天下之大本」；而于工夫，則重在「先識仁之體」，重在當下指點以求其放失之心，正式言「逆覺體證」以復其本心以爲道德實踐之本質的關鍵、正因的工夫，此與伊川、朱子之順取之路根本有異，不落於大學之致知格物言也。此一系統無論是「以心著性」一面，或是「逆覺體證」一面，皆是直承明道之圓教而開出。

宋、明儒中最後一個消化者劉蕺山亦是此路。北宋三家後，一頭一尾，兩人相隔如此其遠，然而不謀而合，亦云奇矣！（劉蕺山從未提過胡五峰）。惟五峰之學為朱子所不契，作〈知言疑義〉以疑之；張南軒隨朱子腳跟轉，不能弘揚其師學；堅守五峰之說而不捨者如胡廣仲、胡伯逢、吳晦叔、彪居正等，又皆作品不存，年壽不永，學力才力恐亦有所不及，皆為朱子所駁斥。是則五峰所開之湖湘學統，為朱子所掩蓋，人亦淡忘之，而不知其實蘊矣。然而吾人今日重讀《知言》，並順朱子之駁斥尋胡廣仲、胡伯逢、吳晦叔、彪居正等人之思理，則知此一系實是承明道、上蔡而來者。以五峰為準，其實義實是承明道之圓教模型而開出者，故吾正式列胡五峰與劉蕺山為一系，承認其有獨立之意義。

朱子雖將五峰系壓下，然其實在論的心態、歧出之轉向、順取之工夫入路，皆不為象山所許可。象山從《論》、《孟》入手，純是孟子學，只是一心之朗現、一心之申展、一心之遍潤，是真能相應「夫子以仁發明斯道，其言渾無罅縫；孟子十字打開，更無隱遁」而開學脈者，故亦能恰當地說出此語。象山對於北宋諸家未曾多下工夫，亦不是承明道而開出，尤其不喜伊川。他根本不是順北宋前三家「由《中庸》《易傳》回歸于《論》《孟》」之路走，他是讀《孟子》而自得之，故直從孟子入，不是由明道之圓教而開出。他之特喜孟子，也許由于其心態使然，也許由于當時有感于朱子學之歧出與沉落（轉向）而豁醒，而更加重其以孟子學為宗旨。象山比朱子少九歲，鵝湖之會時，象山三十七歲，宗旨已定，而朱子四十六歲，已經過與湖湘系之奮鬥而早成熟。朱子在未與象山會面前即因風聞而有禪之聯想，故自始即斥其為禪，後來更甚。此其

不相契可知。此顯然是歪曲與誣枉。此與禪根本無關，問題只是伊川、朱子對于先秦儒家由《論》、《孟》至《中庸》、《易傳》之呼應不能有生命感應上之呼應也。吾人今日當從此著眼而觀象山之孟子學，不當再順朱子之聯想而下滾。後來陽明承象山之學脈而言致良知，亦仍是孟子學之精神，人隨朱子之聯想，吠聲吠影，更視之爲禪矣。實則問題只是以《論》、《孟》、《中庸》、《易傳》爲主導，抑還是以《大學》爲主導。時過境遷，不應再有無謂之忌諱。故問題之眞相可得而明矣。

象山與陽明既只是一心之朗現、一心之申展、一心之遍潤，故對于客觀地自「於穆不已」之體言道體性體者無甚興趣，對于自客觀面根據「於穆不已」之體而有本體宇宙論的展示者尤無多大興趣。此方面之功力學力皆差。雖其一心之遍潤，充其極，已申展至此境，此亦是一圓滿，但卻是純從主觀面申展之圓滿，客觀面究不甚能挺立，不免使人有虛歉之感。自此而言，似不如明道主客觀面皆飽滿之「一本」義所顯之圓教模型爲更爲圓滿而無憾。蓋孔子與孟子皆總有一客觀而超越地言之之「天」也。此「天」字如不能被擯除，而又不能被吸納進來，即不能算有眞實的飽滿與圓滿。是則《中庸》《易傳》之圓滿發展當係必然者，明道之直下通而一之而鑄造圓教之模型亦當是必然者，而由此圓教模型而開出之「以心著性」義（五峰學與蕺山學）亦當是必然者。自象山陽明言，則不須要有此回應，但承明道之圓教模型而言，則應有此回應以明其所以爲一爲圓，以眞實化其「一本」與圓滿。自此而言，象山、陽明之一心遍潤、一心申展，始眞有客觀的落實處，而客觀地挺立矣。自此而言，五峰、蕺山與象山、陽明是一圓圈的兩來往：前者是從客

觀面到主觀面，而以主觀面形著而眞實化之；後者是從主觀面到客
觀面，而以客觀面挺立而客觀化之。兩者合而爲宋、明儒之大宗。
皆是以《論》、《孟》、《中庸》、《易傳》爲主導也。若分別言
之，則五峰與蕺山是由濂溪、橫渠而至明道所成之圓敎模型之嫡
系，而象山與陽明則只是孟子學之深入與擴大也。如不能把孔、孟
之「天」擯除之，則《中庸》《易傳》之圓滿發展爲合法者，明道
之圓敎模型亦合法者，五峰、蕺山之「以心著性」之回應亦是合法
者。如不能斷此爲歧途，則此兩系最好視爲一圓圈之兩來往，須知
在成德之敎中，此「天」字之尊嚴是不應減殺者，更不應抹去者。
如果成德之敎中必函有一「道德的形上學」，則此「天」字亦不應
抹去或減殺。須知王學之流弊，即因陽明于此處稍虛歉，故人提不
住，遂流于「虛玄而蕩」或「情識而肆」，蕺山即于此著眼而「歸
顯於密」也。（此爲吾之判語）此爲內聖之學自救之所應有者。
（以博學事功來補救、相責斥，則爲離題。）而象山于此稍虛歉，
故旣啓朱子之責斥，而復不能順通朱子之蔽而豁醒之也。

依以上之疏通，宋、明儒之發展當分爲三系：

1.五峰、蕺山系：此承由濂溪、橫渠，而至明道之圓敎模型
（一本義）而開出。此系客觀地講性體，以《中庸》、《易傳》爲
主，主觀地講心體，以《論》、《孟》爲主。特提出「以心著性」
義以明心性所以爲一之實以及一本圓敎所以爲圓之實。于工夫則重
「逆覺體證」。

2.象山、陽明系：此系不順「由《中庸》、《易傳》回歸于
《論》、《孟》」之路走，而是以《論》、《孟》攝《易》、
《庸》而以《論》、《孟》爲主者。此系只是一心之朗現、一心之

申展、一心之遍潤；于工夫，亦是以「逆覺體證」為主者。

　　3.伊川、朱子系：此系是以《中庸》《易傳》與《大學》合，而以《大學》為主。于《中庸》、《易傳》所講之道體性體只收縮提練而為一本體論的存有，即「只存有而不活動」之理，于孔子之仁亦只視為理，于孟子之本心則轉為實然的心氣之心。因此，于工夫特重後天之涵養（「涵養須用敬」）以及格物致知之認知的橫攝（「進學則在致知」），總之是「心靜理明」，工夫的落實處全在格物致知，此大體是「順取之路」。

　　以上1.2.兩系以《論》、《孟》、《易》、《庸》為標準，可會通而為一大系，當視為一圓圈之兩來往：自《論》、《孟》滲透至《易》、《庸》，圓滿起來，是一圓圈；自《易》、《庸》回歸于《論》、《孟》，圓滿起來，仍是此同一圓圈，故可會通為一大系。此一大系，吾名曰縱貫系統。伊川、朱子所成者，名曰橫攝系統。故終于是兩系。前者是宋、明儒之大宗，亦合先秦儒家之古義；後者是旁枝，乃另開一傳統者。此第三系，若自「體」上言，則根本有偏差；順其義而成之，則亦可說是轉向，即轉成本體論的存有之系統（system of ontological being）。若自工夫言之，涵養與致知亦有補充助緣之作用，因吾人亦總有後天之心也，此亦須涵養之敬以收斂凝聚之，以使之常清明，此于道德實踐之稱體而行（純依本心性體而行）亦有助緣之作用，但「致知」方面則須有簡別。依伊川、朱子，致知是通過格物知那作為「本體論的存有」的超越之理，並不是一般的經驗知識。自此而言，照顧到實然的心氣，則其所成者是主智主義之以知定行，是海德格所謂「本質倫理」，是康德所謂「他律道德」，此則對儒家之本義言根本為歧

出、爲轉向，此處不能說有補充與助緣之作用。但因其在把握超越
之理之過程中須通過「格物」之方式，在格物方式下，人可拖帶出
一些博學多聞的經驗性的知識，此則于道德實踐有補充助緣之作
用。但此非伊川、朱子之主要目的，但亦未能十分簡別得開，常混
在一起說。是即所謂「道問學」之意也。是則可以作爲道德實踐之
補充與助緣的經驗知識（科學性的知識）。問題在伊川、朱子猶未
能與把握「超越之理」十分簡別得開，因而亦未能自覺地使之挺立
得起。吾人今日可以分別看，就其目的在把握超越之理方面說，此
于道德實踐（成德之敎）根本爲**歧出**、爲**轉向**；就其所隱函之對於
經驗知識之重視言，此處之「致知」即可視爲道德實踐之**補充**與**助**
緣。知識問題之引發在宋、明儒中猶未得其積極之解決，蓋其主要
課題本是成德之敎，不在知識問題也。吾人所以不視伊川、朱子學
爲儒家之正宗，爲宋、明儒之大宗，即因其一、將知識問題與成德
問題混雜在一起講，旣于道德爲不澈，不能顯道德之本性，復于知
識不得解放，不能顯知識之本性；二、因其將超越之理與後天之心
對列對驗，心認知地攝具理，理超越地律導心，則其成德之敎固應
是他律道德，亦是漸磨漸習之漸敎，而在格物過程中無論是在把握
「超越之理」方面或是在經驗知識之取得方面，一是皆成「成德之
敎」之**本質的工夫**，皆成他律道德之漸敎之**決定的因素**，而實則經
驗知識本是**助緣者**。（助緣、補充之義，象山、陽明皆表示得很清
楚，非抹殺道問學也。然在伊川、朱子則成**本質的**，此即所以爲**歧**
出、爲**支離**。就把握超越之理方面說，是根本上的**歧出**與**轉向**；就
經驗知識之取得方面說，是枝末上的**歧出與支離**）。

　　普通只知宋、明儒有兩系，曰程、朱，曰陸、王，未嘗有說三

系者。此是因爲視朱子足以繼承北宋四家，而象山純是孟子學，不從北宋四家入手也。關于此點，吾人以爲象山固不從北宋四家入手，而朱子亦並不眞能繼承北宋四家也。其所眞能繼承者亦只伊川而已。是以進一步，普通所以只認有兩系者，是順朱子以伊川吞沒明道，以爲二程差不多，固只是一系統，即或感到明道稍有不同，或如朱子亦常示其對于明道不滿，然未知其義理之實，亦不覺其「不同」有如何嚴重之影響，朱子亦未知其義理之實，亦不知其所認爲不滿者究是明道之義理之實即如此，抑或只是一時之「渾淪」與「太高」，無關于義理之實也。如是，明道乃成隱形者，義理之實全在伊川，以伊川概括二程，以爲伊川即足以代表二程矣。又因爲《二程遺書》中之紀錄語並無編次類聚，又屬于二先生語者又大都未分別開，不能確定是誰語，如是，人簡別爲難，只順朱子所講習及者作了解，而朱子之講習固汰濾甚多，其理解亦只以伊川之思理爲標準，如是，遂只以伊川代表二程矣。實則伊川並不足以代表明道，明道固有其義理之實，混稱二先生語者亦可以簡別得開，亦大體可以決定是誰語，無類聚者亦可以耐心類聚之，如是，兩系統之異，其眉目固甚顯然也。吾于此確費極大的工夫，乃見出明道確不應與伊川混而爲一，明道確應與濂溪、橫渠合爲一組，而爲《論》、《孟》、《中庸》、《易傳》通而一之之圓教底造型者。如是，吾人不應稱程、朱，只應稱伊川、朱子；即爲與陸王對言，而稱程朱，心中亦應記住是伊川之程，非明道之程。如是，由明道之圓教模型，吾人很易看出其所開出者是五峰學，而不是朱子學，是則應有三系乃必然者。朱子雖大講〈太極圖說〉，然實以伊川之思理理解太極，故對于太極眞體理解有偏差，即理解爲「只是

理」,「只存有而不活動」者,蓋對于其所言之誠體、神體、寂感眞幾,無相應之體會故也,是則朱子對于濂溪所默契之道妙根本不能有相應也。至于其對于橫渠隔閡尤甚,是即其並未眞能繼承北宋四家也。然以吾人觀之,濂溪、橫渠與明道實爲一組,雖前二人一言太極,一言太虛,而明道俱不言,然而皆言誠體、神體、寂感眞幾,則一也,皆能相應《中庸》、《易傳》所表示之創生實體、即活動即存有之實體,則一也。對此實體,雖有種種詞語,實皆表示此「於穆不已」之天命實體,故明道即由「於穆不已」體會之也,雖不言太極亦無傷,亦未嘗不可言也。雖對于橫渠之太虛神體有誤會,然誤會總是誤會也。是故對于道體之體會,彼三人者實相同,只明道能直下就《論》、《孟》、《中庸》、《易傳》通而一之而鑄造其圓敎一本義,斯則爲特殊耳,此非朱子所知也,只以渾淪、太高視之矣。是故將明道從與伊川混一中剔剝得開,以濂溪、橫渠爲之先河,視爲圓敎之造形者,而以伊川爲轉向之開始者,則明道開五峰,伊川開朱子,加上陸、王,應有三系,亦顯然矣,此亦自然之序也。觀朱子之疑《知言》,又力闢五峰之後學,又力駁上蔡之「以覺訓仁」以及以「物我爲一」說仁者,則其對于明道之不滿,猶不只是因其渾淪太高而已也,其義理之實不亦因此而躍然可見乎?只因湖湘學統已爲朱子所壓伏,後世無傳,而朱子對于明道則爲賢者諱,隱而不提,人遂不知五峰學之重要與特殊,故亦淡忘之,遂不知應有三系,而以爲只有兩系矣,而明道亦成隱形者。吾詳簡《二程遺書》,明道、伊川各有編次,又詳疏朱子與五峰系辨駁之奮鬥,則五峰學之殊特與淵源已朗然在目,而明道之「義理之實」亦脫穎而出矣。中國前賢對于品題人物極有高致,而對于義理

形態之欣賞與評詁則顯有不及，此固由于中國前賢不甚重視義理系統，然學術既有淵源，則系統無形中自亦隨之。《宋元學案》對于各學案之歷史承受，師弟關係，耙疏詳盡，表列清楚，然而對于義理系統則極乏理解，故只堆積材料，選錄多潦草不精當，至于詮表，則更缺如。

　　《宋元學案》卷二十九，〈震澤學案‧序錄〉云：

> 信伯極爲龜山所許，而晦翁最貶之，其後陽明又最稱之。予讀《信伯集》，頗啓象山之萌芽。其貶之者以此，其稱之者亦以此。象山之學本無所承，東發以爲遙出於上蔡，予以爲兼出於信伯。蓋程門已有此一種矣。

此所云信伯即王蘋、字信伯也。

　　又卷五十八，〈象山學案‧序錄〉云：

> 祖望謹案：象山之學先立乎其大者，本乎孟子，足以砭末俗口耳支離之學。〔……〕程門自謝上蔡以後，王信伯、林竹軒、張無垢，至於林艾軒，皆其前茅。及象山而大成，而其宗傳亦最廣。

如此追溯，見歷史上有氣味相近者則可，若謂象山「遙出於上蔡」，「兼出於信伯」，並謂「信伯、竹軒、無垢、艾軒皆其前茅」，則此種強拉關係甚屬無謂，適足以蒙蔽義理系統與形態之眞相。夫象山之學本無師承，乃讀孟子而自得之。象山自己表明如

此，全祖望已知之矣，而又謂其源出於上蔡、信伯，何耶？象山對於北宋四家並未多加鑽研工夫，亦不走由《中庸》、《易傳》回歸於《論》、《孟》之路，故象山不由明道開出，明道亦不開象山。若謂其源出于上蔡與信伯，何不直謂其源出于明道？既不能謂其出于明道，則亦不能謂其出于上蔡與信伯。「程門已有此一種」是因明道圓教一本之義本有甚飽滿之言仁言心也，此與象山有相近處，然不能因此即謂象山源出于此也。順程門言者，是明道學之所開；直從孟子入者是象山學之特色。學脈之來歷、義理系統之型態，不可混濫也。（近人或有謂明道開象山，其同處是混形而上下不分，只是一個世界，此皆門外恍惚之妄言）。是則由《中庸》、《易傳》回歸于《論》、《孟》，直下通而一之而言「一本」，以成圓教之模型，是明道學；由此開五峰之「以心著性」義，此爲五峰蕺山系。直從孟子入，只是一心之申展，則是象山之圓教，此爲象山、陽明系。北宋自伊川開始轉向，不與濂溪、橫渠、明道爲一組，朱子嚴格遵守之，此爲伊川、朱子系。伊川是《禮記》所謂「別子」，朱子是繼別子爲宗者。五峰、蕺山是明道之嫡系。濂溪、橫渠、明道爲一組，是直就《論》、《孟》、《中庸》、《易傳》通而一之，從客觀面入手以成其爲調適上遂之「新」者；象山、陽明是直以《論》、《孟》攝《易》、《庸》，是從主觀面入手以成其爲調適上遂之「新」者。此是宋、明儒之大宗，亦是先秦儒家之正宗也。蓋皆以《論》、《孟》、《中庸》、《易傳》爲主導者也。

　　言至此，人或覺吾此書似有貶視朱子之意。曰：非是貶視，乃如欲恰如其分而還其本來面目，則固自如此耳。吾謂伊川、朱子始

眞有點新的意味，而又恰似荀子之對孔、孟而爲新，實因其所成之橫攝系統與先秦儒家所原有及宋、明儒大宗所弘揚之縱貫系統爲不合。吾如此表示決非隨便說出者。吾初未嘗不欲以朱子爲標準。朱子注遍群經，講遍北宋諸家。象山、陽明等人未作此工作，吾人以爲朱子對于先秦儒家經典、于基本義理處必有相應，決不會有太大的出入。至少亦可以繼承北宋四家而爲正宗。象山、陽明固有獨特之凸出，朱子以及朱子之後學斥其爲禪固是過分，然雙方之爭論似亦無多大意義。朱子亦未嘗不尊德性，亦未嘗無「心之德」、「心具衆理」、「心理合一」、「無心外之法」等語句與議論。象山、陽明亦未嘗不重學、不處事、不讀書。雖未章句注解、考訂文獻，然何必人人都作同樣工作？道問學亦不必定在某一形態也。是則其爭論實可不必，而亦不必是兩系統之異。象山、陽明固不必爲異端，而伊川、朱子亦未必不能相應先秦儒家之舊義而爲大宗也。然而仔細一想，認眞去處理內部之義理問題，則並不如此簡單，亦決不如此儱侗。其爭論實非無意義，亦非只門戶意氣之爭。不管以前自覺不自覺，或自覺到如何之程度，其中實有義理之根本差異處，而有足以令其雙方講不來而終于爲兩路者，此非只是同一觀念而有不同之言詞表示，因而只爲言詞之滯之問題也。

　　吾人若以朱子爲標準，根據其講法去理解先秦舊典，則覺其講法于基本義理處實不相應。首先，彼以「心之德、愛之理」之方式去說仁，實不能盡孔子所說之仁之實義；彼以「心、性、情三分」之格局去理解孟子，尤與孟子「本心即性」之本心義不相應；彼以「理、氣二分」之格局去理解《中庸》、《易傳》「生物不測」之天道、神體，乃至誠體，尤覺睽違重重。總之，彼之心態似根本不

宜於講《論》、《孟》、《中庸》與《易傳》，彼似對于由〈烝
民〉詩所統繫之心、性、仁一面與〈維天之命〉詩所統繫之「於穆
不已」之天命之體一面根本不能有生命、智慧上之相呼應。惟一相
應者是《大學》。雖不必合《大學》之原義，然畢竟是相應者。此
因《大學》在基本方向上並不明確故也。

降而至于北宋，彼對于濂溪之誠體、神體並無相應之契悟，因
而對于太極之理解亦有偏差。彼對于橫渠，因二程未能了解橫渠
「太虛神體」之思理，彼亦隨之而更隔閡太甚。彼對于明道本不相
契，且亦不滿，然而常爲之諱，或只以程子儱侗之，而歸其實于伊
川，是則明道在朱子之傳承下只成爲隱形的，彼似對于其妙悟道體
根本未理會也。然則普通所謂「程、朱」實只是伊川、朱子也。以
伊川之程子概二程非是。以伊川爲主之二程再概括濂溪與橫渠尤非
是。然則以爲一言程、朱，即可示朱子上通北宋四家而爲正宗，未
盡其實。朱子眞能相應者唯一伊川耳。伊川、朱子其義一也。

由上觀之，吾人不能以朱子爲標準甚明。然朱子注遍羣經，講
遍各家，其所反映投射之顏色沾滿一切，吾人雖不能以之爲**標準**，
實不能不以之爲**中心**（焦點）。吾之整理疏解北宋四家與朱子實煞
費精力。欲想將朱子所反映投射之顏色剔剝得開而物各付物，還其
本來面目，此工作實太艱鉅。然而「求是」之心之不容已實逼迫我
非如此進去不可。弄不明白，不得一諦解，實無法下手講此期之學
術。如普通隨便徵引幾句，隨文領義，都差不多，總無必然。此實
非心之所能安。既無以對北宋四家，亦無以對朱子。吾乃決心進
去，予以剔剝。先整理《二程遺書》，分別編錄明道語與伊川語而
確定之，凸顯明道，使其從隱形的轉爲顯形的，于朱子之不解處正

之。次對于濂溪之《通書》若干章及〈太極圖說〉予以確定之疏
解，而同時亦指出朱子理解之偏差，而于朱子之解語亦予以確定之
詮表。次對于橫渠之《正蒙》若干篇予以確定之疏解，消除其滯
辭，呈露其實義，于朱子之誤解處正之。次對于伊川予以確定之疏
解，以明其爲系統轉向之開始，朱子于伊川之理解大抵皆是，無可
指議者。最後詳編朱子語，以中和問題與〈仁說〉之辨論爲中心，
展開其各方面之牽連，展示其全部系統之何所是。關于朱子部，分
量最多，工作亦繁重。然握其要，則其思理亦很清楚。所謂「握其
要」，在客觀了解之過程上，並非是憑空從一點（譬如從〈格物補
傳〉或從心之德愛之理或從敬貫動靜等）展轉引申其他。如朱子系
統之成是採取西方哲學家立論之方式而形成其系統，則自可如此握
住其一點，即可了解其系統之全部。然朱子並非如此者，乃是由遍
注羣經、講遍北宋四家而形成其系統者。是故其要點之確義頗不易
握，其思理之清楚亦不易凸顯。人初見之，或稍有深入而不能究
竟，則很可以覺其爲一團混雜，衝突百出，矛盾重重。然而此皆是
假象，其底子固甚清晰，而其思理亦甚一貫，而且皆能充其極。此
其所以爲大家，而足以開創一傳統者。是故在客觀了解上，其要點
確義之把握，其清晰思理之朗現，必須在比對剝剔中而把握而朗
現，如是，始可得其必然而不搖蕩。吾此辦法亦可以說是堅壁清野
之辦法。將其所反映投射之顏色一一剝剔得開，先將外部釐清，如
是，則雙方之眉目朗然矣。雖所涉甚廣，言辭甚繁，然主要論點
（關鍵處）亦並不多。列舉之，不過如下：

　　1.對于孟子心、性、情、才之理解；

　　2.對于孟子盡心知性之理解；

3. 對于《中庸》中和之理解；

4. 對于濂溪誠體、神體與太極之理解；

5. 對于橫渠離明得施不得施之理解，以及對于〈大心篇〉之理解；

6. 對于明道「其體則謂之易，其用則謂之神」之理解，以及其對于其言仁之理解。

凡此理解皆不相應者。于此等處，朱子所以必如此講，固可見其思理之何所是，而于其不相應者亦可知其所講者原義之何所是，此即所謂對比剔剝、堅壁清野之辦法也。必如此而後可以全盡，而雙方之義理系統亦朗然在目矣。此而釐清，則其必遵守伊川之思理而前進，乃係必然者；其不契不滿于明道，隱略而爲之諱，亦必然者；其力駁上蔡之「以覺訓仁」亦必然者；其作〈知言疑義〉並力闢五峰之後學，進而力斥象山之爲禪，亦係必然者。此所謂思理清晰、一貫，而且又皆能充其極也。

以上六點，如再收縮而爲一點，則只是對于**道體**不透，因而影響工夫入路之不同。此所謂一處不透，觸處皆異也。（所謂不透是對原有之義說。若就其自己所意謂者言，則亦甚透。）此所不透之一點，說起來亦甚簡單，即在：對于形而上的眞體只理解爲「存有」（Being, ontological being）而不活動者（merely being but not at the same time activity）。但在先秦舊義以及濂溪、橫渠、明道之所體悟者，此形而上的實體（散開說，天命不已之體、易體、中體、太極、太虛、誠體、神體，心體、性體、仁體）乃是「即存有即活動」者。（在朱子，誠體、神體、心體即不能言）。此是差別之所由成，亦是系統之所以分。此爲吾書詮表此期學術之中心觀

念。依「只存有而不活動」說，則伊川、朱子之系統爲：主觀地說，是靜涵靜攝系統；客觀地說，是本體論的存有之系統。簡言之，爲**橫攝系統**。依「即存有即活動」說，則先秦舊義以及宋、明儒之大宗皆是本體宇宙論的實體之道德地創生的直貫之系統，簡言之，爲**縱貫系統**。系統既異，含于其中之工夫入路亦異。橫攝系統爲**順取之路**，縱貫系統爲**逆覺之路**。此其大較也。

　　吾如此詮表，亦不背于常識（一般之感覺）。依以前之說法，見道不見道，體上工夫足不足，本體透澈不透澈，端在是否能體悟「即活動即存有」之實體。支離不支離亦繫于此。心性一不一、心理一不一亦繫于此。凡此，一般皆能感覺到，吾之詮表亦如此歸結。此所謂不背常識也。惟吾能全盡而確定地說出之。此亦並非眞容易透澈明白也。然則吾謂伊川、朱子之系統倒有一點「新」的意味，非隨便妄言也。此步新開，雖對先秦舊義以及宋、明儒之大宗爲不合，然並非無價値。朱子之系統亦自有其莊嚴弘偉處，如其本性而明澈之，亦當屬可喜之事，非貶視也。此兩系統一縱一橫，一經一緯。經之縱亦須要緯之橫來補充。此兩系統，若對立地看，恰似西方之柏拉圖傳統與康德傳統之異。前者，海德格（Heidegger）名之曰「**本質倫理**」；後者，海德格名之曰「**方向倫理**」。此兩詞甚善，不誤也。先秦舊義及宋、明儒之大宗是方向倫理，而伊川、朱子之新開則是本質倫理也。唯在西方，本質倫理先出現，而在中國則後起也。中國以「方向倫理」爲大宗，此康德傳統在西方之所以爲精絕，而自中國儒學觀之，又所以爲可貴也。然希臘傳統在西方爲大宗，亦正有其値得吾人之崇贊與欽慕者。吾人亦如此看朱子。

　　然若謂朱子之「只存有而不活動」之理即是柏拉圖之理型,則亦非是。此須要有一簡濫之工作。此即下章之論題。

第二章 別異與簡濫

第一節 橫渠、明道之言理或天理

依前章宋、明儒之分系，對于道體性體之體會只有兩種：

1.體會為即活動即存有。

2.體會為只存有而不活動。

又依前章之正名，宋、明儒學亦名曰「性理之學」。「性理」之得名，普通以為始自明道之言「理」或「天理」以及伊川之言「性即理」。實則「理」之一詞是就道體性體之實而帶上去的，理字並無獨立之實。又，帶上此「理」字或「天理」字亦不自明道始，橫渠之《正蒙》中即已隨處皆是。又，伊川之言「性即理」，此固亦是扣緊道體性體而言「理」字，然伊川之言此語實不只此義，且有一特別之標識，即預設心性不一、心理為二、道體性體為「只存有而不活動」是也。是則「性理之學」，普通固定之于伊川、朱子之「性即理」，非是；以伊川之「性即理」概括明道，尤非是。明道固亦可言「性即理」，甚至濂溪、橫渠亦可如此言。但濂溪、橫渠、明道所體會之道體性體是「即活動即存有」者，故代

表此道體性體之「理」或「天理」字亦不只是「存有」義，到最後亦是「即存有即活動」者。是則「性理之學」是通名，由之亦可見有二系之分也。

濂溪對于道體（誠體、神體、寂感真幾）體會甚精，然因是初創，性是自剛柔中而言，道體性體未能一；雖亦儱侗地贊曰「大哉易也，性命之源乎？」然道體與性命實未能自覺地通而爲一。彼言「理」字亦不多，彼言：「德：愛曰仁，宜曰義，理曰禮，通曰智，守曰信」（《通書·誠幾德第三》），此中「理曰禮」，「理」是通泛字。《通書·理性命第廿二》：「厥彰厥微，匪靈弗瑩，剛善剛惡，柔亦如之，中焉止矣。二氣五行，化生萬物。五殊二實，二本則一。是萬爲一，一實萬分。萬一各正，小大有定。」標題爲〈理性命〉，而文中無此三字。剛、柔、中是說「性」字無疑。其餘「厥彰厥微，匪靈弗瑩」，此兩語亦可以是說「理」字，「靈」字即代表「理」。「二氣五行化生萬物」以下八句則是說「命」，亦可以是說「理」與「命」。二與五是氣，一是太極，即是理。「萬一各正，小大有定」是命，是「各正性命」之命。如是，理與性命亦俱可在此八句中，而道體與性命亦可通而爲一，而亦可以一「理」字總代表此道體與性命，此中之「性」字非剛柔中之性，而「命」亦非氣命之命，雖然氣性與氣命俱可帶在內。惟因初創，濂溪未能透澈道體性命之爲一，亦未能甚顯明地以「理」字代表之也。

但至橫渠，則道體性命通而爲一已甚透澈，而亦甚顯明地即能以理或天理字代表之。是則橫渠之言理或天理，除通泛意義的「理」外（如「天地之氣雖聚散攻取百塗，然其爲理也，順而不

妄」，此中之「理」字即通泛意義的理），實皆指道體性體而言，亦即「性命」之理也。其如此言理，大抵是根據〈說卦傳〉「窮理盡性以至於命」、「將以順性命之理」，以及〈樂記〉之「不能反躬，天理滅矣」諸語中之「理」或「天理」，而即扣緊道體性體或性命之實而言之。並非于道體性體或性命之實外別有一個獨立意義的理或天理也。試看以下之文獻：

1.橫渠〈理窟・義理〉章中有一條云：

> 今之性滅天理而窮人欲，今復反歸其**天理**。古之學者便立**天理**。孔孟而後，其心不傳，如荀揚皆不能知。

《宋元學案》卷十八〈橫渠學案下〉載此條，並附有顧諟之案語曰：「明道程子曰：**天理**二字是自家體貼出來。先生亦拈**天理**，而曰歸曰立，發明自家體貼之意，尤爲喫緊。」是顧諟已知言「天理」二字不自明道始矣。茲再檢《正蒙》各篇如下：

2.〈神化篇第四〉云：

> 徇物喪心，人化物而滅**天理**者乎？存神過化，忘物累而順**性命**者乎？

案：「順性命」即順天理也。

3.〈誠明篇第六〉云：

> 義命合一存乎理。

上達反天理，下達徇人欲者與？

盡性窮理而不可變，乃吾則也。

德不勝氣，性命於氣。德勝其氣，性命於德。窮理盡性，則
性天德，命天理。〔……〕所謂天理也者，能悅諸心，能通
天下之志之理也。〔……〕舜禹有天下而不與焉者，正謂天
理馴致，非氣稟當然，非志意所與也。〔……〕

在帝左右，察天理而左右也。天理者，時義而已。君子教
人，舉天理以示之而已。其行己也，述天理而時措之也。

生直理順，則吉凶莫非正也。不直其生者，非幸福於回，則
免難於苟也。〔案：「回」即孟子「經德不回」之回。〕

屈伸相感而利生，感以誠也。情偽相感而利害生，雜之偽
也。至誠則順理而利，偽則不循理而害。順性命之理，則所
謂吉凶莫非正也。逆理，則凶為自取，吉其險幸也。

莫非命也，順受其正。順性命之理，則得性命之正。滅理窮
欲，人為之招也。

4.〈大心篇第七〉云：

燭天理如向明，萬象無所隱；窮人欲，如專顧影間，區區於
一物之中爾。

5.〈中正篇第八〉云：

天理一貫，則無意必固我之鑿。〔……〕

將窮理而不順理，將精義而不徙義，欲資深且習察，吾不知
其智也。

君子於天下達善、達不善，無物我之私。循理者共悅之，不
循理者共改之。改之者，過雖在人，如在己，不忘自訟。共
悅者，善雖在己，蓋取諸人而為，必以與人焉。善以天下，
不善以天下，是謂達善達不善。

儒者窮理，故率性可以謂之道。〔……〕

據以上，橫渠之言理或天理已不少矣，而且又能緊扣道體、性體或
性命而言之也。是則理或天理即道體性體之實，亦即性命之為理
也。是故當吾人見到明道云：「吾學雖有所受，天理二字卻是自家
體貼出來」，決不可以為「天理」二字以及此二字所指之實皆是明
道所始創也。即明道自己亦決不會如此寡聞而自居。然則此語之實
意只表示他真能理會這道理，並真能由此道理體會出「天理二字」
之親切，而即以此二字說此道理（道體、性體、性命之理）也。此
是實感之事，決不是詞語發明權之事。要者是在道體、性體、性命
之實。「理」或「天理」是自然帶上去的，有之不多，無之不少。
「天理」二字不是義理系統之關鍵。關鍵是在對于道體之體會為如
何。惟既用上此二字，則此二字亦有簡括代表、豁然醒目之作用。
然必須了解其所指之實。明道即以此二字大講道體、性體、性命之
實，以及由此道體性體所顯發之普遍理則，以顯天理之尊嚴與深
遠，天理是理體亦即奧體。此雖較橫渠更為顯豁、精透與警策，然
而其所指之實未有異也。執詞者以為明道前理之地位未有確定，自
明道始正式言理字，此則未解其所指之實，理字好似一獨立之概

念，因而亦只成一普泛之概念，此則大非其眞也。在此皮相之見下，並明道所說天理之眞義亦喪失矣。以下試看明道如何言天理。

1. 萬物皆只是一個**天理**，己何與焉？至如言「天討有罪，五刑五用哉。天命有德，五服五章哉。」此都只是天理，自然當如此，人幾時與？與則便是私意。有善有惡，善則理當喜，如五服自有一個次第以彰顯之。惡則理當惡（一作怒），彼自絕於理，故五刑五用。曷嘗容心喜怒於其間哉？舜舉十六相，堯豈不知？只以他善未著，故不自舉。舜誅四凶，堯豈不察？只爲他惡未著，那誅得他？舉與誅曷嘗有毫髮廁於其間哉？只有一個**義理**，義之與比。（《二程全書・遺書第二上》，二先生語二上。呂與叔東見二先生語。〔未注明誰語，自係明道語無疑。〕）

案：此由天討、天命以見天理，推之亦可由天叙、天秩、天倫以見天理。但這些天理並不只是平散在那裡，它有個收攝點，此即是性體，亦曰秉彝。故明道亦由秉彝體會天理。

2. 「立人之道曰仁與義。」據今日合人道廢則是，今尚不廢者，猶只是有那些秉彝辛殄滅不得。以此思之，天壤間可謂孤立！其將誰告耶？（同上。〔未注明誰語，自係明道語無疑。〕）

案：此有感于當時一般人皆談佛而發。明道于此一點秉彝（人所秉

持之常性）確有實感，此即是判儒佛之異之本質。人若于此眞有存
在的實感，于此立定腳跟，則緣起性空不足感也。明道亦常言「敬
以直內，義以方外」，義由中出，貞定一切，則由「義以方外」亦
可體會天理、實理。依明道，敬是工夫，亦是本體，不是拿一個外
在的敬去直內也，敬只是本心性體之「純亦不已」，「敬則無閒
斷」。是則「敬」直通體而言，故亦得曰「敬體」，與言「誠體」
同也。是則由「敬以直內」亦可體會天理、實理。此「敬以直內，
義以方外」二語亦是明道所常用之以判儒佛者。平散的定然之理
（天理）收于秉彝常性。「常性」，人猶易靜態地視之也。由敬
體、誠體而觀之，則常性實不離動用之心體。是則由常性悟性體，
秉彝常性之性體是「即活動即存有」之性體，此亦是天理也。自此
而言天理，則天理已深邃化而爲理體，理體即奧體。只平散地視天
理，或只自常性視天理，則無以異于伊川。故上兩條判爲明道語
（由語脈及會通他處觀之是明道語）非謂其是別異語，非謂伊川不
能如此言，非唯伊川可以如此言，且亦是宋、明儒共同之意識，此
是共許，惟假明道口說出之耳。但體會性體爲「即存有即活動」，
此亦是天理，則爲伊川、朱子所不及。此則見出明道言「天理」之
殊特。試觀以下諸條：

3. **天理**云者，這一個道理更有甚窮已？不爲堯存，不爲桀
　亡。人得之者，故大行不加，窮居不損。這上頭來更怎生
　說得存亡加減？是他原無少欠，**百理俱備**。（《二程全書·
　遺書第二上》，二先生語二上。呂與叔東見二先生語。〔未注明
　誰語，《宋元學案·明道學案》及〈伊川學案〉皆未列此條，自

係明道語無疑。〕）

案：此條直就性體言「天理」。「人得之者，故大行不加，窮居不損」，此顯本孟子「君子所性，雖大行不加焉，雖窮居不損焉，分定故也」而說。「人得之」即得之以爲「性」也。這作爲性的「這一個道理。更有甚窮已？」意即永恆常存，就其爲性體總持地言之是一，然中涵萬理，「百理俱備」，其一切顯發之殊相皆已全備于此性體之中，亦即理之一切殊相皆爲此性體之所顯發也。此條由永恆常存、「百理俱備」兩義觀之，似是靜態地默識天理之爲「本體論的存有」。然自「理之一切殊相皆爲此性體之所顯發」而言，則所謂「百理俱備」者並不是有定多之理皆並集于性體之中，實只是一理（一性）之當機而發也。而顯發是依性體之爲「即活動即存有」之義而創生地顯發，非如伊川、朱子之視性理爲「只存有而不活動」之義下之靜態地顯見也（此義詳見下節）。是則此條雖只靜態地默識其爲「本體論的存有」，然實已預設其爲一動態的、本體宇宙論的創生實體也。試看下條。

4. 所以謂萬物一體者，皆有此理。只爲從那裡來。「生生之謂易」。生則一時生，皆完此理。人則能推，物則氣昏，推不得。不可道他物不與有也。人只爲自私，將自家軀殼上頭起意，故看得道理小了佗底。放這身來都在萬物中一例看，大小大快活！〔下評釋氏略〕（同上。未注明誰語。《宋元學案・明道學案》及〈伊川學案〉皆未列此條。自屬明道語無疑。）

案：此即動態地看此天理實體也。天理即創生實體，即宇宙之根源。「只爲從那裡來」，「那裡」即指示一「根源」。因爲萬物都從同一根源來，故萬物得爲「一體」，猶如一家族子孫皆從一祖來，故其子孫皆是一家一體也。此「一體」非同一本體之意，乃是由于同一本體，故相連屬而爲一體。

　　如何見出皆從同一根源來？明道即由「生生之謂易」來說。由萬物生而又生之生生不息來指點「易體」。依明道，「生而又生」之生生不息是現象的實然，此固可說是變化、變易，然若只從此現象的實然說「易」，則不能盡《易傳》（甚至《易經》）所說之「易」之實。朱子即如此說，故以爲易是屬于氣之變化，是形而下者。然明道不如此體會，明道說「易」是直從「體」上說。「生生之謂易」是指點語，不是界定語。由生生不息來指點其所以不息之生理，即由此生理說易。故云「上天之載無聲無臭，其體則謂之易。」此「體」即「上天之載」之當體自己之體。以「易」爲此「上天之載」之當體自己，故易即是體，故曰「易體」。此體是「密」，是「無聲無臭」的。若落于氣上說，則是有聲臭而無所謂「密」矣。（朱子解此「體」字爲氣，猶言骨子，是體質之體，言氣之易與理道爲體也。非本體之體。此解非是。詳見〈明道章・天道篇〉）。故明道所謂「易體」即「於穆不已」之體也，亦即誠體、神體。它是理，亦是神，乃是「即活動即存有」者。故「上天之載無聲無臭，其體則謂之易，其理則謂之道，其用則謂之神」。神用、理道、易體是一，皆直指「上天之載」而言也，皆是形而上之道體（天道實體或天命實體）也。非是只理道爲形而上，而神用與易體則是形而下者也。是故易體即是「於穆不已」之體，即是生

之理，簡言之，即曰「生理」或「生道」。此易體如以理或天理言之，此理即是「動理」（active reason），非「只存有而不活動」之靜理也。此作為動理之易體即是創造之真幾，亦曰創造實體，乃是「體物而不可遺」的絕對普遍的實體，故萬物皆由之而來，「生則一時〔俱〕生」也。是即皆以易體為同一根源也。

依明道，不但皆從此同一根源來，而且來了皆完具此動理（創造的實體）以為性。「皆有此理」、「皆完此理」，即皆同時即具有此創造真幾、動理、於穆不已之體以為性也。不但人有之，物亦有之。此是**本體論地圓具言之也**。然人與物畢竟有差別，此差別之關鍵即在人能推，物不能推。能推不能推之本質的關鍵在「心」（在是否能自覺地作道德實踐），而作為助緣之形而下的底據則是氣也。物氣昏，心不能呈現，故「推不得」也。（在此，氣與心是兩範疇，不可混同於一範疇。）自此而言，人能彰顯地具此動理以為性，而物則只是潛具也。**故本體論地圓具言之，皆具此理；而道德實踐地言之，則物只是潛具，而實不能真以此為性也。**

依以上三層疏解，可知前條是靜態地看天理之為本體論的存有，而此條則是動態地看天理之為本體宇宙論的或道德創造的創造真幾；前條是靜態地默識天理之一相與多相（「元無少欠，百理俱備」），而此條則是動態地會通萬物之根源乃至百理之根源而見天理之一相。是故明道之言天理亦唯是就道體性體而言也，而且即以此「天理」二字說此道體性體也。「天理」既非一普泛之概念，亦非一獨立之概念。

5.「萬物皆備於我」不獨人爾，物皆然。都**自這裡出去**。只

是物不能推，人則能推之。雖能推之，幾時添得一分？不能推之，幾時減得一分？**百理俱在，平鋪放著**。幾時道堯盡君道，添得些君道多，舜盡子道，添得些孝道多？元來依舊！（同上。〔未注明誰語，《宋元學案·明道學案》列有此條，自係明道語無疑。〕）

案：此條與前條相連貫。前條自「萬物一體」說「皆從那裡來」，「皆完此理」，此條則自「萬物皆備於我」說「都自這裡出去」。因爲「皆完具此動理」，故每一個體皆是一創造之中心也。在人是「萬物皆備於我」，「都自我這裡出去」，在其他任何個體亦是「萬物皆備於它的我」，「都自它們的我這裡出去」。故云：「不獨人爾，物皆然。」此種「萬物皆備於我」亦是**本體論地圓具言之**也。然「萬物皆備於我」並不只是「本體論地圓具之」之義，而且亦須有「**道德實踐地彰顯之**」之義。是故自自覺地作道德實踐以彰顯之言，則惟人能之，其他個體並不能也。而能不能之關鍵仍在能推不能推。而能推不能推之本質的關鍵在「心」，其助緣之底據則在「氣」。此能推不能推所關甚大。明道雖如此事實，然此條重點卻偏重在說「**本體論的圓具**」義，而對于此能推不能推之事實卻說得甚輕鬆，因此啓黃百家之疑，謂：「此則未免說得太高。人與物自有差等，何必更進一層，翻孟子案，以蹈生物平等，撞破乾坤？只一家禪詮！」（《宋元學案·明道學案》此條下黃氏之案語）。實則此條與前條相連貫。前條既依「本體論的圓具」說「皆完此理」，此條即可依「本體論的圓具」說「萬物皆備於我」，此亦是應有之義。既是「於穆不已」之體不但創生萬物，而且亦內具于萬

物而為性，即天道性命相貫通，則「內具于萬物而為性」之義，本體論地言之，應是普遍地有效，「天道性命相貫通」亦應是普遍地有效，無理由單限于人。如是，本體論地言之，應有「皆完此理」之義，亦應有「萬物皆備於我，不獨人爾，物皆然」之義。如是，「**本體論的圓具**」義當是必然者，而且亦必須立此義始顯出「**道德實踐地具**」上之有差別。（圓具者依實體之既超越又內在說，亦依實體之靜態地平鋪說，亦依一種藝術性的觀照意味說，亦依聖證之一本圓教、大而化之、渾無內外物我之分說。）是以要者在能分別「本體論的圓具」之**無異**與「道德實踐的具」之**有異**兩者分際之不同。自「道德實踐的具」而言之，人能具此理以為性，真能自覺地作道德實踐以起道德創造之大用，故能彰顯地「完具此理」，並能彰顯地作到「萬物皆備於我」。然而在其他動物以及草本瓦石則不能有此自覺，因而亦不能有此道德之創造，是即等于無此「能起道德創造」之性也。是故創造實體在此只能是超越地為其體，並不能內在地復為其性，即其他個體並不真能吸納此創造真幾于其個體內以為其自己之性也。此即立顯出人物之別矣。自「道德實踐的具」而言之，此人物之別尙與人類中有能彰顯有不能彰顯之別不同。在人類中，不能彰顯者，吾人仍承認其實有此性，此是真正的潛具——潛具此理為性，潛具其「萬物皆備於我」。然而在物處尙不能說其實踐地潛具此理為性，實踐地潛具其「萬物皆備於我」。**實踐地**言之，彼實根本不能有此性，亦根本不能有其「萬物皆備於我」也。是以在物處結果只有墮性、本能、物質的結構之性也。此種差別實應正視。如此，可無「翻孟子案」之疑。明道雖喜言「本體論的圓具」上之無異，然依其義理客觀地觀之，此並不妨「道德實踐

的具」上之有異。彼要說「本體論的圓具」義，故于「道德實踐的具」方面說得較輕鬆。然依能推不能推，彼亦仍可轉過來偏重這方面，而于那方面較輕鬆也。此與禪無關，亦未翻孟子案，只是人不透澈耳。「本體論的圓具」義是極端的理想主義之言也。是所謂一起登法界也。高則固高矣，然卻爲本體宇宙論地言之之「天道性命相貫通」之義所必函，雖非道德實踐地言之者之所函。（此處所言之「本體論的圓具」義與朱子所言之「枯槁有性」義不同。詳簡見下節。）

6.「寂然不動，感而遂通」者，天理俱備，元無欠少。不爲堯存，不爲桀亡。父子君臣，常理不易，何曾動來？因不動，故言寂然。雖不動，感便通。感非自外也。（同上。未注明誰語，《宋元學案‧明道學案》列有此條，自係明道語無疑。）

案：此條又從「寂然不動感而遂通」說此天理實體。前第4條，吾人說明道所說之易體是理亦是神。因其是神，故可云「寂然不動，感而遂通，天下之故。」此即是寂感眞幾，亦即是誠體、心體也。是故「於穆不已」之易體是理亦是神，是誠亦是心，總之，是即活動即存有者。神、誠、心是活動義。同時亦即是理，是存有義。理是此是誠、是神、是心之於穆不已之易體之自發、自律、自定方向、自作主宰處。由此言之，即曰「動理」，亦曰「天理實體」。理使其誠、神、心之活動義成爲**客觀的**，成爲「動而無動」者，此即是**存有義**。是故誠神心之**客觀義**即是**理**，理之**主觀義**即是**誠神心**

——誠神心使理成爲主觀的，成爲具體而眞實的，此即理之**活動義**，因此曰動理，而動亦是「動而無動」者。是故此實體是即活動即存有，即主觀即客觀。其當機而發所顯之一切殊相即是所謂「百理」或萬理。「是他原無少欠，百理俱備」，是將其所顯發之一切理（實即此同一天理實體之一切當機不同之表現）皆收攝于此實體中而無剩無欠也。「天理俱備，元無欠少」，此「天理」亦是百理之天理，亦俱收攝于此寂感眞幾中也。收攝于此寂感眞幾中或天理實體中，只是一理，只是一個「於穆不已」之易體（天命實體）之理。然因要說它「百理俱備」，則此實體即偏于靜態的存有義。可是就其「於穆不已」之當機而發言，則又是動態的活動義。其當機而發而顯一特殊之表現，如在父子處、在君臣處等等，則即顯理之多相。此多相之理因當機而發，而各貞定一事，遂亦貞定下來而只成爲靜態的存有。然其根源實只是「即活動即存有」之一理也。若只就平散的，靜態的存有義看「天理」，則不能盡明道所說之「天理」之實義。明道所說之天理是當機而發之百理統于一理之根源，統曰「天理」也。天理是就「即活動即存有」之道體性體說。道體性體固是創生之實體，自能當機而發，而顯爲「只存有而不活動」之百理之多相，但卻並不只就此存有之百理之多相說天理也。至乎伊川、朱子，只就「存有」義看天理。朱子雖亦知存有之百理皆可收攝于太極之一理，然太極之一理仍是「只存有而不活動」者，是即喪失明道所體悟之「天理實體」義、「於穆不已」之實體義，因而誠、神、心與理不能一，亦因而心性不能一，心理不能一，而轉成另一系統也。此是最根本之偏差。所差只在此一點，然而影響如此其鉅！

以上是解釋此條就寂感眞幾說「天理實體」義。惟此條「父子君臣，常理不易，何曾動來？因不動，故言寂然。」此數語語意有滑轉。「常理不易」之不動是不變動義、不改動義，只言理之永恆常在。此與「寂然不動，感而遂通」中之不動意義不同，理之永恆常在不可說「寂然」也。故此數語之實意當爲：父子君臣之常理永恆常在，當吾人之性體「寂然不動」時，此常理亦寂然于性體之中而不顯，而實潛隱具在，並無少欠；而當吾人之性體「感而遂通」時，則此等常理即當機而發，粲然明著，亦無增添。而即就百理常在說「寂感」，則不諦。此是語意之不愼，言在此而意在彼也。

以上3、4、5、6四條意相貫屬，最能表示明道之就道體性體說天理，且還而即以天理二字說道體性體也。《宋元學案·明道學案》只列5、6兩條，而又不相連屬，至于3、4兩條則根本不錄。如此支解孤露，遂使人不知明道所說之天理究屬何意，而第5條又啓黃百家之疑，以爲「翻孟子案」，「只一家禪詮」矣！朱子對此四條亦未多講。《朱子語類》卷第九十七、〈程子之書三〉，只有一條涉及此四條，只儱侗地以其「論萬物之一源，則理同而氣異；觀萬物之異體，則氣猶相近而理絕不同」之義以及「枯槁有性」之義解之。表面觀之，似有相同，而其實則並不相同，詳見下。近人或有拉雜抄錄之，以伊川語爲標準解之，以爲此幾條當屬伊川語，此亦非是。以上六條俱見《二程全書·遺書第二上》，俱爲呂與叔所記，在同卷中，極易類聚。吾連同其他條類聚于一起，統名曰「明道之天理篇」，詳見分論中之明道章。吾之鑒定其爲明道語之方，詳見〈明道章〉之引言。明道云：「天理二字是自家體貼出來。」彼言之如此鄭重，當有以實之。按之思理，以上四條當屬明道語。

以為伊川語者未知其底實也。只浮泛作解耳。明道說理或天理亦有通泛意義的，如普通說自然的道理之類相似。如「人生氣稟，理有善惡」；「天下善惡皆天理」；「天地萬物之理無獨必有對」；「天之生物也，有長有短，有大有小。〔……〕天理如此，豈可逆哉？」凡此等等，吾名之曰第二義之天理，亦曰虛說的天理。吾已詳論之于〈明道章·天理篇·附識〉。不得以此意義的天理限定明道所說之天理之全部，以為明道所說者只屬于此意義的天理，至于就道體性體說者，有形而上的意義者，乃屬于伊川。若如此，則明道豈真無形而上的意義的天理乎？明道不如此之淺薄也。惟明道所體悟之形而上的實體（道體）性體與伊川、朱子不同耳。以上四條正表示是明道義，不表示是伊川義也。謂之為伊川語者未能真知該四條之實義也。是以以上四條，一、不得視為伊川語；二、不得視為玄談；三、不得視為「翻孟子案」、「只一家禪詮」；四、不得只以朱子「理同氣異」、「枯槁有性」之義解之。乃的然是明道就**道體性體說天理**且反而即以**天理二字說道體性體**之實意之所在也。

　　吾以上只錄六條，其餘不錄，免得多有重複。詳俱見〈明道章·天理篇〉。

第二節　明道之自體上判儒、佛以及其言天理實體與伊川、朱子之不同

　　根據以上六條，明道首先將平散的定然之理（存有意義的天理）收于秉彝常性，由常性體悟性體（由「敬以直內義以方外」亦

可體悟性體），由性體體悟道體，直就道體性體說天理，並反而即以「天理」二字說此道體性體也。是以天理二字有確切的意義，旣非通泛，亦非一獨立之概念。因此，

　　1.道體性體是即活動即存有者；

　　2.易體、誠體、心體、神體，此四者與理體是一；

　　3.心與性是一；

　　4.心與理是一；

　　5.理或天理是動理，即曰天理實體，亦是即活動即存有者。

　　明道即根據此道體性體之天理實體直下**從體上判儒佛**。此天理實體是能起道德創造、宇宙生化之**創造眞幾**，亦是貞定萬事萬物使萬事萬物有眞實存在之**自性原則**。此是支撐萬物挺立宇宙之**剛骨**。自此立定，自不能贊成「緣起性空」之如幻如化。此是根本之差異而不容淆混者。其餘儘有相類相似相通處，亦無妨礙也。明道由「秉彝卒殄滅不得」處立定，由「於穆不已」、「純亦不已」處立定，最爲透徹而眞切，把握得最堅實。此其所以奠立宋、明儒「性理之學」之規模，後之來者無有能外之者；此其所以爲大家，爲圓教之鑄造者。後來象山言本心即性、心即理，純是孟子學，固不能外此體上之立定。至陽明由本心進而言良知明覺，重視良知之神用，重視良知知是知非之「存在的決斷」，好似天理二字稍輕，然陽明言「無心外之理」（此本「仁義內在」言，不可混濫），良知之自發自律、自定方向、自作主宰即是理，故總言「良知之天理」（良知神用即是天理之存有處，良知即天理），是則良知並非**光板之明覺**，天理二字並未泯失，亦不輕矣。故黃梨洲述陽明曰：

〔……〕而或者以釋氏本心之說頗近於心學。不知儒釋界限只一理字。釋氏於天地萬物之理，一切置之度外，更不復講，而止守此明覺。〔案：並非置之度外，更不復講，乃根本不能肯定有理、有天理〕。世儒則不恃此明覺，而求理於天地萬物之間，所謂絕異。然其歸理於天地萬物，歸明覺於吾心，則一也。〔案：就世儒言，析心與理爲二，理在心外。就釋氏言，則根本不能肯定有理，只有空理，只有明覺〕。〔……〕點出心之所以爲心不在明覺，而在天理，金鏡已墜而復收，遂使儒釋疆界，渺若山河，此有目者所睹也。（《明儒學案·姚江學案》）

梨洲語雖有不盡諦當處，然其以「理」以及「心理爲一」爲儒釋之大界，則並不誤，此仍是明道之矩矱也。其言「金鏡已墜而復收」，「已墜」者自伊川始，朱子大成之；「復收」者上本象山而仍歸復于明道之初義也。此皆是直下以「即活動即存有」之天理實體判儒佛也。而謂之禪何哉？伊川、朱子只繼承此義之一半。

明道自「於穆不已」之體上判儒佛，而自朱子開始則漸轉而自「下學」上判儒佛，以爲凡不自「下學」之路入者皆是禪，此則轉說轉遠而不切要矣。夫禪豈即不下學乎？亦各下學其所學而已。明道自「於穆不已」、「純亦不已」、「即活動即存有」、心性爲一、心理爲一、易誠神心理皆是一之天命實體（天理實體）判儒佛，而伊川則云：「書言天叙天秩，天有是理，聖人循而行之，所謂道也。聖人本天，釋氏本心。」（《二程全書·遺書第二十一下》、〈伊川先生語七下〉）。「聖人本天」固是，然豈不「本

心」乎？是則明示其對于天或天理之體悟不同于其老兄，即只體會為「只存有而不活動」者。或云此或只是一時之輕重言，不必原則上即能斷定伊川之體會天理只為存有而不活動，然衡之其全部思理，伊川對于天理、對于性、對于道，實只體會為「只存有而不活動」者。其所言之後天的心氣之心實不能作「本」也。是以「聖人本天，釋氏本心」，在伊川實不只是一時之輕重言，乃有本質之意義也。

明道告神宗曰：

> 先聖後聖若合符節。非傳聖人之道，**傳聖人之心也**。非傳聖人之心也，傳己之心也。己之心無異聖人之心：廣大無垠，萬善皆備。欲傳聖人之道，擴充此心焉耳。（《宋元學案·明道學案》）。

此顯本孟子而言也。

胡五峰《知言》曰：

> 天命之謂性。性，天下之大本也。堯、舜、禹、湯、文王、仲尼六君子先後相詔，必曰心，而不曰性，何也？曰：心也者知天地宰萬物以成性者也。六君子**盡心**者也，故能立天下之大本。人至於今賴焉。

又曰：

聖人傳心，教天下以仁也。

此顯本明道而來者。如是，聖人豈不本心乎？伊川此言顯有偏差，亦示其思理之本質有異也。釋氏本心，聖人本天亦本心（本天即本心，非二本也），亦各本其所本而已：聖人所本之心是道德的創造之心，是與理爲一、與性爲一之本心；釋氏所本之心是阿賴耶之識心，即提升而爲「如來藏自性清淨心」，亦並無道德的、實體性的天理以實之。伊川並無孟子之「本心」義，故只好以「本天」、「本心」來別儒佛之異；至朱子即視「以心爲性」者爲禪，此則眞成只「本天」而不敢「本心」矣。是故伊川、朱子只繼承明道義之一半也。

伊川、朱子何以如此判儒佛？（一自本天本心判，一自下學判）。又，天理何以自心上脫落——所謂墜失？又，心神何以自道體性體上脫落而傍落，而只成爲後天的實然的心氣之心？此須通過對于伊川、朱子之全部思理一一予以鑒定而後足以知之。若隨意徵引，則其彷彿依似之言多矣，未能決定其必如此也。茲總持言之如下。

溯自濂溪之言誠體、神體，乃至太極，橫渠之言太虛神體，明道之直就「於穆不已」之體言道體性體，而又易體、誠體、神體、心體、理體、仁體、忠體、敬體通而一之，總之是對于道體性體無不視爲「即活動即存有」者。橫渠、明道且就此道體性體言天理，而明道且復即以天理二字說此道體性體，而天理實體仍無異指也。惟自伊川開始，承其老兄之言理或天理，遂將道體性體只**簡化**而爲一「**理**」字，並誠體、神體、太虛、太極，一概不講，是則不但簡

化而爲一「理」字，且收縮提練、清楚割截，**只剩下一「理」**字，是則對于言道體性體之**原初的背景**已漸**忘卻**，而對于道體性體之**內容的意義**亦**汰濾**不少而漸**喪失**，總之，是成「只存有而不活動」之靜態的理，已不能相應「於穆不已」之體而言道體性體矣。彼以其道德的嚴肅感，對于此**簡化**與**汰濾**後的「只存有而不活動」之理之**超越**與**尊嚴**確有眞切的實感。此卻是眞能面對超越之實理而不敢放逸者。充塞天地間無適而非普遍的存有之「實理」。「天下無實於理者」。而現象地反觀吾人之實然的心，即，如其爲實然的心而正視之，又顯然覺其不能常如理，如是，理益顯其爲吾人之心所攀企的對象，客觀地平置於彼而爲心之所對，理益顯其只爲靜態的「存有」義。而通過格物致知以言理，並由此以把握理，則理益顯其爲認知心之所對。道體性體只成這個「**存有**」義與「**所對**」義之「**理**」字。此顯然已喪失「於穆不已」之道體、實體義，亦喪失原初言性體之實意。原初言道體性體是不能由格物窮理以知之者。明道就道體性體言天理實體亦不能與格物窮理連在一起說。（無人能由格物窮理言天命實體，亦無人能由格物窮理來肯認上帝，亦無人能由格物窮理來了解吾人之內在的道德心性。）此所以明道很少言格物，即偶爾言之，其義亦殊特，即純從體之朗現，體之直貫言，並無認知的意義，（詳見〈伊川章・格物窮理篇〉附論明道之格物義），而濂溪、橫渠言工夫且無一語道及格物也。而承明道而來之胡五峰即正式言「逆覺體證」爲工夫入路，不言格物窮理以致知也。陸、王無論矣。即劉蕺山言工夫亦只在由愼獨以呈現意知心體，由心體以浸漬「於穆不已」之性體，不言認知意義的格物窮理也。惟朱子繼承伊川之思理大講致知格物，走其「順取」之路，力

反「逆覺」之路。伊川、朱子所以如此者，正因其對于道體性體只簡化與汰濾而爲「存有」義與「所對」義之「理」字。此爲言道體性體之**根本的轉向**。朱子雖亦大講太極，然太極之只爲「存有」義與「所對」義之「理」字則一也。此一**根本轉向**有以下之**影響**：

1.最大的影響便是「**道體、性體**」義之**減殺**。總天地萬物而本體宇宙論地言之之道體（實體）原本是「於穆不已」之天命實體、「爲物不貳生物不測」之創生之道，而今則只成靜態的存有，至多是本體論的存有，而不能起妙運萬物之創生之用者。此是「道體」義之減殺。道體具于個體而爲個體之「性」，性原本是一個個體（顯明地例證是人）之道德的才能、道德的自發自律之性能，而能起道德創造（道德行爲之純亦不已）之用者，而今則只成一些靜態的存有之理，平置在那裡，而不能起道德創造之用者。此是「性體」義之減殺。

2.其次是言道體性體之**分際之混漫**。道體性體之內容的意義雖一，而言之之分際有異。性原本是就個體而言。道德的自發自律、能起道德創造之用之性能便是此個體之性，而今道體性體混而爲一，只是一些普遍的、靜態的、存有的定然之理，混漫個體與由個體而發的一切現象（事態）而不分，定然之理不但是對個體而爲性，而且是對一切由個體而發的現象事態而爲性，實亦無所謂對個體、對事態，只是平散地對一切事事物物凡是實然的存在者而爲其性，爲其定然之理即是爲其性。此是「性體」義之混漫。

3.由「性體」義之混漫，人物之別不在「**性**」上分，而在**心氣上分**。明道言萬物「皆完此理」，皆可以是「萬物皆備於我」，「都自這裡出去」，是就個體而言性。「皆完此理」，皆「萬物皆

備於我」，是本體論地圓具言之。自此而言，是性同。然道德實踐地言之，物實不具備此種性，此仍可從性體上別人物；人禽之辨、人物之別仍可從性上說。然依伊川、朱子之說統，則性上不能有區別。定然之理即是性，枯槁亦有性，其有此理有此性是定然地有，並無**圓具地有**與**實踐地有**之差別，人能自覺地作道德實踐，此亦不過是依心氣情變之發動當如理時，能將此理此性使之有多樣的顯見，而物則不能，故只收縮而爲此物之所以爲此物之定然之理。雖有此差別，然其所以爲定然之理，而定然之理即是性則一也。人是一實然的存在，其一切心氣情變之發動亦是實然的存在。當此發動不如理時，理亦只收縮而爲人一實然存在之所以然之定然之理，而無多樣之顯現。是以理之爲定然之理，而定然之理即是性，與在枯槁處同也。此所以明道之「皆完此理」、皆「萬物皆備於我」義不能表面地即以朱子之「理同氣異」與「枯槁有性」解之也。

4.表示此理此性之**方式**之**倒轉**。原本言道體是就「於穆不已」之天命實體言，是就「爲物不貳生物不測」之創生之道言，言性體是就個體言，反身自證以見吾確有能自覺地作道德實踐能起道德創造之用之超越根據，而今卻不然，卻只就「存在之然」推證其所以然之定然之理以爲其定然之性。「陰陽氣也」，是形而下者，「所以陰陽」是道是理，是形而上者。陰陽氣化是實然的存在，有存在有不存在（有生滅變化），而其所以然之理則只是存有，無所謂存在不存在。「仁性愛情」，仁是對應愛之情之實然而爲其所以然之定然之理，而此定然之理即是其性。任何實然的存在皆有其定然之理即皆有其性。心之知覺之實然亦有其所以爲此知覺之理即性。是則性理只是實然的存在之所以存在之理。吾人名此存在之所以存在

之理曰「存在之理」，即存在之「存在性」。（友人唐君毅先生首先說此理為「存在之理」，但未能簡別其與以明道為代表之一大系所說者之不同）。此是表示此理此性之**方式**之**根本倒轉**。此表示方式之倒轉函有一對于存在之然之「**存有論的解析**」。是以此方式中之理或性亦可曰「存有論的解析」中之理或性。而通過格物窮理（窮理即是窮的這個理）之認知的方式以把握之，此表示方式之為**倒轉益顯、益著實**，而其為「存有論的解析」中之理或性亦**益顯、益著實**。

當吾人以明道所體悟者為標準，說「於穆不已」之天命實體或「為物不貳生物不測」之創生之道為創造的實體時，此創造的實體就其所創造出之「存在之然」說，亦可以說它是「存在之然」之所以然的「存在之理」，在此或亦更可說是「實現之理」，即實現其為一「存在之然」之理，實現之即存在之；但如此說的「存在之理」或「實現之理」是從本體上直貫地說下來的，是以本體為首出而直貫地說下來是如此，不是以存在之然為首出而推證其所以然這種「存有論的解析」中之「存在之理」或「實現之理」，這是提挈宇宙之提起來說的，不是實在論式的平置地說的。就性體而言，性體是吾人能起道德創造之性能，就其所創造的道德行為之純亦不已之存在之然（如睟面、盎背、踐形等）說，此性體亦可以說是此等「存在之然」之所以然之存在之理或實現之理（超越的根據）；但如此說的存在之理或實現之理亦仍是從體上直貫下來說的，是單就睟面、盎背、踐形這種道德的存在之然說，不是以存在為首出泛就存在之然而推證者，此亦是提起來說，不是平置地說。提起來體以成用，用以從體，只是其所創造的道德行為之純亦不已才是用，並

不是凡存在之然皆是用也。及其大而化之，或從圓教一本說，則宇宙秩序即是道德秩序，道德秩序即是宇宙秩序，此好似一體平鋪，在此說存在之理或實現之理亦與「存有論的解析」似無以異，但仍有異，此乃是一起登法界之意，仍是從本體直貫說，不是從存在上推說。是以依明道所代表之一大系說，如要說存在之理或實現之理，只能從上說下來，不能從下說上去。此正是直貫系統與橫攝系統之異也。在直貫系統，此存在之理或實現之理是超越的、動態的，以「即活動即存有」故也。在橫攝系統，此存在之理亦可說是實現之理，但卻是靜態的（雖亦是超越的），以「只存有而不活動」故也。動態的，對萬物言，是創生而妙運之，依此而言存在之即實現之。靜態的，則只是定然而規律之，依此而言存在之即實現之，此是「存有論的解析」中之理之存在之、實現之。此種實現之、存在之，實是虛籠地說。因實際地存在之者實只在氣，心、神亦屬于氣。故理之為存在之理或實現之理只是虛籠地定然而規律之，不能實際地妙運之而創生之也。

又，此「存有論的解析」中之存在之理，因須通過格物窮理之認知的方式以把握之，此與知識問題相關聯，因而又引生以下兩問題：

(1)存在之理與形構之理之區別。

(2)存在之理與歸納普遍化之理之區別。

此則轉說轉遠，每況愈下，皆由伊川、朱子之倒轉而引生，而易為人所想及，而又最易生誤會者，故須進一步加以簡別，以免氾濫。此為下節之論題。

5.由于性理表示方式之倒轉，性只是理，只是存在之所以為存

在之理，心神義俱脫落而傍落，如是，性體之**道德意義**與**道德力量**
逐減殺。原本講道體是能起宇宙生化之體，是形而上的，同時亦即
有道德的涵義，是故宇宙秩序即是道德秩序；原本講性體是能起道
德創造之體，是道德的，同時亦即有形而上的涵義，是故道德秩序
即是宇宙秩序。而今道體性體之分際混漫而為一，只是對存在之然
而為其所以然之「存在之理」、定然之理，即是其性，心神脫落而
傍落，性只存有而不活動，其自身無論在人在物是不能起道德創造
之用者，是即其**道德力量之減殺**。在物處，固不能起道德創造之
用，只收縮而為一存在之理，舟車有所以為舟車之理，階磚有所以
為階磚之理，枯槁有所以為枯槁之理，此即是其定然之性、本然之
性。在人處，人雖能自覺地作道德實踐，然此性自身仍不能起道德
創造之用。人之道德實踐並不是本性體之「能起道德創造之用」而
為實踐，如孟子所謂「沛然莫之能禦」。蓋性體只是理，並無心之
活動義之故，並非本心即性故，心從性體上脫落下來只成為後天的
實然的心氣之靈之心。依是，人之道德實踐只是依心氣之靈之收斂
凝聚，常常涵養，發其就存在之然而窮其所以然之理（即性）之知
用，以便使心氣情變之發動皆可逐漸如理，如理即是如性，是則性
理只是被如、被依、被合者，而其自身並不能起道德創造之用也。
此即**道德力量之減殺**。

　　復次，性體既只存有而不活動，只剩下理，則性之為理只能靠
「**存在之然**」來對**核其為理**，並不是靠其自身之**自發自律自定方向**
自作主宰（此即是其心義、其活動義）來**核對其為理**。如是，這些
憑空平置的理乃是無根無著落者，只有靠由存在之然來**逼顯**。既逼
顯已，此理自身即是最後的，即是根。如是，吾人不能由**反身自**

證，自證其道德的本心之自發自律自定方向自作主宰以為吾人之性
體，以認取性體之為理，而乃是客觀地由「存在之然」逼顯出其所
以然之理以為性，主觀地由心氣之靈之凝聚來把握這些理，以使心
氣情變之發動漸如理。就客觀地由「存在之然」來逼顯說，是性理
之**道德意義之減殺**；就主觀地由心氣之靈之凝聚來把握這些理說，
吾人之實踐之為道德的，是**他律道德**，蓋理在心氣之外而律之也。
（理經由心氣之靈之認知活動而攝具之、內在化之，以成其律心之
用以及心之如理，此不得視為心理為一，此仍是心理為二。其為一
是關聯的合一，不是本體的即一、自一。本心即性、本體的自一，
是自律道德。關聯的合一是他律道德）。

　　性理之道德意義既減殺，則性理之**尊嚴**亦**減殺**。依明道，道體
性體之當機顯發為存有義之百理，此存有義之百理是源于「於穆不
已」之天命實體之顯發，是源于能起道德創造之用之性體之顯發，
故其尊嚴能提得住。而今則只由存在之然來逼顯、來對核，此即成
為**平置的、實在論式的理**，其**尊嚴性**即**減殺**。在伊川、朱子之氣氛
中本是極顯這性理之尊嚴的，這是由於吾人已預設其由天命實體而
來，由性體而來，然而在其自己之說統中，由于表示方式之倒轉，
反不能極成其尊嚴，反成其道德尊嚴性之減殺。此亦與他律道德相
呼應也。

　　以上五點是由伊川、朱子言道體性體之根本轉向而來的結果。
吾之所述是依朱子之充其極而說者。伊川只言理、實理，不言太
極，亦未言枯槁有性，然此並無妨礙。朱子之引申而充其極並不違
伊川之思理。故吾得以伊川、朱子為一而說之。夫伊川、朱子之言
道體、性體，簡之為性理，原本亦源自《中庸》、《易傳》與孟

子。只因對于「於穆不已」之體不能有相應之體悟，對于孟子所言之性體不能有相應之體悟，故只簡化汰濾而爲「只存有而不活動」之「存在之理」。由此步步轉向下落，遂有如上之結果。此是只順「理」之存有義而想下去，而忘其初，所不自覺地自然而轉至者。並非其初自覺地有意如此，而欲與原初之義爲敵也。此其所以亦總依附著經典說，依稀彷彿而難于董理也。然其順理之存有義而想下去，其步步解說卻是自覺的，思理亦甚淸楚。順其淸楚思理，不混不雜而統觀之，固應有如上所述之結果，而其與濂溪、橫渠、明道之異與其所依附之經典之異亦眉目朗然矣。未能不忘其初，則重視下學以漸磨，亦無妨礙。而實則此不只是漸敎問題，乃根本是言道體性體之**轉向問題**也。故吾判爲是橫攝系統與縱貫系統之異，是他律道德與自律道德之異，是本質倫理與方向倫理之異。而伊川、朱子之不得爲儒家之大宗而爲另開一傳統者亦明矣。此一系統重知識、近常情，故易爲人所接受。先秦儒家並非不重學、問、思、辨，然就道德言道德，其內聖之學中言道體性體固是自律道德之縱貫系統，而與伊川、朱子異也。

第三節　存在之理與形構之理之區別

上節吾人說由于伊川、朱子表示此理此性之方式之倒轉，又因須通過格物窮理之認知的方式以把握之，此與知識問題有關聯，因而遂引生兩問題，一是存在之理與形構之理之區別，一是存在之理與歸納普遍化之理之區別。吾人現在先說第一問題。

此第一問題從何引起？曰：即從「所以然」處引起。

　　吾人平常說「所以然」即是「所以然之理」。「所以然」即是
「所以之而然者」，此自然指示一個「理」字（reason）。故理字
是由「所以然」而自然帶上去的。依孔子前之老傳統，「性者生
也」之古訓，性生兩字雖可互易，然既有「性」字出現，亦畢竟是
兩個概念。就兩個概念說，「性者生也」，「生之謂性」，雖直就
生之實說性，性很逼近生之實，然字面上「性」字即是生之
「理」、生之「所以然」。故荀子〈正名篇〉云「生之所以然者謂
之性」，此直就「生之所以然」說性也。然荀子所說之「所以然」
能與伊川、朱子所說之「所以然」同乎？荀子繼此語直接又云「生
之和所生，精合感應，不事而自然，謂之性。」此語即上語之解析
也，即對于其所說之「生之所以然」再重加以解析。「生之和」即
是「生之所以然」。「和」者自然生命之絪縕也，古語所謂「陰陽
沖和氣也」（楊倞注語）。自然生命之絪縕所生發（蒸發）之自然
徵象，如生理器官之自然感應、生理欲望之自然欲求，乃至生物之
自然本能、心理之自然情緒等皆是，總之即叫做是性，此即等于以
自然生命之自然徵象說「生之所以然」。此種「所以然」是現象學
的、描述的所以然，物理的、形而下的所以然，內在于自然自身之
同質同層的所以然，而非形而上的、超越的、本體論的、推證的、
異質異層的「所以然」。故此「所以然」之理即是「生之和之自
然」之理也，故荀子就之說「性惡」，其為形而下的「所以然」亦
明矣。故告子說「生之謂性」即就「食色性也」說，即就「性猶杞
柳」、「性猶湍水」說，此取中性材質義，而此「中性」義與「性
惡」義並不衝突也。而荀子亦云：「性者本始材樸也」（〈禮論
篇〉）。「本始材樸」即中性義，順之而無節即「性惡」義。而後

來董仲舒亦云「性之名非生與？如其生之自然之質謂之性，性者質也。」又云「質樸之謂性，性非教化不成。」（《春秋繁露》〈深察名號〉篇與〈實性〉篇以及〈賢良對策〉）董子之語即是「生之謂性」之最恰當的解析，亦賅攝告子、荀子義而成也。此一傳統中所說之「所以然」即「自然」義，並無超越的意義。此種自然義、描述義、形下義的「所以然之理」，吾人名之曰「形構原則」（principle of formation），即作為形構原則的理，簡之亦即曰「形構之理」也。言依此理可以形成或構成一自然生命之特徵也。亦可以說依此原則可以抒表出一自然生命之自然徵象，此即其所以然之理，亦即當作自然生命看的個體之性也。

但伊川、朱子所說的「所以然之理」則是形而上的、超越的、本體論的推證的、異質異層的「所以然之理」。此理不抒表一存在物或事之內容的曲曲折折之徵象，而單是抒表一「存在之然」之存在，單是超越地、靜態地、形式地說明其存在，不是內在地、實際地說明其徵象，故此「所以然之理」即曰「存在之理」（principle of existence），亦曰「實現之理」（principle of actualization）。但在此曰「實現」與在明道處不同。此只是**靜態地**定然之之實現，不是創生地妙運之之實現也。此靜態的存在之理或實現之理其分際相當于來布尼茲所說之「充足理由原則」，是說明一現實存在何以單單如此而不如彼者。來氏之「充足理由」最後是指上帝說，而在朱子則即是太極。（伊川未說太極，亦無礙）。上帝、太極固非形構之理也。伊川說：陰陽是氣，所以陰陽是道；仁是性，愛是情；心譬如穀種，其中生之理是性，陽氣發動是情。凡此皆為朱子所繼承，而最後穀種一例所蘊函之心性情三分一格式尤為朱子所稱賞，

說依此推之，物物皆然。此中之性即超越的、靜態的、本體論的推證的、形而上的所以然之理也。伊川、朱子亦常不自覺地順習慣說性發而爲情，實則嚴格言之，彼所說之性理實不能發也，只是心氣依性理而發，統屬于性，遂謂性之發矣。

依朱子，此理只是一理、一太極，一個絕對普遍的、存有論的、純一的極至之理。所謂百理、萬理實只是一極至之理對應個別的存在之然而顯見（界劃出）爲多相，實並無**定多之理**也。存在之然是多，而超越的所以然則是一。太極涵萬理實只是對存在之然顯現爲多相再收攝回來而權言耳。太極無所謂動靜，但有動靜之理。實亦無所謂有動靜之理，並不是有定多之理存于太極之中，乃只是一太極對動言而爲動之理以成其所以爲動，對靜言而爲靜之理以成其所以爲靜。動靜只是氣之事。嚴格講，只是氣有動靜，非理有動靜。氣之動或靜因統屬于理（太極），爲理所領有，遂謂理之動靜矣。理之有動靜與氣之有動靜意義不同也。理既無所謂動靜，則說太極有動靜之理（理中有動靜之理）自亦不是有定多之理存于太極之中，只是一太極對動言而爲動之理，因動之事界創出一動理相；對靜言而爲靜之理，因靜之事界劃出一靜理相，此種種理相皆收攝于太極，遂謂太極有動靜之理矣，此只是收攝之權言，非實有定多之理存于太極中也。推之，仁義禮智之理相亦然。一性理（一太極）對惻隱之情言，即界劃出一仁理相；對羞惡之情言，即界劃出一義理相；對辭讓之情言，即界劃出一禮理相；對是非之情言，即界劃出一智理相。實只是一性理對惻隱而爲仁以成其所以爲惻隱，對羞惡、辭讓、是非而爲義、禮、智以成其所以爲羞惡、爲辭讓、爲是非也。故「統體一太極，物物一太極」，實只是一太極，並無

多太極也，只是一「存在之理」，存在之理並無曲折之殊也。曲折之殊是在形構之理處。依朱子，即氣之凝聚所呈現之質性（徵象）也。是故形構之理是「類概念」，是氣之凝聚結構之性，是多，而存在之理則不是類概念，是純一而非多，此即所謂超越的義理之性或本然之性也。枯槁亦有此本然之性，即有其存在之理，此相應「物物一太極」而言也。

在西方，亞里士多德有本質（essence）之說。本質是由之以界定物類者，亦是一物之所以為此物之理。此所以之理由定義而表示，亦當是「形構之理」，因而亦是「類概念」，是多而非一。上推之，蘇格拉底、柏拉圖所說的「理型」主要地亦是就定義而說。能把握感覺界的具體事例依仿而成其為具體事例之理型，即算把握一概念之確定意義。故在柏拉圖，理型亦是多元的，因而亦當是形構之理，亦當是類概念。雖柏拉圖意謂之為理智界的「真實」（reality），為「真實的存有」（real being），與感覺界者分離，亦無礙。亞里士多德不同意此超越說，而主張內在說，其共相內在于個體物而為本質，由之以界定物類，實由柏氏之理型說而轉出也。後來就此作為形構之理的本質又引生兩命題：

1.有此物必有此物之本質，但有此物之本質不必有此物存在。例如：有人存在，必有人之所以為人的本質（定義所表示的）；但反過來，人之本質（不管對這本質如何講法，實在論的還是唯名論的）卻不函蘊人之存在。此即表示：

2.存在與本質分離。（此兩者之先後不影響此分離義）。

例如要界定人類，說人為「理性的動物」。「理性的動物」一語表示出人之所以為人的本質。此表示：如果有人類存在，他們必

定合乎「理性的動物」一語所示之本質。但是，說「人為理性的動物」絕不表示就有具體的人存在。此只表示出一個人底理──形構之理。又如粉筆，從化學分析可知它的結構成分，並且可以簡潔的分子式表明之，吾人亦可依據此分子式去配製粉筆，但是只此分子式自身，即分子式底實有，並不函有一具體的粉筆存在。分子式並不等于依此式構成的物體之具體存在。此即表示存在是一事，定義所表示的本質只是一個抽象的概念（類概念），此又是一事。即，存在與本質分離。必須存在與本質結合為一，始可有具體的個體物之存在。使此兩者結合為一而產生一具體存在物者即西方哲學中所謂「實現之理」。但此實現之理卻不包含在「本質」一概念中，它是一個超越的理念。人之本質不函人之存在。人之存在是要靠一個屬于生物學的血統觀念者，而此概念卻不在人之定義中。依分子式去製造一枝粉筆，這「製造底活動」也不包含在那分子式中。此例很顯明地表示出「實現之理」是一個超越的觀念。「實現之理」之必然要引出即是西方柏拉圖傳統中宇宙論所以成立之關鍵。故實現之理是一個宇宙論的原理，它代表一個超越而絕對的真實體，使一物如是如是存在者。在西方，「實現之理」由神來充當。來布尼茲的「充足理由原則」也是實現之理，他也是意指上帝而言的。柏拉圖所說的「造物主」也是實現之理，它把理型安置在物質上。這種「製造者」之思路一轉即為中世紀基督教的上帝從無中創造世界。實現之理亦可哲學地講為「基本活動」（fundamental activity），亞里士多德即屬此類型的思路，近人懷悌海亦屬之。不管如何講法，實現之理總是一個超越的觀念。吾人當然不能置上帝于一物類之定義中，視為定義中之一成份。朱子之太極亦不能是定義中之一

成分。定義所表示的「**形構之理**」（本質）與使本質與存在結合爲
一的「**實現之理**」實屬**兩層**。形構之理只負責**描述**與**說明**，不負責
創造與**實現**。但因朱子之太極、性理亦是就存在之然而推證其「所
以然」而表示，人遂誤會其太極、性理爲形構之理矣。朱子雖理解
太極、性理爲「只存有而不活動」，無創造妙運之實現義，但卻亦
是靜態的、定然而規律之實現義，故是存在之理，而非形構之理，
與「即活動即存有」之創生妙運者之爲實現之理爲同一層次，故不
可混其形上的、超越的「所以然」爲定義中所表示的本質之爲「所
以然」也。

伊川、朱子無「形構之理」之義，但因其通過格物窮理（即物
而窮其理，即存在之然而推證其所以然）之認知方式而把握其所說
之太極性理（存在之理、靜態的實現之理），人可誤會其所說之
「所以然」爲定義中的本質之爲「所以然」，因而亦可誤會爲形構
之理矣。此因「所以然」之歧義而生之誤會。若判開此兩種所以
然，而知其代表兩種理，則此誤會即消除。

形構之理是類概念，因而亦是個知識概念（即知識問題上的概
念）。伊川、朱子所說之「所以然」雖不表示此概念，然其格物窮
理之認知方式可以帶出此概念，吾人今日亦可以自覺地建立此概
念，以與「存在之理」（靜態的實現之理）相區別。存在之理是形
而上學的概念，亦是存有論的概念，此與知識概念有別。伊川、朱
子俱以格物窮理之認知方式去說，此爲知識問題與道德問題之混
雜。在此混雜中，一方使作爲道德實踐的標準之太極性理之道德意
義與道德力量減殺，只成爲一個認知所對的存有概念（存在之
理），一方亦使積極的知識（見聞之知、形構之理所代表之知）不

能有眞正的建立。伊川、朱子固重視見聞之知，但其「進學」之目
的固在把握此太極性理之爲存在之理，而其所致之知亦是知此存在
之理之「德性之知」。但「德性之知」亦依格物窮理之認知方式而
表現，則此知與此知之所對之道德意義與道德力量亦減殺。此與橫
渠、明道、象山、陽明等之言「德性之知」異也，亦與濂溪之言
「無思而無不通」之睿知（此亦可說是德性之知）異也。（參看
《通書·思第九》）。

又，在伊川、朱子，形構之理可落在氣質或氣質之性一層上
說。但氣質之性不論是就氣質之剛柔緩急之殊而說一種性（橫渠、
伊川是如此），或是如朱子意解爲氣質裡邊的性（即義理之性之在
氣質裡面濾過而受氣質之限制），俱是就道德實踐而建立，此可說
是實踐上的概念，而非知識上的概念。惟客觀地單就氣之凝聚結構
而說其種種曲折之相（徵象與質性），則可以逐漸開出物理知識，
此即成形構之理、類概念之知識概念矣。此如《朱子語類》卷二、
卷三之論天地、鬼神即是純就氣之曲折之相而說，此純爲物理的，
亦純爲自然宇宙的。此部知識應用在道德實踐之受限制上說，即成
立實踐意義的氣質或氣質之性一概念矣。

告子「生之謂性」、荀子「生之所以然者謂之性」、董子「如
其生之自然之質謂之性」，凡此所說之性倒是形構之理、類概念之
性，即以知識類概念之態度說人之性也。「生之謂性」是經驗地詮
表性之一原則。應用于人即把人之「自然之質」舉出，應用于牛馬
即把牛馬之「自然之質」舉出，雖同是「生之謂性」，而「生之自
然之質」有異，是仍有人類、牛類、馬類之別也。故「生之謂性」
即是「成之謂性」，即由個體之成而經驗地描述其徵象，總持之以

爲形構之理也。此顯然是實然的態度，亦函是一類概念。而孟子斥之者，是立于價值的觀點上說。雖其辨駁「生之謂性」之辨難推理不諦或甚至有誤，然其自價值的觀點上辨難「生之謂性」之實然的類概念之不同不足以眞區別人物之異（人禽之辨），則甚顯。（孟子未知「生之謂性」可函有類概念之不同一義，因此遂有「犬之性猶牛之性，牛之性猶人之性」之難，此是實然觀點與價值觀點混一說也。）是故其所說「人之所以異於禽獸者幾希」，此「幾希」一點不是**類概念**之異；其由「仁義內在」而說本心即性，此性亦非視作「形構之理」之性，而當視作「實現之理」之性，故可無限地申展，函有絕對普遍性，而可與天道（天命之體）通而爲一也。

　　孟子說「人之所以異於禽獸者幾希」，此幾希一點自是孟子所意謂的「人之所以爲人之性」；但此性不是實然地看人之所以爲人之類概念之性，而是應然地、理想地，亦是存在主義所謂存在地看人之所以能爲一道德的存在之性，此性是能起道德創造之**創造眞幾**。此處說「所以然」是單就人爲一「道德的存在」（moral being）而說其所以然；說存在之理、實現之理（動態的）是單就人爲一道德的存在而說其實現了的或應實現了的「實然」之「存在之理」或「實現之理」；散開說，亦是其道德行爲之純亦不已所成之動靜語默之實然（如睟面盎背、施于四體、不言而喻之實然）之存在之理或實現之理。此是從本體上直貫下來說的，不是泛就「存在之然」通過即物窮理之方式而上推地說的；把握此本體亦是由反身的「逆覺體證」而把握，不是由順取的「即物窮理」而把握。故在此「本體」處說「所以然」，人不易誤會爲「形構之理」之類概念；無人想到象山所說的本心即性、本心即理以及陽明所說的「良

知之天理」是作爲類概念的形構之理，如在伊川、朱子處所起之誤會。從「於穆不已」之天命實體處說道體說性體，對應其所創生妙運者言，說所以然、說存在之理實現之理，亦無人能誤會爲形構之理。當明道與伊川簡別不開，人或誤會爲其所說之天理亦可以伊川、朱子之「由然以推證所以然」之方式、並通過「即物窮理」之認知方式而把握，因而亦可誤會爲「形構之理」處之「所以然」。然而既經簡別得開，則吾人知明道說天理實從「即活動即存有」之實體處說（本心即性與於穆不已俱在內），並不從「由存在之然以推證其所以然」之倒轉方式說，亦不以「即物窮理」之認知方式說，因此亦不會誤會爲「形構之理」處之「所以然」。但由伊川、朱子處之易引人生誤會，吾人分別開實現之理（存在之理）與形構之理之不同，則濂溪、橫渠、明道、五峰、蕺山、象山、陽明所說之道體、性體、心體，其爲本體直貫之動態的實現之理存在之理自亦甚顯而無疑者。

　　荀子亦說：「人之所以爲人者何以也？曰：以其有辨也。」又曰：「故人之所以爲人者，非特以其二足而無毛也，以其有辨也。夫禽獸有父子而無父子之親，有牝牡而無男女之別。故人道莫不有辨，辨莫大於分，分莫大於禮。」（〈非相篇〉）其所說之「辨」不是「智辨」義，乃是「禮以別異」之「別」義。但在荀子，此「禮之別」並不是性。此只是客觀地外在地說人之「禮辨之道」。其所說之性可以函是「形構之理」之類概念，但此禮辨之道既不是性，則雖說此是「人之所以爲人」，卻亦不是人之所以爲一道德存在之創造眞幾之性，故既難說其是「形構之理」，亦難說其是實現之理或存在之理，只是客觀地、構成地屬于聖王之制作，而人當遵

依之而已。此荀子之所以不透澈也。伊川、朱子本孟子之言性善，並本《中庸》、《易傳》之言道體性體，而卻轉爲「只存有而不活動」之普遍之理，以「然與所以然」之倒轉方式以及「即物窮理」之認知方式而肯定此理爲存在之理，即存在之定然之性，是即無異于將荀子所說之「禮辨之道」推進一步普遍化而爲**靜態的**存在之理，爲一切存在之定然之性。此雖已比荀子爲透澈矣，然實亦仍是以荀子之心態說道體性體也。只差荀子未將「禮辨之道」說爲性耳。伊川、朱子之所取于孟子、《中庸》、《易傳》者只在本之而可以將「禮辨之道」普遍化而說爲性。但此性只是存在者之靜態的「存在之理」，其道德意義與道德力量即減殺，是即已喪失孟子、《中庸》、《易傳》之言道體性體（包括心體）之本義矣。

　　是故以明道爲代表之一大系，其由道體、性體、心體所展示之形上學是眞正儒家的「道德的形上學」，其內容吾人可藉康德之意志自律、物自身、道德界與存在界之合一這三者來規定，而伊川、朱子所成之形上學則頗難說。依朱子本人之辭語，可說爲「理氣不離不雜」之形上學。此一整套如分別言之：就理說，是**本體論的存有之系統**；就氣說，是**氣化的宇宙論**而以只**屬于存有之理以定然之**；就工夫說，是**認知的靜涵靜攝之系統**；就道德說，自亦有道德的函義，但卻是**他律道德**。是以此形上學如果亦說是道德的，則當是**主智主義的道德的形上學**（intellectualistic moral metaphysics），簡言之，亦可直說爲**智的形上學**或「**觀解的形上學**」（theoretical metaphysics），此已幾近于柏拉圖、亞里士多德之傳統而與之爲同一類型矣。雖伊川、朱子並無形構之理一層，然亦無礙，而亦未始不隱含此一層，而亦未嘗不可自覺地由之而開出此一層。（由即

物窮理而留住于**氣之曲折之相**上即可開出此一層）。而開出此層亦不礙其言靜態的「存在之理」之一也。其言「存在之理」是太極，而柏、亞傳統則言上帝或造物主。然屬于同一層次則無疑，同爲**觀解的**亦無疑。（系統內部細微處之差異自甚多，此不及詳。學者自能辨之）。

在此兩種形上學中，就性體言之，在明道所代表之一大系中，性體是「即活動即存有者」，本體論地圓具言之，人與物同有；道德實踐地言之，人有而物無，此是自道德價值上判人物之異。吾人可補上「形構之理」，在此是「類不同」之異。此兩種異可以下圖表象之：

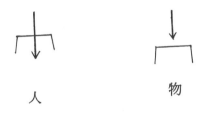

人　　　　物

箭頭表示道德創造之性（實現之理之性），括號表示類不同之性（形構之理之性）。在人處，箭頭能直貫于括號之內，而爲人之道德創造之性；在物處則不能，是則只超越地爲其體，不能內在地復爲其性。

但在伊川、朱子，性理只存有而不活動，其爲存在之理或實現之理亦是靜態的；靜態地爲一切實然者之「存在之理」即是靜態地爲其定然的、義理本然之性；枯槁有其所以爲枯槁之「存在之理」，故亦有此定然的、義理本然之性，此即所謂「理同」，理同

即性同，人與物同一義理本然之性也。此與明道之「本體論地圓具言之，人與物同有」之「同有」義不同。既理同性同矣，則人與物之差別只在「形構之理」處。吾人亦可替伊川、朱子補上此層「形構之理」。此形構之理中即包含有氣質之異，此即朱子所謂「氣異」。因此氣異，故人依心氣之靈能多發動如理的情變，因而即能使義理本然之性有多樣的顯現，而物則不能，故定然之性在物處只收縮而為一存在之理，再不能有多樣的顯現。此即朱子「觀萬物之異體，則氣猶相近而理絕不同」一隱晦語之實意。「氣猶相近」是猶有相近處。有相近處，亦有很不相近處。「理絕不同」是理之**表現**絕不同。正因氣有很不相近處，始有**理之表現上**之「絕不同」也。不是義理本然之性**自身**有不同也。此義即等于說氣質裡面的性（朱子所意謂的氣質之性）之表現有異，即性通過氣質來表現而亦受氣質之限制，因而使此性理在此氣質中之表現上有**各種等級之差別**。即在人類亦有各種等級之差別，皆不能全盡那義理本然之性之全體（完整性）；雖可變化氣質，亦仍受其拘限。即在此義下，亦可以概括說明**人物之別**。在物處，尚不能有人之剛柔緩急一類之氣質，它只有本能或物質的墮性，此皆是其氣之凝聚結構之所成，亦即仍是其氣與質之有殊，即吾所謂「形構之理」所表示之「類不同」也。其形構之理既如此，故全不能使理有多樣的顯現。即或較靈的動物如犬馬獼猴螻蟻之類有一點子透露，亦只是**本能地顯現**，尚絕不能如人之**自覺地顯現**也。至如草木瓦石乃至枯槁則全不能有顯現，故其義理本然之性亦只好收縮而為如是個體之「存在之理」矣。是則**人物之別**不在義理的**本然之性**處，只在因「氣異」而有的不同之表現上。今以「形構之理」包括朱子所說之「氣異」，此一

系統可如下圖表示：

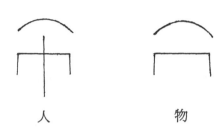

人　　　　　　　　　物

拱線表示**靜態的存在之理**（義理的本然之性），括號表示**形構之理**，**類不同之性**，中含「氣異」。在人處，義理本然之性能在氣質裡面有多樣的表現，此以中直線表之，即示本然之性能進到氣質裡面來；在物處，無此中直線，即表示本然之性不能進到其氣與質之裡面來有多樣之顯現，只收縮而爲其存在之理，使之成爲如是個體之定然之性。

第四節　存在之理與歸納普遍化之理之區別

上節是就「所以然」處加以簡別，此節再就格物窮理之「格」與「窮」處加以簡別。因爲伊川、朱子言「存在之理」須通過「格物窮理」之認知方式而把握，又因爲其特重「下學」與「道問學」，故人就「格」處「窮」處又易聯想到伊川、朱子是走歸納之路，而誤想其所言之「存在之理」是由歸納而得，因而遂與歸納普遍化之理混而爲一。然吾人一經審思，乃知其所言之「存在之理」實與「歸納普遍化之理」不同，不可混而爲一；而此存在之理亦不可由歸納而得。然則其于此言格物窮理，其作用究何在？其確定意

義究如何？

只存有而不活動的存在之理本是一、遍、常，是在「形構之理」以上者；其顯見為多相本是由其對應各別的事事物物而被界劃出，而其自身實非多，亦無定多之理存于其中。既在形構之理以上而又非多，則其非歸納普遍化之理甚顯。歸納活動只能施于「形構之理」一層上，而歸納普遍化之理亦只能在此層上而撰成。形構之理由定義而表示，實則無不以歸納普遍化為底子，即有經驗知識意義的定義無不以歸納為背景。定義無論是唯名論的定義，或是以「本質」為根據的定義（古實在論的定義），皆然。故有經驗知識意義的定義皆可改動。此亦正因：

1. 歸納普遍化是經過歸納的程序而來的普遍化，並不是那普遍性自己；
2. 歸納普遍化之真假值是概然的，並不是必然的；
3. 歸納普遍化所撰成之普遍原則（一般通例、理）亦是類概念，因而亦是多的；
4. 歸納普遍化亦代表經驗知識；
5. 歸納活動施于存在之然（具體事物）自身之曲折內容上，因描述、記錄、類同、別異而推概之。

但是形而上的、超越的存在之理則只是純一而非多，絕對的普遍而非概念之相對的普遍化；其自身無迹，亦無曲折之內容，故根本不能施行描述、記錄、類同、別異之歸納活動；體悟此理亦不足以代表經驗知識，因無迹無相無曲折內容，無可經驗故；體悟此理而肯認其為實有直下是一本體論的實有（存有）之自身，無所謂普遍化；由一事體悟此理是如此，再由一事所體悟的還是此理，並非

另一個不同的理；因而體悟此理而肯認之即是定然、必然地肯認之，其自身亦是定然而必然的（形而上地定然必然的），無所謂概然也。然則此理不由歸納而得，亦非歸納普遍化之理，亦明矣。

　　然則伊川、朱子于此言即物窮理，對存在之理言，其真正作用究何在？其確定意義究如何？

　　即物窮理，所窮者既是存在之理，則今日格一物，明日格一物，久之，自有豁然貫通處，此所謂「豁然貫通」亦不是歸納普遍化之得通例。歸納普遍化所成之通則無所謂「豁然貫通」也。其所「豁然貫通」者仍只是此存在之理之為一、為遍、為常。也不能說只格一物，便可豁然貫通，雖顏子亦不能。其實不但顏子不能，在此「即物窮理」之分際上，任何人亦不能。若照陽明所說，聖人生而知之，只是知個天理，不知能問亦是天理。是則其說天理是就本心良知說天理，而本心良知之天理是不須要亦不能通過「即物」而窮者。若就孟子盡心知性知天說，此心性天之天理亦不是即物而窮者。就「於穆不已」之天命實體說天理，此天命實體之天理亦不是即物而窮者。此是反身逆覺體證之路，不是向外順取之路。今既倒轉而為向外順取，就「即物窮理」說，則自不能只格一物。伊川、朱子在此將顏子之「聞一知十」拉來與其「即物窮理」連在一起說，好像顏子亦是此路，人或以為顏子之「聞一知十」即是伊川、朱子言「格物」之根據。「聞一知十」只是表示其天資之明敏，亦不能只格一物便可「豁然貫通」，亦須多聞多格。實則此只是借用說「格物」義，並不能由此即謂顏子亦是順取之路。《論語·子罕》篇記云：「顏淵喟然嘆曰：仰之彌高，鑽之彌堅，瞻之在前，忽焉在後。夫子循循然善誘人。博我以文，約我以禮。欲罷不能，

既竭吾才，如有所立，卓爾。雖欲從之，末由也已。」此中博文約禮之語最爲主張「道問學」者所常引用，然一般「道問學」、博文約禮，無人能反對。聖門之言博文約禮只是一般的教育，並不就體悟道體性體說。顏淵之喟然而嘆是讚聖人之道之高深莫測、廣大無盡，並不表示是體悟道體性之確定的工夫入路。若以爲聖門只以博文約禮、道問學、爲體悟道體性體之確定的工夫入路，則孔子告顏淵亦言「克己復禮爲仁」，此將如何說？又讚顏淵之好學爲「不遷怒，不貳過」，此又將如何說？是以顏淵嘆語中之「博我以文，約我以禮」，不能與伊川、朱子之言「即物窮理」等同起來，視爲一事。伊川、朱子將博文約禮、道問學拉來與「即物窮理」合一說，是表示此是體悟道體性體之確定的工夫入路，但《論語》不表示此義。問題既轉在體悟道體性體上，則言體悟道體性體之顯明的路數與根據是在孟子，而不在顏淵之嘆語。即就《論語》說，亦在如何「識仁」，而「識仁」是不能就「即物窮理」來識的。（仁不離人倫日用，是就事上來表現、來驗證，但此與伊川、朱子之「即物窮理」並非同一意義。）是以就識仁與體悟道體性體說，顏淵博文約禮之語之語乃成不相干者，不能于工夫入路上有若何決定之用。伊川、朱子將博文約禮、道問學與其「即物窮理」之路合一說，人于此有異議是對其「即物窮理」之路有異議，不是對于博文約禮有異議也。此問題完全是體悟道體性體之入路問題，不是一般的博文約禮問題也。

伊川、朱子既走其「即物窮理」之順取之路，故一方既不能只格一物，一方亦不能盡格天下之物。既「即物」而窮矣，何便只即一物？此與天資無關。蓋「即物」上即必然函著須多「即物」。及

其一旦「豁然貫通」，則即一物可，即多物亦可。但在漸磨的過程
上，則必須不能只即一物。若在逆覺之路，則根本不須「即物」，
要者倒在「反身」。今既必須「即物」，則自不能只即一物。至于
亦不能說盡格天下之物，蓋「生也有涯」，何能盡格天下之物？是
以既不能說只格一物，亦不能說盡格天下之物。此種「即物以窮存
在之理」之工夫只是漸磨之工夫；而此漸磨乃是無窮無盡者，並不
是磨久了，一旦豁然貫通，便可不即物。縱使「生也有涯」，亦須
盡有涯之生以赴之，乃不容一息間斷者。（此與盡格天下之物不
同）。

　　此種無窮無盡、不容間斷之「即物窮理」之漸磨工夫，其作用
只在朱子所說「心靜理明」之一語。蓋伊川、朱子之說之心只是實
然的心氣之靈之心，其自身常不能凝聚而清明，反常在浮動、昏
沉、散亂之中。是以必須敬以涵養使之常凝聚常清明，然後始能發
其明理之用。明理是明存在之理，故必須即物以明。在此，自然用
得上《大學》「致知在格物」之一語。（言「用得上」者表示不必
即《大學》之原義）。此即伊川「進學則在致知」一語之實義。
「進學」者即是即物以明存在之理，以致其心知之明也。此種「心
靜理明」之終極的亦即本質的作用即在使吾人之心氣全凝聚于此潔
淨空曠無跡無相之理上，一毫不使之纏夾于物氣之交引與糾結中，
然後心氣之發動始能完全依其所以然之理而成爲如理之存在，此即
所謂全體是「天理流行」也。此時吾人即只見有理，不見有氣，全
宇宙亦只是一理之平鋪。天理、實理充塞一切，即貞定一切。是故
「即物窮理」以致知並不是留住于物自身之曲折之相上而窮究其形
構之理以成經驗知識（見識之知、科學之知），乃是即之而越過其

曲折之相以窮究其超越的、形而上的「所以然」之「存在之理」，以便使吾人之心氣全凝聚于理上，使其發動全如理。故此知仍是「德性之知」，其目標仍在指向于道德行為上，使吾人之行為皆如理。此種知雖須即物以致，卻並不成經驗知識，因其所窮之理無跡無相、為一為遍為常故，故曰德性之知。蓋此理本為存在之理，故吾人知之而依之，即可發動如理之行為以成其德行。有德行（如理的行為）始可說有德性。此種使吾人有德行有德性，故曰「德性之知」也。依明道所代表之一大系而言，發于本心性體或誠體之知曰「德性之知」，此不須「即物窮理」以致之，而此亦無認知的意義，只表示本心性體之自主自律自定方向之自知是非，或是表示由誠起明之自知自決之朗照，並不是認知一所對之理也。蓋本心即理故，誠體即理故。發于此本心誠體之自主自決之知即證實其為理。並不是認知一所對之理（一客觀之存有）也。但在伊川、朱子，性只成存在之理，只存有而不活動，心只是實然的心氣之心，心並不即是性，並不即是理，故心只能發其認知之用，並不能表示其自身之自主自決之即是理，而作為客觀存有之「存在之理」（性理）即在其外而為其認知之所對，此即分心理為能所，而亦即陽明所謂析心與理為二者也。在此情形下，「德性之知」即不能說為「發于本心性體」之知，或「由誠起明」之知，而只能說為「知存在之理而依之以使心氣之發動皆如理，以成德行有德性」之知。此是就「即物窮理」說德性之知，不是就本心性體或誠體之明說德性之知。是故在伊川、朱子，「即物窮理」之真實作用即在「心靜理明」，其確定意義即是順存在之然而明其所以然之「存在之理」以成德性之知，以便使吾人之心氣之一切發動皆如其所以然之存在之理而成為

如理之德性也。此亦可說是稱性而發，但不是稱「本心即性」之性體而發，而是心氣依性理而發，而性理自身則只存有而不活動，並無創生妙運之神用與興發道德行為「沛然莫之能禦」之大用。依格物窮理之方式去把握性理，亦只能如此。

是以「格物窮理」所函的博文約禮、道問學之意義，就把握存在之理以成「德性之知」說，只是消極的意義。其目的既不在成經驗知識，即無積極的意義。所謂博、所謂問、所謂學，只是經由之以漸磨，以便使吾人「心靜理明」，而所明之理是一、遍、常之「存在之理」也。然則博文約禮、道問學究有無積極的意義？曰：有，其積極的意義首先是在成經驗知識之自身。但此必須留住于「存在之然」上而窮究其自身之曲折之相始能出現。若但經由而越過之以窮「存在之理」，則不能出現。是以格物窮理亦有兩面用：用于存在之理，則成德性之知，博文下學在此無積極的意義；用于形構之理，則成經驗知識（見聞之知），博文下學在此有積極的意義。伊川、朱子言格物窮理未作此分別，常混在一起說。然其目標固在窮存在之理，而不在窮形構之理。關于形構之理之知識是在窮存在之理之過程中不自覺地帶出的。故終于是窮性理的道德學家而非是窮物理的科學家。當朱子說「衆物之表裡精粗無不到，而吾心之全體大用無不明」時，此兩語如其有真實的意義，即在窮「存在之理」，而不在窮「形構之理」；其作用即在使吾人之心氣與外物全部為天理實理（性理）所貫澈所貞定，就心氣言，是全部清明寧靜，皆如理而無一毫隱曲之私，就物（存在之然）言，雖一毛一孔亦見其為天理實理性理所澈盡。此即是其所說「用力之久而一旦豁然貫通」之境。「用力之久」即是藉「即物」之見聞以磨練。「豁

然貫通」即是「表裡精粗無不到」，雖一毛一孔亦見其爲天理實理性理所澈盡而無一物之或遺。若不就窮存在之理說，而就窮形構之理說，則該兩語便無眞實的意義。因爲你並沒有研究出物理化學乃至其他各種經驗科學之知識，何能說「表裡精粗無不到」？是以若對應科學之知言，該兩語是無意義的，甚至是廢話。人可以說你一生根本一事未作、一物未明，簡直是個懶漢，只說了一句空話，並無客觀的實效。也可以說你一生的艱苦只是不相干的徒勞，不知你忙些甚事，根本是不對題，因爲如果眞對題，何以沒研究出生物學、植物學來？明是一點都未到，何得侈言「表裡精粗無不到」？但是若就藉「即物」之見聞以窮存在之理說，該兩語實有眞實之意義與作用，確能成德性之知以使吾人之心氣之一切發動皆可逐漸如理以成德行，以有德性，此就是其客觀的實效——實踐上的實效。至于其實效之程度如何，其在成德上之力量如何，則是另一問題。

　　但伊川、朱子皆如此重視博文下學，如此重視道問學，難道博文與問學就只是這消極意義乎？如果只是這消極意義，只在憑由之以窮存在之理，則博文與問學自身不能落實，其重要性即減小。吾人前說就窮存在之理說，不能只格一物，亦不能盡格天下之物。此即表示須多格、多磨練，而且不容間斷。雖然如此，但就存在之理說，格一件是此存在之理，格多件亦只是此存在之理，並無多樣之存在之理。「一旦豁然貫通」，亦確證實此義。是以于理之內容並未增加，所增加者只是心氣之寧靜與清明之程度，而于其「知」之內容亦無所增加。是即表示博文與問學已無甚重要矣。朱子說「大學始教，必使學者即凡天下之物，莫不因其已知之理而益窮之，以求至乎其極」。「因其已知之理而益窮之」即函著從其直接所已知

者而益窮其所未知者。但在「存在之理」上，此「已知」與「未知」並非因理之不同而分別，似乎只是「懵然」與「豁然」之分別，只是發蒙與明澈之分別。是即已知與未知之別在客觀內容上並無實義。如是，從已知到未知，層層推進上之博與多亦並無積極之意義，是亦表示博文與問學重要性之減殺。是以在此博文與問學之重要性似只在憑由之經歷一番，可以使吾人普遍地肯定的（遍萬物而為言的）存在之理更加落實，而于理之內容無所增加（因只一理，並無多理故），並使吾人之心氣更加寧靜與清明，而于知之內容亦無所增加（因只以存在之理為知之內容故），只是使心寧靜與清明之極只成一貞定明淨之玻璃鏡、一光板之鏡照。

　　吾人如何能使伊川、朱子所重視之博文與問學更有實義（積極的意義）？吾人前說其積極的意義首先是在成經驗知識之自身。此必須留住于「存在之然」上而窮其曲折之相以成形構之理。此處才可以說歸納，已知未知才有實義，不只是懵然與豁然、發蒙與明澈之分，而且有理之內容之增加（因形構之理是多非一故），心知之明亦不只是一寧靜與明淨之光板，而且有知之內容之增加。如是，「存在之理」之一之底子可以交織上形構之理之多，而明淨光板之心之以存在之理為其知之內容者復可交織上以形構之理之內容。此是**兩層之交織**。如是，方能使博文與問學挺立其自己而有實義。但只如此說，尚不能盡其實義。吾人尚須進而明此形構之理于成德上究有本質之作用否？如無，還是不能極成「道問學」之重要。伊川、朱子固是于兩層之理未曾作嚴格之分別，然見聞之知與德性之知之分別仍隱函此兩層理之分別；固是重在德性之知，窮存在之理，然其順取之路如此重視道問學，而又「因其已知之理而益窮

之」，亦未曾于兩層上分別「已知未知之別」之不同，而卻是兩層混一說，（伊川尚說德性之知與見聞之知，朱子即不甚言），是則「形構之理」之知對于成德當有其本質的作用。吾人今既自覺地予以分別，當于形構之理于成德上之作用予以積極之說明，以極成伊川、朱子重視「道問學」之實義。

　　窮「存在之理」以使吾人之心氣全凝聚于潔淨空曠無迹無相之理上固是使心氣發爲純淨德行之必要條件，因而亦有其成德上之本質的作用，但須知在伊川、朱子之系統中，一、此存在之理（太極、性理）是空無內容者，其多相是對應「存在之然」而被界劃出，其自身只是純一之理，並無定多之理存于其自身之中，二、又其自身是只存有而不活動者，並無創生興發之用，是以當吾人之心氣須要依存在之理發爲行動以成「存在之然」時，光此存在之理實是不足夠者。當吾人從「存在之然」推證其超越的所以然以爲「存在之理」時，說凡是實然皆有其理，皆依其存在之理而來，此好像很清楚而容易，然當吾人眞地（存在地）要去依存在之理而發爲行動時，立時會頓感茫然，而不知如何下手。此無關于已窮未窮。即使已窮而已明澈，若只此存在之理，亦仍然會感茫然。說惻隱之情之所以然之理是仁，此甚清楚而容易。但若要依「仁」這個理去發動惻隱之情（或愛之情），落實了，便會頓感茫然。只儱侗這樣一說，好像亦很清楚而容易；但若眞地要去發動，便立感並不那樣清楚，亦並不那樣容易。蓋惻隱或愛的行爲都是些特殊的行爲，特殊的行爲對應特殊的情境而發，推之一切其他道德行爲皆然。若光知一特殊行爲有其所以存在之理，吾人如何能只依這空洞的存在之理去發這特殊的行爲？特殊的行爲有記號、有徵象，但其存在之理並

無記號，亦並無徵象。吾人如何能泛應曲當，單依存在之理去發這些同是惻隱或同是愛的特殊行爲？此確是一個難題。在此，立見出「形構之理」之知之重要。在此，形構之理是就特殊情境說。對子女是慈愛，對旁人也是慈愛，乃至有各種情境下的慈愛。難道說只依一存在之理即可發出這些同是慈愛的特殊行爲而皆能泛應曲當而如理乎？我看在伊川、朱子之重視「即物窮理」中並不能如此之簡單與顢頇。是以在「即物窮理」中必須能窮這些特殊情境底形構之理（曲折之相），然後吾人依存在之理去行始可有一**指標**可資遵循。特殊情境上的形構之理是吾人發動行爲底**軌跡**或**指標**，而存在之理則只是此「行爲存在」之超越的所以然而定然者，所謂「所當然而不容已，與所以然而不可易」者（黃勉齋〈朱子行狀〉語）。必須去作是「存在之理」之事，而如何去作或爲何如此作則須有形構之理爲指標或軌迹。譬如對父母當孝，倘若吾人對于父母之身體與心志之情境無所知，則簡直不知如何能恰當地去表現一孝行。汝必須去行孝以實現一孝行（使孝行存在），此是「存在之理」之事。但如何去行孝，則須賴「形構之理」作指標。又如舟有舟之存在之理，車有車之存在之理，但若吾人對于舟車之形構之理無所知，光依存在之理亦造不出舟或車來，而當吾人要發動使用舟車之行爲時，亦不必能有得當之使用，也許竟茫然亂動手腳，用舟于陸，用車于水！枯槁亦有其存在之理，但若對于枯槁之物之形構之理無所知，則麻黃當作人參吃又如何？是以當即物窮理時，不但要窮其存在之理，同時形構之理亦必須在窮中，而一存在之理之「使然者然」，此「然」是存在，而其曲折之相亦同時含具在此存在然中而爲一整體（一完整之個體）。吾人窮存在之理時必須通過形

構之理，但並不是只通過而越過之不理它，通過之亦須留住于其上而窮究之，由此以滲透至存在之理。否則存在之理不切不實。所謂「通過之」只是不止于此而已，並非閉目不理會也。若閉目不理會，不得謂爲「即物」。所謂「衆物之表裡精粗無不到」，此語猶嫌儱侗，實則只是形構之理（表、粗）與存在之理（裡、精）之皆須窮方能盡朱子心中之所想。此方眞是道問學之積極意義，使道問學之重要性挺立而不搖蕩，雖終極目標在窮存在之理亦無礙。從形構之理到存在之理皆是道問學精神之所貫。形構之理導引至存在之理，因此可以作爲發動行爲之指標或軌迹，而存在之理之一亦因此指標或軌迹而界劃出一特定之相；存在之理貫注于形構之理，如水銀瀉地，無孔不入，如是方能盡其「使然者然」之具體的任務，其所使之然者固不只是一赤裸之存在，連同其曲折之相（特殊之內容）亦皆使之然矣，因此依存在之理發動行爲固必須以形構之理爲指標或軌迹而後始有著手處也。窮理既兩層連帶皆須窮，則兩層之理對于成德皆有本質之作用亦明矣。就窮理說，若不究知形構之理，亦不能眞切地上至存在之理。就發行說，若不知形構之理，則存在之理亦下不來。此當是伊川、朱子重視道問學之實義。

　　此一系統徹底是漸教，亦徹底是唯智主義的他律道德。形構之理之重要即順成此他律道德。形構之理與存在之理皆所以律吾人之心氣者也。涵養上之敬亦唯是在使心氣常常凝聚而淸明能完全凝聚于理上而順理。此一系統亦使一切行爲活動只要是順理（順形構之理之實然與順存在之理之當然與定然）即是道德的，此是唯智論與實在論之泛道德，而道德義亦減殺。此其所以爲他律道德，亦曰「本質倫理」也。實則唯是心之自主、自律、自決、自定方向方眞

正是道德，此是道德之本義，並不是只要順理即是道德也。是以伊川、朱子系統中作爲「存在之理」之性理其所表示的「當然而不容已與所以然而不可易」實並提不住道德上之「應當」義。再加上「形構之理」之重要，「應當」全由「實然」來決定，是即「應當」全轉成平鋪之實然，實然通其所以然而定然即是應當。存在之理之存有與形構之理之本質這一實然而定然之系統，提綱說，這一存有之系統，即是應當之系統。此是以「存有」決定「善」者。此其所以爲實在論、爲本質倫理也。（順本質系統爲指標而活動。）

　　然衡之先秦儒家以及宋、明儒之大宗皆是以心性爲一，皆主心之自主、自律、自決、自定方向即是理；本心即性，性體是即活動即存有者；本體宇宙論地自「於穆不已」之體說道體性體，道體性體亦是即活動即存有者。活動是心、是誠、是神，存有是理。此是攝存有于活動，攝理于心神誠，此即是吾人道德創造之眞幾性體。此性體不能由「即物窮理」而把握，只能由反身逆覺而體證。從此性體之自主、自律、自決、自定方向上說應當，此方眞能提得住、保得住道德上之「應當」者。此是眞正理想主義的自律道德，亦曰方向倫理也。此是以「意志」（康德所說的意志）決定「善」者，以「活動」義決定「善」者，而即活動即存有也。對主智主義言，此是主意論——康德式的主意論，非中世紀及來布尼茲之主意論也。宋、明儒皆本先秦儒家說心說性，不說意，惟最後至劉蕺山即說這種意根獨體。其義一也。

　　在此自律道德之系統中，形構之理處之經驗知識（博文與問學）亦並非不重要，但並非道德之所以爲道德之本質，乃只是作成一道德行爲之助緣。以此知識爲助緣，所極成者仍是自律道德，並

未變成他律道德。此即象山所謂「尊德性」之實義。但在伊川、朱子，形構之理之重要卻終于只極成他律道德，此即是其重視「道問學」之實義。根本處只在其言性體方式之倒轉，而對于性體又只理解爲「只存有而不活動」者。非泛然爭論尊德性與道問學之輕重先後也。空頭觀之，不足以知其實。

　　順伊川、朱子之說統，始有存在之理與形構之理之混淆，始有存在之理與歸納普遍化之理之混淆，故詳簡之如上以明其分合。順明道、象山等所代表之一大系（合兩系而成者）言，其言心體性體乃至道體不會使人有此誤會與混淆。

　　本章及上章是宋、明儒學之綜括。以下依明道、象山等所代表之一大系爲根據來融攝康德，並藉康德之辨解以顯自律道德之實義，並進而展示其所函之全部理境，即道德的形上學之究極完成。

第三章　自律道德與道德的形上學

第一節　論道德理性三義

　　依康德，自由意志所先驗構成的（自律的）普遍的道德律是屬於睿智界，用今語說，是屬於價值界、當然界，而知性範疇所決定的自然因果律則是屬於感覺界、經驗界、實然或自然界。這兩個世界間距離很大，如何能溝通而合一呢？這個問題，在康德的批判哲學中，是幽深曲折地來思索的，也可以說是相當的艱難。這個問題本也可以不必如此曲折艱思，西方哲學傳統所表現的智思與強力自始即無那道德意識所貫注的原始而通透的直悟，而其一切哲學活動皆是就特定的現象或概念，如知識、自然、道德等，而予以反省，施以步步之分解而步步建立起來的，這徵象也很顯明地表現於康德的哲學中。這樣步步分解、建立，自然不容易達到最後的融和。這是概念思考底好處，也是概念思考本身所造成的障隔。這如程明道之批評張橫渠，說他是「強探力索」，「直恁地不熟」。在這裏，我們也可以說康德是「強探力索」了，他是未至圓熟之境的。

　　若依宋、明儒之大宗說，道德性的天理實理是本心性體之所

發。本心性體或於穆不已之道體性體是寂感眞幾,是創造之源,是直貫至宇宙之生化或道德之創造。自宇宙生化之氣之跡上說以及自道德創造所引生之行爲之氣之迹上說,是實然、自然,是服從自然因果律,但自創造之源上說,則是當然,是服從意志因果的。如是,則這種契合是很直接而自然的,不必須曲曲折折強探力索地去艱苦建構了。這個問題不是直接地就「道德底當然」與「自然底實然」這兩個自性絕然不同的概念而去搏鬥,一方說很難,一方說很易。依宋、明儒之大宗而說很易,(很直接而自然),關鍵不在局限於對這兩個自性絕然不同的概念之關係本身去想,而是在宋、明儒之講道德性的天理實理原不是孤離地局限地或抽象地單看「道德性」這個概念之當身,單看純然善意所先驗地自律地構成的那個「圓滿道德之理念」。他們自始就有一種通透的、具體的圓熟智慧,而把那道德性之當然滲透至充其極而達至具體清澈精誠惻怛之圓而神的境地。這裏是一個絕大的原始智慧,不是概念分解的事,說艱難亦艱難,說深奧亦深奧,可是把這一關打通了,說容易亦容易。在聖人之開發此智慧原是自天而降,不是經過概念分解的,所以也可以說很簡易。但就一般人之了解這一關言,卻並不是容易的。若把這一關打通了,那道德底當然與自然底實然之契合便不是問題,而是結論了。若無這原始智慧,則只有像康德那樣認它爲直接搏鬥的問題所在而去強探力索、曲折建構了。這是中國儒家言道德之當然與康德的道德哲學之最根源的而爲人所不易察覺到的差異處。

我說宋、明儒之大宗「把那道德性之當然滲透至充其極而達至具體清澈精誠惻怛之圓而神之境」並不是無義理指謂的憑空讚嘆之

辭，乃是一、他們皆能共契先秦儒家之原始智慧之所開發而依之為矩矱，即是說，那「達至具體清澈精誠惻怛之圓而神之境」原是先秦儒家「踐仁盡性」之教所已至，也是聖人「通體是仁心德慧」之所已函，他們不過能冥契此玄微，承接之並多方闡發之而已耳。二、這「具體清澈精誠惻怛之圓而神之境」，如果想把它拆開而明其義理之實指，便是在形而上（本體宇宙論）方面與道德方面都是根據踐仁盡性，或更具體一點說，都是對應一個聖者的生命或人格而一起頓時即接觸到道德性當身之嚴整而純粹的意義，（此是第一義，）同時亦充其極，因宇宙的情懷，而達至其形而上的意義，（此是第二義，）復同時即在踐仁盡性之工夫中而為具體的表現，自函凡道德的決斷皆是存在的、具有歷史性的、獨一無二的決斷，亦是異地則皆然的決斷，（此是第三義）。

　　在此三義中，第一義即融攝康德《道德底形上學之基本原理》中所說之一切。因為我們不能說孔子的那個代表真實生命、代表全德、一切德所從出的「仁」是個經驗的概念，是個後天的心理學的觀念，如果我們心中默存一分解的思考方式去觀之時，孔子並沒有用「超越分解」的方式去抽象地反顯仁之為道德理性、為道德法則是先驗的，而且是普遍的。聖人是原始智慧之開發，很少用哲學家的分解建立的方式去表現道理的。就孔子的仁說，他是依其具體清澈精誠惻怛的襟懷，在具體生活上，作具體渾淪的指點與啓發的。我們不能說在這具體渾淪中不藏有仁道之為道德理性、之為道德的普遍法則之意，因而亦不能說這混融隱含於其中的普遍法則不是先驗的，不是對任何「理性的存在」（rational being）皆有效的。不過孔子沒有經過超越分解的方式去抽象地反顯它，而只在具體清澈

精誠惻怛之真實生命中去表現它，因而仁之為普遍的法則不是抽象地懸起來的普遍法則，而是混融於精誠惻怛之真實生命中而為具體的普遍，隨著具體生活之曲曲折折而如水銀瀉地，或如圓珠走盤，遍潤一切而不遺的這種具體的普遍。它的先驗性與超越性也不是反顯地孤懸在那裏的先驗性與超越性，而是混融於真實生命中的內在的先驗性、具體的超越性。若說它是體，它是「全體在用」的體；若說它是用，它是「全用在體」的用。那具體清澈精誠惻怛的真實生命本身就是全幅是仁道的表現。人若執滯不通，心思沈墮，執著於具體表現之一端一相而謂此即是仁或那是仁，必以為仁完全是後天的、經驗的，甚至是非常之浮淺與表面的。這當然是自己之淺陋，根本無與於孔子所言之仁。這並不可以妄假「平實」之名以為文飾，孔子之平實不如此也。「相人偶」之訓詁只是文字學教小孩的一個線索，豈是「相人偶」便能定仁之意？孟子言「仁者，人也，合而言之，道也」。此亦不錯，但若把「人道」只限於社會性的倫常道德豈能盡仁道之為人道之實義？此誠如《易傳》所言：「仁者見之謂之仁，智者見之謂之智，百姓日用而不知，故君子之道鮮矣。」對孔子之仁，我們也可以說：淺者見之謂之淺，浮者見之謂之浮，故孔子之仁陋矣。

　　對於道德性當身之嚴整（莊嚴）而純粹的意義，唯孔子一人是渾淪的表現，是渾然天成，是孟子所謂「堯、舜性之也」，是《中庸》所謂「自誠明謂之性」。自孔子以下，皆有分解逆顯的意味，就孔子之渾淪表現而逆顯，把他的渾然天成打開而逆覺，是孟子所謂「湯、武反之也」，是《中庸》所謂「自明誠謂之教」。無論是孟子的「性善」，或是《中庸》的「天命之謂性」，皆是由逆覺以

顯「性體」之爲本，這就點出道德實踐之先天的根據，亦可曰超越的根據。孟子明由「仁義內在」以見性善，內在是表示仁義內在於超越的（非經驗的，非心理學的）道德心，是先天而固有的，「非由外鑠我也」，這是把孔子渾淪表現的仁義收攝於性體以爲純粹而先天的道德理性，且不只是抽象的道德理性，而亦是必須具體呈現於那超越的道德心的。惟康德是從「自由意志」講，而中國的傳統則是喜歡從「性體」講。自由意志經由其自律性所先驗提供的普遍法則是道德行爲底準繩，而依中國傳統，則是主張先驗的普遍的道德法則是性體之所展現。惟中國傳統並沒有像康德那樣，費那麼大的氣力，去分解辨解以建立它的先驗性與普遍性，而其重點則是落在「盡」字上，（盡性之盡），不是落在辨解它的先驗性與普遍性上。依儒家傳統，性體所展現的道德法則，其先驗性與普遍性，是隨著天命之性而當然定然如此的，這是不待辨解而自明的，這是由於精誠的道德意識所貫注的那原始而通透的智慧隨性體之肯定而直下肯定其爲如此的。故重點不落在這種辨解上，而只落在「盡」字上。當然時下人們如沒有那種原始智慧，或不假定那原始的智慧，而有哲學辨解的趣味，則隨康德那樣去辨，也是好的。可是中國儒家傳統以前的不辨，並不能表示他們所肯定的性體以及此性體所展現的道德法則就不是先驗的與普遍的，說他們沒有這些意思，或並沒有達到康德那種崇高而嚴整的程度。其實不但並非如此，而實亦超過了康德的境界，（此義下面再說），惟沒有採取他那種辨解的方式以及其所使用的詞彙而已。非然者，孔子何以說：「有殺身以成仁，無求生以害仁」？孟子又何以說：「所欲有甚於生，所惡有甚於死」？又何以說：「君子所性，雖大行不加焉，雖窮居不損

爲」？又何以說：「鄉爲身死而不受，〔不受嗟來無禮之食〕，今
爲宮室之美爲之！〔竟不辨禮義而受萬鍾之祿，下同〕。鄉爲身死
而不受，今爲妻妾之奉爲之！鄉爲身死而不受，今爲所識窮乏者得
我而爲之！是亦不可以已乎？此之謂失其本心！」〕？凡這些話俱表
示在現實自然生命以上，種種外在的利害關係以外，有一超越的道
德理性之標準，此即仁義、禮義、本心等字之所示。人的道德行
爲、道德人格只有毫無雜念毫無歧出地直立於這超越的標準上始能
是純粹的，始能是眞正地站立起。這超越的標準，如展爲道德法
則，其命於人而爲人所必須依之以行，不是先驗的、普遍的，是什
麼？這層意思，凡是正宗而透澈的儒者沒有不認識而斷然肯定的。
宋、明儒之大宗只是把這孔、孟的規範把握得更緊、遵守得更嚴而
已。其大講性體心體者，亦不過是把這超越的標準提練得更清楚更
確定更不可疑而已。程明道說佛只爲生死所恐動，其出發點是個利
害觀念。後來陸象山就說：「看見佛之所以與儒異者，止是他底全
在利，吾儒止是全在義」，這是宋明儒的共同意識。這批評，佛弟
子當然不高興。然而佛教是從苦業意識出發，不從嚴整的道德意識
出發，則是確然不移的。從嚴整而澈底的道德意識（義）出發，是
直下立根於道德理性之當身，這是不能有任何歧出與旁貸的；凡一
有歧出與旁貸便是私與利。依康德，私與利是沒有先驗性與普遍性
的。宋儒說佛教是私與利，當然是很深微的，並非說佛教還有世俗
之私與利。依宋、明儒與康德的嚴整而澈底的道德意識出發，則普
通的宗教意識俱不免私與利之情，這當然不是說的今之信教者爲的
是領物資與出國。

　　在西方哲學家中，只有康德始認眞地認識了這澈底而嚴整的道

德意識。在他首先說明道德法則不能從經驗得來以後，接著就說下面一段話：

> 其次，再沒有比我們想「從範例中引申出道德」這件事更是對於道德的致命傷。因為凡是置在我面前的每一道德之範例，其自身必須首先為道德原理所檢查，看看它是否堪充為一原始的範例，即堪充為一範型，但它決不能即權威地供給這道德性之概念。即使是《四福音書》中的獨一聖子，在我們能承認祂是聖子以前，也必須先與我們的道德圓滿之理想作比較。所以祂自己說：「你們為什麼稱你所看得見的我為善？除你們所看不見的上帝而外，無有配稱為善者（善之模型）！」但是我們又從那裡得有上帝為最高善之概念呢？這只有從理性所先驗構成的，而且與自由意志之觀念不可分地連結於一起的那道德圓滿之理念而得來。至於模倣，在道德性中畢竟是無地位的，而範例則只可供鼓勵之用，即是說，它們能把法則所命令者之可實行性置于無疑之地，它們能把實踐規律所更一般地表示的使其成為可見的，但它們決不能使我們把那存於理性中真正根源的東西置之不理，而只依範例去指導我們自己。（《道德底形上學之基本原理》第二節中之一段，英人亞保特（Abbott）譯《康德的道德論》，頁25）

這一段話很顯明地表示了道德理性之徹底透出，就是聖子與上帝也不能違背它。這正是程明道所說的「得此義理在此，甚事不盡？更有甚事出得？」一段話之意義。我們也可以說上帝就是那道德理性

所先驗構成的「道德圓滿之理念」之宗教之情上的人格化。但是道德理性如眞充其極，人格化與否是無足輕重的。中國儒家就是不把它人格化而爲神的，不但不把它人格化，而且經由道德理性之充其極，正是把那《詩》、《書》中原有的人格神的帝天轉化而爲超越遍在的天道、天命、天理、實理或仁體、誠體、神體的。我們再看康德的另一段話：

> 要想達到這一點，〔案：即「先驗地證明實有無上命令」這一點〕，最重要的是要記住：我們必不允許我們自己去想從人性底特殊屬性中推演出這原則底眞實性。因爲義務應當是行爲底一種實踐的、無條件的必然性；所以它必須在一切理性的存在上皆能成立，（這一切理性存在即是一定然命令所畢竟能應用於其上者），而且只爲此故，所以它亦是在一切人類意志上皆能成立的一個法則。反之，凡是從人類之特殊的自然特徵中推演出來的，從某種情緒與脾性（性癖）中推演出來的，不，如其可能，甚至從適當於人類理性的任何特殊傾向，而這不必然在每一理性存在底意志上皆有效者中推演出來的，這雖誠可供給我們以格準，但卻決不能供給我們以法則；可供給我們以主觀原則，使我們依之可隨脾性與性好以行，但卻決不能供給我們以客觀原則，使我們依之必須奉命以行，縱使一切我們的脾性、性好以及自然的性向都反對它，我們也必須遵從之。如實言之，這義務中的命令，如主觀衝動愈少喜愛它，或愈多反對它，其莊美性以及其內在固具的尊嚴性就愈顯著，決不能絲毫減弱這法則底責成性或

減少它的遍效性。（同上，頁34）

這一段話是非常有意義而且重要的。如果人們見到孟子講「性善」，《中庸》講「天命之謂性」，以爲正宗儒家所講的人之性是康德此段話中所說的「人性底特殊屬性」之人性，「人類之特殊的自然特徵」之人性，「脾性、性好以及自然的性向」或「任何特殊傾向」諸詞所表示的人性，那將是絕大的誤會。告子、荀子，下屆董仲舒、揚雄、劉向、王充乃至劉劭《人物志》所講的才性，這一系思想家所講的人性正是康德此段話中所說的人性。所以這些思想家決不說人性定然是善。他們或說是中性、「無善無不善」（告子），或說性惡（荀子），或說有善有不善（董子），或說善惡混（揚雄），或說「性不獨善，情不獨惡」（劉向），或說性分三品（王充），這些說法都可概括在「用氣爲性」這一原則下，他們說的性都可以說是「氣性」。就此而言，那些說法原都是可以的，亦並不衝突。我們當然不能由這氣性建立起先驗而普遍的道德法則，或義務中的定然命令，但我們不能把孟子與《中庸》所說的性也混在這一系中一例看。孟子所說的性顯然是內在道德性當身之性，其所謂善乃是這內在道德性當身之善。此性是普遍的、先驗的，而且是純一的，並不像氣性那樣多姿多彩，個個人不同的。其善亦是定然的，並不像氣性那樣，或善或惡，或無所謂善惡的。孟子直就人的內在道德性說性，而《中庸》「天命之謂性」則推進一步把內在道德性之性通於天道、天命，不但直下是道德的，而且是本體宇宙論的，而孟子說盡心知性知天，則亦是原函蘊此義的，故云「萬物皆備於我矣，反身而誠，樂莫大焉。」這種論性顯然是從由自然生

命的種種特徵說性，即從氣性說性，來一個超越的大解放，從自然生命提高一層，開闢人的精神生命，建立人的理性生命。對氣性而言，這可以說是「用理為性」。（不是伊川、朱子脫落了心的「只是理」之理。）康德說的那自由自主自律而絕對善的意志，若照正宗儒家看，那正是他們說的本心即性。（康德卻並未把這視為人之「性」，注意。）明朝最後一個理學家劉蕺山講誠意慎獨正是說的這種意志。這「用理為性」一路，孟子而後，自荀子起，下屆兩漢傳統，是無人能了解的，但他們卻彰顯了「用氣為性」一路。（一般人說人性以及西方人所說的「人性」大抵都是說的氣性。）這兩路會合於宋儒，便成了他們所嚴格分別的義理之性（天地之性、本源之性）與氣質之性。（不是朱子所講者。）宋、明儒之大宗始真緊守孟子、《中庸》所開闢的「超越的心性」而著力前進的。所以人們若見康德這段話，便以為儒家從人性建立道德是軟罷無力，正好是建立不起的，這意見即表示他根本未接觸到正宗儒家所說的人性是什麼。我們現在很感謝康德這段話，由他這段話，人性論底不同層面與分際完全撐開了，可使吾人簡別得很清楚。（關於此處所說，請參看拙著《才性與玄理》第一章。）

由以上，康德以為道德法則：

1.不能從經驗建立；

2.不能從「範例」引申；

3.不能從「人性底特殊屬性」、「人類之特殊的自然特徵」、「脾性（性癖）、性好以及自然的性向「 propensions, inclinations and natural dispositions ）推演；

4.甚至亦不能從「上帝底意志」來建立。

由這一切所建立的道德法則以決定我們的意志，都是康德所謂「意志之他律」（heteronomy of the will）。康德把「基於他律之概念而來的一切道德原則」分爲兩類：「或爲經驗的，或爲理性的。前一類從『幸福』底原則而抽引出，它是建築於物理的（生理的）或道德的情感之上的；後一類從『圓滿』底原則而抽引出，它或是建築於當作一個可能的結果看的那『圓滿』之理性概念上，或是建築於作爲我們的意志之決定因的一個『獨立的圓滿』（上帝底意志）之理性概念上」。（《道德底形上學之基本原理》第二節中「基於他律之概念而來的一切道德原則之分類」一段。英人亞保特譯本頁60）。

　　此中關於經驗的一類，康德說：

　　　　所有經驗的原則皆完全不能用來充當道德法則之基礎。因爲它們的基礎是從人性底特殊構造中或從它（人性）所處的偶然環境中而得來時，則它們（這些道德法則）所以之以在一切理性的存在上（並無簡別）皆成立（皆有效）的那普遍性，並因而被安置於它們身上的那無條件的、實踐的必然性，自然喪失無餘。但是私人幸福底原則是最有問題最該反對的，這不只是因爲它是假的，而經驗亦與「榮華富貴常正比於善行」這假設相衝突，又亦不只是因爲它對於道德底建立無所貢獻，（因爲作成一有福祿之人與作成一善良之人，或使一人謹愼精察於其自己之利益與使他爲有德，這完全是不同的事），而且亦因爲它所供給於道德的動力（興發之力）毋寧反是暗中敗壞它，而且破壞了它的莊嚴性，因爲它

所供給的這些動力是把「存心於德」與「存心於壞」置放於
同類，而只教導我們去作較好的計算，而德與不德（壞）之
間的特殊差別則完全給掃滅了。另一方面，關於道德情感，
這設想的特別感覺（即道德感），當那些不能「思考」的人
相信這種「情感」將有助於他們，甚至在涉及一般法則中亦
有助於他們時，去訴諸這種情感，這實在是非常浮淺的；此
外，情感之為物，它天然在程度上有無限地差別變化，它對
於善與惡不能供給一統一的標準，而任何人也不能有權利以
其自己之情感去為他人形成一判斷：不過縱然如此，這種道
德的情感（道德感）亦尚是彌近於道德以及其尊嚴性的，
即，它將「我們對於美德所有的滿足與崇敬直接地歸給於美
德」這種光榮付於美德，而且好像是決不當她的面告訴她
說：我們不是因著她的美而卻是因著利益而親近（愛慕）
她。（同上，英譯本，頁60-61）

康德這段話是把私人幸福原則與道德情感（道德感）俱視為經驗原
則，即後天的原則。這一方面是因為它有待於外，一方面亦因為它
完全根據於那純主觀的「人性之特殊構造」。因此，由之而建立的
道德法則自無普遍性與必然性，嚴格說這實亦不真是道德法則。關
此，私人幸福原則這方面自無問題，但關於道德情感（道德感）這
方面，則有申說之必要。康德所說的道德情感、道德感，是著眼於
其實然的層面，其底子是發自「人性底特殊構造」，（這裏所說的
「人性之特殊構造」與上文所引關於「人性」、脾性、性好、性向
一段相呼應），而又注意其「同情他人底幸福」之意。這種落於實

然層面的道德感、道德情感，有類於董仲舒一類所說的由氣性、材質之性而發的仁愛之情，這當然可劃於私人幸福原則之下，因而亦當然是經驗的、後天的，而且亦無定準。但道德感、道德情感可以上下其講。下講，則落於實然層面，自不能由之建立道德法則，但亦可以上提而至超越的層面，使之成爲道德法則、道德理性之表現上最爲本質的一環。然則在什麼關節上，它始可以提至超越的層面，而爲最本質的一環呢？依正宗儒家說，即在作實踐的工夫以體現性體這關節上，依康德的詞語說，即在作實踐的工夫以體現、表現道德法則、無上命令這關節上；但這一層是康德的道德哲學所未曾注意的，而卻爲正宗儒家講說義理的主要課題。在此關節上，道德感、道德情感不是落在實然層面上，乃上提至超越層面轉而爲具體的，而又是普遍的道德之情與道德之心，此所以宋、明儒上繼先秦儒家既大講性體，而又大講心體，最後又必是性體心體合一之故。此時「道德感」不是如康德所說的那「設想的特別感覺」，而「道德情感」亦不是如他所說的「在程度上天然有無限地差別變化，它對於善與惡不能供給一統一的標準」這實然的純主觀的道德情感，而是轉而爲既超越而又內在、既普遍而又特殊的那具體的道德之情與道德之心。

　　這種心、情，上溯其原初的根源，是孔子渾全表現的「仁」：不安、不忍之感，悱惻之感，悱啓憤發之情，不厭不倦、健行不息之德等等。這一切轉而爲孟子所言的心性：其中惻隱、羞惡、辭讓、是非等是心，是情，也是理。理固是超越的、普遍的、先天的，但這理不只是抽象地普遍的，而且即在具體的心與情中見，故爲具體地普遍的；而心與情亦因其即爲理之具體而眞實的表現，故

亦上提而爲超越的、普遍的、亦主亦客的，不是實然層上的純主
觀，其爲具體是超越而普遍的具體，其爲特殊亦是超越而普遍的特
殊，不是實然層上的純具體、純特殊。這是孟子磐磐大才的直悟所
開發。到陸象山便直以此爲道德性的本心與宇宙心：這當然不是一
個抽象的乾枯的光板的智心，故理在其中，情也在其中，故能興發
那純粹的道德行爲、道德創造，直下全部是道德意識在貫注，全部
是道德義理在支柱，全部是道德心、情在開朗、在潤澤，朗天照
地，了無纖塵。到王陽明則復將此本心一轉而爲良知：良知是認識
此本心之訣竅，亦是本心直接與具體生活發生指導、主宰關係之指
南針；而良知之內容亦不只是光板的、作用的明覺，而是羞惡、辭
讓、是非、惻隱全在內的心體之全，故陽明總言「良知之天理」，
亦總言「精誠惻怛」之本心：這也是既是理，也是情，也是心。

　　把這上提至超越層的心與情體現到圓而神之境的便是聖人。聖
人並非無情。而凡中國以前了解聖人之情的，無不就圓而神的最高
境界說。此無論就儒家或道家說皆然。王弼說「聖人茂於人者神明
也，同於人者五情也。神明茂，故能體沖和以通無；五情同，故不
能無哀樂以應物。然則聖人之情，應物而無累於物者也。今以其無
累，便謂不復應物，失之多矣。」（參看《才性與玄理》第三章與
第四章）。此言情雖就同於人之五情而通說，似不同於康德所說的
道德情感、道德感，然既是聖人之情，則必非下等無色之心理學的
情，雖是就同於人之五情說，然聖人之五情實已全部是道德之情，
不能離乎道德感的，不過其表現的獨是圓通無礙而已。「神明茂，
故能體沖和以通無」，此雖是根據道家的觀念說，然在境界上亦通
儒聖。「體沖和以通無」就是先有超越之體。然體非抽象之空掛，

故不能不在有中表現。「五情同，故不能無哀樂以應物」，即是處有應物，和光同塵，所以成其爲圓教也。照儒家說，則聖人的生命全體是理，全體是心，亦全體是情，故爲圓而神。無情不能應物，情焉可缺哉？此情之原初開始的意義當然就是道德感、道德情感，不過至此已提至超越圓熟之境而已。王弼將此境盛弘之於前，至唐李習之作〈復性書〉亦說「聖人者，豈其無情也？聖人者，寂然不動，不往而到，不言而神，不耀而光，〔……〕雖有情也，未嘗有情也。」至程明道〈定性書〉則言「天地之常，以其心普萬物而無心；聖人之常，以其情順萬事而無情。」此種境界，宋、明儒者無不承認。

　　吾所以縷述至此者，即在明惟重視由實踐工夫以體現性體心體者始能正式正視道德感、道德情感而把它上提至超越層面而定住其道德實踐上的本質意義，然而康德則不能至此，他只把它停在實然層面上，故歸之於私人幸福原則之下，而視之爲經驗原則。道德感、道德情感，如不能予以開展而把它貞定得住，則道德實踐即不能言。正因康德之道德哲學無自實踐工夫以體現性體心體一義，故亦不能正視此道德感、道德情感也。他只是由抽象的思考，以顯道德之體，他只是經驗的與超越的對翻，有條件的與無條件的對翻，此已極顯道德之本性矣，惜乎未至具體地（存在地）體現此「道德之體」之階段，故只言道德法則、無上命令（定然命令）之普遍性與必然性，而對於超越之心與情則俱未能正視。若以儒家義理衡之，康德的境界，是類乎尊性卑心而賤情者。（當然康德並未把他所講的自由自主自律而絕對善的意志連同著它的道德法則無上命令視爲人之「性」，但儒家卻可以這樣看。注意。）

茲且順其境界，再看其關於「理性的」一類之說明：

在理性的道德原則之中，本體論的「圓滿之概念」，儘管有
缺點，亦比神學的概念之從一個神性的、絕對圓滿的意志中
引申出道德為較好。前一概念無疑是空洞而不確定的，因而
對於我們在這可能的實在之無邊廣野中去尋求那最適合於我
們者，亦無多大用處；復次，在想特別去分清我們現在所說
的實在與每一其他實在之不同上，那也不可免地要落於循環
中，而且不能避免默默預定那所要去說明的道德；縱然如
此，它還是比神學的觀點較為可取。首先，因為我們對於
「神的圓滿」並無直覺，這只能從我們自己的概念中，（其
中最重要的就是道德之概念），把它推演出來，這樣，我們
的說明必陷於兜圈子中；其次，如果我們想要避免這兜圈
子，則那剩留給我們的唯一神的意志之觀念無非是以欲求榮
耀與統治這些屬性而造成，並與威力和報復這些可怕的概念
相結合，而凡建築在這基礎上的任何道德系統必直接相反於
道德。（同上，英譯本，頁61-62）

這一段話即可表明上列第四點不能從「上帝底意志」來建立道德法
則之意，亦與前文所引關於「範例」一段相呼應。「圓滿」底概
念，不管是那一型，雖較經驗的一類為進一步，然由之而引出的道
德原則畢竟仍是屬於意志之他律的。最純淨而能保持道德自性的道
德法則必須是「意志底自律」（ autonomy of the will ），即意志自
身給它自己立法，這既不涉於感覺經驗，亦不涉於任何外在的對

象,即意志之遵依法則而行純是無條件的、必然的。試再看康德繼上引文而來的說明:

> 在任何情形中,凡必須要預定意志之對象,決定意志的那個規律才能被規定出來,則這規律簡單地說就只是他律;此中之命令必是有條件的,即是,「如果」或「因為」一個人願望這個對象,所以他才一定要如此如此行:因此,它決不能道德地即定然地命令著我們。對象決定意志,不管是因著性好,如在私人幸福底原則中,或因著「導向於我們可能的決意(一般地說)底對象」的那理性,如在圓滿底原則中,不管是那種情形,總之這時的意志總不是因著行為之概念(即行為本身)來直接地決定它自己,但只是因著行為底預見結果在意志上所有的影響而決定它自己;這樣,我應當去作某事,是因為我願望某種別的事;而在這裡,又必須在我這方面預定另一法則以為它的主體,因著這另一法則,我必然地意欲這「別的事」,而這個法則又需要一命令去限制這格準。因為在我們的諸般機能所及的範圍內,一個對象底概念在主體底意志上,結果亦在它的自然特性上,所運作的影響,是依靠著主體底自然(本性)的,這自然本性或是感性(性好與趣味),或是知性與理性,這諸般自然本性(自然機能)之使用因著它們的自然本性之特殊構造而伴隨著以滿足。這樣,恰當地說,那法則必是為自然所供給,而它也必須因著經驗而被知與被證明,結果亦必是偶然的,因此亦不能是一必然的實踐規律,如道德規律之所必是者。不惟如

此，而且不可避免地它亦只是他律的；意志自身不能給它自己以法則，這法則但只因著一種外來的衝動，憑藉著「主體底特殊的自然構造適宜于去接受這衝動」，而被給與。依是，一個絕對善的意志，（其原則必須是一定然命令），它在關于一切對象上，將是不決定的，而且將只包含著一般說的「決意之形式」，而這決意之形式當作自律看，（即是說，每一善意之格準能使它們自己成爲一普遍法則），其自身就是每一理性存在底意志所安置于其自己身上的那唯一法則，而不須去預定任何衝力（興發之力）或興趣作爲一個基礎。（同上，英譯本，頁62-63）

康德將屬于他律性的一切道德原則，或是屬于經驗的，由幸福原則而引出者，或是屬于理性的，由圓滿原則而引出者，盡皆剔除，而唯自「意志之自律」以觀道德法則，這在顯露「道德性當身之體」上說，（這是關于道德理性的第一義），可謂充其極矣。這也是「截斷衆流」句也。凡是涉及任何對象，由對象之特性以決定意志，所成之道德原則，這原則便是歧出不眞的原則，就意志言，便是意志之他律。意志而他律，則意志之決意要做某事便是有條件的，是爲的要得到什麼別的事而作的，此時意志便不直不純，這是曲的意志，因而亦是被外來的東西所決定所支配的意志、被動的意志，便不是自主自律而直立得起的意志，因而亦不是道德地、絕對地善的意志，而它的法則亦不能成爲普遍的與必然的。不要說那屬于經驗的私人幸福原則建立不起有普遍性與必然性的道德法則，直立不起我們的道德意志，就是那屬于理性的圓滿原則，不管是本體

論的圓滿概念（這是指柏拉圖傳統說），或是神學的圓滿概念，即一個屬于上帝意志的那獨立的圓滿概念，亦皆不能使吾人由之建立起有普遍性與必然性的道德法則，因而亦皆不能直立起我們的道德意志：一個是使我們的意志潛伏于客觀而外在的本質底秩序中，一個是使我們的意志蜷伏模糊于那「可怕的威權與報復」中或「榮耀與統治」中，而這後者尤其「直接相反于道德」，如康德之所說。道德是要從外在的牽連中收回來、四無傍依地單看我們自己之「存心」始能顯出來。故康德說：「一個絕對善的意志，（其原則必須是一定然命令），在關于一切對象上將是不決定的，而且將只包含著一般說的決意之形式」。這「形式」就是它的「定然命令」所表示的，這命令不是照顧著任何對象而形成的，故它一無內容（材料），而只是一個「形式」。這只是從吾人的道德決意之「最初的存心」說：不為別的，但只是理上義上應當如此；只是一個義之應當、理之必，故無任何經驗內容也。這只是一個「方向」，意志所自律的方向。這樣的意志就叫做是「絕對善的意志」，最純正的意志，亦就是最道德的意志。康德只說到這個程度，這已經是很卓絕的了。他的辨解路數可以簡單地這樣列出，即：他由道德法則底普遍性與必然性逼至意志底自律，由意志底自律逼至意志自由底假定。

　　不幸地是他視「意志自由」為一假定、為一「設準」。至于這設準本身如何可能，它的「絕對必然性」如何可能，這不是人類理性所能解答的，亦不是我們的理性知識所能及的。（這點下節詳論。）這樣，意志底自律也只成了空說，即只是理當如此。這裏我們可以看出，康德的抽象思考，步步分解建立的方式，就道德言道

德，是只講到理上當該如此，至于事實上是否真實如此，則非吾人
所能知。因為如果自由只是一假定，則自律也不能落實，而他「截
斷眾流」所建立的道德法則如何如何也只是一套空理論，都不能落
實。事實上，我們是否有這樣的「意志」呢？我看，康德亦只是作
到理上當該有，否則真正的道德不能講。至於這樣的意志是否有一
真實，是一「呈現」，康德根本不能答覆這問題。但如果不能答覆
這問題，則空講一套道德理論亦無用。但道德是真實，道德生活亦
是真實，不是虛構的空理論。所以這樣的意志也必須是真實，是呈
現。（儘管在感覺經驗內不能呈現。）康德在其辨解思考底過程
上，對於自律與自由當然有其步驟上的區別。由道德法則底普遍性
與必然性逼至意志底自律，至此為止所說的一切都只是分析的，你
可以說這只是理上當該如此，只是一套空理論，但由意志底自律逼
至「意志自由為一設準」，這已進到批判考察底範圍，即在批判考
察中要建立這設準，這似乎不只是那屬於分析的之「理上當該如
此」。試看康德直接繼上段引文而來的最後一段說：

> 這樣一個先驗實踐的綜和命題，〔案：即指上段引文末後一
> 句中只是作為「決意之形式」的那定然命令說〕，如何可
> 能？它為什麼又是必然的？這問題底解答不屬于「道德底形
> 上學」之範圍；而我們在這裡亦沒有肯定它的真理性，更沒
> 有自認說在我們的力量內能證明它。我們只是因著那普遍被
> 接受的道德觀念之發展而展示出意志之自律性是不可免地與
> 它相連結，甚或毋寧說是它的基礎。依是，不管是誰，只要
> 他認道德是任何真實的東西，而不是一無任何真理性的虛幻

觀念，則他亦必同樣承認我們這裡所論定的道德之原則。依
是，本節也像第一節，純然是分析的。現在，只要證明道德
不是腦筋底製造物，（如果定然命令以及同著它的意志之自
律都是眞的，而且作爲一先驗原則又是絕對必然的，則道德
便不能是腦筋底製造物），這點便即假定了純粹實踐理性底
綜和使用之可能性，但是這一層在對于理性底這種機能未曾
先給一批判的考察以前，我們不能冒險前進。在下面最後一
節中，我們將對這種批判的考察給以大體的綱要，至對我們
的目的足夠爲止。（同上，英譯本，頁63-64）

案：《道德底形上學之基本原理》共分三節，第一節與第二節，如
康德所云，純然是分析的，第三節則是作大體的批判考察，標題曰
「從道德底形上學轉到純粹實踐理性之批判」。在這一節中，即點
出「自由」這個概念，視之爲一必要的假定，（在《實踐理性批
判》中即名之爲「設準」），以使那「先驗實踐的綜和命題」爲可
能。《道德底形上學〔……〕》以前兩節「分析的」爲主文，以第
三節「批判的」爲《實踐理性批判》一書作準備。由這區別，我們
可知康德對于自律與自由的想法是有步驟上的不同的。自律是在
「分析的」講法中被建立，即康德所說「只是因著那普遍被接受的
道德觀念之發展而展示出意志之自律性是不可免地與它（道德命
令）相連結」，而「自由」則是在「批判的」講法中被假定。但這
種分別並不能免除我之說他所作到的「只是理上當該如此，只是一
套空理論」。他之批判地假定自由爲一設準亦還只是理上逼迫著要
如此的，而正因爲這只是一假定、一設準，而不能講到它的眞實性

是一「呈現」，所以我才說他所講的「只是一套空理論」。「自由」既落了空，其他分析的講法自亦全部都是空的，全部只是「理上當如此」而不能確定其是否是事實上可呈現的真實。康德雖然說：「不管是誰，只要他認道德是任何真實的東西，而不是一無任何真理性的虛幻觀念，則他亦必同樣承認我們這裡所論定的道德之原則」，但是他「論定」的只是「理上當如此」，他亦只作到以「理上當如此」來和那「虛幻觀念」相翻。我說康德的「論定」只是「理上當如此」的空理論，是再提升一層說，是就其「自由」為一**假設**而不是一**呈現**說。這樣，他所論定的仍不能恢復道德之為真實的東西。依我看，意志底自律與意志底自由，康德雖然分兩步講，其實是同意語。由道德法則底先驗性、普遍性與必然性分析地逼至意志之自律，與由意志之自律批判地假定意志之自由為一設準，實無多大的差別。故康德直說：「自由之概念是說明意志底自律之秘鑰」。（那種步驟上的不同實只是哲學專家學究式的思考工巧。）依是，如果「意志之自由」只是一假設，不是一呈現，則意志之自律是否是一呈現，即「意志自身給它自己以法則」是否是一呈現，是否真有這回事，是否真有這樣的意志，那當然要成問題。此即吾所以說「全部落空」之故。關于這層意思，我現在只這樣簡單地略提于此，下節詳論。

　　〔附識：在此我想乘機對于康德《道德底形上學之基本原理》一書之題名略加幾句注語。依此書之主文是「分析的」，再依《純理批判》之用語而言，「道德底形上學」（metaphysics of morals）實即是「道德之形上的解析」（metaphysical exposition of morals），或曰「道德之形上的推述」（metaphysical deduction of morals）。然則這整題名底確切意義實當是：「通過道德之形上的解析而見的道德之基本原理。」這當然很絡索。依康德《純理批判》中的規定，「形而上的解析」就是對于一個概念底先驗本性之說明，依中國之思路說，就是對于一個概念之「體的說明」。依是，這書名實只應簡單地題曰：「道德之形上的解析」，便甚確切而亦足夠。只因解析的很多，成了一套，不只是對于一個詞語的簡單解析，遂錫以專名而名之曰《道德底形上學之基本原理》。這在英文底語法構造裡本不成問題，（想在德文裡限制的必更顯明），但譯成中文，當「底」、「的」不分的時候，則「道德底形上學」便與「道德的形上學」（moral metaphysics）簡直無法分別，尤其當「底」、「的」皆可省略的時候，結果都成了「道德形上學」，這是很容易混同而失旨的。實則康德只有「道德底形上學」（＝「道德之形上的解析」）與「道德的神學」（moral theology），而卻並無「道德的形上學」（moral metaphysics）。本文是想根據儒家要講出一個「道德的形上學」來，不只是「道德之形上的解析」（「道德底形上學」）。若以「道德的形上學」爲準，則康德此書之題名，雖字面上爲「道德底形上學」，然爲避免混擾起見，實只應想爲「道德之形上的解析」。此則要求讀者密切注意。至于康德何以只有「道德之形上的解析」與「道德的神學」，而卻並無「道德的形上學」之故，則將在下節中詳論。〕

　　茲再言歸正文。

　　照儒家的義理說，這樣的意志自始就必須被肯定是眞實、是呈現。這裡，我先就「截斷衆流」這一關說。他們是把這樣的意志視爲我們的性體心體之一德、一作用。這性體心體是必須被肯定爲定

然地眞實的，是就成德成聖而言人人俱有的。人固以道德而決定其
價值，但反之，道德亦必須就人之能成德而向成聖之理想人格趨始
能得其決定性之眞實。在這裡，道德固然不能空講，而人亦不能只
是人類學地講。人在其道德的實踐以完成其德性人格底發展上是必
然要肯定這性體心體之爲定然地眞實的，而且即在其實踐的過程中
步步證實其爲眞實爲呈現。照正宗的儒家說，一看到康德講這樣的
意志，他們馬上就能默契首肯，而且必須視爲我們的性體心體之一
德。其所以肯定這樣性體心體之爲定然地眞實的，之爲人人所皆固
有的「性」，其密意即在能使這樣的意志成爲眞實的、呈現的。
（這是正宗儒家講「性」的密意。）但是康德卻未注意這一層。
（康德後的發展卻是向此趨，見下第三節。）康德所說的人性只是
人類所具有的諸般自然機能，如感性、知性、理性等是，即他所說
的「人性底特殊屬性」、「人性底特殊構造」、「人類之特殊的自
然特徵」、「脾性、性好、性向」諸詞所表示的人性，但卻未以他
由講道德所逼至的自律、自由的意志爲人的性，故視之爲假設而落
了空，成爲人類理性所不能及、知識所不能至的隔絕領域。

　　正宗儒家肯定這樣的性體心體之爲定然地眞實的，肯定康德所
講的自由自律的意志即爲此性體心體之一德，故其所透顯所自律的
道德法則自然有普遍性與必然性，自然斬斷一切外在的牽連而爲定
然的、無條件的，因此才能有「存心純正，不爲別的，但爲義故」
的道德行爲，如：「有殺身以成仁，無求生以害仁」，「所欲有甚
於生，所惡有甚於死」等語之所示。孟子說：「廣土衆民，君子欲
之，所樂不存焉。中天下而立，定四海之民，君子樂之，所性不存
焉。君子所性，雖大行不加焉，雖窮居不損焉，分定故也。」由

「所欲」、「所樂」向裡收，直至「所性」而後止，這才真見出道德人格之尊嚴，這也就是康德所說的「一個絕對善的意志在關于一切對象上將是不決定的」一語之意，必須把一切外在對象的牽連斬斷，始能顯出意志底自律，照儒家說，始能顯出性體心體底主宰性。這是「截斷眾流」句，就是本節開頭所說的關于道德理性底第一義。其次，這為定然地真實的性體心體不只是人的性，不只是成就嚴整而純正的道德行為，而且直透至其形而上的宇宙論的意義，而為天地之性，而為宇宙萬物底實體本體，為寂感真幾、生化之理，這是「涵蓋乾坤」句，是道德理性底第二義。最後，這道德性的性體心體不只是在截斷眾流上只顯為定然命令之純形式義，只顯為道德法則之普遍性與必然性，而且還要在具體生活上通過實踐的體現工夫，所謂「盡性」，作具體而真實的表現，這就是「隨波逐浪」句，是道德理性底第三義。這是儒家言道德理性充其極而為最完整的一個圓融的整體，是康德所不能及的。道德性的實理天理之與實然自然相契合以及「道德的形上學」（不是「道德底形上學」）之澈底完成，都要靠這三義澈底透出而可能。這是以後兩節所要討論的。

第二節　康德所以只有「道德的神學」而無「道德的形上學」之故

以上我們說明了儒家根據踐仁盡性頓時即接觸到了「道德當身之嚴整而純粹的意義」這第一義，並以為已融攝了康德的《道德底形上學之基本原理》中所說之一切。但我們前面亦屢提到儒家不只

頓時接觸到了這第一義，還同時充其極而至第二義與第三義。對康德說，這境界是超過了康德而為康德所不及的。康德之達不到這境界，只就其《道德底形上學之基本原理》與《實踐理性批判》這兩本書的表現即可看出。他之所以達不到這境界，一、是因為他那步步分解建構的思考方式限制住了他，他缺乏那原始而通透的具體智慧；二、他無一個具體清澈、精誠惻怛的渾淪表現之圓而神的聖人生命為其先在之矩矱，所以他只有停在步步分解建構的強探力索之境了。可是他這步步分解建構強探力索地前進卻正是向儒家這個智慧型態而趨的。我看他的系統之最後圓熟的歸宿當該是聖人的具體清澈精誠惻怛的圓而神之境。他的分解工作之功績是不可泯滅的。由他開始，經過費息特、黑格爾，以至謝林這發展的傳統，即已表示出這趨勢，雖然有許多生硬不妥貼處，還待繼續淘濾與融化。

　　康德之達不到第二義的境界（即「同時亦充其極，因宇宙的情懷，而達至道德理性之形而上的宇宙論的意義」這第二義），具體地說出來，即在他只有《道德底形上學之基本原理》（*Fundamental Principles of the Metaphysic of Morals* ）與《實踐理性批判》所建立的「道德的神學」（ moral theology ），而卻無（至少未充分實現）根據其分解建立的道德理性所先驗供給的客觀的道德法則再進一步展現出一個具體而圓熟的「道德的形上學」（ moral metaphysics ）。「道德底形上學」與「道德的形上學」這兩個名稱是不同的。（「底」與「的」的使用從今日通行的使用。在朱子，「底」作形容詞，如是「的」字當作所有格用，與今日正相反，唯朱子很少用「的」字，馮友蘭的使用是嚴格遵守朱子的。至於「地」字，則今日與朱子同，同是表示副詞、形容動詞的。我之

行文亦不嚴格地如此麻煩。惟譯文則嚴格遵守以示分別。）前者是關於「道德」的一種形上學的研究，以形上地討論道德本身之基本原理爲主，其所研究的題材是道德，而不是「形上學」本身，形上學是借用。後者則是以形上學本身爲主，（包含本體論與宇宙論），而從「道德的進路」入，以由「道德性當身」所見的本源（心性）滲透至宇宙之本源，此就是由道德而進至形上學了，但卻是由「道德的進路」入，故曰「道德的形上學」，亦猶之乎康德由實踐理性而接近上帝與靈魂不滅而建立其客觀妥實性，因而就神學言，即名曰「道德的神學」。但康德只就其宗教的傳統而建立「道德的神學」，卻未能四無傍依地就其所形式地透顯的實踐理性而充分展現一具體的「道德的形上學」。

這個問題底關鍵是在：

他所分解表現並且批判表現的實踐理性只是形式地建立，一方未能本著一種宇宙的情懷而透至其形而上的、宇宙論的意義，一方亦未能從工夫上著重其「如何體現」這種眞正實踐的意義，即所謂「踐仁盡性」的實踐工夫，因而其實踐理性、意志自由所自律的無上命令只在抽象的理上的當然狀態中，而未能正視其「當下呈現」而亦仍是「照體獨立」的具體狀態。依儒家說，無論是「堯舜性之」，或「湯武反之」，無論是「即本體便是工夫」，或「即工夫便是本體」，這無上命令，因而連帶著發這無上命令的自由自主自律之意志、心性，都是隨時在具體呈現的。然而這境界，康德未能至，此即是人們所以常稱之曰形式主義之故。（形式主義是第一步，並不錯，只是不盡）。

甲、康德視意志自由為不可解明的一個設準

康德視「意志自由」與「靈魂不滅」及「上帝存在」同為純粹的實踐理性之設準，然其實這三者雖可並列地皆視之為設準，而卻並不可同等看。意志自由之設準是與實踐理性直接相連，而其他兩者則卻遠一層。此點，康德自己已經知之。他在《實踐理性批判·序文》中說：

> 只要當自由概念底實在性因實踐理性底必然法則而被證明時，則它便是純粹理性甚至思辨理性底全部系統之拱心石，而一切其他概念（如上帝與靈魂不滅之概念）若當作只是理念看，它們本是沒有任何支持的，但現在卻把它們自己連屬於自由這個概念上，並因自由這概念而得到其一貫性與客觀實在性；這就是說，它們的可能性是因「自由確實存在」這事實而被證明，因為自由這理念是因道德法則而被顯露出來的。
>
> 但是，自由是思辨理性底一切理念中唯一的一個我們先驗地知其可能性的理念，（但卻不是理解它），因為它是我們所知的道德法則之條件。〔康德於此有底注云：「自由是道德法則底存在根據，而道德法則是自由底認識根據。」這裡所謂「自由是道德法則之條件」，這條件意即「存在根據」意。而當說「道德法則是我們在其下能意識到自由的條件」（亦底注中語），這條件便是「認識根據」意。此亦即上段末句「因為自由這理念是因道德法則而被顯露出來的」之

意。這兩個「條件」意不可混。〕但是上帝和靈魂不滅這兩個理念卻並不是道德法則之條件，但只是為這道德法則所決定的意志之必然的對象之條件：這即是說，是我們純粹理性底實踐使用之條件。因此，關於這兩個理念，甚至我們不能肯定說我們知道了和理解了它們底可能性，更不要說它們底現實性了。但是，它們是道德地決定的意志之應用於它的對象之條件，這對象是先驗地給與意志的，此即所謂「最高福善」是。因此，結果在這個實踐的觀點上，它們的可能性必須被預定（或設定），雖然我們不能理論地知道它與理解它。要想去安立這種預設，在一實踐的觀點中，只要看它們不包含有內在的不可能（矛盾）便足夠。

這兩段話已顯示出意志自由與上帝存在及靈魂不滅兩者之不同。但這點尚不是我們這裡所要注意的，我們在這裡所要注意的是康德視它們三者俱為設準。他所以視它們為設準，是表示即使意志自由與實踐理性底必然法則之關係如此密切，也只是實踐理性上為道德法則之建立而有的一個必然的預定，而對於其本身之「必然性」則吾人仍一無所知。此即表示說：並不因預定它，便即放大了我們的知識。此即構成康德所說的「一切實踐哲學底極限」。（《道德底形上學之基本原理》第三節末之標題）。這是我們現在所要注意的問題。

　　案：康德在該處所論的「實踐哲學之極限」即是對意志自由一設準而說。在感覺界中，一切現象都在因果鍊子中，是沒有自由可言的。因此，自由是屬於睿智界的一個理念——理想的概念，我們

對之沒有積極的知識，因爲它不能在經驗中給予，即我們對之不能
有直覺或感覺，因此，它是超知識的。此其所以被劃歸爲睿智界之
故。它旣不是一個實現的知識，所以說它是一個設準。

　　但爲什麼逼迫著要有這個設準呢？因爲要建立道德法則底普遍
妥當性之故。道德法則如果不能先驗地而且普遍有效地建立起來，
則必無眞正純正之道德行爲可言，因受制於感覺對象或主觀之脾
性、性好或性向便不純正故。

　　道德法則要先驗而普遍有效地建立起來，自必須要肯定我們的
意志是自由的，即它自主自律，不受任何牽制影響，而甘願純自義
上爲這法則所決定，這是它接受決定的自由，同時它所甘願純自義
上以受其決定的法則並不是外來的，乃即是它自己所供給的，此即
是它自己立法的自由。此康德所以說「自由是道德法則底存在根
據，而道德法則是自由底認識根據」之故。

　　但這樣理論地逼出來而爲道德法則之「存在根據」的自由只是
一個爲成全道德法則之故而必然預定的設準。實踐哲學底追討只能
至此而止，這就是康德所說「實踐哲學之極限」。

　　至於這必然要預定的設準本身又如何而可能，即「自由本身作
爲一意志之因果性如何而可能」，這不是人類理性所能解答的。這
問題，康德以爲同於「純粹理性如何能是實踐的」之問題，意即
「單只是理性如何其自身就能是實踐的」之問題。這問題底確切意
義究何在？康德說其不能被解答（不可理解）究是什麼意義？他就
此「不可理解」而說的「實踐哲學之極限」究恰當否？究有意義
否？這是本節所要充分說明的問題。我們試著看他如何表示這極
限。他說：

甲之一

當實踐理性想它自己進入睿智界時，它並不因此就超越了它自己所有的限制，好像因著直覺或感覺而進入那睿智界似的。就感覺界而言，這睿智界只是一消極的思想，在決定意志中它不能給理性以任何法則，而只有在這一點上它才是積極的，即：這作為一消極性質的自由同時即與一積極機能，甚至與理性底因果性，連合於一起，這積極機能，我們命名為意志，即是說，它是「使行為底原則與合理的動機之本質的特性，即與『格準當作一法則有普遍妥當性』這條件，契合一致」這樣活動的一種機能。但是，如果它要想從睿智界去假借一個意志底對象，即一動機，則它必會越過它的界限，而把它對之一無所知的某事假充作很熟習。如是，睿智界底概念只是一個觀點，這觀點是理性要想「認它自己為實踐的」，所被迫必採取之以越過現象之外的，而如果感性底影響對於人有一決定的力量，則這觀點必不是可能的，但是，如果他不被否認他意識他自己為——睿智體，因而亦為一理性的存在，因理性而鼓舞生力，即自由地運作著，則這觀點也是必然的。這種思想確然包含有一個秩序與一個法則底系統之觀念而不同於那屬於感覺界的自然之機械系統底觀念；它使一個睿智界底概念成為必然的，（即是說，它使當作**物自身**看的**理性存在之全部系統**成為必然的）。但是，它絲毫不能使我們有理由除了只是關於它的形式條件而外，還能對之多想一點什麼，即除了作為法則的格準之普遍性，如果也就是意志底自律性，（單是這自律性才是與它的自由相

一致的），而外，還能對之多想一點什麼；反之，凡涉及一
特定對象的一切法則皆是他律性的，這他律性只屬於自然之
法則，只能應用於感覺界。（《道德底形上學之基本原理》第
三節，「一切實踐哲學底極限」一項下，英譯本，頁78-79）

案：此段話的大意是如此：一、意志自由所表示的睿智界「只是一
消極的思想」。所謂「消極」，是實踐理性雖可進入之，但不是
「因著直覺或感覺而進入」，即不是以經驗知識底姿態而進入。因
為依康德，凡知識所在之處，必有經驗直覺（即感覺）為知識之內
容，即以經驗直覺而供給與料。但意志自由不是一個可以經驗地直
覺的。它不能呈現於經驗直覺中而為一事象，它亦永不能對象化而
為吾人所直覺。它是一個超越而純一的主體，永非吾人的經驗直覺
（或感觸直覺）所能及。因此，它不是一個知識底對象。因此說這
睿智界只是一消極的思想。但它亦有積極的意義，那就是「意志之
自律」，在此自律上，意志自身給它自己立法，所立之法是普遍地
妥當的。所謂「自由」就是與這自律性「相一致」或「連合于一
起」的一個理念。二、這睿智界底思想（觀念或概念）就只是一個
「作為法則的意志格準之普遍性」，意志之自律性，這就是「它的
形式條件」，除此以外，再沒有別的。我們關於這睿智界所知的，
（這「所知」是虛說），就只是這一點，除此以外「再不能多想一
點什麼」。我們不要說對這睿智界能想多少，或知道些什麼，最好
客觀地說這睿智界就只是一個意志之自律性，除此以外，再無別
的。因此，名之為「睿智界」，而與「感覺界」相對比，依中國儒
家的想法觀之，這不是一個好的表示法。因此感覺界有內容、有花

樣，是一個有經驗內容的系統，而睿智界卻一無內容，只是一個
「形式」。而名之曰「界」（世界），則容易使人想到好像這裡邊
有什麼東西似的。其實是除了形式條件外，一無所有。（說它只是
「形式」，這形式不是柏拉圖的「理型」，注意。）故康德說：
「這種思想確然包含有一個秩序與一個法則底系統之觀念而不同於
那屬於感覺界的自然之機械系統底觀念」，這種措辭底方式亦同樣
容易使人有遐想。其實這睿智界中的一個秩序、一個法則底系統，
是與感覺界中的完全不同類、不同性質、不同層次，而且亦不是可
以相比對而言的。因為感覺界中的秩序、系統（自然之機械系
統），是有內容的知識系統，而這個界中的秩序、系統卻是無內容
的：它只是一個意志之自律性，展現而為道德法則之普遍性，這不
是構造特殊內容的各種法則所組成之系統；它是一個同質的純一，
而不是一個異質的系統；說它是個「系統」（法則底系統）可，說
它不是個系統（是純一）亦可；它當然是「一個秩序」，但不是一
個「異質的秩序」。（這只是順康德就這睿智界本身抽象地說，若
依儒家而進到具體地說，則又有圓融之義。詳論見後。）因此，康
德說：「如果它（實踐理性）要想從睿智界去假借一個意志底對
象，即一動機，則它必會越過它的界限，而把它對之一無所知的某
事假充作很熟習」，這表示法亦同樣令人有遐想。其實不是這一界
裡邊還有什麼東西，因為我們對之無所知，故不能從裡邊「假借一
個意志之對象」，如果一旦假借了，便是越出其界限。乃是這裡除
了意志之自律性外，根本沒有東西可資假借。是以康德說「如果假
借」云云，只是要表示意志底自律性，是由把落在經驗內的他律性
投射到這裡來而成的虛說。其實這裡邊根本沒有對象，更亦無所謂

知與不知，因而亦無所謂越界不越界。依儒家的說法，康德所說的
睿智界只是一個「體」；說體用，不說兩界，這倒乾淨得多了，不
容易有那些令人生退想的贅辭。

　　以上所疏解的兩點意思明白了，再看康德繼上而來的下文：

甲之二

但是，理性如果要從事於去說明「**純粹理性如何能是實踐
的**」，（這問題完全同於去說明「**自由如何是可能的**」），
它必越過它的一切界限。

因為對一個東西，除我們能把它還原到法則，這法則之對象
能在某種可能經驗中被給予外，我們不能說明任何事。但是
自由卻是一個純然的理念〔理想的概念〕，它的客觀實在性
決不能依照自然之法則而被表示，結果隨亦不能在任何可能
經驗中被表示；因此之故，它亦決不能被領會或了解，因為
我們不能因任何種實例或類比來支持它。它只能在一個「相
信他自己有意志之意識，即相信他自己能意識到一個不同於
只是欲望的機能」的存在上，當作理性底一個必然假設而成
立，（這不同於「只是欲望」的機能就是一個「當作一睿智
體而決定它自己去行動」的機能，換言之，亦即是「以獨立
不依於自然本能的理性之法則來決定它自己」的一種機
能）。現在，「凡依自然之法則而有的決定」停止之處，亦
即是一切說明停止之處，結果，除消極防禦外，便一無所
有，即是說，除對那些自以為已深入事物之本性，很勇敢地
宣稱自由為不可能的人所作的反對，予以移除（撥去）外，

便不能再作什麼。〔……〕（同上，英譯本，頁79）

案：此段先指出「純粹理性如何能是實踐的」這問題完全同於「自由如何是可能的」一問題，並明其不可說明（解明），因而自由「亦不能被領會或了解」。次明這問題所以不能被說明之理由乃在自由並不在「可能經驗」中，即吾人對之並無一經驗的直覺，是則所謂不能被說明即是不能以說明知識對象底方式去說明它，因「自由」根本非一知識對象故，又因它本身即是最後的、無條件的，所以亦不能再把它還原到另一較高之法則上。故康德云：「凡依自然之法則而有的決定停止之處即是一切說明停止之處」。「不能被說明」之意旣如此，則所謂「自由不能被領會或了解」，即是不能以了解「知識對象」底方式去了解它。「說明」與「了解」即都限於經驗知識底意義，則超出此知識意義的東西便是不可說明、不可了解的。理性要想去說明與了解它，便是越過它的界限。說屬於睿智界的自由不是經驗知識方式所能說明與了解的，這本是可以的。這在現在已不成問題，凡肯認有超越實體者，皆能契此。但除經驗知識方式外，豈無另一種方式的說明與了解？康德把說明與了解之標準規定得太狹、太專一，這是很有妨礙的。正因這太狹太專一的標準，故旣不能有經驗知識意義的說明與了解，便是無說明與了解，因而自由便只是一假設。本來無經驗知識意義的說明與了解，不必就只是一假設，這在邏輯上就可以簡別出來的，故康德由無經驗知識意義的說明與了解便推至自由只是一個假設，這在邏輯上是有問題的；且不只這邏輯推理底問題，其眞實問題乃在他所講的道德眞理全部落了空。關於本段，先只作如此之疏解，至於「純粹理性如

何能是實踐的」，「自由如何是可能的」，這兩個問題語句本身底意義，俟順通下引康德原文後再予以總明。

　　　甲之三
　　「解明意志自由」之主觀的不可能性正等於「發見與解明人何以能感興趣於道德法則」之不可能性。不過縱然如此，人確實是感興趣於道德法則的，這興趣底在我們心中的基礎，我們叫做是道德情感。這道德情感有時被誤認為道德判斷之標準，其實它毋寧須被視為法則運用於意志上〔所產生〕的主觀效果，而意志底客觀原則則單為理性所供給。

關於「興趣」一詞，康德有一底注，茲亦移譯於此以助了解：

　　興趣是理性由之以成為實踐者，即是說，它是決定意志的一個原因。因此，我們說只有理性的存在才對一件事物感興趣；非理性的存在則只覺有感官的嗜欲。依是，理性只當它的格準之遍效性單獨足以決定意志時，它才對於行為感着一種直接的興趣，單只是這樣一種興趣才是純粹的。但是如果只因着欲望底另一對象，或只在主體底特殊情感之暗示上，它才能決定意志，則理性對於行為便只有一間接的興趣；而因理性本身若無經驗便不能發見意志底對象，或發見激動意志的一種特殊情感，所以那間接的興趣必只是經驗的，而不是一純粹的理性興趣。又，理性之邏輯的興趣（意即去擴展它的洞察）亦決不會是直接的，它總是預定了理性為之而被

使用的各種目的。（以上俱見英譯本頁80）

以上的正文及底注都是在說明興趣（道德情感）一詞底意義。在這裡，康德指出「人何以能感興趣於道德法則」，這是不能被解明的，亦如「自由如何是可能的」之不能被解明。所謂「感興趣於道德法則」是直接地感，不是因着什麼別的東西而感。反過來，就是：單是這道德法則本身就足以使我們感興趣，不須任何經驗或感性的東西之助。這意思正好同於孟子所說的「理義之悅我心，猶芻豢象之悅我口」。「芻豢悅口」是經驗的、感性的；但「理義悅心」卻是理性的、純粹的。但依康德，理義何以能悅我心，我心何以能直接悅理義，這卻是不可能被說明的。這問題底確切意義究竟是什麼呢？又，何以即同於「自由如何是可能的」一問題之不可能被說明？依康德，

　　1.純粹理性如何能是實踐的？

　　2.自由如何是可能的？

　　3.人何以能直接感興趣於道德法則？

這三問題完全相同。我們再試看下文康德如何說明這第三問題之不可說明：

　　甲之四

　　實在說來，要想一個理性的存在，（他亦通過感官而被影響），一定意欲那「單獨是理性指導著那『他們應當去意欲』的存在」，〔案此即譬如說：指導著「人們或人類應當去意欲」〕，那無疑地亦需要理性必有一種力量去把一種快

樂或滿足底情感注入義務之充盡中，即是說，它必有一種因果性，因著這種因果性它依照它自己的原則去決定感性。但是，一純然的思想，其本身並不包含有任何感覺的東西，其自身如何就能產生一種苦或樂底感覺，這是完全不可能去辨識的，即是說，不可能使這成為先驗地可理解的；因為這是一種特別的因果性，我們對它一如對每一其他因果性一樣，不能先驗地決定出任何什麼東西；要決定出什麼，我們必須只有商之於經驗。但是，因為這商之於經驗，除在兩個經驗對象間的因與果之關係外，不能供給我們以任何因與果之關係，而同時在這種（**特種因果性**）之情形中，雖然這被產生出的結果確實存於經驗範圍內，可是那原因則是被設想為純粹理性通過那些無對象提供給經驗的純然理念而活動，所以要想去說明「作為一法則的格準之普遍性，即要想去說明道德性，如何並為何能使我們感有興趣」，這對於我們人類說，那是完全不可能的。只有這一點是確定的，即：那不是因為它使我們感興趣，它才對於我們有妥實性，（因為這樣，它必是他律的，而且必使實踐理性依於感性上，即依於一種情感以為它的原則，在這情形，那決不能有道德法則），乃是它所以使我們感興趣，是因為它對於作為人的我們是妥實的，因為它在我們的作為睿智體的意志中，換言之，在我們真正的自我中，有其根源，而凡屬於只是現象者，則必因著理性而必然地隸屬於物自身之本性。（英譯本，頁80-81）

案：這段話即在表明「人何以能直接感興趣於道德法則」，或反之，「道德法則本身何以就能使我們感興趣」，（理義何以能悅我心），一問題之不可解明。當我看到康德說：「要想去說明作為一法則的格準之普遍性〔……〕如何並為何能使我們感有興趣，這對於我們人類說，那是完全不可能的」，我心中實在有說不出的不適（不妥貼）之感，（不能釋然於懷）。一個純淨的道德動機，不附帶任何歧出的條件，而單為義之所在之故而甘願去行，這是隨時可有的，這即是「純粹理性其自身即能是實踐的」之意，亦即是「道德法則本身即使吾人感興趣」之意，這種道德真理之理解是要在踐履中理解並證實的，但康德卻說這是我們人類理性所完全不可說明、不可理解的。我不知康德何以用這種嚴重的措辭方式去表示這個問題，何以用這種不恰當的思考方式去表明這個問題。所謂不恰當的思考方式就是：「一純然的思想，其本身並不包含有任何感覺的東西，其自身如何就能產生一種苦或樂底感覺，這是完全不可能去辨識的，即是說，不可能使這成為先驗地可理解的」，這不恰當的思考方式就是用經驗知識底形態去思考這種「特別因果性」，而因為這「特別因果性」中的結果雖在經驗範圍內，而原因則卻是超經驗的純理念，我們對之並無經驗的直覺，因此這特別因果性遂亦完全不能被理解（被辨識）、被說明（被解明），遂有「要想去說明，〔……〕這對於我們人類說，那是完全不可能的」這種嚴重的措辭方式。其實這問題很簡單，自由自主自律的意志連同它自給的普遍法則本非經驗知識所能及，亦本非一經驗知識之對象，即本不在經驗的事件串中，它們本非一事件，因此我們即不必以經驗知識之標準去判決它對於我們人類完全不可理解、不可說明，（這太嚴

重的措辭方式，它可以使人想到道德完全被擯於人類理性能力以外），只要說明它非經驗知識所能及就夠了。這可留下一活動的餘地。而康德則以經驗知識為唯一的標準，由此而表明「實踐哲學之極限」，以為吾人雖可假設「自由」，然吾人之知識卻不因此假設而放大。經驗知識不因此而放大是可以的，然因此而說自由只是一設準，「其本身如何可能」完全不可理解、不可說明；「純粹理性如何能是實踐的」，亦完全不可理解、不可說明；「道德法則何以能使吾人感興趣」（理義何以能悅我心），亦完全不可理解、不可說明，這一切「理性要想去說明，必越過它的一切界限」，必至以其「一無所知的假充作很熟習」，這樣來劃定「實踐哲學底極限」，判定「自由如何可能」等為不可說明，而置於假設、信仰之中，這是完全不恰當的思考方式。以不應如此嚴重而說為如此嚴重，這裏邊必有一種不透的強探力索的工巧虛幻，看起來煞有意義，而其實多是無意義的贅辭。理性之思辨使用在經驗內有效，超出經驗，則只能提出一些空理念，以此說明思辨理性底界限，這是恰當的。而當實踐理性有權開闢睿智界時，還要順經驗知識去說明它的界限，那便成為無意義。因為實踐理性在道德上所接觸到的意志自由定然命令等本已說其是超經驗的，今若再依經驗知識底標準判定其不可以經驗知識底方式去說明，那豈不是贅辭（套套邏輯）？如依這方式，我們豈不可以表明成功經驗知識的先驗條件如時空及範疇之類，亦同樣不可理解、不可說明？又，如仍是順經驗知識之標準去判定實踐理性之界限，則實踐理性之提供「自由」一理念又焉見更妥實於思辨理性之提供？自由雖對道德法則之建立為更切，然依康德判定「實踐哲學之極限」之思路，其為落空同於思

辨理性之提供。故康德對於「純粹理性如何能是實踐的」,「自由如何是可能的」,「道德法則如何能使我們感興趣」,這些問題之不可說明、不可理解之表明,完全不恰當不相應,這也實足表示其對於道德真理、道德生命之不透,而陷於枯窘呆滯,只在外部指畫的境地之中,因而遂有此不恰當的思考方式:以經驗知識、思辨理性底界限誤移作實踐理性底極限,妨礙了對於實踐理性底領域之真實地開闢,使道德全落於空懸之境地中。

茲再看康德順上文而來的綜論:

甲之五

依是,「一個定然命令如何是可能的」這問題,只能被解答到這個程度,即:我們能指定出它依之以可能的那唯一假設,即自由之理念這假設;我們亦能辨識這假設底必然性,而這一點,就理性底實踐運用而言,即就對於這定然命令之妥當性底信服,因而亦就是就對於道德律底信服而言,是很足夠的;但是,這假設本身如何是可能的,則不能因任何人類理性而被辨識。但依據「一睿智體底意志是自由的」這假設,意志底自律性,(當作意志底決定之本質的形式條件看),乃是一必然的結果。復次,這意志之自由不只是作為一個假設它完全是可能的,(因它對於感覺界底現象之連結中的物理必然性之原則並不包含有任何矛盾),如思辨哲學之所示;並且進一步,一個理性的存在,他若意識到一種通過理性的因果性,即是說,他意識到一種意志(不同于欲望),則他也必須必然地使它(意志自由)實踐地,即在理

念上，成爲一切他的自願行爲之條件。但是，要想去解明：
純粹理性，沒有任何從其他根源引發出來的行動之衝力（興
發之力）之助，如何其自身即能是實踐的，即是說，只是
「一切它的作爲法則的格準之普遍妥當性」底原則，（這原
則必確然是純粹實踐理性底形式），如何其自身即能供給一
興發之力，而無任何先于其中感興趣的意志之對象（材料）
以引發之；以及它如何產生一種叫做是純粹地道德的興趣；
或換言之，「純粹理性如何能是實踐的」──去解明這個問
題，實已超出人類理性底力量之外，一切尋求對于它的說明
所費之艱苦與辛勞皆屬白費。（英譯本，頁81-82）

案：這一段是以前各段底綜述，正式確定「自由之理念」只是一假
設。其中「這假設本身如何是可能的，則不能因任何人類理性而被
辨識」，以及最後「去解明這個問題實已超出人類理性底力量之
外」，這些句子都是過甚其辭的表示，後面有一不恰當的思考方
式，如對於上段所疏解者。康德以爲只要我們能指定出這一假設，
這「就理性底實踐運用而言，即是說，就對于這定然命令底妥當性
之信服，因而亦就是對于道德律底信服而言，是很足夠的」，其實
視自由爲一假設，就定然命令、道德律（法則）、理性底實踐運用
而言，並不足夠。因爲道德律、定然命令不只是一個在理論上令人
信服的東西，它必須在道德踐履上是一個呈現的現實；而理性底實
踐運用亦不只是光理論地講出定然命令之普遍妥當性令人信服而
已，它亦必須在道德踐履中是一個呈現的實踐運用。但如果自由只
是一假設，不是一呈現，（因非經驗知識之所及），則道德律、定

然命令等必全部落了空，而吾人亦不知其何以會是一呈現，這點正是康德所未能參透的。又他說「我們亦能辨識這假設底必然性」，此語表面上似與「但是，這假設本身如何是可能的，則不能因任何人類理性而被辨識」之語相衝突，但我們細看，則不是如此。前語中的「辨識」只是理論的推證，爲建立道德法則而必然要推至，此即康德所說「道德法則是自由底認識根據」之意，（見本節開頭引文中）；而「辨識這假設底必然性」，此所謂「必然性」亦只是這假設之理論地推證上即預定上之必然性，這是主觀地說。至于「這假設本身如何可能」，則是就「自由」本身客觀地說，或存有地說；此問題「不能因任何人類理性而被辨識」，是說其非經驗知識所能及，非經驗知識意義的說明所能解明，而康德則誇大地說爲「不能因任何人類理性而被辨識」，「實已超出人類理性底力量之外」。這是兩層意思，故不衝突。這點俟下面再論。

　康德上文之綜述表明「純粹理性如何能是實踐的」爲不可解明後，即綜結之曰：

甲之六

這個問題正恰似想去發見出「**自由本身作爲一意志之因果性如何是可能的**」。因爲要想那樣去發見，我即離開了哲學說明之根據，我更無其他可依以前進之根據。我誠然可以自耽于仍留存給我的那睿智界中，但是雖然我對這睿智界有一佳構的理念，卻對之無一些知識，即以我的理性之自然機能之一切努力，我也永不能獲得這樣的知識。這睿智界只指示一某種仍然留存下來的東西，即，當我從我的意志之實施原則

中把屬于感覺界的每一東西全數銷除以後，而仍然留存下來
的東西，其任務只是把那取自感性園地中的動機之原則保存
于其界限內不使之氾濫；固定它的限制（範圍），並表明它
在其自身範圍內並不包含著一切的一切，乃是總有越乎其外
者；但是對這越乎其外的某種東西，我卻並無再進一步的知
識。關于構成這個理想的純粹理性，在抽除一切材質，即一
切對象之知識後，所存留下來的不過是形式，即不過是格準
底普遍性之實踐法則，以及在與這法則相一致中理性底概念
在涉及一純粹的睿智界中之作為一可能的有效原因，即作為
決定意志的一個原因。在這裏，一切外在的衝力必須全部不
存在；除非只這睿智界底理念本身是衝力（興發之力），或
只理性所首先對之感有興趣者；但是，要使這成為可理解，
則正是我們所不能解答的問題。（英譯本，頁82-83）

案：此段復歸于上開始所引甲之一一段之意，歸于表明睿智界本身
之意義，表明它「不過是形式，不過是格準底普遍性之實踐法
則」，並表明單此法則本身是衝力（興發之力），足以「悅我
心」，使我們感興趣，而引發吾人之行為。但最後還是說：「要使
這成為可理解，則正是我們所不能解答的問題」。（此種嚴重的措
辭方式，若不知其來歷、確意，單看此兩句本身，簡直令人不愉
快。）

　　以上是康德《道德底形上學之基本原理》第三節中「一切實踐
哲學之極限」項下之主文，我把它全譯在這裏，其餘前後尚有不甚
相干的若干段，則略而未譯。康德在此第三節中復有一最後之〈結

識〉，（亦即此全書之末尾），其文如下：

甲之七

理性在關于自然方面之思辨的使用，引至世界底某種**最高原因之絕對的必然性**：理性之在自由方面之**實踐**的使用，亦引至一種絕對的必然性，但這只是一個理性存在底**行爲法則**之絕對的必然性。不管如何使用，把知識推到其必然性之意識乃是理性之一本質的原理，（無此必然性，那必不能算是理性的知識）。但是理性既不能辨識「**是什麼**」或「**發生什麼**」之必然性，亦不能辨識「**應當發生什麼**」之必然性，除非假定一個依之以「是什麼」，「發生什麼」，或「應當發生什麼」之條件，這情形亦同樣是理性之一本質的限制。但是，在這路數中，若一直去追究那條件，則理性底滿足必只是步步後設、永無了期的。因此，它不停止地要去尋求那無條件地必然的東西，並見它自己被迫著不得不去預定這無條件地必然的東西，雖然無任何方法足以使它成爲可理解的，但只要能發見一個概念它契合于這預定，亦就很夠愉快的了。因此，在我們的道德底最高原理之推演中，是並無什麼錯誤的，但是如果要有反對（異議），那反對必是對人類理性一般而發，即：**人類理性不能使我們去思議一個無條件的實踐法則**（如定然命令者是）**之絕對的必然性**。拒絕以一條件，即是說，以某種「預定之以爲基礎」的**興趣**，去解明這種必然性，這是並不足責怪的，因爲這樣，那法則便不再是一道德法則，即是說，便不再是自由之一最高原則。如是，

> 當我們不能理解道德命令之實踐的、無條件的必然性時，我
> 們猶可理解其「不可理解性」，而這亦就是我們所能恰當地
> 要求于一個「竭力將其原則帶至人類理性底極限」的哲學之
> 一切了。（英譯本，頁83-84）

案：此最後的〈結識〉表明理性的知識無論在自然方面，或是在自
由方面，總以達到「絕對的必然性」為終極。此所謂「絕對的必然
性」意指客觀地或存有論地（或體性學地）說的那「無條件地必然
的東西」而言，順康德的詞語說，即指屬于睿智界的那「物自身」
式的「最後的真實」而言。此最後的真實是絕對的，此言其是無條
件的、是必然的，此言其是定然如此而不可移的。如依中國傳統的
思路說，這就是「體」這個字所表示的；如依康德的道德哲學所展
示，這就是自由自主自律的意志（不同于感覺界底欲望）連同著它
所自給的具有普遍妥當性的道德法則。從法則方面說，它只是個
「形式」，只是個「理」；從意志方面說，它是個實體，它是最後
的真實，物自身式的最後真實。依是，從意志（實體）方面說，它
永不能是忽起忽滅的意象或事件而可以用自然因果律去貫穿的，因
而它亦永不能是經驗知識對象。它是最後的、絕對的主體，是純
一、是形式，而無感性的異質以間雜之者。它既不是事件、意象、
經驗知識底對象，我們即不能以經驗知識意義的標準去說它「不可
理解」，「不是任何人類理性所能辨識的」，因而遂謂它只是一假
設。既認它是最後的真實，是自主自律自由的實體，它自然是無條
件的、絕對的、必然的。它既是無條件的，自然再不能通過一個條
件去理解它、辨識它，把它再還原到更高一層的法則或條件上去。

既然如此，自亦不能因它「再不能通過一個條件而被理解被辨識」，便謂它「不可理解」，「超出人類理性底力量之外」，「非任何人類理性所能辨識」。這只能說它不是可以用「通過一條件」底方式去理解去辨識，不是可以用「概念思考」底理性去理解去辨識，但不能說**不能用任何方式去理解，不能用任何理性去辨識**。康德只限理解于「通過條件」底方式，于「概念思考」底理性，以之來證成「自由本身之絕對必然性」為不可理解，因而遂說自由只是一假說，這是很不恰當（不相應）的思考方式，很不相干的無意義的贅辭。從意志（實體）方面說是如此，從無條件的實踐法則、定然命令（理）方面說，亦是如此。它既是無條件的，當然再不能通過一條件去理解或辨識它的「絕對必然性」。然因此便能說：「人類理性不能使我們去思議一個無條件的實踐法則（如定然命令者是）之絕對必然性」嗎？不能用條件底方式去作概念的思議，這自然是對的，但不能說不能用任何方式去思議。康德說它的「絕對必然性」（不管是自由意志的，或是定然命令的），不可理解、不可辨識，並不是老子所說的「道可道非常道」之「道」之不可說義，亦不是如佛家所說的「言語道斷、心行路絕」之「真如佛性」之不可思議義。因為「道」雖不可說，即不能用一定的概念去思考，然而它的真實性（絕對必然性）也還是呈現于我們的「虛壹而靜」的道心之前的，決不能說它超出人類理性底力量之外，非任何人類理性所能辨識。佛家的真如佛性雖是「言語道斷、心行路絕」，不是條件方式所能把握，不是概念思考所能契悟，然而它的真實性、絕對必然性，也還是真實地呈現于我們的般若智中、菩提心中，決不能說它非任何人類理性所能辨識。依此，自主自律自由的意志這道

德性的最後眞實以及它所自立的無條件的實踐法則、定然命令，其
「絕對必然性」爲什麼不可以亦依這方式在道德的踐履中去理解
（證悟）去辨識（默識），因而使它眞實地呈現于吾人之道德心靈
之前呢？爲什麼必依條件底方式，概念思考底理性，而把它擯除于
人類理性底力量之外，而視之爲假設呢？如果道德尙不是人類理性
底力量所能及，尙不能使之成爲眞實的呈現，則試想我們這個人類
是個什麼存在呢？他還能作什麼呢？是故康德這不恰當不相應的思
考方式，不相干的無意義的贅辭，實只表示其對于道德生命、道德
眞理之未能透澈，未能正視道德眞理與道德主體之實踐地眞實地呈
現之義。把一個道德實踐上的眞實問題弄成一個無意義的問題，一
個「只是經驗知識所不能及、條件方式概念思考所不能解，因而便
謂其不可理解、只是一假設」的問題。這其實不是實踐哲學實踐理
性底極限，乃只是**經驗知識思辨理性底極限**，而因以知識爲貫通一
切底標準，又因不能正視道德眞理（法則）與道德主體（意志）之
實踐地呈現，遂錯覺地誤移爲實踐哲學之極限。實則實踐哲學、實
踐理性可衝破此界限。惟衝破此界限，道德始能落實，「道德的形
式上學」始能出現，而人始可眞爲一「道德的存在」，其最高目標
是成聖。到這裡，始眞可以看出康德的道德哲學之限度（即他造詣
到什麼境界），亦可以看出儒家經過宋、明儒底發展與弘揚，其造
詣與境界何以早超過了康德。康德是西方哲學家中正式開始認識道
德眞理之本性的人，然而亦只是初步。依儒者觀之，此後煞有事
作，煞有奧理可說。譬如衝破康德所立的界限後，實踐哲學實踐理
性還有其極限否？這將是宋明儒學中一個十分深奧的問題。此即是
盡性中立命的問題。在此說極限方是恰當的。

　　于是，我們仍須回來仔細考察「純粹理性如何能是實踐的」，「自由本身如何是可能的」，「人何以能直接感興趣于道德法則」（理義何以能悅我心），這些問題底確切意義究是什麼？

乙、意志自由如何能眞實地呈現？

　　我們可先考察「純粹理性如何能是實踐的」一問題。此中所謂「純粹理性」不是《純粹理性批判》中所謂純粹理性，因爲那是指純粹的思辨理性說，而這裡卻是指純粹的實踐理性說，其「實指」即是自主自律的意志所自給的具有普遍妥當性的道德法則、定然命令，這是沒有任何感性的成分在內的，所以是純粹理性的。這種屬於道德的純粹理性如何其自身就能是實踐的？此所謂「實踐」就是說能起用而有實效，能指導著我們人而我們人亦能承受之遵順之去行動而造成或表現出一種道德的結果。它如何其自身就能這樣生效？所謂「其自身」就是說單是它自己而不需有任何**屬於感性的成分之幫助**，亦不需有任何**先對之感興趣的對象之引發**，就能生效起作用。這種單是它自身就能生效起作用，就叫做是「透過理性的因果性」，亦曰「意志底因果性」，這是康德所說的「特種因果性」，而與貫穿或連結事件的自然因果性不同。因爲雖然在行爲上（言行上）所產生的道德結果是落在經驗範圍內，可以名之曰事件，（所謂見諸行事，雖是行事，亦可說事件），但那由意志自律而給的道德法則、定然命令，卻不是事件，亦不在經驗內，故曰「特種因果性」。若依儒家的說法，這特種因果性就是**體用底關係**」。「純粹理性如何其自身就能是實踐的」，其確切的意義當該就是「**這特種因果性如何能眞實地呈現**」。這問題完全同於「人何

以能直接感興趣於道德法則」，「道德法則何以能使吾人有興趣」。這些句子都是同意語，說的是一個意思。這問題正是道德實踐底要害處，故這問題本身不是無意義的。但康德卻把這問題轉而為以經驗知識意義的標準去衡量，王顧左右而言他，說這問題不可解明、不可理解，是「超出人類理性底力量之外的，一切尋求對於它的說明所費之艱苦與辛勞皆屬白費。」這就使這問題成為無意義。因這問題本不屬於經驗知識問題，意志因果性中的那「原因」、純粹理性、儒者所謂「體」，本不是一個經驗對象，本不是一意象或事件，那麼你以經驗知識意義的標準去裁定它不可說明、不可理解，這豈不是「王顧左右而言他」，成為無意義的贅辭？這是把問題岔出去了。他把其確切意義實為「如何能真實地呈現」之問題轉而為經驗知識所不能及的問題，因而謂其不能解答、不可說明、不可理解，這正是捨要害而說那不相干的事。這倘不要緊，正因這一岔出去，遂使「單是理性命令著我們」這一十分中肯的道德真理成一不能落實的空理論，成為一無法正視的糊塗，（因不可理解，超出人類理性底力量之外故），只是理上想當然耳，而不知其何以會如此，這好像他的生命全投注在**思辨的機括**中而沒有真正**過道德生活**似的。儒者所謂「覿面相當」或「覿體承當」正是真正過道德生活而正視這道德真理的。這問題底確切意義以及其可理解、可說明，（但非經驗知識意義的），正是要在這「覿面相當」中來把握，這樣才能使那問題恢復其為具有意義的。

　　「純粹理性如何其自身就能是實踐的」，這問題底關鍵正在道德法則何以能使吾人感興趣，依孟子語而說，則是「理義何以能悅我心。」孟子已斷然肯定說：「理義之悅我心，猶芻豢之悅我

口。」理義悅心，是定然的，本不須問如何可能。但問題是在
「心」可以上下其講。上提而爲超越的本心，則是斷然「理義悅
心，心亦悅理義」。但是下落而爲私欲之心、私欲之情，則理義不
必悅心，而心亦不必悅理義，不但不悅，而且十分討厭它，如是心
與理義成了兩隔，這時是可以問這問題的。因爲理義悅心或心悅理
義，就此語不加限制觀之，並不是分析命題，乃是一個綜和命題。
故問這問題是有意義的。如是這問題底最後關鍵，是在「心」字，
即康德所謂「道德感」、「道德情感」，而所謂「感興趣」正是直
接指這「道德情感」，最終是指這「心」字說，所以最後是「心」
底問題。而這正是康德所未注意的。

　　關於道德感、道德情感，我在前第一節中已表明：康德是著眼
於其實然的層面，其底子是發自「人性底特殊構造」，屬於才性氣
性的，因而他把它劃於私人幸福原則下，而視之爲經驗的、後天
的，而且亦無定準。這樣的道德情感當然既不能由之建立道德法
則，而它亦不必即能感興趣於道德法則，即或感之，亦不是直接
的、純粹的道德興趣。本節前引康德原文關於道德興趣一段（甲之
三），康德亦知人確實是感興趣於道德法則的，但「人何以能
感」，則彼以爲不可解明。此即示康德對於「感興趣」所直指的
「道德之心」與「道德之情」不能正視，因而遂使這「感興趣」之
感成爲**偶然的現象**，並不能使之挺立起而有**心體上之必然性**。康德
說：「這道德情感有時被誤認爲道德判斷之標準，其實它毋寧須被
視爲法則運用在意志上的主觀效果，而意志底客觀原則，則單爲理
性所供給。」但是因爲「法則何以能運用在意志上而產生這樣的效
果」既不可解明，則道德情感之地位即不穩定，無心體上之必然

性，亦可以產生，亦可以不產生，如是，則意志之因果性或透過理性的因果性即不能眞實地，必然地呈現。〔人何以能直接感興趣於道德法則，道德法則何以能使吾人感興趣（悅我心），這問題底正當而確切的意義是道德法則、定然命令、意志之因果性等如何能在踐履中眞實地、必然地呈現之問題，不是康德岔出去而視爲不可解明的知識問題。〕但是康德在那段文之底注中亦說：「興趣是理性由之以成爲實踐者，即是說，它是決定意志的一個原因」。這話很有意義。由前一句，如果我們能把道德情感（興趣）上提而講出其心體上的必然性，則「理性如何能是實踐的」一問題即算得到其解答。由後一句，道德情感是「決定意志」的一個原因，這「決定」當然是從「心」說的主觀實現的決定。法則決定意志，這決定是從「理」上說的客觀的決定，這只是當然，不必能使之成爲呈現的實然。要成爲呈現的實然，必須注意心——道德興趣、道德情感。心（興趣、情感）是主觀性原則、實現原則；法則是客觀性原則、自性原則。關於這主觀性原則（實現原則，即眞實化、具體化底原則），康德並未能正視而使之挺立起，到黑格爾才正式予以正視而使之挺立起。（因黑格爾正重視實現故）。康德只著力於客觀性原則之分解地建立，未進到重視實現問題，故彼雖提出之而實並未能知「純粹理性如何其自身即能是實踐的」一問題之正當而確切的意義。故彼視其爲不可理解，不可說明也。張橫渠云：「心能盡性，人能弘道；性不知檢其心，非道弘人也。」前句正是主觀性原則（實現原則），故重心；後一句正是客觀性原則，但不必能呈現，故「不知檢其心」，亦是「非道弘人」之意也，此正是康德之境界，所以視「道德法則何以能悅我心」爲不可理解也。他若眞能正

視「興趣是決定意志的一個原因」，而進到重視主觀性原則，則「理義悅心」即得解矣，「理性如何能實踐」亦得解矣。此正是孟子、象山、陽明之所著力者。將心（興趣、情感）上提而爲超越的本心，不是其實然層面才性氣性中之心，攝理歸心，心即是理；如是，心亦即是「**道德判斷之標準**」：同時是**標準**，同時是**呈現**，此爲主客觀性之統一；如是，理義必悅我心，我心必悅理義，理定常、心亦定常、情亦定常，此即是「純粹理性如何其自身即能是實踐的」一問題之眞實的解答。此非康德所能至。康德對於道德法則、定然命令之了悟尙只停在抽象的階段中，不知其如何能具體實現也。實則法則決定意志這客觀的決定與興趣決定意志這主觀實現的決定只是由對于意志平看，即不加任何規定而只作實然的意志看（ will as such ），而來的從外面（主客觀）分別說。及至說意志是自主自律自給法則的意志，法則不從外來，則法則決定意志即是意志自己決定自己，不是由外來的法則決定其自己。而自給法則、自己決定自己的意志即是超越的本心之自律活動。此意志就是本心。它自給法則就是它悅這法則，它自己決定自己就是它甘願這樣決定。它願它悅，它自身就是興趣，就是興發的力量，就能生效起作用，並不須要外來的興趣來激發它。如果還須要外來的低層的興趣來激發它，則它就不是本心，不是眞能自律自給法則的意志。康德言意志自律本已函著這個意思。只是他不反身正視這自律的意志就是心，就是興趣、興發力，遂把意志弄虛脫了，而只著實于客觀的法則與低層的主觀的興趣。

　　次再考察「自由本身作爲一意志之因果性如何是可能的」一問題之確切意義。康德以爲這問題完全同於前一問題，此不錯。「純

粹理性如何能是實踐的」以及「道德法則何以能使吾人感興趣」這兩者完全是同意語，其關鍵在心（興趣、情感）之上提而爲超越的本心。現在「自由本身作爲一意志之因果性如何可能」，亦復如此。「自由」是論謂「意志」的一個屬性，與自主、自律爲同意詞，而「意志」則是實體字，它是心體底一個本質的作用，即定方向的作用，劉蕺山所謂「心之所存，淵然有定向」者是。亦可以說它就是本心。理性、法則、定然命令等即由這心之自主、自律、有定向而表示，這就是所謂理或理義。心即是理。理義悅心，心悅理義（心之所同「然」，「然」是動字），純粹理性就能是實踐的，而悅理義之心與情必須是超越的本心本情，如是它自然非悅不可，即這「悅」是一種必然的呈現。它自給法則就是悅，就是興發力。心與理義不單是外在的悅底關係，而且即在悅中表現理義、創發理義。理義底「悅」與理義底「有」是同一的。悅是活動，有是存在，即實理底存在（存有或實有）。如是，「這自主自律的意志，即自由的意志，如何是可能的」，其意即是「如何能是呈現的」。前一問題是「道德法則如何能是實踐的」，而這一問題則是「自由的意志如何能呈現」，其義一也。道德法則即由自主自律的意志所供給，因此才是純粹而普遍的，故「道德法則如何能是實踐的」一問題即函「自由的意志如何是可能的」一問題。如果屬於自律的道德法則能呈現，則自由意志自必亦呈現。如果自由的意志不能呈現，則其所自律的道德法則自亦空懸不能呈現。故此兩者實是同一問題。康德何不反身正視這自由自律的意志即是本心，即是興趣之源，其自身就能實踐，生效起作用，所謂沛然莫之能禦？尚待何處去找興發力呢？

　　意志自由本身如何而可能，依《道德底形上學之基本原理》最後的〈結識〉觀之，即是它本身底「絕對必然性」如何而可能。這「必然性」不是我們爲成全道德法則之故而去預定它這主觀的或預定上的必然性，乃是它自身客觀的存在上的必然性。康德以爲這意義的「必然性」不是我們人類理性所能辨識、思議或理解的。這就是哲學思考底界限。前說「道德法則是自由底認識根據」，這認識其實是虛說，意即：「道德法則是我們在其下能意識到自由的條件」，即至多根據道德法則我們能意識到自由這個概念，能意識到必有自由之預定。所謂「認識」只是此意，並非說我們對於自由本身之客觀而存在上的必然性眞有積極的知識或理解。

　　依此，在康德步步分解建構的哲學中，自由只是在抽象地被預定中，因而亦只是在抽象的懸空中，只是一個理念，理想的概念。至於其眞實的存在上的絕對必然性，則對於我們的理性完全隔絕，不可理解，這是屬於康德所說的「物自身」式的睿智界，我們也可以說，對人類理性言，這是屬於「存有底神秘」（mystery of being）的。說這是哲學底界限，本也是可以的。但若把自由完全歸諸信仰，視作被預定的理念，不能落實，不能眞實呈現，這等於說道德不能落實，不能眞實呈現。如是，康德所佳構的道德眞理完全是一套空理論。這似乎非理性之所能安，不，簡直是悖理！

　　他之所以至此，是因他把這問題滑轉而爲經驗知識所不能及，因而謂其不可解明、不可理解。他不知這問題本是「自由本身之絕對的必然性如何呈現」的問題，卻王顧左右而言他，說我們「對它無一些知識」。這不是經驗知識能及不能及的問題，這是一個在道德實踐中它如何能眞實地呈現的問題。因爲這樣自主自律因而亦是

自由的實體性的意志本是個最後的實體，它本不是經驗知識底對象，本不是可以被直覺的事件，你說它非經驗知識所能理解，這於「它本身之絕對必然性如何可能」一問題有何相干呢？如果以經驗知識爲標準，則如果我們對它有知識，它即不是那「最後的實體」，不是我們所說的自由的意志。如果它要是最後的實體，它即自非這種知識所能達到，自亦非這種知識所能裁定，即不因這種知識達不到它，便謂其不可理解，不可說明。康德這一歧出，遂使這問題底確切意義完全弄糊塗了。

依是，「自由本身之客觀存在上的絕對必然性如何可能」之問題就是「它的絕對必然性如何能眞實地必然地呈現」之問題，這是不可以經驗知識底尺度來衡量的，這是一個**實踐問題**，不是一個**知識問題**。因此，它的絕對必然性如能在實踐中眞實地呈現，則我們的理性即能與它覿面相當而理解之。這種理解是不要通過「感性」的，因自主自律自由的意志是一實體，不是一對象一事件故。因此，這種理解只是與它「覿面相當」的**親證**，是**實踐的親證**；理解之即是**證實**之，即是**呈現**之；這不是知「特定經驗內容」的普通知識，而單是**實踐地知這「實體」**之知。

依宋、明儒說，知不只是「知性之知」（麗物之知、見聞之知），還有實踐的德性之知。理解不只是知識意義的理解，還有實踐意義的理解。我們不只是思辨地講理性之實踐使用，還有實踐地講理性之實踐使用。不只是外在的解悟，還有內在的證悟，乃至澈悟。知性之知展開自然界，成功知識系統，如物理學等。實踐的德性之知（證悟）展開價值界，成功德性人格的發展，最高目標是成聖。

在這基本觀點上轉一下，如是乃得進而解明「自由本身」之客觀的存在上的絕對必然性。此將如何而可能？

「自由本身之客觀存在上的絕對必然性如何而可能」，此中所謂「可能」當不再是康德提出問題解答問題時所擬議的「可能」之意義，即不再是依一法則或形式條件而得「可能」的那「可能」之意義。此處「可能」之解答，不再是依一條件之預定，因為「自由」本身已被預定為最後的、無條件的。因此，它的客觀而存在上的絕對必然性之如何可能的問題就是「它的眞實性**如何呈現**」的問題。此處「**可能**」等於其眞實性之「**呈現**」。

宋、明儒所講的性體心體，乃至康德所講的自由自律的意志，依宋、明儒看來，其眞實性（不只是一個理念）自始就是要在踐仁盡性的眞實實踐的工夫中步步呈現的：步步呈現其眞實性，即是步步**呈現其絕對的必然性**；而步步呈現其絕對的必然性，亦就是步步與之**覿面相當而澈盡其內蘊**，此就是**實踐意義的理解**，因而亦就是**實踐的德性之知**，此當是宋、明儒所說的證悟、澈悟，乃至所謂體會、體認這較一般的詞語之確定的意義。這自然不是普通意義的知識，不是宋、明儒所謂「見聞之知」、「麗物之知」，因為它不是感觸經驗的，它無一特定的經驗對象為其內容，因為性體心體不是一個可以感覺去接觸的特定對象。從知識方面說，這知是實踐意義的體證；從性體心體本身方面說，這種體證亦就是它的眞實性之實踐的呈現。步步體證就是步步呈現。但既說步步，則這體證只是分證（部分的滲透悟入），而其眞實性之呈現亦只是部分的呈現。但這無礙於它的眞實性即絕對的必然性之呈露。如果一旦得到滿證，則它的眞實性（絕對必然性）即全體朗現，此就實踐的成就說，這

就是理想人格的聖人了。例如就王陽明所講的良知說，灑掃童子的良知與聖人的良知，雖在體證上有分全的不同，良知萌芽與良知本體雖亦有體證上的分全之不同，然既同為良知，則即是同具真實性與絕對必然性。此即是以前所說「無論一錢金子或一兩金子畢竟同屬金子」一喻之意。當然我們也可以反過來說，雖同屬金子，然畢竟有分量的不同，此就是聖人與普通人之不同，乃至聖人中堯舜與孔子之不同。他們當然也知道這性體心體是無邊的大海，雖說步步體證，乃至全體朗現，但亦無礙於其存有論上的奧密或超越的奧密。全體朗現了，則便轉而為「聖格全體是奧密」，此就是孟子所說的「大而化之之謂聖，聖而不可知之謂神」，亦就是羅近溪所謂「抬頭舉目，渾全只是知體著見；啟口容聲，纖悉盡是知體發揮。」

　　對於性體心體之體證，或性體心體本身之呈現，不只是隔絕一切經驗而徒為抽象的光板的體證與呈現，而且還需要即在經驗中而為具體的有內容的體證與呈現。「具體的」即是真實的，它不只是一抽象的光板、純普遍性，而且是有內容充實於其中而為具體的普遍。普遍性不因有內容而喪失，故雖是有內容，而卻「渾是知體著見」。這樣，倒因有內容而為具體而真實的普遍、落實平平的普遍，不是凸起抽離的光板所謂「光景」的普遍。「有內容」，這內容固是因與經驗接觸而供給，但由經驗供給而轉成性體之內容，則此內容即不是經驗與料本身而待吾人去客觀地了解它以成為「知性之知」的內容，而卻只是在這種知中、行中，乃至一切現實生活中，使性體心體之著見更為具體而真實，因而轉成「德性之知」之內容，亦即是性體心體本身之真實化的內容，此即喪失了其為「麗

物之知」的內容之意義，而轉爲性體心體具體化眞實化之具體而眞實的脈絡。（故在此種體證與呈現中，所成的不是知識系統，而是德性人格底眞實生命之系統。）就性體說，固已因有內容而具體化了，但就內容說，這內容已不是「麗物之知」中那只是特殊意義的內容，而是爲性體心體之普遍性所通澈潤澤了的特殊，因而亦具有普遍的意義、永恆的意義，此亦可說是普遍的特殊。因而亦即是具體而眞實的特殊，不是「麗物之知」中那純然的、抽象的特殊。此即是特殊不作特殊觀，「渾是知體著見」，雖特殊而亦普遍，雖至變而亦永恆。此即羅近溪所謂「捧茶童子是道」也。亦程明道所謂「道亦器，器亦道。但得道在，不繫今與後、己與人。」今與後、己與人，在麗物之知中，當然是純然的特殊；但在道中、德性之知中，則雖特殊而亦普遍，雖至變而亦永恆，渾不見有今與後、己與人，而亦不離今與後、己與人，此即所謂化境：一起都是眞實的，絕對地必然的。性體心體乃至意志自由就是這樣在體證中、在眞實化、充實化中而成爲眞實生命之系統裏得到其**本身的絕對必然性**。孔子是如此渾全地表現，孟子、象山、陽明、龍溪、近溪以及濂溪、橫渠、明道、五峰、戢山等的分途解說亦不過是向此境界趨。（伊川、朱子是另一系統，不屬此自律道德之系統。）這不是普通所說的神秘主義，乃是實踐理性之實踐的必然。就孟子、象山、陽明說，亦不是普通所說的直覺主義，這也是實踐理性之**實踐的必然**。若說是直覺，則凡體證皆是直覺。但若不知其來歷、問題與境界之何所是，冒然憑空說某某是直覺主義，某某是理性主義，皆是不知甘苦的妄說。若只講成是直覺主義，乃是極大的誤解。

　　由以上即可看出宋、明儒者實早已超過了康德。若謂康德講的

是哲學，那麼，這也是儒者成德之教之超過哲學處。若謂康德倒顯得謙遜，你所說的未免太樂觀、太狂大了。其實這不相干。這不是謙遜與否的問題，乃是對於實踐理性是思辨地講，抑還是實踐地講之問題，是「實踐理性如何能真實呈現」的問題，這是實踐理性之**實踐地必然的**。茫然不知其來歷，據淺陋爲平實，視歧出者爲謙遜，指其所不知者爲狂大，此乃正是狂妄之言。大音不入于俚耳，視大音爲狂妄，此乃真狂妄也。是以非過來人，未可輕議。

第三節　「道德的形上學」之完成

自由本身之絕對必然性既可實踐地體證之，則在自由處所表示的「意志之因果性」（透過理性而表現的因果性）亦自因這體證而呈現，此即接觸到了康德所說的「是什麼」，「發生什麼」，或「應當發生什麼」之必然性底問題，這也就是我們原初之問題，即：實現之理與自然、實然者之契合問題。（參看本章第二節甲之七）。

意志之因果性，康德亦說它是一種特種因果性。我們已指出，依儒者觀之，這「特種因果性」就是「承體起用」的一種因果性。自由、自主、自律的意志是體，由它直接所指導，不參雜以任何感性的成分，而生的行爲、德業或事業便是用。「應當發生什麼」是自由意志所直接決定的。意志所直接決定的「應當」，因心、情感、興趣，即因心之悅理義發理義，而成爲「實然」，此即是「是什麼」或「發生什麼」之必然性。由應當之「當然」而至現實之「實然」，這本是直貫的。這種體用因果之直貫是在道德踐履中必

然地呈現的。其初，這本是直接地只就道德行為講：體是道德實踐上的體，用是道德實踐上的用。但在踐仁盡性底無限擴大中，因著一種宇宙的情懷，這種體用因果也就是本體宇宙論上的體用因果，兩者並無二致。必貫至此境，「道德的形上學」（不是「道德之形上的解析」）始能出現。這種意義的形上學，本亦可原為康德思想所函蘊，但因他自由為假設，不是一呈現，又因他忘掉意志即本心，即是興發力，他遂只成了一個「道德的神學」，而並未作出這種道德意義的形上學，即由道德進路而契接的形上學。簡言之，即並未作成一個「道德的形上學」。他的屬于純睿智界的意志之因果性與屬于感覺界的自然因果性並非是直貫，乃是兩不相屬，而需有一第三者為媒介以溝通之，這是他的哲學中之一套。同時還有另一套，即在「先驗地給與意志」的最高福善這個對象之上所設定的「上帝存在」與「靈魂不滅」這兩個設準，這是屬于「道德的神學」的。這兩套不相統屬，造成許多支離。假定依儒者的襟懷，「道德的形上學」澈底完成，這些支離便可全部融化。以下試道其詳。

　　依康德，是什麼，發生什麼，或應當發生什麼之「必然性」不能為吾人的理性所辨識。這「必然性」仍是那「是什麼」者等之客觀而存在上的那超越的必然性，即那來自睿智界而使它必然「是什麼」、必然「發生什麼」或必然「應當發生什麼」之必然性，這即相當于由「動態的實現之理」而來的「必然性」。「那無條件必然的東西」亦即相當於此動態的「實現之理」。但康德以為這只是順條件的追問而被預定的，我們的理性「無任何方法足以使它成為可理解」。即，不能理解那被預定的「無條件必然的東西」本身何以

是絕對地必然的，即不能理解其本身之客觀而存在上的絕對必然性如何是可能的。這不能理解，一、因它不是一可規定的對象，可還原到一更高之法則，因為它已被預定為最後的，無條件的。二、尤其重要的，是因我們對它並沒有一直覺或感覺，即不在經驗中。是以不能理解它的「絕對必然性如何可能」就等於說它的真實性不能因感觸直覺而成為呈現的。這「無條件必然的東西」之絕對必然性，用在自由之概念上，即為自由本身之絕對的必然性，意志因果性之絕對的必然性，道德命令（定然命令）之絕對的必然性，而這些概念都只是一預定，其客觀而存在上的絕對必然性不能被理解，我們對之不能有一點知識，即其本身之真實性不能因感觸直覺而被呈現。這是屬於睿智界的。康德所謂「可能」就等于說可套在一定法則中，其所謂「其真實性如何可能」也可以說就等于「如何呈現」，但卻是可套在一定法則中的對象只因感觸直覺而為呈現，他只有這一種呈現之意義。本來對「這無條件必然的東西之絕對必然性如何可能」底問題是不能這樣思考的。這是不恰當的岔出去的不相干的思考。它的絕對必然性之可理解與不可理解，可呈現與不可呈現，不是可因有「感觸直覺」否而決定的，乃是單在是否能在踐履中與它「觀面相當」。是以除因**感觸直覺而呈現**外，還有一種因**踐履而呈現**。可理解否亦如此。奇怪的是單單這一點卻是康德所不知的。

　　依康德，屬于睿智界的「意志之因果性」（即意志之目的論的判斷）與自然系統之「自然因果性」，根本是兩個獨立的世界。我們對於後者有積極的知識，（知識只限于此），對于前者無積極的知識，（即不因預定它而即擴大了我們的知識，說對它亦有知

識）。這兩個世界如何能接合呢？這在宋、明儒者的學問裏，本不成問題。因為如果自由本身因實踐的體證而呈現，意志之因果性自亦因這體證而呈現，不只是一個隔絕的預定，如是，則意志之目的論的判斷本是可以直貫下來的。如其如此，則它自然而然地即與自然系統之自然因果性相接合，這是一個結論，不是一個問題，這就是我們前文第一節開頭時所說：問題不在直接就這兩個世界的關係本身上去奮鬥。但在康德，自由、意志之因果性，甚至道德命令，皆只是一個預定，不是一個呈現，因此，意志之目的論的判斷不能直貫下來，因而這兩個世界如何能接合遂形成了一個問題，而且是一個「其解答即寄託在直接就這兩個世界的關係本身上去構想」的問題。這就是康德第三《批判》（《判斷力批判》）之工作。

　　康德是以美的判斷之無所事事之欣趣所預設的一個超越原理即「目的性原理」來溝通這兩個絕然不同的世界的。這固是一個巧妙的構思，但卻是一種技巧的湊泊，不是一種實理之直貫，因而亦不必眞能溝通得起來。美的判斷對于自然無所事事，它只是一種欣趣。知性判斷決定自然底質、量、關係等，道德判斷決定行為底方向，這些都是「決定性的判斷」，而唯美的欣趣無所決定，所以它是「反身性的判斷」。然而欣趣必接觸于具體，這就是說，必落在自然之實然上，此是其與自然系統相接頭處。然而自然界底複雜內容必有一種諧和的統一它始能這樣成其為欣趣。這諧和的統一，各種成分之絲絲入扣、相適應相順成所表示的一種目的性就是欣趣判斷之超越原理。但這目的性不是欣趣判斷所決定的，因它原是無所事事故。是以這目的性原理只是主觀的、形式的、反省的，順欣趣判斷之無所事事而反顯的。可是它既需要這目的性原理，則此目的

性原理即與意志之目的論判斷——決定方向的那目的性相接頭。此即以美的判斷爲兩界溝通之媒介。由美的判斷所反顯的目的性原理，其爲目的性是無向的目的性，無目的之目的，因此非決定故。但就是這「無向的目的性」即可與意志決定之「有向的目的性」相接頭。美的判斷，從其背後所經由反顯而預設的目的性原理說，它與睿智界接頭；從其落實于具體之自然上說，它與自然界接頭，所以它可以溝通兩界而使之接合。

這思路看起來誠然有巧妙之處，但亦實是一種工巧的湊泊，眞能湊泊得上嗎？如果意志之因果性只是一預定之理念，不是一呈現，它下不來，只憑一外鑠的第三者去湊泊它，亦未必能接得上，它還是下不來。如果它不只是一預定之理念，而且是呈現之眞實，則不需要一第三者去湊泊它，它還是下得來。它若下得來，即自然可與「自然系統」相接合。這不是一個單就絕然不同的兩界之關係上直接去搏鬥的問題，不是一個可以用工巧的構思去解決的問題。

美的欣趣誠然可以不接觸地接觸自然之具體而微妙處，（不接觸地接觸即是不著之欣賞，不關心的觀照），然而這不一定就能接上意志決定之有向的目的性。亦如中國術數之路之知幾亦可以接觸《易經》陰陽造化之妙，但不一定就能接上孔門那道德意識所貫注的窮神知化與盡性至命。孔門那道德意識所貫注的窮神知化自亦牽連著陰陽造化，但卻不是術數家眼中的陰陽造化。術數家之知幾亦可以窺測到神化，但不必是孔門義理中的神化。術數家常是自然主義與命定主義，而孔門義理則卻必須是道德的理想主義。此所以宋、明儒只講理，不講數，而邵堯夫不入宋、明儒正宗之故。術數家之知幾並不是科學判斷，也類乎一種藝術性的觀照、智的直覺。

所以凡此型心態亦常含有一種洒脫的襟懷，邵堯夫以及道家俱表現
這種襟懷，但亦俱缺乏那嚴整的道德意識與精誠惻怛的仁者襟懷。
此所以有「易之失賊」之誡。我用中國術數家講《易經》方面的道
理，即可烘托出康德以美的判斷溝通兩界之構思只是一種工巧的湊
泊，並不真能湊得上。儒家的精神是孔子所說的「興於詩，立於
體，成於樂。」經過了嚴整的道德意識之支柱（立于禮），最後亦
是「樂」的境界，諧和藝術的境界（成于樂）。但這必須是性體、
心體、自由、意志之因果性徹底呈現後所達到的純圓熟的化的境
界、平平的境界，而不是以獨立的美的判斷去溝通意志因果性與自
然因果性。踐仁盡性到化的境界、「成於樂」的境，道德意志之
有向的目的性之凸出便自然融化到「自然」上來而不見其「有向
性」，而亦成爲**無向之目的**，**無目的之目的**，而「自然」亦不復是
那知識系統所展開的自然，而是全部融化于道德意義中的「自
然」，爲道德性體心體所通澈了的「自然」：此就是真美善之真實
的合一，而美則只是由這化的境界而顯出，而不是一獨立的機能，
這亦正合康德所說的「無所事事」（非決定的）。這層意思是明道
以及陽明門下泰州派王艮父子及羅近溪所最喜歡談而亦達至最精微
者，尤其是羅近溪爲最圓融。這本亦是孔門所已含，孔聖襟懷所已
至者。但這卻不是康德的構思。康德的構思只是一旁蹊曲徑，不是
一康莊的大道，只有輔助指點的作用，不足以盡擔綱的說明。

　　我這裏只簡略地用我的較輕鬆的話，順術數家之知幾底路數以
及孔子「立於禮成於樂」之義，把康德的工巧構思路數之不足表明
出來，並未內在于康德之書就其詞語來評述，因爲那樣將太煩重。
我在《認識心之批判》最後一章中，曾有較專門之評述，但我覺得

那樣評述，在表示康德思想之限度上並不比這裏所說更顯豁。我這裏是專以表示康德思想之限度所由成之關鍵為主題。

由以上即可充分表示出康德對于實踐理性之思想義理並未充其極。他缺乏一個「道德的形上學」，因而他只對于實踐理性之第一義能充分地展現出來，（亦只是抽象地思考的），可是對于其第二義與第三義，則因自由只是一被預定之理念，不是一呈現之故，根本不能接觸到。這樣遂使他的全部道德哲學落了空。這是他的哲學思考把他限住了，因而遂有他的「實踐哲學之極限」之想法。就是這一極限，遂使他不能有一個「道德的形上學」出現。這是要有超過哲學的儒者襟懷才能作到的。如果這「道德的形上學」亦是一實踐哲學，即亦可以哲學地講出來，則它當是**相應儒家成德之教的實踐哲學**，它是衝破康德所立的界限而將其所開闢的實踐理性充其極的。以下試言儒者義。

依原始儒家的開發及宋、明儒者之大宗的發展，性體心體乃至康德所說的自由、意志之因果性，自始即不是對于我們為不可理解的一個隔絕的預定，乃是在實踐的體證中的一個**呈現**。這是自孔子起直到今日的熊先生止，凡真以生命滲透此學者所共契，並無一人能有異辭。是以三十年前，當吾在北大時，一日熊先生與馮友蘭氏談，馮氏謂王陽明所講的良知是一個假設，熊先生聽之，即大為驚訝說：「良知是**呈現**，你怎麼說是假設！」吾當時在旁靜聽，知馮氏之語底根據是康德。（馮氏終生不解康德，亦只是這樣學著說而已。至對于良知，則更茫然。）而聞熊先生言，則大為震動，耳目一新。吾當時雖不甚了了，然「良知是呈現」之義，則總牢記心中，從未忘也。今乃知其必然。

　　陽明的良知、後來劉蕺山的意，乃至康德的自由、意志之因果性，都是這性體心體之異名，各從一面說而已。性體心體不只是在實踐的體證中呈現，亦不只是在此體證中而可被理解，而且其本身即在此體證的呈現與被理解中**起作用**，起革故生新的**創造的作用**，此即是道德的性體心體之創造。依儒家，只有這道德的性體心體之創造才是真實而真正的創造之意義，亦代表著吾人真實而真正的創造的生命，所謂「**於穆不已**」**者**是。這是吾人理解「創造性原則」最重要的法眼，切不可忘記。這也是創造性原則之最基本、最原初而亦最恰當的意義，它既不是生機主義的生物學的生命之創造，亦不是宗教信仰上的上帝之創造，更復不是文學家所歌頌的天才生命之創造。因為生物學的生命之創造，是實然的自然生命之本能，不真是能創造的；文學家所歌頌的天才生命是情感生命底光彩，其底子還是實然而自然的生命，這還是才性的，所以講天才，亦講江郎才盡，這都不是經過逆覺而翻上來的道德生命、真實而真正的精神生命之創造。就是宗教信仰所說上帝之創造，若真是落實了，還是這道德的性體心體之創造。

　　性體心體在個人的道德實踐方面的起用，首先消極地便是消化生命中一切非理性的成分，不讓感性的力量支配我們；其次便是積極地生色踐形、晬面盎背，四肢百體全為性體所潤，自然生命底光彩收斂而為聖賢底氣象；再其次，更積極地便是聖神功化，仁不可勝用，義不可勝用，表現而為聖賢底德業；最後，則與天地合德，與日月合明，與四時合序，與鬼神合吉凶，性體遍潤一切而不遺。性體心體在這樣體證之呈現中的起用便是以前所謂「繁興大用」，用今語說，則是所謂「道德的性體心體之創造」，亦即康德所謂

「因理性而鼓舞生力」,「只這睿智界底理念本身即是興發之力」。(惟康德如此說,只是理之當然之預定,而不是呈現。因爲這不是我們人類理性所能理解的)。

在體證中如此呈現如此起用之性體自始即不限于人類而單爲人類之性體,或甚至亦不限于康德所說一切理性的存在,而是頓時即通「天地之性」,「天地之中」,而爲宇宙萬物之性體,因而亦就是宇宙萬物底本體、實體,此是絕對地普遍的,亦是道德實踐上絕對地必然的。此無論就孟子的「性善」之心性說,或就《中庸》的「天命之謂性」之性以及誠說;無論就濂溪之誠、太極、寂感之神說,或就橫渠之太和、太虛、天地之性說,或就明道之仁、天理、實體、於穆不已之體說,或就象山之本心即性即理說,或就陽明之良知說,或就蕺山之意說皆然。而總之曰:性即是道,性外無道;心即是理,心外無理。性、道(亦曰性、天)是道德的亦是宇宙性的性、道,心、理是道德的亦是宇宙性的心、理;而性、道與心、理其極也是一,故吾人亦總性體心體連稱。

此道德的而又是宇宙的性體心體通過「寂感眞幾」一概念即轉而爲本體宇宙論的生化之理、實現之理。這生化之理是由實踐的體證而呈現,它自必「顯諸仁,藏諸用,鼓萬物而不與聖人同憂,盛德大業至矣哉!」它自然非直貫下來不可。依是,它雖是超越的,而卻不是隔絕的。它與自然系統之「實然、自然」相接合不是一個待去構思以解決的問題,而是它的創造性之呈現之結果,是它的繁興大用之自然如此。這樣,「是什麼」或「發生什麼」或「應當發生什麼」底那「超越的必然性」全部透徹朗現,而不是一個隔絕的預定,無法爲我們的理性所了解者。這樣,實然自然者通過「定然

而不可移」，便與那超越的動態的「所以然而不容已」直下貫通於一起而不容割裂。儒家惟因通過道德性的性體心體之本體宇宙論的意義，把這性體心體轉而為寂感真幾之「生化之理」，而寂感真幾這生化之理又通過道德性的性體心體之支持而貞定住其道德性的真正創造之意義，它始打通了道德界與自然界之隔絕。這是儒家「道德的形上學」之徹底完成。康德的「目的論判斷」通過美的判斷作媒介而與自然系統相接合，這層意思，若不是出之以這樣湊泊的方式，而真能實現出來，則必然就是這種「道德的形上學」。可惜他一間未達，一層未透，（自由為一隔絕之預定、設準，其本身之必然性不可理解，是一本質的關鍵），「道德的形上學」不能出現，而只完成了一個「道德的神學」。

撥開這「一間」，打通那一層隔，是要靠那精誠的道德意識所貫注的原始而通透的直悟的，亦即靠那具體清澈精誠惻怛之圓而神的渾全襟懷，這是儒聖底德慧生命之所開發。西方自始即無這種生命。以步步分解建構的方式而達至康德底造詣，亦算不易了。

康德由步步分解建構的方式給實踐哲學立下的限度實已隱函著這種「道德的形上學」之要實現。（在康德只是一間未達，一層未透，如適所說。）康德後德國理想主義底發展即向此「道德的形上學」之實現而趨。在此趨勢上，康德所開的「道德的神學」便與這「道德的形上學」合而為一，而打通了那一層隔。隔是「道德的神學」，不隔即是「道德的形上學」。試看現在德人謬勒（Max Müller）的敘述：

康德以為倫理行為的意義可以下列格言形式表出：你要成為

普遍的，從而成為超個別的。這裡所突破的界限是「個體性」的界線。你要作任何人在你的立場上都要作的事，康德的這一基本原則恰和存在論的一個格言成為對照：你要作你所能作的，作任何人不能替你作的事。〔案：此兩格言不相衝突，乃相補成。存在論的格言即函攝在上第一節所說儒家踐仁盡性之第三義中。康德的分解建立只作到了上第一節所說的第一義，而第二義與第三義則未能至。此其所以未充其極。〕那「超個體的普遍性」便是康德所謂的意志的本質所在，這意志於是可以擺脫一切內容的制約，避開一切「異律管制」，由讓自己去取決。在意志裡，在自由裡，現象世界、有條件、受限定、相對性的世界要被衝破；而自由意志的無上命令是不受制約的，絕對的。因為在康德以後，德國的理想主義裡（菲希德、謝林、和黑格爾），「絕對」就等於「無限」，於是那原來的格言不復是：成為普遍、成為絕對，而變為：要在無限裡成為絕對的，要成為無限者。精神意志（意志是精神的本質，正如精神是意志的本質）的圓滿是爭取那已經內在於自身的絕對性和無限制。在這特別的理想主義及其倫理思想中，於是乃生出一種沒有內容的動力論：倫理道德的努力便是無限的努力，努力一有限制，便是不道德。

〔……〕

既然在「本質倫理學」的倫理裡，個人潛伏於「**實有**」的各種秩序中，那麼這倫理也就是一種以潛隱為主的倫理；理想主義的倫理卻正相反，基本上是一種「**展現**」的倫理；它脫

離穩固安全的本質秩序，爲能向無限的、無內容的境界突進。在本質哲學的**實在論**裡，「實有」便是各種本質的秩序，在這些本質秩序後面的「實有」卻不可見，它已經被認爲是**本質秩序本身**。〔案：本質哲學指柏拉圖、亞里士多德下賅中世紀的聖多瑪這傳統哲學講。〕在理想主義裡，**實有**等于精神，卻是那從感性、從有限解脫出來的**無限性**，是**絕對自由的本身**。自由的即是不屬別的存在管轄，自己保有自己。無限、實有、絕對，我通稱爲精神，因爲它保有自己，它存在于自己內，換句話說，它是自由的。那保有自由、以自我的保有來發展其**天賦的無限性**及其應承當的自由的那一種「實有」的名稱便是**精神**。「成爲無限」也就是「成爲精神」，也就是「成爲自由」的。因此，在人走向無限的自由、爭取他那天賦同時又應當自己承當和追求的「神性」途徑上，理想主義主張一種無止境進步的樂觀主義。理想主義的「展現」主張把人直接置于他本有的無限性之前：人本身內那導引他、率領他、同時又約束他的是那突破界限的，那超越的因素。人只是受他自己的一種可能性的束縛：成爲絕對的可能性。惟一的一種具有束縛力的連繫是他和他本身內的那一上主（上帝）的連繫，人本身便是一潛勢的上主，現下應當成就的上主。因此，他的法則並不是什麼具有內容的法律，也不是什麼可以認知的客觀秩序，而僅僅是一種很明確的方向：正是那向絕對進行的方向。這一方向的消極實現是對各種感性的天賦、動機、和連繫的克服（依康德的意見），積極方面則是無止息地求取精神化的行動（依菲希

德），或者作爲一種向著絕對的知識進行的辯證法式的過渡
以求克服一切片面的界定或暫時的安頓（依黑格爾），終于
達到在理性的直觀中和絕對本體作神秘的契合的極致（依謝
林）。

以上兩段文見《現代學人》第4期張康譯《存在哲學在當代思想界
之意義》第四節。譯文中專門詞語原附有德文，略。張君告予，謬
勒此文中的意思皆是海德格底意思。此兩段話中亦牽涉著「本質倫
理」與存在哲學底「存在倫理」而作比論。但這一點，讀者可暫不
過問。如有興趣，可詳看該譯文的全文。

　　我們所注意於這兩段話的是它表示著對於德國由康德而開的理
想主義傳統之簡括叙述。這叙述大體是對的，名之曰「**方向倫**
理」，或「**展現**的**倫理**」亦很恰當。（這當是海德格本人底意思，
謬勒只作介述而已。）我們從這簡述中，很可以看出德國康德後理
想主義底發展是向打通那一層隔而期完成「道德的形上學」之方向
趨。關鍵是在由「自由」所表示的絕對性與無限性而直通那無限而
絕對的神性以爲我們自己最**內在**的**本質**、**本性**。（這本性就是正宗
儒家所說的「性」之意義）。說「實有」，這就是最高的實有，
宋、明儒之大宗所謂道體、性體、心體、神體、仁體、誠體等；說
精神，這就是最眞實最內在的精神。這樣，意志自由與上帝存在不
再是並列的兩個設準，像在康德本人那樣，而是打成一片而在「**展**
現」中呈現。「人本身便是一潛勢的上帝，現下應當成就的上
帝」，這話尤其中肯，這是東方宗敎因而亦是儒敎「人而神」的精
神，（儒家所謂「人人皆可以爲聖人」，佛家說「一切衆生皆可成

佛」），這是與基督教「神而人」底敎義不同的。但這卻是實踐理性充其極，「道德的形上學」實現後所必然要至的。在該譯文第六節又有這樣幾句話：

> 在康德以後的所謂「德國理想主義」裡，尚未有任何可以辨認的本質秩序被宣佈爲行爲的準繩，而只是把那向無界限、無輪廓、因此也就無內容、內在的絕對性，向著內在於人的神性的突進宣佈爲標準。不過在這無本質、無輪廓、無可捉摸、無限、絕對、整全的「實有」被宣佈爲我們內在的標準，這向著人的最內在部分的突進即是向著我們的最本質的本性，在人的本然行爲（那超越的行爲）即是爭取自己、爭取人內部天賦然而隱而不見的神性和無限性的當兒，「實有」本身不是就成爲我們人的「本性」（Natur），成爲我們最內在絕對的天賦素質，換句話說，成爲我們的本質了嗎？於是，在主體性裡便有神性在，於是在向後方進入主體時便找到絕對；無限便也在主體裡得到發展。

在這幾句話裡，我們所注意的是：那無限、絕對、整全的「實有」本身就是我們人底「本性」，我們最內在絕對的天賦素質。這本性、這最內在絕對的天賦素質，很顯然就是正宗儒家所說的道德性而又是宇宙性的性體心體，當然不是才性氣性之類的人性，所以它是「人內部那天賦然而隱而不見的神性和無限性」。因爲正宗儒家所說的性體心體同時是道德的，同時又是本體宇宙論的；它是我們的性，同時亦普遍而爲「天地之性」，而爲宇宙萬物的本體、實

體，即生化萬物的寂感真幾。這也是「在主體性裡便有神性在」，「在向後方進入主體時便找到絕對」。因為這性體心體就是我們的真實而真正的**主體性**。在我們實踐的體證中，這「隱而不見的神性和無限性」即逐步朗現或頓時朗現，（性體心體只有隱顯，並無生滅），這就是所以名為「**展現**」的倫理之故。

由這對於德國理想主義底**方向倫理**、**展現倫理**的簡括敘述，我們很顯然可以看出理想主義在基本義理與方向上與儒家的成德之教並無二致。這方向倫理展現倫理是屬於儒家型的。這卻不是表面地枝枝節節地附會說它們同，或表面地枝枝節節地說它們根本不同，這是看穿了它們兩者的內部義理及最後的企向而見出其屬於同一類型。當然德國「理想主義傳統」底哲學思辨並沒有達到儒家那種具體清澈精誠惻怛的溫潤平實而又高明圓熟之境，反過來，中國儒家傳統由踐仁盡性的體證表現出來的義理講說，東一句、西一句，亦沒有德國理想主義傳統底哲學思辨那樣嚴整而有系統的概念架構。要說不同，可以說出種種不同來：氣氛上、情味上、詞語上、思辨入路與方式上俱有不同。然而這不礙於其基本義理最後方向之屬於同一類型。只看「人而神」與「無限絕對的實有本身即為我們人的本性」這兩點即足夠。

自十九世紀末進入二十世紀以來，當代哲學底**趨勢**是反這種以實踐理性上的自由為中心而展開的主體主義的理想主義的。其他瑣瑣者不足論，與此相干的，我們注意英國的懷悌海與德國的海德格。前者是從**宇宙論**方面向外開，脫離那主體主義的中心而向客觀主義走，建立那客觀建構的宇宙論：以二十世紀來的物理、數學、邏輯底成就為底子，以美學情調為基本靈魂，以柏拉圖、亞里士多

德式的原始基型爲接合傳統的歸宿點，而建立起近代式的**客觀主義的宇宙論**。後者則是從**存有論**方面向外開，脫離那主體主義的中心而向客觀的獨立的存有本身之體會走，建立那**客觀自性的存有論**，上而拉開與宗教的距離，使宗教超然而獨存，不與哲學糾纏於一起，內而倒轉那以自由、無限、神性爲中心的方向倫理、展現倫理而爲以「存有」（實有）爲中心的「**存在倫理**」：面對實有而**站出來**，把**自己掏空**，**一無本性**，一無本質，然而完全**服役於實**有便是**人的本性、人的本質**，即**眞實存在的人**。

這兩種向外開的客觀建立，其基本靈魂都不是以道德意識爲主的。懷悌海是美學情調，固無論矣，即海德格底靈魂深處恐亦是一種英雄氣的美學情調。（友人唐君毅先生曾提此意。）這且不論，我的意思是如此：如果實踐理性充其極而達至「道德的形上學」之完成，（在中國是儒家的形態，在西方是德國理想主義的形態），則這一個圓融的智慧義理本身是一個圓輪，亦是一個中心點，所謂「道樞」。說它是個圓輪，是說在這輪子底圓轉中，人若不能提得住，得其全，則轉到某方面而停滯了，向外開，亦都是可以的，上下、內外、正負，皆可開合。「道德的形上學」一旦完成，康德的那一層隔打通了，此就上帝說，雖超越而亦內在化了，人若順內在化的落實，提不住而眞落下來了，則多從人的負面性（如罪）與有限性著眼，而再把上帝推遠一點，以保持其尊嚴，這也是可以的，這便是基督教的形態。這是上下的開，但不能憑這開來反對那實踐理性充其極的合。復次，那圓輪子本不外於「外」，若轉到外面而停滯了，見到外面亦有獨立性，就此而向外開，或開懷悌海式的宇宙論，或開海德格式的存有論，皆無不可，但若執此而與那圓輪子

爲對立，則非是。懷悌海的宇宙論終必收攝於這以實踐理性爲中心的圓輪子內方能站得住。就海德格說，當「後天而奉天時」的時候，就是他的「存在倫理」。可是「後天而奉天時」原與「先天而天弗違」連在一起的。良知的當下決斷亦就是他的「存在倫理」中之存在的決斷，獨一無二的決斷，任何人不能替你作的決斷。可是良知的當下決斷原是本良知本體（即性體心體）而來，原是本「先天而天弗違」的道體性體而來，原不與康德所宣稱的格言相衝突，乃是本體以成用。若執著「後天而奉天時」一義而與「先天而天弗違」爲對立，執著存在的決斷而忘其體，那便不對。此是內外的開合。復次，從正面踐仁盡性到圓熟之境，一切都平平，一切都落實，人若在此平平落實處，只見到那形而下的器而膠著於事相上，則從負面來觀察人生，多從空、無一面入，也是可以的：無卻那相對事相的執著、人爲造作的不自然，而超顯那自然無爲的境界，這便是道家；空卻那事相緣起流轉的自性而當體證空，這便是佛教。因爲這負面的生命原也是那圓輪子所要化掉的。若執著於這從負面入手之所證而與那圓輪子爲對立，便不對。此是正負之開合。最後，在踐仁盡性到圓熟平平之境，如羅近溪所謂「抬頭舉目渾全只是知體著見」，（「知體」即良知本體），人若在此提不住，見不到是「知體著見」，而只見到「抬頭舉目」之生理活動，如是，只去研究這生理活動本身也可以，這便是所謂科學，但若在此執持只有這生理活動是眞實，並無你所說的良知本體，那便成了荒謬的唯物論，此即馬克斯是也。馬克斯的罪惡與黑格爾全無關，（乃至希特拉的罪惡也不能牽連到黑格爾等身上去），也只是黑格爾底哲學到圓融落實之境（思辨上的），馬克思這低劣的根器，只見到物，

不見到其老師所說的精神，遂有那叛師背道的墮落。（共產黨因自己講唯物辯證法，遂稍偏愛及黑格爾，其實這全不相干。而自由世界則因希特拉的極權與馬派之講唯物辯證法，遂深惡黑格爾，造成自由世界之禁忌，這也是無謂的遷怒與怨尤。）是以這圓輪子在其圓轉底過程中可容納一切開合，而唯不能容納罪惡的唯物論。罪惡只能被消除，不能被容納。以上是就圓輪說。說它是一個中心點，是說由此收攝一切，由此開發一切。康德在其《實踐理性批判》序文中說：「只要當自由概念底實在性因實踐理性底必然法則而被證明時，則它便是純粹理性甚至思辨理性底全部系統之拱心石。」人生眞理底最後立場是由實踐理性爲中心而建立，從知性，從審美，俱不能達到這最後的立場。宗教信仰只是這**中心底開合**。中國儒家正是握住這「拱心石」的，而宋、明儒之大宗則是盛弘這拱心石而充其極而達圓熟之境者。

以上的縷述已經很長了，至此當止。本章的主要意思是在：

1.打通康德的那一層隔，而完成「道德的形上學」。

2.「道德的形上學」之完成，在一切問題性的辨論以外以上是有一個精誠的道德意識所貫注的原始而通透的直悟的。

3.這原始而通透的直悟是以儒聖的具體淸澈精誠惻怛的圓而神之境爲根據，也可以說是聖人所開發。這是一個絕大的原始智慧，不是概念分解的事。這是中國儒家傳統與德國理想主義底哲學傳統所不同的地方，雖在客觀義理與最後方向上屬同一類型。〔關於這一點，我請讀者參看唐君毅先生《人生之體驗》中〈自我生長之途程〉一文以及《人文精神之重建》中〈孔子與人格世界〉一文。我即從此兩文悟到孔子的精誠惻怛的渾全表現所代表的那原始的智

慧，並見到儒家何以一下子即能使實踐理性充其極而徹底完成了那「道德的形上學」，而康德則不能之故。唐先生此兩文都在多年以前發表，前文尤早，尚在抗戰時期。我由此兩文所悟到的意思蓄之已久，今始正式說出，聊作「辯以相示」。（莊子云：「聖人懷之，衆人辯之以相示也。」）讀者於此或可得一眉目。

第四章　道之本統與孔子對于本統之再建

引　言

　　自韓愈作〈原道〉而有道統之說，其言曰：「夫所謂先王之教者何也？博愛之謂仁，行而宜之之謂義，由是而之焉之謂道，足乎己無待於外之謂德。其文《詩》、《書》、《易》、《春秋》，其法禮樂刑政。〔……〕斯道也，何道也？曰：斯吾所謂道也，非向所謂老與佛之道也。堯以是傳之舜，舜以是傳以禹，禹以是傳之湯，湯以是傳之文、武、周公，文、武、周公傳之孔子，孔子傳之孟軻。孟軻之死不得其傳焉。」

　　此堯、舜、禹、湯、文、武、周公、孔子、孟子一線相承之道，其本質內容爲仁義，其經典之文爲《詩》、《書》、《易》、《春秋》，其表現于客觀政治社會之制度爲禮樂刑政。此道通過此一線之相承而不斷，以見其爲中華民族文化之命脈，即名曰「道統」，自韓愈爲此道統之說，宋、明儒興起，大體皆繼承而首肯之。其所以易爲人所首肯，因此說之所指本是一事實，不在韓愈說之之爲「說」也。（此非是一個人之學說之問題）唯韓愈說之，有

點醒之用耳。

　　此一線相承之事實，孟子已有此自覺。孟子曰：「由堯、舜至於湯，五百有餘歲，若禹、皋陶，則見而知之；若湯，則聞而知之。由湯至於文王，五百有餘歲，若伊尹、萊朱，則見而知之；若文王，則聞而知之。由文王至於孔子，五百有餘歲，若太公望、散宜生，則見而知之；若孔子則聞而知之。由孔子而來，至於今，百有餘歲。去聖人之世，若此其未遠也；近聖人之居，若此其甚也。然而無有乎爾，則亦無有乎爾。」（〈盡心〉篇末），此即一線相承之意也，末後之慨嘆即示孟子自己欲以道之傳承自任也。其實顏淵、曾子，皆見而知之，而孟子亦可說是聞而知之也。對文王而言，不獨太公望、散宜生爲見而知之也，即周公、召公亦可說是見而知之也。

　　此一線相承之事實，即孔子亦有此自覺。子曰：「殷因於夏禮，所損益可知也。周因於殷禮，所損益可知也。其或繼周者，雖百世可知也。」（《論語‧爲政》第二）有因、有損益，此三代王者之相承也。此雖就禮言，然亦可洞悟其相承之立國之道也。孔子甚嚮往周公制禮作樂之業績，有云：「甚矣，吾衰也！久矣，吾不復夢見周公！」（〈述而〉第七）又盛贊堯、舜、禹之至德。由此即可見孔子實已洞悟到堯、舜三代一線相承之立國之道也。又曰：「文王既歿，文不在茲乎？」（〈子罕〉第九）此示孔子亦欲以繼承此道爲己任也。

　　孔孟之如此稱述是後起者之反省，但亦自有其生命上之承當，（此之韓愈以及宋、明儒之如此稱述皆然），至于堯、舜三代之當事人尤其易意識到其世代之相承，故當湯武革命之際必歷舉前代爲

鑑戒也。

　　然自堯、舜三代以至于孔子乃至孔子後之孟子，此一系相承之道統，就道之自覺之內容言，至孔子實起一**創闢之突進**，此即**其立仁教以闢精神領域**是。孔子並非一王者，故其相承堯、舜三代之道，並非與三代之王者為**同質地相承**。此是其**虛歉處**。然亦正因此，而使道有「直方大」之解放，此又是其充盈處。此一創闢之突進，與堯、舜三代之政規業績合而觀之，則此相承之道即後來所謂「內聖外王之道」（語出《莊子・天下》篇）。此「內聖外王之道」之成立即是孔子對于堯、舜三代王者相承之「道之本統」之再建立。內聖一面之彰顯自孔子立仁教始。曾子、子思、孟子、《中庸》、《易傳》之傳承即是**本孔子仁教而展開者**。就中以孟子為中心，其器識雖足以籠罩外王，然**重點**與**中點**以及其重大之**貢獻**實落在**內聖之本之挺立處**。宋儒興起亦是繼承此內聖之學而發展。其器識雖足以**籠罩**外王，亦從未忽視於外王，然重點與中點亦仍是落在**內聖之本之挺立處**。此內聖之學，就其為學言，實有其**獨立之領域與本性**，此即彰著**道德之本性**（自性）以及相應道德本性而為**道德實踐**所達至之**最高歸宿為何所是**者是。自孔子立仁教後，此一系之發展是其**最順適**而又是**最本質**之發展，亦是其**最有成**而亦最有**永久價值**之發展，此可曰孔子之傳統。

　　然此道既是內聖外王之道，則外王一面亦是器識上所必應函攝到之本質的一面，此即《大學》所謂治國平天下者是。「外王」者，即客觀而外在地于政治社會方面以**王道**（非霸道）治國平天下之謂也。此所謂「王道」已不是指**三代王者所實際表現者**而言，而是已成一有**確定意義之政治上之最高原則**。粘附于三代王者之名而

名之曰「王道」者，是因三代之王者稍能**幾近于此原則**，或能**表現此原則于幾分之幾**之故也。然此「外王」一名，隨時代之發展與需要，其函義甚廣泛。初不只是指個人爲君之道言，尤其不是指要人去爲王言。如適所言，乃是于政治社會方面以王道治國平天下之謂，此是**客觀地就治國平天下之最高原則之實施**言。然隨時代之發展與需要亦常不只此義。是以外王一名，其函義，若總持言之，大體可分爲三層：

一、客觀而外在地于政治社會方面以王道治國平天下：此是其**初義**，亦是其**基本義**。就「以王道治國平天下」言，此中含有政治之**最高原則**如何**能架構成**而可有**實際之表現**之問題，亦含有**政體國體**之問題。

二、在此最高原則以及此最高原則所確定之政體國體之下各方面各部門**開展進行其業務之制度之建立**：此是其**第二義**，亦即永嘉派所謂「**經制事功**」者是。

三、足以助成此各方面各部門業務之實現所需有之**實際知識**之**研究與獲得**：此是其**第三義**，此大體是顧亭林與顏、李等之所**嚮往**。

以上三義俱爲外王一名所函攝。亦可以說是相連而生者，然而卻有其層次之不同。第一層爲**政治**，踐之者爲**政治家**。第二層爲**事功**，踐之者爲百官衆有司以及社會上之各**行業**。第三層爲**知識**，踐之者（言實際去研究）爲**專家**爲**學者**。從問題言，此三層中之問題俱屬外王之問題。從學言，此三層之內容俱爲**外王學**。

自宋儒興起，重新確認並展開孔子之傳統後，此外王學一面亦常因迫切之需要而爲人所注意，而且常在華族受欺凌于夷狄而覆亡

于夷狄時，如南宋時永嘉派之薛士龍、陳君舉、葉水心，以及永康之陳同甫，明末時之顧亭林、黃梨洲、王船山，以及顏習齋、李恕谷等皆甚著重此一面。如能相應外王學之第一義而解決中國之政治問題，相應其第二義與第三義而能開出各種科學知識以引發並充實各行業各部門之事功；此豈非佳事？然而著重此方面而反對談內聖之學者卻甚無所成。**積極地**既不能就外王學之第一義開出中國**政治之方向**，復不能就第二義與第三義開出各種**科學知識之規模**，而只知**消極地**泛言**事功**與**實用**以爲反對談**內聖之學**者（談性命天道者）之**藉口**。彼等不知彼等所要求之事功與實用，其最大之**癥結**與**關鍵**是在政治問題（政治之最高原則如何架構之問題）之不得決，家天下之私是其先天之限制，彼等于此方面之意識皆甚差，且根本不甚能接觸此問題，不及黃梨洲、王船山遠甚，即比程、朱、陸、王之專致力于內聖之學者亦不及。彼等結果只是落於**第二義第三義**泛言事功實用以詆詆談**性命天道**者。此既不知孔子**仁教之意義**，復不知**外王之根本**。平心而論，中國之政治問題，在以往之思路中本不易解決者。此固非內聖之學所能**直接推演**而**決者**。程、朱、陸、王只知不滿于漢、唐，但亦開不出解決之道。即黃梨洲、王船山已甚接觸及之，但亦有**至此而窮**之感。此是中國以往學術傳統之**限制**。善乎友人徐復觀先生之言曰：「凡是想要把政權固定爲一身一家一集團的千秋之業的想法，結果必走上李承晚、吳廷琰之路。而這一罪惡且悲慘的局面，在中國傳統文化中，**追索到底，竟找不出答案**，這是東方人的**良心呈現**所受的**最大的限制**」。（見〈良心、政治、東方人〉，《民主評論》第14卷第23期）。然無論如何，就儒家「內聖外王之道」之全體言，宋、明儒講內聖之學者對于此全體更

能契接而相應；就外王一面言，講內聖之學者對于此一面更易有開發、有實感、有貢獻；即就顧、黃、王言，雖並稱爲明末三大儒，而不反談性命天道之黃梨洲與王船山，即較顧亭林爲更能**實感于外王之癥結**，因而亦更能**接近于事功問題之解決**。以往之限制只是**一間未達、一結未解**。一旦解開此糾結，則此問題之解決仍須順能籠罩而相應于「內聖外王之道」之全體者之**創造生命**與**綜和意識**而前進，而只泛言事功與實用以詆訾談性命天道者決無助于此問題之解決，以其**方向與眼目**不淸故也。其歸也只是詞章考據而已。須知事功不立，國族淪亡，豈因談內聖之學而至此耶？徒見其不知類而已矣。

　　泛言事功與實用而詆訾談性命天道之內聖之學者以葉水心爲**最極端而澈底**。彼不但反其並世周張二程，且並曾子、子思、孟子、《中庸》、《易傳》而一起詆訾之，甚至連孔子亦爲其所**不滿**。彼根本無所知于**孔子之仁教**，自亦無所知于承孔子仁教而展開之「**孔子之傳統**」。彼以堯舜三代王者之業績爲「**道之本統**」之所在，且只落于外王學之第二義與第三義而觀之，以此定其**卽事達義，卽器明道**之〈**講學大旨**〉。彼所以詆訾孔子之傳統者，正爲其不合其所說之上世之「**本統**」與古人之「**禮統**」之故。彼以爲心性、性命、天道等問題皆是「**茫昧冥惑**」之事，皆非上世所曾有，皆是子思、孟子所造作之「**新說奇論**」以冥惑後世者。後之顧亭林與顏、李，乃至戴東原諸反對宋、明儒之談性命天道者皆不能出其規模之外，而皆不及其**勇悍**。本文之作，是欲就其論點澈底疏導此問題以明堯舜三代**道之本統之何所是**以及孔子之創闢突進對于**道之本統再建之意義**，並進而就其〈講學大旨〉之詆訾曾子、子思、孟子、《中

庸》、《易傳》予以澈底之糾正，以明**內聖之學之獨立的意義與自性**，兼爲外王之學進一解。「道」者精神生命之方向之謂也。一民族如不能對此點有澈底淸醒之確立與挺立，則必永停于軟塌恣肆、顚倒搖擺，甚至凍結，而不能暢達屹立其自己之境。

　　見本章先論「道之本統與孔子對于本統之再建」，下章再衡定葉水心〈講學大旨〉之紕謬。茲爲方便起，先從「性」字說起。

第一節　孔子前性字之流行及生、性二字之互用與不互用

Ⅰ、見于《詩》、《書》中者

　　1.《詩·大雅·卷阿》：

　　伴奐爾游矣，優游爾休矣。豈弟君子，俾爾彌爾性，似先公酋矣。〔朱注：「言使爾終其壽命，似先君善始而善終也」。一解「似」，嗣也，紹也，續也。「酋」就也，成就也。〕爾土字昄章，亦孔之厚矣。豈弟君子，俾爾彌爾性，百神爾主矣。〔朱注：「使爾終其身常爲天地山川鬼神之主也」〕爾受命長矣，茀祿爾康矣，豈弟君子，俾爾彌爾性，純嘏爾常矣。

　　2.附錄金文：

> 永令彌厥生。

照朱注，上條「彌爾性」與此條金文「彌厥生」同，生性互用。依友人徐復觀先生解，字雖互用，實即「性」義。性作欲望講。「彌爾性」，「彌厥生」，皆言滿足其欲望。彌者滿也。猶言逐心滿意，事事如意也。表善頌善禱之吉祥辭。「俾爾彌爾性，似先公酋矣」，猶言「使你百事如意，來紹續先公之成就」。「似」，嗣也，紹也。「酋」，就也，言成就。此解較優。（參看《中國人性論史·先秦篇》，第一章頁10。）

3.《商書·西伯戡黎》（今文）：

> 祖伊〔……〕曰〔……〕非先王不相我後人，惟王淫戲用自絕。故天棄我，不有康食，不虞天性，不迪率典。

蔡沈注：「不虞天性，民失常心也」。「不虞」猶不慮、不顧。此天性常心是一般言之，即生命生活中自然有者之常態。失其常態，則自然不顧一切，盲動亂行。故下句即繼之言「不迪率典」，言「廢壞常法也」（蔡沈注）。

4.《周書·召誥》（今文）：

> 王先服殷御事，比介於我有周御事。節性，惟日其邁。

「節性」，蔡注：「節其驕淫之性。」此性字即生命中自然有的欲望本能等。此項節、導，而不能縱，如此方能日進其德。此處是

性、德對言，此見性在下，屬自然而實然，德在上，（儘管是外在的），屬當然而應然。「節性」，字亦可寫爲「節生」，然其實只是性義，不是今日所謂「節制生育」之「節生」也。以上是今文《尙書》，無問題者。

5.《商書·仲虺之誥》（古文）：

> 嗚呼！惟天生民有欲，無主乃亂。惟天生聰明，時又。天乃錫王勇智，表正萬邦。王懋昭大德，建中於民。以義制事，以體制心。

案：此爲古文《尙書》，文中無「性」字。然「生民有欲」句可助解、性，故併錄之。據此文，天不但「生民有欲」，且賦人以「聰明」，錫人以「勇智」，此亦性也，此是所以主宰欲者。此文中之觀念可能較晚，此其所以爲僞與？然其觀念並不與傳統相悖。

6.《商書·太甲上》（古文）：

> 伊尹曰：茲乃不義，習與性成。

案：此言習性，習久成性也。此習、性對言。此可表示凡性字無論是何層面之性，是何意義之性，皆是指那自然而本然者言，即自然如此本然如此之性向、性能、性好、質性或質地。此是性字之通義，但視其應用于何層面而定其殊指。大抵性之層面有三：一、生物本能、生理欲望、心理情緒這些屬於自然生命之自然特徵所構成的性，此爲最低層，以上各條所說之性及後來告子、荀子所說之性

即屬于此層者；二、氣質之清濁、厚薄、剛柔、偏正、純駁、智愚、賢不肖等所構成之性，此即後來所謂氣性才性或氣質之性之類是，此爲較高級者，然亦由自然生命而蒸發；三、超越的義理當然之性，此爲最高級者，此不屬于自然生命，乃純屬于道德生命精神生命者，此性是絕對的普遍，不是類名之普遍，是同同一如的，此即後來孟子、《中庸》、《易傳》所講之性，宋儒所謂天地之性、義理之性者是。本條伊尹所說之「習與性成」之性大體可說是概括前兩層俱在內。太甲之自然生命所蒸發之氣質本有其駁雜，或一時陷溺而轉不過，故常習于不善不順，習久而成惡性，儼若其性如此。其實這種性總有其可導性與可化性，故伊尹放之于桐宮，「密邇先王其訓，無俾世迷。」此即函可使其一旦覺悟而向善，開擴其心靈而不終于沉迷。而太甲亦終于覺悟而迴向，故曰「王徂桐宮居憂，克終允德。」此條習與性對言，雖是直接關涉著氣質之性說，然亦有向道德心靈開發之透視。故此文之觀念亦當屬後起，大抵最早所注意之性只是就自然生命之自然特徵而說者。

　　7.《周書‧旅獒》（古文）：

　　　犬馬非其土性不畜。

「土性」即方土之質地，適宜于生長或畜養某物者。

　　8.《商書‧湯誥》（古文）：

　　　惟皇上帝，降衷於下民，若有恆性。克綏厥猷惟后。

案：此文語脈本甚順，而古注則纏夾不明，遂不順矣。問題在「若有」二字，古注皆訓若爲順。《孔傳》云：「衷，善也。」正義曰：「天生蒸民，與之五常之性，使有仁義禮智信，是天降善於下民也。」此解「降衷」句。類比「天命之謂性」也。《孔傳》又謂：「順人有常之性，能安立其道教，則惟爲君之道。」是則將「若」字講爲動詞之「順」，而把原爲動詞之「有」字與「恆」字合，解爲「有常」，此是一形容詞，「有常之性」，即是「恆性」；而又與「克綏」句連爲一氣，類比「修道之謂教」，此于語句不合。若如《孔傳》，則經文當如此標點：「惟皇上帝，降衷於下民。若有恆性，克綏厥猷，惟后。」此甚別扭。蔡沈注曰：「若，順也。〔……〕以降衷而言，則無有偏倚。順其自然，固有常性矣。以稟受而言，則不無清濁純雜之異，故必待君師之職而後能使之安於其道也。故曰克綏厥猷惟后。」此則將「若」字之「順」義承上「降衷」而言，較《孔傳》爲合矣。然將一「若」字措爲一整句，亦與「若有恆性」句之辭意不合。依蔡注，此文之句意是：若能順所降之衷之自然，則固有常性矣。把「若」字措爲一條件句橫插于其中，此甚不合。此皆視「若」字之「順」義太死殺，「若」固有順義，亦別處亦可直解爲動詞之順，如「不若德」之類。但此處之「若」字只是作爲一順承上句之連繫字，即訓「順」，亦是連繫詞「因而」之順，「遂亦」之順，「似若」之順，不能固定爲動詞之順也。「若」本亦發語辭，如「曰（越）若稽古」之若，召誥「越若來」之若。此處之若即連繫辭發語辭合用之「若」。言上帝降衷于下民，下民因而有其恆性。恆性即定常之性，亦即〈西伯戡黎〉中「不虞天性」之「天性」。

此「天性」、「恆性」之**內容**在此處究如何解析亦不易有明確
之規定。孔穎達《正義》順《孔傳》解「衷」爲善,將此恆性直解
爲仁義禮智信「五常之性」。蔡沈注則謂:「天之降命而具仁義禮
智信之理,無所偏倚,所謂衷也。」衷即「中」,故以「無所偏
倚」解之,而其實指則是「仁義禮智信之理」。人稟受之即爲一己
之性。如是,則「恆性」之內容即爲**義理當然之性**。然自湯「克夏
誕告萬方」而言,則此「恆性」之內容恐不能直指此「義理當然之
性」而說。天生民有其**發于生性**之**所需**與**所欲**以及其**一定之生活軌
道**,此皆不能虐亂者。「夏王滅德作威,以敷虐於爾萬方百姓」,
此即虐亂其**生性**也。故湯起而革之,以安生民。故曰:「凡我造
邦,無從匪彝,無即慆淫,各守爾典,以承天休。」此種申述,即
在呼應「克綏厥猷惟后」一句也。然則此處「恆性」之內容恐不能
即是義理當然之性,恐是就人之**生命生活綜和而言**之。其實指當是
指**發于生性之所需、所欲以及一定之生活軌道、一般之生活常態**而
言。此亦是生民之恆性常性也。

　　天之「降衷於下民,若有恆性」,在語句上,就「恆性」言,
極似「天命之謂性」,就「降衷」言,又似《左傳》劉康公所謂
「民受天地之中以生」。(劉子語詳解見下第二節)。天降衷,民
受中,因而有其**生**也。即有其**個體生命之存在**。有其生命之存在,
即有其**恆性**。此「中」,在劉康公是就之以說個體之存在(生)。
有個體之存在即有個體生命之「**命**」,即**根命**、**氣命之命**。故「天
地之中」是偏就中之氣一面說,即**中和之氣**。而此處之「降衷」,
則是**就「衷」以說性**。此「衷」與「性」究如何說,則不易有明確
之決定。此處不說「受天地之中」。而說「上帝降衷」,此于解析

上亦有影響。上帝有人格神、最高主宰之意。祂之降衷于下民以使民有恆性，若說單是**降中和之氣**，則似乎**不可通**。若簡單地只說**天生民**，或**上帝造民**，則無論**賦人以生命**，或**賦人以性**，問題皆簡單。但現在是由降衷說性，其所降而賦予人者有**特指**，則問題便麻煩。當然上帝亦可**賦人以中和之氣**（至于如何賦法，則是上帝之事，非吾人所能知），但若如此，則**直接來的是「生」**（存在），而**不是「性」**。故就「性」言，依中國之傳統想法，只能說是降衷善之德或理。故《孔傳》云：「衷，善也。」而孔穎達《正義》直以仁義禮智信之德解之，而蔡注則以「仁義禮智信之中理」說之。此皆類比《中庸》之首句以解此文。但若如此，則下句「克綏厥猷惟后」便不甚好講。《孔傳》將「若有恆性」連下「克綏」句爲一氣，而謂：「順人有常之性，能安立其道教，則惟爲君之道」，此對于「若有恆性」句，決不可通，說已見前。但以「能安立其道教」解「克綏厥猷」，卻尙**切合**。此整文，若隨《孔傳》，改爲如下之解說，當可通順，即：「惟皇上帝降衷善之德於下民，下民因而有其恆性。〔順人之恆性〕而**能安立其道教**者，則惟賴在上之君后」。此中「順人之恆性」是**補充句**，不是**解詁「若有恆性」**。「能立其道教」即《中庸》「修道之謂教」也。如是，「惟皇上帝降衷於下民，若有恆性」，此**兩句合起來**即是「天命之謂性」。「克綏厥猷惟后」一句則是「修道之謂教」。此中並無「率性之謂道」一義。自政治立場言，跨過此句亦可。而《孔傳》則以「惟皇上帝降衷於下民」一句爲「天命之謂性」，而以「若有恆性，克綏厥猷惟后」兩句相連屬爲「修道之謂教」，故差謬不通也。

　　蔡沈注，將「若有恆性」屬上「降衷」句，固較《孔傳》爲

佳，但解「克綏」句，則不如《孔傳》之**切合**。蔡注云：「猷，道也。由其理之自然而有仁義禮智信之行，所謂道也。〔……〕以稟受而言，則不無清濁純雜之異，故必待君師之職而後能使之安於其道也。故曰：克綏厥猷惟后。」實則原是后「**能安立其道敎**」，（如《孔傳》），或「**能綏寧其道**」，（如此，「道」須別解，見下），而不是「**能使之安於其道**」。夫民既有仁義禮智之常性矣，能不能率性而行而「安於其道」，豈「必待君師之職而後能」耶？依《中庸》，將道修之于家國天下而成敎（敎化、風敎），所謂「修道之謂敎」，須「待君師之職而後能」，然「率性之謂道」，則不須「待君師之職而後能」也。故此解既于語句爲不切，又于義理爲不通也。蔡沈之注是根據朱子之義理而說，並想補上「率性之謂道」一義，故如此解「克綏厥猷」也。實則「猷」字雖可訓道，而不必即是「率性之謂道」之「道」。「**猷**」字之「**道**」義不必如此著實也。故蔡注解此句不如《孔傳》較爲合于政治立場也。

以上兩解皆類比《中庸》而言之，又對于「若」字之「順」義，看得太死寂，故有許多差謬並參差不齊處。修改而通之，當以《孔傳》爲佳，或兩解皆當歸于順《孔傳》而修改之。

但若衡之〈湯誥〉之「誕告萬方」之政治立場，此文似可另作一稍爲**虛籠之解析**，使之較爲**直接而顯豁**，不必類比于《中庸》，如該兩解之**著實**。此稍爲虛籠之解析當如此：上帝以生民愛民爲衷。此衷可指上帝之衷善之心意說。此衷善之心意不能**著實**爲民之**義理當然之性**。上帝其衷善之意于下民，使民**有其恆性**故不可讓殘暴者隨意虐待而擾亂之。是則民之有此恆性固是**關聯著上帝之衷善之意**而說，但此**恆性自身之內容**卻當**就民另講**，不能即**由上帝之**

「衷」定，亦不能直指仁義禮智之理說。如是，則「衷」字稍為虛籠。由仁義禮智說義理當然之性，只當人注意到個人自己有道德自覺而能自主地作道德實踐時，始能出現。此是通過孔子之仁教後，孟子、《中庸》、《易傳》之所發揚。湯克夏，誕告萬方，不必說此義。當然，此是古文《尚書》，人以為偽者也。其編輯此文，或許夾雜有《中庸》之觀念，故順之而輯成此句，而解者亦順《中庸》而解之。人可以此而益譏其偽。吾在此不甚注意此問題。吾只因舊解之纏夾，而想到此虛籠之解析。如依舊解，則當順《孔傳》而修改，如上所說。依「誕告萬方」之政治立場，此虛籠之解析亦可通。如此即不必用《中庸》來解此〈湯誥〉之語矣。是故此處順上帝之降衷而言民有恆性，其內容當指「發于生性之所需所欲以及一般生活之常態」而言。民既有此恆性，即須有安定之社會秩序以遂其生達其欲，使之「不失其性」。故此「恆性」即是〈西伯戡黎〉中之「天性」。如此，恆性即是「實然之生性」。而不是超越之義理當然之性。能安定社會秩序使不失其性者，則是君后之職責，以今語言之，即是政治。故曰「克綏厥猷惟后」。猷有多義，謀、圖、道、功皆可。古注訓道。若訓道，即是生活之道或常規。言「能綏寧其生活之道者惟后也」。此「道」（猷）字無超越之意義。而是表現在日常生活之事中之常規。此是屬于客觀的社會的一面者。故此處不必直以《中庸》「天命之謂性，率性之謂道，修道之謂教」連三語之義解之。其語脈思路雖近之，而理趣不必同也。《中庸》「天命之謂性」即是超越的義理當然之性，故下句即云「率性之謂道」，此則是個人自己率性盡性之事，不須「克綏厥猷惟后」也。但是發于生性之生活常規之維持與安排，不能不有待于

政治「即君后」。如此解，則直接而顯豁。《中庸》則複雜。此解亦有缺點，即對于「降衷」之解析，不合傳統之習慣。如依舊解，則當順《孔傳》而修改之。如此，兩解可並存。吾之對于「上帝降衷」作稍爲虛籠之解析，是想保存〈湯誥〉此文與《左傳》劉康公「民受天地之中以生所謂命也」以及《中庸》「天命之謂性」此三者各自之殊義以及此三者所形成之發展性，即生性、根命與超越的義理當然之性三者各自之殊義以及其發展性。

Ⅱ、見于《左傳》中者

1.《左傳》襄公十四年晉師曠答晉侯「衛人出其君」中有云：

> 天生民而立之君，使司牧之，弗使失性。有君而爲之貳，使司保之，勿使過度。〔又云：〕天之愛民甚矣。豈其使一人肆於民上，以從其欲，而棄天地之性？必不然矣！

此言天地以愛民爲性。此是超越意義之性。「弗使失性」即使人民各遂其生，各適其性，此指生活欲望等言。此條可與前〈湯誥〉「降衷、恆性」之文合觀。

2.《春秋》襄公二十六年經：「冬楚子蔡侯陳侯伐鄭。」《左傳》：

> 冬十月楚子伐鄭，鄭人將禦之。子產曰：晉楚將平，諸侯將和，楚王是故昧於一來。不如使逞而歸，乃易成也。夫小人之性釁於勇，嗇於禍，以足其性而求名焉者。非國家之利

也，若何從之？子展説，不禦寇。

「小人之性」，此性字是本性義，是其生命特徵之總說。「以足其性」，此性字是欲望，是發于其特有之本性之特有的欲求。

　　3.昭公二十五年鄭子大叔引子產語答趙簡子問禮：

> 夫禮天之經也，地之義也，民之行也。天地之經，而民實則之。則天之明，因**地之性**，生其六氣，用其五行。氣爲五味，發爲五色，章爲五聲。淫則昏亂，**民失其性**。是故爲禮以奉之。〔……〕民有好惡喜怒哀樂。〔……〕哀樂不失，乃得協於**天地之性**，是以長久。

此言「天地之性」是以禮則爲性，此亦是超越意義的性。前第一條以「愛民」爲性，是就**天地之心**言性，此條是就**天地之理道**言性。「民失其性」，此性字即「好惡喜怒哀樂」等之情性，亦自然生命所自然而有者。既不可絕，亦不可淫，須有禮以節導之。此條亦當與前〈湯誥〉「降衷、恆生」之文合觀。

　　4.昭公十九年《左傳》：

> 楚人城州萊。沈尹戌曰：〔……〕吾聞撫民者節用於內，而樹德於外，**民樂其性**，而無寇讎。〔……〕

樂其性即**樂其生**也。樂其生當然是其生活之欲望有相當之滿足。

　　5.昭公八年《左傳》：

> 八年春，石言於晉魏榆。晉侯問於師曠曰：石何故言？對
> 曰：石不能言，或馮焉。不然，民聽濫也。抑臣又聞之曰：
> 作事不時，怨讟動於民，則有非言之物而言。今宮室崇侈，
> 民力彫盡，怨讟並作，**莫保其性**。石言，不亦宜乎？

案：「莫保其性」即莫保其生。此則只應作「**生**」字**讀解**，雖則其
義亦通上第三條「民失其性」之句意。

　　6.附錄：《周禮·大司徒》：

　　辨五土之物生。

案：此「物生」實即「物性」，亦如前引〈旅獒〉「犬馬非其土性
不畜」之土性，此則只應作**性**字**讀解**。

＊　　　　　　＊　　　　　　＊

　　綜觀以上所引《詩》、《書》及《左傳》明言「性」字之諸
文，自人言，皆指實然之**生性**而言。（〈湯誥〉「降衷、恆性」，
若從吾解，亦然。）字面雖可互用，然有時**義同于生**，有時**義同于
性**；自義（觀念）言，**生性究是兩義**。大抵造字先有生字，後漸孳
乳性字。自性之觀念言，其初只是直接**就生而言性**。所謂實然之性
即是**自生而言性**也。**自生言性，性非即生也**。初民文字簡略，字可
互代字。雖可通用互代，而觀念既生，**則義實有別**。生與性各自有
義。究從生，抑從性，則由上下文語脈**決定**。不能消滅性字之獨立
義，而謂性即是生也。自生言性只表示自「**自然生命**」之特徵言之
耳。董仲舒云：「性之名非生與？」此固不錯，然下句即繼之云：

「如其生之自然之資謂之性」，此即示「性」字有**自義**。**自生言性，性非卽生**。說本質本性，亦是就其自然之特徵而**總說**。此總說是**描述地總說**，故總爲**實然之性**也。

自物言，「物生」、「土性」，字雖可互用，然實只是「性」義。「物生」即物之質性，「土性」即土之性能，亦是指**自然實然**之**質性**或**性能**而言。

惟《左傳》師曠及子產所言之「天地之性」（就天地而言其性）則有**超越的意義**與**道德價值的意義**，此開後來就人言**超越之性**或**義理當然之性**之門，此是**自德而升進者**，此超越乎「自生而言性」之上，此非是經驗的、實然的，此須有一種**道德的、形上的洞見**。

第二節　孔子後言超越意義之性之傳統背景——《詩》、《書》中所表現之道德總規與政規

除上明言性字外，《詩》、《書》、《左傳》中復有另一組超越意義與道德意義的觀念，如下：

1.《詩·大雅·烝民》：

天生烝民，有物有則。民之秉彝，好是懿德。
〔孟子引此詩以證性善。〕

2.《詩·周頌·維天之命》：

維天之命，於穆不已。於乎不顯，文王之德之純。

〔《中庸》引此詩明天之所以爲天以及文王之所以爲文，純亦不已。〕

3.《詩·周頌·昊天有成命》：

昊天有成命，二后受之。成王不敢康，夙夜基命宥密。於緝熙，單厥心，肆其靖之。

4.《周書·召誥》（今文）：

王乃初服。嗚呼！若生子，罔不在厥初生，自貽哲命。今天其命哲？命吉凶？命歷年？知〔語詞〕今我初服，宅新邑，肆惟王其疾敬德。王其德之用，祈天永命。

5.《周書·洛誥》（今文）：

王如弗敢及天基命定命，予乃胤保，大相東土，其基作民明辟。

6.〈堯典〉（今文）：

克明俊德。

7.《商書‧太甲上》（古文）：

伊尹作書曰：先王顧諟天之明命，以承上下神祇。社稷宗
廟，罔不祗肅。

8.《商書‧咸有一德》（古文）：

惟尹暨湯咸有一德，克享天心，受天明命，以有九有之師，
爰革夏正。
〔又：〕德惟一，動罔不吉。德二三，動罔不凶。
〔又：〕德無常師，主善為師。善無常主，協於克一。

9.《周書‧康誥》（今文）：

惟乃丕顯考文王，克明德慎罰。

10.《周書‧召誥》（今文）：

惟王受命，無疆惟休，亦無疆惟恤。嗚呼！曷其奈何弗敬！
〔又：〕嗚呼！天亦哀於四方民，其眷命用懋，王其疾敬
德！
〔又：〕王敬作所，不可不敬德。

〔又：〕惟不敬厥德，乃早墜厥命。

〔又：〕宅新邑，肆惟王其疾敬德。王其德之用，祈天永命。

11.《左傳》成公十三年：

公及諸侯朝王。遂從劉康公、成肅公會晉侯伐秦。成子受脤於社，不敬。劉子曰：吾聞之，民受天地之中以生，所謂命也。是以有動作禮義威儀之則，以定命也。能者養之以福，不能者敗以取禍。是故君子勤禮，小人盡力。勤禮莫如致敬，盡力莫如敦篤。敬在養神，篤在守業。國之大事，在祀與戎。祀有執膰，戎有受脤。神之大節也。今成子惰，棄其命矣。其不反乎？

案：以上共十一條，首條「民之秉彝，好是懿德」，由「秉彝」已十分接近于說「性」，故孟子引之以證性善。「有物有則」是客觀地說。「民之秉彝，好是懿德」，則是主觀地說，即由**好懿德**以見**人所秉持之常性**。為此詩者確有道德的洞見，亦有道德的真實感，故能直下從則、道，說到內心**好德之實**，即說到定然之**秉彝之性**。雖未明言性字，亦必然要逼至矣。故孟子直引之以證性善也。

末條劉康公之言，從「民受天地之中以生」說**命**，不是說**性**。此「命」是生命性命之命，「性命」是通常所謂「**性命根子**」之性命，故此命亦即是「**根命**」之命。不是「維天之命」之**天命之命**，亦不是「天命之謂性」之**命令之命**。「民受天地之中以生」言稟受

天地之中以得其「**存在**」也。得其存在自然是得其「**個體生命之存在**」。此顯是以個體生命之存在**規定**「**命**」，故此命即是**根命**之命。劉康公是要說此義，尚未直下從「**天地之中**」說那**超越的義理當然之性**。人既由天地之中而得有一命，便須有**禮敬以凝定或貞定其命**，故曰「**君子勤禮**」，又曰：「**勤禮莫若致敬**」。怠惰放肆，不敬無禮，則示其由天地之中所受之命搖動而不貞固，其**命亦不可久矣**。故劉康公由成肅公之「**不敬**」而預言其「**棄其命矣，其不反乎？**」

此命既是根命之命，則「**天地之中**」，若依後來之詞語釋之，則當是偏于「**氣**」之一面說。天地之中即天地**沖虛中和之氣**，或**元一之氣**。若由此義之「**中**」說性，則性即是後來所謂**氣性才性**之類。此亦自**生而言性**，但此「**生**」卻是**根源地說**，即**形上地宇宙論地**偏就氣之一面說，不是前節所引明言「**性**」字者（除「**天地之性**」外）之**大抵**皆就**自然生命之徵象**而為**經驗地描述地說**。此比**描述地說為推進一步**，此中亦有一種**形上的超曠的洞見**。性命根子之命即是此「**氣命**」。如果此命即是**性**，即**性命根子之性**，則此性即是**氣命之性**。

若由「**天地之中**」說道德意義之超越之性，如《**中庸**》「**天命之謂性**」之性，則是偏就天地之**心、理、道**一面說。此種意義之性即是義理當然之性、內在道德性之性，此是萬善萬德之所從出，此則只應「**盡**」。人應盡性即盡其**義理當然之性**所有之**義理當然之要求**，即盡其**性分所命令汝必須為者**。劉康公尚未進至說此種性之境，禮敬尚在**外在的作用中**，尚未能**內在化稱義理當然之性體**而說。故只言由**禮敬**以定人之**氣命**或**根命**，而不能言克己復禮以**盡性**

也。

此雖未至由「天地之中」以說義理當然之性，然由其推到根源，形上地宇宙論地就中和之氣以說**氣命**，亦函氣性，則已開由天地之中偏就**心理道**一面而說**義理當然之性之門**，而可使人逐步逼近之矣。通過孔子之仁教後，此義即出現。〈湯誥〉「惟皇上帝，降衷於下民，若有恆性」，即已由「衷」（中）以說「恆性」矣。惟此由「降衷」所說之「恆性」，**究屬氣性**，抑屬**義理當然之性**，在〈湯誥〉之語脈裏，尚不能**明確地表現出**。自下句「克綏厥猷惟后」觀之，亦可屬氣性生性，如吾前文第一節所解。民有恆常之**生性**。即**一般生活所需所欲之常規**，而能**綏靖**而**安理之者**，則惟賴在上之**君后**。若屬義理當然之性，則**不必賴君后矣**。至後來《中庸》說「天命之謂性」，則其爲義理當然之性已確定矣。此皆與劉康公之語同一思路，同一語脈，但內容卻甚不同，由天地之中說命，進到說「天命之謂性」，甚至由「上帝降衷說恆性」進到明確地說「天命之謂性」，尚須有思想上之**進一步的啓迪**與**發展**。故劉康公之言固不能認爲即是「天命之謂性」，即〈湯誥〉之語亦不能明確地認爲即與《中庸》之語同其理趣也。此只能是《中庸》說性之**預備**，而已幾近之矣。

　　2、3、4、5四條爲一組。

　　第2條天命於穆不已，文王之德純亦不已，與天同其精誠不息也。此將「天命」理解爲天道健行之不息，「命」理解爲**流行**之命，後來宋儒理會爲「**天命流行之體**」不誤也。文王精進其德亦如此，法天也。爲此詩者確有其形而上的深遠之洞悟，亦有其對于道德踐履之**眞實感**與**莊嚴感**。此詩影響甚大，於儒家對于天道**之體悟**

與對于德性人格之嚮往有**決定性**之影響，此確能反映出儒家心靈之核心。後來通過孔子而進一步發展的《中庸》與《易傳》皆可說是承此詩之理境而爲進一步之闡揚。其進一步處即在認此「**於穆不已**」爲**性體**，**天道與性命打成一片**。但此詩則尙未至此。此詩只是對于天道有此洞悟，只是贊美文王之德行，尙未至即以此「**於穆不已**」之體爲吾人之**性體**也。就德行言，尙只是**作用地**或從成就上（所謂丕顯）說，尙未至內在化點出吾人所以能日進其德之**內在而固有的性體**，即內在而固有的**道德創造之眞幾**。然由此詩之理境而向此進一步之義而趨亦是**理上應有之發展**。

第3條贊成王「夙夜基命宥密，於緝熙，單厥心，肆其靖之。」朱子注此詩非常恰當，注云「基，積累於下以承藉乎上者也。宥，宏深也。密，靜密也。」「此詩〔……〕言天祚周以天下，旣有定命，而文武受之矣；成王繼之，又能不敢康寧，而其夙夜積德以承藉天命者，又宏深而靜密，是能繼續光明文武之業，〔此句解「緝熙」不諦〕，而盡其心，故今能安靜天下而保其所受之命也。」實則可簡單化如此說：「成王能早晚**宏深而靜密地積德以基其所受于天及祖之成命**。**常明不昧**〔緝熙〕**以盡其心，故能靖其成命而不搖動也**。」此實亦「純亦不已」之意。「於緝熙」是「宥密」之轉換語，皆副詞。「宥密」是**形容其「基命」**，而「緝熙」則是承接之以**形容其「盡心」**。前條贊文王者**弘大**，而此詩則**深密**。緝熙以盡心，宥密以基命，皆是**作用地關聯地**言其德之精進，亦尙未至轉「宥密、緝熙」爲**形容名詞**以直指吾人之**性體**與**心體**。然而後來通過孔子之發展，則向此而趨，直以「**於穆不已**」之**眞幾**或宥密緝熙之「**純亦不已**」者以爲吾人之**性體心體**矣。

第4條「罔不在厥初生自貽哲命」，此亦**教訓地作用地**說，即「靡不有初，鮮克有終」之意。一切皆決于「初服」。在「初服」之時，應當戒慎恐懼，「疾敬其德」，以自貽其「哲命」。「德」亦不是吾人內在之性德，「敬德」亦不是居敬以盡吾人之性德，乃是行事之合理（率典），此猶是**外在者**，故是作用地關聯著「命哲」、「命吉凶」、「命歷年」而說。然到後來則內在化而言盡性以「自貽哲命」矣。能**當下盡性**即是「**初服**」。是則初服是**稱體而說**，不只是教訓地作用地說。此是道德意識道德理境之進一步的挺立。此須通過孔子之仁始能至此。

第5條是陪襯。取「基命定命」二詞以作助解。基命定命皆是作用地基其所受于天之命，定其所受于天之命。此「命」是**受命為王**之命，尚不是如劉康公所說定每人自己所受于「天地之中」之根命。更不是後來所說盡吾人所受于「天地之中」之性。然通過孔子，則步步向此而趨。

6、7、8、9、10，五條為一組。

第6條「克明俊德」，意即能明大德，此尚不是吾人之本心性德。後來《大學》引之以言「明明德」亦不足以表示「明德」即是吾人之本心性德。宋、明儒皆解為每人固有之本心性德，此是根據孟子、《中庸》、《易傳》之言心體性體以解《大學》之「明德」，此已將所成就之德行內在化而點出其所以能成此德行之**內在根據**，即**超越之心體性體**，指名曰「明德」。故「明德」已成一**實體字**。此固不是《尚書》中言「俊德」之原意，亦不必是《大學》言「明德」之意。〈堯典〉「克明俊德」是形容堯之德行之成就，承上文「欽明、文思、安安、允恭克讓，光被四表，格於上下」，

並貫下文「以親九族」等等而言。此種形容古代帝王之人格正恰是反映中華民族所嚮往之最高德性人格何所是之心靈方向，而此心靈方向正恰爲儒家之道德意識所代表。後人如此塑造古聖正表示後人之心向，而後人雖不能至，亦必黽勉以此爲準。而後之繼起者亦正表現此型範，爲此型範作見證，如文王，如孔子，皆是其著者。〈舜典〉稱舜曰：「濬哲文明，溫恭允塞，玄德升聞，乃命以位。」德性人格必以「溫潤瑩澈如玉」爲準，決非如外邦之形容其聖人之**熱烈**與**誇誕**也。此則**重德行修養**者與**重信仰之激情**者之異也。如《詩‧大雅》之歌頌文王曰：「穆穆文王，於緝熙敬止。」（〈文王〉章）。「雍雍在宮，肅肅在廟。不顯亦臨，無射亦保。肆戎疾不殄，烈假不瑕。不聞亦式，不諫亦入。」（〈思齊〉章）。「無然畔援，無然歆羨，誕先登於岸。」「不大聲以色，不長夏以革〔此句未詳〕，不識不知，順帝之則。」（〈皇矣〉章）。此皆言其穆穆、緝熙、精純、溫恭、安安、宥密之德行，皆是**如如之實**，無絲毫露相之**光彩**。至於《論語》所表現之孔子尤其臻于廣大精緻、高明平實之化境，宋儒所謂天地氣象也。「望之儼然，即之也溫」，其德性之純備不可以**一端**論，要以**既通且化**之「溫潤瑩澈如玉」爲準的，此則前聖後聖其揆一也。〈皋陶謨〉言九德：「寬而栗，柔而立，愿而恭，亂而敬，擾而毅，直而溫，簡而廉，剛而塞，彊而義」，皆以**相反者之融化**爲**德之成與眞**，偏于一端皆非**眞德**，此只有對于道德踐履有眞實感者方能知之。此種「在辯證的融化中以成其實德」之工夫與造詣自必消除一切**虛妄**與**誇誕**而自臻于無聲無臭之化境。此之謂「**玄德**」。既有此德性人格之嚮往，則通過孔子之仁敎後，言道範者自必要點明其所以，而挺

立起人人所以能臻此境之**超越根據**（性體心體），此即孟子、《中庸》、《易傳》之所為也。

第7條〈太甲〉上，伊尹所說：「顧諟天之明命」固是古文《尚書》所輯錄，然《大學》亦引此語以言「明明德」之「皆自明」。凡「明」之工夫固皆須自明，然《尚書》此句動詞在「顧」字，而「明命」之明為狀詞，亦如「哲命」之「哲」、「成命」之「成」，皆指王者得有政權所受于天之命言，非個人自己所稟受于天之明德或心體性體也，亦非明此明德或盡此心盡此性也。《大學》言「明明德」亦不能表示此義。「顧諟天之明命」言先王（湯）能常顧念正視此上天所授于我之明命而不敢怠忽。能常如此顧念而目在之，自能提醒吾人之道德意識，然此猶是**外在他律之德行**。通過孔子以後之發展，講出一超越之性體，則是**向內在自律**而**發展**。此是孟子、《中庸》、《易傳》之所言，而《大學》則不必能表示是此義。

第8條〈咸有一德〉之一德即純一無間之德，與「文王之德之純」同。此亦就精進工夫之**純一**言，非**實體字**之「**一**」也，亦非「一以貫之」之「**普遍之一**」也。

第9條〈康誥〉「克明德慎罰」，《大學》亦引之，然皆不表示「德」是本心性德。「克明德」不是能明「明德」，乃是能明于「德」，此德亦不是內心固有之性德，乃是**合理率典之德行**，故下文云：「不敢侮鰥寡，庸庸、祗祗、威威、顯民，用肇造我區夏」，此即是明于德謹于罰也。此亦是**作用地關聯著天之大命**而言德行，非是**稱體自律**而言本心性德也。《大學》轉言「明德」亦不必是本心性德，亦可能只是光明的德行。然由此道德意識之常精進

必逐步要逼近于**內在自律稱體而行**之盡性之德行。

第10條〈召誥〉是《詩》、《書》中就三代**王者受命而言德**之**總規**。此道德之總規是**作用地關聯著**明命、哲命、成命、大命而言，總之是關聯著其受命與永命而言，故曰：「王**其德之用，祈天永命。**」此道德之總規即是其「**政規**」，所謂原始之「**王道**」者是也。此三代王道之「**政規**」，其德與道之表現是在王者**團聚群體**以**開物成務**中表現，即在**原始的綜和構造**中表現。葉水心所謂「道之**本統**」、「古人之**體統**」，即是如此之本統、如此之體統。彼即據此以攻擊曾子、子思、孟子、《易傳》，以及其同時代之周、張、程、朱也，如此**隔絕**，勢必連孔子亦須**抹倒**。此未能真明道之本統者也。三代之本統固不錯，孔子亦有承于此本統，但真正之本統是在通過孔子而成之**本統之重建**中，並不在限于「政規」之原始的綜和構造也。即就堯舜三代之本統言，孔孟所注意者，其**重點**亦是在「**其德之用，祈天永命**」處，即德之總規、政規之「**規**」字，此乃見**德之所以為德、道之所以為道**者，此仍是**提起來**以見道之**本統者**。此道之本統是由主觀方面之「**敬德**」與客觀方面之**帝、天、天命、天道**而規定者。其表現雖是作用地關聯著天之大命而表現，然畢竟亦是其**有德**與**有道**處，故言道之本統，其重點不能不在此處著眼也。此只有在**聖者生命**之**通契**中，始能**自我作主地**在**存在之實感**中如此**認識道**也。而葉水心之言本統，其重點卻是落在此道德之總規、政規所成之**業績**，即依之而起之**原始綜和構造**，單重其所**凝聚**，而忽其**所以凝聚**，以所凝聚之業績為道之所在，此則正是**重其末而忽其本**，**羨其果而忘其因**，單以**經制事功**之自身為道，故流于現象主義、實證主義而不自知。夫道可以傳，而業績不可傳。傳其

道，而業績則隨**時**。葉水心以不可傳之三代業績爲道之本統之所在，故一方不知孔子之仁教爲**道之本統之再建**，一方復不知曾子、子思、孟子、《易傳》乃承**孔子之仁教**而展開，故極力輕薄而**詆詆之**，而道之**傳承遂泯滅而不見**，此眞斷潢絕港之死見，而猶侈言道之本統耶？關于葉水心之思想詳見下章。茲略提于此。

以上是關于明言「性」字之文獻以及關于天命、天道、敬德、祈天永命之文獻。前者**自生而言性**，是一個暗流，不及後者之**彰顯**，而後者則是通過孔子後孟子、《中庸》、《易傳》言性命天道之**先在背景**。由此背景言性是**自理或德而言性**，是**超越之性**，是理想主義的**義理當然之性**，是儒家人性論之**積極面**，亦是儒家**所特有之人性論**，亦是正宗儒家之所以爲正宗之**本質的特徵**。自生而言性是實在論態度的**實然之性**，是後來所謂氣性、才性、氣質之性，是儒家人性論之**消極面**，不是儒家所特有，如是儒家而又只如此言性，便是其**非正宗處**。積極面之人性論之成立，孔子之仁是其重要的關鍵。如是，吾人須進而論孔子何以是**道之本統之重建**，而孔子所以不常言「性與天道」以及子貢之所以言「不可得而聞」之故亦有可得而言者。

第三節　孔子所以不常言「性與天道」以及子貢所以言「不可得而聞」之故

前言「自生而言性」是一暗流之老傳統，在孔子以前就流行。而子貢所說「夫子之言性與天道不可得而聞」之性，孔子對此性之態度究如何，現在雖無明文可徵，恐亦不即是「自生而言性」（後

來告子所謂「生之謂性」）之性。縱亦有此意，孔子究亦未十分正面去談它。「性相近也，習相遠也」，伊川謂此是屬於氣質之性，蓋就「相近」而想。因義理當然之性人人皆同，只是一，無所謂「相近」。惟古人辭語恐不如此嚴格。孟子言：「其日夜之所息，平旦之氣，其好惡與人相近也者幾希。」孟子此處所言之「相近」恐即是孔子「性相近」之「相近」。如是，「相近」即是發于良心之好惡與人相同。孔子恐亦即是此意。如是，孔子此句之「性」當不能是「自生而言性」之性，亦不必如伊川講成是氣質之性。但上智下愚不移之類則是屬于後來所謂氣性才性者。然此究非孔子所積極正視而討論之之問題。又，如果《易》之〈彖〉、〈象〉真是孔子所作，則〈乾彖〉「乾道變化各正性命」語中之「性」正是上節所謂積極面之性，是自理道或德而言之「超越之性」，此性是與天道天德貫通于一起的。如此，則孔子對于「性與天道」並非不言，亦並非無其超曠之諦見。子貢不可得而聞自是子貢之事。但若以《論語》為準，衡之孔子之真精神乃在仁，仁是其真生命之所在，是其生命之大宗，如是則說此積極面之「性」非其所常言，非其所積極正視而討論之之問題，亦並非不可。因為此問題畢竟是其後繼者孟子、《中庸》、《易傳》之所積極弘揚者。衡之思想之發展亦應是如此。孔子不能一時俱言也。此積極面之性，其傳統背景是《詩》、《書》中所表現之道德總規（亦即政規）：「王其德之用，祈天永命。」但這一總規中之諸觀念要發展到此積極面之性之建立，非通過孔子之仁不能出現。孔子本人對此或許已有憧憬，然正式消化而建立此種積極面之性，說是孔子後繼者之工作，則較妥當而順適。因為這種意義之性並不通常，乃是一新創造，而促成此

創造，孔子之仁是一**本質而重要之關鍵**。至于復于道德實踐中來消化並安立「自生而言性」之實然層面之性之**意義與作用**，則更是**後來的事**。此決非孔子一人所皆能言及者。本節目的不在就子貢之語之字面上去猜測，而在以仁爲宗斷定**性之問題**不是孔子所**積極正視**者，如此說其不常言可，縱或言之，而子貢說「不可得而聞」亦可，此「可」之故亦有**可得而言**者。本節即在進一步說其**所以然之故**。

天道與性稍不同。帝、天、天道、天命之觀念是**顯著之老傳統**，孔子對之自極親切而熟習，何以亦可說孔子**不常言**？縱或言之，何以子貢竟亦**不可得而聞**？此亦必有可得而言者。非必孔子之**不言**，亦非必子貢之**低劣**。此非言不言之問題，亦非子貢低劣否之問題。決非如後世之**隔絕論者**、**冥惑論**者，以爲此屬**渺茫之事**，孔子尚且不言，子貢尚且不可得而聞，而後世之清談君子卻不務實學，專作此無謂之空談，此豈聖人之道之所在乎？吾以爲此斷然是隔絕論冥惑論者之**陋**，決非此問題之**實義**。孔子**決非隔絕論者**，亦**非冥惑論者**。故本節願將天道與性連同一起進一步而明其所以不常言與子貢所以「不可得而聞」之故。

無論對「性」字作何解析，深或淺，超越或實然（現實），從生（從氣）或從理，其初次呈現之意義總易被人置定爲一**客觀之存有**，而爲一屬于「存有」之事。凡屬**存有**，若眞當一**客觀問題討論之**，總須**智測**。事物之存有與內容總是複雜、神秘而奧密。何況人、物、天地之性？天命天道是**超越的存有**，其爲**神秘而奧密**（不說複雜），自不待言。縱使性字所代表者是比較**內在而落實的存有**，邵堯夫所謂「性者道之形體」，亦仍然是**神秘而奧密**。（在此

亦不說複雜）。此是屬于康德所謂「物自體」者。至于自生而言
性，淺言之，雖可極淺，而若深觀，則氣性才性亦非**簡單**，此不但
神秘而奧密，且亦有**無窮之複雜**。此是屬于**自然生命之事、個性之
事**。明夫此，則知孔子所以不常正式積極言之，縱或言之，而亦令
人有「不可得而聞」之嘆之故矣！因孔子畢竟不是**希臘式之哲人**。
性與天道是**客觀的自存潛存**，一個聖哲的生命常是不在這裡**費其智
測**的，這也不是**智測所能盡者**。因此孔子把這方面——存有面——
暫時撤開，而另開闢了一面——仁、智、聖。這是從**智測**而歸于**德
行**，即歸于踐仁行道，道德的健行。這是從**德行盡仁**而開闢了**精神
領域**，這似乎是自己**所能把握的**：「我欲仁，斯仁至矣」，「一日
克己復禮，天下歸仁焉。」孔子對仁似乎極有**清晰的觀念**，亦有**極
旺盛的興趣**。雖對之無定解，無確詁。看似無把柄，然亦可以說**任
說任通**，句句精熟，這是**圓音**，並非**滯辭**。他在這裡表現了開朗精
誠、清通簡要、溫潤安安、陽剛健行的美德與氣象，總之他表現了
「精神」、生命、價值與理想，他表現了道德的莊嚴。性與天道是
自存潛存，是客觀的、實體性的、**第一序的存有**，而仁智聖則似乎
是**凌空**的、自我作主地提起來的生命、德性，其初似乎並不能直接
地把它置**定爲客觀的、實體性的、自存潛存的存有**，因此它似乎是
他**自己站起來自己創造出的高一層的價值生命**。他的渾淪表現，也
沒有定說仁是**本體性的心**，或是什麼**自存潛存的本體性的道**，尤其
沒有想到這就是我們的**實體性的性**。但在孔子，仁**也是心，也是
道**，雖然《論語》中並沒有講到「心」字。至于說它就是**我們的
性**，那是**孟子的事**。所以這是在第一序的存有——客觀的或主觀的
——外，**凌空開闢出的不著迹的「虛室生白吉祥止止」的居間領**

域，但這卻是由其自我作主、自己站起來、自己創造出的**陽剛天行
而有光輝的領域**，這是德行上的**光輝**，價值、生命、精神世界的光
輝。人的生命在這裡是**光暢的、挺立的**。他的心思是向**踐仁而表現
其德行**，不是向「**存有**」而表現其智測。他沒有以智測入于「**存
有**」之幽，乃是以德行而開出價值之明，開出了**眞實生命之光**。在
這裡也有**智**，但這智是德行生命的**瑩澈與朗照**：它接于天，即契合
了天的**高明**；它接于地，即契合了地的**深厚**；它接于日月，即契合
了日月之**明**；它接于鬼神，即契合了鬼神的**吉凶**。在德性生命之朗
潤（仁）與朗照（智）中，生死晝夜**通而爲一**，內外物我**一體咸
寧**。它澈盡了**超越的存有與內在的存有之全蘊**而使它們不再是**自存
與潛存**，它們一起彰顯而挺立，**朗現而貞定**。這一切都不是**智測與
穿鑿**。故不必言性與天道，而性與天道**盡在其中矣**。故曰「**五十而
知天命**」，又曰「**下學而上達，知我者其天乎？**」又曰：「**天何言
哉？四時行焉，百物生焉。**」而孟子，便說盡心知性知天，存心養
性事天了。原來存有的奧密是在**踐仁盡心中彰顯**，不在寡頭的外在
的**智測**中若隱若顯地微露其端倪。此就是孔、孟立教之**弘規**，亦就
是子貢所以有「**不可得而聞**」之歎之故了。

　　孔子實不曾多就「**存有**」而窺測其「**是什麼**」，而只環繞聰
明、**勇智、敬德**而統之以仁，**健行不息以遙契天命**，是猶是繼承
《**詩**》、《**書**》中「**疾敬德**」，「**祈天永命**」之道德總規而使之**益
爲深遠宏顯**者。《**詩**》、《**書**》中是就夏、商、周三代王者之**受命
永命**言。天能授命，亦能改命，故在人分上必須「**疾敬德**」，以
「**祈天永命**」。而孔子則未受命而爲王，有其德，無其位，故由
「**疾敬德、祈天永命**」**轉而爲踐仁以知天**，（事天畏天奉天俱在

內）。此爲聖者獨闢精神領域之盡倫立教，而非王者開物成務之盡
制施政。在此有一現實上之委屈，而卻有一理想上之「直方大」；
在此亦照察出現實與理想之距離，而必由聖者之盡倫立教以爲超越
之規範，籠罩駕臨于囿于現實之王者之盡制施政之上，而不能讓人
類歷史永停于君師合一政教不分之原始的王者受命之不自覺的、渾
淪的、囿于現實的之綜和構造中。原始的綜和構造固不錯，然唯是
一人生命之凸出，而其他則唯在其廣被噓拂之中，則人道之尊嚴，
每一德性生命之光輝，仍不能普遍地開其挺立之門。又既囿于現實
矣，則在綜和構造中雖有道之表現，而其所表現者已有限矣，而公
私纏夾，義利混雜，則道之爲道未可知也，縱使是道，其爲道亦有
限矣。歷史演進至孔子，似是冥冥之中必然要天降一「不有天下」
之德性生命以闢精神、價值之源，以開生民光明其自己之門。此即
仁教之所以立，而由踐仁以知天也。踐仁以光明每一生命之自己必
落于個人之進德修業，而王者受命奉天承運以爲綜和的構造，則必
團聚群體以開物成務。一是散開，重個體；一是統聚，重群體。若
無仁教以光明每一生命之自己，開理想、價值之源，予奉天承運者
以限制與折衝，則此後者之團聚群體以居民上未有不強人從己，立
理限事，私其位，縱其欲，肆于民上，以爲極權專制者也。三代之
綜和構造猶原始而渾樸，雖是家天下，猶未盡極其私，藏天下于筐
篋，牽率天下以從己，然以此爲至善，不准開闢精神領域以爲價
值、理想之源，以立生命德行之本，則未來之歷史以及進進不已之
開合構造便不可能。此非眞能知天運人紀者也。孔子之使命即在本
「疾敬德」、「祈天永命」之政規轉而爲「踐仁以知天」之道範以
導夫政節乎君而重開文運與史運者也。葉水心淺陋無知，以其淺狹

之聰明彷彿一二，渾不知孔子雖承于三代而與三代有別，遂滯道之本統于三代，停于原始的綜和構造爲已足。看似開明，而實淺陋；看似平實，而實庸狹；看似內外兼備，心物交成，而實囿于現實。未知孔子實是本統之重建，因而遂落于現象主義、實證主義之末用平鋪，而不知立體創造之軒波，落于政規皇極之一元，而不知政規道範太極人極皇極之並建與本末之不可泯，不知一元只能自道範說，不能自政規說也。以原始的直接的綜和構造之卽器明道、卽事達義，內外相成爲至極，而不知主體之不立，即無有眞正道德之可言。故停于原始諧和（所謂原始的綜和構造）爲已足，而不知「再度諧和」始爲道之眞正實現也。孔子獨闢精神領域以立本源正是開再度諧和之關鍵。故道之本統只能斷自孔子，前乎孔子是其預備，後乎孔子是其闡發與其曲折之實現。焉可混抹孔子之開闢，而唯斷自三代王者受命之政規耶？

自孔子立仁敎以闢精神領域，將「疾敬德」以「祈天永命」之王者受命之政規轉而爲「踐仁以知天」之個人進德之道範以後，其門下受其啓迪而繩繩相繼者莫不本此道範以宏揚，雖或有未能盡夫子之全處，然而亦未有能離此本統者。曾子、子思（《中庸》）、孟子、《易傳》，其選也。孔子雖未就性與天道而作智測，然而其環繞聰明、勇智、敬德而統之以仁，由踐仁以知天，則實已逼顯出「不自生以言性而自德以言性」之途徑，孟子、《中庸》、《易傳》即順此途徑以進，此爲仁敎踐仁知天應有之義。孔子不言，而其敎未始不函，則後人言之有何傷？後人之言性與天道亦不是當作一客觀置定之存有而智測之，而是統于踐仁知天以言之，如是，由孔子「踐仁以知天」乃轉進而爲「踐仁盡性以知天」：孟子之盡心

知性知天、存心養性事天，《中庸》之至誠盡性參天地贊化育是也。**性天統于一仁中**，如此之言性命與天道有何不可而必據孔子、子貢以爲忌諱哉？孔子既環繞古統聰明、勇智、敬德而統之以仁，由踐仁以知天，則後人再循其所環繞之觀念而連及**降衷、恆性、天命、秉彝、於穆不已、基命宥密**，而**統性天于仁**，由「德之純、**純亦不已**」，與「**於緝熙單厥心**」以言**內在道德性之性**或**眞實創造性之性**，進而爲「**盡心知性以知天**」或「**至誠盡性以參天**」，乃正是極順理成章者，此其眉目極顯豁，**理路極淸楚**，即孔子不言而亦**呼之欲出，躍如也**。此乃仁敎**圓滿上之必然應有的發展**，而葉適無知，必欲盡予以誹薄而抹除之，以復其三代**即器明道即事達義之本統**，落于原始諧和而以現實平鋪爲已足，而不知孔子**重建本統**使命之**重大**，亦復不知孔子踐仁知天以及孟子、《中庸》盡性知天亦正是本于古統王者受命之格局中**作用地**所函之政規——皇極、疾敬德以祈天永命，再推進一步而爲**自體上**以言之，由**政規解放而爲道範**，以闢精神領域，以開價值、理想之源，以立人道之尊，以期重開文運與史運者也。若如彼所言，則不但曾子、子思、孟子、《易傳》已失古人體統（非正統），即孔子亦非古人體統也。如此愚悍狂言，何足語于論學論政哉？

　　正宗儒家本孔子「踐仁以知天」自德以言性，此是儒家之所以**爲理想主義之特別凸出者**。外此，**自生以言性者**，則有道家、告子、荀子、世碩、公孫尼子，下及兩漢董仲舒、王充之言氣性，以及劉劭之言才性，此亦源遠流長之傳統，而統攝于宋儒所言之氣質之性，此爲踐仁知天中**消極面之性論**，亦皆由古統中**通過孔子所開出**之傳統而見其**意義之切**者也。性與天道在孔子可以暫時撇開而不

言，而旣經孔子之**重建本統**後，通過孔子而進言之，則不復是**對存有之智測**，（「自生以言性」之性亦是「存有」，此可曰氣之存有），而是**統于踐仁知天中**，而爲**道德實踐之圓滿所必應道德地察及之者**。凡是存有，無論超越的存有，或是形氣的存有，**客觀智測言之**，皆是**冥惑不定者**，而統于踐仁知天中，則其奧密不復是**智測中之冥惑**，乃是在**踐仁盡心中而朗現**，此乃是形成**道德之莊嚴**與**嚴肅**乃至**敬畏**所必應**具備者**。陋儒膠著于事功，急切于實用，而必據孔子與子貢以爲拒斥言性命天道者之口實，徒見其無眞切之道德意識而已矣。

第五章　對於葉水心〈總述講學大旨〉之衡定

引　言

　　葉水心不滿曾子、子思、孟子、《中庸》、《易傳》以及北宋諸儒所弘揚之「性理」，而另開講學之大旨，以期有合於二帝三王之「本統」。然而不解孔子對於道之本統再建之意義，孔子之傳統全被抹殺，是則其歸也終於成爲隔絕論與冥惑論。故眞正輕忽孔子而與孔子傳統爲敵者葉水心也。彼繼永嘉功利之說推進一步，以三代本統爲原則性之劃定，彼自不無所見。其如此劃定以爲講學之標的，其心態特別凸出，由此心態所決定之觀念形態亦是一特別之形態，吾名之曰「皇極一元論」。其論皇極亦甚好，然而由此而抹殺孔子之傳統，成爲隔絕論與冥惑論，則其愚悍狂悖亦云極矣。

　　薛士龍（艮齋）「學主禮樂制度，以求見之事功。」（《宋元學案》卷五十二〈艮齋學案〉「叙錄」語）。發揮此義亦不錯。永康陳同甫言事功，則重英雄之生命，此義亦有其中肯處，彰顯而著之，亦有其好處。然皆只說一義，未曾抹殺孔子之傳統。惟水心繼承「永嘉以經制言事功」，（《宋元學案》卷五十六，〈龍川學

案〉「叙錄」語）推進一步，以三代本統爲標的，以「古人體統」
壓孔氏，並曾子、孟子、《中庸》、《易傳》而抹殺，另開講學宗
旨，而成爲皇極一元論，則其原則益透，形態益定，而其過亦益顯
而愈甚。吾讀其書極不懌，然而極力忍耐，平其心、靜其氣，鄭重
認識其所見究爲何，闢其謬而彰其是，重新確定本統之發展，使人
得有正確之認識，庶不陷于乖妄之論，以似之而非者爲眞也。茲衡
定其〈總述講學大旨〉如下：

第一節　堯與舜：以器知天與人心道心

> 道始於堯：「欽明文思安安，允恭克讓。」命羲、和「曆象
> 日月星辰，敬授人時。」
>
> 　堯敬天至矣。曆而象之，使「人時」與天行不差。若夫以
> 　術下神，而欲窮天道之所難知，則不許也。
>
> 次舜：「濬哲文明，溫恭允塞。」「在璿璣玉衡，以齊七
> 政。」
>
> 　舜之知天，不過以器求之。日月五星齊，則天道合矣。
>
> 其微言曰：「人心惟危，道心惟微。惟精惟一，允執厥
> 中。」
>
> 　人心至可見，執中至易知、至易行。不言性命。子思贊
> 　舜，始有大知，執兩端用中之論。孟子尤多。皆推稱所
> 　及，非本文也。

案：以上言堯及舜。正文括弧中語，見〈堯典〉、〈舜典〉及〈大

禹謨〉。低一格者乃葉適自注文。

　　堯命羲、和「曆象日月星辰，敬授人時」，此「制曆明時」
也。亦《周禮》言史官「正歲年以叙事」之意。羲、和即後來所謂
天官或史官。舜「在璿璣玉衡，以齊七政」，七政即日月五星七者
運行之事，與「曆象日月星辰」同也。此爲原初之科學知識，吾名
此爲羲和傳統。此爲初民政治措施中關聯著自然所應首先注意及
者。此所謂「天」即自然之天象，非帝、天、天命中之「天」也。
制曆明時，窺測自然，乃純爲「敬授人時」之實用者，此爲科學知
識之開端。「堯之敬天」，「舜之知天」，乃政治家開物成務順羲
和之官之「制曆明時」之旨趣而敬天、知天，非後來順超越意義之
帝、天、天命、天道而敬天、畏天、知天、奉天，乃至法天也。乃
葉適則云：「舜之知天，不過以器求之。日月五星齊，則天道合
矣。」「以器求之」，乃窺測自然以成科學知識之事，儒者不非此
義，然謂「不過以器求之」，此能盡古人言天之體統乎？言天道之
本統只如此乎？「日月五星齊，則天道合矣。」此所謂「天道」乃
日月五星運行之自然現象，非帝、天、天命、天道中之「天道」
也。日月五星之運行乃實然而自然者，並無超越之意義，而後一組
概念中之「天道」乃有超越意義與道德價值意義者。此豈可混而同
之乎？于以見其並不能認識「古人體統」中道德宗敎之莊嚴意識
也。徒封圍於政治措施之即事達義，以器知天，而謂能盡古人言天
之體統乎？看似平實，實乃器識之陋也。至若「以術下神，而欲窮
天道之所難知」，則是後來術數家之所爲，非純正儒者之所言也。
然不言「以術下神」，非並「窮神知化」，「窮理盡性以至於
命」，亦不許言也。亦非並「神之格思，不可度思，矧可射思」

《詩‧大雅‧抑》篇之精誠以來神亦不許言也。孔子之敬天、畏天、知天，孟子之知天、事天旣非「以器知天」，亦非「以術下神」，乃正是由「踐仁盡性」而敬之、畏之、知之、事之也。葉水心能純以「以器求之」爲標準而抹殺之乎？能謂凡非「以器求之」者，皆非古人之體統乎？皆非「道之本統」乎？孔、孟之由踐仁盡性以知天，《大傳》之言「窮神知化」，以及「窮理盡性以至於命」，皆是本三代聰明、勇知、敬德以及帝、天、天命兩組觀念而轉化出者，能盡排於「古人體統」、「道之本統」之外乎？是以其並曾子、孟子、《中庸》、《易傳》而菲薄之，實即並孔子而亦非之也。惟不便明言之耳。蓋如其所言，自孔子始，即已失古人體統矣。此愚悖爲何如！

孔子之稱堯、舜、禹，皆稱其至德。《論語‧泰伯》第八，子曰「大哉堯之爲君也！巍巍乎唯天爲大，唯堯則之。蕩蕩乎民無能名焉，巍巍乎其有成功也，煥乎其有文章。」又曰：「巍巍乎舜禹之有天下也，而不與焉。」又曰：「禹，吾無間然矣。菲飲食，而致孝乎鬼神，惡衣服，而致美乎黻冕，卑宮室，而盡力乎溝洫。禹、吾無間然矣！」〈衞靈公〉第十五又曰：「無爲而治者，其舜也與？夫何爲哉？恭己正南面而已矣！」〈堯典〉稱堯曰：「欽明文思安安，允恭克讓。光被四表，格於上下。克明俊德，以親九族。九族旣睦，平章百姓。百姓昭明，協和萬邦。黎民於變時雍。」〈舜典〉稱舜曰：「濬哲文明，溫恭允塞。玄德升聞，乃命以位。愼徽五典，五典克從。納於百揆，百揆時敘。賓於四門，四門穆穆。納於大麓，烈風雷雨弗迷。」此皆言其能明德以致治，此足示後人追述古人人格之道德心靈之嚮往以及道之本統中心之所

在，而葉水心則引而置之，不復贊一辭，獨於「曆象日月星辰，敬
授人時」，「在璿璣玉衡，以齊七政」，特著而明之，謂其知天
「不過以器求之」，以爲古人體統不過「即事達義」，「以器明
道」，獨以羲、和傳統爲中心，不以堯、舜之德爲中心，可謂忽其
本而著其末，正是不明道之本統爲何物者也。（後來通過孔子後，
亦未有離事言義，離器明道者，然此即事即器，乃本乎超越者圓融
而言之，非葉水心之只現象地外在地平面地言之也。此不可不辨。
魚目混珠，遂藉以爲拒談性命天道之口實矣）。

　　至人心道心四句乃古文《尚書・大禹謨》舜命禹之語。此觀念
當屬後起。《論語・堯曰》第二十載：「堯曰：咨爾舜，天之歷數
在爾躬，允執其中。四海困窮，天祿永終。舜亦以命禹。」此只言
堯舜禹以「允執其中」一語相授受，未言人心道心也。輯〈大禹
謨〉者大抵根據此語，補之以人心道心，擴充而爲四句。宋儒認爲
此是二帝三王「相傳之心法」；考據家以爲此是僞古文，不足信。

　　《荀子・解蔽篇》云：

　　昔者舜之治天下也，不以事詔而萬物成。處一危之，其榮滿
　　側。養一之微，榮矣而未知。故《道經》曰：人心之危，道
　　心之微。危微之幾，惟明君子而後能知之。

　　阮元曰：

　　案：後人在《尚書》內解此者姑弗論，今但就《荀子》言
　　《荀子》，其意則曰：舜身行人事而處以專一，且時加以戒

懼之心，所謂危之也。惟其危之，所以滿側皆獲安榮。此人所知也。舜心見道而養以專一，在於幾微。其心安榮，則他人未知也。如此解之，則引《道經》及明君子二句與前後各節皆相通矣。楊注謂危之當作之危，非也。危之者，懼蔽於欲而慮危也。之危者，已蔽於欲而陷危也。謂榮爲安榮者，〈儒效篇〉曰：爲君子則常安榮矣。爲小人則常危辱矣。凡人莫不欲安榮而惡危辱。據此，則荀子常以安榮與危辱相對而言。此篇言處一危之，其榮滿側。若不以本書證之，則危榮二字難得其解矣。故解《道經》當以《荀子》此説爲正，非所論於古文《尚書》也。（王先謙《荀子集解》引）

案：此解《荀子》不誤。《荀子》引《道經》「人心之危，道心之微」之語，楊注云：「《道經》，蓋有道之經也」。郝懿行曰：「《道經》，蓋古言道之書。」（《荀子集解》引）。古文《尚書‧大禹謨》可能根據《荀子》所引之《道經》語，將《論語》「允執其中」一語擴充爲四句。此觀念自屬後起，蓋非有道德自覺眞作道德修養工夫者，不能有此人心道心危微精一之別。堯命舜「允執其中」是指行事言。《中庸》引子曰：「舜其大知也與！舜好問而好察邇言，隱惡而揚善。執其兩端，用其中於民。其斯以爲舜乎？」亦是就行事言，而《道經》之語則直就心上作工夫，此非有眞實而嚴肅之道德自覺者不能也。此義推之於二帝三王，固是過早，然確是儒家義則無疑。古文《尚書》雖可謂僞造，然其輯錄之語固有據，於義理亦不乖也。宋儒重視此語，不在古文《尚書》之僞不僞，而在其道德自覺上義理之精當。二帝三王之自政治措施上

言「中」，固尙不能進至此。

　　葉水心當時尙未發現古文《尙書》之爲僞，然謂「人心至可見，執中至易知、至易行，不言性命」，則輕而率矣。夫人心道心以及危微之別，眞「至可見」乎？何言之易耶？「執中」眞「至易知、至易行」乎？何言之易耶？就心上危微之幾作精一工夫，已是不易，故《荀子》謂「危微之幾，惟明君子而後能知之。」而葉水心則謂「人心至可見」，其無眞切之道德自覺可知。本精一工夫以通體達用而「用其中於民」，則尤不易，而葉水心則謂「執中至易知、至易行」，其輕率淺躁可知。《中庸》引子曰「舜其大智也與！〔……〕執其兩端，用其中於民」，此猶只是就舜之德行而贊之，未推進至自心上而言之，此猶近古，而葉水心則謂「子思贊舜，始有大知，執兩端用中之論，孟子尤多。皆推稱所及，非本文也」。《論語・堯曰》篇明言「允執其中」，《中庸》就之而言「執兩用中」，贊之爲「大智」。只是一「執中」，何以在古文《尙書》便爲「本文」，在《中庸》便爲「推稱所及」？豈因汝之言「至易知、至易行」，《中庸》贊「大智」，便爲「推稱所及，非本文也」？其淺躁無思理有如此！不知《論語》之語，《中庸》之贊，始是近古之「本文」，而自人心道心危微精一之辨以言「允執厥中」，才是「推稱所及」。不但是「推稱所及」，而且是推進一步，將由行事而言之者，內在化深刻化就心而言之。此顯是後來之發展。葉氏之言，可謂「本、推」倒置矣。徒因不慊於《中庸》，故到處譏議之，而又無嚴正之道德意識，故妄解人心道心也。

　　人心道心之辨，危微之幾，精一之工，正是後來自道德實踐上

言性命天道者，始能正視此心上之工夫。而葉水心則深厭性命之談，故輕率淺躁，而言「人心至可見，執中至易知、至易行，不言性命。」蓋以爲「性命」是渺茫冥惑之事，故只言「人心、執中」之顯明「可見而易知易行」者，不言幽渺難測之「性命」也。此其輕率愚妄爲何如！

第二節　禹與皋陶：〈皋陶謨〉之天敘、天秩、天命、天討、天聰明、天明畏

　　次禹：「后克艱厥后，臣克艱厥臣」。「惠迪、吉，從逆、凶。惟影響」。〔引號中者，皆〈大禹謨〉中語。〕
　　〔注文言〈洪範〉，不相干，略〕
　　次皋陶：訓人德以補天德，觀天道以開人治。能教天下之多材，自皋陶始。
　　　　禹以才難得、人難知爲憂。皋陶言「亦行有九德，亦言其人有德」。卿大夫諸侯皆有可任。「翕受敷施，九德咸事」，以人代天。〔案：〈皋陶謨〉原文：「天工人其代之」。〕
　　典禮賞罰，本諸天意。禹相與共行之，夏商周一遵之。

案：此言禹及皋陶無問題，而言後者尤好。「訓人德以補天德，觀天道以開人治」，皆極佳語，注文皆綜括〈皋陶謨〉（今文）而成。「典禮賞罰，本諸天意」兩語即綜括「天敘有典，勑我五典五

惇哉。天秩有禮，自我五禮有庸哉。同寅協恭和衷哉。天命有德，
五服五章哉。天討有罪，五刑五用哉。」而成。程明道喜就此而言
「天理」。宋明儒所言之道德性之性理皆不外就此而體證之。〈皋
陶謨〉確能表現超越的道德意識之莊嚴。復有「天聰明，自我民聰
明。天明畏，自我民明威〔畏〕。達於上下，敬哉有土。」此亦自
政治上言天人之相感應也。此中天叙、天秩、天命、天討、天聰
明、天明畏，亦能「以器求之」乎？天叙雖不離五典，天秩雖不離
五禮，天命雖不離五服五章，天討雖不離五刑五用，天聰明雖不離
我民聰明，天明畏雖不離我民明畏，此亦可說「即事達義」，然若
無道德上真實感與超越感，亦不能真切乎此義。故此種「即事達
義」非現象主義之「即事達義」也。宋、明儒所言之道德性之實
理、天理、性理，乃至性命天道，亦不過就此擴大而肯證之。此種
性命天道有何冥惑可言，而必隔絕而非之？於以見葉氏所謂「訓人
德以補天德，觀天道以開人治」，亦是浮言，其對於天德、天道，
並無實感。非然者，何至對於曾子、孟子、《中庸》、《易傳》乃
至周、張、二程如此之深閉而固拒之哉？豈只准限於帝王之措施，
而不准孔、孟傳統之自覺地言之以開價值創造之源乎？

第三節　湯與伊尹：〈湯誥〉「降衷、恆性」與 《中庸》「天命之謂性」

次湯：「惟皇上帝，降衷於下民，若有恆性。克綏厥猷惟
后」。其言性蓋如此。

次伊尹：言「德惟一」，又曰「終始惟一」，又曰「善無常
主，協於克一」。〔皆古文〈咸有一德〉中語。〕

　嗚呼！堯、舜、禹、皋陶、湯、伊尹，於道德性命，天人
之交，君臣民庶，均有之矣。

案：此暫綜結。謂「均有之」，固不錯，然不能封於此原始之綜和
型態也，茲就〈湯誥〉（古文）之語以明葉適誹議《中庸》之謬。
關此四語，吾已詳解之於前章第一節。葉氏於其《習學記言》中有
一條即本此湯誥之文以議《中庸》為不諦。可見其對於《中庸》之
深惡也。

　《習學記言》曰：

　《書》稱「惟皇上帝，降衷於下民」，即天命之謂性也。然
可以言降衷，不可以言天命。蓋物與人生於天地之間，同謂
之命。若降衷，則人固獨得之矣。降命而人獨受，則遺物。
若與物同受命，則物何以不能率，而人能率之哉？

案：此皆妄加分別，既不解《中庸》，亦不解〈湯誥〉。〈湯誥〉
「惟皇上帝，降衷於下民，若有恆性」，此三句（實兩整句）合起
來可相當於「天命之謂性」，而乃順《孔傳》之讀，只言「降衷」
為「天命之謂性」，而將「若有恆性」比配「率性之謂道」，（見
下），此皆誤也。「降衷、恆性」，若解為超越的義理當然之性，
「降衷」即「天命」，意旨實同，而乃妄肆分別，謂只可言降衷，
不可言天命，此猶知二五不知十也。〈湯誥〉「降衷」但就人而言

之，固也，《中庸》言天命可普就人物而總言之，亦固也。然《中庸》之普言「天命」，乃承《詩‧大雅》「維天之命，於穆不已」之將天命轉為流行之命，所謂「天命流行之體」，吾所謂「形而上之實體」者，而言之。其流行於人而命於人，而人能受之，即為人之「性」，是即為「天命之謂性」。其流行於物而命於物，而物不能受之而為性，則於此只好說「天命之謂在」。「同謂之命」，即程、朱所謂「同體」也。雖同體而有人禽之辨，則人之所以異於禽獸者乃在心之自覺。明道謂「萬物皆備於我，不獨人耳，物皆然。都自這裡出去。只是物不能推，人則能推之。」能推不能推之關鍵即在「心」。能推，則可以將天所命者吸納於自己之生命中而為自己之呈現而定然之性，不能推，則天外在而超越地命之，而卻不能吸納此天命流行之體於其自己之生命中而為其呈現而定然之性，是則天命只是超越地為其體，而不能內在地復為其性，此亦即唯人「獨得之」也。然則言「天命之謂性」有何不可乎？「天命」非即「降衷」乎？人物之別不以降衷與天命判，而以能不能推判。人能推而能實有此天命流行之體以為己性，則就其為性之為先天而定然的言，亦即等於天所命也。是則天命之流行於人而命於人不獨命人之存在，而且命以超越的義理當然之性也。物不能推，則物即不能實有天所命者以為己性，結果物只有物質結構之性、墮性，或本能之性，而不能有「道德的創造性」之性，是則就此性言，物既不能吸納而實有之，天對之亦即無所命也。然其個體之存在仍是天命流行之體之所實現（生化），此亦是「天命」也。此則天只命其有個體之存在，而不能命其有「道德的創造性」之性也。（不能命是因物不能推而不能命。）就物言，只能說「天命之謂在」，或說氣化

之謂物質結構之性，或墮性，或本能之性。朱子亦言在人為性，在物為理，皆由天命而來也。然言性與只言理，確有不同。明道言「物皆然」，是形而上地就「同體」而言，亦「物物一太極」之意。然因物不能推，無心之自覺，不能實有此創造性之性，則所謂「物皆然」只是潛存地函備一切理，而並不能實現之以為己性乃至盡性以有此性體之創造也。故其言「萬物皆備於我，不獨人耳，物皆然」，亦只是一種靜觀之境，乃極端道德的理想主義之言，亦為《中庸》、《易傳》之所函，惟宋儒能自然而順適地引發之而已耳。葉水心輕浮淺躁，不能察此中之蘊，而妄據〈湯誥〉之文疑《中庸》，其於孔子以後之學全無所知亦明矣。若能真知「降衷」之性之為超越的義理當然之性，必不發此妄議也。《中庸》言天命雖可普就人物而總言之，然天命豈只是命人與物之「生」或「存在」耶？就人而言「天命之謂性」，則不但命人之生，亦命其性，是「天命」即「降衷」也，而人亦獨得之矣。就物而言天命，因物不能推，則天只命其生或存在，而不命其義理當然之性，是則只成「天命之謂在」，而人與物亦區以別矣。是則言「天命」既可言同體，亦可言差別。同體，則不「遺物」；差別，則人「獨得」。焉有如葉水心之疑問耶？

　　《習學記言》繼上又云：

　　　　《書》又稱「若有恆性」，即率性之謂道也。然可以言若有
　　　　恆性，而不可以言率性。蓋已受其衷矣，故能得其當然者。
　　　　若人而有恆，則可以為性。若止受於命，不可知其當然也。
　　　　而以意之所謂當然者率之，則道離於性而非率也。

案：此議尤其語無倫次，莫知所云。蓋對於「若有恆性」視爲獨立之一句，以比配「率性之謂道」，全不通也。「若人而有恆，則可以爲性」，此能落實於「若有恆性」之語句上而視爲此句之解詁乎？「降衷」之爲性，豈待人之有恆無恆而始「可以爲性」乎？其不成辭意有如此！而下文復將此句隨意解爲「若其恆性」，「有」字復又變爲「其」矣。蓋順《孔傳》之訓「若」爲「順」而言也，不知《孔傳》對此句已誤讀誤解，而又順之復爲此不通之論也。若知「若有恆性」乃上承「降衷」句而爲一氣，只可比配「天命之謂性」，〈湯誥〉並無「率性之謂道」之一義，則焉有此不通之解乎？「恆性」即常性，義同「秉彝」，非人之有恆無恆之恆也。此尚是語句之問題。至若「率性」正是承天所命之義理當然者而率之，何言「若止受於命，不可知其當然」耶？汝以爲此「性」是何性耶？豈是空白或無色無記中性之性乎？汝以爲天之命是何命耶？豈是空白之命乎？若然，則不得就天命而言性矣。天命人以義理當然之性，故率之即爲道也。焉有所謂「以意之所謂當然者率之，則道離於性而非率也」之謂乎？

又云：

> 《書》又稱「克綏厥猷惟后」，即修道之謂教也。然可以言綏，而不可以言修。蓋民若其恆性，而君能綏之，無加損焉爾。修則有所損益，而道非其眞，則教者強民以從己矣。

案：此又將綏與率性合而爲一，此既非《孔傳》之意，亦非「修道之謂教」之意。蓋如果「民若其恆性」，即是「率性」之意，則何

須君之綏耶？《孔傳》是說「順人之常性而能安立其道教，則惟爲君之道。」此雖解「若有恆性」爲非是，然若將「順人之常性」視爲補充句，而不視爲「若有恆性」之解詁句，（參看上章第一節），則「能安立其道教」句猶可比配「修道之謂教」。此是說君「順人之常性而能安立其道教」，不是「民若〔順〕其恆性，而君能綏之」也。「率性之謂道」是一義，「修道之謂教」是另一義。前者是個人之事，後者是政教之事。焉可混而一之？「修道之謂教」者，是將道修之于家國天下而成教也。此是就社會生活客觀關係而言之，故須有賴於政治（君后）之綏寧。正因道不離性，故雖修之于家國天下之社會生活之間、客觀關係之中，亦不能背乎人情之自然與性理之當然，焉有所謂「修則有所損益，而道非其真，則教者強民以從己矣」之病乎？今之極權專制者正是不肯定人之義理當然之性，而以外在之主義牽率天下強民以從己也。焉有順「天命之謂性，率性之謂道」而言「修道之謂教」者而有此病乎？葉水心能注意「強民從己」之爲害，此可取處。（彼言政治、言皇極，皆極好。）惜其不解《中庸》，而又不知「率性」與「修道」之爲兩事也。社會生活之間，客觀關係之中，不皆能合理也。否則當無社會問題矣。然則以由率性而見之道爲標準，就現實之衝突偏激處，調整而損益之，提撕而綏寧之，使其順理而合道，此種「損益」有何不同，焉有所謂「修則有損益，道非其真」之說乎？天命之性不能有損益，故只可言「率」，而不可言「修」。只聞有「修身」，未聞有「修性」者。「修身」者以道修持自己也。但「修道」卻不是對於道本身有所修，乃是將道修之於家國天下，亦即以道修客觀之事也。是則所損益者是事，不是道。修事、修身，從「所」言；

修道從「能」言，即以能修之道修之於事也。以道修身靠自己，修道成教（以道修客觀社會之事）賴政治。焉可詞意不分，而妄意「修道」爲非耶？

第四節　文王與「無聲無臭」

> 次文王：「肆戎疾不殄，烈假不瑕。不聞亦式，不諫亦入。」「雝雝在宮，肅肅在朝。不顯亦臨，無射亦保。」〔案：以上爲《詩·大雅·思齊》章語。〕「無然畔援，無然歆羡，誕先登於岸。」「不大聲以色，不長夏以革。不識不知，順帝之則。」〔案：以上爲《詩·大雅·皇矣》章語。〕文王備道盡理如此。豈特文王爲然哉？固所以成天下之材，而使皆有以充乎性全乎命也。
>
> 案：《中庸》言：「鳶飛戾天，魚躍於淵，言其上下察也。」「德輶如毛，毛猶有倫。上天之載，無聲無臭，至矣。」夫鳥至於高，魚趨於深，言文王作人之功也。「德輶如毛」，舉輕以明重也。「上天之載，無聲無臭」，言天不可即，而文王可象也。古人患乎道德之難知而難求也，故自「允恭克讓」，以至「主善、協一」，皆盡己而非無所察於物也，皆有倫而非無聲臭也。今傾倒文義，指其至妙以示人。後世冥惑於性命之理，蓋自是始。不可謂文王之道固然也。

案：葉適之誹議《中庸》，正爲其「指至妙以示人」，而不知《中

庸》此處之引「無聲無臭」正喻進德之默成，並未指天道之至妙者以示人，並未就天道本身以言其至妙。其就鳶飛魚躍以言上下察是喻進德之造端與極至，亦無所謂「指其至妙以示人」。《中庸》之言天道至妙者多矣，而此處言無聲無臭，則非言天道之至妙。今謂其「顛倒文義，指其至妙以示人」，則誣妄之言也。試詳解《中庸》所引詩如下。

　　《詩·大雅·旱麓》：「鳶飛戾天，魚躍於淵。豈弟君子，遐不作人？」朱注：「興也」。又引：「李氏曰，《抱朴子》曰：『鳶之在下無力，及至乎上，聳身直翅而已。』蓋鳶之飛全不用力，亦如魚躍，怡然自得，而不知其所以然也。」鳶之飛、魚之躍，而不知其所以然，實皆出於性之自然而然也，由此以興起人之進德修業以「作人」亦當是性之自然而不容已。然則「豈弟君子，而何不作人乎？言其必作人也。」（朱注語）。此為此興體詩之本意。《中庸》引此「興」語而言「言其上下察也」，固與原意有出入，然由之以言「君子之道，造端乎夫婦，及其至也，察乎天地」，亦是表示人之進德之「造端」與「其至」，而無論是其造端或其極至，亦皆出於性之不容已，一如鳶飛之至於高，魚躍之「出於淵」（朱注語，或如葉適言「趨於深」亦得），皆其性之自然也。《中庸》不過將此「戾天」之高與趨淵之深，綜和而為「上下察」之一義，以明「造端」與「其至」之終始而已。此有何一定不可乎？詩之興只言「作人」，而《中庸》藉之以興喻「造端」與「極至」，皆言進德作人，興喻雖有出入，而進德之實則同，此足以成為古人引《詩》之過患乎？古人引《詩》大抵皆引之以喻己意，不必盡同於原意也。夫人之進德，其「造端」雖極淺近，「夫

婦之愚可以與知」，「可以能行」，然人之進德寧有止境乎？「及
其至也，雖聖人亦有所不知焉」，「亦有所不能焉」。蓋道無所不
在，始於日用，「察乎天地」。「察，至也」（《廣雅》）。朱子
則言「著也」，亦通。人之進德造道必以至乎天地與天地合德為極
至。此乃通過孔子之仁教後，所必至之理境，而亦不悖於《詩·周
頌》「維天之命，於穆不已。於乎不顯，文王之德之純」之超越的
洞見也。葉適淺陋，而必於此致其不滿，此豈非成見作祟乎？葉適
謂「夫鳥至於高，魚趨於深，言文王作人之功也。」此固不錯。然
《中庸》就之言上下察以喻進德之造端與極至。又豈非君子作人之
實功乎？且亦顯出道之廣大（費）與深微（隱）。此有何「冥惑」
之可言？「後世」程子曰：「此一節〔君子之道費而隱〕，子思吃
緊為人處，活潑潑地，讀者其致思焉。」（朱注引）。又「〔尹和
靖〕先生嘗問伊川：鳶飛戾天，魚躍於淵，莫是上下一理否？伊川
曰：到這裡只得點頭」。（《二程全書·外書第十二》）。明道就
此而言「活潑潑地」，伊川首肯「上下一理」之義，皆是就《中
庸》「君子之道，費而隱」一章說。此固比〈旱麓〉詩推進一步，
然由造端與極至道德踐履之實功以實之，又有何冥惑之可言？只因
葉適無道德踐履之實功，無洞明之心胸，故一見「費而隱」便頭腦
昏漲，遂並《中庸》言「上下察」亦譏議之。此亦自己之冥惑而已
矣。

　　《詩·大雅·烝民》：「人亦有言，德輶如毛，民鮮克舉之。我
儀圖之，唯仲山甫舉之。愛莫助之。」朱注：「言人皆言德甚輕而
易舉，然人莫能舉也。我於是謀度其能舉之者，則惟仲山甫而已。
是以心誠愛之，而恨其不能有以助之。蓋愛之者，秉彝，好德之性

也。而不能助者，能舉與否，在彼而已，固無待於人之助，而亦非人之所能助也。」此為言「德輶如毛」之原意。《中庸》末章末段：「詩曰：『予懷明德，不大聲以色。』〔《詩·大雅·皇矣》〕。子曰：『聲色之於以化民，末也』。《詩》曰：『德輶如毛。』毛猶有倫。『上天之載，無聲無臭。』至矣。」此末段三引《詩》以作結。「上天之載，無聲無臭。儀刑文王，萬邦作孚。」此是《詩·大雅·文王》篇之句。《中庸》之所以三引《詩》句作結乃是因為此末章是從「君子之道闇然而日章」說起。繼之即言「君子之所不可及者，其唯人之所不見乎？」此仍是慎獨之旨。又言：「故君子不動而敬，不言而信。」又言：「是故君子不賞而民勸，不怒而民威於鈇鉞。」又言：「是故君子篤恭而天下平。」每說一義，皆引《詩》句作證，皆表示「默默修德，不露形跡」之義。此是言個人自己作修養工夫之最真切最平實處。故此末段即首引《詩·大雅·皇矣》篇「予懷明德，不大聲以色」之句以證之。復引子曰：「聲色之於以化民末也」以明之。此亦是《易傳》「默而成之，不言而信，存乎德行」之意。德行而能自己宣揚自我表白乎？個人進德是在無聲無臭中進，而其感應亦在無聲無臭中潛移默化。此即是「君子之道闇然而日章」，「不動而敬，不言而信」，「不賞而民勸，不怒而民威於鈇鉞」，「篤恭而天下平」之意。正合「穆穆文王，於緝熙敬止」，「不大聲以色，不長夏以革，不識不知，順帝之則」之意，蓋文王正是此所謂篤恭君子之典型也。此引「上天之載無聲無臭」正在明君子進德之無聲臭。「上天之載，無聲無臭」亦猶孔子曰：「天何言哉？四時行焉，百物生焉，天何言哉？」此有何「顛倒文義，指其至妙以示人」之可言？又有何「冥

惑」之可言？至於〈烝民〉詩「德輶如毛」之句，是以毛比德之甚
輕而易舉，而人終鮮能舉之。《中庸》則引之進一步以明進德之無
聲臭。故曰：「毛猶有倫。」蓋毫毛雖甚輕，猶是有形跡之物，猶
可倫比，至于就個人進德言，則根本是「默成」之事，根本不應有
任何形迹聲色之表露，只應慎獨以潛修，自能「闇然而日章。」故
以「上天之載無聲無臭」證之也。《詩》與《中庸》各喻一義。
《詩》之言「德輶如毛」，是直接喻德之輕而易舉，而人卒莫能
舉。亦猶孔子言「仁遠乎哉？我欲仁，斯仁至矣。」此輕而易舉
也。然孔子亦曰：「民之於仁也，甚於水火。水火，吾見蹈而死者
矣。未見蹈仁而死者也。」民之於仁如此之甚，然而人卻不肯為
也！又曰：「我未見好仁者，惡不仁者。」又曰：「有能一日用其
力於仁矣乎？我未見力不足者。蓋有之矣，我未之見也。」此皆亦
勉亦勸，而亦表示「民鮮克舉之」之意也，而《中庸》之引「德輶
如毛」，而言「毛猶有倫」，則是進一步喻君子進德之默成。各喻
一義，有何「顛倒文義」之可言？進德默成，是最真實最切實者，
又有何「指其至妙以示人」以「冥惑」後世乎？冥惑者自冥惑，葉
水心之類是也。真實者自真實，蓋無人能否認此「默成」之義也。
《中庸》言「默成」，而「穆穆文王」亦正是無聲無臭之默成。
「文王之道」何以不可謂「固然」耶？葉水心既不理會「默成」之
義，復不理會「德輶如毛，民鮮克舉之」之義，而卻說「古人患乎
道德之難知而難求也，故自允恭克讓，以至主善協一，皆盡己而非
無所察於物也，皆有倫而非無聲臭也。」此正是王顧左右而言他，
說那不相干的事。此既無當于「默成」，亦無當于「德輶如毛」。
此才真誤引文義而自說其「即事達義」「以器明道」之一義。故重

察物有倫。夫察物有倫是一義，而個人進德之默成無聲臭又是一義，此兩相礙乎？而必反對無聲臭何也？此正是自己之既不解又誤引，而反責《中庸》乎？穆穆文王不正是無聲無臭，默成其德乎？然文王是一具體之生命，是一德性人格之存在，其本身進德雖默成，如上天之無聲無臭，然而卻可象可刑，而上天則根本無象可象，無形可型，故欲知天，則看人可也。如曰：「上天之載無聲無臭。儀刑文王，萬邦作孚。」此是通過有象者以證無象。此是此詩之原意也。《中庸》則引之以明個人進德之默成，此是說另一義。有何「顛倒文義」之可言？而此義亦正合文王之道，又有何「冥惑」之可言？此亦只是葉水心成見作怪而已矣！「後世」程明道言：「忠信所以進德，終日乾乾，君子當終日對越在天也。蓋上天之載無聲無臭。其體則謂之易，其理則謂之道，其用則謂之神。其命於人則謂之性。率性則謂之道。修道則謂之教。孟子在其中又發揮出浩然之氣，可謂盡矣。故說神如在其上，如在其左右。大小疑事，而只是誠之不可掩。澈上澈下，不過如此。」（《二程全書·遺書第一》）。案：此是後世程明道本《中庸》、《孟子》、《易傳》而言天道性命之為一，此比《中庸》就無聲無臭言進德之默成進一步。然皆是實見實理，亦無冥惑之可言，冥惑者只是葉水心之不解耳。

第五節　周公與原始的綜和構造

　　次周公：治教並行，禮刑兼舉。百官眾有司雖名物卑瑣，而道德義理皆具。自堯舜以來，聖賢繼作。措於事物，其該括

演暢，皆不得如周公。不惟周公，而召公與焉。遂成一代之
治。道統歷然如貫聯，不可違越。

案：葉水心所謂「道統」即堯舜以來三代開物成務之原始綜和構造
之過程也。此原始綜和構造之過程結集于周公。其形態爲「治教並
行，禮刑兼舉」。而「道德義理」即在「百官眾有司」之名物中。
故云：「措於事物，其該括演暢，皆不得如周公。」此所謂「道
德」即是表現于典章制度中之道德，所謂「義理」即是表現于名物
度數中之義理。故著重于察物有倫，而張即事達義，即器明道，以
明「內外交相成」，實即政治措施之綜和構造。其所謂道之本統即
此開物成務之綜和構造也。此義固不錯，一切學問理想未有不期其
向現實有所構造者，亦必終落于綜和構造而始得其眞實與客觀化。
然歷史是在發展中，綜和構造亦在歷史發展中爲一期一期之形成，
故綜和構造有其歷史階段中之形態。此是強度的、歷史的，非邏輯
的（數學的）、永恆的也。如是數學的、永恆的，何不直線相續，
永停于周公之明備，而復有春秋戰國之轉變，乃至秦、漢之新局
耶？歷史既是如此矣，綜和構造既是有其歷史階段中之形態矣，而
如果復仍是停于此原始之綜和構造中，總是直接就此原始之綜和構
造以明道統，以爲只此才是「本統」，才是「古人體統」，而不准
有任何相應歷史發展之開合，凡離此綜和構造而有所開合以闢理
想、價值之源，以期重開史運文運者，皆非道之本統，皆失古人之
體統，如是，則即爲現象主義之不見本源，落于皇極一元論之封閉
隔絕而不自知，雖曰內外交相成，而實永不開眼者也。雖曰即事達
義，即器明道，而實永粘著于名物度數而並不知何爲義何爲道者

也。古人之原始生命往矣，原始之綜和構造不可復見，而若不闢理想、價值之源，重開文運與史運，則綜和構造不可再見，雖念念不忘即事達義、即器明道，而實百事無成、一器不備，徒騰口說而已。此所以言實用者終無用，重事功者總無功。墨子不及孔子之能繁興大用也。永嘉之經制事功不及程、朱、陸、王之更有事功也。乾嘉之考據更是無用而已矣。能成科學乎？能開物成務乎？樸學云乎哉？此是樸學、實學之名之偽似，真正之樸學實學不在此也。假名久矣，歷史照然不爽，而猶不自覺。葉水心之蔽正在停于原始之綜和構造而不知孔子之開合，落于皇極一元論，而不知孔子對于道之本統之再建。凡後來之言事功、言實用、言樸學，而斥宋明儒之談性命天道為無用者，皆不出葉水心之規模。吾故不厭辭費，詳闢葉水心之謬而祛其蔽也。善哉王弼之言曰：「凡物之所以存，乃反其形。功之所以克，乃反其名。」（《老子微旨例略》）。此智慧之言也，聖人者乃此大智慧之表現者也。凡永粘著于物之形、功之名，而不見「反其形、反其名」之道（本源）者，皆永無事功也。世之無真生命、真智慧、真學問，而空言事功以譁世取寵者，其念之哉！其戒之哉！

第六節　孔子與仁教

> 次孔子：周道既壞，上世所存皆放失。諸子辯士，人各為家。孔子蒐補遺文墜典，《詩》、《書》、《禮》、《樂》、《春秋》，有述無作，惟《易》著〈彖〉、〈象〉。

舊傳刪《詩》定《書》作《春秋》，予考詳，始明其不然。

然後唐虞三代之道，賴以有傳。

案：《論語》「子罕言利與命與仁」，而考孔子言仁多於他語。豈有不獲聞者，故以爲罕耶？

案：此言孔子。其于孔子之仁教全無所知甚顯。若如葉適所言，則孔子只是「蒐補遺文墜典」，使「唐虞三代之道，賴以有傳」，而其本身則對于道並無貢獻。對于《詩》、《書》、《禮》、《樂》、《春秋》，無論是刪、定、作，或只是蒐補，有述無作，皆不關重要。要者是在仁。仁是其眞生命之所在，亦是其生命之大宗。不在其蒐補文獻也。有了仁，則其所述而不作者一起皆活，一切皆有意義，皆是眞實生命之所流注。然則唐虞三代之制度之道與政規之道惟賴孔子之仁教始能成爲活法，而亦惟賴孔子之仁教，始能見其可以下傳以及其下傳之意義。自其可以下傳言，是孔子之所以承繼唐虞三代之道德總規與政規者，自其下傳之有意義言，乃見其必有一開合以期新的綜和構造之再現，所謂重開文運與史運者。是則仁教者乃對于道之本統之重建以開創造之源者也。《詩》、《書》、《禮》、《樂》、《春秋》可以述而不作，而仁教則斷然是其創造生命之所在，此不可以通常著書立說之創造視之也。葉水心既不知仁教之意義，復只視孔子爲蒐補遺文者，然則孔子之業一史官之檔案家足以優爲之，何必賴孔子而後傳耶？是則孔子一無所有，但何因而又被稱爲大聖耶？不應孔子以後，二千年來，皆妄語妄稱也！于以見葉適對于孔子之仁教全無所解。是其外在之頭腦，

只看王者業績之心靈，固只能成爲皇極一元論，而不能知孔子仁敎之意義以及其對于道之本統之再建之作用也。

命與仁明是孔子眞精神之所在。「子罕言利，與命與仁」，明須利字點句，「與」字明非連結詞，乃是「與於」之與。以往雖大皆作連結詞講，然對於命與仁則必曲爲之說。是則反不如直解作「與於」之與爲直接而明顯也。葉水心對于孔子之仁敎並無眞解，故亦無多重視，只見出「孔子言仁多於他語」，而以「豈有不獲聞者，故以爲罕耶」之不相干之疑問語句輕輕略過。仁爲孔子眞正生命之所在，如此顯明而重大之事，而猶心存「冥惑」，而不敢斷定，則其平素之不解孔子無視孔子也明矣，而亦甚矣。對于孔子既如此，則其菲薄曾子、子思、孟子、《中庸》、《易傳》又何怪焉！

仁是全德，是眞實生命，以感通爲性，以潤物爲用；它超越乎禮樂（典章制度、全部人文世界）而又內在于禮樂；在仁之通潤中，一一皆實。體現仁之最高境界是「欽思、文明、安安」，是天人不隔，是圓融無礙。孔子講仁是敞開了每一人光明其自己之門，是使每一人精進其德性生命爲可能，是決定了人之精神生命之基本方向，是開闢了理想、價值之源。是謂理想之「直、方、大」。

孔子自道曰：「若聖與仁，則吾豈敢？抑爲之不厭，誨人不倦，則可謂云爾已矣。」（〈述而〉第七）。

又曰：「默而識之，學而不厭，誨人不倦，何有於我哉？」（同上）。（「何有於我哉」與上文「則可謂云爾已矣」相呼應，言這于我沒有什麼，意函我能作到，亦意函我亦只是如此而已，然若能不厭不倦，即示其德性生命之精進，此亦幾近于仁聖，而仁聖

亦不離乎此也。）

孟子引述曰：「孔子曰：聖則吾不能，我學不厭而敎不倦也。子貢曰：學不厭，智也。敎不倦，仁也。仁且智，夫子既聖矣。」（〈公孫丑〉篇）子貢以「仁且智」贊不厭不倦，並以「仁且智」規定聖，甚爲諦當。仁是眞實生命之覺與健，智是眞實生命所發之光照。智以覺照爲性，以及物爲用。（智及仁守。《中庸》亦言「成己仁也，成物智也。」）

自孔子開啓眞實生命之門，由其踐仁知天示人以精進其德性生命之型範，則目擊而道存，道之「直方大」于茲顯矣。

首先儀封人曰：「二三子何患於喪乎？天下之無道也久矣。天將以夫子爲木鐸。」（〈八佾〉第三）。木鐸是「施政敎時，所振以警衆者也。」（朱注語）。儀封人見人多矣，而獨于孔子則說「天將以夫子爲木鐸」，此見其于眞實人格確有其洞見。孔子即是當時一個眞實生命，他自有其振動，乃所以警醒世人之昏沉而示人以方向者也。

其次，顏淵喟然歎曰：「仰之彌高，鑽之彌堅，瞻之在前，忽然在後。夫子循循然善誘人。博我以文，約我以禮。欲罷不能，既竭吾才，如有所立，卓爾！雖欲從之，末由也已！」（〈子罕〉第九）。此是顏淵直接面對孔子之眞實生命而來之契會與讚嘆。

《論語·子張》第十九又記曰：「叔孫武叔毀仲尼。子貢曰：無以爲也。仲尼不可毀也。他人之賢者丘陵也，猶可踰也。仲尼日月也，無得而踰焉。人雖欲自絕，其何傷於日月乎？多見其不知量也。」

又記曰：「陳子禽謂子貢曰：子爲恭也，仲尼豈賢於子乎？子

貢曰：君子一言以為知，一言以為不知，言不可不慎也。夫子之不可及也，猶天之不可階而升也。夫子之得邦家者，所謂立之斯立，道之斯行，綏之斯來，動之斯和。其生也榮，其死也哀，如之何其可及也？」

以上是子貢對于孔子之真實生命之契會。一則喻之如日月之「無得而踰焉」，再則喻之如「天之不可階而升也。」此與顏淵同其贊嘆。「立之斯立」四句，朱注引程子曰：「此言聖人之神化，上下與天地同流者也。」一個真實生命自然有其感通與潤澤之用。

百有餘歲後，孟子繼起曰：「非其君不事，非其民不使，治則進，亂則退，伯夷也。何事非君？何使非民？治亦進，亂亦進，伊尹也。可以仕則仕，可以止則止，可以久則久，可以速則速，孔子也。皆古聖人也，吾未能有行焉。乃所願，則學孔子也。

伯夷、伊尹於孔子，若是班乎？曰：否！自有生民以來，未有孔子也。

曰：然則有同與？曰：有！得百里之地而君之，皆能以朝諸侯，有天下。行一不義，殺一無辜，而得天下，皆不為也。是則同。

曰：敢問其所以異？曰：宰我、子貢、有若智足以知聖人，汙不至阿其所好。宰我曰：以予觀於夫子，賢於堯舜遠矣。子貢曰：見其禮而知其政，聞其樂而知其德，由百世之後，等百世之王，莫之能違也。自生民以來，未有夫子也。有若曰：豈惟民哉？麒麟之於走獸，鳳凰之於飛鳥，泰山之於丘垤，河海之於行潦，類也。聖人之於民亦類也，出於其類，拔乎其萃，自生民以來，未有盛於孔子也。」（〈公孫丑〉篇）。

此孟子引述宰我、子貢、有若之言以明孔子之特異。

〈滕文公〉篇又引述曰：「他日，子夏、子張、子游以有若似聖人，欲以所事孔子事之，強曾子。曾子曰：不可！江漢以濯之，秋陽以曝之，皜皜乎不可尚已。」

此引述曾子贊孔子之言也。

而孟子曰：「伯夷，聖之清者也。伊尹，聖之任者也。柳下惠，聖之和者也。孔子，聖之時者也。孔子之謂集大成。集大成也者，金聲而玉振之也。金聲也者，始條理也。玉振之也者，終條理也。始條理者，智之事也。終條理者，聖之事也。智，譬則巧也。聖，譬則力也。由射於百步之外也，其至，爾力也；其中，非爾力也。」（〈萬章〉篇）。

至稍後之《中庸》（指後半部說），則直贊曰：「仲尼祖述堯舜，憲章文武，上律天時，下襲水土。辟如天地之無不持載，無不覆幬，辟如四時之錯行，如日月之代明。萬物並育而不相害，道並行而不相悖。小德川流，大德敦化。此天地之所以為大也。

唯天下至聖為能聰明睿智，足以有臨也；寬裕溫柔，足以有容也；發強剛毅，足以有執也；齋莊中正，足以有敬也；文理密察，足以有別也。

溥博淵泉，而時出之。溥博如天，淵泉如淵。見而民莫不敬，言而民莫不信，行而民莫不說。〔……〕

唯天下至誠，為能經綸天下之大經，立天下之大本，知天地之化育，夫焉有所倚？肫肫其仁，淵淵其淵，浩浩其天。苟不固聰明聖知，達天德者，其孰能知之？」

自顏淵之喟然歎其高深，子貢之喻之如天、如日月，曾子之以

江漢之濯、秋陽之曝喻其「皜皜乎不可尚」，直至孟子之喻之以「金聲而玉振」，謂之爲「集大成」，皆是相應其眞實之仁者生命之渾化而言之。故孟子曰：「充實之謂美，充實而有光輝之謂大，大而化之之謂聖，聖而不可知之之謂神。」（〈盡心〉篇）。充實不可以已，自然能大能化，即《中庸》「至誠」之事也，故聖人之人格，總之即是「肫肫其仁，淵淵其淵，浩浩其天」三語之所示，再總之，亦即是「大德敦化」一語之所示。顏淵之歎，子貢之喻之如玉如日月，孟子之謂之爲集大成，皆是表示聖人生命已達至「敦化」之境，皆是相應仁智之聖而言也。人之精神生命之基本方向及其最高歸宿，皆在孔子眞實之仁者生命中呈現，此即人類之「木鐸」也。儀封人之語可謂得之矣。夫仁智之聖固須有創造之眞實生命以達之，即契悟聖境亦須有創造之解悟以會之。孔子之弟子及再傳弟子皆有其創造之解悟者也，皆能相應聖人之眞實生命而以創造的解悟相契接者也。創造的解悟者，眞實生命之共鳴而闇與相會之謂也。故《中庸》曰：「苟不固聰明聖智，達天德者，其孰能知之？」自家若無此眞實生命亦不能契接眞實生命也。「由百世之後，等百世之王，莫之能違」，此亦眞實生命之共鳴而闇與相會也，此亦創造的解悟（存在的證悟）之謂也。此之謂「相應」。

　　兩漢經生博士之業、災異讖緯之學，固亦推尊于孔氏，但其推尊，不流于粃糠，即流于巫魘，無一能有此「相應」之解悟也。漢人之孔子，蓋已脫離其眞實的仁者生命之光暢，而爲濁氣（迂）與巫氣（怪）所撐架，愚蔽漂蕩而爲一不實之幻影。蓋漢人只是外在地視孔子，故無眞實生命之共鳴也。

　　至魏、晉之玄學，雖一洗漢人之濁氣與巫氣，但王弼之「聖人

體無」論，以及向、郭注《莊》之「迹冥論」，演變而爲梁阮孝緒
之「迹本論」，亦皆不能相應聖人踐仁以知天之眞實生命之化境而
有共鳴之契悟。聖人踐仁到「大而化之」之境固可說無，此無是以
「化」來顯。「無適無莫」是無，「毋意，毋必，毋固，毋我」是
無，「天何言哉」是無，「蕩蕩乎民無能名焉」是無，「無爲而治
者其舜也與」是無。然此種無皆是由德性生命之沛然與渾化而顯，
與道家之只以有爲與無爲對遮而顯之「無」，復直以「無」爲道爲
本，固有間矣。魏、晉人是以道家之無爲道，而以爲堯、舜與聖人
（孔子）能體之而不言，老、莊言之而不能體，此固已推尊聖人
矣，然而所言之道固以道家爲準也。自聖人之化境言，「無」亦可
用得上，魏、晉人于此非無是處，而且其如此觀望人，已體悟到精
神生命最高境界之何所是，比兩漢經生只是外在地觀聖人落實而眞
實得多矣。然而聖人之所以至此，其實體之道是仁，其踐行之道是
踐仁以知天，「無」只是其化境，而不是直接以「無」爲道、爲
本、爲冥，而以周、孔之德業爲此本之迹也。德業縱可說爲迹，亦
是仁之實德、實理、實體之迹，唯踐仁至化境始有此如天之盛德大
業耳。老、莊只知就此化境而言「無」以爲道，而實體之道（仁、
天）則蘊而不出，隱而不彰，其生命總不肯向此鞭辟入裡而觀體承
當，此其所以一間未達而流于偏支之故也。魏、晉人正是順道家之
思路而會通孔、老，雖推尊儒聖（因其能體無），而道在老、莊，
是則對于儒聖之仁教全無所知也。故其創闢的解悟只能契接老、
莊，而不能于眞實生命上與孔、孟相共鳴而闇與相會也，此亦是不
相應。關此，欲所其詳，請參看《才性與玄理》第四章第七節以及
第六章第四節。

經過魏晉南北朝、隋唐長期之歧出，至宋儒興起始復返本而重歸于相應之解悟，此謂孔、孟傳統之重振。以下試看二程對于聖賢人格之契悟與品鑒。

1. 程子：「昔受學於周茂叔，每令尋顏子仲尼樂趣，所樂何事。」（《遺書·二先生語二上》。〔未定誰語〕）

2. 伊川：「用休問老者安之，少者懷之，朋友信之。曰：此數句最好。先觀子路顏淵之言，後觀聖人之言，分明聖人是天地氣象。」（《遺書·伊川先生語八上》，〈伊川雜錄〉。）

3. 程子：「顏子所言不及孔子。無伐善，無施勞，他是顏子性分上事。孔子言安之、信之、懷之，是天理上事。」（《遺書·二先生語五》。〔未定誰語〕）

4. 又：「仲尼，元氣也。顏子，春生也。孟子，並秋殺。盡見仲尼無所不包；顏子示不違如愚之學於後世，有自然之和氣，不言而化者也；孟子則露其才，蓋亦時然而已。仲尼，天地也；顏子，和風慶雲也；孟子，泰山巖巖之氣象也。觀其言，皆可以見之矣。仲尼無迹；顏子微有迹；孟子其迹著。」（同上）

5. 又：「孔子言語句句是自然，孟子言語句句是實事。」（同上）

6. 又：「孟子有功於道，爲萬世之師。其才雄。只見雄才，便是不及孔子處。人須當學顏子，便入聖人氣象。」（同上）

7. 又：「孔子儘是明快人，顏子儘豈弟，孟子儘雄辯。」
（同上）

8. 明道曰：「顏子合下完具，只是小，要漸漸恢廓。孟子合
下大，只是未粹，索學以充之。」（《遺書‧二先生語
三》，謝顯道記憶平日語。）

9. 又：「學者要學得不錯，須是學顏子。」（同上）

10. 又：「孟子才高，學之無可依據。學者當學顏子，入聖
人爲近，有用力處。」（《遺書‧二先生語二上》）

由此八、九、十、三條明道之語觀之，則上三、四、五、六、七、
五條當亦明道語。

11. 程子曰：「聖人之德行，固不可得而名狀。若顏子底一
個氣象，吾曹亦心知之。欲學聖人，且須學顏子。」
（同上。〔未定誰語，亦當是明道語。〕）

12. 又：「孔孟之分只是要別個聖人賢人。如孟子，若爲孔
子事業，則儘做得，只是難似聖人。譬如翦綵以爲花，
花則無不似處，只是無他造化功。綏斯來，動斯和，此
是不可及處。」（同上。〔未定誰語〕）

13. 又：「孔子爲宰則爲宰，爲陪臣則爲陪臣，皆能發明大
道。孟子必得賓師之位，然後能明其道。猶之有許大形
象，然後爲大山，許多水，然後爲海。」（《遺書‧二先
生語五》。〔未定誰語〕）

14. 又：「顏子作得禹、稷、湯、武事功，若德則別論。」

（同上。〔未定誰語〕）

15. 明道：「顏子默識，曾子篤信。得聖人之道者二人也。」（《遺書第十一·明道先生語一》。師訓，劉質夫錄。）

16. 又：「顏子不動聲氣，孟子則動聲氣矣。」（同上）

17. 又：「學者須識聖賢之體。聖人化工也，賢人巧也。」（同上）

18. 又：「聖人之言，沖和之氣也，貫澈上下。」（同上）

19. 又：「人須學顏子。有顏子之德，則孟子之事功自有，孟子者，禹、稷之事功也。」（同上）

20. 又：「顏子短命之類，以一人言之，謂之不幸可也。以大目觀之，天地之間無損益，無進退。譬如一家之事，有子五人焉，三人富貴，而二人貧賤。以二人言之，則不足；以父母一家言之，則有餘矣。若孔子之至德，又處盛位，則是化工之全爾。以孔、顏言之，於一人有所不足，以堯、舜、禹、湯、文、武、周公群聖人言之，則天地之間亦富有餘也。」（同上）

21. 明道曰：「曾子易簀之意，心是理，理是心，聲為律，身為度也。」（《遺書第十三·明道先生語三》。亥八月見〔伯淳〕先生於洛所聞。劉質夫錄。）

22. 伊川曰：「問橫渠之書有迫切否？曰：子厚謹嚴。纔謹嚴，便有迫切氣象，無寬舒之氣。孟子卻寬舒，只是中間有些英氣。纔有英氣，便有圭角。英氣甚害事。如顏子，便渾厚不同。顏子去聖人只毫髮之間。孟子大賢，

亞聖之次也。或問：英氣於甚處見？曰：但以孔子之言
比之，便見。如冰與水精，非不光。比之玉，自是有溫
潤含蓄氣象，無許多光耀也。」（《遺書·伊川先生語
四》）

以上共二十二條，吾皆類聚于此。除明標其爲明道語或伊川語者，
其餘則只云程子。其實此種品鑑，大體皆發之明道。蓋宋、明儒
中，說到具體解悟，以明道爲最強最高。此亦是其創闢心靈之所
發，故其具體解悟所成之品鑑亦是創闢的品鑑，是劃時代者。宋、
明儒六七百年之傳統無有能出此品鑑之規範以外者。此種品鑑亦是
創造，亦是承續。蓋其所說皆是本顏淵之嘆，子貢、曾子之喻，孟
子之謂集大成（金聲而玉振），《中庸》之謂「肫肫其仁，淵淵其
淵，浩浩其天」，而進一步作反省的品鑑。其品鑑之標準是聖人
「大而化之」之化境。其辭語已不是魏晉人就之說「無」以明道家
之道，而是就之以論化不化、粹不粹、大不大，是否有英氣，是否
動聲氣，是否有迹，是否是天地氣象，是否有光耀。此種品鑑是以
「踐仁以知天」之仁教爲根，純是對于個人德性生命之精進所達至
之境界之品題。此種品題固是創闢心靈之具體解悟，亦是一種藝術
之欣賞，乃是一種欣趣判斷者。故以「周茂叔每令尋顏子仲尼樂
趣」開端也。自其有本于先秦孔子傳統之贊聖而言，是其承續；而
若非有眞實生命之共鳴而闇與相會，則亦發不出此種品鑑，由此而
言，是其創闢。明道對于「曾子易簀之意」之品題而曰：「心是
理，理是心，聲爲律，身爲度」，此確是千古之絕唱。若非對於內
聖之學眞有實感，焉能發此創闢之具體解悟？內聖之學之全部律度

不過三語盡之：

　　1.義理骨幹：天道性命相貫通。

　　2.踐履歸宿：踐仁以知天，即成聖。

　　3.踐履之最高境界：「大而化之」之化境。

　　品鑑是就化境說，至於前兩者則是內聖之舉之內容。此皆由孔子之仁教所開啓，由孔子傳統所傳承，而為宋、明儒所繼之以發展者。此一系列無一不是**真實生命之共鳴**。孔子之仁教確為中國文化生命中**自本自根**之「**直方大**」而光暢之精神生命之**方向**之**決定**。繼之而發展者，不惟曾子、子思、孟子、《中庸》、《易傳》是其**自本自根之發皇**，即隔千餘年而興起之宋、明儒亦是其**自本自根之發皇**。其真實義理之**內容**與相共鳴之真實生命之**基點**無一不是**自本自根者**，無一是**來自佛老者**。只要對于孔子之仁教**有實感**，對于其所遺傳以及其直接繼承者之經典能**逐句理會有實感**，當知此自本自根之發皇**決是真實**，而**非虛妄**。謂之為陽儒陰釋者，皆是**浮光掠影無**真實感者之**膚談**，不負責任之**妄語**。此皆是**耳食之輩**于中國文化生命之長期歧出中，不知孔子之仁教為何物，不知內聖之學為何物，而忘其固有之「精神生命之方向」者之**謬言**。一個民族如長期不自知其**精神生命之方向**，不自知其文化創造之真實動力，則此民族即無真實精神生命之可言，只在停滯推移中與俗浮沉，此則大**可哀憐者也**。而浮沉既久，則畏見**赫日之明**，而自**甘于卑下**，凡稍涉于玄遠，精神生命之理想之境者，概視之為佛老，如是，逐流于**自貶自抑自賤而不自知**，此則**尤其大可哀憐者也**。如葉水心者即此類之人也。彼不但無視於其並世之周張二程之業之價值，甚至並曾子、子思、孟子、《中庸》、《易傳》而一起詬詆之，以為與佛老同其

「茫昧」而「冥惑後世」，視之爲「自亂」之始作俑者。此其**自眨自抑自賤而癲癇狂悖竟如此**，則其視孔子只爲堯、舜、禹、湯、文、武之檔案家，對其仁教全無所知，又何怪焉。

程顥卒，文彥博題其墓曰明道先生。伊川爲之序曰：「周公沒，聖人之道不行。孟軻之死，聖人之學不傳。道不行，百世無善治。學不傳，千載無眞儒。無善治，士猶得以明夫善治之道，以淑諸人，以傳諸後。無眞儒，則天下貿貿焉莫知所之，人欲肆而天理滅矣。先生生乎千四百年之後，得不傳之學於遺經，以興起斯文爲己任。辨異端，闢邪說，使聖人之道煥然復明於世。蓋自孟子之後，一人而已。然學者於道不知所向，則孰知斯人之爲功，不知所至，則孰知斯名〔案：即「明道」之名〕之稱情也哉？」若於孔子之仁教有實感，于內聖之學有眞契，則知伊川之語決非虛誕。「天下貿貿焉〔然〕莫知所之」即不知其「精神生命之方向」者是也。「學者於道不知所向，則孰知斯人之爲功？」此豈非葉水心之類乎？葉水心不自知其「精神生命之方向」爲何物，故亦不知周、張、二程之功之大也。尤可惡者是其詬詆曾子、子思、孟子、《中庸》、《易傳》也。周、張、二程雖或不必能至先秦孔子傳統之「直方大」與光暢之境，然謂其不於眞實生命上與之相共鳴而重振此精神生命之方向，則決然不可也。

第七節　曾子與「孔子之傳統」兼論忠恕一貫

孔子歿，或言傳之曾子，曾子傳子思，子思傳孟子。

　　案：孔子自言「德行顏淵」而下十人，無曾子，曰：「參

也魯」。若孔子晚歲獨進曾子，或曾子於孔子歿後，德加
尊，行加修，獨任孔子之道，然無明據。

又案：曾子之學以身爲本，容色辭氣之外不暇問，於大道
多遺略，未可謂至。

又案：孔子嘗言《中庸》之德民鮮能，而子思作《中
庸》。若以爲遺言，則顏、閔猶無是告，而獨閟其家，
非是。若所自作，則高者極高，深者極深，非上世所傳
也。

然則言孔子傳曾子，曾子傳子思，必有謬誤。

案：此言孔子並不傳曾子，曾子亦並不能傳孔子之道。首先，吾人
須知以前儒者所謂「傳」，並不像佛家禪宗祖師之相傳，孔子亦未
秘傳其道于曾子。從曾子方面說，說曾子能傳聖人之道於後，只因
子思是曾子弟子，而孟子又是子思弟子，孔子之道至孟子而大顯，
故如此云耳。至於曾子究能傳多少，則是另一問題。此中自有一相
承續之線索。凡道之傳與技藝之傳不同，此是眞實生命之事。師生
相承只是外部之薰習，若夫深造自得，則端賴自己。然大端方向亦
必有相契，方能說傳，否則倍師叛逆，不得云傳。生命之事至爲殊
特，亦至爲共通。然後謂之傳與不傳耶？曾子根據孔子之仁敎，確
有其深造自得者，此即道德意識之加強是。試看《論語・泰伯》第
八記載曾子之言曰：「士不可以不弘毅，任重而道遠。仁以爲己
任，不亦重乎？死而後已，不亦遠乎？」仁道全而至，孔子不輕許
人以仁，而亦不敢以仁自居。子曰：「若聖與仁，則吾豈敢？抑爲
之不厭，誨人不倦，則可謂云爾已矣。」（〈述而〉第七）。曾子

若非對其師教有眞實感，焉能言之如此眞切而嚴肅？又曰：「可以託六尺之孤，可以寄百里之命，臨大節而不可奪也，君子人與？君子人也。」（〈子罕〉第九）孔子亦曰：「三軍可奪帥也，匹夫不可奪志也。」志節堅貞，不可搖動。若非有眞切之道德意識，眞能通過道德自覺而作工夫者，亦何能至此？孟子言曾子「守約」。大抵「守約」二字可以代表曾子之精神。曾子言：「吾日三省吾身。爲人謀而不忠乎？與朋友交而不信乎？傳不習乎？」（〈學而〉第一）。此即「守約」之表現，而守約之確義則在通過道德自覺而唯是稱仁體以動，用心於內以淸澈自己之生命而期無一事之非理。至於其所就之以表現此精神之「事」，則看生活所處之環境與時代，此則不能拘定，要者在認識此道德自覺之精神。又「曾子有疾，召門弟子曰：啓予足，啓予手。《詩》云：戰戰兢兢，如臨深淵，如履薄冰。而今而後，吾知免夫！小子！」（〈泰伯〉第八）。歷來以爲曾子重孝道，「身體髮膚，受之父母，不敢毀傷」，（《孝經》語），故臨終使其弟子開其衾而視其手足，看有無毀傷否。此解太呆笨，好像曾子一生專在保護一己之身體。當然，「父母全而生之，子全而歸之」，吾人亦不能隨便糟塌吾人之身體。在此表示「孝道」之意，固亦是一崇高之道德意識，但身體之應當保存、尊重亦不能只限於此一義。人之一己之自然生命所具之自然官能與天賦材能，人對之亦應當有一善予運用之義務，不應當自甘暴棄，妄自摧殘、墮落，以陷於「不自愛」之境，此即孟子所謂「踐形」。「踐形」當然不容易，故孟子說「惟聖人爲能踐形」。此種「踐形」之義務，據康德說，亦能成一普遍的道德法則，此即其所說之第三類義務，即關於「對一個人自己之偶然性的（有功效的）義

務」。反之一個人自甘暴棄，縱使出諸其自願，亦決不能成一有普遍性的道德法則，或甚至根本是不道德者。然則，曾子之「身體髮膚，受之父母，不敢毀傷」之孝道的道德意識，實應著重其「踐形」之義，不自甘暴棄之義，此即通於普遍的道德心靈之戒懼，並不是專限於自愛身體也。縱使其臨終之時，在某特殊機緣下，一時想到「啓予足啓予手」，然而其引《詩》云「戰戰兢兢，如臨深淵，如履薄冰」，又繼之云：「而今而後，吾知免夫」，此一嚴肅之道德意識卻決不能專限於「身體髮膚」之全而歸之。彼一生作自省慎獨之工夫，豈僅限於「免夫身體之毀傷」耶？故知其「戰戰兢兢」之戒愼恐懼即其「守約」、「慎獨」工夫之表示，而「而今而後，吾知免夫」，實亦函庶免於罪戾可至寡過而已矣之意。此實爲一嚴肅艱苦之道德奮鬥至臨終時鬆一口氣撒手歸去之慨嘆。此誠是「君子曰終，小人曰死」（《禮記·檀弓》）之所謂「終」之眞實表現，亦子貢所謂「君子息焉，小人休焉」（《荀子·大略篇》）之「息」之眞實表現。觀其「易簀」時之仍不苟且，則其道德心靈之常明不昧可知矣。難說此非仁敎之所應有也。

　　又「曾子有疾，孟敬子問之。曾子曰：鳥之將死，其鳴也哀，人之將死，其言也善。君子所貴乎道者三：動容貌，斯遠暴慢矣。正顏色，斯近信矣；出辭氣，斯遠鄙倍矣。籩豆之事，則有司存。」（〈泰伯〉第八）「遠暴慢」是自己可遠于粗暴放肆，不是可遠於人對我之「暴慢」。「近信」是自己近於信實不妄，不是可近於他人對我之不詐。「遠鄙倍」是自己遠於鄙俗悖戾，不是可遠他人對我之「鄙倍」。此三者皆是指自己作工夫以化自己言，若是轉移而自他人對我言，則成何義理！若如此，爲得謂之善言？只是

適應與規避而已矣。曾謂一生作守約愼獨工夫之曾子而有此「鄙倍」之胸襟乎？然而葉水心完全缺乏愼獨之道德意識，就此力言曾子不能傳孔子之道。其《習學記言》有如下之一段：

> 曾子有疾，孟敬子問之。近世以曾子爲親傳孔子之道，死後傳之於人，在此一章。案曾子末後語，不及正於孔子。以爲曾子自傳其所得之道則可，以爲得孔子之道而傳之則不可。自堯、舜、禹、湯、文、武、周公、孔子所傳皆一道。孔子以教其徒，而所受各不同。以爲雖不同，而皆受之孔子則可；以爲堯、舜、禹、湯、文、武、周公、孔子之所以一者，而曾子獨受而傳之人，大不可也。
>
> 孔子曾告曾子吾道一以貫之，曾子既唯之，而自以爲忠恕。案：孔子告顏子一日克己復禮天下歸仁焉。蓋己不必是，人不必非。克己以盡物可也。若動容貌而遠暴慢，正顏色而近信，出辭氣而遠鄙倍，則專以己爲是，以人爲非，而克與未克，歸與不歸，皆不可知，但以己形物而已。且其言謂君子所貴乎道者三，而籩豆之事則有司存。尊其所貴，忽其所賤，又與一貫之指不合。故曰：非得孔子之道而傳之也。
>
> 夫堯、舜、禹、湯、文、武、周公、孔子之所以一者，非特以身傳也。存之於書，所以考其德。得之於言，所以知其心。故孔子稱天之未喪斯文爲己之責。獨顏淵博我以文，約我以禮，欲罷不能，既竭吾才，餘無見焉。夫託孤寄命雖曰必全其節，任重道遠，可惜止於其身。然則繼周之損益爲難知，六藝之統紀爲難識。故曰：非得堯、舜、禹、湯、文、

武、周公、孔子之所以一者受而傳之也。

傳之有無，道之大事也。世以曾子爲能傳，而予以爲不能。
予豈與曾子辯哉？不本諸古人源流，而以淺心狹志自爲窺測
者，學者之患也。

案：以上爲一整段，茲略予節次，分四點言之。

第一點，水心言「以爲曾子自傳其所得之道則可，以爲得孔子
之道而傳之則不可。」關此，若知曾子之守約慎獨之工夫，（即本
道德自覺而爲道德實踐之工夫），是根據孔子之仁教而來者，則謂
「曾子自傳其所得之道」可，謂其「得孔子之道而傳之」亦可。
「自傳其所得」即得之於孔子也。「自堯、舜、禹、湯、文、武、
周公、孔子所傳皆一道」，自孔子有承於古德之道德總規與政規而
言之，說「皆一道」（言同一之道），固無不可，然自孔子對於道
之本統之再建言，則亦可以說一而不一。堯、舜、禹、湯、文、
武、周公是王者開物成務之盡制，是原始的綜和構造，是皇極之一
元，而孔子對於道之本統之再建則是太極人極與皇極三者之並建，
而以太極人極爲本，以皇極爲末；太極是天道，人極是仁教，皇極
是君道；太極是本，人極是主，皇極是用；仁者人之所以立，證實
天之所以爲天，而皇極則是其廣被於客觀政治社會之用。此則推進
一步、開擴一步，道之中心在人極與太極，（踐仁以知天），而不
在皇極也。自此言之，則不一。皇極者，自人言，是隨時隨分重點
之一，自道言，則爲仁教所範圍而不能外。至於人極太極則爲每一
人盡人道（簡言之即盡道）之必然的本質的義務，孟子所謂「求則
得之，舍則失之，是求有益於得也，是求之在我者也。」而皇極則

有命焉。故言「是隨時隨分重點之一」。然客觀地自道而言之，則
皇極之道亦爲仁敎之本質的一環。是故儒者必應有此意識。得之雖
有命，而器識則必應及此。是以儒者隨時隨緣必論政也。曾子守約
愼獨之工夫固是仁敎盡道之本質的義務，其皇極之意識容或有不
足，然謂其所傳非孔子仁敎之本質的必然的一面不可也。堯、舜、
禹、湯、文、武、周公之道，一是屬於政治，一是得之有命。孔子
即已不得其位矣。然其器識宏大，心願宏深，規模宏闊，故雖不得
其位，而其德足以籠罩及之。若謂曾子之規模不及孔子之萬一可
也。（有誰能及其萬一乎？）若必謂其不傳孔子之道則大不可也。
人各有才，才不盡同。孔子之道固在也，後之起者，若有其才與
識，則盡傳之無遺略可也。曾子固未嘗封閉孔子之道於一己也。若
謂曾子、子思、孟子、《中庸》、《易傳》皆不能「得孔子之道而
傳之」，皆非上世所傳之道，則孔子後根本無知道者，僅得一葉水
心而傳之，不亦太孤單乎？此眞爲「淺心狹志，自爲窺測」之愚妄
之言，而反責人乎？此既不知孔子對於道之本統之再建，復不知曾
子之守約愼獨之道德意識（所謂內聖工夫）乃仁敎本質之一面，而
只將道限於上世皇極之一元，以爲凡不能見之於政制之行事，便爲
一無所有，便非上世所傳之道，是則根本不知道爲何物，根本不知
仁敎中道德意識之自覺，根本不知自孔子始，已不止于上世之所
傳，而徒以事業之意識（所謂外王）到處混抹，此種平面顢頇之見
而謂能知孔子之道，毋乃太過愚妄乎！儒家自孔子始，內聖外王爲
一綜體，內聖爲本爲體，外王爲末爲用，內聖是求之在我，是每一
人之必然的義務，而外王是得之有命，是每一人之偶然的（有功效
的）義務（康德語）。孔子之集團本爲一士人之集團，而非一得其

位之王者集團，立仁教以關理想價值之源，弘道規以端文運史運之向，曾子雖不及于皇極之事，亦或其時尚無足以引發其政治意識之機緣，退一步，縱使其政治意識本不足，然能守約愼獨，彰著仁教中內聖之一面，亦是其本質的必然的一面，則如謂其非傳孔子之道決不可也，此乃非盲即妄之論也。

　　第二點，葉水心又以爲曾子之動容貌、正顏色、出辭氣，乃專爲規避他人對我之暴慢、欺詐、與鄙倍而爲，故云：「專以己爲是，以人爲非，而克與未克，歸與不歸，皆不可知，但以己形物而已。」若如此，則誠何心哉？焉得謂爲守約愼獨之工夫？水心此言，太過無忌憚。焉可如此厚誣古人？斯則既誤解「遠暴慢、近信、遠鄙倍」之遠近字，而自己又無眞切之道德自覺之工夫，故有如此「鄙倍」之言。曾謂每日三省其身，臨終言「而今而後，吾知免夫」之曾子，而竟「專以己爲是，以人爲非」，「但以己形物而已」乎？若知「遠暴慢」是自己可遠于（免于）暴慢，不是遠他人之暴慢；「近信」是自己可近于誠信無妄，不是近他人之不詐或信我；「遠鄙倍」是自己可遠于（免于）鄙俗背理，不是遠他人之「鄙倍」，則知「動容貌，正顏色，出辭氣」正是克己愼獨之工夫，焉有「以己之是形人之非」之自矜之事乎？此誠小人之心，而謂曾子竟如此乎？葉水心無克己愼獨之工夫，不知道德自覺之嚴肅，故忍得下此話頭以詆毀曾子。若稍知「愼獨」者，有誰忍說此「肆無忌憚」之言乎？當然，道德自覺愈深愈強者，其覺自己之罪戾愈多，故「戰戰兢兢，如臨深淵，如履薄冰」，有誰能保自己之純是無非乎？面對罪惡之「深淵」，一失足成千古恨，故眞做克己愼獨之工夫者，必終生「戰戰兢兢」，「戒愼恐懼」，而未能保

「己私」之眞能克也。至于「天下歸仁」與否，則更未敢必也。若如此說「克與未克，歸與不歸，皆不可知」可也。但葉水心之說此三語，一似曾子根本未能作到克己，但只貿然「以己爲是，以人爲非」，「以己形物而已」，此則太過鄙倍。如此輕慢，厚誣古人，不可恕也。

　　第三點，彼又以爲曾子言「君子所貴乎道者三，〔動容貌，正顏色，出辭氣〕，而籩豆之事，則有司存。尊其所貴，忽其所賤，又與一貫之旨不合。」夫言克己愼獨，「籩豆之事」，自不相干。習于籩豆之事，即能克己愼獨乎？言各有宗，事各有本，所主在此而不在彼也。克己愼獨，非必不肯認籩豆之事之價值，此與一貫之旨有何妨礙？豈必事事皆作方爲一貫乎？于以知葉水心之不知本也。或曰：一貫之旨雖不必事事皆作，然亦不能「止於其身」一事不作。曰：此固也。夫孰謂克己愼獨即一事不作乎？君子之道在乎自己振拔，以淸澈自己之生命，不在徒習于名物度數也。籩豆之事，歸諸有司，此只言此種事數于個人自己之道德自覺以精進其德性生命非本質的相干者，不謂可隔絕此種事也，亦不謂此種事無客觀之價值也。此只有眞作愼獨工夫以精進其德性生命者方能見及此義。此是提升一步、推進一步說。此是承孔子之仁敎以開闢其德性生命而來者，而葉水心乃以「尊其所貴，忽其所賤」責之，此眞徒習不察，冥罔不覺，不知德性生命爲何物者之妄言，而反以不能一貫爲口實乎？若如此責曾子，則孔子何以說子路「可使治其賦也，不知其仁也」，說冉求「可使爲之宰也，不知其仁也」，說公西華「可使與賓客言也，不知其仁也」？子路之**可治賦**，冉求之**可爲宰**，公西華之**可與賓客言**，不更是「**克己以盡物**」，更與**一貫之旨**

爲合乎？然而孔子卻謂其「不知其仁也」，此即示仁道之實不易，一貫之實有本，非膠著于事數即爲一貫也。

葉水心于此力言曾子不能得孔子一貫之道而傳之。于是，吾人須看孔子所謂一貫究爲何，葉水心心目中之一貫究爲何。此是分別道之本統與對于道之本統之再建之大關節，不可不詳抉而出之也。

曾子容或不能及孔子之一貫，然一貫之旨亦決非葉水心心目中之所想也。不能及孔子之一貫，亦決非即不能傳孔子之道也。

《論語·衛靈公》第十五：「子曰：賜也，汝以予爲多學而識之者與？對曰：然。非與？曰：非也。予一以貫之。」〈里仁〉第四：「子曰：參乎！吾道一以貫之。曾子曰：唯。子出，門人問曰：何謂也？曾子曰：夫子之道，忠恕而已矣。」此兩章皆記孔子鄭重言一貫，一以告子貢，一以告曾子。子貢無所表示，曾子直應曰「唯」，復以忠恕解之。葉水心以爲「曾子之易聽，而不若子貢之難曉」。《習學記言》中，彼有一段言此問題云：

> 舜言精一而不詳，伊尹言一德詳矣。至孔子，於道及學，始皆言一以貫之。

案：舜言「惟精惟一，允執厥中」，伊尹言「咸有一德」，此一皆專一、純一之一，與孔子一貫之一不同，不可混。

> 夫行之於身，必待施之於人，措之於治，是一將有時而隱。孔子不必待其人與治也。道者，自古以爲微眇難見，自古以爲纖悉難統。今得其所謂一，貫通上下，萬變逢原，故不必

> 其人之可化，不必其治之有立。雖極亂大壞，絕滅蠹朽之
> 餘，而道固常存，學固常明，不以身歿而遂隱也。

案：此段語意閃爍難明。其究稱贊孔子乎？抑諷刺孔子乎？揆其語
意，案其心念，似不以孔子之一貫為可贊也。蓋孔子亦並未得其
位，使之可以將道「施之於人，措之於治」，若「必待施之於人，
措之於治」，而後始可以言一貫，則「一將有時而隱」。今孔子未
得其位，而竟能言一貫，是則「孔子不必待其人與治也」，依此而
言，似是贊孔子。然衡之水心之心念，以及下文「今得其所謂一，
貫通上下，萬變逢原」云云，語意之間，似又以孔子之一貫為不
足，而隱寓諷刺之意。若誠如此，則其謬妄狂悖亦甚矣；若非然
者，則亦何憾恨曾子、孟子、《中庸》、《易傳》以及其並世之
周、張、程、朱如此其深耶？蓋彼以為上世開物成務、「施之於
人、措之於治」之綜和構造為道之本統，此方是真一貫，而孔子之
一貫，則只是停于主觀狀態中，並未能見之于行事以成客觀之構
造；若以孔子之一貫為是，則即不必憾恨曾子等等矣。蓋畔援歆羨
于三代之構造，而于孔子之一貫又無的解，故閃爍其辭，貌雖稱
贊，而實隱寓不滿。

> 然予嘗疑孔子既以一貫語曾子，直唯而止，無所問質，若素
> 知之者。以其告孟敬子者考之，乃有粗細之異，貴賤之別，
> 未知於一貫之理果合否？

案：關此辨見上，其疑無是處。

　　曾子又自轉爲忠恕，忠以盡己，恕以盡人，雖曰內外合一，
　而自古聖人經緯天地之妙用，固不止於是。疑此語未經孔子
　是正，恐亦不可便以爲準也。

案：由此即可見其不解不滿孔子之一貫，而畔援歆羨于三代之綜和
構造之意甚顯矣。〈衛靈公〉第十五：「子貢問曰：有一言而可以
終身行之者乎？子曰：其恕乎？己所不欲，勿施於人。」〈雍也〉
第六：「子貢曰：如有博施於民，而能濟衆，何如？可謂仁乎？子
曰：何事於仁？必也聖乎！堯、舜其猶病諸！夫仁者，己欲立而立
人，己欲達而達人。能近取譬，可謂仁之方也已。」〈衛靈公〉第
十五又載：「子張問行。子曰：言忠信，行篤敬，雖蠻貊之邦行
矣。言不忠信，行不篤敬，雖州里行乎哉？立則見其參於前也，在
輿則見其倚於衡也，夫然後行。子張書諸紳。」〈子路〉第十三：
「樊遲問仁。子曰：居處恭，執事敬，與人忠，雖之夷狄不可棄
也。」衡之孔子此四段之言，曾子以忠恕解一貫，亦不算悖。後來
《中庸》亦引孔子言：「忠恕違道不遠，施諸己而不願，亦勿施於
人。」孟子于〈盡心〉篇第七則直曰：「萬物皆備於我矣。反身而
誠，樂莫大焉。強恕而行，求仁莫近焉。」此皆環繞孔子之言而爲
同一思路、同一語脈。有眞生命者必自然相契。蓋孔子之眞生命在
「仁」，體現仁之眞實而落實之工夫在忠恕，（或至少從忠恕說亦
無妨。）忠以盡己，恕以及人，此亦是克己愼獨之工夫，自覺地淸
澈自己之生命，使仁體昭然呈露，承體而行，則無往不是仁道。
「己欲立而立人，己欲達而達人」，亦是忠恕之轉語，故曰「能近
取譬，可謂仁之方也已。」仁是由自己之覺悟（愼獨）而超越其軀

之私而呈現。此是精神領域、價值之源之開闢。仁心呈露，承仁心而行，謂之仁道。念茲在茲而不放失，謂之德性生命之精進。離開仁心仁道，無有足以一貫之者。以忠恕說一貫，即是以仁道說一貫。仁道之表現不是「博施於民，而能濟眾」。汝能以財物遍施天下乎？此正是孟子所謂「惠而不知爲政」也。夫藏富于民，藏天下于天下，「不塞其源，不禁其性」（王弼注《老》語），方是眞仁道。不是聚歛于己反而再博施于民以徼仁之名也。尤不是搜刮而藏之于政府，反而再配給之于人民也。如此正是不仁之甚。「己欲立而立人，己欲達而達人」，方是眞仁道。立人、達人，就德性生命言，自己克己愼獨精進其德性生命（立己），亦欲他人亦能克己愼獨以精其德性生命也。互相啓沃勸勉，工夫仍須自己作；自己不作，無有能使之立者。就現實生活言，政治之措施即在不塞不禁，開其路以使之自行，順其生事所需所欲以使之自立自達，不在博施於民，亦不在騷擾干禁也。三代雖是家天下，而此政規猶不失，故黃梨洲謂之藏天下於天下，非如後世之藏天下於篋篋也。孔子繼承此政規，推進一步立仁敎以重新自覺地肯定之，爲政治立一最高之規範，此即吾所謂敞開散開之原則，物各付物之精神也（參看《政道與治道》）。吾亦欲名此爲「超越的自由主義」，或「超越的個體主義」。「超越」者，蓋自仁敎而超越地言之也。非如西方之純自政治範圍內，自階級對抗而成之經驗的自由主義、經驗的個體主義也。然一落於政治內，所謂「施之於人，措之於治」，則必與此經驗的自由主義、個體主義相接頭，決不會「立理限事」以成爲「封閉之社會」也。是以仁者，各人自己自立之道也，（無論是德性的或是現實的），亦是敞開之道。也惟孔子立仁敎，不純囿于皇

極之政規而言之，乃直下就人之當然之道而言之，乃普遍地開出理想、價值之源，開出德性生命之所以立，開出每一人直下對己對人之必然的義務與偶然的（有功效的）義務（順康德之分類），而政治之最高原則亦函攝于其內，此即所謂對於道之本統之再建也。依是，一貫之旨當如下：

1.不離經驗之學而必消化經驗之學以轉爲自己之智慧，決非只「多學而識之」，停于荀子所謂「雜而無統」者。此爲「一貫」之直接意義，乃與「雜而無統」相對揚。亦是「學而不思則罔，思而不學則殆」之意。

2.一貫之實即仁道，體現仁道之眞實而落實之工夫爲忠恕。

3.德性生命之精進上之一貫即是踐仁以知天，孟子所謂「萬物皆備於我，反身而誠，樂莫大焉。」此爲內聖之一貫。

4.仁敎必函攝政治上最高原則，此即「超越之自由主義」，物各付物，順個體而順成之「敞開之原則」。此爲內聖外王之一貫。然此一貫只是器識上的，不必亦不能限於一人而爲之。內聖之工夫爲每一人對己對人之必然的義務，而貫於外王則有緣有命，此即示政治爲一獨立之領域，（雖在最高原則上與仁敎相貫通），而在此方面體現仁道亦常須有一獨特之生命。能將此獨特之生命納於仁敎之在政治方面之最高原則而不悖，即爲仁敎之治，以前所謂王道，亦即是開太平之治，此爲有道之世，反之則爲霸道、苟偸之道，不仁之治，衰世亂世，無道之世。

孔子之一貫，其終始條理不過如此。此爲對於道之本統之再建後的一貫，非只如上世皇極一元論之一貫也。道之本統，經孔子之再建後，中心仍由皇極一元轉而爲直下就德性生命之所以立而言

之。太極、人極、皇極三者並建。踐仁以知天乃為每一人之必然的義務，而皇極之及不及則待緣而有命。中心既提升而轉移，則曾子之以忠恕說一貫，正就人之必然義務而言者，此何以不能傳孔子之道耶？豈必皆如上世之綜和構造，所謂「自古聖人經緯天地之妙用」，而後始為一貫耶？若必如此而後為一貫，則凡不得皇極之位者皆不得與於一貫之道與學矣，孔子亦非一貫也，是真一貫「將有時而隱」矣。惟因孔子立仁教，普遍地開出理想、價值之源，開出德性生命之所以立，開出每一人直下對己對人之必然的義務與偶然的（有功效的）義務，而後一貫之道常明常在，因而重開文運與史運，而隨時期望有綜和構造之再現。曾子克己慎獨，明忠恕一貫之旨，久久傳習，道賴以存，學賴以明，人得賴以常目在政治之最高原則，以為必如是始可為王道，人得以知王道之真義，此如何不為傳聖人之道耶？曾子、子思（《中庸》）、孟子、《易傳》皆環繞孔子之仁教而展開。內聖之道明，則外王之道亦可得而明。居常講習其本者又如何不可乎？而必因急切膠著於事功，畔援歆羨于皇極之綜和構造，遂轉而輕薄克己慎獨者之講明內聖之學（即講明每一人應盡其必然的義務之學）為不傳聖人之道，此誠何心哉？須知歷史之進展，並非易事，政治之綜和構造之實現尤其險阻重重。此非是只就經制言事功即可一蹴而幾也。能經常講明聖人之仁教，開闢生命價值之源，則政治之原則與方向庶可開出之，逐步以彰顯之也。葉水心不知仁教為何物，不知「踐仁以知天」之內聖之學之重要，故既不解孔子之一貫，亦不知曾子、子思、孟子、《易傳》所說者之為何事也。

子貢雖分截文章性命，自絕於其大者而不敢近，孔子丁寧告
之，使決知此道雖未嘗離學，而不在於學，其所以識之者，
一以貫之而已。是曾子之易聽，反不若子貢之難曉。至於退
言之學，但夸大曾子一貫之說，而子貢之所聞者殆置而不
言，此又予之所不能測也。

案：「雖未嘗離學，而不在於學」云云，正是曾子忠恕踐仁之一
貫。子貢「分截文章性命，自絕於其大者而不敢近」，而曾子由忠
恕說一貫正是表示由忠恕踐仁以通于性命天道之大者，此有何「曾
子之易聽，反不若子貢之難曉」之謂乎？「曾子之易聽」有何背於
孔子之一貫乎？豈是離開忠恕踐仁而別有性命天道之可貫乎？于以
知其並不解克己愼獨忠恕踐仁為何物，亦不解性命天道為何物，只
是恍惚其辭隨便作文章而已耳。至於其所斥之「退言之學」乃是指
當時周、張、程、朱等之順曾子忠恕踐仁之一貫之內聖之學而談性
命天道者而言，彼不滿於此輩人專講性命天道之一貫，而忽略「夫
子之文章」，故遂並曾子、子思（《中庸》）、孟子、《易傳》而
一起輕薄之，以為此皆不能傳堯、舜、禹、湯、文、武、周公、孔
子之道，皆非上世之所傳，皆是「子思、孟子之新說奇論」（見
下）。殊不知此一傳統正是根據孔子「踐仁以知天」而來者，正是
傳孔子之道者。謂其非只就上世之原始的綜和構造而言道可也，謂
其不本于孔子不可也。如以為彼輩專講性命天道之一貫為一偏，則
汝補之可也，何必定謂其非孔子之道乎？歷來講性命天道內聖之學
者向忽視禮樂制度之外王。伊川作〈明道行狀〉云：「盡性至命必
本於孝弟，窮神知化由通於禮樂。」此即內外本末之一貫。雖不詳

究其名物度數之細節，蓋以此爲專家之學，非必人人皆能講也，有能講者，則講之可也，彼輩決不抹殺其價值也。惟講多學而識之，注意禮樂刑政名物度數者，則必反對講性命天道之一貫，以爲是無用之空談，蓋以其對於克己愼獨忠恕踐仁之內聖之學並無眞實感，故不認其爲學，亦不認其爲聖人之道也。是則聖人之道全成爲外在化之實然之知識，此豈孔子仁教之意乎？以此觀之，究誰能傳聖人之道，不亦昭然甚明乎？

　　《習學記言》復有一段，亦明曾子不能傳聖人之一貫。茲錄之于下，以見水心所謂一貫之意。

　　　〈曲禮〉中三百餘條，人情物理，的然不遺。餘篇如此要切言語，可併集爲上下篇，使初學者由之而入。豈惟初入？固當終身守而不畔。蓋一言行，則有一事之益。如鑑睹像，不得相離也。古人治儀，因儀以知事。曾子所謂籩豆之事，今《儀禮》所遺與《周官》戴氏雜記者是也。然孔子教顏淵非禮勿視，非禮勿聽，非禮勿言，非禮勿動，蓋必欲此身常行於度數折旋之中。而曾子告孟敬子，乃以爲所貴者動容貌、正顏色、出辭氣，三事而已。是則度數折旋皆可忽略而不省，有司徒具其文，而禮因以廢矣。故予以爲一貫之語，雖唯而不悟也。今世度數折旋既已無復可考，則曾子之告孟敬子者，宜若可以遵用。然必有致於中，有格於外，使人情事理，不相踰越，而後其道庶幾可存。若他無所用力，而惟三者之求，則厚者以株守爲固，而薄者以捷出爲僞矣。

案：此種辯難全不相干。彼對於克己愼獨、忠恕踐仁、清澈一人之
道德動機之內聖工夫全無所知，故對於曾子所貴之道，既已誤認其
爲「以己爲是，以人爲非」，茲復謂其只是自身之三件事，而自身
以外之「度數折旋，皆可忽而不省，有司徒具虛文，而禮因以廢
矣。」夫眞正之道德實踐惟在能自習慣、不自覺中，反身而誠，自
覺地本之內在之天理而行。此義于孔門弟子中正見之而且彰著之于
曾子之守約愼獨、戰戰兢兢之敬畏工夫中。在孔子之渾全啓發話頭
中，尚不凸顯此義，唯在曾子之凝歛弘毅之精神中始眞凸顯此義。
此義之凸顯是道德意識、道德性自身正式挺立起而自見其自己之本
質的關鍵。謂曾子尚未至聖人之化境可也。謂此義不是內聖工夫
（眞正的道德行爲）之根本義不可也。葉水心根本無此意識。無此
意識即不得謂之爲知聖人之道者。徒自外面看聖人之德業文章或王
者之制度功業以爲道耳。此種道只是客觀事業之秩序與條理，客觀
生活之軌道，社會關係、業務之制度。葉水心所知之道只是此種
道。此是外在化客觀化之實然平鋪之道。由此再推而下之，人們遂
以爲生活之方式即爲道，因而遂有堯、舜有堯、舜之道，桀、紂有
桀、紂之道，甚而有所謂苟偷之道，盜亦有道之種種說法，此皆順
實然平鋪而忘其本源者而來之下委。實則桀、紂並無道，苟偷根本
不是道，盜則只是盜，凡此等等焉可以道謂之耶？葉水心之所謂道
尚不至於此。雖實然平鋪，亦必其合衆情合天理者方可謂之道。然
則其所以合衆情合天理必有其義理當然之理想根源以創發而支持
之，而此義理當然之理想根源之根復何在耶？曰：即在生命之躍
起、內在天理之呈現，此即孔子之仁教，而仁教復即爲精神領域、
價值理想之源之開闢也。而將此教通過克己愼獨之凝歛工夫以相應

道德之本性而體現之者則首先見之而且彰著之于曾子，故曾子「所
貴乎道者三」之工夫與涵義即是此精神領域、價值理想之源之開
闢，此即爲義理當然之理想根源之所從出。此是從習慣不自覺中躍
起之工夫，此是生命之提升，故是眞實生命之所在，亦是眞正的
道、道之本義之所在。其見于客觀之事業而成爲實然之平鋪只是此
根本義之道在特殊境況中之實現，亦即是在客觀的社會的生活關係
或業務中之客觀化。此義只能通過孔子之仁敎後始能說，在三代王
者之開物成務之盡制中尚不能說，因其爲原始的、不自覺的故也。
其道德總規尚只在**作用中**，關聯著**祈天永命中**，即只**在他律中**。自
孔子之仁敎始正式從**作用中轉爲承體而起**，從**關聯中轉爲義理當然
之不容已**，從**他律中轉爲自律**，而曾子之愼獨卻正是自覺地要直接
承當此依自律而行者。此種提升一步相應道德之本性而直接承當此
依自律而行之愼獨工夫與禮之度數折旋旣不相干，亦不相礙。豈是
直接承當此依自律而行便不可與于禮之度數折旋耶？而只與於禮之
度數折旋中卻並無關亦無助於克己愼獨之直接承當此依自律而行
也。然則葉水心所謂曾子止于自身之三事，而自身以外之「度數折
旋皆可忽而不省」云云之疑難尚有任何意義耶？徒見其不知道而已
矣。又曰：「今世度數折旋旣已無復可考，則曾子之告孟敬子者宜
若可以遵用。然必有致於中，有格於外，使人情事理不相踰越，而
後其道庶幾可存。」此兩整句，前一整句最爲失旨。曾子之告孟敬
子者豈因「度數折旋無可考」而始可用耶？宋世豈無其禮樂之度數
與折旋？任何時皆有其度數與折旋，豈因有度數折旋便不可用耶？
此根本是兩層之道德行爲，焉可混爲一談？于以見其對于克己愼獨
直接承當此依自律而行之內聖工夫根本一無所知也。然則其所謂一

貫只是社會生活禮樂生活中個人與他人與度數之實際地關聯于一起而已。其所謂道只是客觀的社會關係中實然平鋪之軌制而已。而曾子之忠恕踐仁之一貫則是承體起用，由本開末之一貫，是從體上說之一貫，不只實然平鋪中個人、他人、度數關聯于一起之關聯的一貫。曾子本人雖或未能充其極，然其方向是在此，不可誣也。而曾子所傳承之道是自克己慎獨、相應道德之本性直接承當此依自律而行，所見之「義理當然之理想根源」之道、道之根本義之道，自眞實生命處說之道，此正是承孔子之仁教而來者，不是寡頭的客觀關係社會業務中之實然平鋪之規制之道也。孔子教顏淵非禮勿視聽言動之「克己復禮爲仁」豈是只敎他「治儀，因儀以知事」耶？豈是只教他「常行於度數折旋之中」而已耶？若如此，則**習儀生不更爲一貫乎**？而孔子亦**不必不輕許人以仁矣**。孟子曰：「行之而不著焉，習矣而不察焉，終身由之而不知其道者，衆也。」（〈盡心〉篇）此正是葉水心之類也。而孔子之由克己復禮以指點仁，曾子之克己慎獨忠恕以踐仁，正是「行之而著，習矣而察」，以開闢生命、價值之源，以求知夫義理當然之道者也。夫如此而後可以損益禮儀，調整禮儀，並隨時創造禮儀也。不是僵滯于「度數折旋」之中而爲永不開眼之不相離也。寧有「動容貌，正顏色，出辭氣」而不能折旋于禮樂度數之中而爲狂悖之行耶？

　　以上是葉水心言曾子不能傳聖人一貫之道之第三點，亦是其譏議曾子之關鍵所在，故吾復引兩段《習學記言》之文以明之。順之蔓延，不覺其辭之長也。此點既明，則下第四點只結成而已。

　　第四點，彼以爲曾子「託孤寄命，雖曰必全其節，任重道遠，可惜止於其身。然則繼周之損益爲難知，六藝之統紀爲難識。故

曰：非得堯、舜、禹、湯、文、武、周公、孔子之所以一者受而傳
之也。」其意是曾子之「動容貌，正顏色，出辭氣」只是限于一己
之自身，自身以外一概輕忽不問，因而繼周之損益與六藝之統紀遂
被泯沒而使人無法知聞也。故以爲此非「堯、舜、禹、湯、文、
武、周公、孔子之所以一者」。此即〈講學大旨〉主文所謂「曾子
之學以身爲本，容色辭氣之外不暇問，於大道多遺略，未可謂至」
之意也。彼以爲「堯、舜、禹、湯、文、武、周公、孔子之所以一
者，〔言所以爲同一道者〕，非特以身傳也，〔言非特以己身傳
也〕。存之於書，所以考其德。得之於言，所以知其心。」「存之
於書」者即存之于六藝也。「考其德」者即由六藝以考其開物成務
之道德總規與政規也。「得之於言」即得之于六藝之文也。「知其
心」即由六藝之文以知上世帝王「經緯天地」之心志也。彼以爲孔
子只是「蒐補遺文墜典」，「唐虞三代之道賴以有傳」。孔子之得
以與堯、舜、禹、湯、文、武、周公劃爲一系而爲「一道」，只是
一檔案家之附驥尾。其如此看孔子，固不知孔子之眞生命究爲何在
也。孔子一無所有矣，則曾子、子思、孟子之所言固不類上世之所
傳，亦全無所本矣。因上世帝王實並未言及此也，故只是「子思、
孟子之新說奇論」也。其對于上世帝王開物成務，原始綜和構造之
本統固稍有了解，能進窺及此，已甚不易，能欣賞此道之本統亦甚
美。然其對于孔子傳統之忽視與無知如此其甚，則不可恕也。蓋如
此，實不必推崇孔子，只推崇堯、舜、禹、湯、文、武而已矣。如
此豈不較明朗而更率直？何必口是心非，徒爲此口頭之虛稱？凡言
經制事功者，其稍帶孔子皆只是敷衍門面，不敢或不便公開輕薄之
而已耳。其心目中對于孔子實皆輕忽而一無所知也。此皆**功業之念**

急切于心，故思**英雄豪傑智士武夫乃至帝王**出而**撥亂反正重開太平也**。每當衰亂之世，此念便起。此其用心，固無可非。孔子亦不抹殺管仲之功業，而亟稱「如其仁，如其仁。」惜乎自己既非**英雄，亦非豪傑**，更非**帝王**，亦仍不過一**書蟲之知識分子**耳。乃轉其急切之思而爲**怨天尤人**。帝王**不可得**，乃畔援歆羨，轉而**言經制事功**，言**皇、帝、王、霸之略**，言**博文有用之學**。夫言之可也，無人薄而非之。而怨天尤人則不可，輕忽孔子之傳統尤不可。即暫時撤開孔子傳統而不言，眞切**正視歷史盛衰大運之所由，政治治亂大關之所在**，亦極是有用者，而乃**徒陷于直接之實用主義、博聞雜識之經驗主義、原始之體力主義**，美其名曰**朴、曰實、曰經制事功、曰三王之道**，而終于**一無所有、一無事功**，並未知歷史盛衰大運之所由，政治治亂大關之所在，亦未研究出一個經制事功之方向與夫合理政治之原則，只落得以**詞章考據終其身**，經制事功只成爲攻擊內聖之**學之藉口**，何其**大背于初衷耶**？此中之故，言經制事功者不可不自反而深長思之也。自南宋永嘉、永康言經制事功、皇帝王霸之學以後，明末顧亭林與顏、李，其**思路語脈與規模無一能出葉水心之外者**，皆不能知孔子傳統內聖之學之意義，亦皆是怨天尤人反對談性命天道者。惟顧亭林最篤實典雅，只反陸、王，不反程、朱；雖不反程、朱，但亦不講程、朱之學。顏、李則並程、朱而反之。然而實皆不及葉水心之**勇敢與一貫**，並**曾子、子思、孟子、《易傳》而一起皆反之也**。孔子成了孤家寡人，只成堯、舜、禹、湯、文、武之**檔案家**，則實並**孔子而亦抹之也**。若能稍知孔子之仁教，何至如此狂悖哉？是以孔子者對于道之本統之再建者也，曾子、子思、孟子、《易傳》乃本孔子之仁敎而展開者，此爲孔子之傳統。程、

朱、陸、王者則又繼承此傳統而前進者也。故真傳孔子之道者，曾子、子思、孟子、《易傳》以及程、朱、陸、王也，決不在葉水心也。此一傳統在以往雖較偏重內聖一面，然此一面卻是仁教之本質的一面，不可忽而抹之也。外王一面雖不彰顯，然此一面之解答決非只膠著于經制事功、皇帝王霸之略、原始之綜和構造者所能勝任也。此還須求之于講內聖之學者。此須大開大合以觀之。凡此吾已言之于《政道與治道》。然則經制事功並非不可言，綜和構造並非不可期，然決非怨天尤人抹殺內聖之學者所能辦。吾非反其言經制事功，乃反其反孔子傳統也。自己于孔子之仁教無所知，而反以「淺心狹志自為窺測」責曾子，豈不謬哉？豈不狂悖矣哉？

第八節　孟子之開德與言治

孟子巫稱堯、舜、禹、湯、伊尹、文王、周公，所願則孔子，聖賢統紀則得之矣。養氣知言，外明內實。文獻禮樂，各審所從矣。夫謂之傳者豈必曰授之親而受之的哉？世以孟子傳孔子，殆或庶幾。然開德廣，語治驟，處己過。涉世疏。學者趨新逐奇，忽亡本統，使道不完而有迹。

案：孟子言性言命言仁言天，皆古人所未及，故曰：開德廣。齊滕大小異，而言行王道，皆若建瓴，故曰：語治驟。自謂庶人不見諸侯，然以彭更言考之，後車從者之盛，故曰：處己過。孔子亦與梁邱據語，孟子不與王驩言，故曰：涉世疏。學者不足以知其統，而襲其迹，則以道為新說奇論矣。

案：此對于孟子既有稱許，亦有批評。但其稱許與批評俱不相干。
曾子、子思、孟子俱本孔子之仁教而發展。孟子亟稱堯、舜、禹、
湯、伊尹、文王、周公是稱其道德總規，亦即政規。（參看上章第
三節）。此種「聖賢統紀」，曾子、子思未必不知也，亦未必不承
認也，豈只孟子始「得之」哉？而「所願則孔子」，正示其本孔子
之仁教而展開也。孔子立仁教，是對于道之本統之再建。「孟子傳
孔子」是以仁教為中心而傳之也，非籠統不分，視孔子為堯、舜、
禹、湯、文、武之檔案家而傳之也。「養氣知言，外明內實」，此
是仁智雙彰。就養氣言，亦是本仁義內在之性善而來者，非是葉水
心之膠著于名物度數，個人他人與度數關聯于一起之「內外交相
明」（一貫）也。「文獻禮樂，各審所從」，此句說孔子可，說孟
子則為不相干。正因對于孟子之真生命無所解，故浮泛其辭，亂說
一通耳。是其稱許無是處也。彼謂「孟子言性言命言仁言天，皆古
人所未及，故曰開德廣。」此是無知乎？是閉眼瞎說乎？焉得如此
隨意妄言！帝、天、天命、天道不是上世本統中之主要概念乎？
命、仁、天不是孔子「踐仁以知天」中之重要概念乎？惟「性」之
問題是孟子時特顯之問題，而孟子亦積極地創闢地盛言此問題，遂
奠定儒家中內聖之學之基礎。其不順「生之謂性」（自生言性）之
老傳統言性，而創闢地自仁義內在以言超越的義理當然之性、內在
道德性之性，或道德的創造性之性，正是本上世道德總規（政規）
中道德意義之概念，如聰明、勇智、敬德之類，以及超越意義之概
念，如帝、天、天命，天道之類，通過孔子之仁教而如此言之者。
是其言性是以上世道德總規為背景，以孔子之仁為關鍵，此點雖
「古人所未及」，然正是本古人（上世及孔子）所應有之發展。此

應有之發展是通過孔子對于道之本統之再建後，所必然應有之義理發展，由此發展可以見出孔孟眞生命之所在。若由仁教之氣象與境界言，孟子此步開擴之發展，其「開德」並不能更廣大于孔子，亦不能超越孔子「踐仁以知天」之範圍，不過由「踐仁以知天」轉進而爲「踐仁盡性以知天」而已。此是一種義理充實之發展，使仁教中直接所函之內聖之學，即每個人精進其德性生命之學，更有系統，更有其自覺的「可能之**基礎**」。孔子不言不爲狹，而孟子言之不爲廣。孔子不能一時俱言也。至于「言命言仁言天」皆古人所已及，何言「皆古人所未及」耶？在此系中，上世只言命言天，至孔子益之以仁，至孟子再進之以性，皆有所承本，亦皆有所開展。若云孟子「開德廣」，則孔子已「開德廣」矣。「廣」豈不甚佳矣哉？豈必永封于「祈天永命」之他律境界中，始爲盡美盡善耶？「開德廣」豈是空說大話，空爲冥惑之論耶？葉水心之爲此言以示其不滿之意，實足以見其對于孔子之仁以及孟子之眞生命全無所知（無眞實感）而已矣，故遂視爲「新說奇論」也。此其愚妄爲何如！

抑孟子不只進之以「性」，而且即心以言性，又盛言「心」，心之地位自孟子始正式挺立起。蓋若眞正視人之內在道德性之眞實呈現因而得以有自覺的純淨的道德行爲之可能，不能不正視到心。性不只是一個抽象的空概念，其具體的表現而可以爲吾人之道德實踐之所以可能之先天的超越根據者即在「心」。心是具體化原則，亦是實現原則。它是吾人生命得以物物而不物于物之眞正的主宰，它指導並決定吾人行爲之方向，它是吾人之眞正的主體。吾人即由心之「悅理義」而同時亦即是理義以見吾人之性，即精進德性生

命、發展德性人格之所以可能之先天的超越根據，故此性是具體
的、眞實的道德性之性，亦即「道德的創造性」之性，孟子亦稱之
曰「本心」。葉水心對于孟子之如此重視心，當然更不能滿意，更
須視爲「新說奇論」矣，蓋古之人誠未有如此言之者也。

　　《習學記言》中於前引批評曾子「動容貌，正顏色，出辭氣」
一段後有一案語云：

　　　案：〈洪範〉耳目之官不思，而爲聰明，自外入以成其內
　　　也。思曰睿，自內出以成其外也。故聰入作哲，明入作謀，
　　　睿出作聖，貌、言亦自內出而成於外。古人未有不內外交相
　　　成而至於聖賢，故堯舜皆備諸德，而以聰明爲首。〔……〕
　　　夫古人之耳目安得不官而蔽於物？而思有是非邪正，心有人
　　　危道微，後人安能常官而得之？舍四從一，是謂不知天之所
　　　與，而非天之與此而禁彼也。蓋以心爲官，出孔子之後。以
　　　性爲善，自孟子始。然後學者盡廢古人之條目，而專以心爲
　　　宗主，致虛意多，實力少，測知廣，凝聚狹，而堯、舜以來
　　　內外相成之道廢矣。

案：此即批評孟子「耳目之官不思而蔽於物」，「心之官則思」一
段文之義也。（見《孟子・告子》篇）葉適只是五官與心官平列而
實然地平視其交互之作用。耳目得其爲耳目之官而盡其視聽，心得
其爲心之官而盡其思。盡其視聽而爲聰明，盡其思而爲睿。盡其視
之明而爲哲（「明作哲」），盡其聽之聰而爲謀（「聰作謀」），
盡其思之睿而爲聖（「睿作聖」）。此是順〈洪範〉就事論事而只

說其事實之當然，此是原始的自然主義之講法。耳固有其聽之聰，目固有其視之明，此官之自然者也。然此自然之聽能必其「入而作謀」乎？（葉氏謂「聽入作哲」，依〈洪範〉當爲「聽入作謀」。）此自然之明能必其「入而作哲」乎？（葉氏謂「明入作謀」，依〈洪範〉當爲「明入作哲」。）此非**分析命題也**。若非**心之清明**，聽入**不必能作謀**，明入**不必能作哲**。然則聽之自外入，以成其內之謀，明之自外入以成其內之哲，固須賴**心之清明**爲**其條件**始能**成其爲謀爲哲也**。「古人之耳目安得不官而蔽於物？」此固也，然此「古人」是何種之「古人」耶？必是能「不蔽於物」之古人也。某人能不蔽于物，不保人皆能不蔽于物也；有不蔽于物之時，不保其能常不蔽于物也。「耳目之得以爲官而不蔽於物」亦非**分析命題**也。葉水心徒作實然之平說，有何益哉？耳目固有其自然之聰明，然亦有其天然之封限。圍于其封限，其本身不必能入而作謀作哲也。作謀作哲是心之**超曠與綜和**，而不爲**耳目所限者也**。不必說作謀作哲，即其本身之聰明，如能**正當地成其爲聽，成其爲明**，而不誤用濫用其聰明，亦非易事。此孔子所以言「非禮勿視，非禮勿聽」也。〈洪範〉亦言「**敬用五事**」。放肆怠傲，不**敬用其視聽**，邪視邪聽以誤用其聰明者多矣。視聽之禮不禮、敬不敬不在**視聽本身之中也**。視聽之「敬用」以期合禮中度，不濫用其聰明，以正當地成其爲聽成其爲明，即孟子所謂「**踐形。**」孟子曰：「**形色天性也。惟聖人爲能踐形。**」此即葉水心所謂「古人之耳目安得不官而蔽於物」疑問語句中之「古人」也。雖不必如孟子所言「唯聖人爲能踐形」，然至少「**踐形**」**並非易事**，此須有一**超越者作根據始可能也**。然則聰明正當地成其爲聰明，乃至順此正當的聰明之

入而作謀作哲，皆非囿于耳目之官本身所能濟。孟子即因此而開出**大體**與**小體**。對超越之心言，視耳目之官爲小體有何不可乎？小之所以爲小，以其有封限也，以其自身並不能即作主而成其爲正當之聰明，乃至入而作謀作哲也。其本身乃爲自然無色者，吾人之道德生命能由之而建立乎？若無主之者，其與物接而爲物所牽引者多矣。其視聽之悖禮亂度而誤用濫用其聰明者亦多矣。此一顯明之道德眞理本是無人能有異議者，本不須置辯。而葉水心于此橫起小慧，正見其滿腦子是經制事功而不知所以成此事功者之道德意識爲何物也。自覺地作道德實踐者始見出此大體小體之分別，知小體之不足恃，而必有其大者以主之。當然天資高者自能「內外交相成」，而似不必眞自覺到此分別，以自覺地作工夫，此所謂天才也，亦是原始的自然生命之健旺有以致之；然天才可遇而不可求，自然生命有健旺之時，亦有其衰退之時。當其健旺也，可無往而不順適而偶合於道；及其衰退，則昏庸頹肆，不能自持，能保其內外「必」相成乎？是則未可便以原始之自然生命爲足恃也。若純以天才與自然生命爲足恃，而不知有自覺地作克己愼獨工夫之一義，則旣不能有自覺地作道德實踐之可能，亦必落於**命定主義之斷滅**，是則**事功者眞成望洋興嘆之事耳**，亦只成**天才家之縱橫揮洒之事與夫原始的自然生命之偶然之事**，此可以**爲常法乎**？自孔子起，立仁敎以開闢生命價值之源，示人以精進其德性生命之常度，不使人停于自然主義、天才主義、命定主義之自然狀態中，此所以爲對于**道之本統之再建**，而爲**人類開眼目者**也，曾子、子思、孟子繼之，爲此「常度」展開其可遵循之定規，使人可自覺地作工夫以精進其德性生命之發展，使「內外交相成」眞有其**可能之基礎**，而**不只是一偶**

然，此有何廢于「古人之條目」，又有何背于孔子之仁敎乎？只因葉水心不知德性生命爲何物，停于自然主義、天才主義、命定主義而不進，妄以「古人之耳目安得不官而蔽於物」疑難孟子大體小體之分，此眞所謂「不知類」者也。（不知義理之分際與相成）。

以上是就耳目之官言，茲再就心之官言。「思有是非邪正，心有人危道微」，此自不錯，孟子亦不謂「後人能常官而得之」。不但後人不能，即古人亦不必能。正因不必能常官而得之，故〈洪範〉之「思曰睿」，亦須「敬用」其「思」，始能睿，「睿作聖」也；正因心有人心之危，道心之微，故須「惟精惟一」之工夫以貞定其道心。道心即孟子所謂「本心」也。孟子言「心之官則思，思則得之，不思則不得也」，此所謂「思」正是本心所發之超越而總持之妙用，能提住耳目、主宰耳目，而不爲耳目所圍所拖累者也。並非是無色之可邪可正可是可非之罔思也。思而不正，焉能成其爲大體？正是隨軀殼起念，而以耳目之官爲主，從而成其不正之聰明耳。此是一起皆小，而「內外交相成」亦不可得而言矣。「其內外交相成」是成小人，而非「至於聖賢」也。然則徒心與耳目平列而只實然地平視其「內外交相成」，而不知「敬用」之工夫、「精一」之工夫、大體小體之分、主從本末之分，未必能「至於聖賢」也。而孟子本「敬用」、「精一」之工夫，推進一步而言大體小體之分、主從本末之分，此於「至於聖賢」之「內外交相成」有何妨礙？不但無妨礙，且正是分解出「至於聖賢」之「內外交相成」之所以可能之基礎亦即實現之**基礎**。葉水心看不到「敬用」字，看不到「精一」字，看不到堯之「**欽明文思安安、允恭克讓**，〔⋯⋯〕**克明俊德**」，看不到舜之「**濬哲文明，溫恭允讓**」，看不到夏禹之

「后克艱厥后，臣克艱厥臣」，看不到「穆穆文王，於緝熙敬止」，看不到〈康誥〉之「文王克明德慎罰」以及〈召誥〉之「敬德」以「祈天永命」，只著眼于思之睿與視聽之聰明之「內外交相成」之實然之成果，而不知其使之所以然之戒慎敬德之工夫，反妄謂「堯舜皆備諸德，而以聰明為首。」夫堯之「欽明文思」，舜之「濬哲文明」，豈是指耳目之自然聰明而言耶？孟子本「敬用」、「精一」之工夫進而言大體小體之分，正是相應上世諸賢聖之戒慎敬德而展開。以此觀之，究誰更切合于「古人之條目」，究誰更合于道之本統、古人之體統，不亦甚顯明乎？而反妄謂孟子「捨四從一，是謂不知天之所與！」夫大體小體之分非捨耳目等五官（非四官）而廢之也，亦非專「與此而禁彼也」。孟子明言「此天之所與我者」。孟子非不知耳目與心皆天之所與，天亦自不專「與此而禁彼」。然雖皆天之所與，豈無大小主從之別乎？言大小主從，豈即專與心而禁耳目乎？雖不禁耳目，然不可不有主于耳目。否則，何必言戒慎敬德乎？自此而言，「專以心為宗主」有何不可乎？汝能本末顛倒以耳目為宗主乎？設曰當皆為宗主，不可「專以心為宗主」。曰：皆為宗主，即是無宗主。皆有其用可也，皆為宗主不可也。此是就大小本末主從而言宗主問題，非是泛言皆有其用也。「專」字是就宗主言，不就皆有其用言也。專一其宗主，非即廢耳目而不用也。何來「虛意多、實力少、測知廣、凝聚狹」之病乎？後之不能如上世綜和構造之「實力」與「凝聚」，乃是政治問題之不能決，豈是因分主從本末，以心為宗主而然耶？本上世戒慎敬德之規模而分辨出大小本末主從之關係，使自覺地作道德實踐為可能，開出理想價值之源，使開物成務，重現綜和構造為可能，此正

是重新恢復**創造之生命**以期有新的「**實力**」與繼起之「**凝聚**」，此豈是**蹈虛之空論**，冥惑之「**測知**」耶？徒因葉氏兩眼只看現成，而不正視道德實踐所以可能之本源，故以冥惑測知視之耳。是亦自己冥惑而已矣。

《習學記言》復有一條云：

> 耳目者，視聽之官也。心而無與乎視聽之事，則官得守其分。夫心有欲者，物過而目不見，聲至而耳不聞也。故曰：上離其道，下失其事。心術者無爲而制竅者也。〔案：此正是心爲主之意〕。案：孟子稱耳目之官心之官，予論之已詳。然則執心既甚，形質塊然，視聽廢而不行。蓋辯士之言心也，其爲心之害大矣。〈洪範〉「思曰睿，睿作聖。」各守身之一職，與視聽同謂之聖者，以其經緯乎道德仁義之理，流通於事物變化之用，融暢淪浹，卷舒不窮而已。惡有守獨失類，超忽惝悅，狂通妄解，自矜鬼神也哉？

案：此條所言：「案」字以下意與前同。其稱孟子之言心爲「辯士之言心」，其狂悖爲何如！此足見其憾恨之深，而不知自己之無知也。其憾恨之焦點或在其並時之周、張、程、朱等，然而因此便憾恨曾子、子思與孟子，亦概歸于無知而已矣；即周、張、程、朱等亦無不超過葉適遠甚，其憾恨之反動亦終歸于無知而已矣。夫言學在能降心與平心，如此狂悖反動，何有于事功？此眞是「狂通妄解，守獨失類」，而不知學問事業之艱難之鄙夫！而反以其**蛙見責人**耶？既知「上離其道，下失其事，心術者無爲而制竅」，又何憾

于大體小體之分耶？心之「無欲」而不影響耳目之聰明，使之「得守其分」，汝以爲不須戒愼敬德即可自然而能耶？若如此，則世之「有欲」以使其「目不見，耳不聞」者又何其多耶？「思曰睿，睿作聖。各守身之一職，與視聽同謂之聖者，以其經緯乎道德仁義之理，流通于事物變化之用，融暢淪浹，卷舒不窮而已。」此言固已甚美矣，此正是聖人之境界，汝以爲人人皆可自然而能耶？自孔子立仁敎後，經過曾子、子思、孟子、《中庸》、《易傳》下及周、張、程、朱等正思講明此事，自覺地作工夫，以期達乎此境耳。汝**不降心用功**，**自求聞達**，而妄肆**反動之鄙心**，**詆詆先賢**，多見其**不知量而已矣**。

《習學記言》又有一條云：

> 古之聖賢無獨指心者。舜言人心道心，不止於治心。孟子始有盡心、知性、〔貴〕心官、賤耳目之說。蓋辯士索隱之流多論心，而孟、荀爲甚。

此與上爲同一低劣，誠可恥之尤！

又有一條云：

> 孔子講道無內外，學則內外交相明。〔……〕近世又偏墮太甚，謂獨自內出，不由外入。往往以爲一念之功，聖人可招而致。不知此心之稂莠，未可遽以嘉禾自名也。

然則汝知心之稂莠乎？更不知也！

順其反動之鄙心，不但曾子、子思、孟子不在其眼下，即孔子亦不在其眼下。《習學記言》有一條云：

> 志學至從心所欲爲限節者，非所以爲進德之序，疑非孔子之言。由後世言之，祖習訓故、淺陋相承者，學而不思之類也。穿穴性命、空虛目喜者，思而不學之類也。士不越此二途。

孔子明言「五十有五而志於學，〔……〕七十而從心所欲不踰矩」，而葉水心亦竟疑之。此其狂悖無知太甚！

又有一條云：

> 禮非玉帛所云，而終不可以離玉帛。樂非鐘鼓所云，而終不可以舍鐘鼓。〈仲尼燕居〉乃以几筵升降酌廚酬酢不必謂之禮，而以言而履之爲禮。以綴兆羽籥鐘鼓不必謂之樂，而偶行而樂之爲樂。是則離玉帛舍鐘鼓，而寄之以禮樂之虛名，天下無禮樂矣。

此並對孔子亦不滿。蓋必天下人皆依仿葉適所說，始可謂之道。若有一字不同于彼，皆非知道者。其反動無知已近于**白癡癲癇之狀態**。言學至此，誠可悲也！

又有一條云：

> 不遷怒，不貳過，以是爲顏子之所獨能，而凡孔氏之門皆輕

悃愊復之流與？是孔子誣天下以無人也。蓋置身於喜怒是非
之外者，始可以言好學。而一世之人常區區乎求免於喜怒是
非之內而不獲，如榾泥而揚其波也。嗚呼！必若是，則惟顏
子耳。

因孔子所言之「好學」不同于彼，故亦罵之！天下寧有此蠻橫不講
理之人乎！何其根性如此之惡劣耶？

由以上觀之，其責孟子為「開德廣」者，實不是廣不廣之問
題，乃實是根本不應談仁、命、性、天乃至于心也。總之是不應談
內聖之學。吾人只應停于原始不自覺之狀態中。其所謂聖賢只是上
世自然之直接行動之人。其所謂道只是此自然之直接行動之所表現
者。以上乃關于「開德廣」者。

至于「齊滕大小異，而言行王道，皆若建瓴，故曰語治驟。」
茲察孟子之言，豈其「驟」乎？亦閉眼瞎說而已。「滕文公問曰：
『滕小國也，間於齊楚，事齊乎？』孟子對曰：『是謀，非吾所能
及也。無已，則有一焉。鑿斯池也，築斯城之，與民守之，效死而
民弗去。則是可為也。』滕文公問曰：『齊人將築薛，吾甚恐，如
之何則可？』孟子對曰：『昔者大王居邠，狄人侵之，去之岐山之
下居焉。非擇而取之，不得已也。苟為善，後世子孫王者矣。君子
創業垂統為可繼也。若夫成功，則天也。君如彼何哉？強為善而已
矣。』滕文公問曰：『滕小國也，竭力以事大國，則不得免焉。如
之何則可？』孟子對曰：『昔者大王居邠，狄人侵之。事之以皮
幣，不得免焉。事之以犬馬，不得免焉。事之以珠玉，不得免焉。
乃屬其耆老而告之曰：狄人之所欲者，吾土地也。吾聞之也，君子

以其所以養人者害人。二三子何患乎無君？吾將去之。去邠，踰梁山，邑於岐山之下居焉。邠人曰：仁人也，不可失也。從之者如歸市。或曰：世守也，非身之所能爲也。效死勿去！君請擇於斯二者。』」（〈梁惠王〉篇）。試看此三問三答有一非眞實語乎？小國亦有小國自處之道。不知所以自處之道，不實行其所以自立者，而唯畔援歆羨，日視他人顏色以行事，一方怨天尤人，一方投機取巧，自己腳跟先站不穩，未有能屹立于斯世者也。孟子答滕文公一則曰「效死而民弗去」，一則曰「強爲善而已矣」。以大王居邠爲例以告人，正是告以自處自立之道，此是經制事功之切實者，捨此寧有巧便之法乎？巧便者責之爲迂闊可也，而責之爲「語治驟」，則隨便亂說而已矣。試問其不驟者又**如何**？孟子明言「若夫成功，則天也」此豈有一毫「驟」之意哉？至于滕文公爲世子時，自「孟子道性善，言必稱堯、舜」起，與之言「三年喪」，言「民事」，言「取於民有制」，言「庠序學校」，言「仁政必自經界始」，言「助法」，言「井田」，皆經國之大者，亦經制事功之切者，皆所以自處自立之正道大道，故曰「子力行之，亦以新子之國」。雖小國亦有自處自立之道，「行王道」豈在國之大小乎？如此而言治，尚謂之爲驟，試問其不驟者又**如何**？葉水心之經制事功能外此而復有不驟之法乎？

　　至于齊大國也。孟子曰：「以齊王，由〔猶〕反手也」。公孫丑曰：「若是，則弟子之惑滋甚。且以文王之德，百年而後崩，猶未洽於天下。武王、周公繼之，然後大行。今言王若易然，則文王不足法與？」曰：「文王何可當也？由湯至於武丁，賢聖之君六七作，天下歸殷久矣。久則難變也。武丁朝諸侯，有天下，猶運之掌

也。紂之去武丁未久也。其故家遺俗，流風善政，猶有存者。又有微子、微仲、王子、比干、箕子、膠鬲，皆賢人也。相與輔相之，故久而後失之也。尺地莫非其有也。一民莫非其臣也。然而文王猶方百里起，是以難也。齊人有言曰：雖有智慧，不如乘勢，雖有鎡基，不如待時。今時則易然也。夏后、殷、周之盛，地未有過千里者也，而齊有其地矣，雞鳴狗吠相聞，而達乎四境，而齊有其民矣。地不改辟矣，民不改聚矣，行仁政而王，莫之能禦也。且王者之不作，未有疏於此時者也。民之憔悴於虐政，未有甚於此時者也。飢者易為食，渴者易為飲。孔子曰：德之流行，速於置郵而傳命。當今之時，萬乘之國行仁政，民之悅之，猶解倒懸也。故事半古之人，功必倍之，惟此時為然。」（〈公孫丑〉篇）

由此觀之，以齊之大，發政施仁，行王道，豈不甚易乎？若以此為驟，則試問不驟者將如何？至其于〈梁惠王〉篇，答齊宣王之問而言王道，層層辨詰剖白，務在啓沃其心志，使之明于為君之分、為政之道，儒者對于政治之最高原則得以明，亦不悖于三代之政規。只是齊宣王「惽，不能進於是」。只聞以迂闊譏之者，未聞以「語治驟」責之者。葉水心之言可謂全不相應矣。孟子曰：「三代之得天下也以仁，其失天下也以不仁。因之所以廢興存亡者亦然。」又曰：「孔子曰：仁，不可為衆也。夫國君好仁，天下無敵。」又曰：「桀紂之失天下也，失其民也。失其民者，失其心也。得天下有道，得其民，斯得天下矣。得其民有道，得其心，斯得民矣。得其心有道，所欲與之聚之，所惡勿施爾也。民之歸仁也，猶水之就下、獸之走壙也。」（皆見〈離婁〉篇）。此是儒者言政之最高原則，亦是直本孔子之仁教而言之者；堯舜三代之政規

無論爲禪爲繼，皆不能背乎此。即今之言政治亦不能背乎此。背乎
此者，則爲霸道，爲肆于民上之劫持之道、苟偷之道、極權專制之
道。如此言治，而葉水心竟以「驟」責之，然則其所謂經制事功者
究何在耶？

孟子言道，其言內聖者不待言，即其「語治」者，亦皆**生機暢
達，語意豁順，有本有源，有始有終**，從無**阿世苟合之意**，所謂提
得起放得下者是也。無論其言滕言齊，以及答梁惠王、答齊宣王，
乃至〈萬章〉篇之言「唐、虞禪，夏后、殷、周繼」，皆鑿然有以
見儒者言政之**原則**，既不背於孔子，亦不背於堯、舜三代之政規，
葉水心所謂「本統」者。其言道之振拔完具有如此，彼其充實不可
以已，誠**命世之大才、弘揚聖道之龍象也**。而葉水心**器小不堪大
就**，竟謂其「開德廣，語治驟。處己過，涉世疏」（此後兩點甚無
謂，吾故不論），使「學者趨新逐奇，忽亡本統，使道不完而有
迹」，又曰：「學者不足以知其統，而襲其迹，則以道爲新說奇論
矣。」此所謂「學者」即指周、張、二程言，朱子猶不在其眼下。
實則周、張、程、朱之深造自得於上世之本統以及孔、孟之弘規皆
超過葉水心遠甚。縱使彼等偏重內聖，多發明「踐仁盡性知天」之
義，亦不得謂之「趨新逐奇」，更不得視孟子之內聖之學爲「新說
奇論」。即彼等言政，雖著墨不多，然無一有背於孔、孟之禮樂與
仁政，亦無一不肯定堯、舜三代之政規，何得謂其「忽亡本統，使
道不完而有迹」？若葉水心者始眞爲「不知其統」，不知道之所以
爲道，而徒落於第二義第三義以下之「迹」而言之也。

中國自秦、漢以來直至今日，形成其歷史文化之嚴重癥結者唯
在政治一關之**不透**。秦之法家、南宋之衰微、明末之亡於滿清，皆

足以刺激人心而接觸此**問題**。而南宋之衰微與明之亡尤是此問題特顯之時。陳同甫、葉水心以及顧亭林、黃梨洲、王船山皆於此有實感而慨乎言之。惟此五人亦有別。能本諸第一義而言之者，黃梨洲、王船山也。至於陳同甫、葉水心、顧亭林則只落在第二義乃至第三義而言之。其關鍵即在此三人皆反對談性命天道，皆不知內聖之學之重要，皆不能貫通「堯、舜、三代之政規與孔子對於道之本統之再建以及孟子承孔子之仁教而弘揚」之線索而開擴其心志，弘大其器識，以綜觀此問題之最後癥結之何所在。心思既有所隔絕而不通透，遂不期而下委。雖似較切實，而寞落於第二義第三義而不自知。言經制事功而不知經制事功之關鍵，故其言經制事功只落於直接之實用主義、散文之事務主義、直覺之英雄主義（天才主義），旁及顏、李乃成為原始之體力主義。此皆不足以觸及政治問題之癥結以及其要求經制事功之**本旨**。蓋彼等之要求經制事功初只是對家國天下而發，而此實只是政治**問題**，故其所言之經制事功實與政治問題之解決有必然之連結，乃是政治問題之**投映**。而若不能貫通史運文運，以及堯、舜、三代之政規與孔、孟對於道之本統之再建而觀之，即不能得此問題癥結之所在。此本是一綜和意識之事，本是開物成務重造國體政體之事。經制事功乃是本重造之合理正常之國體政體而來之各方面之綜和構造，各方面之既獨立而又相關之自本自根之生長與繁榮，此乃是結果，而不是**動源**。人能各安其業，自能各成其事，不待他人之日事號招也。而言經制事功實用之學者，其恰當之意義，實自高一層次上就其能開此事功者而言之，故以經制言事功，此不誤也。然以經制言事功實是開物成務重造合理正常之國體政體之事。堯、舜、三代之開物成務皆是有德有

生命、自身挺立、合聚群力以創造之者。吾人不能只觀其業績，數他人家珍，即算是言經制事功，即算是了解道之本統。吾人須是以生命頂上去，一如堯、舜、三代之作主而作主地以觀之，內在於生命之流而存在地以觀之，以期「創造生命」之承續，重新開物成務，重開文運與史運，重見綜和構造之來臨，如是，方是真言經制事功者，方能真了解道之本統之何所是。如是，即不能不提起來以觀堯、舜、三代之政規（道德總規）以及孔子對於道之本統之再建與孟子之承孔子再建而展開之理想之弘大。此是重造之源、開物成務之本。孔、孟之言治固不能算是盡其極，然後之來者欲想以至仁大義客觀地「立千年之人極」（船山語）以解決中國政治問題之癥結以開經制事功之大用，要不能不本孔、孟言治之原則以前進。自此言經制事功者是一義之言，黃梨洲、王船山庶幾近之。自今日觀之，黃、王猶不足，故仍須再本之以前進，要須推至盡頭，必解決此問題而後止。凡此吾已詳論之於《政道與治道》。決不能隔絕內聖之學，堵塞生命之機、創造之源，不知道之所以為道，不知「由道之本統至本統之再建」乃一大開合之發展，而只落於第二義第三義之迹，只是平面地、現象地、知識地言經制事功，以為如此可解決政治問題與事功問題者。若如此，則正是南轅而北轍，適得其反。此是永嘉、永康、亭林、顏、李言學之蔽固處，而蔽固之甚而徹底者為葉水心。彼標舉「道之本統」以為講學之宗旨，似彌近理，而有統貫，然而忽視孔子對於道之本統之再建，輕薄曾子、子思、孟子、《中庸》、《易傳》之承孔子仁教而展開之內聖之學為「新說奇論」，則又大亂真而過亦大。吾故詳抉其謬以明經制事功之不可如彼言。

《習學記言》有一條云：

> 孔子未嘗以辭明道。內之所安則爲仁，外之所明則爲學。學
> 即六經也。至於內外不得異稱者，於道其庶幾矣。子思之
> 流，始以辭明道。辭之所之，道亦之焉。非其辭也，則道不
> 可以明。《中庸》未必專子思作，其徒所共言也。孟子不止
> 於辭，而辯勝矣。苟卿本起稷下，所言皆欲挫辯士之鋒。怒
> 目裂眥，極口切齒。先王大道，至此散薄，無復淳完。或者
> 反謂其才高力強，易於有行。學者苟知辭辯之未足以盡道，
> 而能推見孔氏之學，以上接賢聖之統，散可復完，薄可復淳
> 矣。不然，斷港絕潢，爭於波靡，於道何有哉？

案：此種論調看似甚美，亦倒是徹底而乾脆，然出之於葉適之口，
則完全不相應。若出之於「崇尙黃、老，返眞歸樸」之道家，則有
意義；出之於「言語道斷，心行路絕」，直證「不二法門」之佛
家，亦有意義；出之於《易傳》所謂「默而成之，不言而信，存乎
德行」，則更有意義。惟葉適之如此言，則無意義。道家反人爲、
反虛文、反辭辯，直指太古之渾樸，是原則上象徵一種修養之境
界，並非是對於歷史事實之肯斷。佛家「言語道斷，心行路絕」明
是由辭辯而至超辭辯，此亦是修行之境界。《中庸》言「博學之，
審問之，愼思之，明辨之，篤行之」，最後歸於「篤行」，亦「默
而成之，不言而信，存乎德行」之意。辭辯固不足以盡道，夫誰不
知之？然並不因此而廢博學、審問、愼思、明辨之經歷。葉水心自
非道家之境界，尤非佛家之境界。自居於言聖人之道而反辭辯，其

意實只欲停於堯、舜、三代之原始綜和構造而不准前進耳。此非
「博學、審問、愼思、明辨」而最後歸於「篤行」之義，而是對於
一階段歷史事實之肯斷，將其不能原則化而原則化之以排除其他
也。此尚非王船山所謂「立理限事」，而是立事限事。其為荒謬不
通，斷可知矣。抑即堯、舜、三代亦非無辭辯也。假定堯、舜時尚
無文字，豈無口辯乎？假定言語簡單，豈無簡單之口辯乎？抑不只
口辯而已矣，口辯不能決，則繼之以武力。武力定而篤行至，遂有
開物成務之事業。三代不更有辭辯與征伐之事乎？〈湯誓〉、〈湯
誥〉、〈伊訓〉、〈泰誓〉、〈牧誓〉、〈大誥〉、〈康誥〉、
〈酒誥〉、〈召誥〉、〈洛誥〉等等，不皆辭辯乎？若非此等辭
辯，安知其行動與觀念之方向？所謂道之本統者又烏得而知之？豈
是王者之辭辯與征伐便是道，孔子傳統之辭辯與德性領域之開闢便
不是道乎？此得勿太勢利乎？抑孔子亦非不「以辭明道」也。孔子
豈無是非乎？《論語》中記弟子問禮、問仁、問智、問學、問政，
孔子不皆有裁成之之答辭乎？雖其答辭簡而約、文而婉、質而直，
不大聲以色，亦是愼思明辨也。出之以言辭，即是辭辯矣。思而辨
之，辭而辯之，所以明其道之方向，豈眞廢辭辯哉？孔子曰：「予
欲無言。」子貢曰：「子如不言，則小子何述焉？」子曰：「天何
言哉？四時行焉，百物生焉，天何言哉？」（〈陽貨〉第十七）此
是由名言到超名言之境界，亦函名言之不可廢。其辭辯之簡約、文
婉、質直，乃是辭辯之方式與內心之和平，豈眞無辭辯哉？若云不
止於辭辯，而要歸於德行，則可也。若云根本無辭辯，則非是。若
根本反辭辯，則尤非是。「內之所安則為仁」，固不錯，然孔子斥
宰予之「安」為不仁，而示應由「不安」以識仁，由不安再至於安

以為仁，此皆須明辨以通之，而後能眞知仁。若冒然以「內之所安為仁」，則宰予之安何以為非仁乎？安於冥頑亦仁乎？安於私利、暴棄亦仁乎？不愼思明辨何以知仁？「外之所明則為學」，亦不錯，然云「學即六經」，六經不皆辭辯乎？通過六經之辭辯而審問、愼思以明辨之，亦辭辯也。明辨辭辯以定其是非，通其實理，則道因而明。儒者之道固不同於墨子，亦不同於道、法。此非因辭辯而明者乎？道固不止辭辯，亦不盡於辭辯，故「修辭立其誠，所以居業也。」（〈乾·文言〉）存誠以篤行之，「暢於四支，發於事業，美之至也。」（〈坤·文言〉）。若云根本廢辭辯，豈聖人之道乎？然則子思之辭而明之，孟、荀之辭而辯之，有何不可乎？焉有所謂「先王大道，至此散薄，無復淳完」之說乎？若誠有之，亦只是原始的綜和構造在歷史發展中之不復永住。其不復永住亦是勢有必然，理有固然。（此「必然」是歷史的必然，非形式邏輯的必然。「固然」是歷史發展進一步實現之理上的固然，非自然事實之固然。）強其不復永住者而必永住之，以抹殺其他，此乃無比之專橫與頑固，尙何道之可言？孔子傳統之辭明辨解正是孔子對於道之本統之再建後而來之大開合，以期重開文運與史運也。其一時尙未能至客觀的（政治的，外王的）綜和構造者，亦是歷史條件之不備。然辭而明之，以定歷史之方向，亦正是期有重新綜和構造之再來臨。歷史之發展是各方面之事，焉可因辭辯所明之道一時未能實現，即從而反辭辯乎？是以葉水心反子思、孟子之辭，並不在明「由思辨以歸於篤行」之義，其意是欲停於原始之綜和構造而不准前進耳。如此反辭辯而講道之「淳完」乃無意義者。蓋原始之綜和構造中亦有辭辯也。嚮往原始綜和構造而欲去其辭辯，是乃自相矛

盾者。汝欲去辭辯以「上接賢聖之統」，竟是上接一木乃伊以供人觀賞耶？此本是能篤行與否之問題，能實現與否之問題，而乃講成有無「辭辯以明道」之問題，此真「斷潢絕港」之死見，反動心理無意義之謬辯，徒見其對於道無真實感與責任感而已矣。

第九節　《易傳》與周、張、二程

自是而往，爭言千載絕學矣。《易》不知何人所作。雖曰伏羲畫卦，文王重之，案周太卜掌三易，經卦皆八，別皆六十四，則畫非伏羲，重非文王也。又周有司以先君所爲書爲占，而文王自言王用享於岐山乎？亦非也。有《易》以來，筮之辭義不勝多矣。

《周易》者，知道者所爲，而有司所用也。孔子爲之著〈彖〉、〈象〉，蓋惜其爲他異說所亂，故約之中正，以明卦爻之旨，黜異說之妄，以示道德之歸。〔案：此亦辭辯以明道也。然則上文言「孔子未嘗以辭明道」者妄也。〕

其餘〈文言〉、上下〈繫〉、〈說卦〉諸篇，所著之人或在孔子前，或在孔子後，或與孔子同時，習《易》者彙爲一書。後世不深考，以爲皆孔子作。故〈彖〉、〈象〉撝鬱未振，而十翼講誦獨多。〔案：此句不通。〈彖〉、〈象〉即在十翼中。又案：〈文言〉、上下〈繫〉、〈說卦〉等縱非孔子所作，其所說之義理亦不悖于孔子之〈彖〉、〈象〉。〈彖傳〉、〈象傳〉乃《易》之義理之綱領，〈文言〉、上下〈繫〉、〈說卦〉等即環繞此綱領而展開。總此十翼，可

名曰孔門《周易》方面之義理。後之言《易》之義理者皆當以此孔門義理爲首出之範本，若云此一套不合筮辭之原義，則自孔子已誤引，另講其原義可也，若云此一套爲「新說奇論」，則孔子之〈彖〉、〈象〉即此說奇論之綱領。總不能謂此非孔門之義理，而一筆抹去之也。〕

魏、晉而後，遂與老、莊平行，號爲孔、老。〔案：使「與老、莊平行」者始于王弼之以道家義注《易經》。若知其不合，則批而抉之，使復其爲孔門之義理可也。周、張、程、朱等即作此工作也。〕

佛學後出，其變爲禪，喜其說者，以爲與孔子不異，亦援十翼以自況，故又號爲儒、釋。本朝承平時，禪說尤熾。豪傑之士有欲修明吾說以勝之者，而周、張、二程出焉。自謂出入於老佛甚久，已而曰吾道固有之矣。故無極太極，動靜男女；太和參兩，形氣聚散，絪縕感通；有直內，無方外，不足以入堯、舜之道：皆本於十翼，以爲此吾所有之道，非彼之道也。及其啓教後學，於子思、孟子之新說奇論，皆特發明之。大抵欲抑浮屠之鋒銳，而示吾所有之道若此。然不悟十翼非孔子作，則道之本統尚晦；不知夷狄之事，本與中國異，而徒以新說奇論闢之，則子思、孟子之失遂彰。〔案：此皆性與人殊、反常心理之論。〕

　案：佛在西南數萬里外，未嘗以其學求勝於中國。其俗無君臣父子，安得以人倫義理責之？特中國好異者，折而後彼，蓋禁令不立而然。聖賢在上，猶反手。惡在校是非角勝負哉？〔案：說此空洞、愚陋、不負責任之大話、廢話

何爲哉！太冥頑無知矣！〕

范育序《正蒙》，謂此書以「六經所未載、聖人所不言」者
與浮屠、老子辯，豈非以病爲藥，而與寇盜設郛郭，助之捍
禦乎？鳴乎！道果止於孟子而遂絕耶？其果至是而復傳耶？
孔子曰：學而時習之。然則不習而已矣。

案：葉氏〈總述講學大旨〉正文至此止。此下有一較長之案注，首
言「與浮屠辯者」不解「浮屠書言識心」，「言見性」，言
「滅」，言「覺」之意，「不知其所謂而強言之」。此則葉氏亦不
必知，可略而不論。次言儒者不該援引《大傳》、子思、孟子之言
與之辯。此則見下文。此處不錄免重複也。此〈講學大旨〉葉氏自
注謂是因范育序《正蒙》而作。蓋欲以闢周、張、二程之與佛、老
角勝負之甚無謂也。並因而責及《易傳》，責及曾子、子思、孟
子，甚而責及孔子。溯而至于堯、舜、三代，遂以爲「道之本統」
只如此，外此皆非「道之本統」，皆當廢除，皆須視爲「新說奇
論」。若誠如此，則道豈但「果止於孟子而遂絕」，抑且止于孔子
而遂絕，抑亦不但止于孔子而遂絕，實則當止於周公之死而遂絕
也。以言經制事功之人而毫無歷史意識，竟成此「斷潢絕港」之
論，不亦大可哀憐乎？茲歸于本段就其所責之《易傳》與周、張、
二程之關係而總言道之本統與孔子對于本統之再建後所開之道術之
發展如下：

　　假定〈彖傳〉、〈象傳〉眞是孔子所傳，（即非孔子作，亦無
關），則乾、坤〈文言〉以及上、下〈繫〉所暢發之義理無一與
〈彖傳〉、〈象傳〉相背者。（〈說卦〉後半部以及〈序卦〉與

〈雜卦〉自無甚意義，其出現當更晚，大抵就漢之象數而撰成，附于〈繫傳〉末，湊成十篇，名爲十翼，此則人皆能知之。漢之象數自別是一套，與孔門義理無關。）吾人可以〈彖〉、〈象〉、〈文言〉與上、下〈繫〉爲代表，總名爲孔門《周易》方面之義理。因其確能代表儒家之精神。此部孔門之義理，中心思想在「窮神知化」。（下〈繫〉云：「窮神知化，德之盛也。」）而「窮神知化」之規範綱領則在〈乾彖〉與〈坤彖〉。而〈乾彖〉與〈坤彖〉之中心思想只在〈乾彖〉「乾道變化，各正性命，保合太和乃利貞」之一語。「知化」者知天地生化之德也。（下〈繫〉云：「天地之大德曰生。」）此總名曰「天道」。「窮神」者窮生化不測之神也。上〈繫〉云：「陰陽不測之謂神。」又云：「知變化之道者，其知神之所爲乎？」又云：「神無方而易無體。」（「生生之謂易」，「陰陽不測之謂神」。）又云：「易無思也，無爲也。寂然不動，感而遂通天下之故。非天下之至神，其孰能與於此？」又云：「夫易，聖人之所以極深而研幾也。唯深也，故能通天下之志。唯幾也，故能成天下之務。唯神也，故不疾而速，不行而至。」又云：「蓍之德圓而神，卦之德方以智，六爻之義易以貢。聖人以此洗心，退藏於密，吉凶與民同患。神以知來，智以藏往。其孰能與於此哉？古之聰明叡智、神武而不殺者夫！是以明於天之道，而察於民之故，是興神物以前民用。聖人以此齋戒以神明其德夫。」又云：「探賾索隱，鉤深致遠，以定天下之吉凶，成天下之亹亹者，莫大乎蓍龜。」下〈繫〉又引「子曰：知幾其神乎？」又引「子曰：乾坤其易之門耶？乾陽物也，坤陰物也。陰陽合德而剛柔有體，以體天地之撰，以通神明之德。」（上〈繫〉亦曰：「乾

坤，其易之緼耶？乾坤成列，而易立乎其中矣。乾坤毀，則無以見易。易不可見，則乾坤或幾乎息矣。」朱子注曰：「『乾坤毀』，謂卦畫不立。『乾坤息』，謂變化不行」）。上〈繫〉又云：「變而通之以盡利，鼓之舞之以盡神。」又云：「易有聖人之道四焉。以言者尚其辭，以動者尚其變，以制器者尚其象，以卜筮者尚其占。是以君子將有為也，將有行也，問焉而以言，其受命也如響。無有遠近幽深，遂知來物。非天下之至精，其孰能與於此？」「至精」即至神也。以上凡言神字，或直指**天道生化之不測言**，或落于**蓍卦卜筮之知幾言**，或自「**聖人以此洗心退藏於密**」，「**以此齋戒以神明其德**」言，要之，類而通之，其義一也。要皆極深研幾，直湊事物之裏，**洞開生化之源者**也。亦皆提醒人之**德性之真生命**而直**證宇宙之真生命者**也。是故生化不測即是神，神直接為化所函，故亦曰「神化」。〈說卦〉云：「神也者妙萬物而為言者也。」神以「妙用」言，不以「逴挺持體」之人格神言。而生化不測即妙用也。是故窮神即是知化，知化即是窮神。而窮不是科學之窮，（不是以器求之），科學之窮究不能至于神。知亦不是質測之知，（不是知識之知），質測之識知不能至于化。此所謂「窮神知化」者即是德性生命之證悟，亦是發之于德性生命之超越的形而上之洞見。其根據完全在「仁」。故上〈繫〉云：「顯諸仁，藏諸用，鼓萬物而不與聖人同憂，盛德大業至矣哉！」此即根據仁所證悟之天道也。天道不是蹈空飄蕩之冥惑之事，而是顯之于仁，由仁以實之。「藏諸用」即是藏之于生化之大用。而生化不測之大用亦不是憑空冥惑之事，而是仁德之實功。仁即生道也。天道之生化過程以元亨利貞四字表之，故〈文言〉曰：「元者善之長也。亨者嘉之會也。

利者義之和也。貞者事之幹也。君子體仁足以長人，嘉會足以合禮，利物足以和義，貞固足以幹事。」故元亨利貞之過程即是仁義禮智之過程。《中庸》以一「誠」字攝之，亦即一誠之歷程也。而周濂溪《通書》即據之以言「元亨誠之通，利貞誠之復」，即以誠字貫元亨利貞也。誠之實德之所貫，即是仁義禮智實德之所貫，綜持言之，亦可曰仁之實德之所貫。天道只是一仁字，亦只是一誠字。是則天道之生化秩序（宇宙秩序）亦即是一道德秩序也。此是發之于德性生命之必然的證悟，定然而不可移，確然而不可疑者也。

　　上世言帝、言天，乃至言天道、言天命，猶是發之于原始的宗教之情以言之，而且是關聯著王者之受命以言之，故隱約地有人格神之意，至少亦是冥冥中有一眞宰之意。上世之言德乃是關聯著「祈天永命」而言之，此是他律之道德（德行）。自孔子出而講仁敎，敎人「踐仁以知天」，則「仁」之一字即成爲使兩頭充實之概念：內在地使德行成爲自律之德行，使人正式認識道德之本性乃惟是通過「愼獨」（守約）之工夫自覺地行其義理之當然以清澈自己之生命者，因而相應道德本性之純粹的道德意識遂正式照體挺立，于此遂擺脫上世他律道德之虛歉狀態，此即**曾子**之守約愼獨，**孟子**之「盡心知性知天」（或「踐仁盡性知天」）**一系之所爲**；同時復超越地使原始宗敎之情之天以及關聯著王者受命而言之天轉爲生化不測之天，轉爲天命流行之體，使高掛難諶、須通過「儀型文王，萬邦作孚」之天以及「天聽自我民聽天視自我民視」之天，正式彰著爲化育之實德，彰著爲大生廣生之創造之實體、寂感之眞幾，于此遂擺脫上世宗敎之情之天之虛歉狀態，而成爲一實德彌綸之圓盈

境界，此即《中庸》（後半部）《易傳》一系之所爲。在孔子固尙未明言至此，然孔子之踐仁並非是他律者，孔子之言仁是眞實德性生命之開啓，是一體之沛然莫之能禦，其踐仁是行其心之所不容已。這一體之沛然固屬渾淪整全而並未曾予以分別釐定。然而曾子由之以守約愼獨自覺地行其義理之當然，孟子由之以言性善，認爲此一體之沛然即是吾人之性體，此亦並**無不可者**，且亦正是**極順適之開展**。復次，其渾淪整全之一體之沛然固無法在原則上劃定其界限者。如其有極限，則其極限必是與天地合德、與日月合明、與四時合序、與鬼神合吉凶，而此正是無限，此即示仁之體物而不遺、仁體之遍在也。而《中庸》、《易傳》即根據此仁體之遍在而言天道即仁道，仁道即生道。天道者即「乾知大始坤作成物」，生化不測之眞幾、實體也。此亦**無不可者**，且亦正是「充實不可以已，調適而上遂」之**必然的證悟**。孔子固未甚顯言及此。然「天何言哉？四時行焉，百物生焉，天何言哉？」此已隱函此義。孔子之「踐仁以知天」，宗敎之情之天的意味固甚重，故吾曾名之爲「**超越的遙契**」（參看《中國哲學之特質》）。然此是孔子之存在地踐仁之敬畏意識之所至。孔子固明言「若聖與仁，則吾豈敢？」然正因其虔誠精進，而成其爲聖、成其爲仁。在孔子只是存在地踐履，踐履之無有窮極，而此無有窮極之踐履正函其是聖是仁，而此聖此仁之境正函以仁道實天道，天道亦不過是**一體之沛然**，《中庸》、《易傳》即根據孔子之證境而顯言之者。孔子之存在地踐履，與《中庸》、《易傳》之存在地顯揚，乃屬于不同之層次。孔子**是作**，《中庸》、《易傳》**是述**。「作者之謂聖，述者之謂明」（〈樂記〉語）。此即爲孔子之傳統，凡繼孔子而來者皆是本孔子而爲

言。然此言，亦是存在地言之，並非無實感之「冥惑」，亦非無本之「新說奇論」也。對孔子之存在地踐履言，或亦可如葉水心言《中庸》、《易傳》是「以辭明道」，然此「以辭明道」卻正是「述者之謂明」，述其所本所據與所宗主者之生命之風範以端正德性生命精進之方向與極致，使人有所持循與**旨歸**。此完全是內聖之學之明述，是照體挺立的純淨道德意識之所**必函**。而若無實感真契，亦不能言之如此透澈圓明也。此豈只如葉水心所謂之「以辭明道」乎？如此所言之天雖爲大生廣生之實體，一體彌綸之充盈，擺脫上世言天之**虛歉狀態**，然敬畏之情超越之感並不因此而**喪失**。〈乾·文言〉言「大人者〔……〕先天而天弗違，後天而奉天時」，則固不只是一天地鬼神且不能違之仁體之首出，德性生命之健行，而且亦**虔誠敬畏**而「**奉天時**」也。此即爲超越與內在之**圓一**。是則孔子之**超越的遙契**與《中庸》、《易傳》之**內在的證悟**，在仁教中常是並存而不相悖，圓融爲一而**不睽隔**。不但此兩者圓融而不睽隔，即孟子之「盡心知性知天」與此一體彌綸充盈之天道實德亦最終**圓融而爲一也**。心性天是一也。孟子言「萬皆備於我矣。反身而誠，樂莫大焉。」而《中庸》固亦明言「惟天下之至誠爲能盡其性」乃至參天地贊化育也。所謂天道亦只是一仁一誠，一心一性而已矣。若無道德之真實感者，則固視此爲空言虛意、新說奇論矣。然而此卻爲孔子仁教之所必函。曾子、孟子、《中庸》、《易傳》承孔子而開展，正是孔子仁教之所本有，儒者內聖之學之所固然也。

自宋儒起，始正式肯認了孔子對於道之本統之再建之道統中的地位以及仁教之殊特，始正式認識了孔門傳承之價值，始自覺地以

曾子、孟子之**守約愼獨**與**盡心知性知天**爲**道德踐履之軌道**，以《中庸》、《易傳》本孔子之仁教與聖證所述之德性生命精進之方向與極致爲**道德踐履之弘規**，自覺地建立此內聖之學（心性之學）之體系，以爲吾人照體挺立之道德踐履其最高目標即是**成聖**，人人皆可「求則得之」，「盡其在我」，以精進其德性生命者，而成聖過程之極致即是存在地證悟澈悟性命天道之爲一，以使吾人之生命成爲一「**仁體彌綸充盈**」之「**先天而天弗違，後天而奉天時**」之大人生命。此確是先秦孔門傳承之重認與確立，乃極其相應而並無悖謬者。須知兩漢經生並不能認識此義，魏、晉玄學是弘揚道家之玄理，南北朝、隋、唐是吸收佛教之時期。然則宋儒興起，觀此長期之**沈滯**與**歧出**，而謂孔子之道「止於孟子而遂絕，至是而復傳」，有何不可乎？此正是極得秦漢後中國學術生命發展之**脈絡者**。此正是行之而著、習焉而察，能承當孔子傳統之有眞實生命者之言，而葉水心竟謂其「不習而已矣」。葉氏之言始眞成爲「不習故不知」之妄言矣。徒因孔子師弟並非一王者之集團，並無顯赫之功業以垂于世，乃使「**見形而不及道**」之葉水心兩眼只看**王者之事功**，而不知**德性之學爲何物**，遂視孔子傳統如無物，視子思、孟子之言爲「新說奇論」矣。至周、張、二程之業績更不在其眼下矣。

　　「無極太極，動靜男女〔周子〕；太和參兩，形氣聚散，絪緼感通〔張子〕；有直內，無方外，不足以入堯、舜之道〔程子〕：皆本於十翼，以爲此吾所有之道，非彼之道也。」既「本於十翼」，即知其非杜撰也。「以爲此吾所有之道，非彼之道」，此誠是吾所固有之道，乃儒家內聖之學之本質地異於佛、老者。繼承《中庸》、《易傳》而闡揚之，不亦甚佳乎？然而葉水心卻責之以

「不悟十翼非孔子作，則道之本統尙晦」。夫葉氏既承認〈彖〉、〈象〉爲孔子所作，而又籠統以言十翼非孔子作，既已矛盾而悖謬矣，復不知〈文言〉、上下〈繫〉，正本〈彖〉、〈象〉而發揮，無一與〈彖〉、〈象〉相刺謬者，則十翼之言正是**內聖之學之極致**，縱使全非孔子所作，亦是本孔子之**仁敎與聖證**而發揚者，此是**孔子之傳統**，本不限於上世**王者集團**之「**本統**」，然則汝謂「道之本統尙晦」尙有意義乎？對孔子傳統言，其本統並不晦也。對上世王者集團之本統言，汝亦知夫孔子對於道之本統之再建乎？汝曾知此中開合之**分際乎**？然則以「十翼非孔子」，而即謂「道之本統尙晦」，是全忽視孔子仁敎之地位，只視孔子爲三代之檔案家者無知之妄言耳。

　　《習學記言》有一條責《易傳》云：「《易》以〈彖〉釋卦，皆即其畫之剛柔逆順往來之情，以明其吉凶得失之故，無所謂無思無爲，寂然不動，不疾不行之說。予嘗患浮屠氏之學至中國，而中國之人皆以其意立言。非其學能與中國相亂，而中國之人實自相亂之。今《傳》之言《易》如此，何以責夫異端？」**葉水心之愚鄙自賤無過於此**。如以爲後之不辨儒佛隨意立言者爲「自亂」可也；如以爲《易傳》之言「神化」亦是自亂，無以異於異端，則太自賤，不可救藥。《易傳》之時，佛根本未至中國，《易傳》何從而自亂？《易傳》之言是自本自根，自家德性生命之發皇，是本諸其所宗主之孔子之仁敎與聖證而來之高度之靈感與精英，而乃竟謂其自亂於異端，或是自亂於異端之始作俑者，是則中國人根本不應企向於高明，根本不應有超越之靈思，只應膠著於現實，局促於淺近庸俗卑陋平凡之境以自美其名曰平實，根本不應有德性生命之精進，

不應有理想、價值、精神生命之嚮往，《論語》、《孟子》、《中庸》、《易傳》皆當拉雜摧燒之，凡孔子之門下皆當送集中營而澈底改造之！其爲**汙賤自貶**，根本不知學術文化爲何物有如此，無乃太過愚鄙無知乎？尚猶侈談古之人、古之人，亦太不自量而已矣！

　　上〈繫〉言「易無思也，無爲也。寂然不動，感而遂通天下之故。非天下之至神，其孰能與於此？」此是就耆卦卜筮之知幾言，言幾之感應如此其無思無爲而自然迅速如神也。「以卜筮者尚其占。是以君子將有爲也，將有行也，問爲而以言，其受命也如響。無有遠近幽深，遂知來物。非天下之至精，其孰能與於此？」此一段即是言「無思無爲」段之根據。卜筮之時，自是根據卦爻之剛柔逆順之規律或耆草運算之規律以斷吉凶得失。卦爻本身只是幾筆圖畫耳，蓍草本身只是一器物耳，其本身無生無情，寧能有思有爲？然通過此無生無情無思無爲之死物之布算卻能預知吉凶得失之幾，所謂「遂知來物」，此其感應之不可測寧非天下之至神？此一布算之感應由於問者之精誠，此只是一精誠之感應，通過一客觀之物以驗之耳，故蓍卦之器物只是一象徵，由之以洞見眞實生命感應之幾耳。眞實生命與感應之幾皆是至具體而至精微者。天下之事亦只是其最初之一幾動耳。此非膠著於器迹者所能知也。不然，孔子何以言「一言可以喪邦，一言可以興邦」？此非言其感應之大乎？不然，孔子又何以言「一日克己復禮，天下歸仁焉」？此非言其感應之效乎？感應之神豈是如有形之物之來來往往有行有疾乎？有行有疾是有形之物之物理運動，而非神感神應也。故《易經》之學即是由蓍卦之布算而見到**生命之眞幾**，故云「夫易，聖人之所以極深而研幾也。唯深也，故能通天下之志。唯幾也，故能成天下之務。唯

神也，故不疾而速，不行而至。」如此言《易》，正是《易》之本義，此非淺薄之頭腦膠着於事象者所能知也。此是由質礙、物結而直透其至精無礙之超越實體也。此超越實體，在《易經》，即以生化**不測之神**當之，或以**易簡之理**當之。首先，由蓍卦之布算而悟到其無思無為**知幾如神**之感應，由此為象徵而悟到天道**無思無為**之生化，再由此而**歸於主體**悟到「聖人以此洗心，退藏於密，吉凶與民同患」，以及「聖人以此齋戒以神明其德」。類而通之，無論在天道之生化，或在聖心之神明，皆可以「無思無為，寂然不動，感而遂通」形容之。而此總之，即曰「**寂感眞幾**」。故超越實體者即此「寂感眞幾」之謂也。神化與易簡皆其本質之屬性。此皆由精誠之德性生命、精神生命之升進之所澈悟者。「維天之命於穆不已」，所謂天命流行之體，語其實，亦不過即此寂感眞幾之**靜正**與**沛然**，寂感眞幾之生化不測即易道也。易道即生道也。上〈繫〉云：「夫易廣矣大矣。以言乎遠，則不禦。以言乎邇，則靜而正。以言乎天地之間，則備矣。」此遠之「不禦」，邇之「靜正」，即「寂然不動、感而遂通」之別語也。「以言乎天地之間，則備矣」，言天地之間亦不過即是此寂感眞幾之**一體充盈也**。此若非有精誠之德性生命之昇進，焉能悟此「**天行**」乎？此皆有眞感於古之至德、玄德（〈舜典〉稱舜語）、一德與純德，通過《易》而**一起迸發之耳**。若必膠着於卦畫之剛柔逆順，而不准契悟此「天行」，以為「無所謂無思無為，寂然不動，不疾不行之說」，則「大哉乾元，萬物資始，乃統天」云云（〈乾‧彖〉），「至哉坤元，萬物資生，乃順承天」云云（〈坤‧彖〉），亦不在卦畫之剛柔逆順中也，亦可抹而去之也。豈惟此為然？即「觀其所感，而天地萬物之情可見矣」

（〈咸·彖〉），「觀其所恆，而天地萬物之情可見矣」（〈恆·彖〉），「正大而天地之情可見矣」（〈大壯·彖〉），「觀其所聚，而天地萬物之情可見矣」（〈萃·彖〉），等等亦皆可抹而去之也。卦畫之剛柔逆順亦「無所謂」如此等等之說也。即其他〈彖〉〈象〉如許**正大洞澈**之言，亦皆可抹而去之也，剋就卦畫之剛柔逆順而觀之，亦「無所謂」如此等等也。然則葉水心所謂「《易》以〈彖〉釋卦，皆即其畫之剛柔逆順往來之情，以明其吉凶得失之故，無所謂無思無爲、寂然不動、不疾不行之說」，此反動心理之鄙言豈能謂爲得〈彖〉、〈象〉之實乎？漢之象數膠著於卦爻，著迹於器物，已喪失〈彖〉、〈象〉之大義久矣。不意葉水心竟復欲故意曲解〈彖〉、〈象〉而全抹去之也！

其所以如此厭惡「無思無爲、不疾不行」者，蓋彼以爲此誇大之神話、不經之妄談，與佛老許多誇奢之談相類也。

彼〈講學大旨〉最後一段下案注中有云：「昔列禦寇自言忘其身而能御風，又言至誠者入火不燔，入水不濡，以是爲道大，妄矣。若浮屠之妄，則又何止此？其言大地之表，六合之外，無際無極，皆其身所親歷，足所親履，目習見而耳習聞也。以爲世外瓌特廣博之論，置之可矣。今儒者乃援引《大傳》：天地絪縕，通晝夜之道而知，不疾而速，不行而至，子思：誠之不可揜，孟子：大而化，聖而不可知，而曰吾所有之道蓋若是也。譽之者以自同，毀之者以自異。嘻！末矣！」

夫莊、列之逍遙乘化，出之以「荒唐之言，無端崖之辭」，自有其精神生命之境界，亦自有其道家之本統。佛家亦自有其本統，皆非無謂之妄言。葉水心根本不足以知之，不足與談。《大傳》、

子思（《中庸》）、孟子之言，亦自有其**德性生命之本統**，旣非來自莊、列，尤非來自佛敎。皆是自本自根之發皇。儒、釋、道三敎可說皆已觸發到**人類精神生命之極致**，皆有**其自本自根之本統**，而以儒者之自**德性生命**入爲最中正。自其皆已觸發到精神生命之深處與極處言，自其外部之風光觀之，自不無相似相通處：皆是人之生命所有事，任何人焉得而絕異？惟自其內蘊之骨幹言，則各有其**自本自根之本統**。《大傳》、子思、孟子之所言正是「吾所有之道」，非彼之所謂道也。乃葉水心於此全無所感、全無所知。夫不知爲不知，「置之可也」。今乃混而一之，一概視爲妄誕。子思、孟子、《大傳》，皆與其所不知之佛、老同其妄誕，其於子思、孟子、《大傳》亦總歸於無知而已矣。復責周、張、二程不該援引子思、孟子、《大傳》之語以與佛、老「校是非角勝負」。夫子思、孟子、《大傳》皆先秦所固有，乃是自本自根之發皇，此爲旣成之史實，正是儒者之道究極本質之所在，後人不引述而明之，將何所爲？責後人之不應如此作，正示子思、孟子、《大傳》其書之應當焚燒也，其人之應當送集中營也。其污賤、狠愎、無知爲何如！世間焉得有如此之反動愚鄙而可以言學哉？

《習學記言》復有一條云：「孔子〈彖〉辭無所謂太極者，不知《傳》何以稱之？自老聃爲虛無之祖，然猶不敢放言，曰：無名天地之始，有名萬物之母而已。莊、列始妄爲名字，不勝其多。故有太始、太素、茫昧廣遠之說。傳《易》者將以本原聖人，扶立世敎，而亦爲太極以駭異後學。後學鼓而從之，失其會歸，而道日以離矣！」

夫太極亦極至之理而已。葉氏承認**皇極**。皇極者君之極至之理

也。豈只准言皇極，不准總人生宇宙之根本而言其極至之理耶？此
正是道之究極會歸之所在，道之究竟自立自見其自己之所在，而乃
云因言太極而「失其會歸、而道日以離」，何其性與人殊如此之顛
倒乖戾耶？上〈繫〉云：「六爻之動，三極之道也。」六爻：初二
爲地，三四爲人，五上爲天。三極之道即天地人三才各是一極至之
理也。天以健爲極至。地以厚爲極至，人以仁爲極至。天地人之道
其極一也，故總曰**太極**，太極者亦寂感眞幾生化之源之別名耳。
「易有太極，是生兩儀。兩儀生四象，四象生八卦，八卦定吉凶，
吉凶生大業」，（上〈繫〉），此不過引附於八卦以言其生化之不
測耳。此乃本德性生命之精進而證悟人生宇宙之本源，故乾卦〈象
傳〉曰：「天行健，君子以自強不息。」此正是儒者之「超越智
慧」之殊異於佛、老處。太極者亦此「天行」之別名耳。如此言太
極有何「駭異後學」處？得毋自處於幽洞已久而畏見赫日之明耶？
夫〈彖傳〉所無者多矣，豈必限於〈彖〉辭之所有而後可言耶？葉
水心以其幽暗冥惑之生命，以處於幽谷爲自得，遂視《易傳》之太
極與莊列之太始太素同爲「茫昧廣遠之說」，猶不及老子之言無。
孔子云：「上智下愚不移」，此誠可謂絕異！（太始太素是〈易
緯〉中語，《淮南子》尤喜拉雜堆積。莊子不言太始太素。《列
子》是僞書。葉氏不負責任混抹一氣耳。）

　　葉水心以爲周、張、二程等「其啓教後學，於子思、孟子之新
說奇論，皆特發明之。大抵欲抑浮屠之鋒銳，而示吾所有之道若
此。〔……〕不知夷狄之學本與中國異。而徒以新說奇論闢之，則
子思、孟子之失遂彰。」案：《中庸》、《大學》本爲《禮記》中
之兩篇，北宋諸儒即已注意而詳講之。至朱子正式予以集註，與

《論語》《孟子》合併而爲四書。宋以前是周公、孔子並稱，以五經爲教本。至宋，則五經外復約之以四書，以四書爲基本教本，遂進而孔、孟並稱。是以特彰四書者，以孔子爲中心，以孔子傳統爲本者也。四書之義理教訓固易凸顯儒家之內在精神，而亦固爲「吾所有之道」本「若此」也。宋儒之能注意及此而「特發明之」，固可說由於佛教之刺激，然亦確是「吾所有之道」本「若此」，並非有所曲解比附，專欲取之以與佛教糾纏也。而其爲吾所有之道本若此亦自有其永恆之價值，有其自身自足獨立之價值，乃人人由之可以決定其生命之基本方向，挺立其自己，以完成其精神生命者。其足以發生別異而抵禦佛教之作用以維持其爲中國靈魂之主幹，爲中華民族命脈之所在，乃其本身之足以自立之光輝。周、張、二程「於子思、孟子之新說奇論〔視爲「新說奇論」根本荒謬無知〕，皆特發明之」，正足以見子思、孟子之「得」，亦是四書之得，而葉水心竟謂「子思、孟子之失遂彰」！此誠何心肝哉？蓋彼以爲子思（《中庸》）之「誠之不可揜」，孟子之「大而化，聖而不可知」，乃至全部性命天道之義理，與佛老之誇奢同屬茫昧冥惑之論，皆非上世本統之所有，此則徒啓毀譽同異之迷離，「譽之者以自同」固非，即「毀之者以自異」亦未見其究能異否也。此則不務其本，而徒校角勝負於其迷離徜恍之末，而迷離徜恍之茫昧虛誕正是子思、孟子之「新說奇論」之所具，故周、張、二程之援引之以「抑浮屠之鋒銳」，正足以彰顯「子思、孟子之失」也。此爲葉水心反動心理所成之謬論之中心，故必併曾子、子思、孟子、《易傳》甚至連孔子一起抹去之而後快！此其**愚悍狂悖**爲何如！

　　中國自兩晉正式接觸佛教後，經過南北朝以至隋、唐，此七八

百年之長期歷史幾將佛教全部吸收於中國。不但吸收之，且消化之而能自己開宗焉。如天臺、華嚴、禪，皆是經過消化後，中國人自所開立也。此一大教，雖發之於印度，然其對於人生問題究有極深遠之觀察，在人類之精神生命上足以決定一基本之方向與態度，故其影響如此之廣，中於人心者如此其深，其足以吸引中國聰明才智之士折而從之亦並非偶然。此種問題，乃今之所謂宗教問題。凡宗教真理皆有其廣被性與普遍性，（雖是具體的普遍）。此未可純以「神道設教以安撫愚夫愚婦」視之者。有如此長期之吸收與浸潤，有如許聰明才智之士之折從，而若弘揚聖人之道者不能予以正視，則是自己之愚陋，是此人根本無知於精神生命之基本方向之決定乃是人生之一**基本問題**。此非如葉水心所謂「蓋禁令不立而然」，亦非如其所謂「聖賢在上，猶反手」之易易。中國人之「折而從彼」亦非只如其所謂之「特中國好異者」之趨時，此豈是一時「好異」之新鮮事耶？葉水心說之如此輕鬆，如此無實感，正足以見其無視於精神生命之**基本方向問題之重大**，且亦無知於**人類精神與學術文化發展之道路**。周、張、程、朱等正能正視此問題，故轉而積極弘揚孔子之傳統。雖其對於佛教亦無甚深之鑽研，然而大界限則甚清楚，立場緊嚴而甚堅定，純從立以為破者也。故能有積極之建樹，以開六七百年之傳統，造成儒家**聖道之復興**。孔子之傳統乃是既有承于三代而又有進于三代者。其所以有進于三代者，正在孔子之仁教已接觸到人生之基本處，足以予中華民族之精神生命決定一基本方向與態度。其所形成之傳統，曾子、子思、孟子、《易傳》之所發皇者，正是自本自根而將此方向與態度發展至其極深澈之**極致者**。大抵人類歷史之發展，其初只是就現實生活而有本能的推移，

對於超越者如天、神之類，亦有一本能的神往，此即成為原始之**綜和構造**。在此時期，人為現實所限，人之生活態度易趨一致，故每一部落氏族易有其發自於現實與本能之共同風尚。此種膠固既原始而又持久，故易造成每一民族之**傳統**。推移既久，對於生命之感觸既深，故由本能而進至**自覺**，則人之精神生命之基本方向遂得有**根本之決定**與**澈底之透出**。此則雖有其歷史傳統為其背景、為之制約，然就其於精神生命之方向上有澈底之透出與根本之決定言，則亦常有其**普遍性**與**籠罩性**，蓋以其已抓到**生命之本質故也**。故此種方向之決定常是發自於內在生命之**本質的決定**，而非只是一種**權現**，亦非只是發自於本能之現實推移之可化而可移轉者，故雖有歷史傳統為其背景、為之制約，然常不為現實所限，而一透即**透至其極者**，即，澈至其「**普遍性之自己**」。然此種普遍性又不是邏輯、數學、科學所表現者之抽象的普遍性，而是具體的普遍，是在一聖者之生命中透顯，是在傳統背景之制約中透顯。故有耶穌之形態，有釋迦之形態，而在中國，則即是孔子之形態。有傳統背景為其制約，故必與此傳統中所遺留之禮樂制度，風俗習慣相適應、相協調、相諧一，而維護並形成此一民族之具體文化；而同時復於精神生命之方向上澈至其普遍性，故有其永恆性與真理性，而足以提攜、調整並創造其文化，使之為一常新而有生命有價值之文化。傳統背景是此文化之**特殊性**，而精神生命之方向則是其**普遍性**。就此精神生命之方向言，其普遍性永是具體的普遍，永是在傳統背景之制約並繼續此傳統中呈現，永是在此傳統所凝聚之文化生命流中層出不窮而相應此文化生命流之個人創造生命中呈現。此一既普遍而又特殊之奇詭現象正是每一大教所必須具備者，亦是某一大教之所

以能爲某民族之主流主幹之所必備者。不具備此現象，則只能居於副助之地位。基督教之於西方，儒教之於中國，皆是居於主流主幹之地位。佛教在印度未能取得此地位，亦如道家之在中國，而其雖爲中國所吸收，亦卻是必然要居於副助之地位。此亦正因孔子之仁教於精神生命之方向上已發皇至其**極致**，徹底**透至其極頂之故**。但亦須賴有**個人創造生命**之**層出不窮**以**繼承此慧命**。此則曾子、子思、孟子、《易傳》乃其直接繼承者，周、張、程、朱等所造之六七百年之傳統乃是其復興而再度弘揚者。如此方能立住其主流主幹之地位。中國文化發展至自覺地決定其精神生命之方向時，則言道者即須提升至此層上而言之，不能再回於原始之綜和構造而以原始之本能推移爲標準、爲道之本統，停於此而忽抹一切，亦不能不正視其他決定精神生命方向之大教而相觀摩、相資益，且相制限、相善成，以期各止於至善。如是既能順成其他，而又能立住自己之主流地位而籠罩之。若如葉適所說，則中國只應反至三代之原始境地，中華民族只應停於現實本能之推移。若誠如此，則中國早已僵枯，與埃及，與巴比倫無以異，而所謂上世之本統者當亦早爲佛教所代替矣。于以見其輕忽孔子，妄肆譏議曾子、子思、孟子、《易傳》以及周、張、程、朱等，乃全是無知之談，不知人類精神與學術文化發展之道路，不知精神生命之方向之決定乃是一重大之問題，乃是文化創造之動力。徒以其淺躁之心靈遂視此根本問題爲茫昧冥惑者。是其自己之茫昧而視眞理爲茫昧，自己之冥惑而視光明爲冥惑也。

　　不獨對於佛教須正視而有以籠罩之。對於道家亦須正視而有以籠罩之。道家固非外來者，乃是自家文化生命中之駢枝，亦於精神

生命之方向上有所決定。若不能予以消化、制限，而順成之，儒家即不足以完成其爲主流主幹之使命。所謂主流主幹者非謂只我一家之意也。要在能己立而立人，己達而達人，不遏不禁，能不失自己之統而亦能順成他人者也。葉適之愚陋何足以知此？而猶侈談道之本統耶？魏、晉之和會孔、老，雖不足以盡孔門傳統之實蘊，要於精神生命之最高方向上，足以以道家之玄理豁醒孔門之實蘊者，焉可概視爲無稽而擯之，而復猥自貶抑，自甘下縮，以斥絕《中庸》、《易傳》耶？善乎李習之之言曰：「性命之書雖存，學者莫能明。是故皆入於莊、列、老、釋。不知者謂夫子之徒，不足以窮性命之道。信之者皆是也。」（〈復性書上〉）今因長期之歧出起而繼明之，豈不人間之盛事也哉？不加扶助贊嘆斯可矣。如見到有不足，則補充之而已矣。如以爲非己性之所宜，非己智之所及，非己才之所能，則置而讓諸他人亦可矣。今獨不知自處，反而妄施詆毀，且毀及曾子、子思、孟子、《易傳》，不亦太自污賤乎？誠不知其何所居心也。無已，亦只因無知而已矣！

葉氏之謬論本不值多辯，而吾之所以不嫌辭繁而詳辯之者，蓋欲藉此以明三代道之本統之何所是與孔子對道之本統再建之重要以及孔門傳統發展之經脈與其開合貫通之使命，並對於言事功者進一解，徹底疏通此問題之分際，以爲可以相補相成，而不可形成非此即彼之相毀。此雖述古，而於今日之時代亦有其針砭之用也。非徒計較於葉氏一人而已也。葉氏自有其長，而其詆毀孔子傳統，要之則無一是處。

黃宗羲曰：「以余論之，水心『異識超曠，不假梯級，謂洙泗所講，前世帝王之典藉賴以存，開物成務之倫紀賴以著。《易》

〈彖〉、〈象〉，夫子親筆也，十翼則訛矣。《詩》、《書》，義
理所聚也，《中庸》、《大學》則後矣。曾子不在四科之目，曰參
也魯。以孟子能嗣孔子，未爲過也，舍孔子而宗孟，則於本統離
矣。』其意欲廢後儒之浮論。所言不無過高，以言乎疵則有之。若
云其概無所聞，則亦墮於浮論矣」。（《宋元學案》卷五十四，
〈水心學案上〉，宗羲案語）

　　宗羲案語中自水心「異識超曠」至「則於本統離矣」，皆水心
弟子孫之宏序《習學記言》之語。（見〈水心學案下〉「水心門
人」項）孫之宏盛稱其師，固其宜也。宗羲不深察，籠統引之，以
作定評。殊不知孫之宏所盛稱其師之諸點，除「前世帝王」兩句
外，其餘皆葉氏無知謬論之所在，此正其可恥之污點，焉得謂爲
「異識超曠，不假梯級」？此正是淺躁者卑下之妄論，焉得謂爲
「所言不無過高，以言乎疵則有之」？此有何「過高」之可言？又
豈只是「疵」而已哉？若就此而言，謂其「概無所聞」，不爲「浮
論」也。夫「無所聞」有何傷？不知爲不知，則善矣。無知而妄肆
詆毀，則惡劣矣！此正「文士」之陋習，徒憑偶有所見之一點而隨
意揮洒耳。學無開承，非無故也。經制事功，通政體，此是一好題
目，亦是中國文化發展中之一大癥結、一大問題，而乃言之者每以
急切之心理，不能深入此問題之關鍵，以作積極之開承與建樹，徒
因急切而流於反動，只成爲訐詆他人、無的放矢的藉口，混打亂
罵，**不明分際**，**不識統類**，結果**全無經制**，**一無事功**，于道德宗
教、政道治道、科學知識，**全不著邊**，其所成者結果只是詞章考據
而已。此亦文士之過也。平心論之，有那一點能及程、朱、陸、王
乎？而葉水心者反因而上溯堯、舜、三代之本統而毀及曾子、子

思、孟子與《易傳》，甚至連孔子亦輕忽，則豈只小疵而已哉？此
種「超曠」之「異識」、「過高」之言論，實只是無眞感實感而只
揀好聽的說而已矣。此則並其所把握之一點而亦不能使之有價值
也。其所把握之一點，即在其**皇極論**。此與本書無關，故略而不
論。

　　附識：以上所論之〈總述講學大旨〉以及所引之《習學記言》
俱見《宋元學案》卷五十四〈水心學案上〉。案：《習學記言》共
五十卷，不存《永嘉叢書》中。據查光緒十年有江陰刊本，《敬鄉
樓叢書》第一輯中亦收之。惜乎不流行，難尋覓，不得窺其全。此
人雖不見本源，要有雜識，亦須注意也。

　　又附識：《朱文公文集》卷第五十六，書，問答，〈答葉正
則〉四書之第四書云：

> 　　向來相見之日甚淺，而荷相與之意甚深。中間寓舍並坐移
> 晷，觀左右之意若欲有所言者，而竟囁嚅不能出口。前後書
> 疏往來，雖復少見鋒穎，而亦未能彼此傾倒，以求實是之
> 歸。但見士子傳誦所著書及答問書尺，類多籠罩包藏之語。
> 不唯他人所不解，意者左右亦**自未能曉然於心而無所疑**也。
> 世衰道微，以學爲諱，上下相徇，識見議論日益卑下。彼既
> 不足言矣，而吾黨之爲學者，又皆草率苟簡，未曾略識**道理**
> **規模、工夫次第**，便以己見搏量湊合，撰出一般說話，**高自**
> **標置，下視古人**。及考其實，則全是含胡影響之言，不敢分
> 明道著實處。竊料其心豈無所疑？只是已作如此聲勢，不可
> 復謂有所不知，遂不免一向自瞞，強作撐柱，且要如此鶻突

將去，究竟成就得何事業？未論後世，只今日旁觀，便須有
人識破。未論他人，只自家方寸如何得安穩耶？

如來書所謂「在荊州無事，看得佛書，乃知世外　奇之說，
本不能與治道相亂，所以參雜辨爭，亦是讀者不深考爾。」
此殊可駭。不謂正則乃作如此語話也！中間得君舉書，亦深
以講究辨切爲不然。此蓋無他，只是自家不曾見得親切端
的，不容有毫釐之差處，故作此見耳。

欲得會面相與劇談，庶幾彼此盡情吐露，尋一個是處。大家
講究到底，大開眼看覷，大開口說話，分明去取，直截剖
判，不須得如此遮前掩後，似說不說，做三日新婦子模樣，
不亦快哉！

孟子自許雖行霸王之事，而不動其心。究其根源，乃只在識
破詖淫邪遁四種病處。今之學者，不唯不能識此，而其所做
家計窠窟，乃反在此四種病中，便欲將此見識判斷古今，議
論聖賢，豈不誤哉？相望千里，死亡無日。因書，聊復一
言，不審明者以爲如何？然勿示人，恐又起鬧，無益而有損
也。

案：葉適（字正則）對朱子爲晚輩。朱子在當時爲泰山北斗，又自
有其威嚴，故葉氏晤見時，「若欲有所言者，而竟囁嚅不能出
口。」葉氏早有其一套不同之想法。朱子覆此書時已在晚年，故有
「死亡無日」之語。朱子此書所責斥者即是〈講學大旨〉、《習學
記言》中所說之見之模樣也。葉氏早已有此端緒矣。經朱子之責
斥，不但未能稍有轉變，且益增其反動。故後來遂乾脆寫成〈總述

講學大旨〉及《習學記言》，悍然與孔子傳統爲敵，對曾子、子思、孟子、《中庸》、《易傳》加以詆諆，並對孔子亦不滿，此即朱子所謂「高自標置，下視古人」也。朱子此書所引葉氏之書語與〈講學大旨〉最後一段之案注中語意義相同。此朱子所認爲「殊可駭，不謂正則乃作如此語話」，而葉氏後來竟絲毫未有轉動，且言之更爲勇悍耳。夫人不能上企高明，必下趨反動而走邪。上智下愚不移。不移可也，反重走邪則大不可也。此不但見之于今日，自古已然矣，特今日爲益甚耳。

第二部　分論一
　　　濂溪與橫渠

第一章　周濂溪對于道體之體悟

引　言

　　本書詮表宋明心性之學，從北宋起，直接斷自周濂溪。濂溪前，固有其文化生命上之先驅，如胡安定、孫泰山、石徂徠等皆爲宋學興起第一階段之人物。然此書非哲學史，故略而不論。

　　吾今只明言，中國文化生命發展至北宋，已屆弘揚儒家內聖之學之時，此爲歷史運會之自然地所迫至者。因是歷史運會之自然地所迫至，故濂溪之學，雖無師承，而心態相應，出語即合。當運會不至，面對典籍，視若無睹，即有講論，而睽隔重重。兩漢經生固無論矣，王弼何嘗無玄思？然其心態非儒家型，故雖十分著力于《周易》。而于《易傳》之窮神知化，究不相應。至唐李習之雖發憤弘揚《中庸》與《易傳》，然學非其時，孤而無應，而其本人亦不成熟，且亦不必眞有相應之心態，即略有相應，而學力不足，故不能弘通，音響輒歇。運會不至故也。至乎北宋，運會成熟，心態相應，一拍即合，故濂溪之面對典籍，「默契道妙」（吳草廬語，見《宋元學案·濂溪學案下》），一若全不費力爲。

黃宗羲云：

> 周子之學以誠爲本。從寂然不動處，握誠之本，故曰：主靜
> 立人極。本立而道生，千變萬化，皆從此出。化吉凶悔吝之
> 途，而反覆其不善之動，是主靜眞得力處。靜妙於動，動即
> 是靜。無動無靜神也，一之至也，天之道也。千載不傳之祕
> 固在是矣。（《宋元學案・濂溪學案下》，宗羲案語）

宗羲此案語極爲中肯。所謂「千載不傳之祕固在是矣」，並非眞有
若何不傳之祕密，至今始傳，實乃運會所至，心態相應，睽隔不通
者至今始通，茫然不解者至今始解耳。亦非眞有難解者在，斯理平
常，特眞有實感者，生命相應，故契接順適耳。宗羲其他諸語乃周
子學之內容。吾今先從外部述其綱領，以期逐步逼近何以有此內
容。所謂心態相應、生命相應者，實即**道德意識之豁醒**。道德意識
中函有**道德主體之挺立，德性動源之開發，德性人格**（德性之體現
者）**之極致**，而周子之默契此義，則自《中庸》（後半部）與《易
傳》入。《中庸》、《易傳》者是先秦儒家繼承《論語》、《孟
子》而來之後期之**充其極**之發展。所謂「**充其極**」，是通過孔子踐
仁以知天，孟子盡心知性以知天，而由仁與性以通澈「於穆不已」
之天命，是則**天道天命**與仁、**性打成一片，貫通而爲一**，此則吾亦
名曰**天道性命相貫通**，故道德主體頓時即須**普而爲絕對之大主**，非
只主宰吾人之生命，實亦主宰宇宙之生命，故必**涵蓋乾坤，妙萬物
而爲言**，遂亦必有對於**天道天命之澈悟**，此若以今語言之，即由**道
德的主體而透至其形而上的與宇宙論的意義**。若是表面觀之，此儼

若爲空頭的外在的宇宙論之興趣，而特爲某種現實感特強者所不喜，亦爲囿于道德域、人文界，而未能通透澈至其極者所深厭。實則此種不喜與深厭中之割截既非先秦儒家一脈相承開朗無礙之智慧之全貌，亦非北宋諸儒體悟天道天命之實義。是以若以西方哲學康德前之外在的非批判的形上學視之誤也，名之曰宇宙論中心者亦誤也，囿於人文、切感於現實，而不准涉足乎此者亦非儒家道德意識中道德主體之涵量之本義，此爲道德之局限，而非儒家開朗無礙之道德智慧也。開朗無礙之道德智慧必透至此而始充其極，必先充其極始能得**圓滿**。圓滿者聖人踐仁知天**圓教之境也**。此圓教之境，《中庸》、《易傳》盛發之，北宋諸儒即契接此境而立言。故其澈悟天道天命而有形上學的意義與宇宙論的意義，是**圓教義**，非是**空頭的外在的形上學**，亦非**泛宇宙論中心也**。道德主體既如此，則就德性動源之開發言，此道德主體作爲絕對之大主者，即是**道德的創造**（亦即**眞實創造**）之**眞幾**。內聖之學，心性之學，惟是開闢此**道德創造之眞幾**以爲吾人之**大主**，亦且爲宇宙之**大主**。而理不空言，道不虛懸，必以德性人格以實之。德性人格者即體現此大主、體現此創造眞幾之謂也。體現之極致即爲聖。圓教者亦**相應聖人境界而言也**。故儒家道德哲學之有形上的意義與宇宙論的意義必依**踐仁知天之圓教**而理解始不誤，一離乎此，則迷茫而亂矣。

明乎此，則黃宗羲所簡述之周子學之內容即可得而解矣。而此簡述之內容俱見于周子之《通書》。吾以下先明《通書》，次明〈太極圖說〉。而宋、明儒六七百年之發展以及學派分立之關鍵（亦可說癥結）亦于此開端而得展示。

第一節　濂溪《通書》(《易通》)選章疏解

第一段　以誠體合釋乾道

〈誠上第一〉：

> 誠者聖人之本。「大哉乾元，萬物資始。」誠之源也。「乾道變化，各正性命。」誠斯立焉。純粹至善者也。故曰：「一陰一陽之謂道，繼之者善也，成之者性也。」「元亨」，誠之通。「利貞」，誠之復。大哉易也，性命之源乎？

案：此為《通書》之第一章。此是以《中庸》之「誠」合釋《易傳》之〈乾彖〉。就《中庸》言，「天地之道可一言而盡也。其為物不貳，則其生物不測。」「不貳」即專精純一之意。此即誠也。「誠」本真實無妄意，為形容名詞，其所指目之**實體**即**天道**。天道以「生物不測」為內容，即以創生為內容。此作為實體之天道，即以**誠**代之亦無不可。故誠亦可轉為實體字，而曰「**誠體**」。誠體者即以誠為體也。**誠即是體**，此即是本然、自然，而當然之天道。故《中庸》復曰：「誠者天之道也，誠之者人之道也。」「天之道」即自然而本然如此之道。誠體為創造之真幾、為真實生命，人人本有，天地之道亦只如此。惟人如不能直下體現此誠體，而須修養工夫以復之，則即屬于「人之道」。而經由修養工夫以復之，即是

「誠之」。天之道以誠爲體，人之道以誠爲工夫。故又曰：「自誠明謂之性，自明誠謂之敎。誠則明矣，明則誠矣。」又曰：「惟天下之至誠爲能盡其性〔……〕」，又曰：「誠則形，形則著，著則明，明則動，動則變，變則化；惟天下之至誠爲能化。」此皆明示誠爲**道德創造之眞幾**。形著、明動、變化即誠于中形于外而起創生、改變、轉化之作用也。惟至誠爲能盡性，即以**誠體**之內容滲透于**性體**，此即是性，離此別無性也。性與天道皆只是一誠體。性與天道是**形式地說**、**客觀地說**，而誠則更是**內容地說**、**主觀地說**。《中庸》旣如此，則以《中庸》之「誠」說《易傳》之〈乾彖〉，可謂天衣無縫，自然合拍，此爲儒家形上智慧之同一思路也。「千載不傳之祕」，濂溪劈頭即把握住矣。〈乾彖〉、〈繫辭傳〉之語，用一誠字點撥，實義朗現，不煩多言也。「乾道變化」不過只是一**誠體之流行**。此爲儒者最**根源之智慧**，握住此義，則綱領定矣。爲有所謂由佛老而來者乎？綱領旣定，佛老豈無相出入之義？豈無可資爲用之詞語？人間本相通，本有同屬者，豈能事事絕異？綱領不定，其他無論如何美妙，亦非儒者之智慧。心態不相應故也。試觀王弼之解〈乾彖〉即可知矣。參看《才性與玄理》第四章。

　　所謂「乾道變化不過只是一誠體流行者」，誠之形著明動變化即是誠體之流行，「爲物不貳，生物不測」亦是誠體之流行。總起來，《中庸》言：「誠者物之終始，不誠無物。」一切事物皆由誠成始而成終。由誠成始而成終，即是誠體貫澈于其中而成全之。在此成始成終之過程中，物得以成其爲物，成其爲一具體而眞實之存在。設將此誠體撤銷，則物即不成其爲物，不成其爲存在，而歸于

虛無。此即所謂「不誠無物」。無物即無終始也。自**實體言**，爲**誠體流行**；自**軌迹言**，爲**終始過程**；自**成果言**，爲**事事物物**。吾人可規定物爲一特殊的終始過程，亦可規定爲在一特殊軌迹中表現的誠體流行之特殊滿足（完成）。此種規定名曰**直貫型**的**宇宙論的規定**，因「物之終始」一語即是一**宇宙論的陳述**。此種規定非是方法學的**邏輯規定**，亦非是認識論的**認知規定**，而乃是自實體成就上之**實現的規定**。

　　將此終始過程用于〈乾彖〉，「乾道變化，各正性命」即是一誠體流行之終始過程，就乾卦之卦辭綜言之，「元亨利貞」四字亦是一誠體流行之終始過程。（此元亨利貞四字就《易傳》所理解者言，不就原始之卜辭言。）誠體者即乾元也。創造的眞幾即是元。此元字是價值觀念，不是時間觀念。有創造眞幾處即是元，有眞實生命處即是元。創造眞幾即是體、即是主，它創造一切而不依他，故是元。眞實生命是自我作主的生命，不是依待的、機械的生物生命、自然生命，故它**自體獨立卽是元**。《易傳》即以此創造眞幾、眞實生命名爲乾。乾即是元，故曰乾元。乾者天之德，其義爲健。故乾元者即**創造性之自己**也。亦得名曰**創造原則**。道從此說，離此無可言道。乾道即天道。天道者道德的創造眞幾之道也。創造即是天，保聚即是地。此《易傳》之所以乾元坤元並建也。乾元爲綱領，坤元爲隸屬。乾道變化不過是一誠體之流行。自乾元之爲萬物所資以爲始言，濂溪即名曰「**誠之源**」，言誠體之發用由此爲源頭也。自乾元之成始成終而創生（實現）萬物言，濂溪即由此說「**誠斯立**」，言誠體之所以爲誠體，誠體之自建其自己，即由其成始成終而見也。設只有發源之成始，而不能成終，此爲誠之偶爾一顯，

此所謂龍頭蛇尾、有始無終，此即誠體之不能自建（自立）。誠體不能自建，誠體即為**偶然**，而無**必然性**。「誠斯立焉」一語可謂精矣。用于元亨利貞，于元亨處，濂溪說「**誠之通**」。于利貞處，濂溪說「**誠之復**」。此「復」字，濂溪下的亦妙。「復」即由「立」而言。此復字非直接是「克己復禮」之復。乃是由自建自立而**自見其自己**，自見其自己即**復其自己也**。有元（普通所謂有好的開始），即有亨。亨者內通也。即生機之不滯。故于元亨說「誠之通」。通而有定向者謂「利」，利而有終成者謂「貞」。貞者定也成也。故于利貞說「誠之復」。利貞即「各正性命」之義也。有亨而無貞，亦如有始而無終。無終即無成。無成則雖有元亨，亦**虛脫**，而誠體之流遂成一**虛無流**，而亦不成其為誠體，此為誠體之流逝。誠體之流**逝其自己**即是誠體之**不能復**，亦即**不能立**也。

乾道之元亨利貞，「誠之源」以至「誠斯立」，此為誠體之終始貫徹，無間朗現，故濂溪即稱此為「純粹至善」。此純粹至善之讚美，一、剋就誠體自身說，此為體性學地說；二、剋就其終始過程說，此為宇宙論地說，而此第二義尤重。綜此兩義，吾人可說，此「純粹至善」之善是**體性學地規定的善**，尤其是**宇宙論地規定的善**，乃直就誠體之流行而言。故濂溪于此下即引〈繫辭傳〉「一陰一陽之謂道，繼之者善也，成之者性也」三語以明之。濂溪對此三語並未詳細分疏。至伊川、朱子始有詳細分疏，而至伊川、朱子之分疏，亦始有問題出現。但濂溪此籠統的稱引，其意亦可得略見。吾今亦可先籠統地提示其意如此：「一陰一陽之謂道」，當然不必是說陰陽即是道，但乾道或誠體之具體流行（具體的終始過程）亦不能離乎陰陽，不能不憑藉陰陽以表現，而「一陰一陽」即

是陰陽之氣之無間暢通，而道即因之而無間朗現，故「一陰一陽之謂道」，其語意當是就道之所資以顯其自己者而說道，並非說陰陽即是道也，甚至亦並非說「一陰一陽」即是道也。故此語非**界定語**，乃**藉顯語**。乾道誠體藉資陰陽之無間暢通而得有一具體之終始過程。故前文云：自實體言，為誠體流行；自軌跡言，為終始過程。落于陰陽之氣上，始得有終始過程，始得有軌跡可言。在乾道變化中，于元亨處，所謂「誠之源」處，即見有陽之申，于利貞處，所謂「誠斯立」處，即見有陰之聚（陰之屈）。總之在「乾道變化」一語中，並非分解地抽象地單說乾道誠體之自身，而是說其具體之表現。而一在具體表現中，若分解地明之，即不能不有異質之成分在，落實言之，即不能不有「氣」之觀念在，而氣並非即是道也，若渾淪圓融地言之，則道器、理氣、體用一起滾，說道不離器可，說器即是道亦可，而此「即是」非**界定之「即是」**，乃是**圓融之「即是」**。圓融的「即是」與分解地說中之是與不是並非同意也。然若謂圓融地說中不隱含有分解的異質之成分在，則亦不可通。蓋若純是同質，則亦無圓融可言。「乾道變化，各正性命」，此雖是說乾元，亦未嘗不含有坤元在其中，故至坤卦，即提出來而單講坤元矣。濂溪以後，明道喜作**圓融的表示**，而伊川、朱子則喜**分解的表示**。在分解表示中，分理氣為二，不礙其圓融地為一。明儒羅整庵、劉蕺山、黃宗羲等皆不喜此理氣之分，就此難朱子，其實皆未懂此中問題之癥結。朱子系統中之問題以及由此問題而成之學派之分立，並不在此分解表示的**理氣為二**，而實在經過此分解後，對于此理字（道體、誠體）的內容（涵義）之理解，進一步又實在**心理為二**，而心理為二與理氣為二並非**同意語**也，蓋心並不即

等于氣故。此是後話，將在以後各章中陸續明之。吾今只就濂溪之籠統的稱引，先籠統地明「一陰一陽之謂道」爲藉顯語，非界定語。此乃表示道爲一誠體之流行，爲一有軌跡之終始過程。道是一道德的創造之眞幾，不能不有具體的流行，不能不有其終始的過程。此即通過其成始成終之創造生化而無間歇，而不流逝（虛脫），而了解道。此即「一陰一陽之謂道」之恰當的意義。下句云：「繼之者善也」，意即：能繼續此生化無間之道而不使它斷滅或自我而止者即是「善」。此亦是對于道德的善之宇宙論的規定、動態的規定、立體的直貫型的規定。「成之者性也」，此句是就個體說，即落在個體上而能完成（成就）**此道者**乃是**個體之「性」**也。此性即是以人人本有之誠體以爲性，並非離此誠體別有其性。個體有此**創造眞幾之性**，故能**完成此道于其自己之生命中**。此亦《中庸》「率性之謂道」之意（朱子解〈繫辭傳〉此三語不諦。詳見下明道章天道篇及生之謂性篇）。

　　濂溪于以誠體流行合釋乾卦辭「元亨利貞」及〈彖傳〉「大哉乾元，萬物資始」，「乾道變化，各正性命」，及〈繫辭傳〉之三語後，即總贊之曰：「大哉易也，性命之源乎？」此言《易》之一書乃眞參透性命之根源者。濂溪于性命二字亦未曾予以詳細分疏。然古人言多順經典語脈有一大體共同之理解，並有共同之默許，雖不必言，而亦可喻者。性，根據《中庸》、《孟子》，不會有異解，就吾人個體生命說，必即當下直指**內在道德性**之性說，直指**誠體**說，普遍地就宇宙萬物說，則即是誠體流行之天道。如以客觀的誠體流行之天道爲準，則其具于個體（人與物）即謂之性。其具于人與物之個體，即名曰天賦或天命。性命之「命」，不是命運之

命，乃是命令之命。自天道之命于（賦于）吾人言，曰命，自人之所受言，曰性。就此語脈言，命好像完全是動字、作用字，然此動字中即含有有內容之名詞義，**命之作用中**即**含著道之實體**，即以其自己命于人而爲吾人之性體也。不過因著重性之超越根源，故著一命字以明其通于天道耳。其實天道、性、命是一事也。若純天道地言之（即宇宙論地言之），則天道等于天命。天命中命之**動用義**即等同于**實體義**。故曰「**天命流行**」也。（此「流行」一詞完全根據**命令作用**說。）此乃根據「**維天之命於穆不已**」之最根源的智慧而來。儒家的形上智慧完全本此詩句而發，無有能違之者。此於穆不已之天命永遠在**起作用**，此即其**流行**。其命于（流行于）人即爲人之性，此即示**性命天道相貫通**，亦示性乃先天地（超越地）**定然如此者**。吾人之行動只應遵此性分之所定而行，乃毫無他顧可言者，是故性之，即是命之，性體亦必然起命令之作用而成道德之創造，故能完成天道于自己之生命中（成之者性也），此亦是天命流行也，在此亦是性命天道而爲一也。前一義（即自天道之命于人而爲人之性言）之性命天道相貫通，張橫渠言之極爲精澈；後一義（即自「性之即是命之」而言）之性命天道相貫通，明道言之極爲精澈，此即其所謂**一本**之密義。濂溪以誠體合釋《易傳》，于易見出**性命之根源**其實亦即此**性命天道相貫通**之大義也。

　　然理非空言，道不虛懸，必待人之體現。即就「成之者性也」而言，眞能盡其性而體現此天道以至其極者曰聖人。而聖人之所以能盡其性，亦不過誠而已矣。故《中庸》曰：「惟天下之至誠爲能盡其性。」濂溪即本此而曰「誠者，聖人之本」，此即此章之首句也。此言誠爲聖人之本是就**聖果**說。言聖人之所以爲聖亦並無其他

巧妙之辦法，亦不過一誠而已。此誠雖亦是工夫字、作用字，然即在誠之工夫作用中，性之全體內容具于中，故誠亦是工夫，亦是本體，故曰誠體，而誠體亦等于性體也。聖人之生命通體是一誠字，故「自誠明謂之性」也。若就人一般言之，人人皆有此誠體，誠豈只為聖人之本耶？故知濂溪此句是就聖果說，不就聖人之為人說，乃就聖人之為聖說。亦即就**體現上說**，不就**本有上說**。

第二段　誠體與寂感真幾

〈誠下第二〉：

> 聖，誠而已矣。誠，五常之本，百行之源也。靜無而動有，至正而明達也。五常百行，非誠非也，邪暗塞也，故誠則無事矣。至易而行難，果而確，無難焉。故曰：「一日克己復禮，天下歸仁焉」。

案：此為《通書》之第二章。此章首句「聖，誠而已矣」，仍就聖果說。此下即就聖人盡誠而見出誠體為道德的創造之源，故曰：「誠，五常之本，百行之源也。」就其為本為源，即就其為體說，則「靜無而動有，至正而明達。」此兩句是對于誠體本身之體悟。「無」與「有」是借用老子語，無礙也。靜時無聲無臭，無方所，無形迹，一塵不染，純一不雜，故曰「靜無」。靜時雖無，然非死體，故動時則虛而能應，品節不差。其隨事而應，品節不差，則即因其所應之事而有方所，有形跡，此即「動有」也。雖動有而品節不差，則仍不失其一塵不染，純一不雜之虛體。下句「至正」即呼

應「靜無」,「明達」即呼應「動有」。故靜無以「至正」來了解,動有以「明達」來了解。明即「自誠明」之明,達即「利貞」之達。是故借用有無,其對於有無之思路上的理會雖同于老子,然有無所形容之**實體**固仍是純然儒家之**義理**。作用性相之形容(屬性)固可相同也。此則非決定儒道之差異者,亦非可因此即謂其屬於老學者。此章以此兩句爲主,餘文字句,讀者自能通之。

〈誠幾德第三〉:

> 誠無爲,幾善惡。德:愛曰仁,宜曰義,理曰禮,通曰智,守曰信。性焉安焉之謂聖,復焉執焉之謂賢。發微不可見,充周不可窮之謂神。

案:此爲《通書》之第三章,乃直接繼承上章「靜無而動有,至正而明達」而來者。此言「誠無爲」是指誠體本身言。「無爲」即〈繫辭傳〉「易無思也、無爲也」之無爲。此無爲之形容可單指靜無之體言,亦可賅誠體流行之全部言,即其靜無動有之流行全部皆是無思無爲之自然流行。無爲者,自然義、無造作義、無臆計義。此雖同於老子,然非老子所專有也。抑非同於老子,乃老子之能同于共法耳。誠體雖無爲,雖靜無而動有,至正而明達,然吾人之感于物而動,其動之幾,剋就幾之爲幾之本身言,則不能無差異之分化,即不能保其必純一,故有或善或惡之分歧也。其動之幾純承誠體而動者爲善,以不爲感性(物欲)所左右故,純是順應超越之誠體而動故。若不順應誠體而動,而爲感性所左右,則即爲惡。此處所言之「幾」即後來所謂「念」也。(陽明所謂隨軀殼起念,劉蕺

山巖分意與念之念）。

　　順誠體而動，則德行皆從此出，故誠體爲道德的創造之眞源。德分爲五，即仁義禮智信是也。此皆順誠體而表現者，所謂應事而動，品節不差者是也。亦「誠，五常之本百行之源」之義也。（孔子之「仁」即相當於此處之誠體。此處言仁就五常言。推進一步言誠體是根據《中庸》、《易傳》說，不直接本孔子之仁、孟子之心說。但《中庸》、《易傳》之天道誠體即是根據孔子之仁孟子之心而轉出者，亦可謂是擴大而至其圓極者。北宋諸儒直接順先秦儒家之發展其極者而立言，而吾人不可不知其**來歷以通之也**。）

　　「性焉安焉之謂聖」三語是就體現誠體說。體現誠體，隨人之根器而有不同之方式（形態）。「性焉」即「堯舜性之也」之「性之」。「安焉」即「安而行之」之「安行」。不假工夫，本性自然如此，不待勉強而安然如此，此即謂聖。不能自然安然如此，而須待擇善而固執之以漸復其誠體，則即謂賢。性焉安焉稱體而行，其發也幾微隱幽而不可見，然而其感應迅速頓時「充周而不可窮」，揚眉瞬目，一念之動，即感應無方而無窮無盡，此即爲聖而神矣。此亦與孟子所謂「大而化之之謂聖，聖而不可知之謂神」同也。「大而化之」是從廣大說。「性焉安焉」是從精微說。其極皆不可知也。「化」字亦廣大亦精微，亦不可知也。

　　〈聖第四〉：

　　　寂然不動者誠也。感而遂通者神也。動而未形、有無之間者幾也。誠精故明，神應故妙，幾微故幽。誠神幾曰聖人。

案：此爲《通書》之第四章。第二、三、四連三章主旨皆是說誠體一觀念。自「靜無而動有」以至「誠無爲」，落實說，主旨即在「寂然不動，感而遂通」兩句。《易・繫辭傳》云：「易無思也，無爲也，寂然不動，感而遂通天下之故，非天下之至神，其孰能與於此？」「寂然不動，感而遂通」是先秦儒家原有而亦最深之玄思（形上智慧）。濂溪即通過此兩句而了解誠體。「寂然不動者誠也」，此就誠體之體說。「感而遂通者神也」，此就誠體之用說。總之，誠體只是一個「寂感眞幾」。此爲對于誠體之具體的了解（內容的了解）。說天道、乾道，是籠統字（形式的、抽象的），故實之以「誠體」；誠體亦籠統，故復實之以寂感。濂溪「默契道妙」，即首先握住此最根源之智慧，而言之復如此其精微而順適，非眞有默契者不能也。眞能體現此道妙者曰聖人。「誠神幾曰聖人」，此爲對於聖人之最具體最內在的了解。濂溪言天道、言誠體、言寂感，未有不本于聖不歸於聖者。本於聖，是表示此種理境由聖心而開發；歸于聖，是表示此種理境由聖心而證實。此爲儒家之傳統精神，自孔子踐仁知天、孟子盡心知性知天而已然。天道、誠體、寂感之爲實體是道德的實體。道德的實體只有通過道德意識與道德踐履而呈現而印證。聖人是道德意識道德踐履之最純然者，故其體現此實體（誠體）亦最充其極而圓滿。所謂充其極而圓滿，一在肯定並證成此實體之普遍性，即此實體是遍萬物而爲實體，無一物之能外；二是聖心德量之無外，實體之絕對普遍性即在此無外之聖心德量中而爲具體的呈現。不只是一外在的潛存的肯定。此圓滿之模型即是理想之聖人，現實上爲孔子所代表。惟自孟子出，下屆《中庸》、《易傳》之發展，不獨肯定此實體並由聖人體現此實

體，且進一步即以此實體爲人之性，以建立「人人皆可體現此實體
而達至成聖之境界」之根據。此義在孔子並不顯，至孟子始建立。
宋儒起無有不繼承此義而立言者。故于其明由道德踐履以達至圓滿
之境時，必客觀地以**天道性命相貫通**爲其義理之根據。此爲北宋諸
儒下屆朱子所首先著力者，而亦爲一切理學家所共許；至於學派之
分立則在**主觀地**體現此天道性命相貫通之實體上，對於關鍵所繫之
心之了解之差異，以及由此差異而來的**工夫路數之差異**。

第三段　聖道、師道（變化氣質）與聖功

〈道第六〉：

聖人之道，仁義中正而已矣。守之貴，行之利，廓之配天
地。豈不易簡？豈爲難知？不守、不行、不廓耳。

案：此爲《通書》之第六章。此章言聖人之道爲仁義中正是就現實
生活中**行事之道**而言。此與言天道、誠體不同。天道誠體是道德的
創造之源，只是一「**於穆不已**」，只是「**天下之亹亹**」，並無特殊
分際上之特定內容。而仁義中正之爲道則正是就現實生活中**行事之
分際**而**表現**。此是行事分際上幾個普遍的規則，由之可使吾人**眞有
德行者**，亦由之可使天道誠體眞爲「**五常之本，百行之源**」者，即
眞可爲道德的創造之源者。仁義中正之爲道使天道誠體有**內容**、不
虛脫，而反而亦必以天道誠體爲其本源（超越的根據），說到實
處，實皆**出自天道誠體，非由外給也**。故前第二章云：「五常百
行，非誠非也，邪暗塞也，故誠則無事矣。」誠則皆是，不誠皆

非。誠則明通，不誠而邪暗則處處阻塞不通。通則有五常百行、有仁義中正；不通則邪謬皆非，焉有仁義中正？自**本源言，一誠而已**。故曰「誠者聖人之本」，又曰：「聖誠而已矣」，又曰：「**誠則無事矣**」，此亦至簡易而至易知者。自具體生活**行事**言，則**仁義中正而已**。眞能有仁義中正，則其誠體自不邪暗。故曰：「守之貴，行之利，廓之配天地。」能守、能行、能廓，即是眞能有之也。守而有此仁義中正，則人有其自身之良貴，此乃貴于己而非貴于他者，此即所謂**人格之尊嚴**（人格之**絕對價值**）。亦即〈太極圖說〉所謂「人極」也。能行此仁義中正，則無往不利，所謂「明達」或明通也。能廓此仁義中正，（擴而充之），則「充周不可窮」，德與天地配，即所謂「與天地合德」也。亦孔子踐仁知天之義也。至此，則仁義中正全部**滲透于誠體之流行**，而誠體之流行亦**全部是仁義中正之顯現**。誠體之內容即是仁義中正也。此亦至爲簡易至爲易知之事。其以爲難者，惟在「不守、不行、不廓耳」。此亦孔子「仁遠乎哉？我欲仁斯仁至矣」之義也。

〈師第七〉：

> 或問曰：曷爲天下善？曰：師。曰：何謂也？曰：性者，剛柔善惡中而已矣。不達。曰：剛善：爲義，爲直，爲斷，爲嚴毅，爲幹固。惡：爲猛，爲隘，爲強梁。柔善：爲慈，爲順，爲巽。惡：爲懦弱，爲無斷，爲邪佞。惟中也者，和也，中節也，天下之達道也，聖人之事也。故聖人立敎，俾人自易其惡，自至其中而止矣。故先覺覺後覺，暗者求於明，而師道立矣。師道立，則善人多。善人多，則朝廷正而

天下治矣。

案：此爲《通書》之第七章，言師道，旨在明道德踐履惟在經由師
友之相感召自覺地**變化氣質**以完成其仁義中正之德行也。所謂「性
者剛柔善惡中而已矣」，此言性實指「氣質之性」而言，不指誠體
之爲性，或天道性命相貫通之性而言。「氣質之性」一詞由張橫渠
開始用。濂溪于此只言「性者剛柔善惡中」，此所謂性明是指「氣
質」而言，因氣質始有此差異，如言誠體之爲性，則只是純粹至
善，無所謂剛柔善惡中之差異也。如就此種氣質而言氣質之性，則
「氣質之性」意即人之氣質本身即是一種性，此即王充所謂**氣性**，
或《人物志》所言之**才性**。吾意橫渠、二程言氣質或氣質之性即是
此意，非如後來朱子理解爲性體在氣質中濾過，因而成爲在氣質限
制中之性也。如照此解，則性只是一性，只是一超越之性體，只是
伊川、朱子所謂「性即理也」之性，並無二性，但卻可自兩面觀，
一是就其本身之本然觀，一是就其在氣質之限制或混雜中觀。如
是，氣質之性便成爲氣質中的性，而非氣質本身不同即是一種性
也。如是「氣質之性」之「之」字便有不同的意義，一是虛係字，
意即「氣質」這種性；一是表形容語句之限制字，意即氣質限制中
的性（超越性體之性）。而此兩義亦常出入而不自覺。而由惟是一
性（超越之性）之兩面觀，以說「氣質之性」，亦本于**明道**。惟明
道言一性之兩面觀只是說超越之性之本然與雜在氣裏中，非以此義
解說「氣質之性」一詞也。至朱子重視「義理之性」與「氣質之
性」之分，而復以此一性之兩面觀之義解說此「氣質之性」之一
詞。如以此解說爲準，則雖肯定「氣質」爲一獨立概念，然卻並不

就氣質本身之不同（種種差異相）而說為一種性。其實，**就氣質本身之不同而說為一種性，因此，即名曰「氣質之性」**，此恐是此詞所以立之**本義**。至于去認取超越之性之本然與雜在氣質中而有不同之表現之兩面觀，則是進一步的道理，而亦不妨礙「氣質之性」之建立。惟不必以一性之兩面觀之義解說此「氣質之性」一詞耳。蓋如此，勢必形成語意之混擾。即在朱子，其語脈亦有時是兩義並存者，即：有時確定地解說氣質之性為氣質限制中的超越之性，有時亦不自覺地意指其即為氣質本身之不同也。蓋此後一義乃是此詞之最順適而亦最原初之本義。

　　濂溪此處說剛柔善惡中之性顯然即是說此種「氣質之性」。此種氣性或才性雖須有超越之性以主宰之，亦須要本超越之性自覺地作道德實踐以變化之，然其本身之作用以及其限制性之大乃事實上不能抹殺者。孟子雖說「口之於味，耳之於聲，目之於色，四肢之於安佚，性也，有命焉，君子不謂性也」，然畢竟亦是一種性，「食色性也」（告子語），究竟亦是人性之自然。「君子不謂性」是重點義，重點雖不由此見人之所以為人之真性，然亦不能說此不是人性之自然。人本有動物性與道德性（神性）之兩面。口之于味、耳之於聲等，雖與剛柔善惡中之氣質有間，然同是氣之事，同屬「生之謂性」（性者生也）一原則，則無疑。口之于味、耳之于聲等，是人性之自然，剛柔善惡中亦是「生之謂性」之進一步的自然。于口之于味耳之于聲等，則說節制，無所謂變化，（此即荀子之著眼點，乃從最低處說），于氣質，則說變化，乃是自覺地作道德踐履之進一步者。張橫渠謂「氣質之性，君子有弗性者焉。」此明是根據孟子之語脈而來，亦是重點義，即重在以「天地之性」為

本，不以此「氣質之性」爲本也。雖不以之爲本，然不能忽視其作用之大。茲以此義爲「氣質之性」一詞之原義，既可賅括「生之謂性」（性者生也）一原則下一切說法（告子、荀子、董子、王充、《人物志》所說之性皆在此原則下），亦可明道德踐履之實功。後來劉蕺山反對人心道心之分，義理之性與氣質之性之分，徒增繳繞，甚無謂也。詳爲疏理，見下第四段。

剛性柔性皆可有善惡之表現。變化氣質者，變其惡之表現而爲善之表現之謂也。善之表現即合于中正之道。既合于中正之道，則其氣質之偏者，無論爲剛性之偏或柔性之偏，亦可化而爲中正之氣質矣。「中也者，和也，中節也，天下之達道也，聖人之事也」，此言聖人自能合于中正之道，而亦自具中正之資（氣質或資質）。故其剛亦善，柔亦善，而無往不通也。此言「中」是就中和之資能表現中正之道言，與《中庸》之言中和不同也。《中庸》就喜怒哀樂未發已發而言中爲天下之大本、和爲天下之達道，至少不是說的氣性（資質、才性）之中和。而濂溪之言「中」是套于剛柔善惡一律言，只有等級之不同，故知是氣質資質之中也。蓋自兩漢以來，一般皆肯定聖人之資爲中和之資也。聖人固是德性人格之最高級，然其所以至此，亦由其有中和之資使然也。一般人不具此中和之資，則須自覺地作工夫以變化其氣質之偏，以期合于中正之道。氣質之性是**限制原則**，亦是體現誠體以及仁義中正之道之**資具**。不能不有此資具，故雖聖人亦必須有中和之資。而又是一限制，故雖有中和之資，而「及其至也，雖聖人亦有所不知焉，亦有所不能焉。」此是一甚深嚴肅之義，不可輕忽也。

濂溪此章只言實功落在變化氣質上，至于如何達到此實功，則

見下章。

〈思第九〉：

　　〈洪範〉曰：「思曰睿，睿作聖。」無思，本也。思通，用
　也。幾動於此，誠動於彼。無思而無不通為聖人。不思，則
　不能通微。不睿，則不能無不通。是則無不通生於通微。通
　微生於思。故思者聖功之本，而吉凶之幾也。《易》曰：
　「君子見幾而作，不俟終日。」又曰：「知幾其神乎？」

案：此為《通書》之第九章，正式言工夫。工夫者，主觀地通過心
之自覺明用以體現天道誠體之謂也。天道誠體為**客觀性原則**，心為
主觀性原則。心之自覺明用可多方以言之，而濂溪于此則根據〈洪
範〉而言「思」。故知此章實濂溪之言「心」也。乃由思以明心之
用。孟子亦言「心之官則思」，又言「思誠」。思乃心之通用（一
般性的作用）。但此一般性之作用，就道德實踐之工夫言，亦有其
特殊的意義。孟子言「心之官則思」，是對「耳目之官不思而蔽於
物」而言，是則思者是表示心之解放，從感性之拘圍中而開擴其自
己，是心之超越乎感性以上而明朗其自己。思乃心之**明通**，此為心
之第一步的**道德意義**，即不為感性所蔽而**主宰乎感性**。言「思誠」
則是由思之對象而規定其道德的意義，明此思是思誠體，並非成功
經驗知識之**一般思想**也。成功經驗知識之一般思想，其所思者乃是
經驗對象，而此卻是誠體。思誠者即是**明朗其誠體之謂**。誠體是客
觀地說的道德之實體，思誠即是主觀地朗現此誠體。誠體朗現，誠
體之真實性（道德創造的實體之真實性）即全部滲透于此思之明用

中，而思亦為**創闢朗潤之思**，而思亦全部浸潤于誠體中，而誠體亦**為瑩徹明通之誠體**，此為道德意義之思，亦即心之通用之進一步地規定其道德的意義。

濂溪根據〈洪範〉之「思曰睿，睿作聖」，亦仍是以此種道德意義之思（心之通用）而言聖功。其所思者乃是「幾善惡」之幾，「動而未形，有無之間者，幾也」之幾，「幾者動之微、吉凶之先見者也」之幾。思之功即落在「幾」上用，即是要徹底**通化此幾**而使之歸于善，使之純然順應誠體而動，而無一毫之夾雜。此則尤顯道德踐履之功之切義。孟子言「思誠」是朗現誠體，是從正面言；濂溪言思在幾上用，是化除幾之惡，是從負面言。

就聖果言，思之最高境界是「無思之思」。故曰「無思本也」。此言「無思」即《易·繫辭傳》「易無思也，無為也，寂然不動，感而遂通天下之故」之無思無為之無思。思雖以無思為本，然不能停滯于無思。而無思亦非是槁木與死灰。言「為本」者表示以「無思」為體耳。有體必有用，故曰：「思通，用也」。「思通」即思以「通微」也。此是無思之用也。思以通微之極則是「無不通」。濂溪即以「無不通」規定「睿」。至「無不通」時，便知此思是無思之思，故曰：「無思而無不通為聖人」。既是無思，又是思之而無不通，則知此思不是有計慮、有將迎之有作有為之思，而是無作無為，惟是一**誠體流行之思**。此不是經驗界（感性界）之思，而是一種超越之睿思，故曰：「睿作聖」也。濂溪言思，誠體之用即注（亦是著）于其中。

以「無思而無不通」之睿恢復並證實（彰顯）誠體之流行，誠體即在「無思而無不通」中**重新建立**，亦即于此而**全體朗現**。此為

誠體之具體化與真實化。故睿思過程即是誠體建立之過程。故曰：
「幾動於此，誠動於彼。」思之功全在幾上用。思之「通微」即通
幾之微，亦即知幾、審幾，而亦愼于幾也。在動之微處，或吉或
凶，或善或惡，皆由此出，故須知、審而愼也。此亦**愼獨工夫**之別
稱，以思之通化幾之惡而表示愼獨之工夫。在知幾中，不只是一種
靜觀的知，而且是一種「化凶為吉，化惡為善」的**實踐工夫**。幾之
動，若順寂體（誠體）而來，則純善而無惡。一念不本于寂體，則
陷于邪而為惡。知幾即在動之微處而神感神應。常戒愼恐懼而保其
清明之體，故能知微（通微）。知微而至神感神應，即是「無思無
不通」而為睿矣。《易·繫辭傳》曰：「顏氏之子，其殆庶幾乎？
有不善未嘗不知，知之未嘗復行。」「有不善未嘗不知」，即示顏
子能常保其清明之體（誠體、寂體、心體），故能知微也。「知之
未嘗復行」，即示**知之即化之也**。故王龍溪常于此稱顏子「纔動即
覺，纔覺即化。」此即示顏子之生命「誠精故明，神應故妙」（見
前〈聖第四〉），庶幾近乎「無不通」之睿境矣。此確是澈底清澈
自家生命之道德工夫，此是道德實踐之基本義。

　　幾動是現象，即如其為現象自身言之，它屬于經驗層。而知幾
之知，通微之思，乃至于睿，則屬超越層，是清明心體之用。若知
之即化之，則動從寂體，即經驗即超越，即用即體，則純善而無
惡。斯則誠體立矣。「幾動於此，誠動於彼」，即言幾一動，而誠
體之思與知即隨之而應于上。實則此兩句改言為「幾動于彼，誠動
于此」，則較順適。于誠動而言「此」，從主體也。誠體之動于此
而照臨乎彼幾之動，則知（思）之「通微」義顯矣。故濂溪之言
「思」實即**誠體注入其中之思也**。故思亦可謂為誠體之用，亦即是

相應誠體而為創闢朗潤之思。及此通微之思而至乎「無不通」之睿，則幾之動即全吉而無凶、全善而無惡，乃**稱體而化**矣。此即「無思、思通」之全體大用，而誠體亦于焉以立，而全部朗現焉。此即聖人之境。誠體既立，（立是彰顯之立，非本無今有之立），則思亦相應此誠體之「寂然不動感而遂通」而同其為「寂然不動感而遂通」，而為「無思而無不通」之思矣，此即是睿，亦即是「發微不可見（寂然不動）充周不可窮（感而遂通）之謂神」之神也。此時主觀說的「思」與客觀說的誠體全**融合而為一**，誠體寂感之神即是思用之神也。故《易》曰：「知幾其神乎？」《易·繫辭傳》此語，經過濂溪思之通微而至無不通之道德實踐的意義，其義比一般人初見所想之意義為深刻而積極。它不只是察事變之幾而知之于幾先。能察事變之幾而知之于幾先，固亦是神，但濂溪之此言知幾之神有一種**道德的通化之意**，不只是旁觀之照察，故是相應誠體寂感之神而亦為「充周不可窮」之神也。「君子見幾而作不俟終日」即是「纔動即覺，纔覺即化」之義，亦是道德的通化之義。此是《易傳》此數語之本義，故《易傳》以顏子「有不善未嘗不知，知之未嘗復行」為例也。若只解為知幾避禍，則淺而陋矣。此正是自私，焉得能為誠體之神？故濂溪之言思、言知幾，而謂為「聖功之本」，此乃正是不失其道德踐履上通化之義者。（「思者聖功之本，而吉凶之幾也」，此中綴之以「吉凶之幾」易有誤解。實則只是思則吉，不思則凶之義。思則超化，故吉；不思則陷落，故凶。〈太極圖說〉言：「君子修之吉，小人悖之凶」，亦此意也。此是表示思既為「聖功之本」，又是作聖之本質的關鍵。）

　　綜觀此章是濂溪言作聖之功之最深微者。言工夫，不能不言

心。心是體現誠體之關鍵，故此章實即濂溪之言心。但此由思所表現之聖功猶是就心之通用（一般的作用）言，須把心提到「無思而無不通」之圓用方能至聖之睿。此圓用是以誠體之**寂感之神為標準者**。若問此圓用是否能由心之自己而挺立，即是否能本質地挺立起，則光只注重此心之通用而當然地如此說，似尚不能解答此問者。此即表示說，若心只是此思用，則不**必然地**能至此**圓用之境者**。即或經過一種虛靜之工夫，而可至此圓用之境，亦不必真能彰著此誠體而與誠體合一，因而其自身即是此誠體寂感之創生之神用。顯然道家經過虛靜之工夫即可至此圓用之境者，然而道家之心顯然不即是此誠體寂感之神用，當然，**濂溪**是儒者之心態，故其言此圓用是與誠體相湊泊者。「幾動於此，誠動於彼」，在誠動處，即是**誠思之合一**。然此只是當然如此說。而若心只是**思用**，則不必真能**至此**。此猶是兩者之**偶然地湊泊**，而不是必然地即**為一事者**。吾之提出此義，旨在表示就體現誠體之工夫而注意及心而言，此時之心即不能只注意其**思用**，必須進一步更**內在地注意其道德的實體性之體義**，此即是「**其圓用能本質地挺立起**」之關鍵，亦是「其圓用即是**此誠體寂感神用**」之關鍵。此道德的實體性之體義的心即是孟子由之以說性善的心，即所謂**本心**，其所以為體之內容即所謂惻隱、羞惡、辭讓、是非等等者。由此開工夫更是真切于挺拔之道德踐履者，更是切近于先秦儒家所表示的道德的創造之陽剛之美者。而不是只從**思用**以言也。而濂溪所妙契之思用之「無思而無不通」之睿境亦正在此而充實起而挺立起，因而亦有其**必然性**。濂溪之妙契是用在《中庸》與《易傳》，而于孟子之言心似不甚能真切，而亦有忽略，故于言工夫，迂曲而尋根據于〈洪範〉，而不知就教于

孟子，可謂捨近而求遠。此固是在初創，然亦由其不能貫通先秦儒家之發展而然也。此亦是其易被人聯想爲有道家意味者之故。

　　能就孟子之道德的實體性之體義的心而謂其即是此天道誠體之神用，因而極成其所謂「一本」者，乃是明道；能由之而開工夫而更眞切于挺拔之道德踐履，更切近于先秦儒家所表示之道德創造之陽剛之美者，則爲陸象山。此則乃進于濂溪者。但吾人必須于濂溪之言心處，記住此義，始能知後來之發展，以及洞澈學派分立之關鍵。

　　此外，〈志學第十〉：

　　　聖希天，賢希聖，士希賢。伊尹、顏淵大賢也。伊尹恥其君
　　　不爲堯舜，一夫不得其所，若撻於市。顏淵不遷怒，不貳
　　　過，三月不違仁。志伊尹之所志，學顏子之所學。過則聖，
　　　及則賢，不及則亦不失於令名。

案：此爲宋、明儒共同之意識，亦確然是典型之儒家精神。易明，亦無問題，不煩疏解。

　　〈聖學第二十〉：

　　　聖可學乎？曰：可。曰：有要乎？曰：有。請問焉。曰：一
　　　爲要。一者，無欲也。無欲則靜虛動直。靜虛則明，明則
　　　通。動直則公，公則溥。明通公溥，庶矣乎？

　　案：此章言聖可學而至，此是先秦儒家本有之義，亦是宋、明

儒共同之主張。至於言學聖之要（亦是學聖之工夫，亦即自己踐履以嚮往聖境之工夫），若順通以上言誠體處，則亦易明，而如此說，亦總是必要者，亦非問題之所在，故亦不煩疏解。

第四段　誠體之神與太極之理

〈順化第十一〉：

> 天以陽生萬物，以陰成萬物。生，仁也。成，義也。故聖人在上，以仁育萬物，以義正萬民。天道行而萬物順，聖德修而萬民化。大順大化，不見其跡，莫知其然之謂神。故天下之眾，本在一人。道豈遠乎哉？術豈多乎哉？

案：此章言順化，順即「天道行而萬物順」之順，即依道而自然順成；化即「聖德修而萬民化」之化，即由於聖德之感召而自然潛移默化。就萬物與萬民而分別言順與化。其所以能順與化者由于道也。此言順化，就萬物與萬民說。若從體言，則說神化。《易》之為書，主旨即在窮神知化。故「子曰：知變化之道者，其知神之所為乎？」（〈繫辭傳〉）變化之道即易也。「生生之謂易」，「陰陽不測之謂神」，「故神無方而易無體」。（皆〈繫辭傳〉語）此言神化從天道誠體說，即屬于能（主），而順化則屬于所（從）也。然天道誠體之神化之用即見之于「所」處順化之實也。故濂溪云：「大順大化，不見其跡，莫知其然之謂神」。子貢謂「夫子之得邦家者，所謂立之斯立，道之斯行，綏之斯來，動之斯和」（《論語·子張》第十九），即「聖德修而萬民化」一語之所由

來。萬民之順化莫知其然，不見其跡，是所謂自然而潛移默化也。然而吾人亦知此潛移默化之**所以然**，此即由于「**聖德修**」也，亦由于夫子之在上也。故順化處之神即是誠體處之神也。

「天以陽生萬物，以陰成萬物」，陽生陰成是落在**迹上說**。陰陽氣也，故有**跡**。而所以妙用之而使之成其爲生，成其爲成者，則是天道誠體之神用。「神也者妙萬物而爲言」（《易·說卦傳》）。天道誠體實有能生能化之神用，然其**生無生相**，其**化無化相**，故只是一**神用**，而神無方所、無形跡，故亦曰**寂感眞幾**也。而一落在氣上，則有跡矣。就其能生能化之神用言，亦曰道德的創造之眞幾，一切德皆從此出。仁義有其分際表現上之定義，而大體言之，仁爲生德，義爲成德（裁成之成，亦可曰**斷德**），故以仁比陽生，以義比陰成，故曰：「生，仁也；成，義也。」此就人格生命之體現誠體而表現爲德性言。故曰：「聖人在上，以仁育萬物，以義正萬民。」此是天道之在聖人生命上之表現，而仁義即是**天道之內容也**。故最後結之曰：「天道行而萬物順，聖德修而萬民化。大順大化，不見其跡，莫知其然之謂神。」自天道誠體而來之**具體的德性**固有此**神用**也。〔不是抽象的仁義有此神用，乃是融于具體的誠體中之具體的仁義、生命表現的仁義，有此神用。又濂溪言仁義或仁義中正，其所言之仁俱是偏屬之仁。但仁亦可提起來言，如此，仁是全德，是一切德性之源，是則仁即等於誠體，故亦曰**仁體**。此種絕對的仁體（仁道、仁心）即是孔子所多方以指點者。明道開始精識此義，濂溪尙未能至此。濂溪對于《論語》、《孟子》體會不深，其所默契者是《中庸》、《易傳》也。故以天道誠體爲第一義，而凡言德則就通常之五常言，是在第二義。故云：「誠

者，五常之本，百行之源也。」其言「聖人之道仁義中正而已矣」，以及此章之言「以仁育萬物，以義正萬民」，是由第二義以通第一義，故吾解之云：仁義即是**天道之內容**。然仁是生德，明道即由此生德之仁提起來而言其絕對義，故仁體即是**天道誠體之具體的說**，即是**道德的創生之誠體**。仁有二特性，一曰覺，二曰健。綜此二特性而識仁體，則仁以感通為性、以潤物為用，故仁即是**道德的創造性之自己也**，故曰**仁體**。此則仁由其相對的（偏屬的）德目義解放而為**形上的實體義**（雖亦是道德的）。此則為濂溪所不及者。濂溪是天道誠體與仁義中正分別平說，而仁義中正是就其為德目之義言。德目之踐之至其極亦可通天道，然未能解放而即是天道誠體也。兩者猶有間而未能一。宋、明儒之發展，大體是由《中庸》、《易傳》開始而逐步向《論》、《孟》轉，以孔子之仁與孟子之心為主證實天道誠體之所以為天道誠體**而一之**——一之于仁，一之于心，重新恢復先秦儒家從孔、孟到《中庸》、《易傳》之發展，如此而知《中庸》、《易傳》是其圓境。否則，《中庸》、《易傳》之天道誠體只是空頭的宇宙論的，亦是外在的，此則**客重而主輕**，濂溪、橫渠俱有此意味。本是主客觀之真實統一之**圓教**，然而因不能貫通先秦儒家**發展之序**逐顯出**客重而主輕**，亦可說是**內輕而外重**，主觀性原則（心）不足故也。逐步向《論》、《孟》轉，第一步關鍵是明道之**一本論**，第二步關鍵是**象山之孟子學**。至此而主觀性原則澈底挺起矣。由伊川而至朱子則是**歧出**，不合先秦儒家發展之序，亦不合先秦儒家立教之基本精神——道德的創生之**陽剛之美**。吾茲先言其大略，藉以明濂溪之限度以及此後發展之大體方向與夫朱子之歧出。此後逐步明之。〕

〈動靜第十六〉：

> 動而無靜，靜而無動，物也。動而無動，靜而無靜，神也。
> 動而無動，靜而無靜，非不動不靜也。物則不通，神妙萬
> 物。水陰根陽，火陽根陰。五行陰陽，陰陽太極，四時運
> 行，萬物終始。混兮闢兮，其無窮兮。

案：此章是對于神之爲神之體悟，亦是上章言順化及首四章言天道
誠體之總匯，亦是濂溪言道體之最有形而上的玄悟與宇宙論的旨趣
者。前言天道是籠統字，故實之以誠體；誠體猶嫌籠統，故實之以
寂感。是則天道誠體即是一寂感眞幾，引申而爲**道德的創造之實
體**，此實體確有能生能化之**神用**。就此神用言，如以動靜形容之，
則是「**動而無動，靜而無靜**」者。「**動而無動**」是動無**動相**。動言
其非抽象之死體，它純然是一**虛靈**。然純然是虛靈之動乃**無動相**
者。無動相言其非限定之物之動也。限定之物之動，動即是動，因
而無靜矣，是即動與靜對。然而無動相之動，則動不與靜對，因而
動即是靜矣。此純是**即動即靜動靜一如**之**虛靈寂體**，故「**不疾而
速，不行而至**」也。若是疾而速，行而至，則有**動相**矣，此則爲一
物矣。虛靈寂體，儼若靜也，然「**靜而無靜**」。靜言其無**動相**。無
動相非即與動爲對之**靜**也。故亦**無靜相**。無靜相，則靜即**動**矣。即
靜即動，靜動一如，故仍是「**不疾而速，不行而至**」也。「**不疾、
不行**」即**靜**，「**而速、而至**」即**無靜相**也。動無動相，是謂**至動**，
至動不與靜對，故亦無所謂動也。靜無靜相，是謂**至靜**，至靜不與
動對，故亦無所謂**靜也**。是即謂「**即動即靜，非動非靜**」之神用，

而必須通過「動而無動，靜而無靜」之詭辭以**妙悟之**。「動而無動」非是說**不動**也，只言**無動相**而已。若眞是說「不動」，則即**只是靜**而已。只是靜即與動爲對也。「靜而無靜」亦非是說「**不靜**」也，只言**無靜相**而已。若眞是說「不靜」，則**只是動**而已。只是動即與靜爲對也。此即是「動而無動，靜而無靜，非不動不靜也」一申辨語之確義。此中之「非不動不靜」與通過「動而無動靜而無靜」而歸至一如之「即動即靜，非動非靜」中之「非動非靜」並非同一意義，故亦並不衝突也。「非不動不靜」是表示神實有動義靜義，亦實可以動靜去體會，但只是其動是「動而無動」之動，其靜是「靜而無靜」之靜，並非無所謂動靜，根本不可以動靜去體會之意也。而「即動即靜、非動非靜」中之「非動」則只是遮動相，遮動相非**遮動也**，亦非即**只是靜**也，故**靜而無靜**矣；而其中之「非靜」亦只是**遮靜相**，遮靜相非**遮靜也**，亦非即**只是動**也，故**動而無動**矣。

限定之物「動而無靜」，動只是動，「靜而無動」，靜只是靜。靜不通動，動不通靜，故「物則不通」也。此適于直線思考。而對于神之體悟，則須用曲線思考，故**圓妙**也。其本身爲妙，故亦能**妙萬物**也。所謂「神妙萬物」者，即云限定之物雖動只是動，靜只是靜，然其**動了又靜**、**靜了又動**，而實有其生化之**實事而不窮**者，實是一誠體之神爲之也，故生化實事之不窮實即一**誠體之神之流行與充周**。至此而眞見「**維天之命，於穆不已**」也。故濂溪下文即云：「水陰根陽，火陽根陰。五行陰陽，陰陽太極。四時運行，萬物終始。混兮闢兮，其無窮兮。」「水陰根陽」，即水之陰是根于火之陽而來，亦即陰之靜根于陽動之極而來，此即**動了又靜**。

「火陽根陰」，即火之陽是根于水之陰而來，亦即陽之動是根于陰靜之極而來，此即**靜了又動**。五行之相生相剋實即陰陽之動靜。故云「五行陰陽」，意即五行一陰陽也。而陰陽之動了又靜、靜了又動，實即一誠體之神之流行與充周，亦即其**妙用**。故云：「陰陽太極」，意即陰陽一太極也。言「太極」者是順陰陽言。此本于《易傳》「易有太極，是生兩儀。」因言及陰陽，故想及「太極」。是則**太極即誠體之神也**。如太極眞意指一**極至之實體**，非太極外別有**實體**，則太極除即是**天道誠體之神外**，不會是別的。

　　因誠體之神之流行與充周，故有陰陽生化實事之不盡，因而四時得以運行而不息，萬物得以成始而成終。「混兮闢兮，其無窮兮」，即指陰陽生化**實事**之**無窮盡**也。「混兮」是其**幾微之始**，「闢兮」是其**生成之著**。而無論混而闢，闢而混，亦可說皆是天道誠體之神用之所成也。無此誠體之神，則乾坤或幾乎息矣。（混不指太極言，混闢皆是**陰陽邊事**。此不是以太極爲渾一之氣由之開而爲二，復開而爲四等等也。混闢對言，不是太極陰陽對言也。太極、誠體之神無所謂混，亦無所謂闢。寂感眞幾，寂亦不是混，感亦不是闢。寂感一如是**神**，而混與闢則是**氣，陰陽邊事**。濂溪此處只隨《易傳》言太極，未曾言**無極**。又〈太極圖說〉有「無極而太極。太極動而生陽」云云，此「太極動而生陽」有類于「易有太極，是生兩儀。」《易傳》太極兩儀四象八卦一套，暫置不言，依至理，此「動而生陽」當如何解？依《通書》言天道誠體之神，不曾觸及此義。然〈太極圖說〉則明言之。此義可得解乎？可會而通之乎？抑爲不可通乎？〈太極圖說〉眞爲僞乎？或「其學未成時所作」乎？凡此等等，詳解見下節）。

〈理性命第二十二〉：

> 厥彰厥微，匪靈弗瑩。剛善剛惡，柔亦如之，中焉止矣。二氣五行，化生萬物。五殊二實，二本則一。是萬爲一，一實萬分。萬一各正，小大有定。

案：此章言理、性、命，亦是極有形而上的玄悟與宇宙論的旨趣者。然全文中無理、性、命之詞，而其義卻含于其中。「厥彰厥微，匪靈弗瑩」，此言生化之事無論其彰著而成形，或其幾微而尚未形，皆是非有誠體之神以妙之不能**瑩徹而通也**。「靈」指誠體之神用言。誠體寂然不動感而遂通，故是**虛靈而神也**。此「靈」字即代表「理」。此理是**形而上的實體**之理，亦即**誠體之理——誠體即理也**。理是就誠體之妙**萬物**而爲其「**超越**」而言。生化之實，無論爲彰爲微，是**實然**。實然必有其超越的所以然而**妙之**（而**實現之**）。「匪靈弗瑩」，靈即其能瑩徹而通之**超越的所以然**，此即「**理**」也。此理爲**實現之理**或亦曰**生化之理**。對生化之事而爲其所以實現之理也。此理不只是**靜態地規則之定然之之理則**，而且是**動態地實現之之生理**（生物不測之**創生之理**）。至於此理本身，則即是**誠體之神、寂感真幾**。對此寂感真幾，若分解之而剖示其**內容**，則它**亦是理、亦是心、亦是神**。從寂感處必然函著是心。因爲心才可說**寂感**。寂感一如即是神，心之**虛靈充周即是神**。寂感一如不只是神用，且即在其**寂感神用之創生**中湧發出**定然之理則**，此即是理。圓而神中即含著**方以智**。圓神是**用**，方智是**理**，此謂**圓方一如、心理一如、心即是理**。此理是**理則之理**，所謂**普遍的律則**也。

此是誠體底**內容之一**。若此誠體，實指目之，即是心神，則此理則，即是其**內容**，惟此**內容是實言**。對誠體言，心神理俱是其**內容**，心神之爲內容是**虛言**，名之爲**函義**或較好。「此心神理是一」之**誠體**對生化之事言亦爲**理**——此理是其動態的超越的所以然，即**實現之理**。此「理」之意義與「心神理是一」而爲誠體中的內容之「理」之意義**不同**。此兩理字乃是兩個層次者。前一理字**總指誠體而言**，後一理字則是此誠體中之**內容——理則之理**。此兩者不可混，而朱子之分解則無此兩層意義之分別，只把**實現之理**視爲**超越的所以然**之靜態的、形式意義的只是理，如是天道太極只成爲只是理，而心與神遂與理分離，而被劃**屬於氣**，如是天道太極遂亦不可說爲**誠體之神**、**寂感眞幾**，而只成爲一形式意義的、靜態的、超越的所以然之理，而「維天之命於穆不已」一語亦不能維持其實義。此則大非濂溪之所**妙契者**，亦非《中庸》、《易傳》之**原義**。此是學派分立之最根源的關鍵。

「剛善剛惡，柔亦如之，中焉止矣」，此三語是言「性」，顯本〈師第七〉「性者剛柔善惡中而已矣」一語而來。剛性有善有惡，柔性亦有善有惡，此皆有偏差，惟中和之資則剛柔得宜，只有其善，而無其惡。故云：「中焉止矣」，即以中和之資爲標準也。此言性顯指氣性、資性或才性而言。此種性雖亦可由陰陽五行之氣化而成，但卻非通誠體之性。蓋通誠體之性即以天道誠體爲性，此則不可以剛柔善惡論，此雖亦可曰「中」，但若名之曰「中」，則是指體之中，而非資性之中也。陸象山謂「中焉止矣」之中即太極（見與朱子辨〈太極圖說〉書），非是。孤立看可即太極，但此言性顯指資性才性言，則此「中」字即不可說是太極。此處言性既是

資性才性，則與天道誠體之為理即**不能通而為一者**，雖亦可由陰陽氣化而來。蓋天道性命相貫通之「性」是「**理**」性，非「**氣**」性也。〈誠第一〉「大哉《易》也，性命之源乎」之語，以及所引〈乾象〉「乾道變化，各正性命」之語中之「性」，普通皆理解為是**通誠體之性**，不會是**氣性也**。但濂溪在該處只提及此語，而並未正解性命與天道誠體之**為一**；而於〈師第七〉及此〈理性命〉章之言性又是指**氣性言**，是則天道性命相貫通之義即**不顯**，而此〈理性命〉章言性之三語亦與言理者不相連屬，如同孤立而橫插于其中者然。此是此章之弱點，亦由於濂溪尚未正視天道性命相貫通之**實義**也。（橫渠言之極精切，見下章）。

　　「二氣五行，化生萬物。五殊二實，二本則一。是萬為一，一實萬分。萬一各正，小大有定。」此數語可視為**理性命相貫而為一**，惟其中有若干詞語實欠分明。「二氣五行，化生萬物」無問題。「五殊二實，二本則一」，此中之「實」字不甚好講。「五殊二實」可視為兩平行之駢句。「五殊」即五行之殊異。〈太極圖說〉謂：「五行之生也，各一其性」可視為此「五殊」之注語。「二實」即陰陽二氣之實。如是，殊與實俱是論謂詞（論述語中之謂詞）。此在語文上好像是如此。但以義理衡之，陰陽二氣是實，五行豈只殊而不實乎？此在措辭未見允當。「實」字對「殊」字實是隨便安置者。（意想濂溪當時似是如此。蓋設身處地以思之，前既言五殊，後言二當如何，實不好措辭也。）如果此句解為「五行之殊實即陰陽之二氣」，則「實」字為副詞。此在義理上為通順。如此解，則「五殊二實」即〈動靜第十六〉「五行陰陽，陰陽太極」中之「五行陰陽」，而「二本則一」即其中之「陰陽太極」一

語也。而〈太極圖說〉中亦有「五行一陰陽也，陰陽一太極也」之語。此與「五行陰陽，陰陽太極」爲同一語法也。唯此處之「五殊二實，二本則一」，義理雖同于該兩處，而「五殊二實」之語法實別扭。若解爲「五行之殊實即陰陽之二氣」，義理雖通，而語法語意不合。吾意當濂溪之措此語，行文上以實對殊，爲兩駢語，而其心中之意指實在是說：「五行之殊實即二氣之實（實處實即二氣）」之**一整語**。彼下一「實」字實有兩面通之意，若定解爲兩駢行之直述語，則不成義理。文欲簡古，而又以對文出之，遂自困于一不易妥順之語脈。（濂溪、橫渠俱有文欲簡古而語不通順之病。如〈誠第二〉「非誠非也」一語即不成語句。橫渠之〈西銘〉：「天地之塞，吾其體；天地之帥，吾其性」，亦別扭不通常。其他辭滯意塞者甚多。此亦有類於陶淵明之自稱爲「文妙不足」也。理學家大抵皆性質樸而拙于爲文。初期尤甚。至二程以口語出之，則不受文之限制。朱子、象山、陽明文皆暢達。至於說到「文妙」，統宋、明儒皆不及魏、晉之玄學家，亦不及佛教中講經敎之大德。）

　　五行之殊實即二氣之實，而二之本則是「一」也。一即太極或天道誠體之神。「是萬爲一，一實萬分」，此兩語一與萬對言，而其中之「實」字亦可有兩解。一解，此兩語當如此：承上故知二氣五行所化生之萬物因其源本於一故可匯歸而爲一，而一又**實可**因其爲萬物之體而隨物之分而亦儼若散而爲萬萬之多（其自身實不可分而爲多）。另一解：萬而歸一，而**一理之實**又分而爲萬。是則「一實」爲一詞，意即「一理之實」。此解，義理自通，但亦不合通常對於此種語法之誦讀。蓋此兩語皆是一萬對言，何忽轉爲「一實」

（一理之實）而萬分耶？朱子即如此解。《語類》卷九十四：
「問：〈理性命〉章註云：自其本而之末，則**一理之實**而萬物分之
以為體，故萬物各有一太極。如此，則是太極有分裂乎？曰：本只
是一太極，而萬物各有稟受，又自各全具一太極爾。如月在天，只
一而已。及散在江湖，則隨處而見，不可謂月已分也。」此解于義
理甚是，而「一實」解為「一理之實」則不必是。此亦語法問題，
非義理問題。

　　「萬一各正，小大有定」，此「萬一」一詞亦易引生歧義。若
承上文一與萬對言，則此「萬一各正」很顯然是**萬與一各正**。但
「一」若為太極，天道誠體之神，即無所謂正不正，故「各正」若
指**萬與一**言，顯然于義理為不可通。又，此言「各正」，很易使人
想到「乾道變化，各正性命」之經文，而「各正性命」之「各」是
落在**個體上說**，不涉指**乾道也**。萬物性命之得正是因乾道而得正，
而乾道本身無所謂正也。若以此經文為根據，則「萬一各正」顯不
能指**萬與一說**。是則「萬一各正」者即由於分于一而成之**萬萬個體**
皆**分別各自得正其性命也**。「萬一」即個個自己意。因個個皆得各
正，故「小大有定」也。「定」即隨「正」來。萬物中，小者因得
一而成其為小，大者因得一而成其為大。亦〈繫辭傳〉「易簡而天
下之理得矣，天下之理得，而成位乎其中矣」之義也。「**成位乎其
中**」即「**小大有定**」也，亦即「**各正性命**」也。此皆就**散殊之物
說**，不涉指**誠體、太極之一也**。「一」無所謂正不正，亦無所謂小
大也。若解為「萬與一各正」，則于義理為不通。然承上文萬與一
對言，則又很易使人想為「萬與一各正」也。故此亦是笨拙之滯
辭。

　　綜此八語可視爲理性命相貫通之積極表示。其中之「一」即理，此理指太極或天道誠體之神說。「性命」則藏於「萬一各正，小大有定」中。理之一妙萬物而爲其體，而萬物稟受之，即其自己之「性」也。性通于理之一，故曰性體。統宇宙全體而言之，曰理曰一，此即朱子所謂「統體一太極」。分就各個體言，曰性，此即朱子所謂「物物一太極」。既都是太極，故性與理之一不但**相貫通**，實即是**一事也**。命兩頭通：一、天道命之之命，天道命之，萬物受之，此言性體之根源；二、性體決定各個體之**方向**，命其必須如此行方是**盡性**，此是性之**命**、命**令之命**、決定**方向之命**、定然如此而不可移易**之命**。理與性是**實體地說**，命是**作用地說**，而作用即是**性與理之作用也**。此即謂**天道性命之相貫通**。在此貫通中，性自是通于理之一（誠體）之性，不會是剛柔氣質之氣性或資性，命自是天道之命或性體之命，不會是壽夭吉凶生死富貴等命運之命或氣命之命，而是道德的命令之命，人受此命令而必然遵循之，無可移易，亦是其命也，此即是正宗儒家道德的理想主義中「**性命**」一詞中之**命也**。性命若落于氣上說，則性爲**氣性**，命爲**氣命**。氣命之命是命定主義之命，此即董仲舒、王充、《人物志》等所說之**性命**，王充所謂「**性成命定**」也。而其基本原則即告子所謂「生之謂性」，亦即老傳統之「性者生也」。此在宋、明儒即自橫渠開始所說之「氣質之性」。而天道性命之性則是橫渠所說之「天地之性」，後來朱子所謂「義理之性」。此種分別，在濂溪之《通書》中並不顯明。而通于誠體之性，亦未正面直說，而其所顯明地直說者卻是「性者，剛柔善惡中而已矣」，此則于言性有不盡也。然而此〈理性命〉章卻亦很顯明地隱含著此通于誠體之性，亦很顯明地

可表示出天道性命之相貫通。

第五段　結語：濂溪之造詣與不足

綜觀《通書》之思想，如以上所解，有以下幾點當注意：

1.對于天道誠體之神、寂感眞幾，有**積極的體悟**。所謂「默契道妙」者，即在此面有積極的意義。在濂溪之體悟中，天道誠體亦是心、亦是神、亦是理，不是如後來朱子之所分解，天道成爲「**只是理**」，而**心神屬于氣**。朱子于《通書》之〈理性命〉章及〈太極圖說〉極有興趣，然卻不以誠體、寂感眞幾解太極，此未可謂善紹。此見朱子之心態並不眞能自誠體、寂感眞幾理解天道，亦不眞能契悟「**維天之命於穆不已**」也。然而寂感眞幾、誠體之神卻是濂溪眞有得處。

2.自體現誠體之工夫說，必須言及心，而濂溪對于孔子之踐仁以知天，孟子之盡心知性以知天，總之對于孟子之心學，並無**眞切的理解**。彼自〈洪範〉之「思曰睿，睿作聖」以言聖功，不自孟子之「道德的實體性之體義」的心以言聖功，即示其對于心之了解並不眞切。如能正視孔子之仁、孟子之心，而眞能透徹之，心之「道德的實體性之體的意義」眞能挺得起，則自「思」言、自「無欲」言，皆是**妙諦**，否則皆是隨意之偶然，並無**必然**。

3.對于通于誠體之性並無積極之正視，對于氣質之性與天地之性（義理之性）之分別亦無顯明之意識。天地之性或通于誠體之性或超越之性如不能挺立起，則「變化剛柔善惡之氣性以使之爲合于中道之純善」之工夫便無超越之根據。既挺立矣，而不能通于孟子「道德的實體性之體義」的心而一之，則道德踐履之工夫亦不能眞

切而得其**必然**。

以上二、三兩點乃濂溪學中之不**圓滿**者。是以濂溪之造詣猶在**觀賞之境界中**，只對于誠體有積極之**默契**，其他尚有待於後來之發展。然此步默契已開一最佳之善端。

第二節　關于〈太極圖說〉

第一段　「無極而太極，太極動而生陽」解

〈太極圖說〉全文如下：

> 無極而太極。太極動而生陽。動極而靜，靜而生陰。靜極復動。一動一靜，互爲其根。分陰分陽，兩儀立焉。
>
> 陽變陰合，而生水火木金土。五氣順布，四時行焉。
>
> 五行一陰陽也，陰陽一太極也，太極本無極也。
>
> 五行之生也，各一其性。無極之眞，二五之精，妙合而凝。
>
> 乾道成男，坤道成女。二氣交感，化生萬物。萬物生生，而變化無窮焉。
>
> 惟人也，得其秀而最靈。形既生矣，神發知矣，五性感動，而善惡分，萬事出矣。
>
> 聖人定之以中正仁義，（自注：聖人之道仁義中正而已矣），而主靜（自注：無欲故靜），立人極焉。故聖人與天地合其德，日月合其明，四時合其序，鬼神合其吉凶。君子修之吉，小人悖之凶。故曰：立天之道曰陰與陽，立地之道

曰柔與剛，立人之道曰仁與義。又曰：原始反終，故知死生
之說。大哉《易》也，斯其至矣。

案：此〈圖說〉全文，無論**思理**或**語脈**，皆同于《通書》，大體是
根據〈動靜〉章、〈理性命〉章、〈道〉章、〈聖學〉章而寫成。
「一動一靜，互為其根」，直至「萬物生生，而變化無窮焉」，此
一整段同于〈動靜〉章「水陰根陽，火陽根陰」以下以及〈理性
命〉章「二氣五行，化生萬物」等八句。「聖人定之以中正仁義而
主靜，立人極焉」，依自注觀之，此句同于〈道〉章及〈聖學〉
章，是此兩章之簡括。依此觀之，〈圖說〉**義理骨幹不外此四章**，
不可謂非濂溪之手筆也。惟有一點不同于《通書》，此即「無極而
太極，太極動而生陽」兩句是。《通書》只言「太極」，未有「無
極」；《通書》未有「太極動而生陽」之觀念。此兩句皆生問題。
然此所謂「未有」者是字面上說「未有」，義理上是否一定不為其
所意許，或不為其所函蘊？此則未可**遽斷**。

　　依吾觀之，「無極而太極」一語是對于「太極」本身之**體會問
題**，**本是一事**，加「無極」以形容之，本無不可。太極是正面字
眼，無極是負面字眼。似可說太極是對于道體之**表詮**，無極是對于
道體之**遮詮**。太極是**實體詞**，無極是**狀詞**，實只是無聲無臭、無形
無狀、無方所（神無方）、無定體（易無體）、一無所有之「寂然
不動感而遂通」寂感一如之誠體本身，而此即是**極至之理**，故曰
「無極而太極」，此語意不是無極與太極。「無極」一詞雖出于
《老子》「知其白，守其黑，為天下式。為天下式，常德不忒，復
歸於無極」（王弼本，〈二十八章〉），然《老子》之使用此詞亦

是**狀詞意**，故王弼注云：「不可窮也」，言無可窮極也。《老子》此章前言「復歸於嬰兒」，後言「復歸於樸」。嬰兒、無極、樸，皆示無爲渾玄之境，而此即是極至之道也。〈五十八章〉「孰知其極，其無正」，王弼注云：「言誰知善治之極乎？唯無可正舉，無可形名，悶悶然而天下大化，是其極也。」（此承此章首句「其政悶悶，其民淳淳」而來，故如此注。）此亦是由「無可正舉、無可形名」之渾玄之無而顯**極至之道**。此是極通常之思路，不可以出于《老子》，便不可用，如此思維，亦不足以決定即是道家之思想。《老子》言「無欲」，（「我無欲而民自樸」），儒者即不可言「無欲」乎？依儒家，自然神化之道體自是「無思、無爲」「無方、無體」之無可窮極也。故言道而至「不可度思，矧可射思」，**無極之極**乃必然**不可免者**。故「無極」之形容（默識）亦如王弼所謂「無稱之言、窮極之辭」之意也。以「無稱之言窮極之辭」顯其爲極至之理，此即是「無極而太極」。太極是表，無極是遮。太極之所以爲極至之理正因其「無可正舉、無可形名」而爲至極也。此即是無極之極。以無可窮究其何所極至爲極至也。若得究其**何所極至**，如至于**某處**，則即爲相對有限定之物矣。相對有限定之物，焉得爲太極？故無極是無有窮極之遮狀字，而太極則是如此遮狀下之表詞也。兩者正是一事。「無極而太極」意即「無極之極」，非無極與太極也。而無極亦非沒有太極之意也。「無極」中之「極」字意許爲**限定之極**，「太極」中之極字是**無限定之極**。遮彼限定之極而顯其爲無限定之極，此即是「太極」，此即是**絕對的最後者**。此種無極之極亦須曲線地（辯證地詭辭地）由默識其**無方所之渾圓**而展示其爲**極至之理**。如是，「無極而太極」一語，如譯成完整的語

體語句，當爲：那無限定的而一無所有者但卻亦即是極至之理。如明此意，則單說無極亦可，如下文「無極之眞，二五之精，妙合而凝」，即無「太極」字，「**無極之眞**」即太極也；單說太極亦可，如《通書・動靜》章「五行陰陽，陰陽太極」，即只說太極，而**不說無極**；無論單說那一面，而只是渾圓之一，故只說「一」字，亦可表示此無極之極，如《通書・理性命》章「五殊二實，二本則一」，此中亦無無極，亦無太極，但此一字即是太極，即是**無極之極**；如將此一字詳細展示，則太極無極俱說亦可，如此〈圖說〉下文「五行一陰陽也，陰陽一太極也，太極本無極也」，即先有太極之表，後有**無極之遮**。

「太極動而生陽」一語之問題，則是太極如何能動？如依濂溪《通書》之思想，此語本不生問題，但須要有一說明。但如依朱子之分解的理解，則此語有問題，如是，將太極之理完全表象爲另一系統，此則不合《通書》之原意，亦不合《中庸》、《易傳》之言誠體之神與寂感眞幾，亦不能恢復「維天之命，於穆不已」之最原初的智慧。朱子之分解的理解下文明之，茲先依《通書》以明其不生問題之意。

如依《通書》誠體之神解太極，則「無極而太極，太極動而生陽」兩語實即《通書・誠下第二》言誠體「靜無而動有」一語之**引申**。「靜無」即無極而**太極**，「動有」即太極動而生陽。「靜無」之靜與「動有」之動對言，非「動而無動，靜而無靜，神也」之靜。「動而無動、靜而無靜」中之動靜字是用來曲線地表誠體之自身，是對于誠體自身之曲線地體會，而「靜無」之靜是所謂「時也」，即言靜時以顯誠體之無聲無臭而爲無極之極也，而「動有」

之動亦是「時也」，即言動時則顯其落于有之範圍分化而爲或呈現出動靜之相也，即有方所有形體之相也。靜時雖顯誠體之自身，而動時之動即**定動矣**。定動之動有動相，故是有也，此即「動而生陽」也。「動極而靜」，靜亦是**定靜**。定靜之靜有靜相，此即是「靜而生陰」也，亦是有也。（「生」是解說上之引出義，非客觀實事之出生義，動相之動即是陽，靜相之靜即是陰）。然則，此動相之動、靜相之靜，如何能從「動而無動，靜而無靜」之誠體之神而說明（而引出）？即，由「靜無」如何能說其「動有」？

　　誠體之「動而無動」非實是「不動」也，只是不顯**動相**而已。茲順其不動之動而若**一露動相**即是**陽之有**。一露動相即是限定于動。一限定于動，即是**氣邊事**，非**神之自身也**。「靜而無靜」非實是「不靜」也，只是不顯靜相而已。茲順其無靜之靜而若**一露靜相**即是**陰之有**，一露靜相即是限定于靜。一限定于靜，亦是**氣邊事**，**非神之自身也**。順「太極動而生陽，動極而靜」，這樣順著說來亦可；順「太極靜而生陰，靜極而動」，這樣順著說下來亦可。

　　若問此「動而無動、靜而無靜」之誠體之神用何以必露動相乃至靜相，此則不是**直線思考**所可能解答者。夫言「動而無動靜而無靜」之神正是自其具體感應中言之，非是**隔離地**言一個「動而無動，靜而無靜」之神也。在具體感應中以見其爲具體的神用，然雖神也，而不能**不有迹**。自迹而觀之，則動是動，靜是靜，乃陰陽氣邊事；但自神之自體而觀之，則動而無動靜而無靜，不失其虛靈之純一，**仍是神而不是氣也**。《莊子·大宗師》云：「其一也一，其不一也一。其一也，與天爲徒；其不一也，與人爲徒。天與人不相勝也，是之謂眞人。」此眞人之境界亦可說「大而化之」之聖的境

界。「其一也一」，是說神之自體。「其不一也一」，是說神之在
具體感應中。在具體感應中，自迹而觀之，則不一。但神用之自體
則不隨此不一而不一。如隨其不一而不一，則喪失其神而全物化而
爲氣矣。此即不得爲「大而化之」之聖。然「大而化之」之聖非空
懸，一切現實生活之所有皆是其**內容**，此則**不能不有**「**迹**」。迹亦
是具體之神之妙用中**所必資**而亦**必帶有者也**。善乎郭象之注《莊》
曰：「今仲尼非不冥也。顧自然之理，行則影從，言則響隨。夫順
物，則名迹斯立，而順物者非爲名也。非爲名，則至矣，而終不免
乎名。則孰能解之哉？」（〈德充符〉：「天刑之，安可解」
注）。不能解除，即是具體之神之妙用中所必資而亦必帶有者。所
必資而亦必帶有，則其動而無動不能不**隨跡而顯動相**，其靜而無靜
亦不能不**隨跡而顯靜相**，必矣。不是它要顯動相顯靜相，乃是**順物
隨迹所自然有者**。**相由迹顯，非由神顯也**。妙在雖隨迹而顯相，而
卻不滯執于相，此即其所以爲神也，亦即「其不一也一」也。能不
滯執于相，故亦能**妙此相而使相亦不死**。能使相亦不死，故能妙之
而使其**動了又靜，靜了又動而生化不窮也**。若是**泯相歸己，則雖相
而無相**；此時一切即一，**全體是神，全用是體**。若是**物各付物而不
滯執**，則**一卽一切**；此時無相而亦相，**全體是迹，全體是用**。此種
圓融之境即是「大而化之」之聖境，宋、明儒中唯明道最能默識而
雅言之。堯之不爲許由，即全體是迹，而亦是全體是神。孔子之與
人爲徒，亦全體是迹，而亦全體是神也。郭注已盛發之矣。彼雖用
道家詞語以明之，然此種圓融之思理固是儒道之所共，非是道家所
可得而專也。

　　然此圓融之境非即不可有分解表示上**神與氣之分也**。又，「太

極動而生陽」，或「靜而生陰」，亦不可表面地徒順其字面之次序
而空頭地視爲外在之直線的宇宙演化而解之。若如此，則鮮能得其
實義。此種動而生陽或靜而生陰，其實義毋寧是**本體論的妙用義**，
而不是**直線的宇宙論的演生義**。即或有宇宙論的演生義，亦應統攝
于本體論的妙用中而體會之，如此方能相應儒家形上之智慧（「維
天之命於穆不已」）之智慧）而不迷失。其動而生陽實只是在其具
體妙用中**隨迹上之該動而顯動相**，靜亦如**之**。非眞是由其自身直線
地能動而生出陽或靜而生出陰也。唯把握此本體論的妙用義，「全
體是神，全體是迹」之圓融如一始能言。「五行一陰陽，陰陽一太
極，太極本無極」，字面上是直線的收縮或開展，而其眞實義則是
「是萬爲一，一實萬分」之**本體論的妙用**。「神也者，妙萬物而爲
言」，亦即遍體萬物而不遺。是則神無所不在而亦無一在，故能有
此圓融之理境，否則永無得圓也。此種思理與圓境乃儒釋道之所共
至，亦是其玄理之共同型態。〔王陽明《傳習錄》卷二〈答陸原靜
書〉：「周子靜極而動之說，苟不善觀，亦未免有病。蓋其意從太
極動而生陽、靜而生陰說來。太極生生之理，**妙用無息而常體不
易**。太極之生生即陰陽之生生。就其生生之中，指其**妙用無息者而
謂之動，謂之陽之生**。非謂動而後生陽也。就其生生之中指其**常體
不易者而謂之靜，謂之陰之生**。非謂靜而後生陰也。若果靜而後生
陰，動而後生陽，則是陰陽動靜截然各自爲一物矣。陰陽一氣也，
一氣屈伸而爲陰陽。動靜一理也，一理隱顯而爲動靜。春夏可以爲
陽爲動，而未嘗無陰與靜也。秋多可以爲陰爲靜，而未嘗無陽與動
也。春夏**此不息**，秋多**此不息**，皆可**謂之陽，謂之動也**。春夏**此常
體**，秋多**此常體**，皆可**謂之陰、謂之靜也**」。案：此解自成一義，

非周子意，亦不足以遮撥「靜而後生陰，動而後而陽」之說。陽明就「妙用無息」說動說陽，就「常體不易」說陰說靜，此是陰陽動靜之**借用（引喻）**，而不是說明陰陽動靜**本身之實**。例如「全體是神」是靜是陰，「全體是迹」便可是動是陽。此顯是**引喻**，而不足以解周子之文，亦不足明「動而生陽，靜而生陰」之非。陽明所說只是體用不二之圓融義。吾人不能就體說**陰自身之實**，就用說**陽自身之實**。故陽明就「常體不易」說陰說靜，只是譬況引喻之辭。若視此爲對于周子文之善觀，則非是。視之爲諦解，尤非是。〕

第二段　「太極動而生陽」之確義

動而無動，靜而無靜之誠體神用在其具體妙用中，即在其順物之感應中，隨迹上之該動而顯動相，隨迹上之該靜而顯靜相，此義尚可仔細解析一下。

孔子說：「張而不弛，文武弗能也。弛而不張，文武弗能也。一張一弛，文武之道也。」（《禮記‧雜記下》）。誠體神用本身，無論是主觀地從聖人之誠體說，或是客觀地從天道之誠體說，皆是無所謂張弛的。張弛是現實生活上的事。張是動相，弛是靜相。人的現實生活，自然生命所呈現者，事實上自然要有這樣的一些波浪與曲折。到該張時，自然要張。你若禁止他，不讓他張，他便壓抑在那裡不得舒展，那是會出毛病的。甚至就是壓抑，也壓抑不住。到休息時（弛），自然要休息。你若不讓他休息，他便會筋疲力盡，自然要倒下了。就是拿鞭子趕打，也趕打不起。這是自然生命底限度。因這限度，現實生活自然要有一些曲折與波浪。這些曲折與波浪即是所謂迹或事，也可以說是軌迹。限度到了，到了該

動或該靜的時候，便是所謂**迹上之該動**、**迹上之該靜**。（這個「該」是**自然上的**，不是**道德上的**。有時這兩者相順應，但卻不能**同一說**）。迹上之該動而動就是自然上的陽，迹上之該靜而靜就是自然上的陰。（具體地說是事，抽象地說是氣——陰陽之氣）。這本是自然生命之限度所自然有的，似乎不必由太極之動或靜才有，由誠體之神用露動相或靜相才有。然則爲甚麼要說「太極動而生陽」呢？爲甚麼要高一層從太極上或從誠體上說呢？

蓋若只是順自然生命之自然的張弛滾下去，那張弛常不必是合理有度的，常有一張張下去，而不知節，到發狂而死者，此即**不成其爲張**；亦常有一弛弛下去而不知振，直弛到腐爛而死者，此亦**不成其爲弛**。此皆所謂縱欲敗度者是。故順其限度之該張該弛而欲**成全之**，不能不提升一層從精神生命之超越誠體上說。

從超越層上說下來，說動而生陽，靜而生陰，或說張而有動，弛而有靜，此所謂「生」或「有」乃是**成全地生或有**，不是說自然生命連同其曲折與波浪皆是**存在地由誠體而生出也**。此即我警告說：不可表面地徒順其字面之次序，而空頭地視爲外在之**直線的宇宙演化**而解之。太極、誠體之神之動而生陽，靜而生陰，或張而有動，弛而有靜，是**成全地生**、**成全地有**。在誠體之神順物感應之具體妙用中，它順迹上之該動該靜其自身不能**不相應而起縐縐**，此即小詞家所謂「**吹縐一池春水**」也。一池春水本是動而無動，靜而無靜的。然而春風一起，則不能不應之而起縐縐。這活靈的春水相應風吹便成全了那些如此如此之縐縐。這些縐縐雖是應風而起，卻也是**其自身之所起**。因其爲其自身之所起，所以也可以說爲爲其自身之**所具**——此之謂**因起而具**。你可以說，這春水本身本無所謂起或

具，即這些縐縐本不是這春水本身所**本有的**。但這只是抽象地（隔離地）說這春水本身，而事實上這春水本身卻永遠是在具體的處境中，所以若是具體地圓融地說這春水本身，它必永遠是**有起有具的**，它必永遠**帶著這些縐縐而不離的**。縐縐不礙春水活靈之一，而活靈之一，也不礙其為縐縐之多，兩者相即相融而多姿多采。但是，必須這是**活靈之水始可**。若是一塊平平的木板或大理石，則雖有風吹，也不能**應之而起縐縐**。這平平的木板或大理石，只能說它是**定靜之一**，而不能說它是動而無動靜而無靜之**活靈之一**。定靜之一是不能說**動而生陽的**，但活靈之一卻可以說。活靈之一即象徵所謂神而不是氣，那縐縐之多即象徵所謂氣（事、迹）而不是神——此是分解地說。若圓融地說，則全神是氣，全氣是神，相即相融，永永**為一**。明道云：「氣外無神，神外無氣。或者謂清者神，則濁者非神乎？」此即**圓融地說**。（謂「清者神」者，意在說濁者是氣。在此，清者神亦是氣之清，神屬於氣，不是誠體之神。）

　　誠體之神順物隨迹而顯動靜相，可由春水縐縐而喩解。誠體之神，抽象地說，它自身是動而無動靜而無靜之神，但它永遠是在具體感應中顯示其活靈之一，故其動而無動靜而無靜之神永是在具體妙用中顯示，故亦是具體地永遠帶著那些動靜迹象而為動而無動靜而無靜之神——活靈**之一**。順其動而無動之動，在該動而動之迹上即**必然地縐了起來而顯為動相**。順其靜而無靜之靜，在該靜而靜之迹上亦必然地縐了起來而顯為靜相。若隔離地（抽象地）說它本身，則它只是動而無動靜而無靜之活靈之一，（此亦是隔離之一），是無所謂動靜相的；但若具體地（圓融地）說這活靈之一，則它便必隨迹而顯**動靜相**。因為它是活靈之一，所以它是**能顯**這動

靜之相的。它應迹而顯動靜相，即以其神而**成全了迹上之動靜之事**。它隨迹之動靜而顯出動靜相，剋就此動靜相本身說，**這是氣**。因爲這動靜相不就是那活靈之一，雖然是活靈之一之所起。這動靜相與迹上之該動而動該靜而靜之事可以客觀地等同爲一，一起皆是神之迹。從誠體之神活靈之一方面說，是迹；從客觀存在方面說，是事。這些──迹或事──都是神之妙用之所起、之所**創生**。說到最後，是**成全的創生**，是**創生的成全**。離了這成全的創生，也別無創生。一切迹與事皆統于主也。這主之成全之，也確是**創生成全之**。因爲它是活靈之一也。試想若不是有這活靈之一，妙以成全之，那迹上該動該靜者若一味順自然生命滾下去，而至于發狂而死，或腐爛而死，則將何有**存在之事**之可言乎？使存在之事永遠生息下去而不至于梏亡，這便是對于存在之創造。這就是《中庸》所謂天道之誠之「生物不測」也。這是通過**本體論的妙用**而**顯的創生**，也可以說是依誠體之神而來的**形式的創生**──成全事爲一**必然的實有**而不只是一**偶然的存在之創生**。

譬如「張而不弛，文武弗能也」，隨迹上之該張，誠體之神即應之而成全其該張，而亦因之而顯張相，此即是動之生，動之陽。弛亦如之。就此動生動陽、陰生陰靜之迹說，全體是用，全神是迹，而一即一切，此即是物各付物，全體敞開，而神不虛懸。聖人亦不能無動靜張弛乃至喜怒哀樂以與民共之。然而其誠體之神卻不因此動靜張弛喜怒哀樂之相而徇物滯相而喪失其活靈之一。是故就其誠體之神自身說，仍是動而無動靜而無靜的，此即是全用是體，全迹是神，而一切即一，動靜張弛喜怒哀樂于**密勿也**。動靜張弛喜怒哀樂于**密勿**，則一切迹相皆爲一**神理之所貫**，而成就其爲動靜張

弛喜怒哀樂之實事活事而生生不息焉。貫徹而端正此張弛等實事之理（普遍的律則）是神用應迹之所獨**發**。自應迹當機言，是特殊的，而所發之律則則總是異地則皆然之**普遍的**，此是**具體的普遍**，而非**抽象的普遍**。神用獨發律則以應之，故神用之**妙之即是律以則之而不可亂。神理一也**，而**存在之事亦得其必然而非偶然**。抽象地從律則本身說，是客觀的存有，而律則之根在神用，是以具體地說，即融于神用中而與**寂感神用爲一事**。**卽神用卽存有**，兩者不分能所而**立體地直貫于張弛等之實事**。此若用孟子之話說，即是本心之「沛然莫之能禦」也；宇宙論地說，則是「維天之命於穆不已」，天道之誠之「生物不測」也。文武之道即是此誠體之神之**張弛于密勿也**，亦是「文王之德之純，純亦不已」也，亦是孔子之仁體之遍潤萬物而不遺也。

　　吾相信若根據《通書》誠體之「靜無而動有」以解「無極而太極，太極動而生陽」，則以上之解析是一**恰當之解析**。如此解析則可符合于孔、孟、《中庸》、《易傳》之**立體直貫型的道德創生之實義**，亦更能符合于「**維天之命，於穆不已**」這一**根源的智慧**。濂溪雖根據《中庸》、《易傳》言誠體，不直接根據孟子言本心，然此誠體斷然是**心神理合一的**，決不會抽掉了心神寂感而只是理。縱然此心神是宇宙論的意味重，不似孟子之直從道德的心性言本心，然此誠體必然地含有「心」義則無疑，否則不能說神說寂感。心神寂感是一，皆可分析而得，而理則是此本體論的心神寂感之所獨發，亦即其**自主自律性之直接顯示**，故心神寂感理是一，任從一面皆可分析而得其他。心神寂感理合而爲一便是**誠體**。而若知《中庸》、《易傳》之所言乃是繼承孔孟之所言而發展至充其極，則知

《中庸》、《易傳》之誠體即是孔子之仁、孟子之心性之擴大，其內容完全是一。如此，則可無疑于誠體之爲心神寂感理之合一。只因濂溪，橫渠亦在內，是從《中庸》、《易傳》開始，不甚能提挈之以孔子之仁與孟子之心性，遂易使人有割截之想法。然謂其誠體，甚至橫渠之太和太虛，不含有宇宙論意義的「心」義不可得也。至明道，則孔、孟、《中庸》、《易傳》完全合而爲一矣。

第三段　朱子理會「太極之理」之偏差

然依朱子之分解，則不能有此義。朱子分解中之問題，不在理氣之分與理先氣後，乃在其對于**太極之理**不依據《通書》之**誠體之神**與**寂感眞幾**而**理解之**。朱子之理解是依據伊川對于「一陰一陽之謂道」之分解表示而進行。伊川云：「一陰一陽之謂道。道非陰陽也，所以一陰一陽道也。」又云：「離了陰陽更無道。所以陰陽者是道也，陰陽氣也。氣是形而下者，道是形而上者。形而上者則是密也。」此「陰陽氣，所以陰陽是道」之**分解表象**嚴格地爲朱子所遵守。此思路很清楚很邏輯。但光此「所以陰陽是道」之**形式陳述**，尚不足以決定**太極不能動**。因爲對此超越的所以然所顯示之道本身可有不同的體悟。依朱子對於此道本身之體悟，**道只是理**，而心、神俱屬于氣。氣是形而下者，理是形而上者。經過這一分別之限制，道之爲理只是一光禿禿之理，是**抽象地只是理——但理**。道只是理，太極**亦只是理**。太極本身渾然含具一切理。若光是由「超越的所以然」之形式陳述以顯示形而上之理，則此形而上之理亦不必即是抽象地只是理，它亦可是心神理合一的誠體之神、寂感眞幾。由「所以然」之形式陳述所顯示的理假定吾人肯認此理爲誠體

之神，則此誠體之神之爲理與此誠體本身之內容「亦是心、亦是神、亦是理」中之理不同。朱子把這兩層意義之理等同爲一，而把超越的所以然之形式陳述所顯示的形上之理只看成是作爲誠體內容之一的那個理，而心神俱抽掉而視爲氣，如是超越的所以然所顯示之形上之理成爲抽象地「只是理」（但理），而道與太極遂不可爲**誠體**，而只成了「**只是理**」，而「維天之命於穆不已」之智慧亦脫落而不可見。此一直線之分解思考之淸楚割截自然形成「太極不能動」之結論。此結論之出現亦可說是很邏輯的，此直線的分解思考之淸楚割截所確定的「但理」是**超越的靜態的所以然**，而不是**超越的動態的所以然**。此靜態的所以然之形上之理只擺在那裡，只擺在氣後面而**規律之**以爲其**超越的所以然**，而實際在生者化者變者動者俱是氣，而超越的所以然之形上之理卻並**無創生妙運之神用**。此是朱子之思路也。在此思路下，太極不能動，理不能動。「太極動而生陽」一語便不可通。朱子思路之推致至此結果並非偶然，亦非是後人深文周納而至者，亦非當時門人或從之問學者偶爾一問偶然想及有此一義，乃是朱子之思理與措辭所必然函有者，故當時對此問題討論獨多，乃是大家所俱容易想及者。只因朱子爲〈太極圖說〉作注解，要粘附著濂溪原文而說，故其辭語多模稜而有歧義，人遂不易辨，然由于其討論將此問題挑破，其眞意與實義固甚顯，而其所以如此措辭亦有其思理之必然，而凡遇有模稜而可以左右解者亦可得而確定矣。

　　朱子〈太極圖解〉曰：

　　○，*此所謂無極而太極也。所以動而陽靜而陰之本體也。*

（原注：太極理也，陰陽氣也。氣之所以能動靜者，理爲之宰也。）然非有以離乎陰陽也（原注：道不離氣），即陰陽而指其本體（原注：器中之道），不雜乎陰陽而爲言耳。（原注：道是道，器是器。已上三句要離合看之，方得分明。）〔案：已上只兩整句，「即陰陽而指其本體」非是一整句。〕

◎，此○之動而陽靜而陰也。中○者，其本體也。（原注：即第一層之太極也。）《，陽之動也，○之用所以行也。》，陰之靜也，○之體所以立也。

案：其解首○爲「無極而太極」，實即是太極。太極者乃「所以動而陽、靜而陰之本體也」，此句即等于說：太極是所以陰陽之理，亦等于說：太極是所以動之理、所以靜之理。動而陽、靜而陰，是氣；而所以然則是理。「所以然」之理是無所謂動靜的「只是理」，不是誠體，神體之心神理是一之理。然則不是「太極動而生陽」，乃是太極是氣之所以能動能靜之理，而理則是不動不靜者。末兩整句是言理氣不離不雜。「理不離氣」是就理爲氣之所以然說，正在氣之然處見所以然。「氣不離理」是就氣之然必有其所以然說，正在理之定然之處見氣之然。朱子解說「理不離氣」，原則地言之，乃是認理爲氣之本體，本體自不能離開其所依之以爲本體者。至于喻解地言之，則說理無氣，亦無掛搭處，或無附著處。說到氣不離理，則原則地言之，一個東西自不能離開其本體，除此以外，朱子再無解說。此似無須再有解說者。但若套用來布尼茲之語說之，則更顯明，即：氣若無理，則不能知其「存在之然」何以單

如此而不如彼。理氣雖不相離，然亦不相雜：理是理，氣是氣。理
氣不離不雜不能決定理必爲只是理。理之成爲「只是理」是對于理
（太極）本身的體會問題。分解地言之，即使對于理體會爲心神理
是一之理，亦仍可說不離不雜也。

　　其解陽動陰靜圈說：「此○〔太極〕之動而陽靜而陰也」。此
解語中雖有「**之**」字，然卻不能視「動而陽靜而陰」爲太極**底動而
陽靜而陰**，即不能是太極在動而生陽、靜而生陰。依太極爲氣之所
以能動能靜之理，此解語之意只能是：氣之動是依**動之理**而動，故
動遂**繫屬于理**（太極）而爲理**所領有矣**。此只是「氣之動」之統屬
于太極下，而太極（理）不動也。氣之靜亦然。故「太極之動而陽
靜而陰」只能是**統屬于太極下的**「**氣之動而陽，氣之靜而陰**」也。
然因爲要依附濂溪原文而說，遂說成「太極之動而陽靜而陰」。其
解「陽之動」則說此是「太極（○）之用所以行也」。「太極之
用」亦當視爲**統屬于太極下的動用**，即由陽之動可以見**統屬于太極
下的氣之發用**。氣之發用，因**統屬**于太極下，遂爲太極所**領有**，因
而遂說爲「太極之用」矣。實則只是氣依動之理而爲動用也。其解
「陰之靜」則說此是「太極（○）之體所以立也」，言由氣之**陰靜**
可以見**太極之自體也**。此不是說陰靜是體，陽動是用，乃是說由**氣
之陰靜**可以見**太極之自體**，由**氣之陽動**可以見**統屬于太極下的發
用**。黃梨洲誤認爲「陰靜是體，陽動是用」，非是。因有此誤認，
故云：「夫太極既爲之體，則陰陽皆是其用。如天之春夏陽也，秋
冬陰也。人之呼陽也，吸陰也。寧可以春夏與呼爲用，秋冬與吸爲
體哉？」（《宋元學案・濂溪學案下》，案語）。此種誤認非朱子
意也。朱子在此雖說由陰之靜可以見太極之自體（太極之體所以

立），由陽之動可以見統屬于太極下的發用（太極之用所以行），
然如果要說用，朱子亦可說陽之動與陰之靜皆是**統屬于太極下之
用**，不過用有動用（發散）靜用（收斂）之別耳。氣之收斂凝聚而
爲陰之靜亦有其所以爲靜之理，此理亦仍是太極。故氣之靜用亦可
統屬于太極下而謂爲是太極所統馭的靜用。故嚴格言之，無論動用
靜用皆直接是**氣之用**，而不能說是**太極之用**，只能說是**統馭於太極
下的用**。若以一般體用義言之，只能說**氣是體**，動靜二相（二機）
是**其用**，而不能說**太極是體**，動靜二相（二機）是**其用**；而如果要
說是**太極之用**，則只因太極是其超越的，亦是靜態的所以然之理，
故皆**統屬于太極而爲太極所主**耳。是則由氣之動靜二用到其因統馭
于太極而謂爲是太極之用，這其間有一種**曲折的轉進**；正因這曲折
的轉進所成的曲折**的統屬關係**，遂使**太極爲體、動靜爲用**不是一般
意義的**體用**，因而在此統屬關係上說體用亦成**不顯明不恰當**者。朱
子初亦有以太極爲體、動靜爲用之說，但因此說不恰當（朱子謂爲
「有病」），故爲表示其心中所意謂之理氣之**恰當關係**，遂改說爲
「動靜是理〔太極〕**所乘之機**」（見下），但仍保留陽之動是「太
極之用所以行」這一模稜隱晦的體用義，而于陰之靜則說成是「太
極之體所以立」，並不說其是**太極之用**也。此即表示並不于太極與
動靜上**直接說體用**，而于陽之動之爲「太極之用所以行」亦須有**特
別之解析**，並不可直說爲是太極之用也。但是如果體會太極爲誠體
神體，即**心神理是一**之體，則**體用正是恰當**的說法，進而說**體用圓
融、體用不二、全體是用、全用是體**等妙義亦正是**恰當而應有之妙
義**，而「動靜爲理所乘之機」倒反不恰當而用不上。是則朱子說
「動靜是理所乘之機」正是其思理所必有之措辭，而亦是其視理

（太極）爲只是理而無所謂動靜之**標識**。此非濂溪之本義也，濂溪明說誠體神體「靜無而動有，至正而明達」，亦明說「動而無動，靜而無靜，非不動不靜也。」，此即明示誠體神體可以動靜去說，只是動是「**動而無動**」之動，靜是「**靜而無靜**」之靜，而非是氣上「動而無靜」之動、「靜而無動」之靜之**相對之動靜**，但非**無所謂動靜**之「**不動不靜**」也。

　　朱子注〈太極圖說〉「無極而太極」一語云：

　　　　上天之載無聲無臭，而實造化之樞紐、品彙之根柢也，故曰
　　　　無極而太極。

案：此是根據聖敎傳統以「**上天之載**」說太極也。但《詩》、《書》中「上天之載」即是「**於穆不已**」之**天命**，後來進一步說爲即是「爲物不貳生物不測」之天道，此皆是意謂「上天之載」是「**心神理是一**」之實體，即，「**即存有即活動**」之實體，而非「只是理」者，亦非「**只存有而不活動**」者。明道體會此「上天之載」則說「其體則謂之易，其用則謂之神，其理則謂之道」，亦是即存有即活動者，是心是神亦是理者，但卻非「只是理」，亦非只存有而不活動者。朱子此注語，從語句上說無問題，但其心中所意解之太極之實義卻是「只是理」，只存有而不活動者。此則不合聖敎傳統之古義，亦不合濂溪之原義，亦不合明道之所體會。朱子對於明道之體會明將**易體**與**神用**俱視爲氣，如是，「上天之載」即成只是理。此見下〈明道章〉。

　　其注〈太極圖說〉「太極動而生陽」一段云：

太極之**有動靜**是天命之流行也。所謂一陰一陽之謂道、誠者
聖人之本、物之終始、而命之道也。其動也，誠之通也，繼
之者善，萬物之所資以始也。其靜也，誠之復也，成之者
性，萬物各正其性命也。動極而靜，靜極復動，一動一靜，
互爲其根，命之所以流行而不已也。動而生陽，靜而生陰，
分陰分陽，兩儀立焉，分之所以**一定而不移**也。蓋太極者，
本然之妙也。動靜者，所乘之機也。太極，形而上之道也。
陰陽，形而下之器也。是以自其著者而觀之，則動靜不同
時，陰陽不同位，而太極無不在焉。自其微者而觀之，則沖
穆無朕，而動靜陰陽之理已悉具於其中矣。雖然，推之於
前，而不見其始之合，引之於後，而不見其終之離也。故程
子曰：動靜無端，陰陽無始。非知道者、孰能識之？

案：此注文極整飭。然於其中辭語，必須加以簡別，方能得其實
義。首先「太極之有動靜」，此「有」是「因氣之動靜**統馭**於太
極，故太極**領有之**」之「有」，並不是太極**會動會靜**因而說**有動靜**
也。故嚴格言之，只是氣會動會靜因而可說**氣有動靜**，而太極只是
氣之所以動靜之理，故其自身亦**無所謂動靜**也。如是，「太極之有
動靜」與「氣之有動靜」，兩「有」字**不可作一律解**也。關于「太
極有動靜」，朱子之表示有一轉進之發展。首先說「太極有動
靜」，「太極函動靜」。「有動靜」是就**流行**而言，「函動靜」是
就**本體**而言。然無論是「有」或「函」，皆當解爲氣之動靜因統馭
于太極故太極**領有之**或**函具之**。次則進一步說太極無所謂動靜，但
有**動之理**與**靜之理**，因此說太極**函衆理，具萬理**。最後，即此「有

動之理」、「有靜之理」、「函衆理」、「具萬理」，**有字含字具字亦皆方便說**，實則只是太極**對動言即爲動之理，對靜言即爲靜之理，而無所謂有、函與具也。**

　　其次，「太極之有動靜是天命之流行也」，關於「**天命之流行**」亦須予以簡別。依朱子，天命即是理，其自身無所謂「流行」，流行是**假託氣之動靜**而說。流行之**實在氣之動靜**，理之流行是**仗託氣之實流行**而**虛說**耳。何以能有此虛說？蓋因理不離氣也。氣之一動一靜，呈現爲**流行之實**，而理亦寓焉而**定然之**，遂亦得虛**說理之流行也。剋就理自身而言之**，理實**無所謂流不流、行不行也。此是就朱子意謂理（天命、太極）爲**只存有而不活動**言。如就原初義「天命之體」是**即存有即活動者**而言，則所謂「流行」最初是就此體自身之「**於穆不已**」說。「**於穆不已**」是形容此體**永遠不停止地起作用**，即就此「**不已地起作用**」說「**天命流行**」，乃至說「天命流行之體」，言此天命不已地起作用即是**流行**，而此亦即是**體也**。此雖是就體說流行，然亦實是**流而不流，無流相也，行而不行，無行相也。**（然卻不是朱子所意謂的理之**無所謂流不流行不行**）。唯因其不已地起作用遂有氣之生化不息之實事呈現，就此生化不息之實事言，遂**流有流相、行有行相之實流行**，此是**氣化之流行也。氣化之流行有流行相**，而爲其體的那於穆不已之天命流行之體實無**流相**，亦無**行相**也。雖無流行相，然卻亦不是朱子所意謂的只是理。在朱子，流行之實只在氣，而理之流行是**虛說**——仗託氣之**實流行**而說，理自身實無所謂流不流行不行也。在先秦古義，天命流行是**實說**，（剋就不已地起作用說），然卻是**流而不流之流，行而不行之行**，故無流相、無行相，只是一**如如的不已地起作用**

也，故得爲體。氣化流行自亦是**實說**，然此卻是**有流相、有行相**。（動是流相、行相，靜是不流相、不行相。一動一靜，合而觀之，是一**總流行相**，所謂**生化不息**也）。有流行相之**氣化流行**以無流行相之**天命流行**爲其**體**，此體是即存有即活動之體也，亦是誠體、神體、妙萬物而爲言之體也，故窮神即可知化。朱子所意謂者未能至此。朱子並不願說理（太極、天命）是體，氣之動靜是其用。他所認爲恰當而願說者卻是：「太極者**本然之妙**也，動靜者**所乘之機**也。」此根本是「理氣不離不雜，理掛搭于氣，氣依傍于理」的說法。

復次，朱子亦以《通書》之誠合釋太極，但其所意謂之誠亦非濂溪之意，至少不能盡濂溪之意。《通書·誠上第一》「誠者，聖人之本。」朱子注云：「誠者至實而無妄之謂，天所賦、物所受之**正理**也。人皆有之。聖人之所以聖者無他焉，以其獨能**全此**而已。此書與〈太極圖〉相表裡，**誠**即所謂**太極**也。」〈誠下第二〉「聖，誠而已矣。」朱子注云：「聖人之所以聖，不過**全此實理**而已，即所謂**太極**者也。」詳此，其所意謂之誠即是**實理、正理**，與「意謂太極只是理」同，故誠即太極，而同以**實理**定。「誠者至實而無妄之謂」，此不錯。但朱子卻只把這「至實無妄」移向**客觀面**，只代表或指目那作爲**客觀存有**的**實理、正理**，故亦以「天所賦、物所受」言之。此非濂溪言誠體之意也。濂溪言誠體本乎《中庸》、《易傳》。誠固是理，但亦是心，亦是神，是「心神理是一」之體，是「即存有即活動」之體。「眞實無妄」決不只是**客觀地**形容或指目**理**，亦**主觀地**形容或指目**心**，而心是**本心、天心**，而本心天心**即是理**。故〈誠下第二〉云：「誠，五常之本，百行之源

也。**靜無而動有，至正而明達也。**」〈聖第四〉亦云：「寂然不動者，誠也。感而遂通者，神也。」凡此，若只以實理、正理言之，則皆成另一說統，非濂溪所說者之本義。如「靜無而動有，至正而明達」，朱子注云：「方靜而陰，誠固未嘗無也，以其**未形而謂之無耳**。及動而陽，誠非至此而後有也，以其**可見而謂之有耳**。靜無，則至正而已。動有，然後明與達可見也。」案此以「靜而陰」解「靜無」，以「動而陽」解「動有」，非是。濂溪說此語是剋就**誠體自身**而形容之，「靜無」是說誠體之寂然不動、無聲無臭，亦即〈誠幾德第三〉「誠無為」一語之意。無思無為、無聲無臭即是靜無，亦即是寂然，此說不到「**靜而陰**」也。朱子說「靜而陰」實仍是「陰之靜」乃「太極之體所以立」之義，即由陰靜之收斂凝聚而可以見太極之自體也。故云：「方靜而陰，**誠固未嘗無**也，以其**未形而謂之無耳**」，言未假氣之發用而形見，故謂之無耳。此豈濂溪說「靜無」之意乎？濂溪說「靜無」是說誠體自身之寂然不動，不是說由氣之「靜而陰」以見實理正理之自體也。只因朱子以實理不可以動靜言，故**移向氣**以言之耳。同理，濂溪說「動有」亦是剋就誠體自身而說其「感而遂通」耳。此「動」不是**氣動**，「有」亦不是**氣有**，亦說不到**動而陽**也。故〈聖第四〉終之云：「寂然不動者誠也，感而遂通者神也。」此雖言辭上誠神分說，而其實義則**冥如為一**也。就「寂然不動」說誠，是言其體也。就「感而遂通」說神，是言其用也。而用是**神用**，不是**氣用**。故在此，神用誠體是一。在此，「寂然不動」是「靜而無靜」之靜，「感而遂通」是「動而無動」之動，故**即寂即感，寂感一如**也，**即體即用、體用一如**也，**即有即無、有無一如**也。無是神體之無，有是神用之有，**神**

體與神用是一也。在此，寂感、誠神、體用、有無，不能分作兩截說，皆是說的誠體、神體，乃至天命流行之體（非氣化流行）之**自己也**。此尚不是說的**帶著事的體用不二、體用圓融**。但感而遂通之神用不能不帶著事。因帶著事之迹而顯動相或靜相，此亦是動有。此動有是太極誠體動而生陽，靜而生陰之動有，此固已是氣，但亦不是朱子所意謂之只是「動而陽」之「動有」。朱子把「動有」說成「動而陽」，亦仍是「陽之動」乃「太極之用所以行」之義。意即由氣之動用**假說理**之**流行**也。故云：「及動而陽，誠非**至此而後有也**，以其**可見而謂之有耳**」，言假氣之動用之可見而可見故遂謂之有耳。實則理本自有，不因「陽動」「可見」之謂有而有，自亦不因「陰靜」「未形」之謂無而無也。如此言靜無動有決非濂溪意。此仍是理氣不離不雜、「動靜者所乘之機」下之說法，非剋就誠體神體自身之寂感一如、有無一如、體用一如而說的靜無動有，亦非剋就帶著事的太極誠體顯動相而爲陽，顯靜相而爲陰，而說的靜無動有也。朱子所說只是關聯著氣之動靜而說理之形未形，見未見耳。

　　至于其解「寂然不動者誠也，感而遂通者神也」，則云：「本然而未發者，實理之體；善應而不測者，實理之用。」所謂「本然而未發」即太極理體「本然之妙」因氣之「靜而陰」而**未形**耳，並非太極理體本身有發與未發也。氣有已發未發，喜怒哀樂之情有已發未發，而太極理體無所謂已發未發也。如此，以「本然而未發者，**實理之體**」解「寂然不動者誠也」決非濂溪之意。至于「善應而不測者，實理之用」，實理如果只是理，則亦無所謂應。應者只是由氣之動而陽，乃至一動一靜互爲其根，或一陰一陽生化不息

（此即陰陽不測）以見「太極之用之所以行」；而「太極之用」本只是「動而陽」統馭于太極，故為太極所領有，「實理之用」亦是如此，並非太極實理自身真會起此用也。如是，以這樣的「善應而不測者實理之用」解「感而遂通者神也」亦決非濂溪之意，甚至亦非《易傳》之意。朱子此類辭語，表面觀之，皆可**無病**，亦極**不易辨**。然若能進窺其思理之背景，就其心中意解之實而觀之，則其所以如此措辭自有其實義，皆可**剔剝得出**。至其表面模稜不諦之辭，詞語如此而意指在彼者，則是因依附經典或依附其所注之原文而說之故，或是因措辭成習、習而不察、順口滑過之故。如體用、未發已發、太極之用、實理之用、太極之有動靜、天命之流行等等皆是也。

其如此意解誠體，則雖以《通書》之誠合釋〈太極圖說〉之太極，亦只是將太極、誠體解為實理、正理，此仍只是理，而無當于濂溪所默契之道妙也。朱子自亦可就心言誠，就心言寂感，然在朱子，心是心，理是理，心理平行而不是一，故其注《通書》即只以**實理**解**誠**也。以實理解誠以附合于太極，則「其〔太極〕動也，誠之通也，繼之者善，萬物之所資以始也」，此中所謂「誠之通」亦不是《易傳》所說、濂溪所體會的誠體神體「感而遂通」之通。乃是太極實理通過氣之「動而陽」而**假託之**以**見其流行耳**。至於太極之動（其動也）亦不是太極真會動，乃只是太極為氣之動之所以然之理，因而主宰統馭氣之動，故氣之動得以歸屬之耳。是以太極之動靜、誠之通等，皆須**撐開講**，方合乎朱子心中所意謂之實義。

最後，「自其著者而觀之，則動靜不同時，陰陽不同位，而**太極無不在**焉。自其微者而觀之，則沖穆無朕，而動靜陰陽之**理已悉**

具於其中矣。」前者即理氣**不離**，後者即太極**具衆理**。前者尚不即是「顯微無間」，而正因不離不雜而**有間**也。後者亦不即是「體用一原」，蓋朱子認太極爲體，動靜爲用爲「**有病**」也。故終于是「太極者，本然之妙也；動靜者，所乘之機也。」此朱子說統之實義也。

　　以上是對于朱子〈太極圖解〉中主要語及〈太極圖說〉首段注文之簡別。此兩段文是朱子體悟道體之重要文獻，基本而有關鍵性的觀念俱在其中，然而其說法不合濂溪原義甚顯。大抵朱子是理氣不離不雜之**撑開的說法**，其基本原則是伊川「陰陽氣也，所以陰陽道也」之語。其最初之**洞見**即是對于此語之**眞切而淸澈的**把握，其對于誠體、神體、天命流行之體並無**洞悟**；或者說其洞悟勁力于此用不上，而只能用于伊川之原則。此兩種洞悟最初之分別甚簡單，即太極眞體、上天之載或天命流行之體是「**只存有而不活動**」與「**即存有即活動**」兩者之分別。然最初甚簡，而後來之委蛇卻極複雜，逐牽涉到各方面皆不同，而表面之辭語又大都相彷彿，此其所以**極難辨別**也。然若眞能握住那**最初之分別**，其系統自異，而其實義亦自不可揜。

　　以下錄朱子語以證明上述之簡別爲不謬。

　　Ⅰ、〈答楊子直〉：

　　　　承喻太極之説，足見用力之勤，深所歎仰。然鄙意多所未安。今且略論其一二大者，而其曲折，則託季通言之。

　　　　蓋天地之間只有動靜兩端循環不已，更無餘事，此之謂易。而其動其靜則必有所以**動靜之理**焉，是則所謂**太極**者也。

〔中略〕

熹向以太極爲體，動靜爲用，其言固有病。後已改之曰：「太極者本然之妙也，動靜者，所乘之機也」。此則庶幾近之。來諭疑於體用之云，甚當。但所以疑之之說，則與熹所以改之之意又若不相似然。蓋謂太極**函**動靜則可（原注：以本體而言也），謂太極**有**動靜則可（原注：以流行而言也）。若謂太極便是動靜，則是形而上下者不可分，而「易有太極」之言亦贅矣。其他則季通論之已極精詳。且當就此虛心求之，久當自明。不可別生疑慮，徒自繳繞也。〔下略〕（《朱文公文集》卷第四十五，書，問答。〈答楊子直〉五書之第一書）

II、《朱子語類》卷第九十四：

1. 李問：無極之眞與未發之中同否？

   曰：無極之眞是包動靜而言，未發之中只以靜言。〔下略〕

2. 太極無方所，無形體，無地位可頓放。若以未發時言之，未發卻只是靜。動靜陰陽皆只是形而下者。然動亦太極之動，靜亦太極之靜，但動靜非太極耳。故周子只以無極言之（原注：無形而有理）。未發固不可謂之太極，然中含喜怒哀樂。喜樂屬陽，怒哀屬陰。四者初未著，而其理已具。若對已發言之，容或可謂之太極。然終是難說。此皆只說得個髣髴形容。當自體認。

案：未發之中，若指性一面言，中體即是太極（無極之眞），所差者只是太極與性兩名之異耳。依《中庸》，「未發」是喜怒哀樂未發，不是中體（性體）未發也。性體無所謂發不發，亦不是性體含喜怒哀樂，乃是含喜怒哀樂之理耳。以此方式應用于太極，太極亦無所謂發不發。發不發是指氣之動靜而言。由氣之靜而不發見「太極之體所以立」，由氣之動而已發見「太極之用所以行」。反過來，不是太極「包動靜」，乃是包動靜之理。「未發之中只以靜言」，中若指心一面說，此則其可。若指性一面說，此語非是。關于未發已發之複雜理論詳見〈朱子部〉第二章朱子參究中和問題之發展。

3.〔上問答，略〕

　　問：「動而生陽，靜而生陰」，注：「太極者本然之妙，動靜者所乘之機」。太極只是理，理不可以動靜言。惟「動而生陽、靜而生陰」，理寓於氣，不能無動靜。「所乘之機」，乘如乘載之乘。其動靜者，乃乘載在氣上，不覺動了靜，靜了又動。

　　曰：然。

案：此問者之解，朱子然之，可見其意。又案此解恐是首發之蔡季通。《語類》卷第五有一條記云：「直卿〔……〕又去，先生〈太極圖解〉云：動靜者所乘之機也。蔡季通聰明，看得這般處出。謂先生下此語最精。蓋太極是理，形而上者。陰陽是氣，形而下者。然理無形，而氣卻有迹。氣既有動靜，則所載之理亦安得謂之無動

靜？」此黃直卿述蔡季通之解說也。大抵蔡季通于這般處甚能得朱
子意，故〈答楊子直〉書中屢提及之也。蔡氏說與此處問者之解意
同。

4. 某常說太極是個藏頭底。動時屬陽，未動時又屬陰了。
5. 太極只是涵動靜之理，卻不可以動靜分體用。蓋靜即太極
之體也，動即太極之用地。譬如扇子只是一個扇子，動搖
便是用，放下便是體。才放下時，便只是**這一個道理**。及
搖動時，亦只是這一個道理。

案：既云「不可以動靜分體用」，則「靜即太極之體，動即太極之
用」兩語為不妥。其意乃是說：不是以靜為體，以動為用，而是由
氣之靜而陰見太極之自體，由氣之動而陽見太極之流行。流行是假
託氣之動而說。此氣之動為「太極之用」亦是因統馭于太極而歸屬
之，遂說為「太極之用」。此亦猶「乘載在氣上」，因氣之動而顯
動相，因氣之靜而顯靜相，而理自身實無所謂動靜也。

6. 梁文叔云：太極兼動靜而言。
曰：不是兼動靜，太極有動靜。喜怒哀樂未發也有個太
極，喜怒哀樂已發也有個太極。只是一個太極，流行於已
發之際，欲藏於未發之時。

案：「兼動靜」即是「包動靜」、「函動靜」，此是〈答楊子直〉
書中注語所說「以本體而言也」。「有動靜」是該書中注語所說

「以流行而言也」。實則旣不是兼、包、函動靜，亦不是有動靜，乃是兼、包、函**動靜之理**，以理馭氣之動靜，故亦**以理收動靜之事**，此是**靜態地**自**本體上**而言也。至于「有動靜」，則亦是有動靜之理，氣依其所具之動之理而動，而太極（理）亦隨之而顯動理相，氣依其所具之靜之理而靜，而太極亦隨之而顯靜理相，因此遂說太極有動靜，實只是有動靜之理也，此是**動態地**自假託說的**流行上**而言也。

7. 問：「太極動而生陽」，是有這動之理便能動而生陽否？
　　曰：有這**動之理**，便能動而**生陽**，有這**靜之理**，便能**靜而生陰**。既動，則理又在動之中，既靜，則理又在靜之中。
　　曰：動靜是氣也。有此理**爲氣之主**，氣便能如此否？
　　曰：是也。既有理，便有氣。既有氣，則理又在乎氣之中。〔下略〕

8. 太極者如屋之有極、天之有極，到這裡更沒去處，理之極至者也。**陽動陰靜**，非太極動靜，只是**理有動靜**。理不可見，因陰陽而後知，理**搭在陰陽上**，如人**跨馬**相似。〔下略〕。

9. 問：「動靜者所乘之機」。
　　曰：理**搭於氣**而行。

10. 問：「動靜者所乘之機」。
　　曰：太極理也，動靜氣也。氣行則理亦行。二者常相依而未嘗相離也。太極猶人，動靜猶馬。馬所以載人，人所以乘馬。馬之一出一入，人亦與之一出一入。蓋一動

一靜，而太極之妙未嘗不在焉。此所謂「所乘之機」，
無極二五所以妙合而凝也。

11. 周貴卿問：「動靜者所乘之機」。

曰：機是關捩子。蹉著動底機，便挑撥得那靜底；蹉著
靜底機，便挑撥得那動底；

12. 「動靜者所乘之機」，機言氣機也。

Ⅲ、〈答鄭子上〉：

〔來問〕：〈太極圖〉曰：「無極而太極」。可學〔鄭子上
之名〕竊謂無者，蓋無氣而有理。然理無形，故卓然而常
存；氣有象，故闔闢欲散而不一。〈圖〉又曰：「太極動而
生陽。動極而靜，靜而生陰」。太極理也，理如何動靜？有
形，則有動靜。太極無形，恐不可以動靜言。南軒云：「太
極不能無動靜」。未達其意。

〔答曰〕：理有動靜，故氣有動靜。若理無動靜，則氣何自
而有動靜乎？且以目前論之，仁便是動，義便是靜，又何關
於氣乎？他說已多得之，但此處更須子細耳。（《朱文公文
集》卷第五十六，書，問答，〈答鄭子上〉十七書之第十四書）

Ⅳ、吳澄曰：

太極無動靜。動靜者氣機也。氣機一動，則太極亦動。氣機
一靜，則太極亦靜。故朱子釋〈太極圖〉曰：「太極之有動

靜是天命之流行也」。此是爲周子分解。太極不當言動靜。
以天命之有流行，故只得以動靜言也。又曰：「太極者，本
然之妙也。動靜者，所乘之機也」。機猶弩牙，弩弦乘此
機，機動則弦發，機靜則弦不發。氣動，則太極亦動；氣
靜，則太極亦靜。太極之乘此氣，猶弩弦之乘機也。故曰
「動靜者，所乘之機」。謂其所乘之氣機有動靜，而太極本
然之妙無動靜也。然弦與機卻是兩物，太極與此氣非有兩
物，只是主宰此氣者，非別有一物在氣中而主宰之也。機字
是借物爲喻，不可以辭害意。（董榕輯《周子全書》卷一）

案：吳澄此解大體不錯。惟言「太極之有動靜是天命之流行也」
「是爲周子分解」，此在語勢上似不甚恰當。此好像是說周子亦主
「太極無動靜」，「太極不當言動靜」，而其所以言「有動靜」
者，是「以天命之有流行」之故也。實則濂溪並不主「太極無動
靜」，他直說「太極動而生陽」。朱子固是注解周子，但其注解自
始即不相應，「陽動陰靜，非太極動靜，只是理有動靜」，此自是
朱子義。故朱子注語「太極之有動靜是天命之流行也」，不是「爲
周子分解」，乃是因注解周子故，須引附周子而說耳。其所說者只
是己義也。故從太極本無動靜而至有動靜，此中間有一**曲折之跌
宕**，而濂溪無此**跌宕**也。正因有此跌宕，故「太極之有動靜」亦成
另一特殊之意義，而「天命流行」亦成另一特殊之意義。如果濂溪
之太極不是形而下之氣，而即是誠體、神體、天命流行之體，則其
直說「太極動而生陽」之背景必完全不同於朱子。太極雖不是形而
下之氣，然亦不必只是理。雖非只是理，然亦不必即是氣。如是，

其對于太極之體會乃是**即存有即活動者，是「心神理為一」者。**
（此中「心」義雖只是本體宇宙論的意義，尚未至如孟子之言心，
然亦是心義，故此處只以「**活動**」一詞概括之。活動是 activity
義，不是運動 motion 義。）如是，其直說「太極動而生陽」，乃
是可許者。濂溪明說「動而無動，靜而無靜，非不動不靜也」。此
即示誠體、神體、太極眞體、天命流行之體是可以動靜言，只是其
動是「動而無動」之動，其靜是「靜而無靜」之靜。如其「動而無
動」之動，順事應物而顯動相，即是「動而生陽」；如其「靜而無
靜」之靜，順事應物而顯靜相，即是「靜而生陰」。詳解見前。此
只是於穆不已的本體宇宙論的實體、道德創生的實體、太極眞體、
誠體、神體之**不已地起作用**，此是此眞體之立體地、創生地、妙運
地直貫，不是如朱子理氣撐開而有那些**曲折、間接、跌宕、關聯的
說法**。是以在朱子，掛搭、附著、依傍、跨馬、所乘之機等喻解皆
有本質的意義，而在濂溪義所函之說統中，則並無亦不必要此等喻
解。此顯是**兩系統**之**差異**，吳澄不能知也。然其理解朱子義卻並不
錯。

又，吳澄最後提及「弦與機卻是兩物，太極與此氣非有兩物」
云云，此層最無實義。夫太極之為物自非有形跡之具體物，然謂太
極與氣不是兩個不同的概念亦不得也。此層是理氣二不二的問題。
朱子後，不滿朱子者，最喜從此著眼。如明之羅整菴、劉蕺山、黃
梨洲等皆喜就此譏議朱子，而不知此非問題之所在也。關此，見下
段。

V、明曹端〈辨戾〉：

先賢之解〈太極圖說〉固將以發明周子之微奧，用釋後生之
疑惑矣。然而有人各一說者焉，有一人之說而自相齟齬者
焉。且周子謂「太極動而生陽」，「靜而生陰」，則陰陽之
生由乎太極之動靜，而朱子之解極**明備**矣。其曰：「有太
極，則一動一靜而兩儀分；有陰陽，則一變一合而五行具」
〔案此係朱子注「陽變陰合」段之語〕，尤**不異**焉。及觀
《語錄》，卻謂太極不自會動靜，乘陰陽之動靜而動靜耳。
遂謂理之乘氣猶人之乘馬。「馬之一出一入，而人亦與之一
出一入。」以喻氣之一動一靜，而理亦與之一動一靜。若
然，則**人爲死人**，而不足以爲萬物之靈，**理爲死理**，而不足
以爲萬物之原。理何足尚，而人何足貴哉？今使**活人乘馬**，
則其出入行止疾速，一由乎人馭之何如耳。**活理亦然**。不之
察者，信此則疑彼矣，信彼則疑此矣。經年累歲，無所折
衷。故爲〈辨戾〉以告夫同志君子云。（董榕輯《周子全書》
卷五）

案：曹端（號月川）見出濂溪之意實是「太極動而生陽」，「靜而
生陰」，「陰陽之生由乎太極之動靜」，此是也，但以爲朱子之注
語亦是「**明備**」而「**不異**」乎此，則非是。彼不解朱子注語之背
景。彼以爲注語與《語錄》相矛盾（相戾），此則爲注語表面辭語
所惑，而不知朱子思理實一貫也。《語錄》自不會全誤，朱子與黃
直卿（勉齋）之稱述蔡季通亦不會假。《語錄》之討論即是〈圖
說〉注語背景之表白，故注語之言「太極有動靜」須**另眼相看**，其
表面辭語雖「不異」，而其意指實**有異也**。此則爲曹端所看不出

矣。至于彼以爲濂溪所言之太極是「**活理**」，是也，但以爲朱子注語所說之太極亦是**活理**，至《語錄》才成「**死理**」，則非是。朱子注語與《語錄》既一貫，則朱子實認「太極不自會動靜，乘陰陽之動靜而爲動靜耳」。理固無所謂死活，但朱子所意謂之理是**只存有而不活動**者則無疑。彼知「**死理**」爲非是，但不知朱子之意**實如此**也。彼以爲理應當是「**活理**」，此不錯，但不知理**如何能成爲活理**，亦不知濂溪所言之太極何以是**活理**也。只看「太極動而生陽」一語便認爲是「活理」，宜其看不出朱子注語之有殊指也。此而看不出，則其對于理之死活之**關鍵**未有所知亦明矣。此後面關涉到一最根本之問題，即對于道體本身之體會是也。體會成**只存有而不活動**（只是理）便是**死理**，體會成**即存有即活動**（心神理是一）便是活理。

　　以上辨朱子體會「太極眞體」之偏差，顯出**死理活理**之兩系統。一般人對**活理系統**無眞體會，又無朱子分解思考之縝密與貫徹以及其身體力行之體驗，兩不著邊，只抓住理氣之**二不二**、朝三暮四胡纏夾，其不及朱子也亦遠矣。朱子亦未可輕議也。

　　《明儒學案》卷四十四〈諸儒學案上二〉論曹月川處，黃梨洲亦引及曹端〈辨戾〉之文，而曰：「先生之辨雖爲明晰，然詳以理馭氣，仍爲**二之**。氣必待馭於理，則**氣爲死物**。」**此即纏夾二不二**之問題也。「氣必待馭於理，則氣爲死物」，此則愈說愈不成話矣。下段只就〈太極圖說〉以明彼不滿意于朱子之**理氣爲二**之解說者，且明彼等所謂一（不二）究是何意也。

第四段　對于評斥朱子理氣爲二者之衡定

朱子表揚〈太極圖說〉最力。字字衡量，句句爲解，而《語類》中文又反覆討論，其用力可謂深矣。人皆本之，號稱正宗。吾今加以簡別，覺其雖有偏差，然亦不能越過。欲明天命流行之體之眞義（所謂活理系統），亦必須先明朱子系統之何所是以及其何由成。乃黃梨洲等編《宋元學案‧濂溪學案》對于朱子之注解絕不錄及，只以劉蕺山之解說爲領導，兼及其他，抹過朱子，以爭學統，儼若朱子所說全非，蕺山梨洲等所說全是，此亦未見其可也。

〈濂溪學案下〉于錄朱、陸往復爭辨後，梨洲作案語云：

> 朱、陸往復幾近萬言，亦可謂無餘蘊矣。然所爭只在字義先後之間，究竟無以大相異也。惟是朱子謂「無極即是無形，太極即是有理」。「在無物之前，而未嘗不立於有物之後；在陰陽之外，而未嘗不行於陰陽之中。」此朱子自以理先氣後之說解周子，亦未得周子之意也。
>
> 羅整菴〈困知記〉謂：「無極之眞，二五之精，妙合而凝三語，不能無疑。凡物必兩，而後可以言合。太極與陰陽果二物乎？其爲物也果二，則方其未合之先，各安在耶？朱子終身認理氣爲二物，其原蓋出於此。」
>
> 不知此三語正明理氣不可相離，故加「妙合」以形容之，猶《中庸》言體物而不可遺也。非「二五之精」，則亦無所謂「無極之眞」矣。朱子言「無形有理」，即是尋「無極之眞」於「二五之精」之外。雖曰「無形」，而實爲「有

物」，亦豈「無極」之意乎？故以爲**歧理氣**出自周子者，非也。

案：此既反對「**理先氣後**」，又反對「**歧理氣爲二**」，蓋亦不知先後之實義，復亦不知二不二之實義也。羅整菴並朱子、濂溪皆反對之，固無是處，即梨洲謂「**歧理氣**」不「出自周子」，亦未能知此中之蘊也。朱子分理氣固是本于伊川，自此而言不「出自周子」亦可，然濂溪豈即混誠體、神體、太極眞體爲氣而**不分**者乎？「動而無靜、靜而無動，物也。動而無動、靜而無靜，神也」。此非分別而何？「無極之眞，二五之精，妙合而凝」，「妙合」二字固是「明理氣不可相離」，然「不可相離」豈即有礙于**分理氣爲二**乎？朱子亦說「**不離**」也。《中庸》言「鬼神體物而不可遺」，豈即神、物爲一而**不可分**乎？于以知此種爭辨實無實義，只「朝三暮四，朝四暮三」之類耳。然畢竟亦可說一，亦可說二。彼等究亦不知此中之一實義爲何，二之實義爲何，只纏夾渾淪，氣機鼓蕩，以爲妙耳。試觀戢山與梨洲所說之一究如何。

劉戢山解〈太極圖說〉云：

一陰一陽之謂道，即太極也。天地之間**一氣**而已。非有理而後有氣，乃氣立而理因之寓也。就形下之中而指其形而上者，不得不推高一層，以立至尊之位，故謂之太極，而**實無**太極之可言，所謂「無極而太極」也。使**實有**是太極之理，爲此氣從出之母，則亦**一物**而已，又何以生生不息，妙萬物而無窮乎？今曰理本無形，故謂之「無極」，無乃轉落注

腳！太極之妙，生生不息而已矣。生陰生陽，而生水火木金土，而生萬物，皆一氣自然之變化，而合之只是一個生意，此造化之蘊也。

惟人得之以爲人，則太極爲靈秀之鍾，而一陰一陽分見於形神之際。由是縠之爲五性，而感應之途出，善惡之介分，人事之所以萬有不齊也。

惟聖人深悟無極之理，而得其所謂靜者主之，乃在中正仁義之間，循理爲靜是也。天地此太極，聖人此太極，彼此不相假，而若合符節，故曰合德。若必捐天地之所有而畀之於物，又獨鍾畀之於人，則天地豈若是之勞也哉？

自無極說到萬物上，天地之始終也。自萬物反到無極上，聖人之終而始也。始終之說，即生死之說。而開闢混沌，七尺之去留，不與焉。知乎此者，可與語道矣。主靜要矣。致知極焉。（《劉子全書》卷五，〈聖學宗要〉）

案：此解隱括〈圖說〉全文在內，而重點在首段。然其措辭則多突兀。此因有許多誤解而然，亦因有所避忌而然。亟欲將太極**內在化之，納之于氣中一滾說**，故不免矯枉過正，遂有此突兀不平之辭。「天地之間一氣而已，非有理而後有氣，乃氣立而理因之寓也。」「而實無太極之可言，所謂無極而太極也。」「使實有是太極之理爲此氣從出之母，則亦一物而已。」此皆過正不穩之辭，實只加重**一滾說**而已。吾細讀《劉子全書》，覺其滯辭、不穩之辭太多，然其實意亦可窺。即就此文而觀之，窺其意實非不認有太極。「就形下之中而指其形而上者」云云，可見非不認有「形而上者」。然則

「而實無太極之可言」自是滯辭、不穩不平之辭,亦是過正之辭。由「實無太極之可言」而說「所謂無極而太極也」,此豈周子之意乎?「無極」豈是「無太極之可言」之意耶?「無極而太極」豈是以沒有太極為太極耶?此豈非過甚矣乎?只是閉眼瞎說而已。「使實有是太極之理為此氣從出之母,則亦一物而已」,此是誤解「理生氣」之說。無論朱子之體會太極為「只是理」,或是濂溪之體會為心神理是一,皆不是說氣從理生出來,一如母之生子。即老子「天下萬物生於有,有生於無」,亦不是說萬物從「無」生出來,一如母之生子。凡此皆當善會生字之意,無人作如此滯礙之解也。若如此滯礙,則凡內聖之學言「本」者皆成不可能之辭矣。而《中庸》言「生物不測」,亦豈是萬物從道生出來,一如母之生子耶?此是以誤解栽贓也。以此誤解而反對理先氣後亦只乖謬而已矣。「理先」者,且不必作深解,只以平常之意說之,只是以本為先耳。若必反對理本之先在性,則凡言性善、言本心、言良知以及汝劉蕺山之言意根獨體,皆成何事?此只是心不明澈,一旦纏夾下去,乃並其所講之學之本義而亦忘之耳。然而蕺山之實意,吾亦知之。且撥開這些**烟霧**而直窺其**實意**亦可矣。

　　蕺山生于明末,為宋、明儒學之殿軍。其承接以往之遺產厚,見六百多年來諸多分別解說,概念繁多,不勝其支離,故就其中重要論題悉欲統而一之。其子劉汋所編之《蕺山年譜》于六十六歲下,記云:

　　　　先生平日所見,一一與先儒牴牾。晚年信筆直書,姑存疑案。仍不越誠意、已未發、氣質義理、無極太極之說。於是

斷言之曰：「從來學問只有一個工夫。凡分內分外、分動分
靜、說有說無、劈成兩下，總屬支離。」又曰：「夫道一而
已矣。知行分言，自子思子始。誠明分言，亦自子思子始。
已未發分言，亦自子思子始。仁義分言，自孟子始。心性分
言，亦自孟子始。動靜、有無分言，自周子始。氣質義理分
言，自程子始。存心致知分言，自朱子始。聞見德性分言，
自陽明子始。頓漸分言，亦自陽明子始。凡此，皆吾夫子所
不道也。嗚乎！吾捨仲尼奚適乎？」〔案：此段文字不見今
之《全書》中。其所說亦不必盡合史實與義理之實。此不必
管。〕

此下劉汋又附注云：

按先儒言道分析者，至先生悉統而一之。先儒心與性對，先
生曰：「性者心之性。」性與情對，先生曰：「情者性之
情。」心統性情，先生曰：「心之性情。」分人欲爲人心，
天理爲道心，先生曰：「心只有人心，道心者人心之所以爲
心。」分性爲氣質義理，先生曰：「性只有氣質，義理者氣
質之所以爲性。」未發爲靜，已發爲動，先生曰：「存發只
是一機，動靜只是一理。」推之，存心致知，聞見德性之
知，莫不歸之於一。然約言之，則曰：心之所以爲心也。又
就心中指出本體工夫合並處，曰誠意。「意根最微，誠體本
天」。此處著不得絲毫人力，惟有謹凜一法，乃得還其本
位，所謂戒慎乎其所不睹，恐懼乎其所不聞，此慎獨之說

也。〔下略〕

蕺山欲統而一之，故既不欲**橫地撐開說**，亦不欲**縱地拉開說**。其統一之法大體是直下**將形而下者向裡向上緊收于形而上者**，而同時**形而上者亦即全部內在化而緊吸于形而下者中**，因而成其爲**一滾地說**。此大體是**本體論地即體即用之一滾地說**，在此，說「**顯微無間，體用一原**」，誠是如此。蕺山對于即存有即活動、於穆不已之天命流行之體確有體認，亦眞有工夫。此無論自意根誠體說，或自無極太極說，皆可見其是如此。此證之其晚年最成熟之作品《人譜》即可知。彼即欲將形而下者如情、如人心、如氣質、如喜怒哀樂等，直下**緊收于此於穆不已之體**，而此**於穆不已之體亦即全部內在化而緊吸于此形而下者中**以主宰而妙運之，以成其「**全體是用，全用是體**」之**一滾而化**，**一滾地**如如呈現。故不作心性對言，而只說「性者心之性」；不作性情對言，而只說「情者性之情」；不說心統性情，而只說「心之性情」；不說人心道心，只說「心只有人心，道心者人心之所以爲心」；不分氣質之性與義理之性，只說「性只有氣質，義理者氣質之所以爲性」；不說未發爲靜，已發爲動，只說「存發只是一機，動靜只是一理」。此最後一點尤顯其**上下緊收緊吸**之精神，言之極爲精彩。試看其言曰：

故自喜怒哀樂之**存諸中**而言，謂之中，不必其未發之前別有氣象也，即天道之元亨利貞**運於於穆**者是也。自喜怒哀樂之**發於外**而言，謂之和，不必其已發之時又有氣象也，即天道之元亨利貞呈於化育者是也。惟存發總是**一機**，故中和渾是

一性。（《劉子全書》卷十一，〈學言中〉）

又曰：

> 未發以**所存**而言者也。蓋曰：自其所存者而言，一理渾然，雖無喜怒哀樂之相，而未始淪於無，是以謂之中。自其所發者而言，泛應曲當，雖有喜怒哀樂之情，而未始著於有，是以謂之和。可見**中外只是一機，中和只是一理**。絕不以**前後際**言也。（《劉子全書》卷九，〈答董生心意十問〉）

在此種本體論地上下緊收緊吸即體即用的一滾而化中，固可有許多甚深甚妙之談。此如：

> 只此動靜之理，分言之是陰陽，合言之是太極。故曰：「一陰一陽之謂道」。即分即合是太極，非分非合是無極。故曰：「陰陽不測之謂神」。（《劉子全書》卷十，〈學言上〉）

又如：

> 涵養之功只在日用動靜語默衣食之間。就一動一靜、一語一默、一衣一食理會，則謂之養心。就時動時靜、時語時默、時衣時食理會，則曰養氣。就**即動即靜、即語即默、即衣即食**理會，則曰**養性**。（《劉子全書》卷六，〈證學雜解〉第二十

則）

在此種情形下，實亦可說「實無太極之可言」。因為「即分即合是太極，非分非合是無極」。同樣亦可說「即動即靜、即語即默、即衣即食是太極，非動非靜、非語非默、非衣非食是無極」。「無極」者「實無太極之可言」也。莊生云：「既已為一矣，且得有言乎？」即此「實無太極之可言」之意也。此是形而上下緊收緊吸下的**圓融化境**，不能視作**主張上的陳述**；即使視作一種陳述，亦不能視作**主張上的陳述之對遮**。即使在發展中各陳述對遮相消相融以期最後之圓融而化，亦不能**滯在此圓融而化**中之「無太極之可言」而反對**彼言有太極者**。蓋圓融而化即預設著一種分解歷程之分別言。故上錄兩段可順適無病，而〈太極圖說解〉之首段則滯礙難通。劉蕺山之滯礙不通處即在常不自覺地將**圓融而化**視作一**特定之主張**（陳述）而**以此遮彼**，將圓融而化中之「**無言**」**特定化**，視作與彼分別言之**各種陳述**為同一層次上相**對立之陳述**。此則反降低自己，乃是以不熟不圓之心智談圓義者。

　　《劉子全書》卷十一〈學言中〉亦有相同之滯礙，試看以下各條：

盈天地間**一氣而已矣**。有氣斯有數，有數斯有象，有象斯有名，有名斯有物，有物斯有性，有性斯有道。故道，其後起也。而求道者輒求之未始有氣之先，以為道生氣，則道亦何物也，而能遂生氣乎？

案：此全是誤解不通之滯辭。淺陋不入者將視此爲唯物論矣。此只是戴山之別扭，非其實意也。就此別扭而觀之，彼似亦不自知其形而上下緊收緊吸、顯微無間、體用一原，究是何義！只因一時之誤解而亟欲反之，故有此乖戾之言，且並其自己所精悟之於穆不已之體而亦忘之矣！夫於穆不已之體固不離氣，然亦豈只是「一氣而已」耶？從氣歷降而說到道，道爲後起，亦豈有「顯微無間，體用一原，即體即用」之義耶？

> 宋儒之言曰：道不離陰陽，亦不倚陰陽。則必立於不離不倚之中，而又超於不離不倚之外，所謂離四句，絕百非也。幾何而不墮於佛氏之見乎？

案：「即分即合是太極，非分非合是無極」，豈非離四句，絕百非乎？

> 或曰：虛生氣。夫虛即氣也，何生之有？吾溯之未始有氣之先，亦無往而非氣也。當其屈也，自無而之有，有而未始有。及其伸也，自有而之無，無而未始無也。**非有非無之間而即有即無，是謂太虛，又表而尊之曰太極。**

案：此是本橫渠之義說。橫渠依「虛即氣」反對「虛生氣」，此亦是誤解。不知「虛即氣」與「虛生氣」兩義同可說也。「有而未始有」，「無而未始無」，「非有非無之間而即有即無」，此等語句如不只是撥弄字眼而有實義，則不能只是「一氣而已」甚顯。如不

能正視一**分別說之虛與氣之差別**，則此等語句未必可能也。

　　天者萬物之總名，非與物爲君也。道者萬器之總名，非與器
　　爲體也。性者萬形之總名，非與形爲偶也。

案：此若視作「即體即用」可。然「即體即用」非不承認有體也。
此三句不能表示出「即體即用」義，但卻表示出**是斷定直述語**，此
則便成**極端乖戾**之言。劉蕺山眞能貫徹此義乎？若然，則意根誠體
亦不必言矣！郭象注〈齊物論〉之天籟中有曰：「天者萬物之總
名」，此在發明道家之自然義，如此說未嘗不可，而在儒家言性
體、道體亦如此說，則成**大悖**。劉蕺山焉可玩此乖巧！

　　子曰：「形而上者謂之道，形而下者謂之器。」程子曰：
　　「上下二字截得道器最分明。」又曰：「道即器，器即
　　道。」畢竟器在斯，道亦在斯。離器而道不可見。故道器可
　　以**上下**言，不可以**先後**言。「有物先天地」，異端千差萬
　　錯，總從此句來。

案：道器既「可以上下言」，亦「可以先後言」，而且先後正由上
下而引申出。《大學》言「物有本末，事有終始，知所先後，則近
道矣」。本末先後豈可忽乎哉？而必反之何耶？「維天之命，於穆
不已」，天命豈不先自本有乎？亦後起耶？「所惡於智者爲其鑿
也」。劉蕺山之智亦可謂鑿而死，往而不返者矣！

理即是氣之理，斷然不在氣先，不在氣外。知此，則知道心
即人心之本心，義理之性即氣質之本性。千古支離之說可以
盡掃，而學者從事於入道之路，高之不墜於虛無，卑之不淪
於象數，而道術始歸於一乎？

案：理如果是指即活動即存有、於穆不已的天命流行之體說，則
「理即是氣之理」意即：理是妙運乎氣而使之所以能生化不息者，
理即是使氣所以為此氣者，理當然是氣之理。即使朱子體會成只存
有而不活動，亦仍可說理是氣之理。但說「理即是氣之理」，無論
此理是即存有即活動或只存有而不活動，理總是超越的、普遍的、
絕對之一的實體，而不會是氣之**謂詞**（性質），或是氣之**關聯的特
質**。如是，**分解地說**，重視此**理之為本**義，則亦可說**理在氣先**，正
視此理之**為超越的實體**義，則亦可說**理在氣外**。儘管當形而上下緊
收緊吸即體即用而**一滾地說**，亦無所謂先後，亦無所謂內外，但此
亦並不礙**分解地說**在先在外之成立。劉蕺山只說一句「理即是氣之
理」，此豈足以否定在先在外之義乎？汝總不至於把理視作**氣之謂
詞**或**關聯的特質**也。依此推下來，「道心即人心之本心」（「道心
者人心之所以為心」），此只是辭語之變換，仍承認有本心也。
「人心」是**無色地說**（「心只有人心」），「本心」是**有色地說**
（有價值意義地說），「人心之本心」意即人心之不喪失其本心
者，此即人心而道心矣。故「道心者人心之所以為心」意即人心之
不止於無色而所以能成其有道德意義之本心者即為道心。汝總不至
於認此「所以為心」為「此無色之人心之所以為此無色之人心
者」，即「所以」總不會是此**實然的現象的**「所以」也。此能反對

分解地說人心道心之**分別**乎？推之，「義理之性即氣質之本性」
（「性只有氣質，義理者氣質之所以爲性」），亦只是辭語之變
換，落實了說，仍不能否認義理之性與氣質之性之分別。依朱子，
義理之性即是純然是義理的性本身、本然之性、性體之自己，氣質
之性則是此性之墜在氣質裡面，意即氣質裡面的性，雜在氣質裡面
而爲氣質所拘限所染汙的性，此只是一性之**兩面觀**，即依此兩面觀
的**分別**遂有此**兩詞**之**建立**，實則性只有**一性**，非有**兩種性**也。依通
常之解法，順告子生之謂性下來，通過漢儒之言氣性、才性，直至
張橫渠首言氣質之性，伊川仍之而言才性，則是就人之個體生命、
氣之凝結所呈現之種種顏色如清濁、剛柔、緩急、才不才之類而說
一種性，此即所謂**氣質之性**，即就**氣質顏色之殊**而說**一種性**，非意
謂義理之性之**陷在氣質裡面也**。至義理之性或天地之性則是就人之
內在道德性之性或是就於穆不已的天命實體（本體宇宙論地說的道
德創生的實體）說**另一種性**，此是人之超越的、先天的眞性，即人
之所以異于禽獸者。而依劉蕺山，「性只有氣質之性」，意即氣質
底性，而氣質則取其最廣泛的意義，意即氣、質，並不取或至少不
重視而忽視那有種種顏色之殊的氣質如普通所謂脾性、才性之類，
（取此最廣泛的意義，朱子亦有此意，因他說性墜在氣質裡面亦總
是雜在氣裡面，此廣狹無關），是則**氣質底性**即如說**氣之理**然，意
即氣、質底**性體主宰**也。「義理之性即氣質之本性，即氣質之所以
爲性」，前一句是說「義理之性」就是**氣質底性體主宰**（兩「之」
字並不一樣），後一句是說「義理之性」就是**氣質底性**之**所以爲性**
者，「所以爲性者」意即其爲性**全是義理**也，此與前一句說法意義
同。劉蕺山所說的「氣質之本性」並不是說氣質本身所呈現的種種

實然的特質或顏色也，他還是說的那「天命流行，物與無妄之本體，亦即此是無聲無臭渾然至善之別名」（《劉子全書》卷十九，〈答王右仲州刺〉）。他所說的「性只有氣質，義理者氣質之所以為性」具言之當該是「性只有氣質之性，義理之性者氣質之性之所以為性」，（氣質底性之所以為性者），並不是說**氣質本身之所以能成為性者**，亦即並非說**氣質本身所呈現的種種顏色之所以為此種種顏色者**。是則「性只有氣質之性」意即只有一個作為氣質底性體主宰的性，此還是**體用義**，亦仍是「理即是**氣之理**」之義。但如此說，並不能否定朱子一性兩面觀的說法，亦不能否定自不同層面說兩種性之義。蓋本有此許多義，並不能相代替也。而自道德實踐言，亦不能不重視氣質之限制，此並非一個**平鋪的體用義**所能籠侗也。劉蕺山以為只說一句「理即是氣之理」，「道心即人心之本心」，「義理之性即氣質之本性」，便可盡掃「千古支離之說」，此亦晚明士人秀才氣之**大言欺人**，故作**驚人之筆**耳。言學不可以如此**匆遽張皇**也。言圓頓自有言圓頓之方式、路數與規範，非是如此**置斷**即可統而一之也。劉蕺山于此相差甚遠！

依以上之疏解，如撥開其滯辭、不穩之辭、乖戾悖謬之辭所成之**烟霧**，吾人可知蕺山所謂**理氣一**之實義是如何。其所謂「一」者蓋即形而上下緊收緊吸而即體即用，顯微無間，體用一原之一滾地說之一耳。然此種意義之「一」必預設一種**分別說的**「二」，非不承認在**分別說**下有太極之為理以及理氣之分也。「二」即由此分別說下理氣之分直接地引申出。分後如何再關合而為一，乃是進一步的事，此則決定于對于理之體會為如何。劉蕺山實有其**超越的分解**，非是一往**一滾地說**也。例如其言意根誠體，言意為心之所存，

非心之所發；言知（良知）藏于意，非意之所起；又嚴分意與念，謂意是一機而二用（好善惡惡），念是兩在而異情，不可混念為意：凡此等等皆是**超越的分解**事。惟至說理氣時，則喜作一滾地說。此蓋由于其體已立，而即于此說**本體論地即體即用**耳，此如其言喜怒哀樂之未發已發為「存發一機」便是。實則直下如此說，並不合《中庸》原意，而亦何嘗不可于此作一**超越的分解**，作一**分別說**耶？是以如真貫澈其意根誠體處之**分解地體認**則亦不能反對**理氣處**之**分解地體認**。其**一滾地說**必預設一**分別地說**。而且在其所預設的分別說中，蕺山對于太極實體之體會確與朱子不同，即他並未體會為只是理，只存有而不活動者，他實處處更能相應那於穆不已之天命流行之體，而即扣緊此於穆不已之天命實體以言太極真體，言意根誠體，乃至言理言體，是則其所謂理、所謂體、所謂太極乃必然是**即存有即活動者**。此方是**差別點**所在。其所以能至即體即用，顯微無間，體用一原之「**一**」者正因其所體會之體是**即存有即活動者**，而朱子之所以**不能至此**而亦**不欲說此**，而只說理氣**不離不雜**，只說「太極者**本然之妙**，動靜者**所乘之機**」，乃至說**掛搭**、**附著**、**依傍**、**跨馬**等義者，正因其所體會之太極為**只存有而不活動者**，是則終于**為二**，而其「**一**」亦是**關聯的一**，非即體即用**無間之一**，卻正是不以體用言之**有間之一**，非即體即用之**一原之一**，卻正是理氣關聯上的**兩原之一**。此蓋即羅整菴、劉蕺山、黃梨洲等所不滿意之**歧理氣為二也**。然彼等**不知其故**，不知就體之體會不同而加以簡別與糾正，卻只就**理氣之分本身**而**直接去爭二不二**，是以終于成**朝三暮四**之**胡纏夾**，而終不足以難朱子也。夫既承認有理氣之分矣，焉可不承認理氣為二物？夫理氣為一，如非只是氣，亦非不承認有

理，又焉可不承認**分別說的理氣爲二**？是以欲反之，而不知焦點之何在，故既終于不能反，又有許多突兀乖戾之辭也。而又連及先後，並理先氣後而反之，以成其所謂一，是皆所謂不中肯之亂反也。夫一滾地說，自無所謂**先後**，然亦豈能因此而否認**分別說的**於穆不已之天命實體、太極眞體之爲**本有先在耶**？至于由一滾地說之之中再轉出許多所謂「統而一之」之**陳述**，如「性者心之性」，「情者性之情」，「心之性情」，「道心即人心之所以爲心」，「義理之性即氣質之本性」等等，此種「**統而一之**」又豈足以難朱子之**分別說耶**？是故朱子之差唯在其體會太極爲只是理、爲只存有而不活動者之一點，而劉蕺山之體會則不同於此，何不**于此自覺而加以簡別與糾正**，而卻只落于**分別說**中去作**朝三暮四之糾纏耶**？是其不能透澈亦明矣。

　　劉蕺山尚能精切其意根誠體之說，尚能扣緊於穆不已之天命實體以言太極眞體與性體，故撥其雲霧，而實義自不謬。至梨洲則于此並無眞工夫，眞知見，其辭語尤乖謬。亟欲說理氣是一，而竟落于視理爲氣之**謂詞**，爲**關聯的特質**之層次，是則儒家內聖之學之言道體性體全部**倒塌**矣！是並其師之學亦不能守也。亦由于爲其師之過甚之辭所吸，不知其底子，便執認以爲實，遂**順之而下滾耳**。

　　其〈太極圖講義〉云：

通天地，亘古今，無非**一氣而已**。**氣本一也**，而有往來闔闢升降之殊，則分之爲動靜；有動靜，則不得不分之爲陰陽。然此陰陽之動靜也，千條萬緒，紛紜膠輵，而卒**不克亂**。萬古此寒暑也，萬古此生長收藏也，莫知其**所以然而然**，是即

> 所謂理也，所謂太極也。以其不貳而言，則謂之理；以其極
> 至而言，則謂之太極。識得此理，則知一陰一陽即是爲物不
> 貳也。
>
> 其曰「無極」者，初非別有一物依於氣而立，附於氣而行。
> 或曰：因「易有太極」一言，遂疑陰陽之變易類有一物主宰
> 乎其間者。是不然矣。故不得不加「無極」二字。〔下
> 略〕。（此文〈濂溪學案〉下附于戢山〈太極圖說解〉下）

如此講太極、無極，而謂可以勝過朱子，其孰能信之？如此講法，
理氣**誠爲一物**矣，然理卻只成**氣之自然變化之不貳**，此只成**自然主**
義，猶非其師之形而上下**緊收緊吸即體即用**之義也。由此而有「天
地之間只有氣，更無理」，以及理氣「蓋一物而兩名，非兩物而一
體」等看似漂亮而實沈淪之言。《明儒學案》是其一手精作之書，
遇有涉及此問題處，輒有此類之案語，吾將詳論之于〈明道章·一
本篇〉之附識，以明其對于「天命流行之體」全誤解。

「維天之命，於穆不已」是先秦儒家發展其**道德形上學**所依據
之最**根源的智慧**，亦是了解其言道體、性體之**法眼**。朱子于此雖一
間未達，只講成只存有而不活動者，然其系統卻**全盡而一貫**。陸象
山于孟子學爲不謬，然其興趣卻**申展不至此**，其紹述孟子之本心甚
警策而精透，然而一涉及此方面，則似**根本未入者**，此其所以**不全**
盡，亦是其**粗處**也。下段即稍論朱陸之辯以終此篇焉。

第五段　象山疑〈太極圖說〉之非是

朱子極力表揚〈太極圖說〉而尊信之，而當時陸氏兄弟又疑其

非周子所爲，如是展開一場劇烈爭辯，結果鬧得極不愉快。吾以爲陸氏兄弟之疑是**一時不成熟之疑**，此場辯論，客觀地說，象山**是失敗者**。

象山與朱子書云：「梭山兄謂：〈太極圖說〉與《通書》不類，疑非周子所爲；不然，或是其學未成時所作；不然，則或是傳他人之文，後人不辨也。蓋《通書·理性命》章言：中焉止矣。二氣五行，化生萬物。五殊二實，二本則一。曰一曰中，即太極也。未嘗於其上加無極字。〈動靜〉章言五行陰陽太極，亦無無極之文。假令〈太極圖說〉是其所傳，或其少時所作，則作《通書》時，不言無極，蓋已知其說之非矣。此言殆未可忽也。」

此書後面復謂：「〈太極圖說〉以無極二字冠首，而《通書》終篇未嘗一及無極字。二程言論文字至多，亦未嘗一及無極字。假令其初實有是圖，觀其後來未嘗一及無極字，可見其道之進，而不自以爲是也。兄今考訂注釋，表顯尊信，如此其至，恐未得爲善祖述者也。」

此辯先由梭山發難，朱子復之。梭山原書已失傳。此書是象山述其兄梭山之意而代其兄與朱子辯也。由于象山之接力，遂成往復之劇辯。謂「〈太極圖說〉與《通書》不類」，表面上亦稍有之，然並非大不類，所差者只在《通書》「無無極之文」耳，而象山亦只就這一點而謂〈圖說〉非周子所爲，或其少時學未成時所作。此疑實亦一時**不成熟之皮相之疑**。如吾上文所解，〈圖說〉大體是根據《通書》之〈動靜〉章、〈理性命〉章、〈道〉章、〈聖學〉章而寫成，其義理骨幹不外此四章。〈圖說〉全文，無論思理或語脈皆同于《通書》，不可謂非濂溪手筆也。「無極而太極，太極動而

生陽」兩語實即《通書‧誠下》「靜無而動有」一語之引申。而濂溪亦實可有「**無極之極**」之思路。《通書》多言無、無思、無爲，雖可有通于老子，然濂溪並不以此爲諱，而此本亦爲《易傳》中固有之辭。是故在〈圖說〉之機緣說「無極而太極」，稍加一「無極」字，不應構成嚴重之問題，此不足以決定〈圖說〉之非周子所爲也。「無極而太極」實只是一太極，太極是主，無極只是遮狀詞，並非一**獨立之實概念**。二程不言無極字，不足以決定濂溪在〈圖說〉機緣上言之之非是。即朱子大講太極，亦未曾專說無極也。蓋無極既只是一遮狀詞，並非一獨立之實概念，則實處只在太極，曉其意，只說太極即可耳，本不必處處皆須帶著無極字也。故〈圖說〉與《通書》之此點差別實不足以構成〈圖說〉非周子所爲之關鍵，于以知陸氏兄弟之疑實是**一時不成熟之皮相之疑**。若看穿周子之思理，此疑即可冰釋。象山答朱子謂「梭山氣稟寬緩，觀書未嘗草草」，言其疑並非率爾而發。實則此種問題，一時之仔細並不算數。程度到了，生命相應，一眼可以看明，程度不到，生命不相應，一時之仔細，縱往復熟讀，亦不必能穿透。梭山之疑只爲表面所吸住耳。至于象山之接力，則以學問不同爲背景。朱子與象山隔閡太甚。朱子自始即斥象山爲禪，象山從未一辯。象山斥朱子不見道，根本不贊成他那一套。象山辯〈太極圖說〉時，年在五十，正其學問發皇頂盛之時，其接力與朱子辯，乃是借題發揮耳。故〈與陶贊仲〉書云：「此數文皆明道之文，非止一時辯論之文也。」（《象山全集》卷十五）然獨立明道，表現其獨特之學風與精神，則可，而剋就〈太極圖說〉以與朱子辯圖說之爲僞，則陷于**一不利之境**。蓋借題發揮，亦不可無泛應曲當之本領。象山之學是

孟子學，其思理與精神不惟與朱子相睽隔，且亦根本不必**契濂溪所欣趣之一套**，而平素對于《通書》與〈圖說〉所呈現以及所牽連之**辭語與思理**亦乏深研之工夫，實亦不感興趣，故其辯論自難順通而曲當。只抓住「無極」一詞，便斷定其非周子所爲，爲老氏之學，濂溪有知必**莞爾笑其爲淺而躁矣**。「無」之思理可有通于老子，然不因此便是老氏之學。此中**曲折**，象山未能深入而順通之。而此欠缺，則固不足以服朱子，即濂溪亦不必首肯也。原象山之所以不能深入而順通此中之曲折亦正因其不能會通從孔、孟至《中庸》、《易傳》之圓滿發展之故也。自此而言，象山不及明道。當然，象山亦自有其警策于明道處。

朱子〈答陸子美〉（梭山）第一書云：「只如太極篇首一句，最是長者所深排。然殊不知不言無極，則太極同於一物，而不足爲萬化之根，〔「之根」象山引之作「根本」，下同〕；不言太極，則無極淪於空寂，而不能爲萬化之根。只此一句，便見其下語精密，微妙無窮。」

〈答陸子美〉第二書云：「且如太極之說，熹謂周先生之意，恐學者錯認太極別爲一物，故著無極二字以明之。此是推原前賢立言之本意，所以不厭重複，蓋有深指。而來諭便謂熹以太極下同一物，是則非惟不盡周先生之妙旨，而於熹之淺陋妄說，亦未察其情矣。又謂著無極字，便有虛無好高之弊，則未知尊兄所謂太極，是有形器之物耶？無形器之物耶？若果無形而但有理，則**無極**即是**無形**，太極即是**有理**明矣，又安得虛無而好高乎？」

案：此兩書之辨解大體不誤。象山接過來〈與朱元晦〉書引之而駁之云：「夫太極者實有是理，聖人從而發明之耳。非以空言立

論，使後人籤弄於煩舌紙筆之間也。其為萬化根本，固自**素定**。其足不足、能不能，豈以人言不言之故耶？」此答固**甚美**，此見象山之精神。自太極之存有言，固不在人之言不言，然自**體悟詮顯上言**，說說**又何妨**？本來無極二字言亦可，不言亦可。「不言無極」，太極固不必即「同於一物」，但為形容其為無稱之言、窮極之辭，則言之又**豈定礙**？《易傳》固只言太極，未言無極，太極亦未嘗同于一物而不足為萬化根本，**然濂溪旣已言之矣**，則**解而通之有何不可**？

是以朱子答象山云：「伏羲作易，自一畫以下，文王演易自乾元以下，皆未嘗言太極也，而孔子言之。孔子贊易自太極以下，未嘗言無極也，而周子言之。夫先聖後聖，豈不同條而共貫哉？若於此有以灼然實見太極之眞體，則知不言者不為少，而言之者不為多矣。何至若此之紛紛哉？」案此答亦**甚美**。此即言亦可，不言亦可也。辯至此，本應**相視而笑，莫逆于心**。然意氣之動，賢者不免，遂額外生枝，愈辯愈暌矣。字裡行間，互相誤解或不盡對方之語意者甚多，茲不暇一一指正。

然朱子之正意只是如此：「至於《大傳》旣曰形而上者謂之道矣，而又曰一陰一陽之謂道，此豈眞以陰陽為形而上者哉？正所以見一陰一陽雖屬形器，然**所以一陰一陽者是乃道體之所為也**。故語**道體之至極**，則謂之**太極**，語**太極之流行**，則**謂之道**。雖有二名，初無**兩體**。周子所以謂之無極，正以其無方所、無形狀，以為在**無物之前**，而**未嘗不立於有物之後**；以為**在陰陽之外**，而**未嘗不行乎陰陽之中**；以為**貫通全體，無乎不在**，則又**初無聲臭影響之可言也**。」（朱子答象山第一書）。「無極而太極，猶曰莫之為而為，

莫之致而至；又如曰：無爲之爲。皆語勢之自然，非謂別有一物
也。其意固若曰：非如皇極、民極、屋極之有方所形象，而但有此
理之至極耳。若曉此意，則於聖門有何違叛而不肯道乎？上天之載
是**就有中說無**。無極而太極，是**就無中說有**。〔案此言有中說無、
無中說有，皆只是說太極一事，非如老子有無對言，亦不同于濂溪
言誠體「靜無而動有」之有無〕。若實見得，即說有說無，或先或
後，都無妨礙。今必如此拘泥，強生分別，曾謂不尙空言，專務事
實，而反如是乎」？（朱子答象山第二書）。

此爲朱子解「無極而太極」一語之正意，此解大體不誤。象山
之借題發揮，雖可謂爲明道之文，然就辯〈太極圖說〉之爲眞僞
言，則**失敗**。

依此，〈太極圖〉可能源自于道教，而〈圖說〉則**斷然**是濂溪
之思想。自儒家義理言，此圖並無多大價值，即無此圖，〈圖說〉
之義理仍**可獨立被理解**。要者在〈圖說〉之思想。濂溪之藉圖以寄
意，其所寄之意固甚嚴整，而亦全本于《通書》，然自其「藉圖」
而言，則是**一時之興會**，所謂好玩而已。濂溪並非**必須**先獨自構畫
一圖以及**必須**對應此圖始能**結構出一套義理**。此即示此圖對于〈圖
說〉義理並無**抒意上之必然關係**，亦無**理解上之必然關係**。（此圖
所承之原本對于道教人士之修煉也許有令人起興會處，濂溪雖顛倒
之而成爲〈太極圖〉，然自儒家義理言，則毫不令人起興會，旣無
美感，亦無靈感。自吾個人言，主觀上雅不願看此圖）。濂溪決非
先有此圖及〈圖說〉，然後始推演出《通書》之義理，故自時間前
後說，〈圖說〉**決不能早于**《通書》。自義理系統之次序言，亦不
能以〈圖說〉爲本而解《通書》，只能以《通書》爲本而解〈圖

說〉。〈圖說〉固大體根據〈動靜〉章、〈理性命〉章、〈道〉章、〈聖學〉章而寫成，然《通書》之論誠體者卻不能見之于〈圖說〉，此即示〈圖說〉並不能爲《通書》之**先在綱領**或**綜論**，而吾人卻必須根據《通書》所論之天道誠體以理解〈圖說〉之太極，始能見濂溪思想之一貫，並得知其心目中所意謂之太極之眞實義。太極固已見于《通書》，然即此《通書》中之太極，亦須根據誠體之神、寂感眞幾而理解之，因《通書》中對于天道誠體有詳解，而于太極，則只是一詞而無解釋故也。如果太極不是天道誠體以外之另一實體，如果〈圖說〉中「無極而太極」之太極不能有異于《通書》中之太極，則除以《通書》中之天道誠體之實義解〈圖說〉之太極外，不能有別法可以得知濂溪心目中所意謂之太極之實義。是則〈太極圖說〉固非傳他人之文，亦非其少時學未成時所作，而且以〈圖說〉爲本爲主，而以《通書》爲賓爲副亦非是。《宋元學案·濂溪學案》首列《通書》，次列《圖說》，是也。象山以〈圖說〉爲僞，固非，朱子不以《通書》爲主，不以誠體解太極，亦非也。

　　朱子解「無極而太極」固大體不誤，然彼不以誠體之神、寂感眞幾解太極，而將心神寂感抽掉，只成爲形式意義的「但理」，則「太極動而生陽」便不可解。朱子之視太極爲形式意義的「但理」，固足另成一系統，然在其系統中，「太極爲萬化根本」是何意義的**根本**？「語太極之流行，則謂之道」，此「太極之流行」是何**意義**？「在無物之前，而未嘗不立於有物之後」是何**意義**？「在陰陽之外，而未嘗不行乎陰陽之中」是何**意義**？總之，太極之爲形上的實理是何意義的**實理**？凡此等等，如徒**形式地**觀之，似甚易

解。但若在朱子系統中，想求得其真實義，則卻甚不容易。此皆由太極之爲「但理」與陰陽動靜之爲氣之關係而生起，亦與其言心性關係相平行，此皆爲朱子所煞費苦心者，故吾人亦不能輕易看過也。其系統之獨特而與象山爲對立，胥繫乎此。此見前第三段可知。朱子系統之全部展示見下〈朱子部〉。吾于此首章只言其解〈太極圖說〉者以顯其對于太極真體（天命流行之體）了解之偏差。

　　吾于前段末已言「於穆不已」之「天命流行之體」一詞實了解儒家言道體性體之法眼。然自濂溪始直至劉蕺山止，對於此詞之體會只有兩路可走，即一、體會爲即存有即活動，二、體會爲只存有而不活動。

　　濂溪開端，雖于孔子之仁、孟子之心性了解極少，然客觀地自本體宇宙論面言道體，彼卻是將此道體體會爲即存有即活動者，而且很能提得住。（不言性體者，以濂溪尙未清楚地意識到即以此「即存有即活動」之道體言性體也）。

　　橫渠雖然多滯辭，然由其「知太虛即氣，則有無隱顯神化性命通一無二」之語觀之，知其對于此道體亦當是體會爲即存有即活動者，而且天道性命相貫通，即以此道體言性體，橫渠言之最爲精澈。其于孔子之仁、孟子之心，了解的（至少關注的）亦比濂溪爲多。此見下章可知。此是漸由《中庸》、《易傳》向《論》、《孟》轉也。

　　盛言於穆不已之體，由之以言「一本」，以判儒佛，自明道始。明道是眞能相應此於穆不已之體而體會即存有即活動者。孔子之仁、孟子之心，亦于此通而一之。客觀面與主觀面皆飽滿而無缺

憾，直下會通而爲一本。而且善言**圓頓**，疏通無滯礙。此爲內聖之學**圓教**之**模型**。

伊川依其直線分解的思考方式將道體性體體會爲**只是理**，于是即存有即活動之於穆不已之體遂**泯失而不見**。朱子承之，自覺地體會爲**只存有而不活動**者，此雖不合原義，然卻能**全盡而貫澈地**完成其爲一**完整之系統**，客觀面與主觀面皆**相應**，工夫之施設亦**相應**。此一系統，吾于後將說爲：主觀地說爲**靜涵靜攝之系統**，客觀地說爲**本體論的存有之系統**，簡言之，爲**橫攝系統**，而與即存有即活動之**縱貫系統**爲**對立**，此爲徹底之**漸教**。

胡五峰本於穆不已之體言性體，而又本明道上蔡之言仁，以孔子之仁與孟子之心去**形著而證實之**，此已開重新自覺地言**心體性體終歸是一**之門，而重點落在以心著性上。此亦是縱貫系統者。

象山崛起，撇開客觀面，直本孟子而言本心，並言心即理。夫暫撇開客觀面而自孟子入可也，然必須能**申展**而**貫徹**至**於穆不已之天命流行之體**處，方算**充其極**，**圓整而飽滿**。雖其言心即理、攝理歸心（此是對朱子將太極體會爲只是理而發），其心體是涵蓋乾坤而爲言，**原則上**似乎已飽滿，然于其所言之心體落實于於穆不已之天命流行之體處而一之，藉以糾正朱子之失，此步工夫，象山**終欠缺**。此因其在此方面太**無興趣**故也。故于此方面之**學力亦缺乏**。不知「維天之命於穆不已」是先秦儒家發展其道德形上學所依據之最根源的智慧。孔子雖言仁，然天道天命之老傳統仍然繼承而不背，故**踐仁以知天**。孟子雖言心性，亦仍然繼承而不沒，故**盡心知性以知天**。發展至《中庸》、《易傳》，直由天命流行之體（或爲物不貳生物不測之天道誠體或神體）以言性體，此本由孔子之仁、孟子

之本心所透至者，故得從上說下來而一之。然則後之自孟子入者，亦必須能**申展而貫徹**至於穆不已之天命流行之體處方算**充其極**，**圓整而飽滿**。然而象山于此既無**興趣**，亦乏**功力**。此由其與朱子辯〈太極圖說〉之第二書中語可見。試看以下之辯語：

> 至如直以陰陽爲形器，而不得爲道，此尤不敢聞命。易之爲道，一陰一陽而已。先後始終，動靜晦明，上下進退，往來闔闢，盈虛消長，尊卑貴賤，表裡隱顯，向背順逆，存亡得喪，出入行藏，何適而非一陰一陽哉？奇偶相尋，變化無窮。故曰：「其爲道也屢遷。變動不居，周流六虛，上下無常，剛柔相易，不可爲典要，惟變所適。」〔……〕今顧以陰陽爲非道，而直謂之形器，其孰爲昧于道器之分哉？

案：此辯非是。若以所云云爲指點語可，若以於穆不已之體不離此所云云亦可，若直以**陰陽爲道則不可**。此處，象山確不及朱子之子細。朱子答之云：

> 若以陰陽爲形而上者，則形而下者復是何物？更請見教！若熹愚見與夫所聞，則曰凡有形有象者皆器也。其所以爲是器之理者皆道也。如是，則來書所謂始終晦明，奇偶之屬，皆陰陽所爲之器，獨其所以爲是器之理，如目之明，耳之聰，父之慈，子之孝，乃爲道耳。如此分別，似差明白。不知尊意以爲如何？（原注：此一條亦極分明。切望略加思索，便見愚言**不爲無理**，而其餘亦可以類推矣。）

朱子雖將形而上之道體會為只是理（只存有而不活動），此點雖
差，然形而上下之分，不直以陰陽為道，**此大綱脈**並不錯。即將道
體體會為即存有即活動，亦不能直**以陰陽為道**也。**於穆不已之體**非
即**陰陽之變動**也。此見象山之粗矣。但《象山語錄》中有一條云：

> 自形而上者言之，謂之道。自形而下者言之，謂之器。天地
> 亦是器，其生覆形載必有理。

此又似不直以陰陽為道矣。朱子勸其「略加思索」不誤也。此等處
稍一子細便見。若將孟子之本心貫澈下去，而貫注于此，則陰陽與
於穆不已之體**自有別**，而此體亦必「**即存有即活動**」也。惜乎象山
之不能充盡耳。光自孟子之本心處斥朱子為支離，為不見道，而不
能貫注于「於穆不已」之體處通澈而一之，以糾正朱子對於此體只
體會為「只存有而不活動」之偏矣，則不足以**點醒**之而使之**豁然心
服也**。雖其言心原則上是涵蓋宇宙而為言，然于於穆不已處功力不
至，理會不澈，籠侗顢頇，出語有差，即是不能**充其極**，至于**圓整**
而**飽滿**。此是象山之**不足處**也。然其自孟子處彰著**縱貫系統**，其功
甚大。

　　陽明承象山之言本心而前進，雖其氣象之**直方大**不及象山，然
義理之**精細處**則有過之。惟其契接「於穆不已」之體處仍**嫌弱而不
深透**。此即其仍未充盡而至于圓整而飽滿也。此其所以為**顯教**，而
亦其後學之所以有**狂態**也。

　　劉蕺山措辭多滯礙，義理之曲折處不精熟，自辯才無礙之境界
言，雖若不及其前輩，然其義理之**綱維**則有其**弘深正大處**。本象山

之言本心（此是客觀地言之，蕺山本人對於象山並無了解，且甚至有誤解，對於孟子功力亦不深）、承陽明之言良知，進一步言意根誠體，（此是由《大學》之誠意愼獨而悟出，非由孟子、象山而悟出），由此以體證本心之所以爲本心，並由此以契接《中庸》之**由性體言獨體**，進而並契接**於穆不已之天命流行之體**，並明言**性宗與心宗**，重視**以心彰性，心性終歸是一**，而又不失性體之超越，由此而重新恢復明道所定之**圓教**之模型，此其**義理綱維**之所以**弘深而正大也**。在此**綱維**下，由**心宗**申展而**貫澈**至**於穆不已之天命流行之體**，已可謂**充其極**而至**圓整飽滿**之境矣。此綱維大體類乎胡五峰之**路數**，而五峰不及蕺山之詳盡。蕺山誠不愧爲一殿軍！雖在**雲霧駁雜**之中，然其**綱維之實**不可揜也。此亦經過六百年之**磨練**，不期而**轉出**此境，此恐或非蕺山之所料與所盡能**自覺**也。吾之疏導最終特重胡五峰與劉蕺山之**綱維**（非是重其**成就**），亦與歷來一般所見不同，而亦非吾**始料之所及**也。理之**必然**迫使吾作如此之**宣稱**耳。

以上九人者乃宋明儒學之**綱柱**。即活動即存有之縱貫系統乃是上承先秦儒家之**大宗**。通過明道之**圓教模型**與五峰蕺山之**綱維**乃能進窺聖人「**以仁發明斯道**」之「**渾無罅縫**」（象山語）與「**天地氣象**」。伊川朱子「**只存有而不活動**」之**橫攝系統**是此大宗之**歧出**，或亦可說是此大動脈中之一「**靜**」。朱子力敵千軍，獨**全盡而貫澈**地完成**此橫攝系統**，此其所以爲**偉大**。以縱貫系統融化橫攝系統而一之，則是**今日之事**也。

此九人，濂溪、橫渠、明道爲一組，伊川、朱子爲一組，象山、陽明爲一組，五峰、蕺山爲一組。而以《論》、《孟》、《中庸》、《易傳》爲標準。《大學》是另端別起，非由《論》、

《孟》一根而發。此九人間之脈絡或可以圖象表之如下：

（蕺山對於朱子處之**虛線箭頭**表示未有**融攝好**，亦無**積極之關係**）。

　　以上所陳是吾辛勤疏導融會貫通後之所得，亦是以下各章之綜綱。以濂溪開端，故亦先列於此。

第二章　張橫渠對于「天道性命相貫通」之展示

引　言

天道性命相貫通乃宋、明儒共同之意識，亦是由先秦儒家之發展所看出之共同意識，不獨橫渠爲然。茲所以獨于橫渠如此標題者，乃因橫渠作品中有若干語句表現此觀念最爲精切諦當，亦是濂溪後首次自覺地如此說出者。如上章所述，濂溪對此尙未有積極之正視。對此觀念，如不能正視，則道德實踐即不能切而澈，而所言之天道神化亦無縐束，人將以爲乃漫蕩之空談，徒騁個人一時之穎悟而已。

《正蒙・誠明篇》云：「天所性者通極於道，氣之昏明不足以蔽之。天所命者通極於性，遇之吉凶不足以戕之。」此四句即是天道性命相貫通之最精切而諦當之表示者。橫渠《正蒙》篇數繁多，然就其中所論及之內聖之學言，則以此義理爲中心觀念，其他一切皆可由此而展開，亦皆可縐攝于此中心。

橫渠《正蒙》沈雄弘偉，思參造化。他人思理零星散見，或出

語輕鬆簡約。惟橫渠持論成篇，自鑄偉辭。（參看附錄六、2）。誠關河之雄傑、儒家之法匠。然思深理微，表之爲難，亦不能無滯辭。明道與伊川均極推尊其〈西銘〉，然於《正蒙》則卻不甚能相契。茲先從明道方面說。

1. 伯淳言：〈西銘〉，某得此意，只是須得佗子厚有如此筆力，佗人無緣做得。孟子以後未有人及此。得此文字，省多少言語，且教佗人讀書。要之，仁孝之理備於此。須臾而不於此，則便不仁不孝也。（《二程全書·遺書第二上》，〈二先生語二上〉。元豐己未，呂與叔東見二先生語）

2. 孟子論王道便實。〔……〕孟子而後，卻只有〈原道〉一篇。其間語固多病，然要之大意儘近理。若〈西銘〉，則是〈原道〉之宗祖也。〈原道〉卻只說到道，元未到得〈西銘〉意思。據子厚子文，醇然無出此文也。自孟子後，蓋未見此書。（同上。此條雖未明標是誰語，然衡之上條，當亦是明道語）

3. 子厚則高才，其學更先從雜博中過來。（同上。此條是承評論游酢、楊時、暢大隱、呂進伯、天祺、景庸等人說下來，恐是一整條。〈遺書〉特另起一行，獨自成爲一條，或爲醒目也。）

據以上1與2兩條，其推尊〈西銘〉可謂至矣。第3條則是綜評。然于《正蒙》則有微辭：

1. 形而上者謂之道，形而下者謂之器。若如或者以清、虛、

一、大爲天道，則（原注：一作「此」）乃以**器言**，而非
道也。（《二程全書·遺書第十一》，〈明道先生語一〉，〈師
訓〉，劉絢質夫錄。）

2. 子厚以清虛一大名天道，是以**器言**，非形而上者。（《二
程全書·二程粹言》卷之一，〈論道篇〉。〈粹言〉，龜山訂
定，南軒編次，乃變口語爲文者。〈遺書〉中無此條，蓋即上條
之變文也。）

3. 〔橫渠〕立清虛一大爲萬物之原，恐未安。須兼清濁虛實
乃可言神。道體物不遺，不應有方所。（《二程全書·遺書
第二上》，〈二先生語二上〉。元豐己未，呂與叔東見二先生
語。〔未注明誰語，衡之上第1條，當係明道語無疑。〕）

4. 橫渠教人本只謂世學膠固，故說一個清、**虛**、一、**大**，只
圖得人稍損得沒去就道理來。然而人又**更別處走**！今日且
只道敬。（同上。〔未注明誰語，當亦係明道語無疑。《朱子
語類》卷第九十三，綜論孔、孟、周、程處，有一條涉及此條謂
係劉絢所記，非是。〕）

據以上四條，則知明道對于《正蒙》之言太虛神體未能相契也。據
吾今日細看《正蒙》，橫渠誠有滯辭，然其實意卻並不是以太虛神
體爲器（氣）、爲形而下者。直謂其「以器言」，非是。又據橫渠
「兼體不累以存神」之義說，橫渠正是「兼清濁虛實」以言神者，
神並非是單屬于清也，亦非是以神爲清氣之質性，以氣說神也。明
道于此，未能盡其實。此種誤會亦由于橫渠簡別不精而然。然其實
意不可揜，誤會終是誤會也。又，清、虛、一、大乃四個單詞，用

來形容道體（大虛神體）者，乃明道之集合而成者，非橫渠原有此集詞語也。《正蒙》言淸、言虛、言一、言大者隨處皆是，然卻無此集詞語。橫渠言淸、虛、一、大，只是對于道體之另一表示，即以太虛神體說道體，亦如濂溪之以誠體、寂感眞幾說道體，乃至以太極說道體也。此只是一「即活動即存有」之實體之諸般表示，亦只是一義之展轉引申。此乃是對于道體之體悟事，非只是爲「世學膠固」，令其減損也。人若于此不解，「更別處走」，則聞言「太極」而不解者亦可「別處走」也。「今日且只道敬」，如明道之言敬即是「純亦不已」，亦直通「於穆不已」之體，此則工夫本體打成一片，自比橫渠較爲圓熟，然非不言本體也。而橫渠言天道性命相貫通，「聖人盡道，兼體而不累」，則亦非空言淸虛一大也。又，明道之言道體直就「於穆不已」之天命之體而言，此亦自較貼切而面熟，不似橫渠之別開生面，自太虛神體以言者之生硬也。然橫渠雖較生硬，而其指歸總不太差。是則明道非不言道體，而橫渠之由淸、虛、一、大以言太虛神體亦不至太走失也。若謂明道因橫渠之言淸虛一大，令人別處走，而不敢再言本體，只說「敬」，則非是。《朱子語類》卷第九十三，綜論孔、孟、周、程處有一條云：

> 二程不言太極者，因劉絢紀程言：淸、虛、一、大，恐人別處走，今只說敬。意只在所由只一理也。一理者，言仁義中正而主靜。

案：朱子謂劉絢（質夫）紀程言，實則非劉絢所記，乃呂與叔所記

也。此一時之誤記，不關緊要。然謂「二程不言太極」是因「橫渠之言清虛一大令人別處走」之故，則非是。今以客觀義理衡之，若誠有因橫渠之言「清虛一大，恐人別處走」，遂轉而向工夫切實處「只說敬」（只說後天的敬），並把太極眞體等只提練而爲一「理」字，因而只說理氣，則亦只伊川爲然耳。明道並不如此也。明道固說敬，然明道之言「敬」是澈上澈下事，是直通於穆不已之體而言敬。明道言誠體、神體、易體、敬體、忠體、於穆不已之體，非不言本體也。如果說太極，此即太極耳。豈因未言太極一詞，即無其實乎？此詞之言不言，乃出于一時之偶然，或因主觀之機緣，或因點掇經語之方便，並非客觀義理上必不可言也。惟至伊川，言學之重點始落在敬與致知，而少談本體。對于道體，則只依其形而上下之分解，理解爲只是理，而理氣二分之清楚割截遂于焉以形成。此是一步收縮提練，固有清晰處，然此步收縮提鍊對于**道體之實義固不能無遺漏**也。關于明道與伊川思理之異，詳見下〈明道章〉與〈伊川章〉。

吾今只明明道雖言敬，亦言道體，而客觀言之，其所體悟之道體與濂溪、橫渠猶相近，而更能貼切于「於穆不已」之體之原義。至于其不契橫渠之言清虛一大，則只是誤解，未能盡橫渠言太虛神體之實義，至少據今日所留傳之《正蒙》觀之，雖不免有滯辭，而其實義固不可揜，一切誤會可因精簡而免除也。

伊川亦推尊〈西銘〉而不契《正蒙》。其〈答楊時論西銘書〉云：

　　〔上略〕。西銘之論則未然。橫渠立言誠有過者，乃在《正

蒙》。〈西銘〉之爲書，推理以存義，擴前聖所未發，與孟子性善、養氣之論同功。（原注：二者亦前聖所未發）。豈墨氏之比哉？〈西銘〉明理一而分殊，墨氏則二本而無分。（原注：老幼及人，理一也。愛無差等，本二也。）分殊之蔽，私勝而失仁；無分之罪，兼愛而無義。分立而推理一，以止私勝之流，仁之方也。無別而迷兼愛，至於無父之極，義之賊也。子比而同之，過矣！且謂言體而不及用，彼欲使人推而行之，本爲用也。反謂不及，不亦異乎？（《二程全書·伊川文集》卷五）

案：楊時（即龜山）此時之疑〈西銘〉，其解悟程度蓋甚低，於儒墨之大義亦不甚了了。伊川此答，爲之解說，並推尊〈西銘〉，甚爲諦當。南宋時，陸子美（梭山）函朱子亦疑〈太極圖說〉與〈西銘〉。關於〈太極圖說〉，已見〈濂溪章〉。梭山之疑〈西銘〉亦示其解悟程度有不及，故朱子答而誨之。關于此方面，朱子當時實較成熟。而象山必欲接力代其兄辨，實不免意氣之私。象山與朱子雖只辨〈太極圖說〉，而未及〈西銘〉，然朱子〈答陸子美〉第二書云：「熹之愚陋，竊願尊兄更於二家之言少賜反覆，寬心游意，必使於其所說，如出於吾之所爲者，而無纖芥之疑，然後可以發言立論，而斷其可否，則其爲辨也不煩，而理之所在無不得矣。」朱子此言實極懇篤，而梭山亦實有不及處，則朱子于解說後而稍示勸誨，不可謂過。而象山與朱子書，則引此段而代答云：「彼方深疑其說之非，則又安能使之如出於其所爲者而無纖芥之疑哉？若其如出於吾之所爲者而無纖芥之疑，則無不可矣，尚何論之可立，否之

可斷哉？兄之此言無乃亦少傷於急迫而未精耶？」象山此辯實無可取。縱〈太極圖說〉有可疑，而〈西銘〉實無可疑。梭山之疑顯是幼稚。象山不加簡別，概爲其兄辯，儼若其兄之所疑無有不是者，此顯是意氣之爭，不及朱子遠甚。象山與朱子辯〈太極圖說〉時，年已五十，不可謂不成熟。梭山程度有不及，不可謂象山程度有不及。然則象山對于濂溪與橫渠之思理根本不發生興趣亦甚明矣。抑此亦非只主觀興趣問題，實儒家義理（道德的形上學）所必函之一面。若能會通先秦儒家由《論》、《孟》至《中庸》、《易傳》之發展，則知此顯是客觀義理問題，非只主觀興趣問題也。于以見象山于此方面之義理有不足也。

〈西銘〉之所以無問題正因其所述之主客觀面之踐履規模乃儒者之所共許，此非思參造化之理論問題，故無可疑也。儒者以乾坤爲大父母，繼天立極，盡性以開展其主客觀面之德行，此伊川所謂「理一而分殊」也。「乾稱父，坤稱母，予茲藐焉，乃渾然中處。故天地之塞，吾其體。天地之帥，吾其性。」此開頭數語即推明「理一」也。此下即明主客觀面德行之開展，所謂「分殊」也。就「理一」言，人資天稟地而生，即所以明其生命之本源也。朱子解云：「乾陽坤陰，此天地之氣塞乎兩間，而人物之所資以爲體者也。故曰：天地之塞，吾其體。乾健坤順，此天地之志爲氣之帥，而人物之所得以爲性者也。故曰：天地之帥，吾其性。深察乎此，則父乾母坤混然中處之實可見矣。」又曰：「人物並生於天地之間，其所資以爲體者，皆天地之塞，其所得以爲性者，皆天地之帥也。」又曰：「塞是說氣。孟子所謂以直養而無害，則塞乎天地之間，即用這個塞字。張子此篇，大抵皆古人說話集來。」又曰：

「塞只是氣。吾之體即天地之氣。帥是主宰，乃天地之常理也。吾
之性即天地之理。問：天地之塞，如何是塞？曰：塞與帥字皆張子
用字妙處。塞乃孟子塞天地之間，體乃孟子氣體之充者。有一毫不
滿之處，則非塞也。帥乃志氣之帥，而有主宰之意。此〈西銘〉借
用孟子論浩然之氣處。」（以上朱子語，皆見《宋元學案·橫渠學
案》）案：朱子此解不誤。以天地之塞（氣）爲吾之體（形體之
體），以天地之志（理或道）爲吾之性，此猶仍是天道性命相貫通
之義。而此義之形上學的展示，則見之于《正蒙》。〈西銘〉引孟
子成語說之，無問題。籠統地以「理」字說「帥」，亦無問題。但
以太虛神體形上學地展示之，則人不能無眼生之感。故伊川謂「橫
渠立言誠有過者，乃在《正蒙》」，不在〈西銘〉也，亦非謂「天
道性命相貫通」之義亦有過也。試看其如何論《正蒙》。

　伊川〈答橫渠先生書〉云：

> 累書所論，病倦不能詳說。試以鄙見道其略，幸不責其妄
> 易。
> 觀吾叔之見，至正而謹嚴。如「虛無即氣，則無無」之語，
> 深探遠賾，豈後世學者所嘗慮及也？（原注：然此語未能無
> 過）。餘所論，以大概氣象言之，則有苦心極力之象，而無
> 寬裕溫厚之氣。非明睿所照，而考索至此。故意屢偏而言多
> 窒。小出入時有之。（原注：明所照者，如日所觀，纖微盡
> 識之矣。考索至者，如揣料於物，約見髣髴爾，能無差
> 乎？）
> 更願完養思慮，涵泳義理，他日自當條暢。何日得拜見，當

以來書爲據，句句而論，字字而議，庶及精微。牽勉病軀，
不能周悉。（《二程全書·伊川文集》卷之五）

案：伊川所說「累書所論」恐即指《正蒙》中〈太和篇〉之文而
說。其品鑒大體不謬。「虛無即氣則無無」，「無無」原作「虛
無」，茲依《正蒙·太和篇》改。〈太和篇〉云：「知虛空即氣，
則有無、隱顯、神化、性命通一無二。」又云：「知太虛即氣，則
無無。」伊川雖謂此語「深探遠賾」，然復注云：「此語不能無
過」。此語，若孤離觀之，不明其來歷，似不能無過，且難索解。
然若知其言「虛無」、「虛空」或「太虛」之來歷，則此語亦無甚
過差，亦不難索解。其言「虛空即氣」是根據「太虛無形，氣之本
體」而來。而「太虛無形」則是根據「清通而不可象爲神」而來。
是則太虛、虛空、虛無，即清通不可象之神也。此猶是誠體寂感之
神之別名。以虛或太虛言之者，一在對治老子之言「無」，二在對
治佛家之言「空」。以「清通而不可象爲神」規定「太虛」，此確
然是儒家之心靈。字面上雖有時亦言「虛無」、「虛空」，此自不
甚好，亦有類于道家之「無」，佛家之「空」，而實則以「虛」爲
主，其意義自不同于老之無，更不同于佛之空也，橫渠之意實只是
虛或太虛。若只言「太虛即氣」，則在表意上自較佳，亦少生誤
會。然有時仍以虛無、虛空言之者，吾意正爲**對治佛老**，一箭雙
鵰，乃**遮撥上之方便**也。如〈太和篇第一〉云：「此道不明，正由
懵者略知體虛空爲性，不知本天道爲用。」此即以相類之詞收遮撥
之用也。實則其所謂「虛空」只是其心中所意謂之虛或太虛，乃繫
屬于「天道」，而即爲道體之性也。然而老子亦言無，釋氏亦言

空，是即所謂「**略知體虛空爲性**」也。但老子言無，釋氏言空，本不同于儒家「於穆不已」之道體之具有創生的大用，即依此義，橫渠得以遮撥之，而謂其「**不知本天道爲用**」也。是以其言「虛空」顯是遮撥上一箭雙雕之方便語。而其實義固不同于佛老之空與無，尤其非今日所謂「太空」，或如西哲所謂虛的空間也。

伊川對此「太虛」之思理不甚能把握。伊川所重視者乃是「理」，而不知**理與神一**。此已開朱子之系統，而漸遠于濂溪、橫渠，甚至其兄明道之以誠體神用視天道。伊川語錄載：

1. 〔上略〕。又語及太虛。先生曰：亦無太虛。遂指虛曰：皆是理，安得謂之虛？天下無實於理者。（《二程全書·遺書第三》，〈二先生語三〉。謝顯道記伊川先生語）
2. 或謂許大太虛，先生謂此語便不是。這裡論甚大與小！（同上）

此兩條顯是對橫渠而發。首條「亦無太虛，遂指虛曰」云云，夫橫渠之「虛」豈可指乎？此好像把橫渠所言之「太虛」視作虛空的空間！此種誤想尙不及明道之誤會爲較接近也。第二條「許大太虛」，此非橫渠語。此或由別人之聯想而及，而爲伊川所不喜。太虛神體自不可以大小論。橫渠〈大心篇〉亦言「天大無外」，此「大」字是遍在遍覆義。又言「大其心則體天下之物」，此本孟子大體小體而言。自其不梏于見聞，由小體解放出來言，則是擴大義；自其「體天下之物」言，則亦是遍在義。此皆非量義也。若以遍在義之「大」字說「太虛大而無外」亦無不可。但「許大太虛」

則不可。蓋「許大」之詞是量之觀念，說虛的空間可，說太虛神體則不可。橫渠不至如此不通也。故此語決是別人之聯想，非橫渠語也。伊川若以為此是橫渠意，則隔閡太甚！至其所謂「這裡論甚大與小」自亦非就橫渠之「太虛神體」義而說，乃是承上條「皆是理」而說也。

其次謂《正蒙》「有苦心極力之象，而無寬裕溫厚之氣。非**明睿所照**，而**考索**至此。故意屢偏而言多窒，小出入時有之。」此評亦有**諦當處**。觀橫渠之自道，亦言其思索義理「其有是者，皆只是億則屢中」，又謂「譬之昏者，觀一物必貯目於一物，不如明者，舉目皆見。」（見下附錄五）。宋、明儒中，真能至「明睿所照」之境者，惟明道、象山、陽明庶幾近之。然此中除內心瑩澈外，亦與所言義理之層面有關。「明所照者，如日所觀」，此是明從中發，自有照功。是以凡繫屬于主體之義理皆易運轉自如，如莊子所謂「得其環中以應無窮」者是也。休乎天均而照之以天，自然「纖微盡識」矣。此非「揣料於物」也。然義理亦確有「揣料於物」者。凡**客觀地思參造化**以明**各概念之分際**以及其分合，此確不易，故常不免「有苦心極力之象」，所謂**強探力索**者是。若非只是**主體之冥契**，而復欲由**客觀分解以展示之**，則非「苦心極力」，即不足以**盡其中之奧蘊**。客觀地思參造化即是**著于存在**也。（此著字無劣義）。明從中發而照之以天，則可只是**主體之冥契**或只是**一主之運轉**，而不必**著于存在**者。客觀地著于存在，即不免**有分解**，主觀地（從主而觀）不著于存在，則可**無分解**。有分解，即所謂「揣料於物」也。無分解，即所謂「明睿所照」也。此義理層面之大較也。但當有分解而揣料于物，亦不必盡是**造詣之不熟**。「意屢偏而言多

窒」亦蓋有其**不可免**之**必然性**。分際複雜，煞費照顧，顧此失彼，
自難周詳。此則表面觀之，意自不免于屢偏。然若知其分際，則可
雖偏而不偏，此所以看此種文字貴乎通其意也。就難于周詳言，亦
須看其分解之大端方向何在。若雖偏而有當，而卻迷失其原初之大
端方向而不能回歸，則須予以指明而隨時有補充。至于言多窒，固
有關於**個人語言文字之不善巧**，而亦有關于**語言文字本身之局限**，
此孟子所以有「不以辭害意」之戒也。故「明睿所照」有是分解
者，有是不分解者，而分解者中之「意偏言窒」亦可只是語言文字
本身之局限，而不妨礙其中之所言亦確是「明睿所照」也。當然橫
渠本人亦確有文字不善巧處。

　　就橫渠言，其客觀地思參造化，著于存在而施分解，所謂宇宙
論的興趣者，（此種興趣乃宋、明儒所共同有者，亦是會通孔、孟
與《中庸》、《易傳》所必然有者，亦是北宋諸儒下屆朱子以《中
庸》、《易傳》為綱，以《論》、《孟》為緯，所特顯者，陸、王
以《論》、《孟》為綱，亦必透視至此，惟不甚于此著力施分解
耳），此所謂「著」亦不是順知性思考之興趣純客觀地積極地著于
存在而施分解、推證與構造，如希臘傳統之形上學之所為者。其著
于存在而施分解乃是以**道德的創造性**為**支點**者，他是在此**決定性的
綱領下施分解**，故其分解**有定向**，有**範圍**，此是屬于「**道德的形上
學**」者。他根據儒家「維天之命，於穆不已」之**根源智慧**，一眼看
定這整個宇宙即是一**道德的創造**。這道德的創造與見之于個人自己
處之道德的創造為**同一模型、同一義蘊**。在此同一模型下施分解，
故其分解有定向，亦不過就**天道、天命、生化不已**而施**分解**耳；其
所分解出之**概念**有定數，亦不過是道、理、太極、命、性、寂感、

神、氣、化（神化或氣化）諸詞耳。惟是因就整個宇宙言，因氣、化諸概念而想及太和與太虛，甚至太極，故顯似有**著于存在之意味**，亦因而得名曰**形上學**。但此著于存在，是在道德創造之**定向下著**，故其爲形上學亦是**道德的形上學**，此大端乃決定不可移者。因其分解有定向，故意雖屢偏，而不能有大偏，言雖多窒，而不能有大乖。故伊川亦云「小出入時有之」，決不會有**大出入也**。此決非西方順希臘傳統而來之純知解之形上學之系統多端而又時常乖違也。

　伊川謂「何日得拜見，當以來書爲據，句句而諭，字字而議，庶及精微。」若眞順《正蒙》之分解，「句句而諭，字字而議」，此自可消磨其偏窒，而漸及于「精微」。然在諭議之過程中，吾想伊川之「意偏言窒」必有更甚于橫渠者。觀其對于理氣之分解、心性情之分解、才之分解、中和之分解，就儒家道德哲學（道德的形上學）言，亦未能意不偏而言不窒也。其〈與呂大臨論中書〉尤見支蔓膠著而偏窒，尚不及呂大臨（與叔）遠甚。凡此皆見〈伊川章〉。吾茲可別舉一例以明之。伊川承上錄〈答橫渠先生書〉，復有〈再答〉一書。〈再答橫渠先生書〉云：

　　昨書中所示之意，於愚意未安，敢再請於左右。今承盈幅之諭，詳味三反，鄙意益未安。此非侍坐之間從容辯析不能究也。豈尺書所可道哉？況十八叔、大哥皆在京師。相見，且請熟議。異日，當請聞之。内一事云已與大哥議而未合者，試以所見言之。〔案：此所謂「大哥」即明道也。十八叔不知何許人。〕

所云：「孟子曰：必有事焉而勿正，心勿忘，勿助長也。此信乎入神之奧。若欲以思慮求之，是既已自累其心於不神矣，惡得而求之哉？」頤以爲有所事乃有思也。無思，則無所事矣。孟子之是言，方言養氣之道如是，何遽及神乎？氣完則理正，理正則不私，不私之至則神。自養氣至此猶遠，不可驟同語也。以孟子觀之，自見其次第也。當以「必有事焉而勿正」爲句，心字屬下句。此說與大哥之言固無殊，但恐言之未詳爾。遠地末由拜見，豈勝傾戀之切？餘意未能具道。

所諭：「勿忘者但**不舍其虛明善應之心爾**」，此言恐**未便**。既有存於心而不舍，則何謂「虛明」？安能「善應」耶？「虛明善應」乃可存而不忘乎？〔案：此段是書末之附識，原文低一格〕

案：據此書首段，橫渠對于伊川關于《正蒙》之批評必有較多之答覆，所謂「盈幅之諭」是也。橫渠原書不存，不知其如何答。此可置而不論。（吾上文之解說是吾今日據《正蒙》客觀地言之）。關于孟子「勿忘勿助長」之問題，據此書首段所述，橫渠已與明道當面談過，但「議而未合」。吾人今日亦不知其如何談。道理有時非書函所能盡，須面談。但面談有時反更齟齬，反不如書文之能盡其意。要在能相契，聲入心通，又須能從容。關此問題，據吾今日依文獻觀之，橫渠之意反與明道相近，而伊川此書之遮撥固不得橫渠意，即與其老兄亦遠也。

明道云：

「鳶飛戾天，魚躍於淵，言其上下察也」。此一段，子思喫
緊爲人處，與「必有事焉而勿正心」之意，同活潑潑地。會
得時，活潑潑地。不會得時，只是弄精神。（《二程全書・遺
書第三》，〈二先生語三〉。謝顯道記憶平日語。標明爲明道語）

此段明道以「活潑潑地」說「上下察」，此固非《中庸》引《詩》
之原意，而以之說「必有事焉而勿正心」（此又以「正心」爲
句），朱子以爲此「說闊，人有難曉處」（詳見〈伊川章・引
言〉）。實則「必有事焉而勿正，心勿忘勿助長也」（此語點句問
題有許多講法，皆不礙大義，此不必問），即工夫即本體，直指本
心而言亦並無不可。此蓋承上文「集義所生，非義襲而取」說下
來。若依明道之思路，此即本心流行，「**純亦不已**」也。雖有
「勿」字之禁詞，亦不礙其「活潑潑地」。然則横渠以爲「此信乎
入神之奧」，而不可「**以思慮求之**」，未爲過差，而亦與明道之意
無不合也。本心流行，純亦不已，常惺惺即常寂寂，此豈非「精義
入神」之奧體乎？孟子謂「所存者神，所過者化」，即存此本心誠
體純亦不已之「神」也，此亦即「虛明善應」之心也。然則横渠謂
「勿忘者但**不舍其虛明善應之心爾**」，「此言」亦無甚「未便」
處。據此觀之，則伊川「所見」及其批評全部差謬矣！即其老兄亦
未必贊同也。據此一端，即可知伊川之偏窒。

　　横渠年稍長于二程，而于親戚關係上亦爲尊輩。先明道而卒，
卒年五十八。明道有〈哭張子厚先生〉之詩（《明道文集》卷
一）。呂與叔（大臨）爲横渠弟子。横渠卒後，乃東赴洛陽見二
程。《遺書》中「元豐己未呂與叔東見二先生語」上下兩卷，即東

見二程時之記錄語也。此在《程氏遺書》中分量最多，亦最有價值。二程門人猶未曾有一人能記如此之多也。明道批評橫渠之清虛一大處皆照錄，然呂與叔未背其師也。伊川「先生云：呂與叔守橫渠學甚固。每橫渠無說處皆相從。纔有說了，便不肯回。」（《二程全書·遺書第十九》，〈伊川先生語五〉，楊遵道錄）此非呂與叔之頑固，乃實有其眞切處，而伊川亦實有不足以服人處。其與伊川往復辨論「中」之問題，伊川顯不及與叔之明透。徒以伊川爲師輩。故措辭客氣而尊之。然辨至最後，與叔不耐，不欲與辨之意已露于言外矣。如云：「大臨更不敢拜書先生左右，恐煩往答。」與叔並未承認自己所見爲非，而竟有此語，豈非不欲再辨之意乎？此其不耐之情已溢于言表矣。

大體明道成熟甚早，見理亦透澈而圓明。其〈答橫渠先生定性書〉，朱子謂是在二十二、三時作，此雖不必，然相當年輕則無疑。此後幾近三十年，直至其五十四歲而卒，所造益圓熟。橫渠謙懷，不恥下問。其成熟自較晚，然確有其自得自悟、自鑄偉辭者。其中心課題即在本天道性命相貫通以言「知虛空〔太虛〕即氣，則有無、隱顯、神化、性命，通一無二。」在其展示此義之過程中，雖不免有滯辭、蕪辭（帶點烟火氣），不及明道之貼切與圓明，然此義並不謬，而且言之極爲**沈雄剛拔**，確是**大手筆**。其對于道體之體悟亦與濂溪、明道爲近，不失實體之「即活動即存有」義。此是先秦儒家所抒發之道體之古義，亦是本「天命於穆不已」而來之根源智慧也。伊川比其兄只差一歲。明道卒時，伊川五十三，不可謂其猶未成熟。彼年十八，即能作〈顏子所好何學論〉。然則于五十餘年間，與其兄同生並長，決非無所用心者。彼亦當自有其獨特之

心態與抒發義理之思路，此當在五十三歲以前即已確定者。吾人如不能謂其此後近二十年中有如何之變化或轉向，則此後之二十年只能使其心態與思路更加確定。明道在時，雖知彼兄弟二人性格有不同，各有所長，然不必能留心彼兄弟二人對于道體之體悟與抒發義理之思路有不同，雖在學問上大體方向相同。（兄弟之間與朋友究竟不同，不因兄弟之親便能于學問義理上多有客觀之了解也。）吾為此言，旨在明：明道透澈圓明，而伊川並不透澈圓明；其思理確漸轉而為另一型態；對于道體之體悟，濂溪、橫渠、明道猶相近，猶不失先秦之古義，而伊川之思理卻湊泊不上，亦確有偏差。彼之**心態為分解型的心態、實在論的心態、後天漸教的心態**。自此而言，距其兄固遠，即距橫渠亦遠也。橫渠之生命確有其**原始性**，有其**浩瀚之元氣**，是帶點第昂尼秀斯型的**理想主義之情調**，惟不甚圓熟而已。清澈圓熟了，即是明道。然明道並非阿坡羅型也。伊川與朱子俱帶點阿坡羅型，都重理智的分析，具實在論的心態（不管是經驗的，抑或是超越的），此非真正的理想主義。而先秦儒家固是真正理想主義之根源，濂溪、橫渠、明道猶不喪失。（雖皆偏重自《中庸》、《易傳》言，此無傷。）惟自伊川始轉成另一型態，至朱子而大顯，而真正**理想主義的情調亦喪失**。

　　伊川以其分解的思路、實在論的心態，將道體收縮提練而為只是理（實理），依後天漸教的工夫入路，重點落在涵養與致知，遂轉而重視《大學》之致知格物。以如此之思理，其不能理解橫渠之太虛神體固亦宜也。彼雖不覺與其老兄有異，然對于道體之體悟實不同于其老兄（只得其老兄言「天理」義之一半，即「存有」義），其工夫入路亦不同于其老兄也。朱子承之而前進，即已不滿

于明道矣。不過常爲之諱而已。其對于橫渠，雖亦同樣推尊〈西銘〉，且爲之作〈解義〉，與〈太極圖說〉同視，然于《正蒙》則**極不相應，誤解亦多**。彼雖順〈太極圖說〉大講太極與陰陽動靜，此亦是關于道體之體悟工作，不似伊川之枯萎，然其基本精神與思理卻只是伊川之綱維，對于道體之體悟實不能至濂溪、橫渠、明道之境。雖盛稱濂溪，然對于濂溪所言之誠體、神體實無相應之契會，因而對于其所言之太極理解亦有偏差而不盡。對于明道，則只視爲渾淪太高而置之。對于橫渠之《正蒙》，則**全部不相應**。試看下兩條便知：

1. 橫渠將這道理抬弄得來大，後來更奈何不下。（《朱子語類》卷第九十三，綜論孔、孟、周、程）

2. 橫渠闢釋氏輪迴之說，然其說聚散屈伸處，其弊卻是大輪迴。蓋釋氏是個個各自輪迴，橫渠是一發和〔當作合〕了，依舊一大輪迴。（《朱子語類》卷第九十九，〈張子書二〉）

不知何以隔閡如此之甚！彼似根本不能理解其「知虛空即氣，則有無、隱顯、神化、性命通一無二」之本體宇宙論的體用不二義。《語類》卷第九十八與九十九兩卷皆是討論張子之書者，于其基本精神幾乎完全不能相應。吾以下之疏解，于其重大之誤解隨文指正之。

　　吾以下之疏解以《正蒙》中三篇爲主，即〈太和篇第一〉、〈誠明篇第六〉、〈大心篇第七〉是也。其餘諸篇，如〈天道篇第

三〉、〈神化篇第四〉、〈乾稱篇第十七〉，則會而通之，藉以取證。

范育爲橫渠弟子，作〈正蒙序〉，甚中肯要。附錄于此，以便省覽。葉水心〈總述講學大旨〉即因范育此序而發，詳見綜論部。

附錄一、范育〈正蒙序〉：

> 嗚呼！道一而已。亙萬世，窮天地，理有易乎是哉？語上，極乎高明；語下，涉乎形器；語大，至於無間；語小，入於無朕。一有窒而不通，則於理爲妄。故《正蒙》之言，高者抑之，卑者舉之，虛者實之，礙者通之，衆者一之，合者散之。要之，立乎大中至正之矩。
>
> 天之所以運，地之所以載，日月之所以明，鬼神之所以幽，風雲之所以變，江河之所以流，物理以辨，人倫以正。造端者微，成能者著，知德者崇，就業者廣，本末上下，貫乎一道。過乎此者，淫遁之狂言也。不及乎此者，邪詖之卑說也。推而放諸有形而準，推而放諸無形而準，推而放諸至動而準，推而放諸至靜而準。無不包矣，無不盡矣，無大可過矣，無細可遺矣。言若是乎其至矣！聖人復起，無有間於斯文矣！（《宋元學案補遺》卷十七，〈橫渠學案補遺上〉）

附錄二、范育〈正蒙又序〉：

> 惟夫子之爲此書也，有六經之所未載，聖人之所不言。或者

疑其蓋不必道。若清、虛、一、大之語，適將取訾於末學。
予則異焉。

自孔、孟沒，學絕道喪，千有餘年。處士橫議，異端間作。
若浮圖、老子之書，天下共傳，與六經並行。而其徒「移」
〔當作「侈」〕其說，以為大道精微之理，儒家之所不能
談，必取吾書為正。世之儒者亦自許曰：吾之六經未嘗語
也，孔、孟未嘗及也。從而信其書、宗其道，天下靡然同
風，無敢置疑於其間。況能奮一朝之辨，而與之較是非曲直
乎哉？

子張子獨以命世之宏才、曠古之絕識，參之以博文強記之
學，質之以稽天窮地之思，與堯、舜、孔、孟合德乎數千載
之間。閔乎道之不明，斯人之迷且病，天下之理泯然其將滅
也，故為此言，與浮圖、老子辨。夫豈好異乎哉？蓋不得已
也。

浮圖以心為法，以空為真，故《正蒙》闢之以天理之大。又
曰：「知虛空即氣，則有無、隱顯、神化、性命通一無
二。」

老子以「無為」為道，故《正蒙》闢之曰：「不有兩，則無
一。」

至於談死生之際，曰：「輪轉不息。能脫是者，則無生
滅。」或曰：「久生不死。」故《正蒙》闢之曰：「太虛不
能無氣，氣不能不聚而為萬物，萬物不能不散而為太虛。」
夫為是言者豈得已哉？使二氏者真得至道之要，不二之理，
則吾何為紛紛然與之辨哉？其為辨者，正欲排邪說，歸至

理，使萬世不惑而已。使彼二氏者，天下信之，出於孔子之前，則六經之言有不道者乎？孟子嘗勤勤闢楊朱、墨翟矣。若浮圖、老子之言聞乎孟子之耳，焉有不闢之者乎？故予曰：《正蒙》之言不得已而云也。（《宋元學案補遺》卷三十一，〈呂范諸儒學案補遺〉）

案：以上兩序恐只是一序，當合并為一。

附錄三、蘇昞〈正蒙序〉曰：

> 先生著《正蒙》書數萬言。一日，從容請曰：敢以區別成誦何如？先生曰：吾之作是書也，譬之枯株，根本枝葉莫不悉備。充榮之者，皆在人功而已。又如晬盤示兒，百物具在，顧取者如何爾。於是輒就其編、會歸義例，略效《論語》、《孟子》，篇次章句，以類相從，為十七篇。（《張子全書》卷二，〈正蒙〉題下附注引。全文不得見。蘇昞即蘇季明，亦橫渠門人。）

附錄四、呂大臨〈橫渠先生行狀〉云：

> 熙寧九年秋，先生感異夢，忽以書屬門人，乃集所立言，謂之《正蒙》，出示門人曰：此書於歷年致思之所得。其言殆與前聖合與，大要發端示人而已。其觸類廣之，則吾將有待於學者。

正如老木之株，枝別固多，所少者潤澤華葉爾。（《張子全書》卷十五）

附錄五、橫渠〈自道〉中有一段云：

某學來三十年，自來作文字說義理無限。其有是者，皆只是憶〔億〕則屢中。譬之穿窬之盜，將竊取室中之物，而未知物之所藏處。或探知於外人，或隔牆聽人之言，終不能自到，說得皆未是實。觀古人之書，如探知於外人；聞朋友之論，如聞隔牆之言。皆未得其門而入，不見宗廟之美、家室之好。比歲方似入至其中，知其中是美是善，不肯復出。天下之議論莫能易也。譬如**既鑿一穴，已有見。又若既至其中，卻無燭，未能盡室中之有。須索移動，方有所見。言移動者**，謂逐事要思。譬之**昏者，觀一物必貯目於一**〔物〕〔脫「物」字，當補〕。不如明者，**舉目皆見**。此某不敢**自欺**，亦不敢**自謙**。所言皆實事。學者，又譬之知有物而不肯捨去者，有之；以為難入，不濟事，而去者，有之。（《張子全書》卷七）

附錄六、橫渠〈語錄抄〉（《張子全書》卷十二）：

1. 某比來所得義理儘**彌久而不能變，必是屢中**於其間。只是昔日所難，今日所易；昔日見得心煩，今日見得心約。到近上，更約，必是精處，尤〔又〕更約也。

2. 當自立說以明性，不可以遺言附會解之。若孟子言：「不成章不達」、「所性」、「四體不言而喻」，此非孔子曾言，而孟子言之，此是心解也。

第一節 《正蒙·太和篇第一》疏解：道體義疏解

第一段 「太和所謂道」：氣與神

1. 太和所謂道。中函浮沈、升降、動靜、相感之性，是生絪縕相盪勝負屈伸之始。其來也，幾微易簡；其究也，廣大堅固。起知於易者乾乎？效法於簡者坤乎？散殊而可象爲氣，清通而不可象爲神。不如野馬絪縕，不足謂之太和。語道者知此，謂之知道。學《易》者見此，謂之見易。不如是，雖周公才美，其智不足稱也已。

案：此爲〈太和篇〉之首段，大體是根據《易傳》重新消化而成者。其所重新消化而成者，是以「太和」爲首出，以「太和」規定道。「太和」即至和。太和而能創生宇宙之秩序即謂爲「道」。此是總持地說。若再分解地說，則可以分解而爲氣與神，分解而爲乾坤知能之易與簡。此是〈太和篇〉之總綱領，亦是《正蒙》著于存在而思參造化之總綱領，其餘皆由此展轉引生。然以「野馬絪縕」來形容太和，則言雖不窒，而意不能無偏。蓋野馬絪縕是氣之事，若以氣之絪縕說太和、說道，則著于氣之意味太重，因而自然主義之意味亦太重，此所以易被人誤解爲唯氣論也。然而橫渠以天道性

命相貫通爲其思參造化之重點，此實正宗之儒家思理，決不可視之爲唯氣論者。是以橫渠以野馬絪縕之太和爲首出之觀念，由之以說道，不是很好之消化。其與《易傳》窮神知化之大義不能無距離，不如濂溪之由誠體說天道爲簡潔精微而復能提得住也。

　　橫渠于此很重視莊生之野馬、《易》之絪縕。其實「絪縕」一詞不是《易傳》中之重要詞語，亦不是其綱領概念。〈繫辭傳〉下第五章（朱注分章）云：「天地絪縕，萬物化醇。男女構精，萬物化生。《易》〔〈損〉卦六三〕曰：三人行，則損一人。一人行，則得其友。言致一也。」朱子注云：「絪縕，交密之狀；醇，謂厚而凝也，言氣化者也。化生，形化者也。此釋〈損〉六三爻義。」言以「天地絪縕，萬物化醇；男女構精，萬物化生」釋〈損〉卦六三爻所表示之「致一」之義也。朱子注〈損〉六三爻云：「下卦本乾，而損上爻以益坤，三人行而損一人也。一陽上而一陰下，一人行而得其友也。兩相與則專，三則雜而亂。卦有此象，故戒占者當致一也。」朱注之「致一」即根據〈繫辭傳〉之「言致一也」句而來。致一即專一。兩相與則專一而不雜，故以天地、男女之對偶爲喩也。〈損〉六三爻〈象〉曰：「一人行，三則疑也。」此當云：「一人行，則得其友，三則疑也。」「疑」即朱注「雜而亂」之所本。此〈象傳〉即解析六三爻辭之義。「三人行，則損一人」爲二，「一人行，則得其友」亦爲二。此重在說對偶之專一也。故云：「三則疑也」。兩相與則專而密，精神貫注，生命契合無間。〈繫辭傳〉之作者即由此而說「天地絪縕，萬物化醇，男女構精，萬物化生」也。此純從形而下之精與氣說。爲表示專一，則亦可有之聯想。然橫渠即由此絪縕說太和說道，則嫌**著而濁**。陰陽之偶固

重要，橫渠固甚重視此兩之偶者。言氣化，不能不重視此對偶。故下文有云：「兩不立，則一不可見。」又云：「不有兩，則無一。」然所以立「兩」，則重在說「一」。（此「一」不是專一之一。）故又云：「一不可見，則兩之用息。」此「一」是**妙一之一**，是**綜和之一**，是根據**神**、**虛而言者**。（虛、太虛見下文）。「道」當該偏重在「一」處說。一固不離「兩」，然只兩氣之絪縕固不必即是道也。氣自身之絪縕固表示一種「和」，然野馬絪縕即是太和、即是道，則失之。《荀子・正名篇》云：「生之和所生，精合感應，不事而自然，謂之性。」此言「生之和」正是自然生命絪縕之和，乃純屬于氣者。而荀子由此言「性」，正是自然生命之氣性，並無形上之意義，亦無道德之意義。而橫渠之言天道性命當不會是此自然生命之氣性，故知「太和所謂道」一語，此中所謂「太和」，若云不離野馬絪縕可，若云野馬絪縕即是太和、即是道，則非是。故「太和」一詞必進而由「太虛」以提之，方能**立得住**，而不**落于唯氣論**。「太和」固是總持地說，亦是現象學地描述地說。而其所以然之**超越之體**，由之可以說**太和**，由太和而可以說**道者**，則在**太虛之神也**。《莊子・逍遙游》云：「野馬也，塵埃也，生物之以息相吹也。」「野馬」是「春月澤中游氣」。「塵埃」是言「天地間氣蓊鬱似塵埃揚也」。（參看郭慶藩《莊子集釋》）皆是言氣息之蓊鬱飛揚，而陰陽之絪縕亦即是「蓊鬱」之意也。橫渠由野馬絪縕說太和、說道，顯然是**描寫之指點語**，即由宇宙之廣生大生、充沛豐盛，而顯示**道體之創生義**。故核實言之，**創生之實體是道**。而非**游氣之絪縕即是道也**。如此理會方可不至使橫渠成為唯氣論者。此若由其展轉引申之解說，會通而觀之，自甚顯

然也。

　　依此，「太和所謂道」一語，是對于道之**總持地說**，亦是現象學之**描述地指點說**，中含三義：一·**能創生義**；二·**帶氣化之行程義**；三·至動而不亂之**秩序義**（理則義）。由此三義皆可說道，有時偏于一面說。三義俱備，方是「道」一詞之完整義。橫渠雖有時喜就氣化之**行程義**說**道**，如下文「由氣化有道之名」，便是就行程義說道，此亦是共許之義，如朱子「語道體之至極，則謂之太極，語太極之流行，則謂之道」（答象山書），亦是就「流行」說道，流行即行程義也，明道有「浩浩大道」之語，「浩浩」亦行程義也，普通以大路喻道，大路亦有行程義，王弼亦云：「夫道也者，取乎萬物之所由也」，又云：「故涉之乎無物而不由，則稱之曰道」（《老子微旨例略》），此亦可喻如大路之義，但雖可就氣化之行程義說道，並非此**實然平鋪之氣化即是道**，必須**提起來通至其創生義始可**。「太和所謂道」，亦不是此**實然平鋪之氣化**。乃是**能創生此氣化之至和也**。依此，「由氣化，有道之名」只是**太和之帶著氣化說而已**。並非截斷其**創生義**，只執「**實然平鋪之氣化**」以爲**道也**。道若大路，取萬物之所由，亦不只是那**平擺之行程**，亦必有**根源義、宗主義**，此即其創生義也。

　　「太和」是總宇宙全體而言之至和，是一極至之**創生原理**，並不是**自然生命之絪縕之和**。「不如野馬絪縕，不足謂之太和」，此乃是**譬解語**，亦是指點之描述語，乃就天地之廣生大生、充沛豐盛，而言其**所以然之至和也**。非眞執著于游氣本身之絪縕而認爲此即是道也。若如此，則眞成爲唯氣論矣。「中函浮沈、升降、動靜、相感之性，是生絪縕、相盪、勝負、屈伸之始。其來也，幾微

易簡；其究也，廣大堅固。」此數語即綜言太和之**創生義**。太和而能**創生宇宙之秩序即曰道**。

太和（道）何以能有此創生之性能？深入而分解之，則曰「乾以易知，坤以簡能」而已矣。〈繫辭傳〉首章：「乾知大始，坤作成物。乾以易知，神以簡能。」〈乾彖〉云：「大哉乾元，萬物資始」，故〈傳〉云：「乾知大始。」知，猶主也，主管之意。乾元主管宇宙之始，故其爲始乃「大始」，亦即萬物之本源也。故此始即創始之始，言萬物由此而始生也。此始非時間之始，乃理體之始、價值之始。乾元爲一**創造原則**，只是眞實生命之**常昭明而不陷溺**，故能**創生一切也**。其主知大始是以至易之方式主，非有疑難也。（〈繫辭傳〉下第一章：「夫乾確然示人易矣。」第十二章：「夫乾天下之至健也，德行恆易以知險。」）明確至健故易也。常昭明，故明確。不陷溺，故至健。至易亦至和也。無間雜謂之和，純一謂之易。是以太和首表現而爲「大始」之易知，由此而繁興大用也。有始即有終。乾元創始之，坤元即隨而終成之。故坤元爲**終成原則**，或**凝聚原則**。終成而凝聚之，即「能」也。老子曰：「道生之，德畜之，物形之，勢成之。」道生德畜是**創生原則**。（此只借用助解，在道家，道生義自別）。物形勢成是凝聚原則，亦屬于「能」也。「能」爲「材質」觀念。能者即有此資具而能體現、終成（具體化）乾元之創始也。乾元之知大始爲「心靈」觀念。心靈創始之，材質終成之。材質之終成隤然至順，（〈繫辭傳〉下第一章：「夫坤隤然示人簡矣」），故其能是簡能，即以「簡」之方式表現其凝聚終成之「能」也。橫渠云：「起知於易者乾乎？效法於簡者坤乎？」即根據「乾以易知，坤以簡能」而言也。「起知」

句，言以易之方式表現其知大始者乃是乾也。「效法」句是根據〈繫辭傳〉上第五章「效法之謂坤」而言。朱注：「效，呈也。法，謂造化之詳密而可見者。」是則「效法於簡者坤乎」意即：以簡之方式而呈現致效其法相者乃是坤也。如嚴格對稱言之，此句當爲「效能於簡者坤乎」（坤以簡能），言：以簡之方式而效其終成之能者乃是坤也。橫渠在此忽轉而本「效法之謂坤」而言，義雖通，而文不對稱，此即其隱晦處。

由「起知」與「效法」兩句，即知太和之道之創造過程可剖解而爲**乾知**與**坤能**。專言之，太和之道之所以爲道乃在「**乾知**」處，不在「**坤能**」處。籠統言之，則乾知坤能之終始過程即是天道之創生過程，亦即乾道之元亨利貞也。以乾元統坤元，坤元即含于「乾道變化、各正性命」之終始過程之中也。但分解專言之，則道之所以爲道，太和之所以爲和，須從「**乾知**」說，方能**提得住**。

由此乾知與坤能之分，再進一步宇宙論地分而爲「氣」與「神」之兩概念，此即「散殊而可象爲氣，清通而不可象爲神」兩語之所示。神固不離氣，然畢竟神是神，而不是氣，氣是氣，而不是神，神與氣可**分別建立**。吾人可本《易傳》，于乾知之易處說神，于坤能之簡處說氣。無論是「效能於簡」，或是「效法於簡」，其所效之「能」或「法」總是有象有迹者。簡是言其「隤〔頹〕然至順」。雖隤然至順，而總是有象有迹，故屬于「氣」之事也。氣有象迹，可言散殊，故云「散殊而可象爲氣」。此言散列殊異而可有象或可呈現爲象者便是氣。乾知之易無象迹、無聲臭，然純一至和、一片昭明，而不可以形隔，故可于此處說「神」。橫渠云：「清通不可象爲神」。純一至和，一片昭明，即「清通」

也。無象迹、無聲臭，即「不可象」也。「不可象」是言其無象迹而不可以象論，不可以迹拘。此即是神也。

案：〈乾稱篇第十七〉云：「凡可狀者有也，凡有皆象也，凡象皆氣也。氣之性本虛而神，則神與性乃氣所固有。此鬼神所以體物而不可遺也。」「氣之性」即氣之體性。此體性是氣之**超越的體性**，**遍運乎氣而爲之體者**。此性是**一**是**遍**，不是散殊可象之氣自身之曲曲折折之**質性**。氣自身曲曲折折之質性是氣之凝聚或結聚之性，是現象的性，而橫渠此處所說之「氣之性」是「遍運乎氣而爲之體」之「超越的性」，本體的性，乃**形而上者**。氣以此爲體即以此爲**性**。橫渠以「虛而神」規定此體性，故此體性是**遍**是**一**，是**清通**而不**可象者**。謂此爲氣所固有，此「固有」乃是超越地固有，因「運之而爲其體」而爲其所固有，不是現象地固有。（鬼神體物不可遺本《中庸》，詳簡見下第八段）。

以上爲〈太和篇〉之首段，其主要觀念如下：

一、「太和所謂道」。

二、乾知坤能——易知簡能。「起知於易者乾乎？效法於簡者坤乎？」

三、神與氣。「散殊而可象爲氣，清通不可象爲神。」

第二段 太虛與氣

2.太虛無形，氣之本體。其聚其散，變化之客形爾。至靜無感，性之淵源。有識有知，物交之客感爾。客感客形與無感無形，惟盡性者一之。

案：此第二段提出「太虛」一詞，是由「清通而不可象爲神」而說者。吾人即可以「清通無象之神」來規定「**太虛**」。太和是綜持說之詞，以明道之創生義爲主。太虛是由分解而立者，一方既與氣爲對立，一方又定住太和之所以爲和，道之所以爲創生之眞幾。「太虛無形，氣之本體」，此與〈乾稱篇〉「氣之性本虛與神」爲同意語。「氣之性」是氣之超越的體性，是遍運乎氣而爲之體，故此處直云「氣之**本體**」。說本體比較妥當，不易生誤解。說性則須簡別提醒。氣以太虛——清通之神——爲體，則氣始活。活者變化之謂爾。浮沉、升降、動靜、相感、絪縕、相盪、勝負、屈伸，皆氣之活用也。或聚或散亦氣之活用也。故云「其聚其散，變化之客形爾。」「其」字指氣言。氣之聚或散，乃至浮沉、升降等，皆不過是氣之變化活用之「**客形**」爾。「客形」是橫渠自鑄之美詞。客者過客之客，是暫時義。「客形」者即暫時之形態，或時動中之形態（temporal forms or modes），即皆氣之變化所呈之「相」也，所謂「效法之謂坤」者是也。（解見上）。氣變雖有客形，而清通之神與虛則**遍而一**，乃其常體。

　　落于個體生命上說，此清通之神、太虛即吾人之「**性**」也。（就其遍運乎氣而爲之體言，亦可說性，此即是天地之性。此與就個體生命處說，其義一也。）此清通之神、太虛之體，在吾人生命處，如從其「至靜無感」說，則可認爲是性體之最深之根源，即是性體之**最深奧處**、**最隱密處**。故云：「至靜無感，性之淵源。」「性之淵源」不是說性體還有另一個最深之根源，乃是說此即是性體自身之最深奧處、最隱密處。「至靜無感」即是「寂然不動」。「寂然」是性體自身之寂然，「感而遂通」亦是性體自身之**神用**。

皆是就性體自身說也，亦是就清通之神、太虛自身說也。但落在個體生命處說，識與知亦是其感之形態也。此處之形態亦是性體自身（清通之神）接于物時所呈現之暫時之相，此即曰「客感」，或「感之暫時形態」（temporal forms of feeling）。故云：「有識有知，物交之客感爾」。如此，太虛固可以「清通之神」定，實亦可以「寂感眞幾」定。寂感眞幾即是寂感之神。總之，是指點一創造之眞幾、創造之實體（creative feeling, creative reality）。此眞幾實體本身是即寂即感、寂感一如的；總言之曰「神」亦可，神以妙用之義定；曰太虛亦可，太虛以「清通無迹」定。

清通虛體之神雖是寂然不動感而遂通，然這只是尅就眞體自身而作之形上的陳述，即眞體自身自如此。但如果落于個體生命而爲性，則當其與物接而有感，因形軀之限、私欲感性之雜，其感也不必能「遂通天下之故」，即，不必能通澈朗潤而無滯礙。如是，則性體即潛隱而不必能暢通，因而亦不必能成其道德創造、潤身踐形之大用。此須有一自覺地作道德實踐之勁力以復其眞體，此即所謂「盡性」之工夫也。盡性者期于性體能使之充分實現或呈現之謂也。在盡性之工夫中，清通虛體之神與其所運之氣之變化之客形以及其自身接于物時所呈現之客感遂能貫通而爲一。清通虛體之神全澈於客感客形中而妙運之以成其爲生生之變化，而生生之變化中之客感客形亦全融化于清通虛體之神中而得其條理與眞實，此即是道德創造之潤身踐形也。故云：「客感客形與無感無形，惟盡性者一也。」「一也」當爲「一之也」，或直云「一之」。

故凡儒者之思參造化，言天道、言太極、言誠體、言太和、太虛，乃至寂感之神，皆不過是通澈宇宙之本源，清澈吾人之性體，

以明**道德創造潤身踐形所以可能之超越根據**，而其**實義**皆落于「性」中見。亦由性體之**主宰義**、創生義而**貞定之**，決不是**空頭擬議之詞**，亦不是自然主義、唯氣論之由氣蒸發也。

〈乾稱篇第十七〉云：「大率天之爲德，虛而善應。其應非思慮聰明可求，故謂之神。老氏況諸谷以此。」繼之云：「太虛者氣之體。氣有陰陽、屈伸、相感之無窮，故神之應也無窮。其散無數，故神之應也無數。雖無窮，其實**湛然**。雖無數，其實**一而已**。陰陽之氣，散則萬殊，人莫知其一也。合則混然，人不見其殊也。形聚爲物，形潰反原：其游魂爲變與？所謂變者對聚散存亡爲文，非如螢雀之化，指前後身而爲說也。」

案：此〈乾稱篇〉之文與此處所言者意義相類，亦可藉以助解。〈乾稱篇〉內容與規模與〈太和篇〉相似。吾詳爲比讀，覺橫渠恐是先有〈乾稱篇〉，後復經消化，重新撰成〈太和篇〉。〈太和篇〉在結構與措辭上，俱比較成熟，而亦甚純正，此顯是經過鍛煉與陶鑄而成者。〈乾稱篇〉恐是原初之稿，言之亦極精微，但結構之嚴整不及〈太和篇〉，而措辭多有老子之痕迹，至寫〈太和篇〉，則淘濾較淨，故較爲純正耳。但亦無甚大窒，故兩存之，而吾人亦可藉以互相發明也。

第三段　「聚亦吾體，散亦吾體」：並論「兼體無累」義

3. 天地之氣，雖聚散攻取百塗，然其爲理也，順而不妄。氣之爲物，散入無形，適得**吾體**；聚爲有象，不失**吾常**。太虛不能無氣，氣不能不聚而爲萬物，萬物不能不散而爲太虛。循是出入，是皆不得已而然也。然則聖人盡道其間，

兼體而不累者，存神其至矣。彼語寂滅者，往而不返。徇
生執有者，物而不化。二者雖有間矣，以言乎失道，則均
焉。聚亦吾體，散亦吾體。知死之不亡者，可與言性矣。

案：此承上第二段而言。太虛旣是氣之本體，而氣之聚散旣只是變
化之客形，則氣之「散入無形，適得吾體，聚爲有象，不失吾常」
乃必然應有之至理。

太虛之爲氣之體不是一個抽象的靜態之體，乃是遍運乎氣而妙
應之之動態的具體的神用之體，故氣之或聚或散，或攻或取，雖其
塗轍繁多，然皆有淸通神用之體以妙運之，故皆「順而不妄」，非
偶然也。「其爲理也，順而不妄」，言其聚之所以爲聚，散之所以
爲散，攻之所以爲攻，取之所以爲取，皆有其**形上地必然之道**，故
皆順適而不虛妄也。「爲理」是此事之所以爲此事之理，即「所以
是如此」之意。此「理」字是虛說，其實處是通于太虛之神。有神
體以妙運之，故事皆實事，非幻妄也。因此，當氣之「散入無
形」，並非即歸于虛無，乃正恰因此而證得吾之淸通之**虛體（神**
體）。氣雖散，而虛體常在，故云「適得吾體」，此即下文所謂
「死之不亡」也。當其「聚爲有象」，亦並非因其聚而即固結于象
迹，而與虛體脫節。氣雖聚，而常體不失，故云「不失吾常」，此
即下文第六段所謂「氣聚則離明得施而有形」也。「離明」即太虛
常體之明也。

以上是「本體、宇宙論地」說。「本體、宇宙論的」實理實是
如此。此是大中至正之道，聖人亦不過能盡此道而已。所謂盡此道
者，即旣不偏滯于聚，亦不偏滯于散，而能貫通爲一以存神也。故

云：「聖人盡道其間，兼體而不累者，存神其至矣。」此言聖人于氣之聚散之中而能盡道，以至于「兼體而不累者」，正因其能「存神」也，「存神」是其極至之工夫也。孟子曰：「君子所過者化，所存者神。」「兼體不累」亦是「所過者化」也。能存神，則不淪于虛（氣散爲虛）。「彼語寂滅者，往而不返」，是滯于散而淪于虛也。此是指佛教說。同時能存神，則亦不執于實（氣聚爲實）。彼「徇生執有者，物而不化」，是滯于聚而執于實也。此是指道家說。（道家養生以期長生是「徇生執有、物而不化也」）。此兩者自有不同，然皆非大中至正之道，故云「以言乎失道，則均焉。」能兼體不累以存神，則「知死之不亡」。死非死也，乃是大往，入于幽也。死既是大往，則生即是大來，由幽而明也。如是，則生死問題乃是幽明問題。「生吾順事，歿吾寧也。」死而不亡，則吾人之眞實生命豈不眞實常在而巍然與天地同壽者乎？知此，則「可與言性矣」，此義詳見〈誠明篇〉，詳解見下第二節第四段。

　　「兼體不累」，此中「兼體」一詞頗隱晦。須藉他處之文以助解。〈乾稱篇〉云：「體不偏滯，乃可謂無方無體。偏滯於晝夜陰陽者物也。若道，則**兼體**而**無累**也。以其**兼體**，故曰一陰一陽，又曰陰陽不測，又曰一闔一闢，又曰通乎晝夜。語其推行，故曰道。語其不測，故曰神。語其生生，故曰易。其實一物，指事異名爾。」此文可助解「兼體」之意。詳此，則「兼體」之兼即不偏滯義，「體」則無實義，非本體之體。兼體者即能兼合各相而不偏滯于一隅之謂。〈誠明篇第六〉有云：「天本參和不偏。」此「兼體」之兼即「參和不偏」之意也。所參和之體即晝夜、陰陽、動靜、聚散等之相體或事體，故此「體」字無實義，乃虛帶之詞。此

〈太和篇〉下文有云：「兩體者，虛實也，動靜也，聚散也，清濁也。其究一而已。」此尅就虛實、動靜、聚散、清濁之偶性而言「兩體」，亦可簡言之曰「兩」，故知此「體」字無實義也。能兼合（參加）各體（各事、各相、各形）而不偏滯于於一相，則即可不爲相迹所累，此即不累于相迹。不累于相迹，則清通而虛體之神存矣。偏滯于一相，則「物而不化」，其究也亦「物」而已矣。故云：「偏滯於晝夜陰陽者物也」。此亦如濂溪云：「動而無靜，靜而無動，物也。動而無動，靜而無靜，神也」。「動而無靜」即偏滯于動，「靜而無動」即偏滯于靜。此即是物而不化。神則其自身動而無動、靜而無靜，圓應無方，妙運無迹，故能參和氣之動靜、聚散、虛實、有無，而不滯也。濂溪說動而無動，靜而無靜，是就誠體之神自身說，而橫渠言「兼體不累」則是就其參和相迹而不偏滯說。兩者義實相通也。有「動而無動、靜而無靜」之神體，故能有「兼體不累」、「參和不偏」之妙用也。「體不偏滯，乃可謂無方無體」，言于對偶之事體或形相無所偏滯，乃可謂「神無方而易無體」。「無方」者無方所，不爲空間相所限。「無體」者無定體，不爲動靜聚散所拘。此即神也、易也，亦即道也。故下文即繼之而言有偏滯者即是「物」，（「偏滯於晝夜陰陽者物也」），無偏滯而不累者即是**道**也。（「若道則兼體而無累也」）。因「兼體而無累」，故〈繫辭傳〉曰：「一陰一陽之謂道」，又曰：「陰陽不測之謂神」，又曰：「一闔一闢之謂變」，又曰：「通乎晝夜之道而知」。道、神、易，「其實一物，指事異名爾」。「一陰一陽之謂道」，非是說靜態地兼合了陰陽即是道，乃是說陰了又陽，陽了又陰，這樣動態地參和了陰陽而不偏滯于陰或陽，這纔見出道之

妙用，即妙運乎陰陽以成此氣變也。陰而陽、陽而陰，氣變之不可測度即是神。若偏滯于陰或陽，則物而不化，有方所、有形體，非不可測度，而神亦不可見矣。故必須動態地參和陰陽以觀氣變，始可言不測，始可見神。此亦「兼體而無累」之意也。「一闔一闢之謂變」，即動態地參和了闔闢而不偏滯于闔或闢，即是變也。此語引申即為「生生之謂易」。易，變易也。滯于一生，不名曰易。生而又生而不滯于一生，則**易體見矣**。**易體**即**神體**也，**神體**即**道體**也。非是生而又生之事迹本身為**易**、為**神**，乃由此生而又生而不偏滯于一生之事迹而見出**易體**或**神體**也。「之謂道」、「之謂神」、「之謂變」等語法，嚴格言之，皆非**指事之界定語**，乃是**顯體之指點語**。「通乎晝夜之道而知」而不偏滯于晝或夜，其知亦是兼體不累之**神知也**。後來伊川、朱子皆採取以下之方式表示道：陰陽非道，所以陰陽是道。此是從「**所以**」處表示，而橫渠則由「**兼體而無累**」表示。從「**所以**」表示較為更是**形式的陳述**，其直接所推證者，偏重「**理**」字義；而從「**兼體無累**」表示，則能直證神與虛，以神體虛體為道為易也，此則更易接近道之**創生義**、道之**寂感眞幾義**、道之**為心（天心、本心）義**，而**理自在其中也**。此一表示方式之不同，亦啟對于道體體悟之分歧，亦是心理為一（心即理）為二（性即理）所由分之關鍵。

　　〈乾稱篇〉言：「若道，則兼體而無累也」，〈誠明篇〉言：「天本參和不偏」，此是客觀地言之。此〈太和篇〉「聖人盡道其間，兼體而不累者，存神其至矣」，則是主觀地從「盡道」處說。其義一也。「兼體無累」或「兼體不累」即「參和不偏」義。橫渠言「兼體」即本「參和」之「參」字說。「參」字是來自〈說卦

傳〉「參天兩地而倚數」之「參」。

〈參兩篇第二〉云：

> 地所以兩，分剛柔男女而效之法也。天所以參，一太極兩儀
> 而象之性也。

〈說卦傳〉之語，朱子注云：

> 天圓地方。圓者一而圍三，三各一奇，故參天而爲三。方者
> 一而圍四，四合二耦，故兩地而爲二。數皆倚此而起。故揲
> 著，三變之末，其餘三奇，則三三而九；三耦則三二而六。
> 兩二一三則爲七，兩三一二則爲八。

九六七八之數倚「參天兩地」而起，而「參天兩地」亦可以說倚
二、三之數而成其爲參兩也，故云「參天兩地而倚數」。此是由數
之三而說「參天」，以象徵天之圓，進一步象徵天德之「圓而
神」；由數之二而說「兩地」，以象徵地之方，進一步象徵地德之
「方以智」（剛柔有定體）。橫渠即由此「兩地」之二而說此「兩
體」（如剛柔男女，推之，虛實、動靜、清濁、聚散等）之方德，
由「參天」之三而說「兼體無累」之圓德。圓德屬于天、屬于道。
參天之三即是一也，即由「三各一奇」以象徵天德圓神之一也。天
德圓神純一而不可分，此是自天德之自體說。「兼體無累」、「參
和不偏」則是自其用說，即由其「兼體無累」、「參和不偏」之用
以見其爲「圓而神」也。橫渠即由「三各一奇」即是一之「參」字

直接引申而爲「參和不偏」之「參」字，再引申而爲「兼體無累」
之「兼」字，以明天德神體之圓一也。故曰「聖人盡道其間，兼體
而不累者，存神其至矣」。以「參和不偏」、「兼體無累」以明天
德神體之爲圓爲一。此天德神體之爲圓爲一亦即吾人之性體也。依
是，「地所以兩，分剛柔男女而效之法也」，言地之所以兩者正爲
要分剛柔男女而呈現之以法相之定體也。「效之法」是根據〈繫辭
傳〉「效法之謂坤」而來。朱注：「效，呈也。」即致呈、呈現
義。朱注：「法，謂造化之詳密而可見者」，實即「定體」義，言
剛柔男女之相皆有定體也。地以氣與質言，故有剛柔、男女，乃至
虛實、動靜、清濁、聚散之兩體，此即其所呈現之定體也。天以德
與神言，是圓是一，故云：「天所以參，一太極兩儀而象之性
也。」言天所以參而「三各一奇」亦即是「圓而神」之一者正在其
足以表示太極兩儀之統而爲一而爲一整體而足以象示之以性也。
「象之性」乃由〈繫辭傳〉「成象之謂乾」一語而轉出。〈繫辭
傳〉亦言「法象莫大乎天地」，即天「成象」、「成象之謂乾」
也；地「效法」、「效法之謂坤」也。又言「見乃謂之象，形乃謂
之器」。「見」即天成象，示現以象也；「形」即地效法，剛柔男
女有定體即形器也。又曰：「天垂象，見吉凶，聖人象之。」「垂
象」即示現以象也，亦由天而言也。〈繫辭傳〉言成象、垂象只是
具體地指點地言之，橫渠即由之而較著實以言天之成象垂象，其所
象而示者即是天德神體之爲圓爲一，亦即是性體之眞實意義也。
「象之性」者即由「太極兩儀之統而爲一」而象示出性體之具體而
眞實的意義也，亦即由天之所以參而「三各一奇」亦即是「圓而
神」之一而象示出也。「地所以兩」是言法相形器之定體，「天所

以參」是言萬事萬物圓一之性體。天德神體之為圓為一、性體之為圓為一，即太極也。就太極說，太極不離兩儀，即太虛神體之不離氣，亦即「天本參和不偏」、「道則兼體無累」之義也，亦即〈誠明篇〉「性其總，合兩也」之義，〈乾稱篇〉「有無虛實通為一物者性也」之義。如此貫串觀之，横渠思理固甚一貫，而亦甚清楚也。是故〈參兩篇〉繼「地所以兩」、「天所以參」一段又云：

　　一物兩體，氣也。一故神，（兩在故不測），兩故化，（推
　　行於一）。此天之所以參也。

此首句若分解言之，「一物」即太極、太虛神體之為圓為一，「兩體」即晝夜、陰陽、虛實、動靜等，此是屬于氣。而言「一物兩體氣也」是渾淪地言之，即「參和不偏」地言之，是表示太極太虛之不離氣，即由太極兩儀之統而為一以「即用見體」也，即氣之通貫以見天德神體之「參和不偏」、「兼體無累」也，並非說太極、太虛、天德神體亦是氣。故云「一故神」，此「一」即天德神體之「一」，而横渠自注云：「兩在故不測」，此即表示「一」之所以神正由于有「兩體」之存在而參和不偏、兼體無累，以成其生化之不測，而由此不測以見神體之妙用也。故繼之云：「兩故化」，此言正由于有兩體，故能生化也。而復自注云：「推行於一」，此言兩非死兩，正由于有兩體而能「推行於一」、參和不偏、兼體無累，始能成其化，即成其生化之不測也。「一故神」，由一必說到兩。「兩故化」，由兩必說到一。總之，是參和不偏、兼體無累，而即用之通以見體之實也。故結語云：「此天之所以參也。」此仍

歸于「三各一奇」之以數目三言的天即是「圓而神」之圓一，故能
參和不偏、兼體無累，而貫通氣之兩體以成生化之大用，以見天德
神體（太極、太虛、道體）與夫性體之實也。此豈以道體性體為形
而下之氣者乎？不離氣以見其實，非謂其本身即是氣、即是形而下
者也。故〈大易篇第十四〉又云：

> 一物而兩體，其太極之謂歟？陰陽天道，象之成也。剛柔地
> 道，法之效也。仁義人道，性之立也。三才兩之，莫不有乾
> 坤之道。

此與「地所以兩」、「天所以參」一段無異指也。而此言「一物而
兩體，其太極之謂歟」，此即從太極之「參和不偏」而提綱地說，
與「一物兩體氣也」之偏重在即用見體說亦無異指也。「陰陽天
道，象之成也」，即由陰陽以見天道之「參和不偏」、「兼體無
累」也。「象之成」即「參和不偏」、「兼體無累」之象之成也。
「剛柔地道，法之效也」，即由剛柔男女以見地道所呈現之法相形
器之有定體也。「仁義人道，性之立也」，即「參和不偏」、「兼
體無累」之性體由仁義以著之以立其實也。《易傳》只是具體地
（漫畫式地）指點地言「成象」、言「效法」、言「參天兩地」、
言「兼三才而兩之」，而橫渠直由參以言天德神體與性體之圓一，
由兩以言形器之兩體以及其有定體，參兩通而一之，即是道體性體
之「參和不偏」、「兼體無累」。其思理亦可謂深矣，而言之不
易，然豈是形上形下不分者乎？其如此重言「兼體無累」與太虛神
體，而朱子謂其將形而上說成形而下，不亦誤乎？橫渠不常言太

極，然天德神體、太虛神體之圓一即太極也。此豈非形而上者乎？只因朱子將道與性視爲只是理，將心神視爲氣，故不能契知誠體神體之實義耳。濂溪、橫渠、明道皆言誠體、神體、寂感眞幾，豈皆形而下者乎？朱子謂「神化二字雖程子說得亦不甚分明，惟是橫渠推出來。」（《朱子語類》卷第九十八，〈張子之書一〉）橫渠之「推出來」並不是只推究「神、化」兩詞之字義分明，乃是能推究出神爲體，爲形而上，化爲用，就氣言，爲形而下。又其所說之程子實只是伊川，因伊川只言理氣，很少言神化，而明道則盛言神化、而又甚分明也。是則朱子於此雖推尊橫渠，而實未知其言神化之實也。

　　《朱子語類》卷第九十九，〈張子之書二〉，有一條云：

問：橫渠有「清、虛、一、大」之說，又要兼清濁虛實。
曰：渠初云「清、虛、一、大」，爲伊川詰難，〔當作「爲明道詰難」〕，乃云「清兼濁，虛兼實，一兼二，大兼小」。渠本要說形而上，反成形而下。最是於此處不分明。如〈參兩〉云，以參爲陽，兩爲陰，陽有太極，陰無太極。他要強索精思，必得於己，而其差如此！
又問：橫渠云「太虛即氣」，乃是指理爲虛，似非形而下。
曰：縱指理爲虛，亦如何夾氣作一處？

案：此則差之太遠，對于橫渠所說之「參兩」義完全未解。「陽有太極，陰無太極」之語，對于參兩義誤會太甚。又，即使橫渠言「清、虛、一、大」，衡之《正蒙》，亦是就「天德神體」或「太

虛神體」說。其言清濁、虛實、剛柔、動靜，乃至陰陽、晝夜，乃是就氣之兩體說。「清兼濁、虛兼實、一兼二、大兼小」乃是太虛神體之清、虛、一、大兼氣之兩體方面之濁、實、二、小，非是以同一層次之氣之清者、虛者、一者、大者兼氣之濁者、實者、二者、小者。橫渠之意甚明，何得混淆？朱子時，《正蒙》原文具在，何得必以二程之誤會為法而不究《正蒙》之實義乎？

　　「兼體」義既明，則「兼體不累」之義不但所以顯體，且必函「**體用圓融**」之義，此則就道或就聖人「盡道」說皆然。「太虛不能無氣」，即太虛神體不能離氣而見也。神之所以為神，正因其參和氣之聚散而不偏滯，是即體之**不離用**，神之**卽氣而見也**。而氣之所以聚散以生生亦正因神之妙運而使然，故其「順而不妄」，皆為實事，皆是由于神理以成就之，此即**用之不離體**，氣之**卽神而然也**。聖人盡道，潤身踐形，無往不是神體呈現，亦無往不是德業彌綸。此即**體用之圓融**。「彼語寂滅者，往而不返」，此指佛教而言。一心嚮往寂滅，不能返而成就聚散動靜之實事，則是有體無用也。此評自不能盡佛家大乘之菩薩道及圓敎義，然宋、明儒之辨佛，要點不在此。縱亦往而返矣，然亦不是聖人盡道之**圓融**。要者是在儒者不贊同「緣起性空」下之空寂或寂滅。依儒者觀之，雖「一色一香無非中道」（智者語），極其圓融，亦仍是往而不返，此中本質上有不回頭處。故象山謂「儒為大中，釋為大偏」；「原其始，要其終，則私與利而已」；「儒者雖至於無聲無臭、無方無體，皆主於經世。釋氏雖盡未來際普渡之，皆主於出世。」（《象山全集》卷二，〈與王順伯〉書）。此中確有本質之差異，不可徒以大乘之菩薩道及圓敎義為論也。橫渠（甚至全部宋、明儒）之

言，雖有不盡，然其彰顯儒佛本質之差異，以明釋氏非聖人之道，則固不謬也。此爲宋、明儒共同之意識，不在其言之盡不盡也。故云：「彼語寂滅者，往而不返。徇生執有者，物而不化（此指道家養生之陷溺言）。二者雖有間矣，以言乎失道，則均焉」。皆非能盡道德創造之大中至正之道也。徇生執有者、偏滯于氣之聚，固不能兼體無累以存神，彼語寂滅者、夢幻人世，偏滯于空寂，亦不能兼體無累以存神。此皆喪失**創生之道者也**。

　　落于個體生命處說，能兼體無累以存神者，則知氣之聚而有形，固是吾神體之妙用，其散入無形亦是吾神體之妙用。故或聚或散，神體常在。有形之生只是客形，其聚其散乃神化之必然，不能滯窒以強留。要在兼體無累以存神，斯則得其常也。故云：「聚亦吾體，散亦吾體。知死之不亡者，可與言性矣。」聚亦得吾之體，散亦得吾之體，體、神體也。此即吾之「性」也。「盡道」即盡性也。故〈西銘〉云：「存吾順事，沒吾寧也」。君子有終無死；即形潰爲死，而「形潰反原」，神體常在，焉有所謂亡者乎？「亡」者流逝不在之謂也。氣有**存在**與**不存在**，而神體則無所謂**存在不存在也**。此是儒者極深遠廣大極中正極莊嚴之成德之宗教，非一般偏曲之宗教也。儒者不言個體靈魂之不滅，而肯認此**神體之常存**。此神體是遍、是常、是一，此即是吾之性。吾之藐然之身，以「天地之帥」（神體）爲性，以「天地之塞」（氣）爲體（形體），是即直下肯認吾之生命乃一宇宙之生命，其有形之軀之或聚或散不過是天地之帥與天地之塞之**大來大往而已**。此一「吾之生命即宇宙之生命」之常在乃眞正成德宗教之圓教。

第四段　太虛即氣：體用不二之圓融論並辨佛老之「體用」義

4. 知虛空即氣，則有無、隱顯、神化、性命，通一無二。顧聚散、出入、形不形，能推本所從來，則深於《易》者也。若謂虛能生氣，則虛無窮，氣有限，體用殊絕，入老氏有生於無之論，不識所謂有無混一之常。若謂萬象爲太虛中所見之物，則物與虛不相資，形自形，性自性，形性天人不相待，而有陷於浮屠以山河大地爲見病之說。此道不明，正由懵者略知體虛空爲性，不知本天道爲用；反以人見之小，因緣天地；明有不盡，則誣世界乾坤爲幻化；幽明不能舉其要，遂躐等妄意而然；不悟一陰一陽，範圍天地，通乎晝夜，〔乃〕三極大中之矩，遂使儒、佛、老、莊混然一途。語天道性命者，不罔於恍惚夢幻，則定以有生於無爲窮高極微之論。入德之途，不知擇術而求，多見其蔽於詖而陷於淫矣。

案：此第四段辨佛老——依據「兼體無累」以存神之體用圓融（通一無二）辨佛老體用關係之非是。體用圓融，圓者圓滿無遺，融者通一不隔。體用是一般之詞語，看其所應用而有不同之內容，如本體現象等。依橫渠之思理，體用圓融即是神體氣化之不即不離。「虛空即氣」即上段「太虛不能無氣」一語之義。「不能無氣」即不能離氣。不能離氣者即就氣化之不滯而見神體虛體之妙用也。清通之神即在氣化之不滯處見，即在氣之聚散動靜之貫通處見，此即「虛空即氣」也。但凡儒者之在宇宙論處以宇宙論之辭語（或類似

宇宙論之語調）說此義，不是以氣化之不滯、氣之聚散動靜之貫通
為無待之首出，視為空頭的自然事實之如此，乃是提起來視氣化過
程為**天道創生之過程**，而天道創生之過程即是仁體創生感潤（感
潤）之過程，或神體妙運之過程，而以道德創造之**性體因果、心體
因果**，或用康德之詞語——**意志因果**而貞定其眞實意義而使之如此
者。簡言之，其言氣化之不滯是以性體因果為條件者，是預定道德
創造之性體因果為其超越根據者。性體因果過程意即此因果過程乃
為性體自主之所貫。氣化之不滯既不是自然既成之事實，而是以性
體因果為根據，則在此氣化之不滯中自然有神體虛體（性體）以貫
之，因而亦可說即在此氣化之不滯處見神體。是故「虛空即氣」此
種神體氣化之宇宙論的圓融辭語是道德理想主義的圓融辭語，不是
自然主義唯氣論之**實然的陳述**。必須念念提醒此義，于儒者言天道
性命之宇宙情懷方可不至有誤解。

　　「虛空即氣」，順橫渠之詞語，當言虛體即氣，或淸通之神即
氣。言「虛空」者，乃是想以一詞順通佛老而辨別之也。虛體即
氣，即「全體是用」之義，（整個虛體全部是用），亦即「就用
言，體在用」之義。既可言虛體即氣，亦可言氣即虛體。氣即虛
體，即「全用是體」之義，亦即「就體言，用在體」之義。是以此
「即」字是圓融之「即」、不離之「即」、「通一無二」之
「即」，非**等同之卽**，亦非**謂詞之卽**。顯然神體不等同于氣。就
「不等同」言，亦言神不即是氣。此「不即」乃「不等」義。顯然
神亦非**氣之謂詞**（質性）。若如朱子所解，神屬于氣，心是氣之靈
處，則神成為**氣之謂詞**，心成為**氣之質性**，此即成為**實然陳述**，非
體用圓融義。是以「即」有二義：㈠「不即」，此乃**不等義**，亦表

示非**謂詞之質性**義；㈡「即」，此表示**圓融義**、不離義、通一無二義。（劉蕺山為表示通一無二，反對朱子歧理氣為二，而有曰：「天地之間，一氣而已。非有理而後有氣，乃氣立而理因之寓也」。此種抑揚之間，不能無病。若就橫渠之圓融義言，亦是有理（神體）而後有氣，亦是氣立而理因之寓；但「氣立」並非寡頭者。若氣真是無本而自立，天地之間真是自然既成之一氣，不待妙運之者而然，則「氣立而理因之寓」，理很可能成為氣之謂詞、質性，此則大悖。劉蕺山恐亦不至如此也。是以其語不能無病。詳見濂溪章第二節第四段。）

　　老子言無，釋氏言空，橫渠于此提出「虛」字為準以衡量佛老之空與無。「虛」字比較具體，不像空、無之專門化與概念化。虛字是中國人通常習用之字，是地道代表中國人之心靈。虛雖然不滯，然而卻是表詮字，不像空、無之純為遮詮字——空由遮緣起法之自性而顯，無由遮造作有為而顯，而虛卻是那麼坦蕩悠然而從容，純是化境之詞，故橫渠即以清通之神說虛。虛則神、虛則妙、虛則靈、虛則化、虛則純一不雜，而亦不滯于一。**游于多而不滯于多即為虛**。故虛體即氣，氣即虛體，「則有無、隱顯、神化、性命通一無二」。氣之聚為有為顯，氣之散為無為隱。有無隱顯兼體而無累、清通而不滯謂為神。氣之「推行有漸為化」，「合一不測為神」（〈神化篇第四〉）。神體即**性體**，而性體之流行（主宰之用）即為命。是故皆「通一無二」也。

　　「若謂虛能生氣，則虛無窮，氣有限，體用殊絕，入老氏有生於無之論，不識所謂有無混一之常。」此批評老氏也。案此評不必諦。歸結雖在說老氏「有生於無」之非，而實旨在明「**虛空即氣**」

虛不生氣，故云：「若謂虛能生氣」云云也。實則此種遮撥正是伊川所謂「意屢偏而言多窒」之一例也。「天地之道可一言而盡，其為物不貳，則其生物不測」，何以不可言「**虛能生氣**」耶？「生」者妙運、妙應之義。以清通之神、無累之虛妙運乎氣而使其生生不息，使其動靜聚散不滯，此即是**生也**。仁體之**感潤**而萬物**生長不息**，此即是**生也**。〈天道篇第三〉云：「天道四時行，百物生，無非至教。聖人之動無非至德。夫何言哉？天**體物不遺**，猶**仁體事無不在**也。禮儀三百，威儀三千，無一物而非仁也。昊天曰明，及爾出王〔往〕，昊天曰旦，及爾游衍，無一物之不體也。」天之「**體物不遺**」，仁之「**體事無不在**」，豈只是**靜態地擺在那裡以爲其體而已耶**？禮儀三百，威儀三千，皆**仁心生**，皆**仁體貫**，如是始能說「**無一物而非仁**」。「昊天曰明」，遍照一切，遍臨一切，人而或出往，或游衍，亦皆在其照臨之中，因而得以戒愼不墮，人道不廢。「無一物之不體」，實即無一物之不因之而**生也**。此〈大雅·板〉詩雖只言昊天鑑臨在上，似無能生之意，然橫渠引之而言「無一物之不體」，實亦意許**無一物之不生**。生者**實現義**，「**使然者然**」義，故天道、仁體，乃至虛體、神體皆**實現原理也**，皆使存在者**得以有存在之理也**。生者引發義、滋生義。因天道之誠、仁體之潤、虛體之清通、神體之妙應而**滋生引發之也**。天道、仁體、虛體、神體，豈不起**作用耶**？是故**體之即是起之**。孟子言生色睟面盎背，即是**生也**。其所起者，落于氣上，雖步步有限，散殊有定，然**起而不已，通而不滯**，則亦同其「**無窮**」矣。豈但是「虛無窮」而「氣有限」耶？是以**縱貫言之**，則「**虛能生氣**」；**橫鋪言之**，則體用相卽。橫渠于此只著重「**虛空即氣**」之相卽，此只知其**靜態之橫**

鋪，而忘其**動態縱貫**之**創生義也**。在動態縱貫之創生中，非如母之生子，子生而離母體，而子母異體也。神體無限而遍在，永與其所生所起者**冥合爲一也**。是以即在**縱貫**中，亦是**全神是氣，全氣是神也**。豈是以無限之神與一步之氣對言耶？若如此，則無限之神有蹈空之處，爲能遍在耶？此誠「體用殊絕」矣！神體遍在，非抽象掛空地遍在，乃具體圓融地遍在。是以「虛無窮」，而氣之生亦必同其無窮也。兩皆飽滿而亦不礙虛之有生起之用也。

　　至于老子「有生於無」亦不是「體用殊絕」。道家體用之意義自不同于儒家。老子言：「天下萬物生於有，有生於無。」（〈四十章〉）「無名天地之始，有名萬物之母。」（〈一章〉）「道生之，德畜之。」（〈五十一章〉）又言：「生之，畜之。生而不有，爲而不恃，長而不宰，是謂玄德。」（〈十章〉）又言「道生一，一生二，二生三，三生萬物。」（〈四十二章〉）其言「生」首先是肯認道之爲「本」義，言天地萬物以道或無爲本、爲根據。是則「生於」或「生」首先是言詮上義理地「出自」義或「推至」義。即，以道爲本、爲根據，義理地「出自」道或由道義理地「推至」某某，此皆是形式語。然則老子言如許之「生」究有否**形而上的實際意義**？有否**實際的作用**？曰自然有。但此形而上的實際意義、實際的作用卻有特別的意義。道生、德畜，亦可以說天地萬物是**實際存在地由無而生出**。由無而生出實即由無而開出。但此實際存在地由無而生出或開出究是**何種意義或形態**，實有**確切規定之必要**，蓋此確有**特殊之意義**。

　　老子之宇宙論地言「無」爲天地萬物之始、之本，道顯似有**客觀性、實體性**及**實現性**。然此三性，說穿了，只是一種**姿態**，實並

無一**正面之實體性的**東西曰「無」而可以客觀存在地（存有論地）
生天地萬物，而天地萬物亦存有論地實際**存在地**由**無而生出也**。蓋
「無」是一遮詮字，由否定人爲的造作有爲而顯，其原初之義仍是
由生活上而體驗出。道家蓋對于人爲造作之苦確有實感，故遮此有
爲，即顯無爲；遮此造作，即顯自然。故「無」一遮詞所顯示之正
面意義只是「自然」，而「自然」乃是一種境界，無實物可指，不
可說不可說，非**名之所能定**，非**稱之所能謂**。故王弼云：「自然
者，無稱之言、窮極之辭也」（〈二十五章〉，「道法自然」
注。）故道、無之客觀性、實體性只是一種**姿態**，乃由「本」義、
「根據」義而顯示，而實則可消化于主體之自在、自然、自適、自
得而爲一種**境界**。故道家之形上學乃澈底「**境界形態**」之形上學，
非「**實有形態**」之形上學。

　　客觀性、實體性既如此，則道之**實現性**亦可得而定矣。道之實
現性由「生」字而引出，本亦可說創生性或生化性。但此兩詞用于
儒家爲恰當，而用于道家則嫌太重太烈，亦即不恰當。故只用一般
意義的「實現性」以說之。道當然有實現性之意義而可以爲**實現原
理**。實現原理即是「**使然者然**」之理。老子云：「自古及今，其名
不去，以閱眾甫。吾何以知眾甫之狀哉？以此。」（〈二十一
章〉）又云：「天得一以清，地得一以寧，神得一以靈，谷得一以
盈，萬物得一以生，侯王得一以爲天下貞：其致之一也。」（〈三
十九章〉）此皆表示道爲「使然者然」之理。說道生之，不如說道
「使之然」。「使然者然」即「使如此者成其爲如此」。但是這
「使然者然」（生之）卻是**境界形態者**，而非**實有形態者**。王弼注
第十章之「生之」云：「不塞其源也」；注「畜之」云：「不禁其

性也」；注「生而不有」云：「不塞其源，則物自生，何功之有？」注「爲而不恃」云：「不禁其性，則物自濟，何爲之恃？」然則所謂「道生之」，所謂以無爲本，實非道或無能**存有論地生之也**，乃是通過**無爲無執**一種無的境界，讓開一步，不塞物之自生之源，不禁物之自濟之性，物**自能生自能濟也**。是則仍是物之自生、物之自濟。惟須**讓開一步，不塞其源、不禁其性**，以讓其**自生自濟**。「不塞其源」是遮造作、干涉、騷擾、亂動手腳之窒塞其生命；「不禁其性」是遮矯揉、臆計、把持、桎梏之拘禁其性（戕賊其性）。絕大工夫是在此「遮撥」上作，而由此以顯道與無。你能如此無了，則開其源、暢其流，而物自生。此即是以無爲本而道生之也，亦即是「使然者然」也。此是**不生之生，不著之生，境界形態之生**，而天地萬物亦確是**實際存在地**由此種無之境界、**讓開之襟懷**而**生出（開出）**也。所謂由此種「無」之境界、讓開之襟懷而生出、而開出，意即：由于此，萬物始能**暢其流、遂其性**而**自成其生**也。此完全是消極意義之生。而就道言，此卻亦正是道之**形而上的實際意義、實際的作用**。依道家言，此正是莫大之作用、莫大之智慧，故云「無爲而無不爲」，又云「無爲而治」也。此即是「天下萬物生於有，有生於無」之意也。「生於有」是在「有」中呈現其實際之生長，「有生於無」是在無之境界（不塞不禁）中各暢其流、各成其爲有。是故道之實現性是**讓開不著之境界形態下之實現性**。「道生之」是境界形態下不塞不禁之「**不生之生**」而**成其自生**，成其自生即是**開出其自生之道**，是亦即**生之也——不著之生**。而萬物之**實際存在地**由此**不塞不禁之無而開出**亦是因**由于此無**始能**暢其生之流而有存在也**。否則桎梏而死，焉得能生能在？對死言，

而能使之有**存在**（使然者然），亦是「**生之**」也。如果此亦是一種「存有論」，則亦是**境界形態**之**存有論**，**主觀作用**之**存有論**，而非是**實有形態之存有論**，非是**客觀實體之存有論**。此是道家之體用義。

此種體用義自與儒家不同。儒家的體用義是道德的創造實體之體用，是康德所說意志因果性（是一種特別的因果性，與自然因果性不同）之體用，是性體因果性、心體因果性之決定方向之創生的體用。故此創造實體確有能生義、生起義、引發義、感潤義、妙運義。此創造實體之客觀性、實體性、實現性（創生性、生化性）不只是一種姿態，而確是一種客觀的實體、實有之所具。惟此實體實有不是柏拉圖型的，不是智及之靜態的形式，乃是意志、德性之動態的性體、心體、虛體、神體、誠體乃至天道、天命以及太極。此創造的實體**亦實有亦神用**（活動），亦主觀亦客觀，乃是超然之**大主**。此種形上學名曰道德的形上學。如果此中亦含有一種宇宙論，乃是道德創造之宇宙論。如果亦含有一種存有論，乃是創造實體之存有論，實有形態之存有論，不只是境界形態也。儒道之別只應如此看。橫渠所謂「若謂虛能生氣，則虛無窮，氣有限，體用殊絕，入老氏有生於無之論，不識所謂有無混一之常」，此皆不諦之批評。虛氣圓融，虛亦生氣。不因「虛能生氣」，即「體用殊絕」也。老氏之有無，乃至「有生於無」，則是另一系統。他亦可以說「有生於無」，他亦可以說「有無混一」，所謂「此兩者同出而異名，同謂之玄」也。（關于道家之玄，其詳請參看《才性與玄理》：〈王弼玄理之易學〉、〈王弼之老學〉，以及〈向、郭之注莊〉三章。）

以上是就橫渠之批評老子說。

至于「若謂萬象爲太虛中所見之物，則物與虛不相資，形自形，性自性，形性天人不相待，而有陷於浮屠以山河大地爲見病之說」，此是辨佛也。橫渠所說之虛與氣乃至性與形，天與人，本不同于佛家「無自性」之爲空與緣起法之爲有之空有，而佛家之空有本亦不可以體用論。惟若以佛家之空有說，橫渠謂其「不相資」、「不相待」，亦確有其諦處。但有時亦可說相資相待。然則其相資相待究係何意？其究相資相待否耶？此則須詳爲考論，非一二言所能盡。爲免太滋蔓隔斷文氣故，乃爲文專論之。請別看附錄：〈佛家體用義之衡定〉。

以上橫渠根據「虛空即氣」以評佛老，雖略而不盡，亦多不諦（批評佛家則大體是諦），然正面表儒家義則不誤也。茲仍順其正面義以言。

第五段　體用不二下之「無非教也」

> 5.氣坱然太虛，升降飛揚，未嘗止息。《易》所謂絪縕，莊生所謂生物以息相吹野馬者與？此虛實動靜之機，陰陽剛柔之始。浮而上者陽之清，降而下者陰之濁。其感遇聚散，爲風雨，爲霜雪，萬品之流形，山川之融結，糟粕煨燼，無非教也。

案：此段大體不出首段之意。惟「無非教也」句，則表示一新意。雖講虛講神，而虛與神不離氣，故仍就氣說。「氣坱然太虛，升降飛揚，未嘗止息」三句，即就氣而總說因虛與神故能有生化之大用

也。「埃」，說文謂：「霧昧塵埃也」。狀氣絪縕盛大之象，亦表示雲蒸霞蔚、充實飽滿之象。雖埃然而實至虛，虛則神矣。虛而神，故能「升降飛揚，未嘗止息」也。此埃然蓊鬱之盛大飽滿，向裡看一步，即是所謂「太和」。「《易》所謂絪縕」，即表示太和。莊生所謂「野馬也，塵埃也，生物之以息相吹也。」亦表示太和絪縕，故能以息相吹也。因以息相吹，故能雲蒸霞蔚而有蓊鬱之氣。故首段云：「不如野馬絪縕，不足謂之太和。」「此〔乃〕虛實動靜之機，陰陽剛柔之始」，（「此」下可補一「乃」字），即首段首長句之意也。「其感遇聚散，為風雨，為霜雪」，直至「無非教也」，乃首段「其來也幾微易簡，其究也廣大堅固」之意之轉換表示，由之以引生「**無非教也**」之新意。《禮記・孔子閒居》篇云：「天有四時，春秋冬夏。風雨霜露，無非教也。地載神氣，神氣風霆；風霆流形，庶物露生，無非教也。」橫渠言此，顯本《禮記》此段文而說，太和絪縕即是道之生物不測。而「風雨霜露」、「風霆流形」，亦無非虛體、神體之顯現。故充實飽滿之宇宙無處不是實理實事，即無處不是**教訓也**。既無處不是教訓，則道即在眼前。道不遠人，道不離器。「風霆流形，庶物露生」即是道。說虛說神，此即是虛，此即是神。體用不二、充實圓盈之教，乃中國既超越亦內在、最具體、最深遠、最圓融、最真實之智慧之所在，乃**自古而已然**，此儒家所本有。明道喜說此義，橫渠亦發此義。此豈是來自禪耶？禪家「挑水砍柴，無非妙道」，以及「作用是性」諸義，亦不過是此智慧之表現于佛教耳。世俗鄙陋，推之于禪，此數典忘祖也。

第六段　離明得施不得施之本體宇宙論的意義

> 6.氣聚，則離明得施而有形。氣不聚，則離明不得施而無
> 形。方其聚也，安得不謂之客？方其散也，安得遽謂之
> 無？故聖人仰觀俯察，但云知幽明之故，不云知有無之
> 故。盈天地之間者法象而已。文理之察，非離不相睹也。
> 方其形也，有以知幽之因；方其不形也，有以知明之故。

案：前第二段「太虛無形，氣之本體。其聚其散，變化之客形
爾」。此段則承之由虛體神體而言離明。〈神化篇〉云：「虛明照
鑑，神之明也」。此「離明」之詞即剋就神體之**虛明照鑑而言也**。
「離」即坎離之離。于卦，坎為水，離為火。火即光明之象徵。
「離明」為同意之複疊詞。〈說卦〉亦言「離為目」。火與目皆取
象取喻之意。而此言離明既不實指火言，亦不實指目言，乃直指**神
體之虛明照鑑**而言也。〈神化篇〉復續「神之明也」而言：「無遠
近幽深、利用出入，神之充塞無間也。」神之充塞無間即明之充塞
無間。 此 言 離 明 是 「 **本 體、宇 宙 論 地**」言 之（onto-
cosmologically）。此是言「心」之「本體、宇宙論的」根據，而
此神體之明亦可以說即是「宇宙心」也。

　　虛體神體妙運一切、充塞無間，即是明之照鑑一切、充塞無
間。但通過氣之聚散而有隱顯耳。前第三段云：「氣之為物：散入
無形，適得無體；聚為有象，不失吾常。」此言虛體神體之隱顯
也。雖有隱顯，而虛體常存。「散入無形，適得吾體」，言此時正
恰好得吾虛體神體之自存也。「聚為有象，不失吾常」，言此時雖

聚而有象，而虛體神體即寓而主宰其中，而此即吾之常體也。散不淪于空無，聚不滯于形象。不滯于形象，則吾因虛體神體之主其中而得吾之常度常則以貞定吾人之生命，此即「不失吾常」也。就虛體神體說，是如此，就「神之明」說，亦是如此。

「氣聚，則離明得施而有形。」施是施布施展之施，此是「**本體、宇宙論地**」施，非**認識論地**施，是**直貫地**施，非**橫列地**施。故此句以及下句皆是「本體、宇宙論的」辭語，非認識論的辭語。「離明得施而有形」即因氣之聚而顯也。「離明不得施而無形」即因氣不聚而隱也。然無論或隱或顯，神體之明固常存而自在也。隱顯就神之明言。聚散就氣言。故「方其聚也，安得不謂之客？」客即「客形」之客。氣之聚而有形是氣化之客形，而神之明無所謂客也，乃是常存之大主，不過因氣之聚而有具體的顯現耳。「方其散也，安得遽謂之無？」氣散而無形，只是形無，非任何都無也。而神體之明仍自在耳。只不過因氣之散而無附形之著顯耳，此亦可以說是隱或幽。故《易傳》「但云知幽明之故，不云知有無之故。」幽之未來即是明，故明之故即是過去未形之幽也。明之未來即是幽，故幽之因即是過去已形之明也。故橫渠云：「方其形也，有以知幽之因〔幽之因即是眼前已形之明〕。方其不形也，有以知明之故〔明之故即是不形之幽〕。」總之，幽之因為明，明之故為幽也。橫渠辭語是就眼前之幽（不形）或明（形）以說未來明或幽之故。若就眼前之幽或明以追溯前此之明或幽為其故，亦得。總是幽之因為明，明之故為幽也。幽明之故顯是「本體、宇宙論的」辭語。

至于「盈天地之間者，法象而已。文理之察，非離不相睹也」

兩語亦是「本體、宇宙論的」辭語。《易傳》云：「成象之謂乾，效法之謂坤。」橫渠言法象本之此，惟由乾坤轉爲就陰陽之氣而混言之耳。有法象即有文理，法象之文理皆離明之所呈現也。離明之所呈現，亦因離明而得相睹。故云：「文理之察，非離不相睹也。」「相睹」即因離明之遍在遍照而得相**契接也**。此處雖有察字、睹字，然其根據卻是「本體、宇宙論的」神明之**充塞無間**。察、睹是認識論的詞語，而其根據卻是「本體、宇宙論的」**陳述**。故不得因此察字睹字，便視「離明得施、不得施」兩句爲**認識論的辭語**。凡此整段皆是「**本體、宇宙論的**」陳述，非**認識論的陳述**。

　　《朱子語類》卷第九十九：「問：氣聚則離明得施而有形，氣不聚則離明不得施而無形。離明何謂也？曰：此說似難曉。有作日光說，有作目說。看來只是氣聚，則目得而見。不聚，則不得而見。《易》所謂離爲目是也。」案此解非是。朱子解離爲目，解「離明得施」爲「目得而見」，「不得施」爲「不得而見」，此正是視作**認識論之辭語**，全非。朱子對此段完全不相應。彼云「此說似難曉」，遂亦終于未曉也。本甚顯豁之義理，朱子何以如此隔閡？此非其滯笨也，必有其故矣。《朱子語類》卷第九十八及九十九兩卷皆討論橫渠者，其言大抵皆不相干，其于橫渠之不解可知。其故見末節總解。

第七段　太虛即氣之體用圓融義與清氣之質性之分別

　　7. 氣之聚散於太虛，猶冰凝釋於水。知太虛即氣，則無無。故聖人語性與天道之極，盡於參伍之神變易而已。諸子淺妄，有有無之分，非窮理之學也。

> 太虛爲清，清則無礙，無礙故神。反清爲濁，濁則礙，礙
> 則形。
> 凡氣清則通，昏則壅。清極則神。故聚而有間，則風行而
> 聲聞具達，清之驗與？不行而至，通之極與？
> 由太虛有天之名，由氣化有道之名，合虛與氣有性之名，
> 合性與知覺有心之名。

案：此四小段爲一整段。第四小段「由太虛有天之名」等四句，將
移下分兩節專講：一節將藉之吸收〈誠明篇〉以明性，一節將藉之
吸收〈大心篇〉以明心。餘三小段爲一氣，似皆綜述「太虛即氣」
之義，故束于一起而綜解之。惟第三小段不能無窒礙，茲分別疏之
如下。

　　橫渠于〈太和篇〉一則云：「散殊而可象爲氣，清通而不可象
爲神。」再則云：「太虛無形，氣之本體。」復云：「知虛空即
氣，則有無、隱顯、神化、性命通一無二。」又云：「知太虛即
氣，則無無。」凡此皆明**虛不離氣，即氣見神**。此本是**體用不二之
論**，既超越亦內在之**圓融之論**。然圓融之極，常不能令人無滯窒之
誤解，而橫渠之措辭亦常不能無令人生誤解之**滯辭**。當時有二程之
誤解，稍後有朱子之起誤解，而近人誤解爲唯氣論。然細會其意，
並衡諸儒家天道性命之至論，橫渠決非**唯氣論**，亦非誤以形而下爲
形而上者。誤解自是誤解，故須善會以定之也。

　　吾于前文第四段解「虛空即氣」時，即已明在此**體用不二**之義
下，「即」字非**等義**，虛與神非是氣之**謂詞**（predicates），非是
氣之**質性**（properties），「虛空即氣」非是「**實然之陳述語**」

（factual statement），非是「**指 謂 語**」（predicative proposition），乃是**形而上的抒意語，指點語**，乃是在體用不二下**辯證的相消相融語**。虛與神雖不是一隔離的獨立物（independent entity），但卻是一獨立的意義（an independent meaning）。指點一個獨立的意義以為體，故曰：「太虛無形，氣之**本體**。」體是本體之體，不是物體之體。不能當作一個獨立的物體看，但卻可以當作有獨立意義的本體看。本體之體本可以不離其用也，是以有相融相即、不離不二之論。復次，此體是一、是全、是遍。若視為氣之實然的質性，則囿于散殊限定之氣而亦為有限量，有限有定之強度量，此乃氣之強度所蒸發之光彩，有時而盡，有時而消逝矣，此則即不能是**一、是全、是遍**。此則仍屬于氣之觀念、材質之觀念（material），而不能說是神。儒家說神非人格神之意義，不通過獨立物獨立體之觀念去了解，乃通過「作用」的觀念去了解。但是這作用卻是**無限的妙用**，是全、是一、是遍。故《易傳》曰：「神也者妙萬物而為言」，又曰：「陰陽不測之謂神。」前句是就其「妙萬物」而謂之為本體、為實體，後句是即就陰陽之化之不測而見其為體。又曰：「寂然不動，感而遂通天下之故，非天下之至神，其孰能與於此？」若是氣之質性，則不能「寂然不動，感而遂通天下之故」矣。即使有所感通，亦是有限定、有範圍，此即不是遍。又曰：「唯神也，故不疾而速，不行而至」。若是氣之質性，則不能「不疾而速，不行而至」矣。還是因疾而速，因行而至，有速度，有過程。神則不可**以速度論**，不可**以過程論**，此即是全、是一、是遍。又曰：「神無方而易無體」。若是氣之質性，則不能無方矣。唯無方無體之神方可說是至虛之體。但不是隔離的獨立物

體，而卻是即由其妙萬物，萬物因之而生生不息、生化不測，而見其爲神、而見其爲體，此即所謂**虛不離氣，即氣見神，體用不二**之**圓融之論也**。此義必須有以善會而確認之，既不可離，亦不可滯。離則**爲一獨立物，體用不圓矣**。滯則成爲氣之質性，則成唯氣論（唯物論）**矣**。此神義之最後貞定與極成是在超越的**道德本心**之**挺立**。先秦儒家《中庸》、《易傳》之境本是由孔子之仁與孟子之心性而發展至者。宋儒自濂溪、橫渠開始，雖直接承先秦儒家發展至之最高峰，由《中庸》、《易傳》說起，然其講天道性命實無不自覺或不自覺地以《論》、《孟》之**道德心性**爲其**所共許**或**所默認之底據也**。超越的道德本心顯然不是心理學的心。道德的本心雖不是一獨立物，然卻是一獨立的意義而爲吾人道德實踐之先天根據，爲吾人道德生命之本體也。此作爲本體之本心決非**氣之質性**明矣。心理學的心是氣，而此道德的本心決不可視作氣也。在「本體、宇宙論」處，虛與氣之體用不二，亦復如此。

　　依以上所說，則此處第一小段中「知太虛即氣，則無無」句，完全同于第四段「知虛空即氣，則有無、隱顯、神化、性命通一無二」之意。「無無」即無所謂「無」，「無」只是氣之散而無形。形無非神無也。神體遍、常、一，氣之聚散只是變化之客形。惟神也，故氣不一于聚，乃聚而散、散而聚，而成其化。惟化也，故見神。故雖虛不離氣，即氣見神，而神之超然遍、常、一而爲體也則甚明。故「氣之聚散於太虛，猶冰凝釋於水」。水體遍、常、一，冰之凝固與融化只是其客形爾。由水之遍常一見虛體，由冰之凝釋見氣化。此喻乃常用，有其恰當處；然亦只是一喻耳，不可執喻失義。如此言虛與氣之體用不二乃所以表示儒家言性命天道有其「本

體、宇宙論之創生」上之充實圓融之飽滿，乃圓盈之教，非同佛、老之偏枯。「故聖人語性與天道之極，盡於參伍之神，變易而已。」「參伍之神」即「陰陽不測之謂神」。「變易」即「生生不易之謂易」。天道性命即在此「神」與「易」中極成其道德創生之實義。非佛之空，非老之無也。故天道非他，虛體之神用而已。性命非他，虛體神用之爲主而已。橫渠對于佛、老雖不必能盡其義，然此大界限之辨別並不誤也。故前第四段云：「此道不明，正由懵者略知體虛空爲性，不知本天道爲用」。又云：「不悟一陰一陽，範圍天地，通乎晝夜，〔乃〕三極大中之矩，遂使儒、佛、老、莊混然一途。語天道性命者，不罔於恍惚夢幻，則定以有生于無爲窮高極微之論。」此皆沉雄剛大之言。「懵者略知體虛空爲性」，然儒者之言太虛神體非佛氏之所謂空，亦非老氏之所謂無，此正自空其空，自無其無，非吾之所謂虛也。蓋儒者之言太虛神體，之言天道性命，目的乃在明：宇宙之生化即是道德之創造。故言虛言神不能離氣化。氣化是實事，不可以幻妄論。實理主實事，乃立體直貫地成其道德之創造，非只主觀的偏枯之境界。故「範圍天地之化而不過」，「通乎晝夜之道而知」的那「一陰一陽之謂道」正是天地人三極的大中至正之矩：天以此成其爲天，地以此成其爲地，人以此成其爲人，無非是一道德的創造，故云爲三極之大中至正之矩也。若不知此義，徒因空、無、與虛相差不遠，「遂使儒、佛、老、莊混然一途」，則大悖矣。

〈神化篇第四〉亦云：

氣有陰陽。推行有漸爲化，合一不測爲神。

其在人也,知〔智〕義用利,則神化之事備矣。德盛者,窮
神則智不足道,知化則義不足云。天之化也,運諸氣。人之
化也,順夫時。非氣非時,則化之名何有?化之實何施?
《中庸》曰:「至誠爲能化」。孟子曰:「大而化之」。皆
以其德合陰陽,與天地同流而無不通也。所謂氣也者,非待
其蒸鬱凝聚,接於目而後知之。苟健順動止,浩然湛然之得
言,皆可名之象爾。然則象若非氣,指何爲象?時若非象,
指何爲時?世人取釋氏銷礙入空,學者舍惡趨善以爲化,此
直可爲始學遺累者薄乎云爾,豈天道神化所同日語哉?

案:此〈神化篇〉文同于〈太和篇〉「知虛空即氣」云云以及「知
太虛即氣」云云兩段文之意。同是表示「本體、宇宙論的」道德創
造之體用不二、旣超越亦內在之充實圓盈之義。化之實、化之事,
雖就氣說,然必于氣之虛實、動靜、聚散、有無,兼體而不累,參
和而不偏,而見出神,始可成其化。故《易傳》曰:「窮神知
化」,簡言之曰「神化」。說「氣化」乃只就化之實、化之事而言
耳。說神化,則即用以明體,通體以達用也。本體宇宙論地說,即
就氣之虛實、動靜、聚散、有無之參和不偏,(〈誠明篇〉云:
「天本參和不偏」),兼體不累,(〈乾稱篇〉云:「若道,則兼
體而無累也」),而見神,因而即說神爲本體。故橫渠此處云:
「合一不測爲神」。「合一」即參和不偏,兼體無累之簡言也。由
合一不偏不累而成生化之不測,此即是神也。道德實踐地說,能呈
現超越的本心,眞至「兼體而不累」,則亦是本心之神用也。此是
由「聖人盡道」而見神爲體。故〈太和篇〉前第三段云:「聖人盡

道其間，兼體而不累者，存神其至矣。」此亦孟子所謂「君子所存者神，所過者化」也。「兼體而不累」即是「所過者化」也。然不存本心之神，焉能如此？

本心之實德曰仁義禮智。人之表現仁義之心，其極曰義精仁熟，曰精義入神。故〈神化篇〉末段云：「義以反經爲本，經正則精。仁以敦化爲深，化行則顯。義入神，動一靜也。仁敦化，靜一動也。仁敦化，則無體。義入神，則無方。」此言之可謂美矣。此由仁義之精熟而至神化也。而上錄之文，亦曰：「智義用利，則神化之事備矣。」智與義之用無往而不利，即上下與天地同流，無往而不通，則雖智、義，而已至于神化矣。至于神，則智之是非相泯。至于化，則義之好惡相泯。故云：「德盛者，窮神則智不足道。知化，則義不足云。」「智不足道」，非無智也，智而神矣。智而神，則唯是一神之明之「虛明照鑑」也。「義不足云」，非無義也，義而化矣。義而化，則唯是一神體之動而無動（所謂「動一靜也」）而無方也。故仁義禮智而至其極，唯是一神體之周流，而體用不二矣。故云：「天之化也，運諸氣。人之化也，順夫時。」「所謂氣也者，非待其蒸鬱凝聚，接於目而後知之。苟健順動止，浩然湛然之得言，皆可名之象爾。」可名之象即是氣。然氣也而有神以妙之，故得爲浩然、爲湛然，因而即就浩然湛然而見神。人之表現仁義禮智而至神化之境，則亦必「順夫時」。「順夫時」始具體而眞實。神化者具體而眞實，充實而圓盈之謂也。「順夫時」即是有象而不離乎氣；全體是氣即全體是虛，全體是虛即全體是氣；全體是象即全體是神，全體是神即全體是象。此之謂神化。此之謂「本體、宇宙論的」道德創生之體用不二，既超越亦內在之充實圓

盈之教。

　　以上皆就「知太虛即氣，則無無」一小段而言。此而確定，則其餘可得而判矣。即間有滯辭，亦須根據體用不二義以通之，不得滯窒而成誤解。

　　第二小段「太虛為清，清則無礙，無礙故神」云云，此是承〈太和篇〉首段「清通而不可象為神」句而說，無問題。太虛之清、通、神，不可視為氣之謂詞，氣之質性。

　　第三小段「凡氣清則通，昏則壅。清極則神，故聚而有間，則風行而聲聞具達，清之驗與？不行而至，通之極與？」案此小段說氣清氣濁（昏），是就氣一條鞭說。此則令人可視神為氣之質性而屬于氣，然細會之，此本是就氣之質性說，氣之質性本有清有濁。清濁亦如聚散，亦是氣方面之兩體。（〈太和篇〉下文云：「兩體者，虛實也，動靜也，聚散也，清濁也，其究一而已。」）天地間亦本有清氣者。順清氣固可說通，清通之極固亦可說神，但此是作為**清氣之質性**的通與神，此是順清氣之直線地說，不是參和清濁不偏，兼體不累，所謂「合一不測之謂神」。此種順清氣之質性而說的通與神，只可算作使吾人領悟太虛神體之**引路**，不可謂橫渠所說之太虛神體即是**氣之質性**，氣所**蒸發之精英**，因而謂其為唯氣論也。嚴格言之，順清氣之質性一條鞭地說，雖可說通，亦只是強度的有限量的通，而不是「感而遂通天下之故」之遍通。通之極，雖亦可有類于神，然亦只是強度的有限量的神，而不是「妙萬物而為言」的神；雖亦有類于「不行而至，不疾而速」，然其為神既是強度的有限量的，則亦有時而盡，所謂神采之神，皆是如此，此是假無限，不是真無限，有盡即有行、疾之過程，不是遍妙萬物而為之

體的神體之「不行而至、不疾而速」。此後者是遍、常、一，動而無動，靜而無靜，無過程，無窮盡，嚴格說，實無所謂「至」（不論行不行），亦無所謂速（不論疾不疾）。此不能視作氣之**質性**。故橫渠此處順清氣直線地說通說神，只能算作領悟太虛神體之**引路**。就清氣之質性，可對于太虛神體之清通得一**經驗的徵驗**。而經驗的徵驗究不是**太虛神體本身也**。對此太虛神體之先天的、超越的徵驗，惟在超越的**道德本心之神**。至此，則太虛神體之非可視爲氣之質性全部明朗。如果作爲清氣之質性的通與神與太虛神體劃不開，而將氣之觀念直線地，一條鞭地直通于太虛神體之神，結果便是神屬于氣，心亦屬于氣。此種一條鞭地著迹的想法，最顯明者便是朱子。橫渠在此亦不能自覺地劃得開，此則成混擾，故令人有唯氣論之想也。因爲有此不清之混擾，故有第四小段中「合虛與氣有性之名」之滯辭。然揆之橫渠對于太虛神體之體悟以及其體用不二之論，則必須劃開。爲免混擾，于氣外，必須正式建立神一觀念。而以濂溪「動而無動，靜而無靜，神也」之語確定之。是則氣之觀念即不能通于此。神之意義有時屬于氣之質性，如神氣、神采之類，但此太虛神體則不可視爲**氣之質性**，認爲**屬于氣**。前人多不甚能劃得開，而又時與體用不二之圓融論相混擾。故吾于此詳爲分解以明義理之分齊。讀者明乎此，則對前賢之語當隨文善會，不可誤解。

第八段　鬼神之神與太虛神體之神之不同

8. 鬼神者二氣之良能也。聖者至誠得天之謂。神者太虛妙應之目。凡天地法象皆神化之糟粕爾。天道不窮，寒暑也。

> 眾動不窮，屈伸也。鬼神之實，不越二端而已矣。兩不
> 立，則一不可見。一不可見，則兩之用息。**兩體者，虛實**
> 也，動靜也，聚散也，清濁也，其究一而已。

案：此整段中、神、太虛、兩、一，皆前已解，總表「神化」之
事。惟此中仍有滯辭，即「鬼神者，二氣之良能也」一語是。此是
關于鬼神之問題。鬼神之神是太虛神體之神乎？抑不是乎？「鬼神
者二氣之良能」是**實然之陳述語**。在此實然之陳述中，鬼神是陰陽
二氣之質性、性能，故曰：「良能」。「鬼神之實不越二端而
已」。二端就是上文之寒暑、屈伸，亦即下文之兩體。「鬼神之實
不越二端」即不越氣之屈伸，此是就氣化之**實然之狀**說，將鬼神化
歸于氣化，予以宇宙論的解析。鬼者歸也，神者伸也。氣之屈（歸
回）即是鬼，氣之伸即是神。氣之屈陰也，氣之伸陽也。故「不越
二端」，亦即是「二氣之良能」。如此作解，則鬼神之神不能視作
即是**太虛神體之神**。

　　但〈乾稱篇〉開首云：「凡可狀皆有也。凡有皆象也。凡象皆
氣也。〔案：此三句即〈太和篇〉首段「散殊而可象爲氣」一
語。〕氣之性本虛而神，則神與性乃氣所固有。此鬼神所以體物而
不可遺也。（原自注：舍氣有象否？非象有意否？）。」案此文首
三句無問題。「氣之性本虛而神」以下則多滯窒。「氣之性本虛而
神」一語本即是〈太和篇〉首段「清通而不可象爲神」以及第二段
「太虛無形，氣之本體」兩語之意。但〈太和篇〉語較成熟，而
「氣之性本虛而神，則神與性乃氣所固有」，則生硬滯窒。「氣之
性」即氣之體。〈乾稱篇〉後文亦曰：「太虛者氣之體」。故此

「性」字實即體字。但在此說「體」字實較說「性」字爲順適。故吾于前文第二段解「太虛無形，氣之本體」時，曾引此助解，即將此「性」字解爲體性，意同于體，且明是**超越的體性**，並非**實然之質性**。但說「氣之性」則容易使人想成**氣之質性**，此即成誤解。此其所以爲滯辭也。「神與性乃氣所固有」句尤其窒礙不順，尤易使人想成氣之質性。故此兩語當以〈太和篇〉語及〈乾稱篇〉之後文（引見前解第二段）爲準而解之。如此，則〈乾稱篇〉開首此段文首三句說氣，此兩句說太虛神體。而太虛神體不應視作氣之質性。但其結語又說：「此鬼神所以體物而不可遺也」。此語又增麻煩。此又將鬼神通于太虛神體而爲一矣。此是鬆弛之聯想，不可云精審之思。如依上文「鬼神者二氣之良能」以及「鬼神之實不越二端而已」之解析，則鬼神之神不能與太虛神體之神視作一事。

　　橫渠于〈乾稱篇〉由太虛神體之爲體想到「鬼神體物而不可遺」是本諸《中庸》。《中庸》曰：「子曰：鬼神之爲德，其盛矣乎？視之而弗見，聽之而弗聞，體物而不可遺，使天下之人齊明盛服以承祭祀，洋洋乎如在其上，如在其左右。詩曰：神之格思，不可度思，矧可射思？夫**微之顯，誠之不可揜**如此夫！」此言祭祀之誠敬以格神。當祭祀時，主觀方面有誠敬之心，則客觀方面之神即「洋洋乎如在其上，如在其左右」，覺得周流充滿，無所不在。即由此「洋洋乎」無所不在而謂其「體物而不可遺」。朱子注云：「是其爲物之體，而物所不能遺也。」由神之體物而爲之體（無所不在），故物亦不能遺而離之也。故雖視之而弗見，聽之而弗聞，然又洋洋乎而無所不在也。此即是鬼神之盛德。然必有誠敬之心，始能有此感格。故最後云：「微之顯，誠之不可揜如此夫。」此雖

覺其「體物而不可遺」，然畢竟仍是就祭祀說，仍是鬼神之義，非「本體、宇宙論的」太虛神體之義。

　　大體鬼神的經驗從古就有。《左傳》即多記鬼神之事。主要是就祭祀說。就祭祀說，鬼神是已存在的生命之歸于幽冥。此仍可視爲幽冥中之**實然的存在**。視爲一個體生命（自然的或是德性的）之精靈不散可，視爲氣之屈伸，予以宇宙論的說明，亦可。然無論如何解析，總是屬于精氣之**實然**。既是精氣之實然，就前一解析看，亦無永久不散之理。此在或有或無之間。故孔子對于鬼神之態度，據《論語》說，一是「敬鬼神而遠之」，一是「未能事人，焉能事鬼？」一是「子不語怪、力、亂、神」，一是「祭神如神在」。即就《中庸》此文說，如此文眞是孔子之言，則亦是就祭祀言，以誠敬爲主，與「祭神如神在」同。孔子不以此爲主。孔子所重視、視之爲天人之綱維者，主觀地說是**仁**，客觀地說是**天、天道、天命**。鬼神的地位並不高，是仁與天道、天命之間的**實然存在**。孔子的既超越又內在的精神是在**仁與天道**。普通就其對于鬼神之態度而衡量其宗教精神，非是。如自高級宗教言，則衡量其宗教精神當然須就其所言之仁與天道、天命說，而不能就其所言之鬼神說。因爲在中國，鬼神並未取得一眞正崇高之地位，亦並不眞是一超越之實體，而基督教之神（上帝）並不是鬼神之神。基督教方面就鬼神衡量孔子之宗教精神正是減低其宗教。此是庸俗之輩之鄙陋，非知者之言。以西方宗教精神與印度比，只能與其梵天比，而不能與其種種之神比。同樣，若與中國比，則只能就天、帝、天命、天道比，而不能就鬼神比。而天、帝、天命、天道乃是孔子以前之老傳統，此代表眞正之**超越者**。孔子承之而不悖，而復提出仁以實之。此一轉

化，遂使中國無普通之宗教，但不能謂其無宗教精神與宗教境界，即不能謂其無宗教性。但此宗教性正恰恰須就天、帝、天命、天道說，而不能就鬼神說。即就鬼神說，亦是以天、帝、天命、天道為綱主而成之宗教性容量之廣大，亦即宗教精神之充其極（如友人唐君毅先生所說），所**帶起者**，故儒家必肯定三祭：祭天、祭祖、祭聖人。此即其非普通之宗教處。天不可以鬼神論。鬼神的觀念只能應用于祖與聖人。祖宗不必皆是有極高之德性者，然所以必祭之，乃是崇始報本之意。其死後是否成神，是否精靈仍不散，並不是重要者。故重在**自己之仁德**與**誠敬**，不重在**對方之存在**。至于祭聖人，是重視其德性生命，是對于其德性人格之崇敬。其死後是否成神，精靈不散，亦非重要者。故就祭祀言，仍是祭神如神在。惟祭天則不同。天不可以**鬼神論**，天是**真正的超越體**，是必須**積極肯定者**。踐仁以契之，正示仁與天只是一道德實體之遍在，此是儒家宗教精神之最精特處。由此亦示鬼神正是**夾縫中之存在**，乃是由德性所**帶起者**，故須以**誠敬貫注之**。其自身**存在不存在**無關也。就其自身說，仍是**實然之精氣上的事**。故宋儒得以陰陽二氣之屈伸明之也。及夫以二氣之屈伸明之，則其在幽冥中為一**個體式的存在**之義即全融化而不存。此亦示其存在不存在並不重要也。此即為宇宙論之解析。

　　鬼神雖為實然之精氣上的事，然當以誠敬之心感格之時，則覺其洋洋乎而無所不在，周流充滿，有類乎無限。實則彼自是屬有限之事。此是主體之誠敬之心之感通而將其擴大化、無限化，遂即以為是鬼神之盛德矣。故由鬼神之盛德反而亦可證成主體誠敬之心之神用。客觀之鬼神是**有限**，而主體之誠敬之心之神用則**無限**。此是

從道德的超越的本心之**誠德上說**，不是從**實然之精氣上說**。由是遂有從**誠體上說**「神」之一義。不管是祭祀時之誠，還是卜筮時之誠，還是待人接物之誠，總之，不管所**關聯之對象**是什麼，而道德的**誠敬**之心之自身即呈現一**不測之神用**。自孟子說「大而化之之謂聖，聖而不可知之謂神」，此神完全是**誠德上的事**。又曰：「萬物皆備於我矣。反身而誠，樂莫大焉。」此明示**本心之無外**亦即**誠體之無外**。又曰：「君子所存者神，所過者化，上下與天地同流，豈曰小補之哉？」此亦明示**誠體之無外**即是**誠體之神之無外**。由此而至《中庸》由誠體言天道之爲物不貳則生物不測以及《易傳》之窮神知化，此皆是由**誠體說神**，非**鬼神之神**。將道德的誠體之神全融于天命、天道之中而與之合而爲一，由此天命天道遂有其具體的眞實內容，而不只是一**形式的實體**，其爲**生化之理**、**存在之理**遂亦得其**具體之實焉**。因而遂有《中庸》、《易傳》所展示之「本體、宇宙論的」道德創造、宇宙生化之體用不二，既超越亦內在之充實圓盈之「神化」論。此誠體之神，雖在「本體、宇宙論」處，不離陰陽之氣，所謂體用不二，然此是**圓融義**，決不可因此即視之爲**氣之質性**，亦決不可視之爲**鬼神之神**。

宋儒興起，濂溪之《通書》完全由誠體寂感之神說天道，即以此解其所說之太極亦是當然之事而決不會有問題者。惜乎朱子不善會也。橫渠以太虛神體詮表天道亦是繼承此義而說。其著力于體用不二之神化以辨佛、老，可知其對于《中庸》、《易傳》所展示之神化之體悟並不誤也。惜乎多有滯辭，不能將鬼神之神與太虛神體之神分開說；本是體用不二之圓融論，卻常有使人視神爲氣之質性處。如是遂有二程之誤解，以及近人唯氣論之誤解，亦遂有朱子視

心神俱屬于氣之分解表示。而實則此皆非橫渠之本意也，亦非先秦《中庸》、《易傳》之原義也。故吾于此疏通其滯，將氣與神分別建立，不能一條鞭地將氣之觀念通于神體，不能視太虛神體爲氣之質性，不能將鬼神之神與太虛神體之神混而爲一，清氣之通而有類乎神只能視作體悟太虛神體之引路，鬼神之「洋洋乎如在其上，如在其左右」亦只能視作體悟太虛神體之引路。如是，則橫渠之「本體、宇宙論」中之滯辭即可釐清，而其正大之義理亦朗然而貞定矣。不惟「唯氣論」之謬解不得濫施，即朱子之分解表示亦可明其何由而至：其視性與太極爲只是理，而將心神俱屬于氣，即示其對于由**誠體而建立之神義**並**不解**，對于**超越之本心亦並不解也**。若是鬼神之神與誠體之神**劃不開**，體用不二之**圓融論**與氣之質性之**實然陳述劃不開**，則朱子之系統乃**必然者**，其分解表示乃甚**一貫者**。但如此，則心性不合一，眞正之自律道德不能講，而其只由「所以然」以推證之「形式的理」之存有終將塌落而不能自持，此其弊將不可勝言。此朱子學之癥結也。

〈太和篇〉疏解止于此。餘尚有若干小段，皆重複雜衍之辭，義已盡，亦不必煩爲疏解矣。

附錄：朱子之評論

《朱子語類》卷第九十九，〈張子之書二〉，有以下各條：

1. 《正蒙》所論**道體**，覺得源頭有未是處。故伊川云：「過處乃在《正蒙》。」答書之中云：「非明睿所照，而考索至此。」蓋橫渠卻只是一向苦思，求將向前去。卻欠涵

泳，以待其義理自形見處。如云：「由氣化有道之名」，說得是好，終是生受辛苦。聖賢便不如此說。試教明道說，便不同。如以太虛、太和爲道體，卻只是說得形而下者，皆是「發而皆中節謂之和」處。

2. 《正蒙》說道體處，如太和、太虛、虛空云者，止是說氣。說聚散處，其流乃是個大輪迴。蓋其思慮考索所至，非性分自然之知。若語道理，惟是周子說「無極而太極」最好。如「由太虛有天之名，由氣化有道之名，合虛與氣有性之名，合性與知覺有心之名」，亦說得有理。「由氣化有道之名」，如所謂「率性之謂道」是也。然使明道形容此理，必不如此說。伊川所謂「橫渠之言誠有過者，乃在《正蒙》」，「以清虛一大爲萬物之源，有未安」〔此當係明道語〕等語，概可見矣。

3. 問：橫渠太虛之說，本是說無極，卻只說得無字。

曰：無極是該貫虛實清濁而言。無極字落在中間，太虛字落在一邊了。便是難說。聖人熟了，說出便怎地平平。而今把意思去形容他，卻有時偏了。明道說：「氣外無神，神外無氣。謂清者爲神，則濁者非神乎？」後來亦有人與橫渠說，橫渠卻云：「清者可以賅濁，虛者可以賅實。」卻不知形而上者還他是理，形而下者還他是器。既說是虛，便是與實對了。既說是清，便是與濁對了。如左丞相大得右丞相不多。

問曰：無極且得做無形無象說。

曰：雖無形，卻有理。

又問：無極太極只是一物。

曰：本是一物，被他恁地說，卻似兩物。

4. 橫渠說道，止於形器中揀個好底說了。謂清為道，則濁之中果非道乎？客感客形與無感無形，未免有兩截之病。聖人不如此說。如曰：「形而上者謂之道」。又曰：「一陰一陽之謂道」。

5. 問：橫渠云：「太虛即氣」，太虛何所指？

曰：他亦指理，但說得不分曉。

曰：太和如何？

曰：亦指氣。

曰：他又云：「由昧者指虛空為性，而不本天道」。如何？

曰：既曰道，則不是無。釋氏便直指空了。大要渠當初說出此道理多誤。

6. 問：橫渠說「天性在人，猶水性之在冰。凝釋雖異，為理一也。」〔案：見〈誠明篇〉〕。又言：「未嘗無之謂體，體之謂性。」〔案：亦見〈誠明篇〉〕先生皆以其言為近釋氏。冰水之喻有還元反本之病，云近釋氏則可。「未嘗無之謂體，體之謂性」，蓋謂性之為體本虛，而理未嘗不實。若與釋氏不同。

曰：他意不是如此。亦謂死而不亡耳。

7. 問：橫渠謂「所不能無感者謂性。」〔案：此〈誠明篇〉語〕性只是理，安能感？恐此言只可名心否？

曰：橫渠此言雖未親切，然亦有個模樣。蓋感固是心，然

所以感者亦是此心中有此理方能感。理便是性。但將此句要來解性，便未端的。如伊川說：「仁者天下之正理」，又曰：「仁者天下之公，善之本也。」將此語來贊詠仁，則可。要來正解仁，則未親切。如義豈不是天下之正理？

8. 橫渠闢釋氏輪回之說，然其說聚散屈伸處，其弊卻是大輪回。蓋釋氏是個個各自輪回，橫渠是一發和了，依舊一大輪回。呂與叔集中亦多有此義。

9. 問：「虛者仁之源。」〔案：《正蒙》中無此語。《性理拾遺·孟子說》中有云：「敦篤虛靜者仁之本。」蓋本此而略言之。〕

曰：虛只是無欲故虛。虛明無欲，此仁之所由生也。

又問：此虛字與「一、大、清、虛」之虛如何？

曰：這虛也只是無欲。渠便將這個喚做道體。然虛對實而言，卻不似形而上者。

10. 問：橫渠有「清、虛、一、大」之說，又要兼清濁虛實。

曰：渠初云清、虛、一、大，爲伊川詰難，〔據上第3條文及下第16條，當作「爲明道詰難」〕，乃云清兼濁，虛兼實，一兼二，大兼小。渠本要說形而上，反成形而下。最是於此處不分明。如〈參兩〉云，以參爲陽，兩爲陰，陽有太極，陰無太極。他要強索精思，必得於己，而其差如此。

又問：橫渠云「太虛即氣」，乃是指理爲虛，似非形而下。

曰：縱然指理爲虛，亦如何夾氣作一處？

11. 或問：橫渠先生「清、虛、一、大」之說如何？

曰：他是揀那大底說話，來該攝那小底。卻不知道纔是恁說，便偏了，便是形而下者，不是形而上者。須是兼清濁、虛實、一萬、小大來看，方見得形而上者行乎其間。

12. 橫渠清、虛、一、大卻是偏。他後來又要兼清濁虛實言。然皆是形而下。蓋有此理，則清濁虛實皆在其中。

13. 橫渠說清、虛、一、大，恰似道有有處、有無處。須是清濁、虛實、一二、大小皆行乎其間，乃是道也。其欲大之，乃反小之。

14. 陳後之問：橫渠清、虛、一、大，恐入空去否？

曰：也不是入空。他都向一邊了。這道理本平正。清也有是理，濁也有是理，虛也有是理，實也有是理：皆此理之所爲也。他說成這一邊有，那一邊無。要將這一邊去管那一邊。

15. 清、虛、一、大，形容道體如此。道兼虛實言，虛只說得一邊。

16. 橫渠言清、虛、一、大爲道體，是於形器中揀出好底來說了。《遺書》中明道嘗辨之。

案：以上諸評解皆非是。試觀吾之疏解，橫渠之實意當可知。

第二節 「合虛與氣有性之名」：性體義疏解

第一段 言虛言道皆結穴于性

前第一節疏解〈太和篇〉第七段中有「由太虛有天之名」等四句。本節疏解首三句以明性，以第三句爲中心。蓋天道性命相貫通，是以凡言**天**、言**道**、言**虛**、言**神**，乃至言**太極**，目的皆在**建立性體**，亦可云皆**結穴于性也**。下第三節疏解第四句，藉之以明心。

　　由太虛有天之名。

〈乾稱篇〉云：

　　大率天之爲德，虛而善應。其應非思慮聰明可求，故謂之神。老氏況諸谷以此。

案：虛則至寂，寂然不動。善應則神，感而遂通。此所以「由太虛有天之名」。天即天德之天。天以健行創生爲德。健行創生之德，其實處只是「虛而善應」。此即天之德也，亦即天也。天有**自然義**，此對遮人爲。復有當然而不容已、定然而不可移之義，此即**天則義**。前〈太和篇〉第三段中所謂「循是出入，是皆不得已而然也」，亦即此**天則義**。此一義是就太虛神體之健行創生之德以運氣化，因而有氣化（出入聚散即氣化）之**必然性而言**。此必然性是形

而上的必然性，非邏輯的必然性。當然而不容已，定然而不可移，即是**形而上的必然也**。

　　由氣化有道之名。

〈神化篇〉云：

> 神天德，化天道。德其體，道其用。一於氣而已。
> 虛明照鑑，神之明也。無遠近幽深、利用出入，神之充塞無間也。天下之動，神鼓之也。辭不鼓舞，則不足以盡神。
> 氣有陰陽。推行有漸爲化，合一不測爲神。
> 神化者天之良能，非人能。
> 徇物喪心，人化物而滅天理者乎？存神過化，忘物累而順性命者乎？敦厚而不化，有體而無用也。化而自失焉，徇物而喪己也。大德敦化，然後仁智一，而聖人之事備。性性爲能存神，物物爲能過化。
> 義以反經爲本，經正則精。仁以敦化爲深，化行則顯。義入神，動一靜也。仁敦化，靜一動也。仁敦化，則無體。義入神，則無方。

總此，則知由神之鼓舞而有氣之化。通體而達用，帶著氣化之用言，則曰道。故曰：「由氣化有道之名。」如此說道，是動態地說，必帶著氣化之行程言。但不只是著眼于實然之氣化，蓋氣化之用必通虛德之體而始然。無虛德之體，即無氣化可言。故曰：「神

天德，化天道。德其體，道其用。一於氣而已。」「一於氣」，言
德體道用皆統一于氣而不能離氣以言也。

又，「太和所謂道」，道亦可是綜和詞。既是太和，當然不離
氣之絪縕。但也不只是實然之絪縕，必有虛體以妙之。如此，若靜
態地分合言之，亦可說「合虛與氣有道之名」。合虛與氣而成化，
則道之名立焉。道之名由此立，道之義亦由此見。

但第三句「合虛與氣有性之名」，則是滯辭。言天、言道、言
虛、言神，皆結穴于「性」。是以「性體」之詞必須另述。由「合
虛與氣」說，則不諦也。

第二段　性之名之所以立

合虛與氣有性之名。

茲藉此語以疏解性體義。

道為綜和詞，分之為虛與氣。動態地說，則須帶著氣化言。由
虛以立體，由氣化以達用。故曰：「神天德，化天道。德其體，道
其用。」道雖為綜和詞，然可偏重氣化之**行程言**。而性則必**超越分
解地**偏就**虛體言**。作為體之神德太虛對應**個體**，或總對**天地萬物**而
為其體言，則曰「性」。故〈乾稱篇〉曰：

妙萬物而謂之神，通萬物而謂之道，體萬物而謂之性。

此三語甚好。經由妙、通萬物而體之，以為其所本所據，因而即為
其體，則曰**性**。性與神一也，皆偏就虛體言。至于道，則本虛體以

通貫萬物而成化也。此則偏就氣化之通貫言。性就太虛神德言。太虛神德之爲**體**即**天地萬物之性也**。故〈誠明篇〉云：

> 性者，萬物之一源，非有我之得私也。
> 未嘗無之謂體，體之謂性。

又直云：「天地之性」。如云：

> 形而後有氣質之性，善反之，則天地之性存焉。

此性體是涵蓋乾坤而爲言，是絕對地普遍的。雖具于個體，亦是絕對地普遍的，「非有我之得私也」。此性是我之性，亦是天地萬物之性。言道言虛，其總結穴在性。言性，即爲的是建立道德創造之源，非是徒然而泛然之宇宙論也。氣化之道亦必由道德創造來貞定、來證實。故性字必偏就虛體言，所以**立本也**。是以由「體萬物」而言性，勝于由「合虛與氣」而言性多多矣。

〈西銘〉亦曰：

> 天地之塞，吾其體；天地之帥，吾其性。

孟子言「志，氣之帥也。」故「天地之帥」即天地之志，以志帥氣也。志之實即是太虛神德，此即吾之性也。此亦偏就太虛神德言性，不由「合虛與氣」而言也。

〈誠明篇〉亦曰：

天所性者，通極於道，氣之昏明不足以蔽之。天所命者，通
極於性，遇之吉凶不足以戕之。不免乎蔽之戕之者，未之學
也。性通乎氣之外，命行乎氣之內。氣無內外，假有形而言
爾。故思知人，不可不知天。盡其性，然後能至於命。知性
知天，則陰陽鬼神皆吾分內爾。

莫不性諸道，命諸天。〔此段全文，見下第五段引。〕

案：「通極於道」，「性諸道」之道是偏就帶著氣化之**虛體神德**
言，重本也。道雖必帶著氣化，而不就是實然之氣化。通體以達
用，若大路然，故曰道。道總是道，而不能就是氣，甚至亦不能就
是氣化。「性諸道」之道是重視那通體達用之「體」義，由之以說
性之根。「天所性者，通極於道」之道亦然。言天地之性只能植根
于道，不能植根于氣也。道是由通體達用以見，則性之通極于道，
通極于「通體達用」而重其體，即通極于此達用之體，則亦見性體
之必函一道德的創造也。故《中庸》曰：「率性之謂道」也。故有
時性亦同于道。自性之本義言，自超越地分解以立體言，則性同于
太虛神德。自性之必函道德的創造言，此猶綜和地由通體達用以成
化而見道，如此，則性同于道。所謂性外無道，道外無性也。（此
處對此段文只注意「天所性者通極於道」一語，至「天所命者通極
於性」以及此下「盡性至命」，「陰陽鬼神皆吾分內」云云，于後
隨文明之。）

〈乾稱篇〉亦曰：

性通極於無，氣其一物爾。命稟同於性，遇乃適然焉。人一

> 己百，人十己千，然有不至，猶難語性，可以語氣。行同報
> 異，猶難語命，可以語遇。

此完全同于〈誠明篇〉所說者之語意，不過〈誠明篇〉所說尤為精
練耳。「通極於無」之無即虛體也。此亦就虛體言性所以立之根，
不「合虛與氣」以言也。「命稟同於性」，此命即天命之命、命令
之命，非命運遭遇之命。此命是人之稟受于而且同一于性者。天之
命於穆不已，以成天命之流行，天道之生化，人之「稟同於性」之
命亦是不已地流行其命令，亦即性之命之不已，以成道德的創造，
以成道德行為之無間，純亦**不已**。「天命之謂性」是後溯**性所以立**
之根源。「命稟同於性」是前看性之命之不已以言**道德之創造**，以
定吾人之**大分**。前〈誠明篇〉「天所命者通極於性」亦同此解。

是以性者，言道言虛之結穴，首先其義有二：一者**性能義**，二
者**性分義**。性能者，言此性能起**道德創造之大用**也。性分者，言道
德創造中每一道德行為皆是吾人性體中之**本分**也，責無旁貸而不容
已之**本務**也，所謂**必然的義務**也，無條件地非如此不可也。此即是
吾人之**大分**。

第三段　性體之具體意義與具體內容

性體何以能具此二義？以下試進而就性體之具體意義與具體內
容而明之。

性體之具體意義與具體內容仍須就太虛神德而言之。〈太和
篇〉只言「至靜無感，性之淵源。」此外未多言。「至靜無感」即
是寂然不動，至寂至靜，默然無有，此是性體之最深（淵）源頭處

（源）。至密至奧亦自這裡說。（後來胡五峰言「性也者，天地鬼神之奧也」，亦是繼承此義而說。）然太虛神德之至寂至靜並不與其「感而遂通」為對立，乃是即寂即感，寂感一如的。否則無以見神德。此寂感一如方是性體之最深源頭處。〈太和篇〉于此只言「至靜無感」，而略其「感而遂通」，是想與下文「有識有知，物交之客感爾」之「客感」對言。如實言之，並非性體只是無感，而凡有感皆是物交之客感。客感是經驗的、現象的，與外物接觸而始然，而即寂即感之「感而遂通」之感則是超越的。是神感神應之常感，而常感即常寂。客感與客形相應，有聚散、有動靜、有出入、有生滅，而常寂常感之神感神應則無聚散、無出入、無動靜（動而無動，靜而無靜）、無生滅。客感屬氣，而與寂為一之常感則屬神，此即**虛體之神德也**。故性體之具體意義仍須就太虛神德之寂感言：即寂即感，寂感一如，此其所以為神而亦所以能成化也。亦即其所以能起**道德之創造也**。

〈誠明篇〉云：

> 天所自不能已者謂命，不能無感者謂性。

此首句言天之命之於穆不已。天之「自不能已」即是天之命，此即太虛神德之不能已地去生化萬物以成其為宇宙論的創造也。而太虛神德之所以為神，所以能如此生化，正由其即寂即感也，即由寂感一如而見也。故此太虛神德之由體萬物而為萬物之性，此性即不能不有「寂感」以為其神用。「不能無感」當云「不能無寂感」。此承天之「自不能已」而言此以說性體也。性、命、天是一也。說天

說命，**結穴于性也**。如此，性不是乾枯的死體，亦不是抽象的死理，乃是能起宇宙論的創造或道德的創造者。故寂感一如之神即是性體之具體的意義與具體的內容。

〈乾稱篇〉云：

> 至誠，天性也。不息，天命也。人能至誠，則性盡而神可窮矣。不息，則命行而化可知矣。學未至知化，非眞得也。

此以「至誠」明天性。至誠必然地函創生之不已（不息）。「不已」即是天命之於穆不已。故云：「不息，天命也。」然「至誠」不是儱侗地說一個誠，實即是寂感之神。故濂溪亦即以寂感眞幾說誠體也。而橫渠于此亦言「人能至誠，則性盡而神可窮」。此明示性與神皆在「至誠」中也。由至誠盡性而窮神，由不息命行而知化。「神天德，化天道。德其體，道其用。」此〈神化篇〉所已言者，即由神德之體以立性也。

〈乾稱篇〉又云：

> 感者性之神，性者感之體。（原自注：在天在人，其究一也）。惟屈伸、動靜、終始之能一也。故所以妙萬物而謂之神，通萬物而謂之道，體萬物而謂之性。

案：此感即「感而遂通」之感，非物交之「客感」，故曰神。此性體之**神用**也。所以有此神用，以其虛也。故神用即「虛而善應」之謂。（亦〈乾稱篇〉語）。雖善應，而實至寂至靜。「動而無動，

靜而無靜」故也。此即寂感一如之眞幾。勉強分言之，亦可曰至寂之虛即是**感之體**，神感善應即是**寂之用**。而此寂感眞幾即是性，故感旣是性體之神用，則性體即是發此神感之體也。此種體用只是名言對說之施設，實則體即神，神即體也。

第四段 由「兼體」與「合兩」以明性體寂感之神

以上由寂感之神以明性體之具體意義與內容。

茲再進而明寂感之神由「**兼體**」、「**合兩**」而見。此義是說超越之神體必兼合經驗之象而爲一，始成其爲具體而眞實之神體，因而始得以成其宇宙之創造或道德之創造也。是則性體之神用即同天道矣。

〈誠明篇〉云：

> 性，**其總，合兩也**。命，其受，有則也。不極總之要，則不至受之分。盡性窮理，而不可變，乃吾則也。

性之「總」義由「合兩」而見。「總」者即總合虛實、動靜、聚散、清濁之兩體而不偏滯于一隅（一象）以成化也。即由此不偏滯以成化，以見性體寂感之神也。此由性體之必通貫形氣以成化，（成道德之創造或道德之實事），以見性之爲性也。性不是抽象地掛在那裡，乃是必起用以成道德行爲之實事。合兩以成化，而不偏滯于一隅，即其不容已之創造之「不已」也。偏滯則窒息而「已」矣。〈太和篇〉所謂「聖人盡道其間，**兼體而不累者，存神**其至矣」是也。此處之「合兩」，即彼處之「兼體」。合兩而不偏滯，

即「兼體而不累」。所以能兼體而不累者，正由于虛而神也。「所存者神」，故能「所過者化」。故「性其總，合兩也」，此非是說性由合虛實、或合動靜、或合聚散、或合清濁之兩而成。如此，則成**大拼湊**，焉得謂爲性？其意乃是說由總合貫通兩體而不偏滯以見性體寂感之神也。又，橫渠雖云「合虛與氣有性之名」，然此處之「合兩」亦不是「合虛與氣」之兩。此處之合兩唯是就氣之動靜、聚散、虛實、清濁、陰陽、剛柔等之「兩」而言。故不能根據此處之「合兩」以解說「合虛與氣有性之名」一語也。由「合虛與氣」以說性之名之所以立，此根本是滯辭。此滯辭之所以成或由于不能劃分氣與神之故。橫渠說此語時，似以爲「至靜無感，性之淵源」，雖無感，而並非無感之性能，而感之性能即氣也，神即氣之質性也，故云「合虛與氣有性之名」矣。若如此，則與其思理之實義相違，故不可以如此解。如前第一節末段所剖示，太虛神體根本不可以氣言；鬼神之神亦不可與太虛神體混；「太虛無形，氣之本體」，是氣之本體，並非氣之質性；「太虛即氣」是體用圓融義，並非說太虛是氣之質性；「清通而不可象爲神」，清通之神亦不可視作氣之質性，神之清通與清氣之清通不可混；太虛是氣之本體即等于說神是氣之本體，太虛神體是同意語之一詞，不能將神混作氣。然則性之名只能超越分解地偏就太虛神體之體萬物而建立，不能由「合虛與氣」而建立。由「合虛與氣」而建立，則性適成一混雜體或組合體，而此正非性。朱子說：「合虛與氣有性之名，有這氣，道理便隨在裡面。無此氣，則道理無安頓處。」此只是說理氣之關係，並未說得著「性之名」之所以立。若如此說，性是理氣之合乎？此亦與朱子自說相違也。故橫渠此語決是不諦之晦辭。若云

合太虛神體與氣之聚散動靜等而一之以見性體之**眞實義**與創生妙用義，則可。然此正是另一義，（即此處合兩而不偏，兼體而不累以見「性體之神」義），而非「性之名」之所以立也。此如前說。（橫渠或即是根據「天本參和不偏」、「道則兼體無累」、「性其總，合兩也」諸語之義而說「合虛與氣有性之名」。若如此解，則無過。但「性之名」之所以立與性之實之由參和不偏、兼體無累見，並非同義。）

　　至于「命其受，有則也」等語，此處亦須捎帶一講。命即天之所命或性之所命。有命即有受。自吾稟受此命而至之言，則有定則而不可移。故曰：「命，其受，有則也。」至吾所受之命之分乃由于「極總之要」。極總之要即是盡性之極。性之實以合兩之「總」為要，故盡性之極即是極總之要也。盡性之極不是**抽象地**單顯此性體之純普遍性之自己，乃是**具體地**盡之于「兼體無累」之中。此若宇宙論地說，是盡之于氣化之中以成宇宙之生化。若道德實踐地說，則是盡之于剛柔、清濁之中而不偏滯，以成**道德之實事**，即，成**道德之創造，道德行為**之純亦不已。能如此盡，則眞可以「至受命之分」矣。「分」者定也，亦即本分之定也，此是性分之所定也。道德創造中一切道德行為皆是天之所命、性之所命，皆是必然的義務而責無旁貸者，吾必須承受而致至之，此即是吾人之大分也，故曰「不極總之要，則不至受命之分。」此由「盡性窮理」，以至于命之分，「而不可變者」，便是吾之道德生命之**極則**。故曰：「盡性窮理，而不可變，乃吾則也。」〔〈說卦傳〉曰：「窮理盡性以至於命。」照橫渠此處所說，窮理是道德實踐地窮盡性分中之理，命之分即是性分中之理之所定。能窮盡這些理而使之有具

體的呈現便是盡性，故窮理即盡性，窮理盡性即至于命。程明道曰：「窮理盡性以至於命，三事一時並了。」伊川亦謂三事「只是一事」。照橫渠此處所說，亦是「三事一時並了」。若是「三事一時並了」，則窮理決不是認識地窮究外物之理。窮是「窮盡」之窮，而不是「窮究」之窮。但橫渠有時亦表示不是「三事一時並了」。當明道與伊川說此語時，他即辯駁說，此亦是太快，其間煞有事作。（見下〈明道章〉、〈一本篇〉及〈伊川章・格物窮理篇〉）。如是，則三事可拉成三個階段。若照此處所說，「至受命之分」即是至性分之所命，則至命與盡性既**內在地勾聯而爲一**，「窮理」即不可能**單獨地岔出去而獨行**。是以「窮理」即窮盡性分之理（普遍律則），「至命」即至這些理所定之分，此三辭語爲同一意義，則三事即是一事，並不可拉成三個階段。若窮理、盡性、至命各有不同之指向，則很可以不是「三事一時並了」。窮理盡性之異解尤有關鍵性之影響。當橫渠辨駁二程之說時，其視窮理爲知之事，其所意謂之「至命」爲「至於天道」，「命」當是「天命之謂性」之命，不是此處所說性之命、性之分之「命」。但此並不要緊。如果窮理之知沒有嚴重的異解，只是次序上之先了解，則命無論爲性之命或天命之命皆不影響「三事一時並了」。因爲無論性之命或天命之命皆是以理言的命令之命，不過一是**從性處向前看**，一是**從性處向後看**。理、性、命三詞之內容的意義固完全相同也。窮理即是窮究的這個性命之理，盡性即是盡的「天所性者通極於道」這個性，至命即是至的「天所命者通極於性」這個命。如是，窮理、盡性、至命，雖可布散開說，亦不礙其本質上之爲一事而可以「一時並了」。但至命之命亦可是**以氣言**的命遇、命運、命限之

命。此是就從盡性處向前看所遭遇的限制說。如是，至命雖與窮理盡性不是一事，但亦可以在**工夫之函蘊**上「一時並了」。蓋如此言之之「至命」即是「俟命」，亦普通所謂盡人事以聽天命之「聽命」。此至字、俟字、聽字並無工夫可言，故若真窮得理，盡得性，即自然至于命也。故至命無論是至性之命或至天命之命，或是至以氣言的命限之命，只要窮理之知無嚴重之異解，當不礙三事之「一時並了」。吾想橫渠之思理即是如此。故其辨駁二程恐只是一時之不澈，其漸教之態度不必真有礙于「一時並了」之頓教。惟想到伊川亦言三事「只是一事」，則卻有問題。或只是隨其老兄如此說而已。若衡之其言格物窮理以致知之義，則彼實不能說「只是一事」。關此，將詳解于〈伊川章〉第八節。關于明道者，將詳解于〈明道章〉第四節。詳參該兩處，則三人之意可得而明。此處只就橫渠〈誠明篇〉簡注于此，暫不詳說。〕

此合兩不偏以見性體之神，〈乾稱篇〉亦言之，如：

> 無所不感者虛也。感即合也、咸也。以萬物本一，故一能合異。以其能合異。故謂之感。若非有異，則無合。天性，乾坤陰陽也。二端故有感，本一故能合。天地生萬物，所受雖不同，皆無須臾之不感，所謂性即天道也。

案：「無所不感」，即「感而遂通」之義。即由此見虛見神。「無所不感」之通即能合散殊之異而為一。故由感見虛見神，即由感見妙一也。此即萬物之體也。體一，故「萬物本一」。以體一，故能妙合散殊之異。散殊之異是氣化之所形也，是屬于氣邊事。體一故

妙合，亦由異而見一。若無異，則一只是抽象的一，而非具體的妙合之一，亦非由感通而見之一。故性體神感神應之一是在乾坤陰陽兩端中見。有氣形之兩，如動靜、聚散、升降、出入等，始能顯出性體之具體的妙感。故云：「天性，乾坤陰陽也。」此不是**由氣說性**，乃是**由氣見性**。此不是說陰陽之氣之結聚為性，乃是不離陰陽之兩而見性體妙合之一。氣之兩端相感相應而有局限，則是客感、物感、氣感，而不是**神感**。無所不通為神感。一感即**通全體**，故**神也**。即通全體即是一，故云：「二端故有感，本一故能合。」又云：「以其能合異，故謂之感。」此「合異」不是局限範圍內的合異，是**本一的合異**，是**通全體的合異**，故表示此通全體的合異之感是**超越的神感**，故其合亦是**超越的妙合**，非**物感氣合**之有**封限也**。天地萬物皆在一神感妙合之中呈現，此即是性體之妙通，亦即是性體之創生也。自此而言，則「性即天道」。天道本虛以成用，性體亦如此也。天道是綜說，故「合虛與氣」可以適用于道之名之所以立，而性體是偏說，故不可再說「合虛與氣有性之名。」言性所以立創造之體。承體以起用，即率性之謂道。帶著起用之創造說，自亦可說「性即天道」。離此性體之起用亦別無另一天道可言也。故「性外無道」也。此程明道所謂「只此便是天地之化。不可對此個，別有天地之化。」（自天道結穴于性言，亦可以說「道外無性。」）但此不是**性體之名**之**所以立**。故「合虛與氣有性之名」一語為不諦也。

〈乾稱篇〉又云：

有無虛實通為一物者性也。不能為一，非盡性也。飲食男女

皆性也。是烏可滅？然則有無皆性也。是豈無對？莊、老、
浮屠爲此說久矣。果暢眞理乎？

案：此亦合兩不偏、兼體無累之意。「有無、虛實，通爲一物」，
即表示此皆是性體之所貫。性不單指「虛」與「無」而言也。
「有」與「實」亦皆是性分中所有事。飲食男女是也。此並不是說
飲食男女之事是性，乃是說此是性分中所有事，此是性體所貫之實
事，此是由性體而起之道德行爲中之實事，在道德行爲中被**肯定**。
胡五峰曰：「夫婦之道，人醜之矣，以淫欲爲事也。聖人則安之
者，以保合爲義也。」（《知言》中語）此即是在道德行爲中被肯
定之實義。是以盡性以成道德行爲、以起道德創造，不能虛脫或幻
滅此等事。是以性體必在合兩中見；盡性必「有無虛實通爲一
物」，始見**道德之性體**以及**道德之性體之創造**。必如此，其「盡」
始是**具體的盡**，而性亦才是**具體而眞實的性**。如此，方眞是「盡性
而至于命」。是以儒者之盡性非只停于「虛」與「無」而隔絕或幻
滅「有」與「實」以爲性或盡性也。性必合有無虛實之兩而不偏滯
而見，而盡性亦必貫通有無虛實之兩而爲一物方算是盡。

　　兩者即「對」也。缺其一，即不算是兩，亦不算是有對。缺其
一而無兩無對，即不能表示妙合之通，即是性體之偏滯，即不是具
體而眞實的性體。「是豈無對？」此疑問句是表示：性豈是捨動
靜、聚散、出入、虛實、有無之兩或對而不貫通，而只偏于虛與無
一面而無對，以爲性耶？光是虛一面，即不能貫通虛實而爲一，光
是無一面，即不能貫通有無而爲一，是則此性即不是合兩不偏之
性，亦不是兼體不累之性，而只是偏枯之性。偏枯之性適足以爲累

耳。是以「是豈無對」者，是說：豈是無兩體之對乎？若無兩體之對，則即不能由兩體之合、之總、之兼以見性體之妙合也。此不是說要有一個東西來與性體爲相對也。橫渠此語，太混略不達。若不貫通其合兩、兼體之說而觀之，而單看此段，則讀至此句，必覺不通矣。

　　至于下句「莊、老、浮屠爲此說久矣」，是說佛、老皆偏于虛與無以爲性，（老以無爲體，佛以空爲性），而不能**貫通虛實、有無而爲一物**以**見性**也。此評當否，且不管。要之，佛、老之性或體不是起**道德創造之性**，則無疑。不能起道德創造，則對于有與實（氣化之實，世間萬象之實，此亦即是有），即不能有**眞實之肯定**，此亦無疑。道家只是順應、應迹。而佛家則只是性空、幻化。雖說「實際理地不受一塵，佛事門中不捨一法」，然幻妄畢竟是幻妄，畢竟不能算是立體地、眞實地貫通而爲一，而肯定其爲**實事**。依儒者觀之，此即不能算是眞理之暢達，故云：「果暢眞理乎？」此仍是偏枯之教，而不能算是「所存者神，所過者化」、兼體而無累之**圓盈之教**。佛家圓教，無論如何圓，亦仍是如此。參看附錄：〈佛家體用義之衡定〉。

　　又，橫渠此段說「有無虛實通爲一物」爲性，爲盡性，固意在遮撥佛、老之偏枯，以虛與無意指佛、老所說之空與無，然在橫渠自義，則虛與實對言爲兩體，無與有對言爲兩體，此虛與無即不是其所說之太虛神體，而是氣散爲虛爲無，氣聚爲有爲實。虛與實，有與無皆是**氣化之客形**。氣散爲虛爲無，只是**形無形虛**，非**任何都無**，而此時正恰恰得見吾之太虛神體。故〈太和篇〉云：「散入無形，適得吾體。」氣聚爲有爲實，而太虛神體之常即在其中而爲之

主，故〈太和篇〉云：「聚爲有象，不失吾常。」性不指**虛與無**言，而是就**太虛神體**言。就氣形之虛與無而得見**太虛神體**，而氣形之虛與無自身不是**太虛神體**。性是貫通氣化之**虛實兩態、有無兩態而一之**。盡性者如此，即爲兼體而無累。此固天道性命通而爲一以言「本體、宇宙論的」**生化**或**道德創造**這一型的義理，而老子之由無名無形而說無，佛家之由法無自性而說空，其反過來，無與有之關係，空與緣起法之關係，固與此不同也，故橫渠得以偏枯視之。（但謂老之無，佛之空即是其所說之「有與無」之無，「虛與實」之虛，亦非是。）

第五段　性善命正：「義命合一存乎理」

以上明性體之具體意義與具體內容，則性體之性能義與性分義亦可因而明矣。以下試再順此性能性分義而言性善命正，以及「義命合一存乎理」之義。

〈誠明篇〉云：

> 盡其性，能盡人物之性。至於命者，亦能至人物之命。莫不性諸道，命諸天。我體物，未嘗遺。物體我，知其不遺也。至於命，然後能成己成物，而不失其道。

案：此文可視爲以上所說「盡性至命」義之總結。至誠以盡性，不息以至命。盡性不但盡己之性，亦同時即盡人物之性。至命不但至自己之命（性體所命之本分），亦同時即至人物之命，蓋「莫不性諸道，命諸天」也。即人物同一性體也。（「性者萬物之一源，非

有我之得私。」）人物既同一性體，故我之盡性，體物而未嘗遺，因而即盡人物之性、至人物之命，則自物方面說，物亦可體我而不遺也。但此須有辨。我盡人物之性，他人亦可盡人物之性。自亦可體我未嘗遺。但「物體我，知其不遺」，此只可**本體論地、潛存地說**是如此，蓋同一本體也。但不能**實踐地、呈現地說**是如此。明道云：「萬物皆備於我，不獨人耳，物皆然。都自這裡出去。只是物不能推，人能推之耳。」明道此語卻妥當。蓋既能說到同體，又能照顧到推不推。我能盡性，故盡人物之性，至人物之命，體物而未嘗遺，既能本體論地說是如此，又能實踐地說是如此。「盡」之時義大矣哉！盡即能推。此是使實踐地呈現地體物不遺之所以為可能之關鍵也。然而物不能通過心覺活動以盡其性，即是不能推擴得去，而只圍封于其墮性或物質結構之性，作為同一本源之性體在它個體內根本沒有呈現，沒有起作用，是則只是**本體論地、潛存地體我而不遺**，實並未能**實踐地、呈現地體我而不遺也**。是則人物雖同體，而亦區以別矣。此所以立人極，而人極之義大矣哉！橫渠徒因「莫不性諸道，命諸天」，而即謂「我體物未嘗遺，物體我知其不遺也」，是未能洞察此中之差別也。

　　此段文可視為上說之義之綜結，故亦錄于此而附帶辨明之。以下言性之「善」與命之「正」。

　　〈誠明篇〉續上文而言曰：

　　　性於人無不善，繫其善反不善反而已。過天地之化，不善反者也。命於人無不正，繫其順與不順而已。行險以徼倖，不順命者也。

案:性體純然至善,人人所固有,只爭呈現不呈現耳。善反而復之,則呈現而起用。不能善反而復之,則潛隱而自存。所謂「呈現起用」,宇宙論地說,即成宇宙之生化(天地之化),實踐地言之,即成道德之創造,道德行爲之純亦不已。「過天地之化,不善反者也。」〈繫辭傳〉稱:「易與天地準,故能彌綸天地之道。」又云:「範圍天地之化而不過,曲成萬物而不遺。」彌綸即範圍曲成而不過不遺也。過則雖窮高極遠,有似于籠罩一切,而實不能範圍天地之化。不能範圍天地之化,即不能曲成萬物而不遺。「範圍」是超越地說,即是恰恰相應天地之化而模範出之耳;「曲成」是內在地說,即是具體地、分別地與物一一相應而成就之耳。雖超越而不過,雖內在而不溺。是以超越即內在,內在即超越,皆如如相應而不過不遺也。過即函遺。過而遺,則不能成天地之化。如是,性體爲**虛脫**,萬物爲**幻妄**,不能見性體爲宇宙生化或道德創造之**性體**,故亦不能見其爲**道德地善**,此則**不善反者也**。故曰:「過天地之化,不善反者也。」反之善不善,以能否成**道德創造**而**決定**。

至于性之所命皆是吾人之本分,故「命於人無不正」,只爭「順與不順而已」。不順本分而行,則爲不正。「行險以徼倖」,即是不順性之所命者也。案此可能有異解。

順前第四段所引「性其總,合兩也。命其受,有則也」之文而說,窮理盡性至命是一事,此命即是性之所命之命。此處「命於人無不正」,是承上文「盡其性能盡人物之性,至於命者亦能至人物之命」一段文而言,故此處之命亦當是性之所命之命。前引〈誠明篇〉「天之所命通極於性,遇之吉凶不足以戕之」,亦是性之所命

之命。此是命之積極的意義。〈誠明篇〉：「天所自不能已者謂命，不能無感者謂性」，此亦是積極意義的命。大抵《正蒙》各篇主旨在陳「本體、宇宙論的」立體直貫之創造，故主要以此積極意義的命爲主。故吾于此處「命於人無不正」，亦以此義解之。而橫渠恐亦即是說此義。〈誠明篇〉開首一段中有數語甚精，如：

> 義命合一存乎理，仁智合一存乎聖，動靜合一存乎神，陰陽合一存乎道，性與天道合一存乎誠。

案：此皆從正面說。「義命合一存乎理」中之命亦是從正面說之命，所謂積極意義之命也。義是性分之當然，命即是性分當然之不容已，此皆**以理言也**。

　　但此處「命於人無不正，繫其順與不順而已」，言順言正，顯本孟子而來。而孟子所說之命卻正是命運之命、遭遇之命，如死生、夭壽、吉凶、禍福之類是。此卻是橫渠所謂**以氣言之命**。孟子〈盡心〉篇云：「夭壽不貳，修身以俟之，所以立命也。」又繼之曰：「莫非命也，順受其正。是故知命者，不立乎**巖牆**之下。盡其道而死者，正命也。桎梏死者，非正命也。」孟子在此明說「順」與「正」。但此「順受其正」，卻須關聯著「盡其道」而顯，而所顯者正是「**遇之吉凶**」之命，而非道本身之所命之命也。此是消極意義之命。孤立地去看「命於人無不正」兩語，以此消極意義之命解之，亦可。但就〈誠明篇〉上下文貫通看，則恐不是說此義。下文復有「性命於氣」，「性命於德」，「性天德，命天理」之文，（見下第八段）。凡性命連言，皆是積極意義之命。下文復正式檢

別出「死生修夭」之命，（亦見下第八段），則此處以積極意義之
命解之，當無不可。

第六段　天地之性與氣質之性

〈誠明篇〉續上復云：

> 形而後有氣質之性。善反之，則天地之性存焉。故氣質之
> 性，君子有弗性者焉。

案：性體既粹然至善，人人所固有，何以有待于反（復）？曰：正
因其有呈現與不呈現耳。性體妙運物而爲之體，何以有不呈現之
時？曰：宇宙論地言之，無不呈現之時，而自人之道德實踐而言
之，則有不呈現之時。蓋人受形體之限，不能不有氣質之偏。性體
之不能呈現，或時有微露而不能盡現，皆氣質之偏限之也。如是，
遂有「氣質之性」之一義。

　　氣質之性是形體以後事。「氣質之性」與「天地之性」之分亦
始于橫渠。濂溪未曾言及。「天地之性」意即天地之化所以然（超
越的動態的所以然）之超越而普遍的性能。言天地之性者，承「性
者萬物之一源，非有我之得私」而言，是極言其超越的普遍性。後
來程、朱亦名爲「義理之性」，此後學者大抵沿用之，而「天地之
性」之名遂不被常用。言道德實踐，不能抹殺此分別。氣質之性是
在道德實踐中，由于性體之不能暢通起用，而被肯定。性體雖以易
知、以簡能，然而未嘗無險阻也。是以〈繫辭傳〉云：「夫乾，天
下之至健也，德行恆易以知險。夫坤，天下之至順也，德行恆簡以

知阻。」宇宙論地言之之乾坤知能，即是實踐地言之之性體知能也。性體知能之險阻即氣質之偏與雜是也。〔性體之知即孟子所謂良知，性體之能即孟子所謂良能，亦即「非才之罪」，「不能盡其才」，「非天之降才爾殊」諸語中之才。此才非普通才能之才，乃性體良能之才，是**道德意義的**，而且是**普遍的**，是單指實現良知之所覺發者而言。性體之知能，本體宇宙論地說，即是虛明照鑑之神之明：神之明即是知，而神之妙、通，即是能，知能**俱從神說**。若是道德實踐地說，知能即是本心。心知之，即是能之。「孩提之童無不知愛其親，及其長也，無不知敬其兄。」知愛其親即是能愛其親，知敬其兄即是能敬其兄。知能俱從**道德的本心說**。此本心即是吾人道德創造所以可能之先天根據（先天而固有之性能）。故心體之知能即性體之知能。此即是說心體性體先天地知愛知敬、知是知非、知善知惡，知以為則，而亦先天地當然而不容已、定然而不可移之自然地能表現、呈現出此知也。因此，遂有道德之創造，道德行為之「純亦不已」。知能，在〈繫辭傳〉分自乾坤言之。若在此亦必類比地分自乾坤言之，則**神之明**即是**健德**；神之**妙、通**，即是**順德**。俱自德言，無陰陽之氣之實義也。從道德本心說，心之良知即是**乾健**，心之良能即是**坤順**，亦皆自**德言**，無陰陽之氣之實義也。若神體之乾健坤順必須在氣化中表現，以成生化之實，則須落在氣上說，須要有氣之觀念，而**神非氣也**。（體用圓融地說，則全神是氣，全氣是神。）若本心之乾健坤順必須要在四肢百體之運動中以成活動之實，所謂「踐形」，則須落在氣上說，亦須要有氣之觀念，而**本心之知能非氣也**。（體用圓融地說，則全心是形，全形是心，孟子所謂晬面盎背，施予四體，不言而喻也）。〕

　　氣質之性，依橫渠說詞之意，是就人的氣質之偏或雜，即氣質之特殊性，而說一種性。在中國思想傳統中，自「生之謂性」一路下來而說的氣性、才性之類，都是說的這種性，宋儒即綜括之于氣質之性。西方所說的人性（人的自然）亦即是這種性。康德所說之性脾、性好、性向、人性之特殊構造、人之特殊的自然特徵等，亦是指的這種性。但這種性實在是形而下的，實只是心理、生理、生物三串現象之結聚，總之，亦只是「生之謂性」、「性者生也」兩語之所示。在此，是建立不起真正的道德行為的，是開不出道德創造之源的。正宗儒家，如孟子所說之性，《中庸》「天命之謂性」，是想由「生之謂性」、「性者生也」，推進一步，就真正的道德行為之建立，而開出道德創造之源之性。此種性是道德創造之源，同時亦是宇宙創造之源，是絕對地普遍的，是超越的，亦是形而上的。故性直通天命、天道而為一。宋儒承之，以此為正性。濂溪開端，對于天道、太極、誠體，有積極之體悟，而對于此種性則未能正視而明之，其言天道、太極、誠體等，未能自覺地**結穴于此種性**而**貫之**，而只言「性者**剛柔善惡中而已矣**」，此則未免只落于**氣質上說性**。此是一時之不覺，非謂濂溪必不承認此通天道誠體之絕對普遍之性也。至橫渠，則十分能正視性命天道之貫通，而結穴于此種性，而謂「性者萬物之一源，非有我之得私」，直云此種性為「天地之性」，即天地之化之淵源也。後來皆承之而不能悖。此種性既是萬物之一源，絕對之普遍，則自與氣性、才性、性脾、性好、性向、人性之特殊構造、人之特殊的自然徵象之性不同。而此後者又不能隨便忽視與抹殺，故不得不就之而說一種性，此即「氣質之性」一名之所以立也。蓋人不是純靈，乃一組合體之有限存

在。雖就道德創造以成聖言，必須肯定超越的「天地之性」爲本體，但人亦是有形體的現實存在，故環繞其**自然生命**，又不能不有其自然生命一面之**種種特徵與姿態**，此即「**人的自然**」之**性**，所謂氣性、才性、氣質之性是也。天地之性是人的當然之性，是道德創造之性，是成聖之性，簡名曰**聖性**，亦猶佛家之言佛性。此是兩種性必分別建立之故。

　　然依後來朱子之解析，則似只承認有氣質之偏雜，而卻不甚能自覺地就氣質之偏雜說一種性，自然之性，卻是十分自覺地將「氣質之性」解說爲**氣質裡邊的性**。性只是一義理之性，氣質之性即是此義理之性之在氣質裡邊濾過，故雜染了特殊的顏色，而不是那原來之性之**純然**、**本然**與**全體**。此亦可如此表示，即：氣質雖然偏雜，亦總可在這上頭表現一點義理之性，如氣質之剛者雖不必好，或甚至很不好，也總可在此透露了一點「義」，但卻不是屬于義理之性的那義性之純然、本然與全體。偏于柔者，乃至偏于緩或急，淸或濁者，亦皆然。是則只有一性與氣質之對言，而不是兩種性之對言。當然說氣質與就氣質說一種自然之性，在觀念上並無多大差別。但如朱子之解「氣質之性」一詞，既不合通常之語意，亦輕忽了「生之謂性」一路下來的氣性、才性等之獨立意義。如氣質之性解爲氣質裡邊濾過的那義理之性，則「義理之性」又將如何解？豈不應一律解爲義理裡邊濾過的那某某之性？實則兩「之」字皆是虛繫字。「氣質之性」即是就氣質之**殊質**而說一種自然之性。「義理之性」即是就道德理性而說一種道德創造之性。「天地之性」即是就天地之化而說一種宇宙生化或道德創造之性。義理之性並無所謂在義理裡邊濾過之性，天地之性更不能說在天地裡邊濾過之性。是

以性體受氣質或氣質之性之局限是一義，而不必即以此義解說「氣質之性」一詞也。橫渠設此詞之意是就氣質之殊而說一種性，此是通常之理解，本書從之。

氣質之性雖足以拘限或隱蔽天地之性，然「善反之，則天地之性存焉。」善反不善反，義如前定。在善反中，亦函變化氣質之工夫。儒家講天地之性唯是就道德的創造言，故只能以此性爲本、爲體、爲絕對的標準。氣質之性雖有其獨立性，有其獨立之意義，成一套獨立之機括，然就道德實踐言，並不以此爲準也。「故氣質之性，君子有弗性者焉。」「弗性」是不以之爲本、爲體、爲準之意，並非不承認有此種性也。

氣質之性雖有獨立之意義，然總可化而從本。氣質之性一方可化，一方亦是一種限制。從可化言，「君子有弗性者焉」。從限制言，氣質之性是道德實踐中一種「**限制原則**」。限制原則是其消極意義。但氣質亦有積極的意義。即使化而使之中，中亦是一種氣質，所謂聖人中和之資是也。性體之具體表現不能離開個體生命之資質、氣質。即使氣質之粹然，全化而從性，性體亦要在氣質中流行表現。自此而言，氣質或氣質之性是一個**表現原則**，此是其積極的意義。然積極與消極兩用永遠同時常在，**表現之即限制之**。是以「天行健，君子以自強不息」，工夫不可以已也。雖聖人亦不能自已。故孟子說：「聖人之於天道也，命也，有性焉，君子不謂命也」。「命也」即示聖人之契合天道亦有限制與限定。否則，何以有耶穌之形態、孔子之形態、釋迦之形態？即就儒家之聖言，何以又有堯、舜與孔子之不同？但聖人之盡道不因有此限定而自推諉，只能遵性以自強不息，故雖「命也」，而「有性焉，君子不謂命

也」。這個命是命運命限之命，不是「於穆不已」之天命之命、命令之命。乃是從氣質、資質說的命。收縮于個體生命上說，此種命是從氣質、資質上說。若從具有如此氣質、資質之個體生命之在天時、地理、人和中之遭遇言，此種命是命運之命。氣質、消極地說，既是一限制原則，則從此說的命亦是一限制原則。命之為限制原則，在口之于味、耳之于聲、目之于色、四肢之于安佚處，是積極的，當正視而重視之，不得因口體耳目之欲亦是性（自然之性，生理生物之性），而即可以不受限制而妄求。故在此，「性也，有命焉，君子不謂性也。」但在仁之于父子、義之于君臣、禮之于賓主、智之于賢者、聖人之于天道處，則是消極的，雖應正視，但卻不應過分重視此限制而自推諉，只應遵性（天地之性、道德創造之性）而盡性，以求衝破此限制，而期道德生命之通于無限。故在此則說：「命也，有性焉，君子不謂命也。」是則孟子明已暗示有兩種性：動物性與氣質之性為一邊，道德性之性與天地之性或義理之性為一邊。孟子說的是動物性與道德性相對立，尚未由動物性說到氣質之性。

以下言善反之工夫。

第七段　化氣繼善以成性

〈誠明篇〉續上復云：

> 人之剛柔緩急，有才與不才，氣之偏也。天本參和不偏。養其氣，反之本而不偏，則盡性而天矣。
> 性未成，則善惡混。故亹亹而繼善者，斯為善矣。惡盡去，

則善因以亡。故舍曰善，而曰成之者性。

案：此言變化氣質與**成性**之道。「天本參和不偏」與〈乾稱篇〉
「道則兼體而無累」為同意話，亦與〈誠明篇〉上文「性其總，合
兩也」為同意語。天或道即是天德神體或太虛神體。而神之所以為
神正因其能兼貫氣之聚散、動靜等之兩體而無累，故亦「本參和而
不偏」。性體之總而合兩亦是如此。性體本應是總合氣質之剛柔緩
急而不偏，而不為其所累，而見其流行之實、呈用之實，即具體而
真實的性體之實，而不只是一分解地言的抽象的性體。「聖人盡道
其間兼體而不累者存神其至矣。」（〈太和篇〉）盡道。落實言
之，即是盡性。聖人能盡性以存神，故能兼體不累，參和不偏。然
一般人則常不能如此，常受氣質之限制而為其所累。氣質有種種特
殊之顏色而足以為性體呈現之險阻。是以人之道德實踐須有變化氣
質之工夫；而在此段，橫渠便從孟子之「養氣」說。「養其氣」而
化通之，使其不滯于一偏，即能反之性體呈用之本然而不偏矣。如
是，則即可以說是「盡性而天矣」，即一如天之「本參和不偏」
也。性體呈用參和不偏之本然亦天也，無孤懸之性體也。通過養氣
之工夫，即可使此本然者如實呈現，此即是盡性。養氣工夫是柔化
或通化氣質凝結之偏者，此固直接落在氣上而養之，而所以要養
之，目的乃在性體呈現之暢通，固非無指向之徒然養氣者。是以養
氣工夫，一方既使氣質柔化而通化，一方亦即「反之本而不偏」，
（反之性體呈用之本然而不偏），即所以盡性也。性體順適呈現之
謂「盡」。該剛則剛，該柔則柔。性體順適呈現而無阻，氣質不滯
而順體，則性體之流行即是「天行」，所謂「至誠不息」也，而不

才者亦可轉化而爲才矣。故曰：「盡性而天矣」。

　　依橫渠之解〈繫辭傳〉「繼之者善也，成之者性也」兩語而觀之，此「盡性而天」即是「**成性**」。性，本體論地言之，本是固有，本自現成而自存，何待吾人之「成之」？然自人之實踐而言之，則可以說此義。是以此「成」是**工夫的成、彰著的成**，不是**存有的成**，不是「**本無今有**」的成。但此「成性」須扣緊養氣或氣質之變化而反之性體呈用之本然而言。即，在化氣質之偏中逐步彰著地**成其性**。化「氣之偏」中不善的表現或惡的表現逐漸使其轉爲不偏中之善的表現。繼續不斷地成此善的表現，是謂「**繼善**」。如是，則性即爲彰著地具體地全善矣。故曰「亹亹而繼善者，斯爲善矣。」性本是自善，但這是本體論地言之。今由繼善而說善，是自化「氣之偏」而彰著地說。彰著之而使之成爲具體的善，呈現的善，亦猶自彰著而說「成」也。自彰著而說「成性」，即自彰著而說其爲具體的、呈現的純然至善也。

　　「亹亹」，勤勉義、自強不息義。及至無一毫之偏，則即無惡或不善的表現，而全爲善的表現。從表現上說，善惡相對而施設。及至無惡而全善，則「惡盡去」，惡之名不立。惡之名既不立，則亦無所謂善，而「善因以亡」。「善因以亡」者，善之名亦可不立也，非謂**無善之實也**。善之名既可不立，故在此即「舍曰善，而曰成之者性」。「舍曰善」即「不曰善」之意。舍者捨去也。在此，即不必說「善」，而只說「成之者性」。此即是說，在化「氣之偏」中而不斷地繼其善之表現以彰著地成其性，即在此「成」處說性，故曰「成之者性」。「成」是對本體論地說的性體之本然自存而言。不經過化氣之工夫以盡性，則性只是本體論地**本然自存**。故

成性即是盡性，在盡之工夫中以成之。經過化氣之工夫以盡而成之，則性始有具體的呈現，而全幅彰著焉。故成是具體呈現的成、彰著的成，非「本無今有」之成也。「成之者性也」，依横渠此解，即是從彰著的「成」上、「盡」上說具體呈現之性也。

此解自不合〈繫辭傳〉之原意。原文「一陰一陽之謂道，繼之者善也，成之者性也」，「之」字皆代表道。言能繼此道而不斷絕者即叫做是善，能完成或成就此道者則是**性體之能也**。能充分盡此性體，則道即具體地重見于此矣。此仍是「率性之謂道」之意。「一陰一陽之謂道」是宇宙論地說，「率性之謂道」是個體道德實踐地說。性以成道亦是個體之道德實踐地說。故下文即繼之曰：「仁者見之謂之仁，智者見之謂之智，百姓日用而不知，故君子之道鮮矣。」此皆未能充分盡其性以成道也。「百姓日用而不知」，固未能盡，即仁者、智者亦是偏于一隅，未能盡性之全體以成道也。「仁者」盡性之仁一面，即據此面以為道即是仁，「智者」盡性之智一面，即據此面以為道即是智，實則皆非「君子之道」之全體。此是〈繫辭傳〉此數語之原意。横渠卻解成「成性」，如是則不是「成道」矣。朱子注云：「成，言其具也。性，謂物之所受。言物生則有性，而各具斯道也。」此則只言**性具斯道**，而不是**性以成道**，亦失原意。

横渠之解雖非〈繫辭傳〉之原意，然亦自成義理，亦自可說之義理。横渠此段文之語意實表示此義理，但其措辭確有不諦處，亦確有隱晦處。如首句「性未成，則善惡混」，即是不諦之辭。「性未成」是對下文之「成」言。（由此可見所成的是性而不是道，甚顯。）此性自指「天地之性」言。成既是彰著的成，非「本無今

有」之成，則彰著地「成之」之後，固是具體的全善，而未成前，亦非可云「善惡混」也。此只能說是存有論地本然自存之善，而不能說是「善惡混」。此語太糊塗，未透澈也。若說在「氣之偏」未化以前，性體之表現可善可惡，或「善惡混」，即可。（橫渠恐即是此意，惟措辭未能善達。）若說「性未成，則善惡混」，直指性體自身如此說，則大不可。蓋如此，則性之善或至善之性乃是「本無今有」者。實則並非如此，橫渠亦不能如此說，彼亦不至是此意。是故此只是「存有論地本然自存」義與「彰著地成之」義之不同，而橫渠是在說後者，而後者不能抹殺「本然自存」義，而本然自存之性非「善惡混」也。否則何以說「天本參和不偏」？又何以說「反之本而不偏」？故「性未成，則善惡混」決是一時之糊塗語，至少亦是一時不審之辭。此性既必指「天地之性」言，決不會是「氣質之性」，則只能如此說：此性在未彰著地成之之時，其在氣質之偏中的表現是「善惡混」，或可善可惡，或有時善有時惡。然而決不能說性體自身是「善惡混」也。

　　橫渠雖有此一時不諦之滯辭，然其「**成性**」義卻甚顯明，亦自是可以成立之義。彼屢言此義，散見于《正蒙》之各篇以及〈經學理窟〉中，可見其對于此義之鄭重，決非一時偶爾之說也。茲類聚如下：

　　1.〈神化篇第四〉云：

　　　1.1無我而後大，大成性而後聖。聖位天德不可致知謂神，故神也者聖而不可知。

　　　1.2神不可致思，存焉可也。化不可助長，順焉可也。存虛

明、久至德，順變化、達時中，仁之至義之盡也。知微知彰，不舍而繼其善，然後可以成人性矣。

2.〈誠明篇第六〉：

2.1 纖惡必除，善斯成性矣。察惡未盡，雖善必粗矣。

2.2 不識不知，順帝之則。有思慮知識，則喪其天矣。君子所性與天地同流異行而已焉。

案：此言「不識不知，順帝之則」是取超自覺義。此段雖未有「成性」之詞，然「不識不知，順帝之則」，「君子所性與天地同流異行」，即是「成性」之極致。

2.3 莫非天也。陽明勝，則德性用。陰濁勝，則物欲行。領惡而全好者，其必由學乎？

案：劉蕺山于此作案語云：「若領好以用惡，手勢更捷。然在學者分上，只得倒做。」（《宋元學案‧橫渠學案上》）好善惡惡，在蕺山是發自意體之獨知（知藏于意），在橫渠，是發自性體之神用。領有「惡惡之用」或以「惡惡之用」為領導（領惡）而全其「好善之用」（全好），則性成矣（彰著地成）。「成性」之義即藏于此「學」之工夫中。

3.〈中正篇第八〉：

3.1 可欲之謂善，志仁則無惡也。誠善於心之謂信，充內形外之謂美，塞乎天地之謂大，大能成性之謂聖，天地同流、陰陽不測之謂神。

3.2 君子之道，成身成性以為功者也。未至於聖，皆行而未成之地爾。

4. 〈至當篇第九〉：

4.1 愛人然後能保其身（寡助則親戚畔之）。能保其身，則不擇地而安。（不能有其身，則資安處以置之）。不擇地而安，蓋所達者大矣。大達於天，則成性成身矣。

4.2 知及之而不以禮，性之非己有也。故知禮成性而道義出，如天地位而易行。

5. 〈大易篇第十四〉：

5.1 乾三、四位，過中重剛。庸言庸行，不足以濟之。雖大人之盛，有所不安。外趨變化，內正性命。故其危其疑，艱於見德者，時不得舍也。九五，大人化矣，天德位矣，成性聖矣。故既曰利見大人，又曰聖人作而萬物覩。亢龍以位盡為言。若聖人則不失其正，何亢之有？

5.2 乾之九五曰：飛龍在天，利見大人。乃大人造位天德，成性躋聖者爾。若夫受命首出，則所性不存焉。故不曰位乎君位！而曰位於天德；不曰大人君矣，而曰大人造

矣。

5.3 **成性**，則躋聖而位天德。乾九二，正位於内卦之中，有
君德矣，而非上治也。九五言上治者，言乎天之德，聖
人之性。故舍曰君而謂之天，見大人德與位之皆造也。

案：「舍曰君而謂之天」即「不曰君而謂之天」，與「舍曰善而曰
成之者性」爲同一句法。

6.〈經學理窟・氣質〉章：

6.1 人之氣質美惡與貴賤夭壽之理皆是所受之分。如氣質惡
者，學即能移。今人所以多爲氣所使，而不得爲賢者，
蓋爲不知學。古之人在鄉閭之中，其師長朋友日相教
訓，則自然賢者多。但學至於**成性**，則氣無由勝。孟子
謂氣壹則動志，動猶言移易。若志壹，亦能動氣。必學
至於如天，則能**成性**。（《張子全書》卷五，〈經學理窟〉
二）

6.2 所謂勉勉者，謂繼之者善也。成之者性也，繼繼不已，
乃善而能至於**成性**也。〔…〕（同上）

案：以上共十四條，皆言**成性**義。雖就「繼之者善也，成之者性
也」說，不必合〈繫辭傳〉之原意，然此表示工夫與學之「成性」
義于義理自通，決無問題。而朱子不能解也。

《朱子語類》卷第九十九，〈張子之書二〉，有一條云：

或問：《正蒙》中說得有病處，謂是他命辭不出有差，還是
見得差？曰：他是見得差。如曰：繼之者善也，方是善惡
混，云云。〔案：此引述不諦，「方」字尤不諦。〕成之者
性，是到得聖人處方是成得性。所以說「知禮成性而道義
出」。似這處都見得差了。

案：橫渠只說「性未成，則善惡混」，並不說「繼善」是善惡混。
勉勉繼善正是所以成性者。觀上錄6.2條可知。「性未成，則善惡
混」，雖是滯辭，然由工夫以言彰著地成之之「成性」義則並無滯
窒處。「知禮成性而道義出」（4.2條）尤為諦當顯明，何以說
「都見得差了」？此正不差也，而朱子不能解何也？就「成之者性
也」一句說，即朱子之解亦不必合〈繫辭傳〉之原意。解成為具，
是性之存有義，可類比「天命之謂性」；原意是「能成就此道者是
性也」，可類比「率性之謂道」；而橫渠則是由工夫以彰著地去成
就此性。此皆各是一義耳。單就其所說之「成性」義而說之斯可
耳。

　　此「成性」義影響後來胡五峰甚大。胡氏《知言》即言盡心
「以成性」、以「立天下之大本」。《知言》未提及橫渠，然亦同
樣未提及濂溪、明道。但不能說五峰未曾細讀濂溪、橫渠、明道之
書。其言「成性」顯是根據橫渠而來。橫渠之言「成性」，據以上
所錄觀之，猶只從變化氣質與養氣說，尚未從「心」上說。然變化
氣質與養氣之關鍵即在本心之呈現。孟子說浩然之氣「其為氣也，
配義與道，無是餒也。是集義所生者，非義襲而取之也。行有不慊
於心則餒也。」是即從本心之呈現與沛然不禦說「養浩然之氣」

也。橫渠說「養其氣，反之本而不偏，則盡性而天矣」，雖就氣質之偏說養氣，即養之而柔化通化其凝結之偏滯，尚不是說「養浩然之氣」，然養之而期其柔化與通化以收變化氣質之效，其本質的關鍵仍在本心之呈現。上錄6.1條，橫渠即引孟子「志壹則動氣，氣壹則動志」之語，而說：「動猶言移易。若志壹，亦能動氣。」志即心志，是即從心上說變化氣質也。心志呈現，能提得住，移易其「氣之偏」，柔化而通化之，此即橫渠所說之「學」之工夫。「必學而至於如天，則能成性」，是即無異于說**盡心易氣**以**成性**也。成性之關鍵最後仍落在心志之盡上。故〈誠明篇〉又有云：

心能盡性，人能宏道也。性不知檢其心，非道宏人也。

「盡性」即「成性」。「心能盡性」即是盡心以成性。心何以能盡性、成性？心之靈覺妙用、自主自律即足以形著性之實，性之實全在心處見。是故盡心即盡性，即成性。後來胡五峰即本此而言「心也者，知天地宰萬物以成性者也。六君子〔堯、舜、禹、湯、文王、仲尼〕盡心者也，故能立天下之大本。」此言「成性」同于橫渠，明是彰著地成。盡心以「立天下之大本」，「立」亦明是彰著地立，非「本無今有」之立也。最後劉蕺山亦盛言此義，此是屬于同一系之義理。朱子何以不能理解？蓋其說統中本不易接納此義理，故亦不易進入其意識中也。

　　蓋自濂溪言誠體、神體、寂感眞幾，橫渠言天德神體、太虛神體、「天本參和不偏」、「道則兼體無累」、「性其總，合兩也」，以至明道言「於穆不已」之體，進之言易體、理體、神體、

誠體、仁體、心體、敬禮、忠體，皆一。凡此種體悟道體性體者
（體悟爲即活動即存有者）皆非朱子所能相應。彼只本伊川「性即
理也」一語之清楚割截而將道體性體乃至太極體會爲只是理、只存
有而不活動者，心義、神義、寂感義皆脫落而屬于氣，而又本「格
物窮理」之順取之路以把握此道體性體甚至太極，此固不易接納
「盡心以成性」之義，而亦不易進入其意識中也。伊川曾有「性之
有形者謂之心」一語，此朦朧間亦函有一種形著義。但此「形著」
義，若依伊川之說統，著實講出，只是心知之明之在「格物窮理」
中形著之，亦只在心氣通過涵養後發爲存在之然中形著之，此非橫
渠、五峰所說之「盡心成性」義，亦無此「盡心成性」義之警策
性、嚴肅性與眞實性，故不易引起朱子之注目，而謂：「伊川有數
語說心字皆分明，此一段卻難曉。不知有形二字合如何說？」蓋在
伊川朱子之說統中，此「形著」義實無重要性，亦無本質性，實可
有可無，故朱子無此意識也。（對于伊川此語詳解見〈伊川章〉）
但在體悟道體性體爲「即活動即存有」之系統中，「盡心成性」有
其本質性與眞實性，性體之實全在心中，全由心之靈覺妙用自主自
律以形著之，而性之所以爲性亦于焉以**成**以**立**，即**成**其爲**具體而眞
實的性**，亦立其爲**具體而眞實的性**，而**心性是一**。凡自「於穆不
已」之體言性者，自其回歸于《論》《孟》之仁與心言，皆必須言
此義，性體始實（具體而眞實），心性始一，而亦最易想及此義，
此蓋理之必然者，故橫渠、五峰、蕺山皆言之也。明道未言及者，
以其盛言圓頓之一本，已跨過此義，而此義未嘗不隱含于其中也。
濂溪未言者，以在初創，尚未涉及如是之廣也。伊川、朱子不言而
朱子又不解者，以其系統之異也。陸王不言者以其純從孟子入，只

是一心之申展，不必言也。然承濂溪、橫渠、明道之言道體性體者則必須言此義。此「盡心成性」義在此系統中之所以有本質性、真實性與警策性，而五峰、蕺山之所以爲北宋三家（濂溪、橫渠、明道）之嫡系也。朱子是伊川之嫡系，故不能解也。抑不只此而已也。

　　凡順「於穆不已」之體言性者（誠體神體具在內）皆視性體爲一超越的、無善惡相的絕對至善之奧體、密體、寂感眞幾、創造眞幾、即活動即存有之眞體。橫渠說：「性未成，則善惡混」，此固是滯辭，但其實意卻只應是意謂性體自身在未通過盡心易氣以彰著之之時只是自存的純然至善、無善惡相之眞體自己，故及其通過亹亹（勉勉）繼善之盡心易氣之工夫時，即成爲具體而眞實的性體之全善，此即是「成性」。（「惡盡去，則善因以亡。故舍曰善，而曰成之者性」。此時性即已彰著地成就或完成，雖不曰善，而實是具體而眞實的、彰著的全善）。明道亦說：「人生而靜以上不容說，才說性，便已不是性也。」「不是性」是說有生以後與氣稟混雜同流，已不是那「於穆不已」之體自身之本然，故「凡人說性只是說繼之者善也」。此與橫渠意同，亦函說性體自身在未通過「繼之」之善時只是無善惡相之純然至善也。明道此義，朱子尚可以順著說，雖其所理解之性與明道所體會者不同。但至胡五峰言：「性也者天地鬼神之奧也，善不足以言之，況惡乎哉？」朱子即不耐矣。朱子于此力斥其爲告子之「性無善惡」說。此顯然爲誤解，亦非平情之論。蓋胡氏此義實與明道同也。至最後劉蕺山不管朱子之力斥胡氏，而仍說：「夫性無性也，況可以善惡言？」是故不言「明性」，而言「存性」。（「子貢曰：夫子之言性與天道不可得

而聞也。則謂性本無性焉亦可。雖然，吾固將以存性也。」參看《劉子全書》卷七，〈原旨〉七篇，〈原性〉。詳見〈胡五峰章〉）。彼如何「存性」？實以其所說之誠意慎獨以存之也。存之即明之，實以其所說之意知獨體澈盡「於穆不已」之性體以存而明之也。此仍是以心（意知獨體）著性、盡心成性之旨也。然則其反對言「明」者，只是反對外心以明之也。故曰：「夫性何物也，而可以明之？但恐明之盡，已非性之本然矣。為此說者，皆外心言性者也。外心言性，非徒病在性，並病在心。心與性兩病，而吾道始為天下裂。」（〈原性〉）此明是對朱子而發也。此雖未言「繼之者善」，然實與橫渠、明道、五峰之所說為同一義理，而尤近于五峰。凡此皆非朱子之所能解，必當為其所責斥矣。蓋彼對于「於穆不已」之體本無相應之契悟故也。然則橫渠之言「成性」焉可忽乎哉？

　　以上皆為橫渠「成性」義之所函，吾故詳疏之如上。

第八段　「以理言」之命與「以氣言」之命

　　〈誠明篇〉續上復云：

> 德不勝氣，性命於氣；德勝其氣，性命於德。窮理盡性，則**性天德、命天理**。氣之不可變者，獨死生修天而已。故言死生，則曰有命，以**言**其氣也。語富貴，則曰在天，以**言**其理也。此大德所以必受命，易簡理得而成位乎天地之中也。
> 所謂天理也者，能悅諸心，能通天下之志之理也。能使天下悅且通，則天下必歸焉。不歸焉者，所乘所遇之不同，如仲

尼與繼世之君也。舜禹有天下而不與焉者，正謂天理馴致，
非氣稟當然，非志意所與也。必曰舜、禹云者，餘非乘勢，
則求焉者也。

案：此綜結「以理言」之命與「以氣言」之命。通過善反、成性之
工夫，如果「德勝其氣」，則「性命於德」；如果「德不勝氣」，
則「性命於氣」。「德」即德行之德，善反化氣之工夫即德行，亹
亹繼善之實踐亦是德行。「性命於氣」與「性命於德」兩子句，初
看「性」字是主詞，「命」字是動詞。揆之通常句法是如此，朱子
開始亦作如此解，後經審思，乃以為「性、命」應全作名詞解。但
如此，則該兩子句無動詞，不合通常造句之習慣。橫渠蓋以為可略
之耳。橫渠措辭多有別扭不通暢處，此亦其一例也。茲順朱子，性
命全作名詞解。如此，此兩句之意是如此：如果吾人之德行不能勝
其氣，則性與命全在氣（全是氣、全在氣上轉）；如果吾人之德行
能勝其氣，則性與命全在德（全是德、全在德上轉），德不勝氣，
則一任氣質決定，孟子所謂「氣壹則動志」，此時吾人之性體與性
體之所命全不能作主，亦即全不能呈現，性乃全轉而為氣質之性之
橫決，命亦全轉而為氣性之定命，此即所謂性命全在氣、全是氣，
或全在氣上轉（展轉流布）。如果德勝其氣，則化氣之偏而從理，
則吾人之性體以及性體之所命皆能作主而朗現，此時性命之朗現即
是德行之純亦不已，此即所謂性命全在德、全是德，或全在德上轉
（展現流布）。故人經過養氣而化氣質之偏以至「窮理盡性」，則
此時吾人之性即是天德，吾人之命即是天理，即是性德之所命與所
「馴致」，即是吾人當然而不容已、必然而不可移之本分（必然的

義務）與本分之所「馴致」。此時所剩之屬于氣而不可變者，「獨死生修夭而已」。（修當作壽，作修亦通。修長也，夭短折也。）此種命是**以氣言**。此是氣命之所定，乃命運命定之命，非命令、本分之命。此不是德行所能改變者，但可以經由「盡其道」而至「順受其正」。

　　生死壽夭之命以氣言，此不錯。惟橫渠解「富貴在天」，則曰以理言，此不必諦。其如此說之根據是「大德必受命」，又根據「易簡理得而成位乎天地之中」而說。實則大德不必定受命，如孔子、釋迦、耶穌皆不曾受命，或可受命而不受。順古之聖王說，如堯、舜、禹、湯、文、武，自可說大德必受命，而理上實大德不必皆受命也。王充解「富貴在天」，是上關天星，此實仍是以氣言。王充完全自氣說性命，故有云：「用氣爲性，性成命定。」性是氣性、才性，命是氣命。文王在母胎時即已受大命矣。此完全決定于生物學的先天之氣，即自然生命之強度自有其光華與富貴。堯、舜、禹、湯、文、武固亦有德，此自理想言之，歷來說其爲大德，若從事實言之，雖有德，而不必爲大德。至少其受命不必全決定于德，不必能全以理言。總之，大德不必能受命，受命者亦不皆有大德。此不純是理之事，畢竟英雄之氣分數多，此外還要加上所乘之勢與所遇之機。而**內在地其個人生命之強度**與**外在地所乘之勢與所遇之機**，皆是**氣之事**也。故「語富貴，則曰在天，以言其理也」，此解不必諦。「在天」不必一定**偏于理說**，亦可**偏于氣說**。偏于理說的天命、天道之生化與性體道德創造之純亦不已（至誠不息）爲**同一意義**，故明道得云「只此便是天地之化，不可對此個，別有天地之化。」（「此」是指心性道德創造之沛然不禦、純亦不已

言。）而大人與天地合德亦只是合其**偏于理說**之「**德**」，此是超越的「**意義**」相同，「**大而化之**」之「**化境**」相同，甚至其「**神**」亦可說相同，而其**個體生命**之「**氣**」畢竟不能與天地之氣等量齊觀也。「**氣之運化以現理**」之「**質**」同，而量不同，其「**無窮複雜**」之質同，而**無窮複雜之量不同**（氣始可說「無窮複雜」）。即因有此不同，故個體生命之氣命與天地氣化之運行或歷史氣運之運行間始有一種遭遇上之**距離**與**參差**，因而有所乘之勢與所遇之機之不同。此則非我所能控制者。它超越乎我之個體生命以外與以上。此亦是天理中事、天命中事、天道中事，亦得簡言之曰天。此是天理、天命、天道之偏于**氣化說**，但亦爲其**神理所貫，全氣是神，全神是氣**。既全神是氣，則無限量之**無窮複雜之氣**固亦天理、天命、天道中事。就此說天理、天命、天道即是**偏于氣說的天理、天命、天道**，而此即對于吾個體生命有一種**超越的限定**，而吾個體生命對此超越限定言，即有一種**遭遇上之距離與參差**，因而有**所乘之勢**與**所遇之機之不同**，而此即形成吾之**個體生命之命運**與**命遇**，此即是以氣言之「**氣命**」。此亦是「**在天**」也。故「富貴在天」顯不能純以理言。凡孔子所說的「知天命」、「畏天命」、「不知命無以爲君子」，以及有慨嘆意味的「天也」、「命也」等辭語，以及孟子所說的「所以立命也」，「莫非命也」，「性也，有命焉」，「命也，有性焉」，「求之有道，得之有命」等等辭語之命，皆是說的**這種「命」**。但是此種命雖以氣言，卻亦不能割掉它的神理之體。「氣命」之氣不是塊然的純然之氣，它是「全神是氣、全氣是神」中的氣。即因此，它對吾人所成之超越的限定始有一種**莊嚴的嚴肅意義**，所以才值得**敬畏**，而每一個體生命之遭遇乎此總不免有無限

的慨嘆，雖聖人臨終亦不免嘆口氣（羅近溪語），因而「知命」、「知天命」才成為人生中一大關節。正面說的孔子之踐仁以知天，孟子之盡心知性以知天，其所知之天固首先是正面同于仁、同于心性之「以理言」的天，但決不止于此，亦必通著那不離其神理之體的無窮複雜之氣。此兩面渾而為一才是那全部的天之嚴肅意義與超越意義之所在。此不能純內在化。純內在化者是以理言的天，與性體意義同、質同、化境同的天。在此，只有性分之命，只有性之所命及其所馴致（自然而必然的結果）之命。此是「求則得之，舍則失之，是求有益於得也，是求之在我者也。」而「求之有道，得之有命，是求無益於得也，是求之在外者也」，此命即是氣命。

　　至于《易·繫辭傳》「易簡而天下之理得矣，天下之理得，而成位乎天地之中矣」，此更不足為「富貴、受命」之根據。「成位乎天地之中」之「成位」不必是「受命」之位，亦不必有富貴。至《易傳》此數語之上文為「乾以易知，坤以簡能。易則易知，簡則易從。易知則有親，易從則有功。有親則可久，有功則可大。可久則賢人之德，可大則賢人之業。」此中所謂親、功、賢人之德、賢人之業，固皆從理言，如橫渠所謂「天理馴致，非氣稟當然，非志意所與」，然亦皆不必是受命之富貴也。《易傳》只承此而言「易簡而天下之理得矣，天下之理得，而成位乎其中矣。」由「易簡理得」而自可「成位」乎天地之中，但不必是受命之位。天理「能悅諸心，能通天下之志」，故能體現天理，自必有「歸焉」者。但此是泛說，不必是某一方式之歸，因而亦不必是表示「受命」之歸。如孔子能體現天理，故有三千弟子歸之，此亦是歸，亦是成位乎天地之中，但卻是成其為聖之位，並未成其為王之位。是以盡性起用

自必有其馴致之歸結，但自然而必然之歸結是**性分之所定**，是求之在我者，此可說是**分析者**，而不是**綜和者**。至于富貴、受命之得不得，則是**綜和者**，而不是**分析者**，此中即有**氣命存焉**。橫渠謂：「不歸焉者，所乘所遇之不同，如仲尼與繼世之君也。」既有「所乘所遇」之不同，即有一種「求無益於得」之命**存在**。所乘之勢與所遇之機乃**氣命之事**，非**理命之事**。有無勢可乘，有無機可遇，即有之，吾能不能乘，吾能不能遇，皆有命存焉，非可強而致也。此中即有一種超越之限定。此統于神、理而偏于氣說之氣命所成之超越限定亦是「天」也，亦是天理、天命、天道如此也。某甲有勢而能乘，某乙無勢可乘，或即有之，而不能乘，機之遇不遇亦然，此皆儼若天命之。落實說，是勢、是遇、是氣命；統于神、理說，是天命。即在此統于神、理而偏于氣說之氣命上，把個體生命與天理、天命、天道**拉遠了**，而顯出天之氣運之**不可測**與天之氣化之**無窮盡**。故「大人與天地合德，與日月合明，與鬼神合吉凶，先天而天弗違」，是以**理說**。此時天全部**內在化**，吾之性體即是天，天地亦不能違背此性體。此時天與人不但拉近，而且根本是同一，同一于**性體**。此是「開物成務，冒天下之道」者也。而橫渠亦云：「知性知天，則陰陽鬼神皆吾分內爾。」（前第二段）此時即無氣命可說，而只有**承體起用**、**本體之直貫**。但「後天而奉天時」，則是以**氣說**。雖大人亦不能不「奉天時」。天運如此，不可違也。故君子重「知命」，而亦即在此有「所以立命」之義也。此時，天與人即拉遠。此先天後天兩義，即孟子「盡心知性知天」、「存心養性事天」、「殀壽不貳，修身以俟，所以立命」之三義。「盡心知性知天」是先天義，後兩義是後天義。依先天義，保持**道德創造之無**

外；依後天義，保持**宗教情操之敬畏**。依先天義，保持道德我之**無限性**；依後天義，保持我之個體存在之**有限性**。此兩義同時完成于儒家之「道德的形上學」中，而儒家之充其極的「道德的形上學」即完全同一于「道德的神學」，外此並無其他「道德的神學」之可言。

康德說：

> 上面的列星天體以及裡面的道德法則，這兩事，我們愈是頻頻地靜靜地去反省它們，我們心中愈是充滿了以新增的崇贊與戰兢。我不是要去追尋它們以及去猜測它們，好像它們隱蔽于黑暗中，或隱蔽于超出我的視線之外的超越領域中；我實是看見它們在我眼前，並以我的存在之意識直接與它們相連結。前者，從我在外在感覺世界中所佔有的地方開始，並自此擴大我的連繫到一同著世界上的世界，天體中的天體之無界限的境域，並且又把我的連繫擴入到它們的週期運行之無限制的次數中。後者，從不可見的我，我的人格，開始，並顯示我在一有真正無限性的世界中，但這世界只因知性而可追尋，並因這世界，我辨識我不是在一只是偶然的狀態中，但是在一普遍而必然的連繫中，一如我也伴同著一切那些可見的世界一樣。前者，自無窮數的世界觀之，好像是消失了我的重要性，使我一如一不關重要的動物，在一短暫的時間內含具著一種生命力，也沒有人知道如何是這樣，但此後仍必須再把它所由之以組成的物質歸還給它所居處的星球（只是宇宙中之一粟）。但是後者則反之，它因著我的人格

無限制地升舉了我的價值，使我成爲一睿智體，在我的人格中，道德律顯示給我一種生命是獨立不依于動物性，甚至是獨立不依于那全部感覺的世界——至少從這道德律所指定給我的存在之使命而可以作此推斷，這使命不限制于今生底範圍與條件，且可伸展而至于無限。（《實踐理性批判》第二部〈純粹實踐理性之方法學〉，〈結論〉中語）。

　　康德這段話即已暗示出先天後天之兩義。康德沒有把意志自由以及自由意志所自立之道德法則視爲吾人之性體，且是「萬物之一源」之**性體**；也沒有把那列星天體統于性體之神與理而視爲神體與虛體所妙運之**氣化**，（至少這一部工作沒有充分透澈地作得到），此即表示其沒有作成一個充其極的「道德的形上學」；他也沒有從統于神、理而偏于氣化說的「氣命」之觀念，以及由氣命而說的天、天理、天命、天道之觀念；他所極成的是一個依據基督教傳統而來的「道德的神學」，而其三大批判自身所蘊具的固有之「道德的形上學」卻沒有充分作得成，因此其「道德的神學」與其三大批判自身所固蘊具之「道德的形上學」成了兩截而隔氣；而如果其三大批判自身所固蘊具之「道德的形上學」能充分地作得成，因而其「蘊具」可稱爲「圓具」，則其「道德的神學」如非不必要，即是重疊。這一切，早已爲先秦儒家所透澈，而爲宋、明儒者所弘揚。康德生于十八世紀，其後于宋明儒遠矣。設其得窺儒學傳統之全貌，其道德哲學必更透澈而無疑。然依其思辨力已幾近于此矣。吾述橫渠性體義而言至此，亦略示導引之意也。關于康德之不足處，其詳請參看〈綜論部〉第三章。

第三節　「合性與知覺有心之名」：心體義疏解

第一段　心之名之所以立

　　案：此語亦不的當。「合性與知覺」好像是說性體中本無知覺，性是性，加上知覺才有「心之名」。此句由「合」字表示心，與上句由「合」字表示性，皆是不精熟之滯辭。殊不知在性與心處，均不應如此表示也。

　　依上第二節貫通之疏解，性就是太虛寂感之神。名之曰性者，是對應個體或總對天地萬物而為其體言，此是**性體義**；又自其能起道德之創造或宇宙之生化言，則是**性能義**；又自其所有之道德創造乃至「陰陽鬼神」之化皆是此性體所命之本分、當然而不容已、必然而不可移者言，則是**性分義**。宇宙論地綜言之，只是一個虛體、神體，自對應個體或天地萬物而為之體言，則有此三義，此是「性之名」之所以立。而「合虛與氣有性之名」，則不切矣。

　　性之名既是就太虛寂感之神（此亦曰虛體，虛即是體，亦曰神體，神即是體）說，則心之名亦不能由外此而別有所合以立。心就是剋就「寂感之神」說。寂感必然地函心義，神亦必然地函心義。「知覺」即是「寂感之神」之靈知明覺，不是吾人今日所說之「感觸的知覺」（sensible perception）。「有識有知，物交之客感爾。」「客感」之識知亦可說為此「靈知明覺」之發用。周濂溪〈太極圖說〉中所謂「形既生矣，神發知矣」云云是也。「神發知矣」即是誠體之神之發為識知也。識知既是此靈知明覺之發用，則

其根即是此宇宙論的靈知明覺之神亦明矣。

〈神化篇〉云：「虛明照鑑，神之明也。無遠近幽深、利用出入，神之充塞無間也。」「神之明」就是神之靈知明覺，「神之充塞無間」就是靈知明覺之充塞無間，靈知明覺即是神體之朗照（虛明照鑑）。

〈太和篇〉云：「氣聚則離明得施而有形，氣不聚則離明不得施而無形。」此言「離明」亦即神體之「虛明照鑑」也。自此而言。即是**心**。

心不但是「形既生矣，神發知矣」之形生後之「知」，亦不但是客感之識知。依濂溪，「神發知矣」下，則云：「五性感動，而善惡分、萬事出矣。」如只以形生後所發之知爲心，則此心不必能貞定而純一，此可曰心理學的心、識心、經驗心、習心、成心，而不必是貞定純一、「動而無動、靜而無靜」、動靜一如之神心、眞心、本心、超越心也。依橫渠〈大心篇〉所說（詳見下），此客感之識知，如不加以貞定，很可以是「徇象喪心」，「存象之心，亦象而已」，而不是心。〈太和篇〉末段亦有一句云：「心所以萬殊者，感外物爲不一也。」此明示客感之識知實乃「存象之心」而不是心也。如非「存象之心」，心何以能說萬殊？如果能提得住，保持其貞定之純一，則其萬殊之不一只是其隨機應變之形態之不一，而其自身仍不喪其一，此則非客感之識知之心自身所能必也。是以心之名決不是只就此經驗層（感觸層）上立。然則如果首先「本體宇宙論地」說，則心之本義、最深義、根源義，必須就神體之「虛明照鑑」說，而靈知明覺之知覺亦必須就此神體之明說。是以不是「合性與知覺有心之名」，乃是就性體寂感之神之靈知明覺或虛明

照鑑說即是**心**，此**心**之名之所以立也。

依此，性體之**全幅具體內容**（眞實意義）即**是心**，性體之**全體呈現**謂心。心體之全幅客觀內容（形式意義）即是性，心體之**全體挺立**謂性。首先性具有**性體、性能、性分**之三義，自心言，心亦必類比相應地具有此三義：心體義，心即是體；心能義，心能創生，心能形著；心宰義，心主于身，其所自律而命于吾人者皆是本分之素定，「大行不加，窮居不損，分定故也。」依此而言，心性完全合一──不，完全是一。若以性爲準而言之，則除上三義外，尙可加兩義而爲五義。一是性分所據以成之**性理義**，性體自具普遍法則即是理。此外，則是**性覺義**，性體之「神之明」即是覺。如是，**性體、性能、性理、性分、性覺**，五義備而性之全體明，心之全體亦明矣。此爲心性是一之**宇宙論的模型**。

但此宇宙論的模型必須經由道德實踐以證實而貞定之。心性是一之宇宙論的模型**以性爲主**，道德實踐之證實而貞定此模型，則須**以心爲主**。由宇宙論的模型建立**客觀性原則**，即建立天地萬物之**自性**，雖有性覺義，亦是客觀地說，亦是客觀性原則。由道德實踐之證實而貞定之，建立**主觀性原則──形著原則，具體化原則**。

第二段　「心能盡性」之總綱

〈誠明篇〉云：

> 心能盡性，人能宏道也。性不知檢其心，非道宏人也。

案：此兩語表示主觀性原則與客觀性原則最爲顯明。「心能盡性」

是道德實踐地言之，是由道德實踐以證實而貞定那客觀而宇宙論地說的心性是一之模型，具體言之，即由道德心（如惻隱、羞惡、辭讓、是非等）之主觀地、存在地、真切地呈現或覺用來充分實現或形著那客觀地說的性。故道德實踐地說的道德本心即是**主觀性原則、形著原則、具體化原則**。「性不知檢其心」之性，是客觀地、本體宇宙論地說的性，即性體、性能、性理、性分、性覺，五義俱備之性。此性體若無主觀地、存在地說的道德本心之真切覺用或真實呈現來形著之，它只是自存、潛存，而不能起任何作用，此即所謂「性不知檢其心」，亦孔子所謂「非道宏人」也。檢者定義、察義。心能盡性，則性自能檢其心。心不能盡性，則性雖自存而毫不能為力。故言道德實踐，以心為**決定因素也**。人能宏道，道自宏人。人不能宏道，則道雖不為堯存，不為桀亡，亦不能彰顯也。不能彰顯，即不能起作用。故自道德實踐言，以人之宏為主。是以性是**客觀性原則、自性原則**。就性體自身言，性體之**在其自己**是性體之**客觀性**，性體之**對其自己**是性體之**主觀性**。性體之在其自己是性體之**自持、自存**，性體之**逕挺持體**。性體之**對其自己**是性體之**自覺**，而此自覺之覺用即**心也**。此即道德的本心之所以立。道德的本心非他，本就是性體之自覺（自己覺其自己）。此是客觀地言之。若主觀地、存在地言之，即是心能盡性，當下即自本心自己之**真切覺用**以盡此性，以**充分地形著此性**。及至此真切覺用調適上遂，全幅朗現，則性體之內容全部在心，而心亦全體融于性，此即為心性之合一，主客觀之真實統一，而重返其心性本是一之宇宙論地說的模型而澈底證實而貞定之。此是「心能盡性」之總綱也。

　　以下試就《正蒙·大心篇》而論此義。

第三段　仁心體物而不遺：天無外、性無外、心亦無外

〈大心篇〉云：

> 大其心，則能體天下之物。物有未體，則心為有外。世人之
> 心止於聞見之狹。聖人盡性，不以見聞梏其心。其視天下，
> 無一物非我。孟子謂盡心則知性知天，以此。天大無外，故
> 有外之心，不足以合天心。

案：「大其心」之大並不是空口說大話，其根本關鍵乃在是否能盡
心或盡性而不為「聞見之狹」所限，故既曰：「世人之心止於聞見
之狹」，又曰：「聖人盡性，不以見聞梏其心。」「聖人盡性」，
盡性即已函盡心。為聞見之狹所限即小，不為見聞所梏梏即大。此
言大小顯本孟子大體小體之分而來。而是否能不為見聞之狹所限所
梏，實含有一道德實踐之工夫在，道德實踐之定義是對應道德行為
之本性、充分表現無雜念之道德心靈，以體現其自身之天理（即康
德所謂自律之道德法則、定然命令）之謂。如是，所謂「大其心」
根本是要從「見聞之狹」中解放。解放後的道德心靈乃根本是超越
的心靈，孟子所謂「本心」。囿于見聞之狹，而為見聞所梏梏、所
拘繫，總之所限制者，則是所謂經驗的心、感性的心，亦即所謂心
理學的心，莊生所謂「成心」，佛家所謂識心、習心是也。此種心
在條件制約中、在遷流變動中，當然不能由之建立起或表現出真正
之道德行為。此種心為耳目之官所限，自然是小。心小人亦小，此
即孟子所謂「從其小體為小人。」此既為小，則解脫出來的超越心

靈自然是大。心大人亦大，故孟子謂「從其大體爲大人。」

從「聞見之狹」中解脫出來的超越的道德本心自然不能有外，這是它的普遍性、遍在性。這普遍性是由「體天下之物」或「視天下無一物非我」而規定，這就是仁心之無外。故此普遍性是絕對而具體的普遍性，非抽象的類名之普遍性。「聖人盡性」即盡的這仁性，盡仁性即盡仁心。故云：「孟子謂盡心則知性知天，以此。」「天大無外」，性大無外，心亦大而無外。此無外之心即「天心」也。天無外、性無外，是客觀地說，心無外是主觀地說。而天與性之無外正因心之無外而得其**眞實義**與**具體義**，此爲主客觀之統一或合一。孟子言「萬物皆備於我」正是這仁心之無外。

仁心之無外亦不只是形式地說，而實由「體天下之物」之「體」字而見。此「體」字是表示「仁必無外」是具體的、存在的，這要在實踐中純粹的超越的道德本心眞實呈現，對于天下之物眞感到痛癢，始有此天心之無外。

〈天道篇第三〉云：

> 天道四時行，百物生，無非至教。聖人之動無非至德。天何言哉？天體物不遺，猶仁體事無不在也。禮儀三百，威儀三千，無一物而非仁也。昊天曰明，及爾出王〔同「往」〕昊天曰旦，及爾游衍！無一物之不體也。

朱子對此段文甚能欣賞。他說：「此數句從赤心片片說出來。荀、揚豈能到？」（《朱子語類》卷第九十八，〈張子之書〉），「從赤心片片說出來」是說此數句眞是眞切。說「荀、揚豈能到」，便

不類。此文與「大其心則能體天下之物」一段完全相同。此文中「天道四時行，百物生，無非至教」，以及引〈大雅‧板〉詩「昊天曰明，昊天曰且」云云，是客觀地說；而「聖人之動，無非至德」，以及「禮儀三百，威儀三千，無一物而非仁」，則是主觀地說。兩者在聖人的踐仁盡性或踐仁知天中完全合一，故曰：「天體物不遺，猶仁體事無不在也。」仁心即天心，仁德即天道。「仁體事無不在」不是仁這個概念體事無不在，乃是仁心仁性在「盡」中體事無不在。橫渠言「大其心」云云，顯是根據**孔子之仁**與**孟子之本心而說**。但朱子極不喜「大其心」之辭，因之對此段解之極無精神，而且時露微詞。這是因爲他心中有忌諱，並因爲中和定說後其義理形態已成定局之故。

《朱子語類》卷第九十八載云：

> 大其心則能體天下之物。世人之心止於見聞之狹，故不能體天下之物。唯聖人盡性，故不以所見所聞梏其心，故大而無外。其視天下無一物非我。他只是說一個大與小。孟子謂盡心則知性知天以此。蓋盡心則只是極其大，心極其大，則知性知天，而無有外之心矣。

案：朱子此解只是順橫渠字面說，非由衷之言，其心中極不樂意。「他只是說一個大與小」「蓋盡心則只是極其大」等語即示不滿之意。

故繼之復載云：

道夫問：今未到聖人盡心處，則亦莫當推去否？曰：未到那裡，也須知說聞見之外，猶有不聞不見底道理在。若不知聞見之外，猶有道理，則亦如何推得？要之，此亦是橫渠之意。然孟子之意，則未必然。

案：此解橫渠之意亦非是。橫渠言囿不囿于「聞見之狹」，是要顯本心、仁心之體物而不遺之遍在性，不是說「聞見之外，猶有不聞不見底道理」。朱子此解正是要指向由格物窮理以盡心，此非孟子意，亦非橫渠之意。橫渠之引孟子作證，非只橫渠意，實亦即孟子之本意也。朱子謂「孟子之意，則未必然」，蓋朱子對于孟子「盡心知性」之義別有解說故也。

　　故又載云：

道夫曰：孟子本意，當以《大學或問》所引爲正。曰：然。孟子之意只是說窮理之至，則心自然極其全體而無餘。非是要大其心而後知性知天也。

案：此即朱子對于孟子盡心章之別解。此別解完全非是。此誠是別扭之解，而且是誤解。朱子以爲「盡其心者，知其性也」，其意是：所以能盡其心者，是由于知其性也。此是因果顛倒。而「知其性」則又解爲格物窮理。窮理之至，則心之全體大用無不明，便爲盡心。是則盡心之「盡」爲認知地盡，而因「性即理也」，故格物窮理即是知性。知性知到家，便算盡了心了。故《集註》註此章云：

> 人有是心，莫非全體。然不窮理，則有所蔽，而無以盡乎此
> 心之量。故能極其心之全體而無不盡者，必其能窮天理而無
> 不知者也。既知其理，則其所從出〔案：即「天」〕，亦不
> 外是矣。以《大學》之序言之，知性則**物格**之謂，盡心則**知**
> **至**之謂也。

此註完全非是，決非孟子本意。橫渠、明道、伊川說及此，皆非如
朱子之所理會。「盡其心者，知其性也」之句法，在某種上下文之
聯絡裡，此語句亦可類比地被解為「盡心由於知性」之意，如「得
其民者，得其心也」之類。但此章之語脈則不是此意，而衡之以孟
子之義理，亦不能是此意。孟子言「盡」是充分實現之意，亦即
「擴而充之」之意。盡心即盡的惻隱羞惡等超越的道德本心，非是
盡其認知的「全體大用無不明」之智用之量。能充分體現此本心，
則即「擴而充之，足以保四海」，仁不可勝用、義不可勝用等語之
意。亦即「學問之道無他，求其放心而已矣」之義。亦「人皆有斯
心也，賢者能勿喪耳」之義。朱子之解差之遠矣，謬之甚矣。能充
分盡此心而勿喪，便算覿面相當真明白了吾人之性。蓋在孟子，此
超越的道德本心即是性，即是人之所以為人之超越的性能，人之所
以能發展其道德人格，所以能完成其道德行為之純亦不已之先天根
據。故盡心即是知性，知即在盡中知。而知性即是盡性，「知」處
並無曲折的工夫。工夫全在「盡」字。所謂「知」者，只是在「盡
心」中更具體地、真切地了解了此性體而已，此性體更彰著于人之
面前而已。在「盡心」中了解人之真正的本源（性體）、真正的主
體，則即可以「知天」矣。因為天亦不過就是這「於穆不已」之創

造，即生化之理也。故《中庸》曰：「天地之道可一言而盡也。其
爲物不貳，則其生物不測。」在天，說「生物不測」；在性，則說
道德創造（道德行爲之純亦不已）之「沛然莫之能禦」。故天之正
面函義與心、性之函義爲同一也。故盡心即知性，知性即知天。此
皆是立體的直貫義，「本體、宇宙論的」創造義，非如朱子之轉爲
認知的橫列義也。此是通常無誤的理解。橫渠此處提及此，雖重在
說體物不遺，然體物不遺而爲之體，即函體之而妙運之，亦是立體
的直貫義，「本體、宇宙論的」妙、通義，決非朱子之認知的橫列
也。即伊川提及此，亦照通常讀法解，並未以格物窮理說盡心，至
少不是如朱子之因果顚倒。不知朱子在此何以必作異解。得無以格
物窮理之格局橫梗心中而必欲曲解孟子以遷就之耶？然要者是在將
擴充的盡講成認知的盡，此種彆扭使朱子終生不能了解孟子，不能
正視主觀性原則就之以言道德之實踐，而必繞出去（歧出）以表示
其嚴肅的道德意識（敬）與下學上達之經驗工夫，故亦終不能了解
橫渠之「心能盡性」義、明道之「一本」論、胡五峰之「盡心成
性」義，以及象山之孟子學。

　　《語類》繼上復載云：

　　道夫曰：只如橫渠所說，亦自難下手。曰：便是橫渠有時自
　　要恁地說。似乎只是懸空想像，而心自然大。這般處，元只
　　是格物多後，自然豁然有個貫通處。這便是下學而上達也。
　　孟子之意，只是如此。

案：此段話相差太遠，不應如此隔閡！對應眞正道德行爲本身說，

由盡心盡性下手，即，不爲見聞之狹所梏所限，而將超越的道德本心澈底呈現，純自義上以奉行本心所自發之天理、定然律令，馴致仁心、本心、天心之遍潤而不遺，這將是最眞切最中肯之下手處，何言「難下手」耶？道夫此言，根本表示其未能正視道德行爲之何所是。這自不如讀一本書或撲著一件事之下手處之爲較易領會與易有把柄，然這些卻正是歧出，而與眞正的道德實踐爲不相干者，即，對應道德實踐言，此皆不是本質地相干者。朱子不就此點醒他，卻認爲「橫渠有時自要恁地說，似乎只是懸空想像，而心自然大」。這根本不解橫渠所說的「大」之切義與實義，而孟子的義理亦根本未能進到其生命內。如照朱子所說，橫渠似乎只是撐著憑空隨意說。然則孟子之言大體小體、求放心、萬物皆備于我、沛然莫之能禦，皆「懸空想像」乎？朱子不解此一系之義理，硬要解成「這般處，元只是格物多後，自然豁然有個貫通處」，以爲「孟子之意，只是如此」，此才眞正「自要恁地說」，亦無可如何也。

　　以上所錄《語類》爲一整段。分別點之，以明朱子之非。

　　《語類》繼上復載云：

> 大其心則能遍體天下之物。體，猶仁體事而無不在。言心理流行，脈絡貫通，無有不到。苟一物有未體，則便有不到處，包括不盡，是心爲有外。蓋私意間隔，而物我對立，則雖至親且未必能無外矣。故有外之心，不足以合天心。

案：此解無問題。若順此理解，何至于認橫渠說「大」只是「懸空想像」？

繼之復載云：

> 問：物有未體，則心為有外，此體字是體察之體否？曰：須
> 認得如何喚做體察。今官司文書行移，所謂體量、體究，是
> 這樣體字。或曰：是將自家這身入那事物裡面去體認否？
> 曰：然。猶云體群臣也。伊川〔案：當為明道〕曰：天理二
> 字卻是自家體貼出來。是這樣體字。

案：此解「體」字。體雖有體察、體認、體究、體貼、體諒、體恕
諸義，都表示親切入裡，不相隔閡之意，然自「天體物不遺」、
「仁體事無不在」，就仁心之感通、關切、知痛癢、不麻木言，此
「體」字卻非**認知意義的「體察」、「體認」、「體究」**之意，而
是**道德意義的立體直貫之體諒、體恕**之意。首問是「體察」否，已
歧出而遠離矣，或者之問「是〔……〕入那事物裡面去體認否」亦
同樣非是，而朱子皆首肯之，是其著眼點重在**認知義**也。朱子繼云
「猶云體群臣」，須知體察、體認、體究，皆非「體群臣」之體
諒、體恕義。「體貼」有時是指道德之心與情之體貼言，此則同于
體諒、體恕，有時是指認知之體會言。明道說「天理二字卻是自家
體貼出來」，此體貼即**體會義**，同于**體認、體察**。朱子儱侗一起
說，而又重在**認知意義之體認、體究與體察**，是即未能真明「**體物
不遺**」之**切義**與**實義**也。此是仁心之感通，是道德意義，非認知意
義。「天體物不遺，猶仁體事無不在」，就前一句說，即《易傳》
「曲成萬物而不遺」，《中庸》「鬼神體物而不可遺」之意，就後
一句說，即仁心之感通遍潤一切而不遺，仁道之顯現遍成一切而不

遺之意。由動字之「體之」即可轉而爲名詞,而見其爲萬事萬物之體也。故橫渠云:「體萬物而謂之性」,又云:「未嘗無之謂體,體之謂性。」此豈是體究、體察、體認所表示之「心之全體大用無不明」之無外耶?朱子之心態總是向認知橫列之靜涵形態(靜攝形態)轉,而不肯向立體直貫之形態轉。

繼上又載云:

> 問:物有未體,則心爲有外。體之義如何?曰:此是置心在物中**究見其理**,如格物致知之意。與體用之體不同。

案:此正式將「體」字講成**體究之體**,講成**格物致知之意**,完全非是。「體」字固是動詞,然卻是「**本體、宇宙論地**」妙之、運之、潤之、通之之「**體之**」,而不是**認知的窮究**之「**體之**」。此「本體、宇宙論地」體之,轉爲**名詞**而見其**爲萬事萬物之體**,即成**體用之體**。當其爲動詞之時,自非體用之體。然亦總非「究見其理」之意。如此顯明之義理,朱子何竟如此誤解耶?

繼上又載云:

> 或問如何是有外之心?曰:只是有私意,便内外扞格,只見得自家身己,凡物皆不與己相關,便是有外之心。橫渠此説固好,然只管如此説,相將便無規矩,無歸者,入於**邪遁之説**。且如夫子爲萬世道德之宗,都説得語意平易。從得夫子之言,便是無外之實。若便要説**天大無外**,則此心便**瞥入虛空裡去**了。

案：此綜解表示朱子心中之忌諱。此段開首數語尙好。人能去私意，恢復其超越的道德本心而自律稱理以行，感通一切而不扞格，此正是最眞切最正大的道德實踐，何至有「無規矩，無歸著，入於邪遁之說」之病？其所謂「邪遁之說」即禪也。心中總放不下這忌諱，雖正大之義亦不敢說。他根本不喜「大其心」以及「天下無外」之「大」字，故雖面對眞理而不肯正視，只顧說那「懸空想像」，「心便瞥入虛空裡去」，這不相干之忌諱。朱子是在這忌諱所形成之**封閉心境**下而轉向**認知橫列之靜涵形態**（靜攝形態），以爲如此便可堵住那些「無規矩，無歸著，入於邪遁之說」之流弊，而殊不知如此一轉卻亦正同時遠離孔子之仁與孟子之心性之宏規。是故對于橫渠「大其心則能體天下之物」一段所根據之孔子之仁與孟子之「盡心知性知天」之義完全**解不著**，而對于「體」字之解析亦全成**誤解**。吾所以不厭煩瑣，逐條指正，正欲藉此以明先秦儒家之原義以及北宋諸儒體解之不謬，且對顯朱子學形態之何所是，以爲此中差異之成，其界線甚淸，其義理脈絡甚明，而人爲辭語之似是與大體皆相類所迷惑，鮮能浸潤淸澈，釐淸其眉目。（老子所謂「濁以靜之徐淸，晦以理之徐明」）吾人若想以朱子爲準而曲通先秦儒家之原義以及北宋諸家之體解，講來講去，總覺觸途成滯，窒礙難通。吾處此困甚久，終於物各付物，而眉目朗然矣。〔朱子繼承北宋諸儒詮表儒家義理，其進于漢、唐經生者多矣，其功自大。然其註解四書、《易傳》以及講說北宋諸家，緊要處確有問題。由其**靜涵形態**所造成之纏夾與葛藤，剝解釐淸確極不易。吾故自講述濂溪起即隨時關照朱子體解之不同（所謂異解、別解、誤解）與不足，以明此中癥結之所在。如此剝解抉擇，至講述朱子本人時，其

思理形態之不同即全部朗現矣。〕

第四段 德性之知與見聞之知

〈大心篇〉繼上云：

> 見聞之知乃物交而知，非德性所知。德性所知，不萌於見
> 聞。

案：上段言心體物不遺是著重在超越的道德心之爲「體」義，而自
此段以下，則著重在心之「知用」義。首先，「見聞之知」與「德
性之知」之分別亦始於橫渠。上段言囿不囿於聞見，是根據孟子大
體小體之分，著重在心靈之陷溺與否之道德意義。而由于囿不囿于
聞見，從知用方面說，遂引生兩種知識之分別，而著重在心靈之囿
不囿之**知識意義**。由不囿于聞見之知識意義之心靈之知用反顯**德性
心靈之爲體**，雖說是**知識意義之知用**，而實在**極成德性心靈之無
外**，故曰**德性之知**。德性之知實無今日所說之知識意義也。是以見
聞之知與德性之知之對揚，雖說是知用，仍是指向**道德心靈之呈
現**，而不在純認知活動之**探究**也。

　　見聞之知是屬于「知識意義」者，即所謂經驗知識。無論是粗
樸材料之獲得，或進而究知外物之質、量、與關係，總是經驗知識
也。從認知活動言，見聞之知所表示之心靈活動是「萌於見聞」，
是在感觸知覺中呈現，是囿於經驗而受制于經驗。若依眞正經驗知
識之成立言，心靈之認知活動必囿于經驗而限於經驗之範圍，始有
眞正知識或積極知識（或實證知識）之可言。康德所說之先驗知識

實不是經驗知識之「知識」義，而是其所說之成功經驗知識之先驗
原則，或是純形式之知識如數學與幾何等。此先驗知識亦可以說是
不「萌於見聞」，但卻並不是橫渠所說之德性之知。在此並無德性
的意義，其所表示之心靈活動亦非德性的，乃是純認知的，不過是
純形式的而已。橫渠雖分出見聞之知，卻亦並未積極探究經驗知識
之構成，因而亦並未在此成一積極的知識論。其言此，乃著重其
「萌於見聞」，而爲見聞所限，故不能至乎體物不遺而無外之境
也。

　　德性之知依橫渠，即是發于性體之知。此如切言之，即知愛知
敬、知是知非，當惻隱自惻隱、當羞惡自羞惡、當辭讓自辭讓之
知，此則自無關于見聞，故亦不萌于見聞。其知用之活動實亦無特
定之經驗對象爲其所適應，只不過是那超越的道德本心無外之呈
現，呈現而自顯其自主自決自有天則之朗潤、遍照與曲成，故亦無
關于見聞，亦不萌于見聞。客觀地說的性天之無外，實即由主觀地
說的本心知用之無外來證實，實亦即是本心知用之無外之自己。故
德性之知惟在表示由超越的道德本心之知用來反顯**德性心靈之無
外**，亦即**心體性體之無外，性體道體之無外**，而實無**認知意義也**。
朱子所言之「心之全體大用無不明」乃就「即物而窮其理」而見。
其所知者是客觀的本體論的**靜態存有**之理，雖萌于見聞以及見聞所
接之物，而亦實超于見聞以及見聞所接之物，雖是超于見聞，卻亦
是爲心之虛靈明覺所知之**對象**，不過是**超越之對象**而已。以此，其
所說之「心之全體大用」實即**認知之全體大用**，故有**認知之意義**，
因而亦不表示**立體直貫的**或承體起用的體物不遺之無外之本心也。
從客觀方面說，其所知之理，綜之爲太極，是**本體論的靜態存有之**

理，而不是**動態的創生之理**。此即是生化之理之不自覺地轉成**另一形態**，即**本體論的存有之形態**，而不是「**本體宇宙論的**」即存有即活動之立體直貫之形態。而從主觀方面說，則總之爲一**認知橫列之靜涵形態**或**靜攝形態**。此朱子學之特色，乃承伊川而來，旣非先秦儒家之原義，亦非北宋濂溪、橫渠、明道之所體解者。（濂溪雖無「德性之知」之辭語，然其《通書‧思第九》言「無思本也，思通用也」，「無思而無不通爲聖人」，而又合于誠體而言，是亦即「德性之知」也。又，明道略言格物亦不同于伊川。詳見〈伊川章〉第八節〈格物窮理篇‧附識〉。）

〈誠明篇〉開首云：

> 誠明所知，乃天德良知，非聞見小知而已。天人異用，不足以言誠。天人異知，不足以盡明。所謂誠明者，性與天道不見乎小大之別也。

此文是〈誠明篇〉之開首語，亦由「天德良知」與「聞見小知」之分別而顯本體意義的誠與明。此數語可視爲了解「見聞之知」與「德性之知」之確義之指導原則。《中庸》云：「誠則明矣，明則誠矣。」又云：「誠則形，形則著，著則明，明則動，動則變，變則化。唯天下之至誠爲能化。」此皆承體起用、立體直貫之「本體宇宙論的」辭語。誠體起明，明即全澈于誠。故明即誠體之朗潤與遍照。誠明一體即窮盡本心性體之全蘊，亦即窮盡性與天道之全蘊。誠明**起知**即是**天德之良知**。良知之知用亦不過就是誠明自己之一天人、合內外，而「不見乎小大之別」而已。分解言之，「天德

良知」是大，聞見之知是小。然「天德良知」非是隔離的抽象體，乃必由通天人、合內外、一小大，而見其爲具體而眞實的誠明之知用。天德良知具體流行，則雖不囿于見聞，亦不離乎**見聞**。如是，聞見之知亦只是天德良知之發用，而聞見之知不爲小矣。聞見之知之所以小乃由于其不通極于天德良知，而自桎梏于聞見，遂成其爲「識心」而小矣。小即是人（人爲自限），大即是天。「天人異用，不足以言誠」，誠則通天人，而人亦天矣。一切人事皆是天行。「異用」者，天是天，人是人，如是則誠體即隔絕而爲抽象體，而非具體而眞實之眞誠也。「天人異知，不足以盡明」，明則通天人，而屬于人之聞見之知亦大而同乎天德良知矣。「異知」者，天是天，人是人，如是則誠體之明即是孤明，而不能盡其具體而眞實之全體大用矣。通天人，合內外，而盡其誠明之體之實義，則無小無大，小大之別亦泯，遂化而爲一體流行矣。故云：「所謂誠明者，性與天道不見乎小大之別也。」性與天道不外一誠明之體。自其一體而化言（所謂體用不二），則不見有小大之別。是故此言知用，不論其爲聞見，抑或爲良知，如從誠明說，皆要在反顯**誠明之體之通貫（立體的通貫，非橫列的通貫），而實無普通之認知意義也**（此段所言當與〈伊川章〉第八節〈格物窮理篇〉合看）。

第五段　虛明純一之心與「存象之心」

〈大心篇〉繼上又云：

　由象識心，徇象喪心。知象者心。存象之心，亦象而已。謂

之心可乎？

案：此段是進而由心之知用以明超越心之虛明純一。滯于見聞即是「存象之心」，不滯于見聞，即是虛明純一之心。「象」，依橫渠用語觀之，即〈太和篇〉：「散殊而可象爲氣，清通而不可象爲神」，「盈天地之間者法象而已」，「凡天地法象皆神化之糟粕爾」，諸語中之象或法象，即散殊之物象也。「由象識心」是經由物象以識心。如何能經由物象以識心？此當關聯著「見聞之知乃物交而知」來了解。即經由「與物交」來了解，不是單單經由「物」來了解。〈太和篇〉云：「至靜無感，性之淵源。有識有知，物交之客感爾。」是則由于與物交而成之「客感」而表現出識與知。識與知即心之作用也。吾人由于與物交而知物，亦即由于此「知物」之關係而反示心之活動也。心在感觸經驗中活動，常逐物而復留滯物之影像于心中。此時，心中完全爲物象所充塞。物之影像亦物象也，以今語言之，即心中之觀念或意象。此時心中完全是一些觀念、意象之堆集。若由此堆集之觀念意象來識心，則必「徇象喪心」。隨象之變動（生滅）而變動，隨象之紛歧而紛歧，心之自主性完全喪失，心完全物化，雖云有心，實即等于喪心。故云：「由象識心，徇象喪心」。又云：「存象之心，亦象而已」。佛家唯識宗說心者集聚義，即「存象之心」也。此是識心，並非眞心。但實則「知象者心」。知「象」的是心，即在此知象上即可見出心知是超越在「象」的上面，而象是在下面，心知是能、是主，象是所、是賓。能如此反顯，則心見矣。不能如此反顯，則因見聞而滯于見聞，即存象而徇于象，心同于物，實非心也。「存象之心」即心理

學的心，經驗的心，亦即識心、習心、成心也。後來黃道周即謂「意、識、情、欲，是**心邊物，初不是心**」。（《榕壇問業》卷十二）。而橫渠早已先黃道周而言「存象之心，亦象而已，謂之心可乎？」此可見先後同揆也。亦可見宋、明儒所言的心（伊川、朱子除外）總不是心理學的心，而必須是超越的道德本心也。必見到它的主動性、純一性與虛明性，方算是見到心。心之知象固由物交之聞見而顯，但滯于聞見與不滯于聞見，卻是聖凡之關鍵。在這關鍵上，即有盡心知性之工夫在。這不是知道的多少與廣狹的問題，總之，這不是知識的問題，乃是道德心靈是否能躍起之問題。橫渠雖由知象之知來說心，但目的卻不在說知識，而在說超越的道德本心之體物而不遺，故必分別「見聞之知」與「德性之知」也。

第六段　「合內外於耳目之外」

〈大心篇〉繼上復云：

> 人謂己有知，由耳目有受也。人之有受，由內外之合也。知合內外於耳目之外，則其知也過人遠矣。

案：見聞之知是由耳目與外物接，有接即有受。此亦是合內外。但這合內外是主體之心經由耳目之官與外物合，是平列的、對待的，因而亦是關聯的合，故亦必為生理器官與外物所限。能超越這拘限而「合內外於耳目之外」，則即為德性之知之合內外。故云：「知合內外於耳目之外，則其知也過人遠矣。」此「知」即德性之知也。但德性之知之合內外並不是平列的、對待的、關聯的合，而是

隨超越的道德本心之「遍體天下之物而不遺」而爲一體（心體性體）之所貫，一心之朗照，這是攝物歸心而爲絕對的、立體的、無外的合，這是「萬物皆備於我」的合，這不是在**關聯方式中的合**，因而嚴格講，亦**無所謂合**，而只是由超越形限而來之仁心感通之不隔。若依明道之口吻說，合猶是二本，而這卻只是一本之無外。在此，合是虛說，言其並無兩端之**關係的合之實義**，因而亦可以說這是**消極意義的合**。但自「道德的形上學」言，這消極意義的合，卻是眞實不隔的合，此眞達到「一」的境界，故又可說是積極的合，此合不是**兩端底關係**，而只是**一體遍潤而無外之一**。德性之知即隨仁體之如是潤而如是知也。故此知不是在**主客關係**中呈現，它無**特定之物**爲其**對象**，因而其心知主體亦不爲**特定之物**所限，它是超越了主客關係之形式而消化了主客相對之**主體相**與**客體相**，它是朗現無對的**心體大主之朗照**與遍潤。前第四段引〈誠明篇〉云：「天人異知不足以盡明」，故通天人，合內外，不見乎小大之別，方是誠明之知也。

第七段　心之郛廓義與形著義及耳目不爲累而爲心知之發竅

〈大心篇〉繼上復云：

> 天之明莫大於日，故有目接之，不知其幾萬里之高也。天之聲莫大於雷霆，故有耳屬之，莫知其幾萬里之遠也。天之不禦莫大於太虛，故心知廓之，莫究其極也。人病其以耳目見聞累其心，而不務盡其心。故思盡其心者，必知心所從來而後能。耳目雖爲性累，然合內外之德，知其爲啓之之要也。

案：此段首先以耳目之接天之明與屬天之聲類比心知郛廓天道生化之無極，以明心能盡性，心為**形著原則**。次則進而明心能盡性，則通天人、合內外、不見乎小大之別，由此即可由「耳目之有受」反而積極地看耳目之與物接，即，耳目不為累，反而為開啓天德良知之**機要**，此即後來王陽明所說之「良知之發竅」也。

日光遍照，象徵天之明，此是客觀地說。「有目接之，不知其幾萬里之高也」，此是主觀地說。主觀地說，即由目之接以證實天之明之高也。雷霆之聲震寰宇，此象徵天之聲，此是客觀地說。「有耳屬之，莫知其幾萬里之遠也」，此是主觀地說，由耳之屬以證實天之聲之遠也。心知之對于天道亦然。「天之不禦，莫大於太虛」，此是客觀地說。「不禦」即《易傳》「夫易廣矣大矣，以言乎遠則不禦」之「不禦」，亦孟子「沛然莫之能禦」之意，言天道生化之無窮盡也，無有足以禦而限之者也。天道何以能如此？以清通而至虛故也。天以太虛，故其生化莫之能禦。此是客觀地說。而「心知廓之，莫究其極也」，則是以心知之誠明契此生化之無盡而印證、證實此無盡，亦即真實化此無盡，亦如目之接日明而證實其為高，耳之接雷霆而證實其為遠。此是主觀地說。

「心知廓之」，廓，亦可如明道所謂「君子之學莫若廓然而大公，物來而順應」之廓，此是**開朗義**；亦可如邵堯夫所謂「心者性之郛廓」之廓，此是**範圍義**與**形著義**。以是，廓有三義：**開朗、範圍與形著**。城圈之外為廓，故對城圈言，廓有開朗義。但說廓說郊，其本身即有範圍義。由範圍而說形著。橫渠所說「心知廓之，莫究其極」之廓可備此三義。超見聞之「心知」遍體天下之物而不遺，自然開朗無外。以其開朗無外，故能相應「天之不禦」而知其

爲無窮盡。相應其「不禦」之無盡即是邻廓而範圍之。「廓之」以「相應」定。此如「範圍天地之化而不過」之範圍，此範圍亦是「相應」義。故此「範圍」是比擬說，並非有形之一定範圍也。故其實義即是「形著」，言心知相應其無盡而證實之，證實之即形著之。客觀自如者須待主觀之形著而得其真實義與具體義。故「心知廓之」之廓本于超越的道德本心之**無外**，而落實于對于天道之**形著**。心之作用即在形著，故橫渠言「心能盡性」也，而孟子亦言「盡心知性知天」也。虛說之邻廓範圍義即在導成此「形著」之實義。伊川亦言「性之有形者謂之心」，（此須別解）。後來胡五峰言「盡心以成性」，以及明末劉蕺山言「性無性」，「性因心而名」，「此性之所以爲上，而心其形之者與」等語（參看劉氏〈原性〉、〈原學〉等文）皆明言心之**形著義**。而此義卻不能爲朱子所把握。他只由邻廓範圍義，而以橫渠之「心統性情」一語爲根據而講心之「**統**」義，（此「統」是**關聯地統**，亦非必是橫渠之原意），與「**具**」義，（心具眾理，此具亦是**關聯地具**，非「心即理也」之**創發地具**），而對于形著義則不能解。此將在後講述伊川、朱子、五峰、蕺山時自明。

邵堯夫云：「性者道之形體，心者性之廓邻，身者心之區宇，物者身之舟車。」朱子最欣賞此四語，然其理解實不能盡其意。此四語實只在表明道之步步**形著化**與**內在化**。光儱侗地說道，這只是客觀地、形式地說。道必落實于性，所謂結穴于性，以性爲其體。此體即內容義、本質義，亦如德之于道。故曰：「性者道之形體。」形體是虛說之比擬詞。豈是性而真可有形體耶？故知此「形體」只是體性義、本質義、內容義。言性猶是客觀地、形式地表

示，而真正主觀地、具體地表示，則在心之形著。故曰：「心者性之郛廓。」即融性于心，性始得其真實義與具體義。故心為性之郛廓，雖有範圍義，但實在導成形著義。在盡心知性或至誠盡性之過程中，心之形著性體，形著之即函限定之。但到心體性體全體朗現時，即無限定之形著，而唯是一心之沛然，亦可以說唯是一性之昭然。此義是會通孟子與《中庸》、《易傳》說。若單自孟子說，則當下心即是性，當下即是一心之沛然。通過「心性當下是一」來知天，天較複雜。在此亦可說心性是天之郛廓。道、性、心，步步落實，是將《中庸》、《易傳》會通到孟子。北宋諸儒下屆胡五峰及劉蕺山皆是此路。惟陸、王是單自孟子說。就先秦儒家之發展說，是先有孟子，然後再澈至《中庸》、《易傳》之境。而澈至《中庸》、《易傳》之境，始有客觀地自天道建立性體之一義。北宋諸儒繼承此義，通于孟子，始有心能盡性，盡心以成性，心性對揚之心之形著義，而其究也亦是心性合一。發展至陸、王，則單自孟子之路入，無此心性對揚之心之形著義，直下即是心性是一。直下即是一心之沛然，直下即是心體之無外，即是性體之昭然。此兩路原是一圓圈。惟自發展上，始有此兩路耳。然其究也是一。蓋無孔子之踐仁知天、孟子之盡心知性知天，亦不能有《中庸》、《易傳》之客觀地由天道建立性體之一義。而無此一義，則孔子之踐仁知天、孟子之盡心知性知天，即不能算澈盡而至圓滿，而孟子之心性亦不必能澈盡而至其絕對普遍性，人或以為有封限，只限于人之道德心靈耳。然孟子已言「萬物皆備於我」，是則其心性之絕對普遍性並無虛歉，其盡心知性知天實不只是遙遙地知天，實足以證實天之所以為天，而在本質上實同于其所說之心性。此門在孟子實已開

啟，惟至《中庸》、《易傳》始正式**客觀地說出耳**。正式客觀地說出此義，即是將孟子所說之心性直下**澈至天道之奧處**，故有**客觀地自天道建立性體之一義**。然此義一成，即必然函有主觀說與客觀說之對揚，必然函有心性之對揚，必然函有心之形著義，以期最後重返于合一。心性合一，即心與性天之合一，此時性天為一面，是客觀地說者。此種合一是把孔子之踐仁知天，孟子之盡心知性知天所敞開之合一之門正式挺立起而澈至其**圓滿之極者**。此既能澈至其圓滿之極，則陸、王即可繼起而單自孟子之路澈至其圓滿之極。故自發展言，北宋諸儒下屆胡五峰是此圓滿之前一階段，是繼承《中庸》、《易傳》而再返到孟子以建立心之**形著義**，而陸、王則是後一階段，是直承孟子而澈至《中庸》、《易傳》之境，而**心性對揚、心之形著義**即**不必要**。從這裡說出去，不需要心性對揚、心之形著義；從那裡說進來，始需要有此心性對揚、心之形著義之過渡。此發展中之兩路正好形成一圓圈，此是發展中之圓圈，從此圓圈以明心性天是一。而理上言之、直下言之之畢竟是一，明道之**一本論**足以盡之矣。陸、王亦是此直下言之之一本論，惟陸、王是在發展中逼出的，故吾得以自發展上而言之。無論是圓圈所成之一本，或是直下言之之一本，朱子于此皆不能無憾焉。惟因朱子于此之有憾，始顯出陸、王之一本之**挺拔**。明道亦未至此光暢之境。較之陸、王，明道似只是圓悟妙悟之模型耳。

「身者心之區宇，物者身之舟車」，此言道、性、心之內在化，以極成「踐形」之體用不二之圓融論。「身」即是心之所處。心雖超乎身，亦不離乎身。光超越而不內在，是抽象地說的心。踐形之極，全身是道，全道是身。全身是道，則身雖有限而實具無限

之意義，而身不爲累。全道是身，則晬面盎背，施于四體，道（性心）得其具體之呈現，而性心不空掛。身與物連屬于一起，身假物以行，故曰：「物者身之舟車。」連屬家、國、天下，甚至萬事萬物，而爲一身，身之舟車即是道、性、心之所妙所通而爲一體者也。由是而道性心之體物而不遺之無外亦于茲而顯，而踐形之極之「體用不二」之圓融論亦于焉以極成。此義既成，則耳目不爲累，而爲道、性、心之發竅，而爲「合內外之德」之「啓之之要」，亦不煩解而可明矣。此完全是「本體、宇宙論的」立體直貫之成物與成身。在此，物與身直通其根于道、性、心，而不得視爲無根無體之幻妄；而凡經由物與身之發竅而出者皆本于道性心而來，皆是道性心之所成，不得局限于物與身一己之小而視爲物與身所自具有之質性也。此兩義即是以下兩段之所說。

第八段　「以性成身」與「因身發智」

〈大心篇〉繼上文復云：

> 成吾身者，天之神也。不知以性成身，而自謂因身發智，貪天功爲己力，吾不知其知〔智〕也。民何知哉？因物同異相形，萬變相感，耳目內外之合，貪天功而自謂己知爾。
>
> 體物、體身，道之本也。身而體道，其爲人也大矣。道能物身。故大。不能物身、而累於身，則藐乎其卑矣。能以天體身，則能體物也不疑。
>
> 成心忘，然後可與進於道。化則無成心矣。成心者，意之謂與？無成心者，時中而已矣。心存，無盡性之理。故聖不可

> 知謂神。〔案：此言「心存」、即「成心」存〕。
> 以我視物，則我大。以道體物我，則道大。故君子之大也，
> 大於道。大於我者、容不免狂而已。

案：此四小段爲一整段，皆環繞「本體宇宙論的」立體直貫之成物成身之義而說。本體宇宙論地說，「成吾身者，天之神也」。天道以太虛之神而能生化，故物與己身皆神之所成也。「身」即「己身」義，不必是身體也。言天、言道、言虛、言神，皆結穴於性。故太虛神體既成吾身，則吾即當盡己之性以成吾身，即盡性以完成自己也。盡性以成己，則凡吾身之所發者，皆性體之所爲，不得拘于區區一己之小，而謂是吾身之所發。若不然，則是貪天功以爲己力。即就所發之智言，則是一己之私智，焉得謂之天智？故云：「不知以性成身，而自謂因身發智，貪天功爲己力，吾不知其智也。」智之用爲「知」。凡人因何而有知乎？不過「因物同異相形，萬變相感，耳目內外之合」而有其「知」爾。此雖是物交之客感，〈太和篇〉所謂「有識有知，物交之客感爾」，而實則是太虛神體之發用，「耳目內外之合」只是其**發竅耳**，「同異相形，萬變相感」，亦是太虛神體之**妙通而然也**。故智之知用皆非區區一己之身之所有，皆是誠明性體心體之所發也。澈通於耳目與超耳目，則無不是天德之良知也。若不知此義，而自謂是己身之知，則是貪天功也。貪而忘本，則智是私智，知亦小耳。

　　既知「成吾身者，天之神也」，又知「以性成身」，則**實踐**地說，即可言「體物、體身，道之本也」之義。「體物體身」，體即體物不遺之「體」。就「道之本也」說，此語意同于「孝弟也者，

其爲仁之本與」之句。實踐地說，「以性成身」即是以性「體身」而成己，「體物」即是以性「體物」而成物。故「體物、體身」是行道之基本，是表現道之本質的關鍵。以性體身而成身，則反而即可說身是「體道」之身。「體道」即體而有之之謂，亦即能表現道于己身之謂。身而體道，則即爲大人。不體道，則只是一軀殼之身。就道說，若其道能「物身」而爲主于身以成身，則其道大而正。若不能「物身」而「累於身」，則是苟偷、卑陋、狹小偏曲之道。「能以天體身，則能體物也不疑」，此天即道、即虛、即神，亦即吾人之性。「以天體身」即是盡性以成己。能盡性成己，自能體物以成物。此猶是《中庸》盡己性、盡人性、盡物性，以至參天地贊化育之義。

　　盡性以成己成物，其關鍵在「盡心」。盡心即不囿于見聞之狹而充分體現其超越的道德本心之意。本心與「成心」對言。「成心」語出莊子〈齊物論〉「夫隨其成心而師之，誰獨且無師乎」句中之「成心」。成心即習心、識心。橫渠解爲「意必固我」之意。人到超脫見聞之累而能保持本心之虛明純一，則「成心」化矣。化則無意必固我之私，而唯是心體流行。隨時而中。故曰：「無成心者，時中而已矣。」

　　第四小段易解，不贅。

第九段　辨佛

　　〈大心篇〉繼上文復云：

　　釋氏不知天命，而以心法起滅天地，以小緣大，以末緣本。

其不能窮，而謂之幻妄。所謂疑冰者與？（原註：夏蟲疑冰）。

釋氏妄意天性，而不知範圍天用，反以六根之微，因緣天地。明不能盡，則誣天地日月爲幻妄。蔽其用於一身之小，溺其志於虛空之大。此所以語大語小，流遁失中。其過於大也，塵芥六合。其蔽於小也，夢幻人世。謂之窮理可乎？不知窮理，而謂盡性可乎？謂之無不知可乎？塵芥六合，謂天地爲有窮也。夢幻人世，明不能究所從也。

案：〈大心篇〉全文止于此。此段辨佛，不出〈太和篇〉之所云。其詳仍請參看附錄：〈佛家體用義之衡定〉。

第四節　綜論心性合一（是一）之模型

綜〈大心篇〉所論之心而觀之，橫渠顯是本孔子之仁與孟子之本心即性而言一超越的、形而上的普遍之本心。此本心如不爲見聞（耳目之官）所拘蔽，自能體天下之物而不遺而爲其體。此是一絕對普遍的本體。心即是體，故曰心體。此是主觀地、存在地言之，由其體物不遺而見其爲體。〈天道篇〉：「天體物不遺猶仁體事無不在」，俱是由體物體事而見其爲體。天道之「體物不遺」是客觀地、本體宇宙論地說；仁之「體事無不在」是主觀地、實踐地說。主觀地、實踐地說，即所以明「心能盡性」之超越的、形上的普遍本心也。故「天大無外」，性大無外，心亦大而無外。此即函心性天之主觀地、實踐地說之合一，而亦竟直是一也。字面上，橫渠雖

未明言至此，然意實含之，而亦甚顯明。故以「孟子謂盡心則知性知天」爲證。「心能盡性」，即如能盡此本心，自能盡性也。孟子謂盡心則知性知天，知亦是在盡中知。盡心與盡性、知性是一。盡心盡性與知天，在孟子其初似不一，猶有一種超越的距離在，所謂天道遠也，然自「大而化之」、「萬物皆備於我」之究竟言，則畢竟亦是一。盡心盡性即知天道而盡天道，只此心性之沛然莫之能禦便是天道。（此從正面純以於穆不已之天命之體說天，即純以天德神體或太虛神體說天。若帶著氣化說，則仍有超越的意味，由此說「命」，說「後天而奉天時」）「心能盡性」之心性對言只是爲明「盡」字之言辭上的方便權設，而實則盡其本心即盡性，性體之內容全在心體見；推之，天德神體、於穆不已之體亦全在心體見。故明道云；「只心便是天」也。此自是明道圓頓智慧之透闢，橫渠字面上未說至此，然意實函之，已明備此意。此一義理規範全是根據孔子之仁與孟子之本心即性而成立。只因朱子不能知此底蘊，而又異解（誤解）孟子，見故「大其心」之辭語即生厭心。

　　橫渠雖于〈太和篇〉先客觀地、本體宇宙論地自《易傳》之路入，重在闡明「有無、隱顯、神化、性命通一無二」，以抵禦佛老，好似客觀面重、主觀面輕，然及言「聖人盡道其間，兼體而不累者，存神其至矣」，由此一面展開，而至言「心能盡性」、盡心易氣以成性，則又自《中庸》、《易傳》而回歸于《論》、《孟》矣。是則主觀面亦並不輕，其客觀地、本體宇宙論地言「有無、隱顯、神化、性命通一無二」自始即未空頭言也，自始即緊扣主觀面通而一之而言也。人只浮光掠影看〈太和篇〉之辭語，爲其言太和太虛、言神言氣所吸住而不究其實，又不解其言「兼體無累」、

「參和不偏」之密義、實義,又不能解其〈大心篇〉之真切義以及
〈誠明篇〉之「心能盡性」義與「繼善成性」義,遂謂其客觀面
重、主觀面輕,或甚至謂其空頭言宇宙論,更甚至謂其為唯氣論
矣。此皆讀之而未入,或甚至根本未讀,而妄意其為如此耳,未盡
其實也。

　　橫渠言仁猶不只〈天道篇〉「天體物不遺猶仁體事無不在」之
一語。〈神化篇第四〉云:

> 敦厚而不化,有體而無用也。化而自失焉,徇物而喪己也。
> 大德敦化,然後仁智一而聖人之事備。性性為能存神,物物
> 為能過化。
> 義以反經為本,經正則精。仁以敦化為深,化行則顯。義入
> 神,動一靜也。仁敦化,靜一動也。仁敦化、則無體,義入
> 神、則無方。
> 大可為也,大而化不可為也。在熟而已。《易》謂窮神知
> 化,乃德盛仁熟之致,非智力能強也。
> 神不可致思,存焉可也。化不可助長,順焉可也。存虛明,
> 久至德,順變化,達時中,仁之至義之盡也。知微知彰,不
> 舍而繼其善,然後可以成人性矣。

此〈神化篇〉,謂之講神化可,謂之講仁亦可。「大德敦化」即
「仁敦化」。是則神化即「德盛仁熟之致」也。

　　〈至當篇第九〉亦云:

道遠人，則不仁。

性天經，然後仁義行。故曰有父子君臣上下，然後禮義有所錯。仁**通極其性**，故能**致養而靜以安**。義致行其知，故能盡文而動以變。

「性天經」意即性與天得其正之意，亦即正位居體之意。「性天」亦可說性即是天，故曰「性天」。「仁通極其性」與「天所性者通極於道」、「天所命者通極於性」爲同一句法。天道性命通而爲一，仁性亦通而爲一也。「仁通極其性，故能致養而靜以安」，此根據「仁者安仁」、「仁者靜」、「仁者壽」、「仁者樂山」以及「智及仁守」等義而說，故仁以靜爲體也。然及「仁敦化」，則「靜一動也」。「靜一動」猶言「靜而動」。「靜而動」其實亦是「動而無動」之神動。「義致行其知，故能盡文而動以變」，此即「義以方外」之義。「致行其知」即致行「虛明照鑑，神之明也」（〈神化篇〉）之神知。「盡文而動以變」即方外盡文而善應也。故義以動爲體。然及「義入神」，則「動一靜也」。「動一靜」猶言「動而靜」。「動而靜」其實亦是「靜而無靜」之神靜。

〈三十篇第十一〉亦云：

仲由樂善，故車馬衣裘喜與賢者共敝。顏子樂進〔案：意謂樂進其德〕，故願無伐善施勞。聖人樂天，故**合內外**而成其仁。

伊川于此謂：「先觀子路、顏淵之言，後觀聖人之言，分明聖人是

天地氣象。」此品題不誤，故橫渠亦言「聖人樂天」。然此只是品題上對于氣象之稱讚。至于說到仁之實，則伊川、朱子之理解與橫渠、明道不同。在橫渠與明道，仁實是「通極於性」而爲仁心仁體之無外，仁即是「本心即性」，亦即是「於穆不已」、「純亦不已」之體，亦即是「天德神體」或「太虛神體」之主觀地、實踐地言之者。故橫渠云「聖人樂天，故合內外而成其仁」，「仁體事無不在」，本無內外也。而明道亦以「渾然與物同體」、「以天地萬物爲一體」、說仁也。而伊川、朱子則只解爲「愛之理」，則與此異矣。故其贊聖人氣象與其所理解之仁不能相啣接也。

〈有德篇第十二〉復云：

> 不穿窬義也，謂非其有而取之曰盜、亦義也。**惻隱仁也，如天亦仁也。故擴而充之，不可勝用。**

案：此顯與伊川朱子之言仁異。

《性理拾遺·孟子說》亦云：

> 敦篤虛靜者仁之本。不輕妄，則是敦篤也。無所**繫閡昏塞**，則是**虛靜**也。此難以頓悟。苟知之，須久於道，實體之，方知其味。夫仁亦在乎熟之而已。

案：「無所繫閡昏塞」，其義理根據，在橫渠是「**虛靜**」（天德神體，太虛神體之虛靜），在明道即是**覺潤無方**也。「敦篤虛靜者仁之本」，即是仁之自體性也。明道自「一體」說仁，自「覺」（不

麻木、有感覺、能感通）說仁；橫渠亦自「一體」說仁，惟未曾想
到「不麻木」之覺，而卻自「虛靜」說仁，而「虛靜」亦自淸通而
言也。「無所繫閡昏塞」即淸通，即虛靜，此非仁心**感通無礙**而
何？此在其提醒人處，雖不及言「覺」言「不麻木」之警策，然實
義未始有異也。覺、不麻木，固切于仁，「敦篤虛靜」、淸通「無
繫閡」、無「昏塞」，亦切于仁也；而其爲「無內外」（此函渾然
一體）、「體事無不在」之**仁體**則一也。然朱子則極不喜此「仁
體」一詞，又不贊成自「一體」說仁，尤力斥以「覺」訓仁。至于
橫渠說仁，則更爲其所不注意矣。

　　以上所錄，若類聚于一起，亦可題曰橫渠之「仁化篇」。由此
觀之，其言仁亦不輕矣，而且與明道爲同一思路。其如此言仁，當
橫渠在時，其弟子呂與叔恐亦未有所警悟。橫渠沒，呂與叔赴洛陽
見明道，明道始爲之言「學者須先識仁」一段，此是有名之〈識仁
篇〉。故明道之〈識仁篇〉有**當機之指點性**，而**警策性**亦大。橫渠
之言仁只是在《正蒙》各篇中如此說，當機性不足，故呂與叔亦無
所聞也。然**義理之實**則固與明道無以異也。明道〈識仁篇〉已言
「〈訂頑〉〔〈西銘〉〕意思乃備言此體」。實則〈西銘〉意思只
是顯示（烘托）出此體，眞正「備言此體」者恐在上錄之《正蒙》
各篇也。據蘇昞之〈正蒙序〉以及呂與叔（大臨）之〈橫渠先生行
狀〉所記，《正蒙》全文、橫渠晚年（將卒前）始出而示人，是則
橫渠在時，明道或未及窺全豹也。人不能詳讀橫渠書，而明道又因
朱子之傳承伊川，未能細簡其兄弟之異，而成爲隱形者，如是，人
遂以爲二程爲一路，而絕異于橫渠。實則伊川、朱子與橫渠絕異，
而明道與橫渠在根底上固是一路，而未始有異也。勿因明道誤解橫

渠之「清虛一大」而即謂彼二人根本上有異也。（〈太和篇〉初稿可能更多隱晦，亦可能因明道之議而有修改。然據今日觀之，明道決是誤解。至伊川、朱子更不待言）明道之譏議橫渠，除「清虛一大」之誤解外，大抵是小疵病，皆是關于表示上之圓頓否者，詳見明道章。至于伊川、朱子之譏議則是根本上心態有異，因而亦函義理系統之異也。人混漫浮皮觀之，何能究其實？

　　總之，由「兼體無累」、「參和不偏」、「性其總合兩也」，以至「心能盡性」、盡心易氣以成性，以及「仁體事無不在」，「仁以敦化為深、化行則顯」，「敦篤虛靜者仁之本」，凡此一系之義理皆表示**主觀面並不輕**，皆表示**主客觀之統一**，是亦能由《中庸》、《易傳》而回歸于《論》、《孟》，比濂溪為圓滿多矣。雖不及明道之清澈圓熟，而沈雄弘偉則過之。明道雖亦客觀地本《中庸》、《易傳》言天道、天理，然〈識仁〉、〈定性〉俱是主觀地言心體性體，又以其圓融之智慧，盛言**一本之義**，則主觀面與客觀面俱已飽滿而無**虛歉**，故終于以「**一本**」為**究竟了義也**。至此，心性天為一之模型，所謂**圓頓之教**，徹底朗現矣。此由濂溪開始，通過橫渠，所體悟之天道性命所必至者，而亦不失先秦儒家發展之弘規。惟至伊川、朱子，逐漸泯失而歧出。凡此俱見以後各章所述。

　　伊川、朱子所以迷失而歧出之關鍵何在？茲仍就「心能盡性」，心性天合一之模型而明之。

　　在講〈大心篇〉之前，吾已明性具五義：

　　一、性體義：體萬物而謂之性，性即是體。

　　二、性能義：性體能起宇宙之生化、道德之創造（即道德行為之純亦不已），故曰性能。性即是能。

三、性理義：性體自具普遍法則，性即是理。

四、性分義：普遍法則之所命所定皆是必然之本分。自宇宙論方面言，凡性體之所生化，皆是天命之不容已。自道德創造言，凡道德行爲皆是吾人之本分，亦當然而不容已，必然而不可移。宇宙分內事即是己分內事。反之亦然。性所定之大分即曰性分。

五、性覺義：太虛寂感之神之虛明照鑑即是心。依此而言**性覺義**。性之全體即是靈知明覺。

凡此五義，任一義皆盡性體之全體：性全體是體，全體是能，全體是理，全體是分，全體是覺。任一義亦皆通其他諸義：性之爲體，通能、理、分、覺而爲體，性之爲能，通體、理、分、覺而爲能；性之爲理，通體、能、分、覺而爲理；性之爲分，通體、能、理、覺而爲分；性之爲覺，通體、理、分而爲覺。故任一義皆是具體的普遍，非抽象的普遍。

　　性體有此五義，是客觀地、形式地言之。自心能盡性，主觀地、實踐而亦是實際地言之，則超越的、形而上的、普遍的本心（天心）亦具此五義：

一、心體義：心體物而不遺，心即是體。

二、心能義：心以動用爲性（動而無動之動），心之靈能起宇宙之創造，或道德之創造，心即是能。

三、心理義：心之悅理義即起理義，即活動即存有，心即是理。此是心之自律義。

四、心宰義：心之自律即主宰而貞定吾人之行爲，凡道德行爲皆是心律之所命，當然而不容已、必然而不可移，此即吾

　　　　人之大分。此由心之主宰而成，非由以限之也。依成語習
　　　　慣，無心分之語，故不曰心分，而曰心宰。心宰即性分
　　　　也。

　　五、心存有義：心亦動亦有，即動即有。心即是存有（實
　　　　有），即是存在之存在性，存在原則：使一道德行為存在
　　　　者，即是使天地萬物存在者。心即**存有**，心而**性矣**。

凡此五義，任一義皆盡心體之全體：心全體是體，全體是能，全體
是理，全體是主宰，全體是存有（實體性的存有）。任一義亦皆通
其他諸義：心之為體、理、宰、有而為體；心之為能，通體、理、
宰、有而為能；心之為理，通體、能、宰、有而為理；心之為宰，
通體、能、理、有而為宰；心之為有，通體、能、理、宰而為有。
故任一義皆是具體的普遍，而非抽象的普遍。

　　自性而言之，綜此五義而曰性體。綜性體之整全言之，亦得曰
理。此即是太極之為理。朱子說太極是極至之不誤也，然朱子說太
極是極至之理卻成「**只是理**」（**但理**），而能義、覺義則抽掉，即
將太虛寂感之神義抽掉而屬之氣。依此，太極成為不動不靜、無所
謂動靜之死物。太極對動之事而為動之所以然，即為動之理，因而
說太極有動之理（太極為綜說故）。太極對靜之事而為靜之所以
然，即為靜之理，因而說太極有靜之理。而動靜之事之實，則屬之
氣。太極本身則不動不靜，亦無所謂動靜。此無所謂動靜非「動而
無動、靜而無靜」之神。是則太極只是理，只是形式的所以然（雖
亦是超越的），只是靜態之存有，而非即活動即存有之動態的存
有。此是對于道體、性體體悟上之不足，此既不合先秦儒家由「維
天之命於穆不已」之最原始之智慧而來之天命天道觀，亦不合濂溪

由誠體寂感之神以說天道，以及橫渠由太虛寂感之神以說天道性
體。此即所謂迷失而傍落。抽掉寂感之神以及性能義與性覺義，即
為傍落。寂感之神與性能性覺義即旁落，太極成「只是理」，而性
亦成「只是理」，因而太極之為極至之理完全等同性之五義中之第
三義就普遍法則而言之性理義。性與太極皆只是靜態的存有，皆只
是超越的、形式的、**靜態的所以然**，而非超越的、具體的、**動態的
所以然**。不過說太極、說性體，是綜言之；說到理，則曰太極含萬
理，性具象理，則亦綜亦分也。綜之于性與太極，而分別表現于氣
化。綜之于性與太極是一理，亦可曰統體一太極。分別表現于氣
化，則有多相，亦可曰物物一太極。此朱子學之綱維也。

　　然就先秦儒家以及濂溪、橫渠所體悟之天道性體，則不如此。
首先，綜性體之整全而謂之理，此理之層次與五義中第三義就普遍
法則而說之理之層次不同，前者在層次上是高于後者，前者是綜性
體之全而謂之理，後者是偏就性之全中之某一義（某一面）而說是
理。

　　綜性體之全而謂之理亦可由「超越的所以然」而表示。譬如對
人言，此性體即是吾人之所以為人之「超越的所以然」（理），即
是吾人發展道德人格而成聖之「超越的所以然」（理），即是道德
實踐所以可能之「超越的所以然」（理，根據）。總對天地萬物
言，此性體即是天地之化之「超越的所以然」（理，極至之理，生
化之理）。由這「所以然」之形式的陳述，自必函一理之意義。但
如此所說之理之意義只是由形式的陳述所賦予之形式的意義，其實
際內容與具體意義並無任何表明。由這「超越的所以然」可知其所
實指之形式意義之理是「**存在之理**」（**存在原則**，存在之**存在**

性），不是定義中所表示的「內在的描述的所以然」所表示之**形構之理**。（形構之理是類名，而存在之理不是類名）但亦只能知其為「存在之理」，而此存在之理之實義仍未表示出。此則並非只是一「超越的所以然」所能盡。因此，要明其實義仍須要進一步有具體之體悟與具體之規定。依先秦儒家以及濂溪、橫渠之所體悟與規定，此「超越的所以然」是存在之理同時即是能創生能起用之生化之理——是心性合一者，是具備五義者，是即活動即存有者，是超越的動態的所以然者。而依朱子之體悟與規定，則只是理，而不是心性合一者；是只具備性體、性理、性分之三義，而不具備性能與性覺者，是只存有而不活動者；是超越的靜態的所以然，而無所謂動靜；而不動不靜者，而非是「動而無動、靜而無靜」之動態的所以然。依此，其為存在之理只是靜態的存在之理，而非同時即是生化之理者。縱就氣之生化之實亦可言其為其生化之理，亦只是**靜態地為其生化之理**，而不是**能創生能起用**（神用、妙用）之**之動態的生化之理**。

　　就五義中第三義之性理義而言理，此之為理是就普遍法則而言。此可只是理。然此只是性體之一義或一面。縱就此一面言，此理可成為「只是理」，然卻並不因此即謂性亦只是理。因任一義皆通其他諸義，性之為理是通性體、性能、性分、性覺而為理，此並不表示性只是理，而卻表示是心性合一者，是**即活動即存有**而不**只是存有者**，是**動態的所以然**，而非靜態的**所以然者**。

　　就兩層次而言性是理，皆不表示性只是理（靜態的但理）。在朱子，似不曾覺到此兩層分言之理之不同，而只把「所以然」所表示之理等同于普遍法則之理，因而太極性體只成一個只是普通法則

之只是理，只是一靜態的存有之爲理，只是一存在之**靜態的存在性**，不過有一相與多相而已。綜起來說是一，隨氣化而有分別表現，自此而言是多。

朱子是一條鞭的（直線的）分解表象。依其如此分解表象之體悟，遂有兩結果發生：

一、其言性或太極之爲理，雖亦由「超越的所以然」而得保持其爲「存在之理」，但卻是靜態的，不能起生化之妙用的，即只是靜態地爲存在之理，而非動態地爲存在之理。實際在生者、化者、動者、靜者，只是氣，而理則只是在背後隨著其生、化、動、靜之**事而靜態地定然而規律之**，而爲其「**存在之理**」而已。（朱子講到太極時，順傳統習慣，亦言其爲「萬化根本」，爲萬化之源。但亦只是說太極是如此，說到性，即不見有此類辭語，亦根本不能表示性體之道德的創生義。說太極，雖有那類辭語，而依其分解表象之直線思考，說來說去，卻只成一靜態的存在之理。朱子不自覺到其所習用之「萬化根本」一辭語究是何義也）此顯然不是《中庸》「天地之道可一言而盡也，其爲物不貳，則其生物不測」之義，亦不是至誠不息，以及誠則形、著、明、動、變、化等義。此顯非先秦儒家隨「維天之命，於穆不已」而來之對于天道性體之體悟。

二、性或太極之爲存在之理既如此，則心神俱傍落而屬之氣。依此，自宇宙論而言，則理與氣爲橫列的相對之二，（雖亦云理先氣後）；自道德實踐而言，則心與性爲橫列的相對之二。因此，遂由太極性體之生物不測或道德創造之「本體、宇宙論的」立體直貫之**創生型**或**擴充型**，轉而爲認識論的橫列之**靜涵型**或**靜攝型**。凡《孟子》、《中庸》、《易傳》中「本體、宇宙論的」立體直貫縱

貫之辭語，皆爲其所不能正視，甚至所不喜，亦皆爲其所不能解，或甚至是**誤解**、**異解**。彼對濂溪〈太極圖說〉雖極推崇表揚，而對于《通書》誠體寂感之神則不能正視，不能以之解太極，因而逕將太極解爲只是理，而神則屬之氣。彼對橫渠雖亦極推崇，而實不解其對於天道性體之體悟，對於〈大心篇〉之論心尤表不滿。彼對於明道雖極客氣而含蓄，而卻露其不滿之情於繼承明道而說者。出之明道之口，則謂其太高，或置之不理；出之繼承明道而說者之口，則力肆攻擊。其不滿可知。對於胡五峰之《知言》，則列舉八端之「疑義」以致疑。對於陸象山則力攻其爲禪，而亦不必言矣。凡此不解、誤解、異解與不滿，其總關鍵、總癥結全在「本體、宇宙論的」立體直貫型與其認識論的橫列之靜涵型之不同，而其所不滿、不解而誤解、異解者，皆是直貫型也。其所不滿之人當然不能說全無疵病，然其所以不滿之總關鍵則在此兩型之不同。彼對之無間然而無異辭微辭者，惟一伊川而已。然則除伊川而外，如許之人盡皆非是乎？此中自不能無問題可知矣。然而歷來莫能明其究竟也！

　　橫渠「心統性情」之語與伊川「性即理也」之語爲朱子靜涵靜攝系統所以成立之兩指導原則。然「心統性情」一語不見於《正蒙》，而只在〈性理拾遺〉中有此孤立之一句：「心統性情者也。」（此一句爲一條）如此語因朱子之重視而有代表性或原則性，則亦只能根據《正蒙》而解之，其意不必是朱子系統中之所解也。朱子只是借用此語以說己意耳。

　　以上就橫渠之言天道性命與心能盡性，綜括由朱子之靜攝型所起之波瀾，以明此問題關鍵之所在，兼攝後來發展之脈絡。如此，則六百年（元朝不計）發展之傳統，雖頭緒紛紜，極難董理，而握

此關鍵，則瞭如指掌、歷然在目矣。凡此只在明宋、明儒所言之天道、天命、太極、太虛，其結穴只在**性體**。性體具五義是客觀地說；從天道、天命、太極、太虛而結穴於性體，所謂性與天道，性天之旨，亦皆是客觀地說。至心能盡性，心具五義，則是主觀地、實踐地說。問題只是心性合一否。說性即理與說心即理是引生之問題，尚不是根源之問題。在朱子說性即理，而不說心即理，根本乃是太極性體之為只是理，心性不合一，故函心理之為二。此是朱子認識論的橫列之靜涵靜攝型之所必至者。凡以言性具五義、心具五義，只在明宇宙之生化即是道德之創造。「本體、宇宙論的」立體直貫之創生型或擴充型乃是先秦儒家言天道性命、言心性之**本然**。宋儒興起，濂溪、橫渠亦是剋就此義而言天道性命，言**心性**。明道之盛言一本乃是此義圓滿表示之模型。胡五峰、陸象山、王陽明，乃至劉蕺山皆是繼承此直貫型而立言。此為宋、明儒之大宗。惟自伊川以至朱子始歧出而成為認識論的橫列之靜涵靜攝型。此固有其偉大，獨成一型，（其在學術文化上之作用與意義亦甚大），然顯非先秦儒家所發展成之內聖成德之學（所謂道德哲學，道德的形上學）之本義與原型。此就儒家言，此固不得為正宗也。朱子之傳統固不等於孔、孟、《中庸》、《易傳》之傳統也。此中之差別亦如西方柏拉圖傳統之「**本質倫理**」與康德傳統之「**方向倫理**」之不同，亦如佛教中唯識宗與真常心宗（講如來藏者）之不同。最高智慧之大脈，出發點與內容雖不同，而其發展之形態則固常相同也。

附錄　佛家體用義之衡定

橫渠謂：「若謂萬象爲太虛中所見之物，則物與虛不相資，形自形，性自性，形性天人不相待，而有陷於浮屠以山河大地爲見病之說。」

橫渠所言之虛或太虛（儒家義）是氣之超越體，虛所妙運之氣是其用，因虛之妙運始能有氣化之用，此是創生的「意志因果」之體用，創生的性體、心體、神體、誠體因果之體用，自不能謂「萬象爲太虛中所見之物」，而物與虛，形與性，自是相資而相待，且不只相資而相待，且是立體之直貫。

佛家之體用義且比老子之體用義爲特別，蓋其所言之空有殊義也。橫渠欲以其用之「太虛」一詞衡量之，自無甚意義。蓋就自義言，自不能「謂萬象爲太虛中所見之物」，是以「若謂」之設擬乃無意義者。而就佛家言，則佛家所言之「空」與橫渠所言之「虛」既完全不同，自亦不能以「若謂萬象爲太虛中所見之物」之設擬難佛家。蓋不能「謂萬象爲太虛中所見之物」，而就佛家言「空」之某方面某意義言，卻可謂萬象爲「空」中所見之物。橫渠之所以如此設擬，蓋重在佛家體用之不相資不相待，明其體用義根本非聖人三極大中之道而已。實則佛家之「空」，固有時可謂萬象爲「空」

中所見之物，有時亦不能如此說，且甚至有時（其原初根本義）亦根本不能以體用論。即發展至某境，可以說體用，其體用究是否不相資不相待，即使可相資可相待，其相資相待究是何種意義之相資與相待，此則須有待于詳察者。

一、佛家言「空」之意義：空與緣生非體用義

1. 佛家之空，其原初之根本義亦是共同義，只是就「諸行無常，諸法無我」說。依佛家無明苦業之意識觀，諸行諸法無常無我即是空。空者空卻諸行諸法之自體或自性也。無常無我進而以「緣生」解。緣生固釋迦佛之所說。緣備則生，緣離則滅。生則存在，滅即不存在。故緣生即函無常，常則無所謂存在與不存在。無常即函無我。人無我，法無我，故諸法無我。無我等同無自體無自性，而此即是「空」義也。故緣生即空。言諸行諸法無自體無自性，而唯是以空為性也。故亦云空性或空理，言空即是萬法之通性、萬法之共理。法無自性，以空為性。亦可類比說，法無自體，以空為體。故亦可類比說空體，言空即是其體也。如此所說之空是抒意字，就無常無我緣生而抒其意，非指實字，言並非正面有一物曰空也。故空初只是遮詮，並非表詮。若謂空即是諸法之實相，也只是說諸法實理如此（「理」字是虛說之理）、實意如此，所謂本來面目只是如此，故亦謂空為諸法之「如」相，如其實相之所是（是空）而即如此說，不增不減，故為「如」相，亦名「真如」，言此如相即是真也。故此空字如字，初無玄妙之意。並非于緣生外指一實體曰空，或有一實體於此，而以空、無、妙、如形容之也。即使

空、無、妙、如都是抒意之形容字，亦是形容緣生，而非形容緣生外之實體。而形容緣生亦只可說空、無、如，而無所謂妙。故《中論‧觀四諦品》云：「因緣所生法，我說即是空，亦爲是假名，亦是中道義。」此即所謂「緣起性空」或「性空唯名」也。

　　緣生無性，無性緣生。無性即是無自體無自性，而此「即是空」。若反而正面說，緣生之法以空爲性，以空爲體，仍須通過遮詞來了解：以無自性之空爲其性，以無自體之空爲其體。此性字體字皆是虛的抒意詞，故其爲性並非儒家之作爲實體之「性理」之性，其爲體亦非儒家作爲性理之誠體、心體、神體、性體之體，總之，非道德創生的實體之體。吾人不能說空是緣生之體，緣生是空之用。體用之陳述在此用不上。雖然說以空爲體，以空爲性，然此抒意之空性空體實並不能存在地生起緣生之用也。此即表示空與緣生之關係並非體用之關係。是以以前呂秋逸曾謂體用是儒家義，佛家之眞如空性並非體用之體。其言是也。

　　普通就「緣生無性，無性緣生」，說爲：因爲緣生，所以才無性；因爲無性，所以才緣生。這好像有「因此所以」的體用因果關係，實則這只是言詮上的抒意之「因此所以」，並非存在上體用因果之客觀的「因此所以」，只是邏輯的「因此所以」，並非存有論的「因此所以」。因爲緣生，所以才無性，在此，我們不能說緣生是存在上的體、因，無性是存在上的用、果。因爲這根本不類。反之，因爲無性，所以才緣生，亦不能視無性之空爲存在上的體、因，視緣生爲存在上的用、果。無性之空爲體，緣生爲用，這好像是類了，其實仍不類。「因爲緣生，所以才無性」，此因此所以既不可以說體用，則「因爲無性，所以才緣生」，當然亦不可說體

用。因為這兩個「因此所以」是同一層次上的語法。故此只是言詮上抒意之邏輯的因此所以，非存在上體用因果之存有論的（客觀的）因此所以。

普通依《中論・觀四諦品》「以有空義故，一切法得成，若無空義者，一切則不成」一頌，更可積極一點，說是佛家亦可以成就現象，而說：正因為空，所以才說緣生，才「有」緣生之現象，才能「成就」緣生之萬法，才能「建立」萬法。實則此中所謂有、成就、建立，仍只是言詮上抒意之有、成就與建立，與上之「因此所以」同，並非存在上立一實體以有、成就或建立此緣生之大用也。所謂有、成就或建立，仍只是言詮上有、成就或建立諸行諸法之無常無我如幻如化耳。此豈有存在上體用因果之成就或建立之實義耶？

以上「緣起性空」之一般陳述乃是佛家言空之基本義，亦是共許之義。

2.但佛家言空並不只是這「緣起性空」之一般陳述即算完事，其言「緣起性空」乃所以為觀空證空而得解脫。得解脫即是證涅槃（寂滅）。能如實觀空（修中觀）而不執，則表面上雖生滅變化，萬象紛紜，好像熱鬧得很，而底子上卻是至寂至靜，一無所有，此即「當體即如」之寂滅。一如一切如，一寂一切寂，一滅一切滅。寂是正面說，滅是反面說，滅執著，滅煩惱。寂滅以真如空性而定。但這亦不只是空說。一個生命要得解脫，證涅槃，談何容易。煩惱是我煩惱，我實感有此煩惱。解脫是我解脫，我實感有從煩惱中解脫出來之要求。我之所以實感有此煩惱，是因為我的自然生命之衝動與執著即是根本有一無明在。所以修觀證如決不只是泛說空

說，是要眞正剋就自家生命之煩惱與情執而觀而證。此所以有唯識宗之由空宗「緣起性空」之一般陳述進而將諸行諸法統攝于識而言之之故。

依唯識宗，自然生命之煩惱情執以及所牽惹沾染之一切現象皆可解剖爲一識之流，緣起諸法皆可統于識之流上說，而性空亦從識之流上證。由此而有三性之說。此即一、遍計所執性，二、依他起性，三、圓成實性。

《成唯識論》卷八云：「三種自性皆不遠離心心所法。謂心心所及所變現，衆緣生故，如幻事等，非有似有，誑惑愚夫，一切皆名依他起性。愚夫於此橫執我法、有無、一異、俱不俱等，如空華等，性相都無，一切皆名遍計所執。依他起上，彼所妄執我法俱空，此空所顯識等眞性，名圓成實。是故此三不離心等。」

此三性之說實即「緣起性空」一語落于識上之加詳說（加一遍計執）。「因緣所生法，我說即是空」，即函著對于「因緣所生法」之無執。若于此「所生法」上有計執，計執有我、有法、有有、有無，有一、有異，有有無俱或不俱，有一異俱或不俱等等，便是執法有自體、有自性，不能「即是空」，當體即空。今說「即是空」，即函遮計執。于依他起上，遮去計執，所顯之識等眞性，即名圓成實。「識等眞性」即識之流變之眞如空性。是以就八識流轉而言，心即識心也。此即示無常無我之諸行諸法皆統于識心。識之流之根在阿賴耶（第八識），故此系統亦曰阿賴耶緣起。此是煩惱情執之根，于唯識上修空觀而證圓成實，這一極深遠而長期之艱苦工夫，便是轉識成智。是故阿賴耶緣起之識心即染汙心也。此一系統之其他諸義且不論，只就修空觀而證圓成實言，其所證顯之圓

成實（眞如空性）與依他起（緣生）之關係仍不是存在上體用因果
之關係：眞如空性不是使依他起者所以能起之體（能創生的體），
而依他起亦不是眞如空性所生起之用。就唯識系統言，體用因果只
可就阿賴耶識中「種子現行」上說，而種子現行只是識之流變上的
事，亦即只是依他起本身上的事。種子現行只是識之流變之潛伏與
現行，此實不可以體用說。究極之體用只當就眞如空性與依他起之
關係說，而此關係卻正好不可以體用說。在此亦不能說萬象爲眞如
空性中所見之物。唯識宗雖將萬法統于識心，然畢竟仍不失緣起性
空之義理規範。

　　3.但是大乘契經中亦有講如來藏之系統，此是通過佛性之觀
念，而想說明成佛之超越的根據，因此乃講一如來藏自性清淨心，
即講一超越之眞心，爲一切染淨諸法之所憑依。玄奘所傳之唯識宗
只講阿賴耶緣起，而此系統復推進一步講如來藏緣起，有時復亦方
便名曰眞如緣起：生滅與不生滅皆統于一超越之眞心。此是就佛果
而溯佛因，肯定一超越之眞心爲佛性，即爲成佛之超越根據。只要
體現此佛性，便立地成佛。

　　此佛性不只是眞如空理，而且是超越之眞心，將緣起性空之空
理空性融于眞心上說，此亦可說是心理之爲一。

　　奘傳唯識只講阿賴耶緣起，而阿賴耶初只是染汙識。（雖說阿
賴耶是無覆無記，而無記並不是清淨，不清淨即染汙）轉識成智
後，智托識現，此時之識即淨識——八淨識。此可以說智與淨識
一：智是虛說，識（淨識、清淨心用）是實說。但此是經過漸次階
位之修行而顯，其原初只是無記染汙也。是以原初並無一超越眞心
爲佛性。唯識宗所肯定之佛性只是理佛性，即，只肯定自性涅槃，

不肯定自性菩提（自性覺、本覺）。菩提是修得事，後起事。此是
事佛性。事佛性不是本有的。而且成佛有種性，一闡提無佛性，是
即成命定論，違反一切衆生皆有佛性皆可成佛之宗旨。而今如來藏
之系統不但肯定自性涅槃，而且肯定自性清淨心，不但以眞如空性
之空理（寂滅）爲佛性，而且以超越眞心，理與心一，爲佛性。是
則唯識宗所分別之理佛性事佛性，在此系統內則統于一而爲一理事
爲一之佛性，一起皆本有。此本有之佛性不但是心理不二（智如不
二），而且是「色心不二」。在此系統下，似可以說體用矣。佛性
眞心爲體，由此而生起一切法爲用。蓋此時眞如空性不只是就緣起
無性而說之空性空理，而且提升一步與眞心爲一，而心固有力用覺
用也。如只是空理，所謂「但理」，自不能生起，但與眞心爲一，
則似可以言生起。在此系統中，不但似乎可以說體用，而且在某契
機上似亦可說萬象爲虛空（眞如清淨之眞心）中所見之物。其眞實
意義究如何，見下。

　　4.此一系統特爲中國佛教之所喜。從佛學上說，印度原只有空
宗與有宗（唯識宗）兩傳統。故此兩宗在印度皆有論。而此一講如
來藏自性清淨心之系統則多根據契經而說。此一系統在印度並無顯
赫之宗論。但在中國，卻有一根據此系之契經而成之《大乘起信
論》。此一宗論在中國佛教中有顯赫之地位。雖在考據上，今已公
認其爲中國人所僞造，但印度人不造，中國人可以造，豈只准印度
和尙造論耶？只要義理有據即可。實亦無所謂僞。只因佛教從印度
來，故僞託馬鳴以壯聲勢耳。

　　又在印度，佛學和尙研究唯識講阿賴耶者初亦並非與如來藏全
無交涉。彌勒之《莊嚴論》及《辨中邊論》即講如來藏，堅慧之

《寶性論》及《法界無差別論》亦大講如來藏。來中國之眞諦所傳之唯識即不只講染汙阿賴耶，而且推進一步講阿摩羅識（第九識），講自性清淨心，此已幾近于如來藏矣。眞諦學在當時名曰「攝論宗」，蓋以無着之《攝大乘論》爲主。《攝大乘論》首引《阿毘達摩大乘經》（此《經》未譯）頌「無始時來界，一切法等依，由此有諸趣，及涅槃證得。」《攝論》本身雖以此頌之「界」證明阿賴耶識，故世親即釋此「界」爲雜染有漏諸法之因，此自較合于《攝論》之本義，但此無始時來之「界」旣爲諸趣（六道衆生）及證得涅槃之所依，則眞諦之解爲「解性」（即如來藏）在義理上不必定非。（雖然《攝論》本身並未提到如來藏）。眞諦實有貫通阿賴耶識與如來藏心之意圖，而就阿賴耶說，則即說爲「解性賴耶」，此即兩者之統一。即世親早期《十地經論》亦以第八阿黎耶識爲第一義心、自性清淨心。前五識爲識，第六識爲意，第七識爲心（染汙心），而第八阿賴耶則是心、意、識以上之眞心。阿賴耶本亦有「聖」義，非如後來全意謂爲劣義。南北朝時地論宗之南道派（慧光系）即根據世親《十地經論》之原義而以阿黎耶爲眞心爲佛性。世親晚年以《解深密經》爲主，始成染汙阿賴耶之系統。此是後來之淘濾。但在以前，或由第八上進第九，或由第七上進第八，總有染淨之異層。即染在第八，則第九爲淨。如染在第七（末那），則第八爲淨。以今語言之，染則爲經驗心，淨則爲超越心。總有此異層之肯認。如徒劃一爲染汙之阿賴耶，而不言超越之眞心，則成佛即無超越之根據。世親晚年之唯識學雖整齊詳密而老練，然原始之靈光，理想主義之情調，已隨其老練而喪失。老練務實固佳，然老練務實之中常不自覺即隱函沈墮而提不起之機。即不

說沈墮，而亦只落于經驗（後天）上磨，此即是提不起。此在佛家，即是晚年世親通過護法以至玄奘所成之唯識宗；在儒家，即是朱子之形態。然此中確有不澈不盡處，平實未易言也。是故唯識學其初未嘗不與如來藏自性清淨心相貫通。奘傳之唯識乃是後來淘濾而成者，非必自始即如此也。故唯識學之反其初，愼審思量而成爲如來藏之系統，不但于契經有據，即于論亦非全無據也。惟在印度其初並不顯豁而完整，而完整者卻在世親護法之一路。而中國之《大乘起信論》卻是繼承眞諦之思路以如來藏爲中心而成一條理整然義理明透之另一完整系統。故此宗論在中國佛敎中起如此大之影響與作用，此並非偶然也。後來奘傳之唯識雖喧赫一時，終不能奪其席，亦並非無故。此非考據家定其爲僞即能貶損其價值。故圭峰宗密判大乘佛敎爲空宗、有宗與性宗，而今日佛敎界亦有性空唯名、虛妄唯識、眞常唯心之判也。性宗（眞常唯心）可說是中國佛敎之所創，而亦是大乘佛敎發展之自然之趨勢。中國佛敎即居于此巔峰而立言，故亦可說超過印度原有之佛學傳統。內學院歐陽竟無、呂秋逸等宗奘傳之唯識，力復印度傳統之舊，雖不無價值，而力貶損中國之性宗，斥之爲俗學，則亦崇洋自貶識見不開之過也。

　　原中國佛敎之所以特喜此性宗，判之爲最高之圓敎，固有中國民族智慧心靈之一般傾向背景，而實亦由儒道兩家之學術培養使之然也。人皆謂宋明儒受佛老之影響，是陽儒陰釋、儒釋混雜。實則宋明儒對于佛老了解實粗略，受其影響蓋甚小。彼等自有儒家義理智慧之規範。而魏晉玄學之弘揚道家，其影響于佛敎之吸收卻極大。兩晉南北朝之佛敎大德非不讀中國書者。如其說宋明儒受佛老之影響，因而儒釋混雜，不如說佛敎大德受儒道義理智慧風範之影

響，故特喜言如來藏自性清淨心者而創性宗（真常心宗）以超過印度原有之空宗與有宗。最後，實亦無所謂誰受誰之影響，只是中華民族智慧心靈之一般傾向，隨其所宗信而到處表現耳。象山、陽明固是孟子靈魂之再現，即竺道生、慧能亦是孟子靈魂之再現于佛家。故儒自是儒，道自是道，佛自是佛，唯有其共通之形態，而宗義之殊異不可泯。故動輒謂宋明儒受佛老影響者甚無謂也（謂受其刺激而覺醒則可）。

二、《起信論》之大義

佛教發展至如來藏之真常心（自性清淨心），其真如空性與緣生之關係幾似乎可以體用論矣。此形態之相似也。然由于其宗義之殊異（仍是佛），其體用義仍不可以無辨也。以下試根據《起信論》而言之。

1.《起信論》顯示大乘正義，首先以一心開二門：

> 顯示正義者，依一心有二種門。云何為二？一者，心真如門，二者，心生滅門。是二種門，皆各總攝一切法。此義云何？以是二門不相離故。

此所謂「一心」，即唯一超越真心也。不是阿賴耶之為經驗的識心或心理學的心也。

2.心真如者，即是一法界大總相法門體，所謂心性不生不滅。

「心真如」者，此心即真如，非五蘊平視中心法之性空爲如也。此是真心之與「如理」一：就如理言，即是此心之自性，故云「心性不生不滅」。（不是說心爲一蘊，爲緣起法，其空性不生不滅，乃是此心自體即是不生不滅）就心言，即是真如之心（真常心），心真如即是真如心。此超越之真如心是一切法之所依與所由，故云「即是一法界大總相法門體」。

2.1一切諸法唯依妄念而有差別。若離心念，則無一切境界之相。是故一切法從本已來，離言說相，離名字相，離心緣相，畢竟平等，無有變異，不可破壞，唯是一心，故名真如。

「唯是一心」即唯是一超越之真心，即真如心、真常心。一切法之差別相、境界相、名字相、言說相、心緣相等等，皆由妄念而起。凡念即妄，念不是真心自己，念是平地起風波，念是後天的、經驗的、心理學的。由妄念而生之差別相本質上即是虛妄不實的。故若離念，化念歸心，則一切法本質上即是空如平等，只是一真心常在，不生不滅。

依法，此真如心既是如亦是心，不只是如「緣起性空」之一般陳述中之空理。自如言，如實空；自心言，如實不空。故云：

2.2復次，此真如者，依言說分別，有二種義。云何爲二？一

　　者，如實空，以能究竟顯實故。二者，如實不空，以有自
　　體，具足無漏性功德故。

此眞如即眞如心。「如實空」是空妄念而顯一心之實。「如實不
空」，則是就其「具足無漏性功德」言。此只有就眞心言始可能，
若眞如只是緣起性空之空理，則不能有此義。

　　2.3所言空者，從本已來，一切染法不相應故，謂離一切法差
　　　別之相，以無虛妄心念故。當知眞如自性非有相，非無
　　　相，非非有相，非非無相，非有無俱相；非一相，非異
　　　相，非非一相，非非異相，非一異俱相。乃至總說，依一
　　　切衆生，以有妄心，念念分別，皆不相應，故說爲空。若
　　　無妄心，實無可空故。

此言由妄念所生之一切分別皆與此眞如心不相應，即無一能用得
上、沾得上。空此妄念，即是空。而眞常心之自體則不可空。

　　2.4所言不空者，已顯法體空無妄故，即是眞心。常恆不變，
　　　淨法滿足，則名不空。亦無有相可取，以離念境界，唯證
　　　相應故。

眞常心不但有其自體，（其眞心自己即其自體），且具足無漏性無
量功德。此云「淨法」即無性功德。此所謂「滿足」或「具足」
是就因地言，即潛具意。若通過修顯，則全體朗現，即佛果。在因

不減，在佛不增，此亦函「性修不二，因果不二」。此唯識家所謂
事佛性。但此事佛性，亦有眞常心故，故能言其本具，非純屬後起
也。因果不二，則理佛性事佛性是一。

　　3.眞如心既如上述，然則染汙生滅法如何說明？此則進入生滅
門。

　　　心生滅者，依如來藏，故有生滅生。所謂不生不滅與生滅和
　　　合，非一非異，名爲阿黎耶識。

眞常心如何而能有染汙生滅心？前已提及，只是由于妄念。念則由
于不覺，忽然心起而有其念。不覺即無明。此即落于生滅心矣。生
滅心念亦憑依眞心而起，但其直接根源卻是無明。此猶如春風一
起，吹縐一池春水。眞常心即是平靜之春水，無明風動，則起縐
縐，此即生滅心念。縐縐不離水，即憑依水而起也。但其直接根源
卻是風動。生滅心念不離眞心，即是憑依眞心而起，但其直接起因
卻是無明。眞心只是其憑依因，並非其生起因。心念憑依眞心而
起，即示不惟淨法統于一心，即一切染法亦統于一心。惟染法是間
接地統。淨法是直接地統，所謂稱性功德也。稱性即相應心性而起
之功德。間接地統只是憑依義，雖不離，而實不相應。《起信論》
既于此忽然不覺而有心念處，即起縐縐處，收攝阿賴耶識。此即阿
賴耶識之統于眞常心（如來藏自性清淨心）。普通所謂如來藏緣起
或眞如緣起，實非如來藏清淨心或眞如心眞能緣起生滅法，若如
此，則淨的生出染的，其自身必不淨，故所謂如來藏緣起乃只是無
明識念之由憑依如來藏而統于如來藏，故說如來藏緣起，其實眞緣

起者仍是阿賴耶識也。《勝鬘經》云:「自性淸淨心而有染汙,難可了知。」其實通過無明風動,起縐縐而引進阿賴耶識,即可了知。彼經又云:「彼心為煩惱所染,亦難可了知。」實則雖為煩惱所染,而實不相應、沾不上。只是無明識念憑依彼心而起,此既起現,則彼即附隨而隱伏,儼若為其所染耳。實則何曾染得上?阿賴耶識(縐縐)實無自體,其根只是無明,其所憑依只是眞心。無明滅,眞心顯,則阿賴耶識亦滅,即縐縐滅而歸於平靜之眞常心。此凸起縐縐處,其本身是生滅,其所憑依者是不生不滅,兩者和合,非一非異,不即不離,此即為阿賴耶識。故阿賴耶識之凸起一方興風作浪,開出生死流轉,一方托帶著如來藏為其所憑依,此所謂挾天子以令諸侯也。此種貫通法顯是眞諦之思路。

> 3.1此識有二種義,能攝一切法,生一切法,云何為二?一者覺義,二者不覺義。

阿賴耶識統于如來藏,故自心眞如言,眞如心可總攝一切法,而此識本身因有覺與不覺二義,故亦可「攝一切法,生一切法」,此即開始所說「是二種門,皆各總攝一切法」也。覺即是「心體離念」,不覺即是「忽然心起而有其念」。兩者皆可就阿賴耶識說。

因為此識是不生不滅與生滅兩者的和合,兩者和合在一起,不完全是一事,亦不完全是二事。即在此非一非異的狀態下呈現出阿賴耶識。

兩者和合,非一非異,是靜態現成的加合,不是很好的表示。其實義只是憑依如來藏(不生不滅的心眞如體)忽然不覺而起心

念。「不覺」即是于心眞如體不能如實覺知，亦即是根本的無明，無始無明住地。心一昏沈而心念生滅相續，即是阿賴耶識。雖是昏沈而生滅相續，卻必須是憑依不生不滅的心眞如體而起現。由于無明的插入，心就起了縐縐而遠離了其自體而落于「念」中，猶如春風吹動，一池春水就起了波浪而動蕩不定。波浪畢竟不離水體。不憑依水體，焉有波浪？波浪畢究是屬于水的波浪，而不是屬于麥的麥浪。此即是所謂「非異」之憑依。但水體自身實並不含有波浪，亦如小麥自身並無所謂波浪，由于風動，才起波浪。風一止，波浪即滅。可見波浪是無體無根的假象，其起因只是由于風動，然其生起卻不能不憑依水體，此即水體與假象的波浪之「非一」。依是，阿賴耶識的呈現，它有一個憑依，猶如壞人憑藉好人以作壞事，又如貪官污吏假藉權位名器以舞文弄法，又如惡僕奸奴憑藉主人以興風作浪，結果壞事都記在好人身上，寫在權位名器上，列在主人身上，實則主人、好人、權位名器自身並無這些壞事，即並不生起這些壞事，但只是壞人憑藉它們而起現。沒有這些可憑藉處，壞人惡奴汙吏是不能興風作浪的。阿賴耶識生滅心之憑依如來藏，亦復如此。它除此憑依外，它復有其自己直接的根源，那就是無明，猶如壞人之作壞事，雖憑藉好人而作，然畢竟壞人之所以爲壞而作壞事，乃由于其惡劣的根性，這是壞人之所以作壞之根源（生因），其所憑藉者乃是助長或助成其作壞事之勢，非其生因。

依其所憑依之心眞如體而言覺，依其由于無明而起生滅心念，而說不覺。那就是說，其超越之體是覺，其自身之行用是不覺。這樣說覺與不覺是剋就不生不滅與生滅兩者而分屬說。分屬說的覺即是心眞如體自身之本覺，此完全就心眞如體之在其自己、本覺之在

其自己而說。但我們也可以不必這樣分屬地說，可直就此起縐縐之識自身而說覺與不覺。此則較恰合于「此識有二種義」之語意。

憑藉心眞如體而起生滅心念，同時也就是心眞如體全部融入生滅心念中。生滅心念雖是不覺，而畢竟是心之生滅心念；心體全在生滅心念中，故念本是念，而曰心念。嚴格說，念不覺，而心覺。是以雖在不覺之念中，而心性不泯。即就此心性不泯而曰覺。此覺是拖帶在念中、隱伏在念中，而不彰顯，其彰顯而凸出者是念，所以心遂全部沈于念中，而吾人亦即以念目之，而不曰心，亦即以識目之，而不曰如來藏之眞心。實則心性即在念中，不然何以曰心念？心性即在識中，不然何以曰識（覺識、心識）？心性即在念中，即在識中，這可以說是念中之覺性、識中之覺性。眞諦所謂「解性黎耶」當即是此意。猶如風動，全水是波。此時雖是波浪凸出，而吾人亦只注意波浪，然而水體附在，並未泯絕。不過吾人此時不注意平靜之水體，而只注意波浪，以波浪爲主，不以水體爲主，此即降而爲附隨、爲隱伏，然而水體全融于波浪中，水體雖隱伏附隨而不凸出，豈不附隨而永在耶？波浪雖主，而由于風動。風止浪息，則水體平靜，即由隱伏而朗現矣。此即心眞如體之全現，本覺之全現，故一識中即可說覺與不覺。一旦無明破，心念止（離念），則心體朗現，即是本覺。無明逐步破，心念逐步止，則心體（覺性）逐步顯。及其全顯，即不說念中之覺性，而說心體呈現之本覺。雖是逐步修顯，實是本有，並非後起。故不增不減，因果不二，而一念迴機，儼同本得。此即是「本覺」一義之所以立。豈有原非本有而純屬後起之覺耶？

惟吾人平常只知經驗的、心理學的心念之起伏生滅爲心，而不

承認有一超越之心體，以爲此只是一抽象。邏輯地說，是抽象，然從依宗起敎、依敎起修而理想地說，則不是抽象，而是心體覺性之永在、遍在，此即是本有矣，而且是一眞實，是一呈現。邏輯地說，是無色的，以經驗事實爲基礎。此不能決定人生之方向。凡決定人生之方向而理想地發展其人格者，皆須有此類超越眞心之肯定，而且是本有、是眞實、是呈現（儒釋道皆然，耶敎肯定上帝亦然）。邏輯與經驗的心理事實不是唯一的標準，尤其不是價值的標準。

　　在修證理想上，肯定此覺性乃至本覺，當然是就成佛而說明其超越根據之說明上的事。佛是這樣成正覺，即在其這樣成正覺中，覺性乃至本覺自然是這樣呈現，因而亦是這樣本有。或依此故而說：既是這樣呈現，這樣本有，則說明不說明，肯認不肯認，並無緊要，不這樣說明肯認，只這樣修證下去亦未嘗不可，何必定要先肯認此超越之本覺，先承認此識念中之覺性？曰：這種說明、肯認，雖然並不增加什麼，然在點明成佛所以可能之超越根據，使人有明確之嚮往，有清楚之認識，亦正是所關甚大。一切義理敎言俱是說明。既都是說明，何不說得明確而恰當（相應）？而且對這超越眞心的肯定，亦不是憑空肯定者，乃是即就生滅識念中之覺性而肯認之。若在生滅識念中不正視此覺性，而唯是注意此生滅之識念，以爲此生滅之識念只是識念，並無所謂覺性，吾人只是順此生滅之識念而一步一步轉化之，轉化之而成覺，此所成之覺完全是後天的、經驗的、後得的，則吾人亦可以說：這樣順逐生滅識念而轉化下去亦可仍只是在識念中轉，而根本無由達成覺性之獲得（證得），這是無窮地追下去，亦是盲目地追下去，這樣很可使標的模

糊，漸次亦可根本喪失其標的。是以唯識宗不承認此覺性乃至本覺，而唯是靠後天熏習與聖教量，乃是茫然而純在識念一層中作工夫。嘉言懿行，聖教量，若不消融于覺性中以證其爲眞爲實，這一切很可都只是些雜念，憑念轉念，實只是以念引念，永無了期，就是一時不執著于依他起，證得了圓成實，亦只是了解了一個空理，與自家生命之淸澈仍不相干。若是在空計執而證圓成實上，證得圓成實即是識轉而成智，圓成實之證得不只是只得一空理，而且眞能滲融于自家生命中而由此淸澈了吾人之識念而成爲智，則即必須承認吾人之識念中確有覺性，而不只是識念之一層。吾人主體方面有此覺性，在證得圓成實上，圓成實空如之理方能滲融進來而與覺性水乳交融，以證成吾人之生命確是一智之生命，而不是一識之生命。但若不承認有此覺性，則證得之圓成實，如非只證得一空如之理而與自家生命不相干，便是即使相干，亦是融在念上，而不必眞能證成智，是則智很可能是虛脫而永不能落實者。是以覺性乃至本覺之肯認乃是必然者，而且亦是必要者。這是修證工夫所以可能（所以有實效）之超越根據，唯識宗不承認此點，此在說明之理論上不能算是明確而恰當。

從佛經方面說，自後期講佛性講如來藏之眞常經出現後，佛學方面之大論師大體在流轉還滅之所依一問題上開始鑽研，一時未能通透。無著之《攝大乘論》是唯識學之開始，而只講阿賴耶識與三性，不講如來藏，是即阿賴耶方面之識心與佛性，及如來藏方面之眞心未能有一超越之貫通。此步作不到，「流轉」方面有積極之說明，「還滅」方面即無積極之說明，而爲成佛之超越根據的佛性之積極作用亦不能顯。無著如此開端，世親繼之，下屆護法，以至玄

奘，遂成普通所周知之虛妄唯識之漸教唯識宗。此一傳統號稱印度佛學之正宗。然真諦來中國，思路比較活轉，自始即想溝通如來藏與阿賴耶。《起信論》之作者更為明透。此固與地論師（北道派）有關，而與攝論師之真諦尤接近。署為真諦譯，非偶然也。然此不知名之作者確極明透，彼直以如來藏為中心，以一心開二門，予如來藏與阿賴耶以超越的貫通，而佛性為成佛之超越根據之積極作用亦全部朗現，實比今日從文獻所知之真諦明透多矣。此種義理，自佛性觀念出現後，本亦極易見到者。然見到，則易；而如見不到，則一間未達，永在隔閡中，此機亦很難撥轉也。子不見儒家之朱子？朱子號稱宋明儒之正統派，然于本心亦總一間未達也。與唯識宗之形態極相似。然則中國和尚之造《起信論》不亦宜乎？

　　以上是就識自身而說覺與不覺。若就不生不滅之心真如與生滅之識念而分屬說，則顯得呆板，而亦與「此識有二種義」之語意不合。當然，就識自身而說覺，是就心真如為識所憑依而即隱伏附隨于識而為識之「覺性」言。覺性即是以覺為性，真諦所謂「以解為性」。由此當然可以推證如來藏，推證分別說之不生不滅心真如體之為本覺。但就「此識有二種義」中之「覺」義言，則是著重此隱伏附隨之「覺性」義，而不是直就「心真如」自身之為本覺言。

　　3.2由識念中有此覺性，由此覺性而肯認離念之本覺，即心體之自己。惟在識念串系中，人常只注意此識念而滾下去，此即是「不覺」。（識念本身亦是不覺，覺則無念矣。）此即示人雖有如來藏清淨心之光明面為其體，亦總有一陰影暗中沈墮此光明體，若能在無明識念中顧視此中之覺性，則覺性漸從隱伏附隨中呈現凸出，此即名「始覺」。猶如在波浪中常常顧諟波浪中隱伏附隨之水

體,知波浪只是由于風動之假象,則即不見有波浪之實,實則只是一水體,水體即由隱伏而凸現,由附隨而為主。始覺在識念中呈現有次第、有局限,如《起信論》所言之覺滅、覺異、覺住、覺生等,然其本質的意義同于本覺,只差有圓滿不圓滿,究竟不究竟而已。及其究極圓滿,完全離念,直至心源,洞悟「生」之無生,那便是本覺全體朗現,即心真如體全體朗現。故云:

> 所言覺者,謂心體離念。離念相者,等虛空界,無所不徧,法界一相,即是如來平等法身。依此法身,說名本覺。何以故?本覺義者,對始覺義顯。以始覺者即同本覺。始覺義者,依本覺故,而有不覺,依不覺故,說有始覺。

此段文即言「此識有二種義」中之「覺」義。如此言覺,即是不覺、始覺、本覺關聯著說。實則先肯認識中有覺性。始覺對不覺說。因有「不覺」,所以才說有開始之覺。始覺即是覺體之呈用。覺體呈用即是覺體在隱伏附隨中呈現其自己。呈現其自己即有覺了洞澈識念生滅流轉之無自體無實性而化除遠離之之作用。此是總說。若分別說,如說覺滅、覺異、覺住、覺生,詳見《起信論》,茲不詳述。始覺之覺用,及其直至心源,得見心性,心即常住,即名「究竟覺」。始覺而至究竟覺即同本覺。始覺之覺有所覺,如生、住、異、滅等,皆是所覺,在覺所覺中呈現其自己。及至究竟覺同于本覺,則即無能所之相,而唯是一本覺覺體之朗現,亦即心體之離念,亦云「如來平等法身」。是以言本覺者,不是說眾生不假修行,本來即已覺悟,乃是說眾生本有此光明之覺體。對始覺而

言，此覺體即為本覺。

　　3.3在始覺過程而證得本覺中，

> 本覺隨染分別，生二種相，與彼本覺不相捨離。云何為
> 二？一者智淨相，二者不思議業相。
> 智淨相者，謂依法力熏習，如實修行，滿足方便故，破和
> 合識相，滅相續心相，顯現法身，智淳正故。
> 不思議業相者，以依智淨，能作一切勝妙境界，所謂無量
> 功德之相，常無斷絕，隨眾生根，自然相應，種種而現，
> 得利益故。

「智淨相」是空，「不思議業相」是不空。覺體自身無相可說。此
二種相是依隨或關聯著染法而分別成者。所謂依隨或關聯著染法而
分別成即是依對治染法而顯示。「破和合識相，滅相續心相」即是
對治。對治染法，離念無念，顯現法身，此時之智即為淳正之智、
無分別智。即依此淳正之智而說覺體本覺之「智淨相」，即無分別
之清淨相，亦即淳正相。但，雖清淨淳正，而隨眾生根之機感又能
自然現無量功德業相以利益眾生。此即覺體本覺之「不思議業
相」。此兩種相與覺體如如相應，「不相捨離」。不相應而可捨離
者是妄念。空卻妄念，即是覺體。覺體呈現，自有此二種相。

　　智淨相是空、是體。不思議業相是不空、是本覺智體之業用。
吾人在此須停一停，可仔細思量此所謂體用之意義。因為此處正是
可以說體用處。

　　「依法力熏習」，此中法力有二：一、如來藏心之內力；二、

佛菩薩爲緣、說法教化所起之外力。此兩種法力皆能熏習衆生，令其「如實修行」。如來藏心之內力熏習即下文之「因熏習鏡」。佛菩薩爲緣之外力熏習即下文之「緣熏習鏡」。

　　3.4故繼之復云：

　　　復次，覺體相者有四種大義，與虛空等，猶如淨鏡。
　　　云何爲四？
　　　一者，如實空鏡，遠離一切心境界相，無法可現，非覺照義故。
　　　二者，因熏習鏡，謂如實不空，一切世間鏡界悉於中現，不出不入，不失不壞，常住一心，以一切法即眞實性故；又一切染法所不能染，智體不動，具足無漏，熏衆生故。
　　　三者，法出離鏡，謂不空法出煩惱礙智礙，離和合相，淳淨明故。
　　　四者，緣熏習鏡，謂依法出離故，遍照衆生之心，令修善根，隨念示現故。

此四種大義俱以虛空與淨鏡爲喻。虛空明覺體無二無別，平等遍在；淨鏡明覺體朗照而無照功。

　　「如實空鏡」是言覺體之在其自己，遠離一切識念，無一法可現，亦「非覺照義故」，即覺體朗現淵渟，不在能所關係之中。既無法可現，即無境界相。無境界相即無「所照」，無所照自亦無「能照」。

　　「因熏習鏡」是心眞如體具足無漏性功德能有熏習衆生使之覺

悟向上（厭生死苦、樂求涅槃）的作用。因熏習鏡即從因熏習力說
此鏡體。從覺體之不空說此如鏡之覺體。「不空」有二義：一、心
真如體常住實有，不能空卻；二、智體不動，具足無漏功德。就其
常住實有不能空卻言，它雖遠離一切識念，而一切識念（世間境
界）卻亦是憑依它而顯現。猶如一切影像悉憑依明鏡而顯現。明鏡
並非影像之「生因」，但影像須憑依它而現。明鏡自明鏡，亦未變
為影像。明鏡與影像兩不相觸，亦不相礙。明鏡自明鏡，影像自影
像，此即兩不相觸，《勝鬘經》所謂「煩惱不觸心，心不觸煩
惱。」此即是不相應，一切識念不與覺體相應。雖不相觸、不相
應，明鏡雖不生起影像，然不礙影像須憑依明鏡而顯現，此即不相
礙。總此不相應而又不相礙之兩義，即所謂「一切世間境界悉於中
現，不出〔不由覺體而生出〕，不入〔亦不能進入覺體中〕，不失
〔因憑依覺體而不喪失〕，不壞〔因憑依覺體而不破壞〕。」此處
雖說「一切世間境界悉於中現」，然並非因此「世間境界」而說
「不空」。這些「世間境界」並非覺體之業用。雖說「不出不入，
不失不壞」，然亦正因不出不入而無自體，亦因無自體，雖不失不
壞而當體即如，唯是一心。故云：「常住一心，以一切法即真實性
故。」此處目的在說「常住一心」，就此說不空。並非因世間境界
而說不空。然覺體並非抽象地虛懸，乃即一切法當體即如，一色一
香無非真實，而為具體的呈現。此即是一即一切，一切即一，常住
一心，法法無非覺體之如，故云：「以一切法即真實性故」。真實
性即覺體之如性。（此就一切法統于真常心言，故說真實性即覺體
之如性。如就緣起性空之一般陳述言，則一切法當體即如，如即是
空性之如，不能說覺體之如。然無論只是空性之如，或是覺體之

如，其為「當體即如」之形態則同）。即在此「當體即如」之圓融
形態下，遂有「不失不壞」之說。（雖不出不入，而亦可不失不
壞，不必失壞而即可滅度。此亦不毀世間而證菩提之意。）若是分
解地說，則此等世間境界因是妄念之所現，故正因其不出不入無體
無性而可失可壞可離可斷。

　　就「智體不動，具足無漏功德」言，即是所謂「眞如熏習」。
唯識宗反對此說，以為眞如旣不能熏，亦不受熏，眞如熏習乃不通
者，亦如「眞如緣起」之不通。但唯識宗之眞如只是「但理」，自
不能熏，亦不能起；而講如來藏者，則是心與理一，智與如一，其
言眞如即是心眞如、眞如心，故雖在纏自能具足無漏功德，熏習眾
生，及其出纏亦自能起不思議業用，作緣熏習。如來藏心在吾人生
命中豈無促覺之用？豈是只待外熏而顯發者？

　　「法出離鏡」，法即如來藏心，出離即出纏。意即謂：如實不
空的如來藏心出煩惱礙（煩惱即礙，能障眞如根本智）及智礙（無
明能為智證的障礙，能障世間自然業智、後得智、方便智），離和
合識相，顯現了覺體的淳淨明相，因此，遂得名曰「法出離鏡」。
此即是上文本覺的「智淨相」。

　　「緣熏習鏡」即上文本覺的「不思議業相」。

　　4.以上是就「覺」義而展開。此下言阿賴耶識之「不覺」義，
以及生滅心之因緣、生滅相，兼及染淨熏習等，名相繁多，略而不
論。

　　在論「眞如熏習」後，而綜結之曰：

　　　復次，染法從無始已來，熏習不斷，乃至得佛後則有斷。淨

> 法熏習則無有斷，盡於未來。此義云何？以眞如法常熏習
> 故，妄心則滅，法身顯現，起用熏習，故無有斷。

染法熏習，從根本處說，即是無明熏眞如，愈熏，眞如愈隱，其力愈弱，衆生遂長夜生死，交引日下。（染法互相交引，亦是熏習）。這樣熏習下去，遂從無始已來，永無斷絕。然無明畢竟無根，眞如心總有覺用。及其一旦顯發，乃至成佛，則染法熏習即斷。是則所謂染法熏習不斷者，乃只是從不覺以後之交引日下說，並非本質上不可斷。若眞本質上不可斷，則成佛即無可能。

　　淨法熏習，從根本處說，即是眞如熏無明。眞如心雖在重重障蔽中，亦總有其內熏無明之覺用，在不自覺中，漸漸熏習無明，令其沖淡，沖淡久之，無明力即漸趨微弱。一旦自覺作意，則眞如力更顯發，無明力更微弱。再益之以緣熏習之外力，內外交發，則無明識念即可斷盡，而法身顯矣。眞如心在纏之熏習力以及出纏後法身之起用熏習（起不思議業用作衆生之緣熏習）皆本質上永不斷絕。即一切衆生皆已成佛，無業相可說，則亦是法身常在，一切衆生皆是法身之衆生，不因無衆生而無佛。普通所謂「無衆生亦無佛」，此只是就法身遍一切處之圓說。佛法身以一切衆生得度爲內容，故離衆生即無佛。衆生得度，則衆生即是佛而非衆生。若于此而言「無衆生即無佛」則悖。佛與衆生不是緣起法，相觀待而有者。佛永是佛，衆生成佛亦永是佛。法身平等，永恆常在。佛亦無所謂涅槃不涅槃。寂滅法身永恆常在。普通所謂有涅槃有不涅槃，乃是觀待著有限色身而說。佛法身是永恆之生命，如果這是色心不二，則亦是永恆而無限之色心不二之法身永恆之生命，此即無所謂

涅槃不涅槃矣。

此所謂法身，即下文所謂「真如自體相」。

4.1復次，真如自體相者，一切凡夫、聲聞、緣覺、菩薩、諸佛，無有增減，非前際生，非後際滅，畢竟常恆，從本已來，性自滿足一切功德。所謂自體有大智慧光明義故，遍照法界義故，真實識知義故，自性清淨心義故，常樂我淨義故，清涼不變自在義故，具足如是過於恆沙不離不斷不異不思議佛法，乃至滿足無有所少義故，名為如來藏，亦名如來法身。

問曰：上說真如，其體平等，離一切相，云何復說體有如是種種功德？

答曰：雖有此諸功德義，而無差別之相，等同一味，唯一真如。此義云何？以無分別，離分別相，是故無二。復以何義得說差別？以依業識生滅相示。此云何示？以一切法本來唯心，實無於念，而有妄心不覺起念，見諸境界，故說無明；心性不起，即是大智慧光明義故。若心起見，則有不見之相；心性離見，即是遍照法界義故。若心有動，非真識知，無有自性，非常、非樂、非我、非淨，熱惱衰變，則不自在，乃至具有過恆沙等妄染之義；對此義故，心性無動，則有過恆沙等諸淨功德相義示現。若心有起，更見前法可念者，則有所少。如是淨法無量功德，即是一心，更無所念，是故滿足，名為法身如來之藏。

4.2復次，真如用者，所謂諸佛如來，本在因地，發大慈悲，

修諸波羅蜜，攝化眾生，立大誓願，盡欲度脫等眾生界，亦不限劫數，盡於未來。以取一切眾生如己身故，而亦不取眾生相。此以何義？謂如實知一切眾生及與己身，真如平等無差別故。

以有如是大方便智，除滅無明，見本法身，自然而有不思議業種種之用，即與真如等，徧一切處。又亦無有用相可得。何以故？謂諸佛如來，唯是法身智相之身。第一義諦，無有世俗境界，離於施作，但隨眾生見聞得益，故說爲用。

此用有二種。云何爲二？

一者，依分別事識，凡夫二乘心所見者，名爲應身。以不知轉識現故，見從外來，取色分齊，不能盡知故。

二者，依於業識，謂諸菩薩從初發意，乃至菩薩究竟地心所見者，名爲報身。身有無量色，色有無量相，相有無量好。所住依報，亦有無量種種莊嚴，隨所示現，即無有邊，不可窮盡，離分齊相。隨其所應，常能住持，不毀不失。如是功德，皆因諸波羅蜜等無漏行熏，及不思議熏之所成就，具足無量樂相，故說爲報身。

又爲凡夫所見者是其粗色。隨於六道，各見不同；種種異類，非受樂相，故說爲應身。

復次，初發意菩薩等所見者，以深信真如法故，少分而見，知彼色相莊嚴等事，無來無去，離於分齊，唯依心現，不離真如。然此菩薩猶自分別，以未入法身位故。若得淨心，所見微妙，其用轉勝，乃至菩薩地盡，見之究

竟。若離業識，則無見相。以諸佛法身，無有彼此色相迭
相見故。

問曰：若諸佛法身離於色相者，云何能現色相？

答曰：即此法身是色體故，能現於色。所謂從本已來，色
心不二。以色性即智故，無體無形，說名智身。以智性即
色故，說名法身徧一切處。所現之色無有分齊，隨心能示
十方世界無量菩薩，無量報身，無量莊嚴，各各差別，皆
無分齊，而不相妨。此非心識分別能知，以真如自在用義
故。

5.最後，在對治人我見之邪執中有云：

人我見者，依諸凡夫，說有五種。云何爲五？

一者，聞修多羅說：如來法身畢竟寂寞，猶如虛空，〔《大
集經》〕，以不知爲破著故，即謂虛空是如來性。云何對
治？明虛空相是其妄法，無體不實，以對色故有，是可見
相，令心生滅。以一切法本來是心，實無外色。若無外色
者，則無虛空之相。所謂一切境界，唯心妄起故有。若離於
妄動，則一切境界滅：唯一真心，無所不徧。此謂如來廣大
性智究竟之義，非如虛空相故。〔案：此言虛空相如空的空
間然。空的空間待色而有，故是妄法。經說「猶如虛空」，
本是一喻，喻覺體廣大，無分齊相，此正是由破執而顯，而
不解者反執此「虛空」之喻爲一「虛空相」，遂認「虛空
相」爲如來性。此正是人我見之邪執。此書言人我見與普通

不同，非常特別。此人我見是對于虛喩之誤解。〕

二者，聞修多羅說：世間諸法畢竟體空，乃至涅槃眞如之法亦畢竟空，從本已來自空，離一切相，〔《大般若經》〕，以不知爲破著故，即謂眞如涅槃之性唯是眞空。云何對治？明眞如法身自體不空，具足無量，性功德故。〔案：此人我見是以破相之空誤用于眞如法身之自體。眞如法身乃至涅槃非是緣起之相，故不能以破相之空視之。若有人于眞如涅槃起執著之相，則可如此破之。破是破人之情執，空是空人之情執，非空眞如法身乃至涅槃之自體也。此自體眞常，故不空；具足無量稱性功德，故不空。若此亦空，則成空見。〕

三者，聞修多羅說：如來之藏無有增減，體備一切功德之性，〔《如來藏經》〕，以不解故，即謂如來之藏有色心法自相差別。云何對治？以唯依眞如義說故，因生滅染義示現說差別故。〔案：如來藏之不空是眞空妙有。今聞不空，即謂「有色心法自相差別」，此乃落于分別事識之識念，正是染汙法，非如來藏之不空也。此人我見是對于「不空」之誤解。署名慧思造的《大乘止觀法門》復以如來藏心具染性染事而說不空，正是這絕大的誤解。〕

四者，聞修多羅說：一切世間生死染法皆依如來藏而有，一切諸法不離眞如，〔《勝鬘》、《楞伽》等經〕，以不解故，謂如來藏自體具有一切世間生死等法。云何對治？以如來藏從本已來，唯有過恆沙等諸淨功德，不離不斷不異眞如義故；以過恆沙等煩惱染法唯是妄有，性自本無，從無始世來，未曾與如來藏相應故。若如來藏體有妄法，而使證會永

息妄者，則無是處故。〔案：此可對治普通對于「如來藏緣起」之誤解。如來藏自體實不緣起生死等法，乃是無明識念憑依如來藏而緣起者。又天臺宗，如依智者《摩訶止觀》說，只說一念三千，並不說如來藏具生死染法。《摩訶止觀》並不套于如來藏阿賴耶識之超越的貫通之系統中統一切法。後來所謂性具或理具，仍是本智者一念三千（介爾有念，即具三千世間）而說，而且是理具事造相對而說，此理具或性具之理字或性字並不指如來藏真心說。署名慧思造的《大乘止觀法門》並不可靠。如真是慧思所作，則那樣系統整然，思理綿密（而實不澈）的論典，智者何不據以為規範，而竟無一語稱及耶？智者之圓教乃是直接本龍樹《中論》收于止觀上而成者，與如來藏系統並無多大關係。華嚴宗倒是本如來藏系統而成者。〕

五者，聞修多羅說：依如來藏，故有生死，依如來藏，故得涅槃，〔《勝鬘》、《楞伽》〕，以不解故，謂眾生有始；以見始故，復謂如來所得涅槃有其終盡，還作眾生。云何對治？以如來藏無前際故，無明之相亦無有始。若說三界外更有眾生始起者，即是外道經說。又如來藏無有後際，諸佛所得涅槃與之相應，則無後際故。〔案：此即上文所說真如法身永恆常在，佛亦所謂涅槃不涅槃。眾生無始，以無明無根故。〕

以上五種邪執誤解，名曰人我見。至于「法我見」則是就二乘鈍根說，因「見有五陰生滅之法，怖畏生死，妄取涅槃」故。

三、體用義之檢查

1.以上由始覺即同本覺，而言覺體有智淨相及不思議業相，並言覺體相有四種廣大義，隨而言眞如熏習不斷，眞如自體相不斷，以及三身，迤邐說來，皆表示如來藏心眞如體有一種體用義。

一、由智淨相顯現法身，法身即是一切功德法之所聚，法身不只是眞如空性，而且具足無量無漏功德（稱性功德）。是則法身即是備一種體用，皆可曰覺體（心眞如體）自身之內在的體用，體用整一而爲法身。

二、「依智淨能作一切勝妙境界」之不思議業相，此可曰覺體對他（衆生）的體用、外在的體用，亦可曰關聯的體用。

三、覺體相四種大義中，「因熏習鏡」（眞如熏習）是覺體自身對他（無明）之內在的熏習體用。

四、「緣熏習鏡」是覺體出纏對他（衆生）之外在的、關聯的熏習體用。

五、眞如熏習（淨熏）不斷，眞如體恆常起影響作用，令不覺者漸次向覺。覺至究竟，法身顯現。起用熏習，恆常不斷。

六、眞如自體相無斷，即如來法身常住，永不斷絕。

七、眞如用無斷，即應、報身不斷。應、報身俱對他而顯，屬外在體用攝。法身是體，應、報身是用。

以上七點俱有體用義，實則只是眞如熏習體用與三身體用兩種。而眞如熏習中之「緣熏習」仍屬三身之體用。惟因熏習（眞如在纏內熏）稍特別，有獨立之意義。然依佛家，究竟體用義仍在三

身，體用之恰當的意義亦在三身。

以上許多表示體用義者，華嚴宗俱統之曰「性起」。

2.法藏賢首《華嚴經探玄記》對于〈寶王如來性起品〉第三十二，作總述云：

> 《佛性論‧如來藏品》云：「從自性住來至得果，故名如來。」不改名性，顯用稱起，即如來之性起。又眞理名如名性，顯用名起名來，即如來爲性起。此等從人及法，用顯品目。又別翻一本，名《如來秘密經》。又一本名《如來興顯經》。又此下文具有十名，並可知。

以上爲釋名。又云：

> 三、宗趣者，明性起法門，即以爲宗。分別此義，略作十門。一、分相門。二、依持門。三、融攝門。四、性德門。五、定義門。六、染淨門。七、因果門。八、通局。九、分齊。十、建立。
>
> 初、分相者，性有三種：謂理、行、果。起亦有三：初、謂理待了因，顯現名起。二、行性由待聞熏資發。生果名起。
>
> 三、果性起者，謂此果性更無別體，即彼理行兼具修生，至果位時，合爲果性。應機化用，名之爲起。是故三位各性各起，故云性起。今此文中，正辨後一，兼辨前二也。
>
> 二、依持門者，一、行證理成，則以理爲性，行成爲起。此約菩薩位，以凡位有性而無起故。二、證圓成果，則理行爲

性，果成爲起。此約佛自德。三、理行圓成之果爲性，赴感
應機之用爲起。是則理行澈至果用，故起唯性起也。

三、融攝門者，既行依理起，則行虛性實，虛盡實現，起唯
性起。乃至果用唯是眞性之用。如金作鐶等，鐶虛金實，唯
是金起。思之可知。

四、性德門者，以理性即行性，是故起唯理性起。此與前門
何別者，前約以理奪行說，今約理本具行說。問：理是無
爲，行是有爲。理顯爲法身，行滿爲報身。法報不同，爲無
爲異。云何理性即是行耶？答：以如來藏中具足恆沙功德
故。《起信論》中，不空眞如有大智慧光明義，徧照法界義
等。《涅槃》云：「佛性者名第一義空，第一義空名爲智
慧。」解云：此則無爲性中，具有有爲功德法故。《如來藏
經》模中像等，及《寶性論》眞如爲種性等，皆是此義。是
故藉修引至果位，名爲果性。果性赴感，名爲性起。

五、定義門者，問云：下文云：「非少因緣成等正覺」。此
乃是緣起，何故唯言性起耶？釋云：有四義：一、以果海自
體當不可說不可說性。機感具緣，約緣明起。起已違緣，而
順自性。是故廢緣，但名性起。二、性體不可說，若說即名
起。今就緣說起，起無餘起，還以性爲起，故名性起，不名
緣起。三、起雖攬緣，緣必無住。無性之理，顯於緣處。是
故就顯，但名性起。如從無住本立一切法等。四、若此所
起，似彼緣相，則屬緣起。今明所起，唯據淨用，順於眞
性，故屬性起。

六、染淨門者，問：一切諸法皆依性立，何故下文性起之

法，唯約淨法，不取染耶？答：染淨等法，雖同依真，但違順異故，染屬無明，淨歸性起。問：染非性起，應離於真。答：以違真故，不得離真。以違真故，不屬真用。如人顛倒，戴靴為帽。倒即是靴，故不離靴。首戴為帽，非靴所用。當知此中，道理亦爾。以染不離真體，故說眾生即如等也。以不順真用，故非此性起攝。若約留惑而有淨用，亦入性起收。問：眾生及煩惱，皆是性起不？答：皆是。何以故？是所救故，是所斷故，所知故。是故一切無非性起。

七、因果門者，問：菩薩善根亦順性而起，何故下文唯辨佛果？答：以未圓，故不辨耳。若約為性起因義及眷屬義，皆性起攝。如下文藥樹王生芽時，一切樹同生等。若從此義，初發菩提心已去，皆性起攝。唯除凡、小，以二處不生芽故。若據為統，令彼生善，亦性起攝。如日照生盲等。

八、通局門者，問：此性起唯據佛果，何故下文菩薩自知身中有性起菩提，一切眾生心中亦爾？答：若三乘教，眾生心中但有因性，無果用相。此圓教中，盧舍那果法，該眾生界。是故眾生身中亦有果相。若不爾者，則但是性，而無起義，非此品說。文意不爾，以明性起唯果法故。但以果中，具三世間，是故眾生亦此所攝。問：既局佛果，何故下文通一切法？答：若三乘教，真如之性通情非情；開覺佛性，惟局有情。故《涅槃》云：「非佛性者，謂草木等。」若圓教中，佛性及性起，皆通依正，如下文辨。是故成佛具三世間，國土身等皆是佛身。堤故局唯佛果，通徧非情。

九、分齊門者，既此真性融徧一切，故彼所起亦具一切。分

圓無際，是故分齊皆悉圓滿，無不皆具無盡法身。是故徧一
切時，一切處，一切法等。如因陀羅網，無不具足。

十、建立門者，問：法門無涯，何故下文唯辨十種？答：顯
無盡故。何等爲十？一、總辨多緣以成正覺。二、正覺身。
三、語業。四、智。五、境。六、行。七、菩提。八、轉法
輪。九、入涅槃。十、見聞恭敬，供養得益。此十略收佛果
業用，故不增減。此十義通前九位，皆具準之。

法藏賢首以十門分別性起義，最後復只就佛果言性起，一切皆攝于
圓教性起之果法中，唯言性起，不言緣起。性起即體用義。如爲
性，來爲起，如來即性起。就人說，名曰「如來之性起」。就法
說，「即如來爲性起」。凡此十門所說，不離《起信論》義理之規
模。

　　茲仍依上列七點《起信論》中所說詳檢「性起」體用義之意
義。

　　3.上列七點表示體用義者，嚴格說，只應報身處是正面的體用
義。「不思議業相」之體用同于應報身。「因熏習鏡」即因地在纏
之眞如熏習無明，令不覺者漸覺，此是引起「還滅」的修行工夫上
之體用。「緣熏習鏡」即不思議業相對衆生爲緣助促其覺悟，此亦
是還滅工夫之體用。還滅後法身顯現而有應報身之用，此方是正面
的眞正的體用義。法藏賢首所謂「既行依理起，則行虛性實。虛盡
實現，起唯性起，乃至果用唯是眞性之用」者是也。

　　在《起信論》中，染淨法互相熏習，互有影響作用。染法的根
本是無明，無明也有熏習力令眞如不顯，此謂「無明熏習」。淨法

的根本是眞如，眞如也有熏習力令無明滅，此謂「眞如熏習」。

在「無明熏習」中有云：「云何熏習起染法不斷？所謂以依眞如法故，有於無明；以有無明染法因故，即熏習眞如；以熏習故，則有妄心。以有妄心，即熏習無明；不了眞如法故，不覺起念，現妄境界。以有妄境界染法緣故，即熏習妄心，令其念著，造種種業，受於一切身心等苦。」此種由無明起，展轉熏習，即使衆生完全陷于生死流轉中。

在「眞如熏習」中，則云：「云何熏習起淨法不斷？所謂以有眞如法故，能熏習無明；以熏習因緣力故，則令妄心厭生死苦，樂求涅槃。以此妄心有厭、求因緣故，即熏習眞如，自信己性，知心妄動，無前境界，修遠離法。以如實知無前境界故，種種方便，起隨順行，不取不念，乃至久遠熏習力故，無明則滅。以無明滅故，心無有起；以無起故，境界隨滅。以因緣俱滅故，心相皆盡，名得涅槃，成自然業。」此由眞如起之展轉熏習即使衆生解脫還滅而顯法身。

「眞如熏習義有二種。云何爲二？一者自體相熏習，二者用熏習。」

「自體相熏習者，從無始世來，具無漏法；備有不思議業，作境界之性。依此二義，恆常熏習。以有力故，能令衆生厭生死苦，樂求涅槃；自信己身有眞如法，發心修行。」此即「因熏習鏡」。

「用熏習者，即是衆生外緣之力。如果外緣有無量義，略說二種。云何爲二？一者差別緣，二者平等緣。」此即「緣熏習鏡」，亦即「不思議業用」。

是故眞如熏習即是令衆生起還滅修行的體用。還滅者，還滅流

轉以顯法身也。法身爲體，應、報身爲用。眞如用熏習，就佛言，即應報身之不思議業相爲眾生之外緣也。眞如自體相熏習是在纏的眞如默默中有一種影響力令眾生「厭生死苦，樂求涅槃」；由不自覺中再進而自覺肯認此眞如爲性。眞如用熏習是出纏的（顯現的）眞如之或爲佛、或爲菩薩、或爲善知識而對于眾生爲緣，其極即是佛法身之不思議業用。故正面的眞正的體用即在三身處，即法身與應報身的關係處：法身爲體，應報身爲用。

4.嚴格說，法身自身不能算是體用，只可說是性相合一。其所具足之無漏功德性不能算是眞如體之用，只是它的相。因爲法身不只是眞如之空性之理，而且是清淨心。心理合一，自具足無量無邊無漏功德相，故法身即是一大功德聚，而實亦無相可聚，平等一味，無差別相。相者是「依業識生滅相示」，是通過「過恆沙等妄染之義」而示現、而反顯，其實是無相之相。業識（轉識、末那）生滅相是有相之相，眞有差別，而此等無漏功德相則是由滅除業識之生滅相而示現反顯，故其本身實爲無相之相。其爲相之「多」義亦是由業識處之實多翻上來而成爲虛說的多，實無所謂多，故云：「等同一味，唯一眞如」。因爲無所謂多，故亦無所謂相；相亦是虛說，故爲無相之相。

　　例如，眞如自體有：
　　　(1)大智慧光明義；
　　　(2)徧照法界義；
　　　(3)眞實識知義；
　　　(4)自性清淨心義；
　　　(5)常樂我淨義；

　　(6)清涼不變自在義；

　　(7)乃至「過於恆沙不離不斷不異不思議佛法」。

這一切其實只是一相而無相。相者：

　　(1)對起念言，「心性不起，即是大智慧光明義」。

　　(2)對起見言，「心性離見，即是徧照法界義」。

　　(3)就心有動言，則「非眞識知」；「心性無動」，則是「眞實識知義」。

　　(4)心有動，則「無有自性」；心性無動，則是「自性清淨心義」。

　　(5)心有動，則「非常非樂非我非淨」；心無動，則是「常樂我淨義」。

　　(6)心有動，則「熱惱衰變，則不自在」；心無動，則是「清涼不變自在義」。

　　(7)識念處「有過恆沙等妄染之義」，則翻上來即「有過恆沙等諸淨功德相義示現」。

　　「過恆沙等妄染之義」是差別實多，而「過恆沙等諸淨功德相義示現」卻是無差別之虛說的多。無差別即是相而無相，無相之相。虛說即是多而無多，等同一味。此即是如來法身之自體相，故此體相不可說爲體用。

　　眞正體用乃在法身之示現爲應身與報身。吾人試看此種體用究是何種意義之體用。

　　5.法身之不思議業相（或業用），就凡夫二乘所見者，說爲應身，就菩薩所見者，說爲報身。而這些報身應身處之不思議業相又皆是依衆生之識念而現，例如凡夫二乘所見之應身是依分別事識

（第六識──意識）而見，菩薩所見之報身是依業識或轉識（第七識──末那）而見。

　　應身亦曰化身，或綜曰應化身，即是隨眾生之機感而應化者。從眾生方面說曰機感，從佛方面說曰應化。機感有緣，故佛之應化亦有緣。（此即竺道生之「應有緣論」）而在有緣之機感中，眾生之所以如此見，佛之所以如此現者，乃是依于眾生之分別事識而見而現。所見所現者，如三十二相、八十種好，此是正報，及淨土，此是依報。從佛之化現說，這是佛「以依智淨，能作一切勝妙境界」。勝妙境界即佛所現起的六根境界，即身語意三業大用。佛所現的色，眾生見爲殊勝色；佛所現的聲香味觸，眾生聞觸之，亦皆殊勝。佛所依住之國土，則見爲淨土。佛之現也無心，而眾生之見之也有意。有意即是依分別事識「見從外來，取色分齊」。以爲這些勝妙境界都是外在的、客觀的，實是來自佛身，而且實有差別分齊之相：相即是相，好即是好，國土即是空間相之國土。「分齊」意即有限量、有邊際，亦即分際限度義。分者部分、分離；齊者整齊、齊一。有分有齊即是有限有際。而且各類眾生機感不同，所見亦異。如凡人見佛，是丈六老比丘相，有三十二相，八十種好。諸天見佛，轉更勝妙，相好亦多，身量尤大。如見佛于菩提場中，在天則見爲眾寶莊嚴，在人則見爲草木瓦石。又二乘所見者雖有分齊，尚是殊勝妙樂。至于「凡夫所見者，是其粗色。隨於六道，各見不同。種種異類，非受樂相。故說爲應身。」此是佛隨類而現，即，隨六道眾生各如其類而示現。此已不只是依分別事識而見佛之色相，且根本是六道眾生停滯于其自己所沉淪之業果之所感見，而佛爲度化之，亦如其類而示現。天見其爲天，人見其爲人，畜生見

其爲獅王、象王、龍王等，餓鬼見其爲餓鬼形，地獄亦見其爲地獄身。而佛之如此隨類示現，自亦「非受樂相」。即就人而言，亦有時見佛乞化空鉢而歸，有時亦見佛有脊痛之苦。此皆佛之示現，非佛本身即是如此。「示現」如維摩詰示疾，非眞有疾。此是眞正所謂化身。惟不論凡夫二乘所見之勝妙境界，或只凡夫所見之隨類而現之受苦之「粗色」，皆是「見從外來，取色分齊」。凡夫所見之粗色苦相是凡夫及衆生停滯于其所沉淪之業果之所感見，且根本不知是佛之示現。即凡夫二乘所見之相好以及淨土亦依分別事識而「見從外來，取色分齊」，即認爲佛實有如是差別分齊之色相。蓋第六意識以隨順經驗分別事象爲其本性。凡夫二乘不知阿賴耶識，更不知如來藏藏識，是以《解深密經》云：「阿陀那識〔阿賴耶別名〕甚深細，一切種子如瀑流。我於凡愚不開演，恐彼分別執爲我。」凡夫二乘不知其所見之相好以及淨土乃至一切緣起法相皆是其自身阿賴耶識，或如來藏藏識（順《楞伽經》說），通過第七末那識（業識、轉識）之所起現，故執爲實有如此差別分齊之色相存在，其實如此差別分齊之色相境相乃至界相皆是凡夫二乘依其自身之分別事識而妄執爲如此，這些勝妙境界實只是業識之所起現，實並無自體自相可言也。

報身亦曰佛之自受用身，此是菩薩依于業識（轉識）所見者。此則由分別事識進入業識，已勝于凡夫二乘。蓋大乘菩薩知一切法唯是一心，皆是阿賴那識或如來藏藏識通過第七末那之所起現，一切法唯是一識，一識亦攝一切，故已離分別事識之差別分齊而見其無窮無盡。但還是有相可見，仍在識念之中，故云「依業識」而見爲佛之報身也。故云：「二者，依於業識，謂諸菩薩從初發意乃至

菩薩究竟地心所見者，名為報身。身有無量色，色有無量相，相有無量好。所住依果亦有無量種種莊嚴，隨所示現，即無有邊，不可窮盡，離分齊相。隨其所應，常能住持，不毀不失。如是功德皆因諸波羅蜜等無漏行熏及不思議熏之所造成，具足無量樂相，故說為報身。」

　　然此無量樂相亦是菩薩依業識而見，仍不能澈至佛如來法身之如如無相，故仍在識念之中。「若離業識」，則無相可見，自己之生命與佛法身如如相應，唯是平等一味。故云：「初發意菩薩等所見者，以深信真如法故，少分而見，知彼色相莊嚴等事，無來無去，離於分齊，雖依心現，不離真如。〔此地前初發心菩薩已見至此，已與凡夫二乘不同〕然此菩薩猶有分別，以未入法身位故。若得淨心，所見微妙，其用轉勝。乃至菩薩地盡，見之究竟。〔此是地上菩薩直至十地始能盡見佛之報身，澈盡報身之全蘊。然猶是報身，猶有相也〕若離業識，則無見相。以諸佛法身無有彼此色相迭相見故。」此最後是融報身于法身。法身無相，唯是一清淨心。故知所見報身無論如何完整全盡，猶在識念之中。若從第十地金剛後心，斷無明盡，離妄染業識，則即無相可見，唯是法身呈現。既不見有相，與佛法身相應，則佛只是一法身，我離業識，我也只是一法身。法身與法身平等一如，佛法身如，我法身亦如，一如無二如，亦無此佛見彼佛，亦無此如異彼如。

　　依上所說，佛之應化身及報身之用亦只是幻相，不唯應化身是幻相示現，即佛之正報依報（自受用身）亦是幻相，凡依識而見者皆是幻相。（此竺道生所以有法身無色，佛無淨土，善不受報諸義也）因是幻相，故可離可滅。離業識，則當下即寂，無相可見。分

解地稱理而談，用既幻，則用亦可息。消用入體，則無用可說。是則體用不離亦可離。蓋佛教以「流轉還滅」爲主綱。流轉依識現，化識還心，則還滅。還滅無相，自亦無識。此是「緣起性空，流轉還滅，染淨對翻，生滅不生滅對翻」綱領下體用不離而可離之體用義。

　　6.然此體用不離而可離是一條鞭地一直上升說，也就是分解地稱理而談。此若依華嚴宗之判教說，猶是終教見地；若依天臺宗之判教說，此猶是「緣理斷九」之別教見地。此尚不是迴轉圓融地說。但此三身之體用可離而不可離，尚可三身如一，無所謂現不現，無所謂見不見之圓融地說，即恆常如是之圓融地說。此是轉分解爲圓融，轉直線爲曲線之智慧，此是圓教之所以立。

> 問曰：若諸佛法身離於色相者，云何能現色相？答曰：即此法身是色體故，能現於色，所謂從本已來色心不二。以色性即智故，無體無形，說名智身。以智性即色故，說名法身徧一切處。所現之身無有分齊，隨心能示十方世界無量菩薩，無量報身，無量莊嚴，各各差別，皆無分齊，而不相妨。此非心識分別能知，以眞如自在用義故。

《起信論》此段文即開一圓融地說之義理之門，亦即開一建立圓教之門。吾人可再進而審量此「色心不二」之「眞如自在用義」之體用義。

　　本來，佛成正覺，證涅槃，得法身，如果法身不只是眞如空性之「但理」，而且是清淨心，如果涅槃不只是灰身滅智，而是佛無

所謂涅槃不涅槃，涅槃不涅槃只是其示現之相，其本身只是一覺體法身之常住遍在，則成無上正等正覺之法身生命自然有一番氣象可說。「氣象」是儒家名詞，如所謂聖賢氣象者是。孟子言生色睟面盎背。德性潤身（《大學》云：「德潤身」），自有一番氣象可觀。此種氣象自非心識分別所能測知。故孟子云：「充實之謂美，充實而有光輝之謂大，大而化之之謂聖，聖而不可知之謂神。」聖神化境、天地氣象、神明之容、天地之美，自非心識分別所能測知。佛之「無量報身，無量莊嚴」，亦自非心識分別所能測知，此即是「真如自在用義」。籠統說之，成聖成佛，形態一也。然此中亦有本質之差別，仍須就其教義之綱領規範而衡量之。茲仍依「緣起性空，流轉還滅，染淨對翻，生滅不生滅對翻」之義理規範衡量此圓融地說中「色心不二」之「真如自在用義」之意義。

　　《起信論》以「從本已來色心不二」一存有論的陳述爲「法身離相而又能現相」之圓融地說奠立一客觀的基礎，此即是說，法身之色相雖是二乘菩薩依識所見，卻又不只是純主觀地依識所見，而亦是客觀地從佛方面說是佛法身之自然現、真如之自在用。有此客觀基礎，佛法身始能是客觀的真實圓滿之法身，而不只是一條鞭地抽象地說的「只是法身」之孤調。但此義確極微妙複雜，吾人須予以層次之檢別。吾人可問：此「色心不二」一存有論的陳述在什麼情形下始可爲「客觀的真實圓滿法身」之客觀的基礎？

　　6.1首先，識念之生滅流轉並非是心真如體之用。識念起緣緣雖憑依不生不滅之心真如體而起現，然心真如體只是其憑依因，並非其生因；而且仍是虛妄不實，有待斷滅，故不能如儒家所說之實事，而仍只是幻事。幻事之直接生因，嚴格說，當該是無明，而不

是如來藏。無明無根，幻事亦無根。無明本無，幻事亦本無。此即幻事不能爲如來藏之用。普通說如來藏緣起，此很易有誤會。詳細說，當該是無明識念憑依如來藏而緣起，並非如來藏自身眞能緣起生滅法也。如來藏既非生滅法之體，而生滅法亦非如來藏之用，則兩者實亦可說不相資不相待。如眞可相資而相待，則妄者從眞者出，其眞者必不眞。此層是分解地說，是順應衆生無始已來而實然地說。《勝鬘經》之不染而染，染而不染，亦是此實然地說。由此遂逼出法藏賢首言眞如二義：一不變，二隨緣，而有「不變隨緣，隨緣不變」之說。此「不變隨緣，隨緣不變」亦是順應衆生無始已來而實然地如此說。如在此亦可以說「色心不二」，則此「色心不二」是實然地說的一個經驗命題，縱亦可說是一存有論的陳述，亦是現象的、實然的存有論之陳述。在此意義下，色心不二，而實亦二。因不變隨緣非體用故；又以隨緣淨法不斷，而染法須斷故。此即雖云不二，而實二也。此實然地說的「色心不二」不能爲客觀的眞實圓滿法身之客觀基礎。然則在什麼情形下，「色心不二」始眞實成立，成爲一必然命題，而可爲客觀的眞實圓滿法身之客觀基礎？

　　6.2依常途想，一綜和命題（色心不二是一綜和命題），要想爲一必然的，須有一超越的根據。但在此，吾人不能以如來藏心爲其超越的根據，亦不能因無明識念之生滅流轉皆憑依如來藏而即謂此實然層上之色心不二即以如來藏爲其超越的根據，因而得爲必然的。因爲彼雖憑依如來藏而起現，而如來藏卻對之並不負責故，即兩不相應故，生滅流轉須待還滅故。依此，在佛家，此「色心不二」一綜和命題，要想成爲必然的，須有另一種講法。此非直線思

考所能解答。幻事雖憑依如來藏，而卻不能以如來藏爲其能起現之體，且須還滅，因而亦不能爲如來藏之用。但是如來藏眞心呈現而爲法身又必須有自在用，能現于色相，否則法身只是眞如空性之「但理」，而不成其爲法身。（但理只能是自性身，與法身作依止，而不能即是法身）如是，法身之自在用所現之色相，從何處得來？豈于生滅流轉之色相外，別有一套不生不滅之色相乎？如別有一套，則成隔絕；如不別有，則成但理。此即是兩難。此兩難之情形或可如此說：如果生滅流轉之色相必須還滅，則法身即成但理而不成其爲法身；如果法身不是但理而是法身，而又不能別有一套色相，則必須還滅之生滅流轉之色相即不能還滅。此是兩難之矛盾。吾人必須衝破此矛盾，然後「色心不二」始能得其必然，而客觀的眞實圓滿之法身始有其客觀的基礎而得其極成。但吾人如何能衝破此矛盾？此在佛家，似乎是依一種辯證的詭辭、曲線的智慧來解答，而不是超越的分解所能解答者。

6.3原「色心不二」一觀念之提出而復有其必然性，其原初之來歷只是菩薩道之不捨衆生。菩薩成佛必以一切衆生得度爲條件、爲內容。是以佛之涅槃法身決不似小乘涅槃之貧乏與可憐，乃實是充實飽滿，涉及一切，以一切得度爲內容。故《起信論》云：「眞如用者，所謂諸佛如來，本在因地，發大慈悲，修諸波羅蜜，攝化衆生，立大誓願，盡欲度脫等衆生界，亦不限劫數，盡於未來。以取一切衆生如己身故，而亦不取衆生相。此以何義？謂如實知一切衆生及與己身眞如平等無差別故。」此以眞如平等無二無別之絕對普遍性（平等性）統攝盡未來際一切衆生于一己身，己身即衆生身，衆生身即是己身，而亦不取衆生相，此即無我相，無人相，無

眾生相，亦無壽者相，而一切眾生卻亦在不著相中盡函攝于眞如平
等之一味。如是，方是圓滿無遺。（此與儒者說：體物不遺，大人
連屬家國天下而爲一身，仁者渾然與物同體，宇宙內事即是己分內
事等等，爲同一圓滿之義，形態同，本質異。）眞如平等是如來藏
心，眾生是一切色相。成佛不能隔絕地孤離地成佛，即是眾生色相
中成佛。如是，其法身不是抽象的「但理」，而是眞實而具體的圓
滿法身。即在此法身之必在眾生色相中呈現，始是實踐地而亦是超
越地肯定了眾生色相之必然。所謂肯定不是肯定實然層上無明識念
之流轉幻妄，（此流轉幻妄定須還滅，此是實踐地必然的），而是
在法身呈現必須就眾生色相、流轉幻妄而呈現，因而始必然地把這
流轉幻妄帶住定住而不能空脫（蹈空），此第一步是消極意義的肯
定，即拖住帶住而定住它。進一步，由拖住帶住就之而冥寂滅度
之，使之融化于眞如心而不爲礙，則彼生滅流轉即得一眞常的意
義，而不復是幻妄，不復是無明，此即是轉識成智，化念歸心，而
亦無所謂識念。所謂冥寂滅度只是不著相，不計執，寂滅那虛妄之
分別，不是抹掉那緣起事（依他起）。如是，雖緣起而亦不緣起，
雖生滅而亦不生滅，雖流轉而亦不流轉，此即是當體即眞常，並不
須抹掉它別尋一隔絕之眞常。此是緣起事起了本質的變化，捨無常
得一常之意義，捨幻妄得一眞實之意義。此第二步是積極意義的肯
定，亦可以說是一實踐地超越的肯定，因而得一實踐地超越的必然
性。此亦即是所謂不毀不壞，此是由于超越的必然而不毀不壞，此
是超越的不壞，此亦即是普通所謂「去病不去法」之意義。此超越
的肯定，超越的必然，超越的不壞，實只是「去病不去法」之一
語。到此，始是眞正的「色心不二」，「色心不二」始眞成爲一個

必然的命題，因而始可以爲客觀的眞實圓滿法身之客觀基礎，它成了一個超越的存有論的陳述，由對于緣起色相之超越的肯定，必然不壞，而呈現其自己爲一超越的存有論的陳述。在此是無所謂「不變隨緣，隨緣不變」的，它已超越了這一層，而成爲不變與緣起相應如如而爲一客觀的眞實圓滿之法身，而法身亦與依報應化不分的，而亦無所謂佛之現與衆生之依識而見的，此即是「眞如之自在用」，既離色相而又能現色相。

6.4無明識念雖憑依如來藏而起，然卻原是無根的，說完就完；而「不變隨緣，隨緣不變」亦原是順那無根的無明識念而下來的，是以亦原是經驗的陳述、實然的陳述，並無必然性。此皆是順應衆生無始已來而實然地如此說。但當通過「就之而滅度之而復因而能超越地肯定之」這一曲線的智慧，辯論的奇詭時，它本身起了質的變化，逐因與如來藏心相應如如而獲得一眞常的意義、必然的意義，且得一無窮無盡的意義。因爲法身恆常遍在，作爲其自在用之衆生色相自亦恆常遍在、無窮無盡。這些在超越的肯定、必然、不壞中而取得眞常義、必然義、無窮無盡義，而作爲法身自在用的色相，嚴格說，亦不是如來藏心眞如體自身之所創生起現，而只是順應那衆生無始已來原有的緣起色相融化之而使之與己相應，逐成爲其自己之自在用。這些緣起色相，順無明識念下來，原是與如來藏心不相應的，但雖不相應，卻也虛繫無礙，所謂「不變隨緣，隨緣不變」者是。但現在通過超越的肯定，則即成爲與如來藏心如如相應，逐成爲其自己之自在用，但其底子還是虛繫無礙，不過原來是不相應的虛繫無礙，現在卻是相應的虛繫無礙。不相應，雖虛繫無礙，亦不能成爲如來藏心之用。相應，雖虛繫無礙，卻可以爲其

自在之用。然亦正因是虛繫無礙的自在用，故亦是用而非用，結果只是法身之常住。是以雖云「性起」，而實不起。自在用者只是緣起色相通過超越的肯定把它轉爲與眞如心自己相應耳。在此，實有點假託的意味，假託原有者使其虛繫無礙與己相應，遂成爲自己之自在用。此仍是佛教滅度教義下特別形態之體用。是故雖色心不二，能現色相，而實則是相而非相，無相之相；用而非用，無用之用；所謂無量功德，而實亦無一功德之相。此與就衆生緣起色相而執爲實有差別之相者不同，此乃是就衆生緣起色相而不執實，而當體寂滅之，而復因而亦不壞之，（即所謂超越的肯定），所示映、映射出之虛的意義：是意義之相，不是材質的相；是意義的用，不是材質的用，是意義的功德相，不是材質的功德相；每一相、每一用、每一功德，皆是一「意義」，而實不是相；「相」是由緣起處之材質之相所示映而虛說，因而亦無所謂「每一」之多，而只是等同一味，「多」亦是由示映而虛說。此即前文所謂「有過恆沙等妄染之義」，則翻上來即「有過恆沙等功德相義示現」。此實只是法身之豐富的意義、豐富的內容，而這些意義、內容渾融而爲一意義一內容。這些意義與內容之多義與相義，既由緣起處之材質之相所示映映射而虛說，則當衆生不皆成佛時，即可隨衆生之機感而反映回去，此即成凡夫二乘菩薩所依識而見的應報身，此時即有三身之分別說。而在佛自身實無如此之分別。其示映進來與反映回去皆是通過還滅修行後所不期然而然者，此即是其「自在用」。

是以「色心不二」下眞如之自在用，其實義當不過如此。雖滅無明識念，而法身不是「但理」；法身雖能現色相，而亦不是別有一套材質之相。此一曲線的智慧、辯證的詭譎遂衝破那分解地說的

直線思考之兩難,而達一圓融之境。圓融即具體而真實,分解則抽象而偏滯,故由分解必達圓融,此即圓教之所以立。

四、圓教下究竟體用義之確定

1.在中國,發展圓教者有兩系統,先有天臺,後有華嚴。本文中心是從《起信論》說起,故此節亦先從華嚴說起以與天臺對比。

華嚴宗以《起信論》之超越分解為其義理根據,由之以明「大緣起陀羅尼法」。此大緣起法界,若自究竟果證、十佛自境界方面說,則如來藏心與緣起業用如如為一,一即一切,一切即一,不思議,不可說,無相狀,無分齊,圓融自在,唯是一真法界,亦唯是一毘盧遮那圓滿法身。但若「隨緣約因」,則有相可示,以顯無盡。

就可說方面說,此緣起法界,其超越根據是如來藏心。如來藏心是不變者,而不變者卻隨緣能作染淨法之因。淨法是稱性功德,與本覺相應相順,而染法則不相應而相違,雖相違,亦以如來藏心為憑依而緣起,其關鍵是無明識念之起縐縐,此皆須先預定而不能背者。

依是,染淨法緣起皆統于如來藏,此可曰超越的統。就淨法說,是既統且具,就染法說,是統而不具。署名為慧思造的《大乘止觀法門》以真心本具染淨二性,並以染性染事亦為不空如來藏之說明,此皆非是,既違經(《勝鬘》),亦違論(《起信》),此乃由于對「統」字之誤解。(此書屬于如來藏系統,大體以《起信論》為根據,非天臺宗之作品,顯屬偽託)。

　　天臺宗智者大師的本義及荊溪與知禮之所解，皆就「一念三千」言性具、理具或體具。此一念乃識念，非眞心。智者《摩訶止觀》不以《起信論》爲義理根據。他是以《中論》之「空假中」收于止觀上而展開其圓敎。故以「心不思議境」爲觀體。此「心不思議境」非眞心，乃即「介爾心」、刹那心。如說念，亦是煩惱識念。介爾一念，即具三千世間，故不思議。由此不思議之觀體展開「即空即假即中」之圓敎。此「具」是更爲內在地具、心理學地具，是更爲內容的、強度的，此是眞正的固具。而染淨之關鍵，則在止觀中之迷悟。迷則全體是衆生，悟則全體是「實相」。而眞心、眞智、眞解脫、眞法身，亦于此顯，並不先立一如來藏心爲超越體。嚴格說，天臺宗屬《中論》系統，不屬《起信論》系統。

　　1.1此兩系統之「具」旣不同，故理具、性具、體具中之理字、性字、體字，義亦有別。在賢首，是指如來藏眞心說；在智者，是指具而未顯說。故一實一虛。虛說的理字、性字、體字，是從「介爾有心，即具三千」之「即具」中直接邏輯上分析出來的，是屬于語意字，不屬于指實字。「理具」者是說介爾有心，這一刹那心原則上即具（理上即具）三千世間，「性具」者是說這一刹那心本質上即具三千世間，「體具」者即是那理字性字之別名，亦是抒意的虛說，非指實字，非實體字。在華嚴宗，若就如來藏心對染淨法言，只能說眞心具淨法，不能說具染法，在此是不圓，是別敎；但通過修行，而至因圓果滿時，則性起即性具。但此性起性具唯就十佛（十身佛）自身說。因之圓是就果之滿而反溯說。故皆屬性起，不屬緣起。（參看上節賢首〈性起品探玄〉文）。此唯是三身（在華嚴即說十身）之清淨法；所起者是此，所具者亦是此，起

即具，起具一也。在此如亦說「緣起」，即是究竟果證上圓融自在無窮無盡之「法界緣起」；此是「海印三昧」之緣起：妄盡心澄，萬象齊現；亦是起而無起，故曰性起，不曰緣起也。但天臺宗之性具、理具之圓卻自始即就「介爾心」，並不是就究竟果證上說。今捨究竟果證之圓不說，如就天臺宗之性具對如來藏系統之分解地說的如來藏心統攝一切法這一層而言，天臺宗之性具是圓教，而華嚴宗之如來藏心統一切之統即不能算圓教。蓋此統是隨順眾生無始已來而分解地實然地說，中間須經過阿賴耶識之一曲，由此一曲建立一憑依關係而統于如來藏，此若說具，是「曲具」，非天臺宗之「直具」。曲具者偏指清淨眞如，須破九界（即六道眾生加二乘菩薩）始能顯，故天臺宗方面有「緣理斷九」之譏。破九斷九方顯，在此即不能說「性具」（直具）。

　　1.2「性具」既不同，故「不變隨緣，隨緣不變」解義亦不同。此兩語不見智者《摩訶止觀》，乃是賢首先發。《一乘教義分齊章》說眞如有二義：一不變，二隨緣。故有「不變隨緣，隨緣不變」之說。但須知此兩語是實然層上的分解說，在究竟果證之圓融自在上即不能說此兩語。「不變隨緣」中之隨緣是緣起，不是性起，故在此亦不能說性具。縱使依緣而起的淨法如種種修行方便，是依眞如心而起，但亦是依因托緣而起，在過程上仍屬緣起，尚不能直接說性起。（參看上節賢首〈探玄〉文融攝門與定義門）。至如隨緣起之生滅流轉之染法更非性起，乃是識起，雖憑依性，而非性起，更不能說性具。後來圭峰宗密等華嚴之後學，以賢首宗旨解荊溪「十不二門」，故有知禮之辨駁。其辨駁甚的當，足彰天臺性具圓教之諦義。依天臺，一念三千性具之理不變，而「事造」即隨

緣。造即由「具」而顯。造是扣緊「具」而言者，非泛言之通義。此天臺後學在華嚴宗興起之後，借用「不變隨緣」之語，而解義不同。

2.以上總說大義，以下引文證之。

荊溪湛然《金剛錍》云：

> 言心造心變，咸出大宗。小乘有言，而無其理。然諸乘中，其名雖同，義亦少別。
>
> 有共造依報，各造正報。有共造正報，各造依報。眾生迷故，或謂自然、梵天等造；造已，或謂情與無情〔情是有情眾生，無情是草木瓦石〕。故造名猶通〔言通佛教大小乘及外道〕，應云心變〔言心識變現〕。心變復通，應云體具〔此即天臺之理具、性具〕。以無始來，心體本遍〔此心體不指如來藏眞心言〕。故佛體遍，由生性遍〔言佛體遍攝一切實由眾生之煩惱心性遍滿一切〕。
>
> 遍有二種，一、寬廣遍。二、即狹遍。〔造即寬廣遍，具則即狹遍。〕所以造通於四〔言通于藏通別圓四教〕，變義唯二〔言只是限於別圓二教〕。即具唯圓，及別後位〔言「即具」只限于圓教及別教之後位〕。故藏通造六〔言藏教通教只言造六道眾生法界〕，別圓造十〔言別圓二教則言造十法界：六道加二乘菩薩及佛，名曰十法界。〕此六及十，括大小乘教法罄盡。由觀解異，故十與六，各分二別。〔言造六中有藏通之別，造十中有別圓之別。此兩種分別由觀解不同而成。〕

藏見六實〔言藏教見到六道衆生爲實有，即未去法執也〕，
通見無生〔言大乘通教見到「無生」，即生無自性〕，別見
前後生滅〔言別教則見到前後生滅唯是識現〕，圓見事理一
念具足〔言自家圓教則見到一念三千，即在一念事理具
足〕。論生，兩教似等〔言論到生即無生，別圓兩教似無分
別〕。明具，別教不詮〔言說到理具，則單屬圓教，別教不
及〕。種具等義，非此可述〔言種子識之具與此理具不
同〕。

故別佛性，滅九方見〔言別教佛性偏指清淨眞如心而言，非
滅除九界不能顯現〕。圓人即達九界、三道，即見圓伊，三
德體遍〔言由一念三千當下即見到般若、解脫、涅槃三德遍
通一切，而且即見到三德即一而三，即三而一之圓伊。〕

一家所立不思議境，於一念中，理具三千。故曰一念中具有
因果、凡聖、大小、依正、自他。故所變處，無非三千。而
此三千，性是中理〔即空即假即中之中理〕。不當有無，有
無自爾。何以故？俱實相故〔當下即是「即空即假即中」之
實相〕。實相法爾具足諸法。諸法法爾性本無生。故雖三
千，有而不有。共而不離，離亦不分。雖一一遍，亦無所
在。

由體具而緣現（事造）皆「無非三千」，故色心不二，因果不二，
性修不二，染淨不二，內外不二，是眞不二。（荊溪《十不二
門》，舉此五最重要者例他）。

知禮云：

他宗明一理隨緣作差別法。差別是無明之相，淳一是眞如之相。隨緣時，則有差別；不隨緣時，則無差別。故知一性與無明合，方有差別。正是合義，非體不二。以除無明，無差別故。〔案：此他宗指華嚴宗說〕。今家明三千之體隨緣起三千之用。不隨緣時，三千宛爾。故差別法與體不二。以除無明，有差別故。〔三千之體，此「體」是虛意字，理具未顯即是體，顯即是用。此體非分解而立的心眞如體之體〕。驗他宗明即，即義不成。〔案：「即」即「體用即」之即〕。以彼佛果，唯一眞如。須破九界差別，歸佛界一性故。〔案：此即華嚴宗所謂別教一乘，即唯是十佛自境界。華嚴宗謂天臺宗之一乘圓教是同教一乘，自所立者是別教一乘。而天臺宗則謂之緣理斷九〕。今家以即離分於圓別，不易研詳。應知不談理具，單說眞如隨緣，仍是離義。故第一記〔即荊溪湛然《法華文句記》卷第一下之第一〕云：以別教中，無性德九故，自他俱斷九也。若三千世間是性德者，九界無所破，即佛法故，即義方成，圓理始顯。故《金錍》云：「變義唯二，即具唯圓」。故知具、變雙明，方名即是。若隨闕一，皆非圓極。（《十不二門指要鈔》，解因果不二門語）

是故華嚴宗之「不變隨緣」是如來藏心之不變隨緣，非此「理具隨緣」。理具隨緣體用相即（由因果不二，性修不二顯）。如來藏心雖「隨緣，仍未即者，爲非理具隨緣故也。」（知禮語）。知禮又云：「他宗極圓，只云性起，不云性具，深可思量。」（皆見解因

果不二門）蓋一預定一超越之分解，一不預定故也。

2.1華嚴宗之「不變隨緣」只是眞如心不變，而「隨緣成染淨時，恆作染淨，而不失自體。是即不異無常之常，名不思議常。」「由眞中不變，依他無性，所執理無，由此三義，故三性一際，同無異也。此即不壞末而常本也。經云：衆生即涅槃，不復更滅也。又約眞如隨緣，依他似有，所執情有，由此三義，亦無異也。此即不動本而常末也。經云：法身流轉五道，名曰衆生也。〔……〕是故眞該妄末，妄澈眞源，性相通融，無障無礙。」不變隨緣二義不相違。「且如圓成，雖復隨緣成於染淨，而恆不失自性清淨；祇由不失自性清淨，故能隨緣成染淨也。猶如明鏡，現於染淨。雖現染淨，而恆不失鏡之明淨；祇由不失鏡明淨故，方能現染淨之相。以現染淨，知鏡明淨；以鏡明淨，知現染淨。是故二義雖是一性。雖現淨法，不增鏡明；雖現染法，不汙鏡淨，非直不汙，亦乃由此反顯鏡之明淨。當知眞如，道理亦爾。非直不動性淨成於染淨，亦乃由成染淨方顯性淨，非直不壞染淨明於性淨，亦乃由性淨故方成染淨。是故二義，全體相收。一性無二，豈相違耶？」總之，乃曰：「眞該妄末，無不稱眞。妄澈眞源，體無不寂。眞妄交澈，二分雙融，無礙全攝，思之可見。」（法藏賢首：《華嚴一乘敎義分齊章》，「義理分齊」第十，〈三性同異門〉）。

「不異無常之常」，此「不異」只是不離義，仍非理具之「即」。「性相通融，無障無礙」，通融無礙亦非理具之即。此種就如來藏而言之「不變隨緣」，復亦只是《勝鬘經》不染而染、染而不染之「難可了知」之義。實則亦並非眞是難可了知，只是聲聞小乘難可了知，大乘菩薩仍能聽受。通過阿賴耶識之一曲折，即可

了知，此處並無詭譎。《起信》、《楞伽》、《勝鬘》等眞常經論
畢竟是華嚴宗之義理綱緯。但須知此處所謂「不變隨緣，隨緣不
變」，如上所已指明，是順衆生無始已來而實然地如此說。不變與
隨緣非體用義。復依《探玄》文融攝門及定義門，此處亦不能說
「性起」：只說隨緣成于染淨，不能說性起染淨；縱然淨法可爲性
之所起，而染法決不能是性之所起，染法是通過阿賴耶識之一曲而
起現，嚴格說是無明識念憑依性而起，是識起，非性起。知禮說華
嚴「只云性起，不云性具」，如此性起是從「不變隨緣」處說，則
即此「性起」亦不盡諦。（但若從寬依統攝說，衆生及煩惱皆性起
攝。參看上節《探玄》文染淨門）依賢首，嚴格而恰當的性起惟自
「佛自境界」說，自三身或十身佛自體說，自海印三昧之實德緣起
說，自因圓果滿說，惟是淨法，並無染法，此是「大緣起陀羅尼
法」，是「隱映互現」之因陀羅法，亦是「一時炳然」之微細法：
此處是眞正性起義，亦是眞正體用義。在此說「因該果海，果澈因
源」，亦是性起義，體用義。在此，性起即性具，惟與天臺宗一念
三千之「性具」爲異指耳。此與「不變隨緣」處之「眞該妄末，妄
澈因源」不是同一層次之語句，亦不是同一意指之語句。不變隨緣
處是緣起，是變化，而「此等並是實義，非變化成。此是如理智中
如量境也。其餘變化等者不入此例。何以故？此並是法性家實德，
法爾如是也。非謂分別情識境界。此可去情思之。」（《一乘教義
分齊章》，「義理分齊」第十、十玄緣起無礙法言「因陀羅網境界
門」處）。此固是依《起信論》而成之別教一乘之圓教中之性起性
具義，體用義。故言華嚴宗之性起義、體用義，當自因圓果滿處
說：不能自不變隨緣處說。知禮之辨是就自家一念三千之理具而與

華嚴之「不變隨緣」對刊也。天臺宗無華嚴家之兩層（實然層與理想層，或不變隨緣層與因該果海層）說，故是同教一乘。

　華嚴家從實然層上說：(1)「不變隨緣，隨緣不變。」(2)「不壞末而常本，不動本而常末。」(3)「真該妄末，妄澈真源，性相通融，無障無礙。」(4)「雖復隨緣成於染淨，而恆不失自性清淨。祇由不失自性清淨，故能隨緣成染淨也。」(5)「非直不動性成於染淨，亦乃由成染淨方顯性淨。非直不壞染淨明於性淨，亦乃由性淨故，方成染淨。」(6)三性各二義，皆「全體相收，一性無二。」(7)「三性一際，舉一全收。」這些美妙圓融的辭語皆有催眠性與麻醉性。實皆只是就三性關聯地抒其意之抒意辭語，非是客觀的積極平鋪之體用辭語。若見其圓融無礙，而想其為客觀之平鋪、積極之肯定，則成大混雜，是真悖矣。此與果海自體不同。此中之本末非體用也，真妄非體用也，真如之不變隨緣非體用也，依他之似有無性非體用也，徧計之情有理無非體用也。此等皆只是順無明識念之一綯一曲而實然地說其虛繫無礙。

　2.2知禮云：

> 且如《記》文釋阿若文中云：「別教亦得云從無住本立一切法。」無明覆理，能覆所覆，俱名無住。但即不即異，而分教殊。既許所覆無住，真如安不隨緣？隨緣仍未即者，為非理具隨緣故也。
> 又云：「真如在迷，能生九界」。若不隨緣，何能生九？
> 又《輔行》釋別教根塵一念為迷解本，引《楞伽》云：「如來為善不善因。」自釋云：「即理性如來也。」《楞伽》此

句乃他宗隨緣之所據也。《輔行》爲釋此義，引《大論》云：「如大池水，象入則濁，珠入則清。」當知水爲清濁本，珠象爲清濁之緣。據此諸文，別理豈不隨緣耶？

故知若不談體具者，隨緣與不隨緣，皆屬別教。何者？如云：黎耶生一切法，或云：法性生一切法。豈非別教有二義耶？

問：《淨名疏》〔智者《維摩經玄疏》〕釋無明無住云：「說自性是別教義，依他住是圓教義。」且隨緣義，眞妄和合，方造諸法，正是依他，那判屬別？

答：《疏》中言簡意高。須憑《記》釋，方彰的皆。故釋自住，法性煩惱更互相望，俱立自他。結云：「故二自他並非圓義。以其惑性，定能爲障。破障方乃定能顯理。」釋依他云：「更互相依，更互相即，以體同故，依而復即。」結云：「故別圓教，俱云自他。由體同異，而判二教。」今釋曰：性體具九，起修九用。用還依體，名同體依。此依方即。若不爾者，今依義。故《妙樂》云：「別教無性德九，故自他俱須斷九。」是知但理隨緣作九，全無明功。既非無作，定能爲障。故破此九，方能顯理。若全性起修，乃事即理。豈定爲障，而定可破？若執但理隨緣作九爲圓義者，何故《妙樂》中「眞如在迷，能生九界」，判爲別耶？故眞妄合，即義未成，猶各自住。〔……〕此宗，若非荆溪精簡，圓義永沉也。」（《十不二門指要鈔》，解因果不二門）。

知禮此段文是從法性煩惱兩無住著（無住本）分判華嚴之「不變隨

緣」與天臺之「理具隨緣」之不同。前者雖隨緣而不即,故云「猶各自住」。後者隨緣根于理具,故「更互相依,更互相即,以同體故,依而復即」。此言「同體」非同一心真如體,乃理具未顯之體與事造已顯之用爲同一「一念三千」之事體之體。此「體」字無實義。

又知禮就「不變隨緣」判華嚴爲別教,非圓教,此所云「別教」是依天臺藏通別圓中之「別教」言,是不共小乘之別教,相當于華嚴宗所判之終教。故此「別教」非華嚴宗所自立之「別教一乘」之別教。別教一乘乃指圓教言。然「不變隨緣」之別教正顯其一乘圓教爲別教一乘,而非同教一乘也。若依華嚴宗說,「不變隨緣,隨緣不變」固非圓教也。彼固不自此說圓教也。

2.3以上知禮辨兩家隨緣義之不同,極爲諦當。是故荊溪云:

> 《涅槃經》中多云佛性者,佛是果人,言一切眾生皆有果人之性,故偏言之。〔偏有情眾生而言〕。世人迷故,而不從果。云眾生有,故失體遍。〔實則無情亦有,不獨眾生。〕又,云遍者,以由煩惱心性遍,云佛性遍。故知不識佛性遍者,良由不知煩惱性遍故。唯心之言,豈唯真心?子尚不知煩惱心遍,安能了知生死色遍?色何以遍?色即心故。何者?依報共造,正報別造,豈信共遍,不信別遍耶?能造所造,既是唯心,心體不可局方所故,所以十方佛土皆有眾生理性心種。(《金剛錍》)。

「唯心之言,豈唯真心」?則知天臺性具不偏指清淨真如心也。乃

是「介爾有心，即具三千」。介爾心、刹那心即煩惱心。煩惱心性遍通一切，故佛性亦遍通一切。此言佛性不是分解地單指清淨真如心而言，乃是通過煩惱心遍而辯證地（曲線地）由煩惱言佛性，此即「煩惱即菩提」一語之確義。迷則全體是煩惱，悟則全體是佛性。心既是煩惱心，則「心體不可局方所」中之「心體」不是心真如體或真如心體，乃即此煩惱心之「當體自己」之體。此煩惱心即是「生死色」，即荊溪「色心不二門」所謂「心之色心」也。此不二是真不二。「十方佛土皆有眾生理性心種」，即言皆有煩惱之佛性在。此言「理性心種」，意即煩惱心種即理性，此「理性」亦不是分解地單言真如之理也。

智者《摩訶止觀》云：「夫一心具十法界，一法界又具十法界：百法界。一界具三十種世間〔十種眾生世間，十種國土世間，十種五陰世間〕，百法界即具三千種世間。此三千在一念心。若無心而已，介爾有心，即具三千。亦不言一心在前，一切法在後。亦不言一切法在前，一心在後。例如八相遷物，物在相前，物不被遷；相在物前，亦不被遷。前亦不可，後亦不可。祇物，論相遷；祇相遷，論物。今心亦如是。若從一心生一切法者，此則是縱。若心一時含一切法者，此則是橫。縱亦不可，橫亦不可。祇心是一切法，一切法是心故。非縱非橫，非一非異。玄妙深絕，非識所識，非言所言。所以稱為不可思議境，意在於斯。」（《摩訶止觀》第七章〈正觀〉，觀十境中第一觀陰界入境）。

此即荊溪與知禮言「理具」，辨華嚴之所本也。所謂觀不可思議境者首先觀此不思議之刹那心也。

2.4智者大師首由一念心開三千種世間。復開「一、陰界入，

二、煩惱,三、病患,四、業相,五、魔事,六、禪定、七、諸
見,八、增上慢,九、二乘,十、菩薩」之十境為觀體(為止觀之
所依據)。復以「一、觀不可思議境,二、起慈悲心,三、巧安止
觀,四、破法遍,五、識通塞,六、修道品,七、對治助開,八、
知次位,九、能安忍,十、無法愛」之十法門觀十境。此《摩訶止
觀》之綱緯也。

　　賢首後起立華嚴一乘不共之圓教,以「一、教義,二、理事,
三、解行,四、因果,五、人法,六、分齊境位,七、師弟法智,
八、主伴依正,九、隨其根欲示現,十、逆順體用自在」為十義。
復以下列十玄門釋十義:

　　一、同時具足相應門。

　　二、一多相容不同門。

　　三、諸法相即自在門。

　　四、因陀羅網境界門。

　　五、微細相容安立門。

　　六、秘密隱顯俱成門。

　　七、諸藏純雜具德門。

　　八、十世隔法異成門。

　　九、唯心迴轉善成門。

　　十、託事顯法生解門。

此十玄門及十義「皆悉同時會融,成一法界緣起具德門普眼境
界」,亦即「別教一乘緣起義」。

　　天臺宗一念三千,以十門觀十境,止觀工夫尤為切要。而「別
教一乘緣起義」徒是對十身佛自境界之玄思,其實切警策不及天臺

多矣。

3.由以上之比論，吾人可名華嚴宗之「不變隨緣」以及因圓果滿之「性起」爲如來藏眞常心之系統，名天臺宗之「理具隨緣」爲《中論》系統。

華嚴宗原由地論師慧光系傳來，原與地論攝論宗有關，原是繼承初期眞諦唯識學而展開。眞諦後玄奘宗世親晚年及護法之唯識學，是爲後期唯識學。賢首先曾參與玄奘之譯場，後因理不相契，遂出而弘華嚴，以《起信論》爲宗論。至近代歐陽竟無呂秋逸等宗玄奘之唯識學，力闢《起信論》爲妄。是今之爭論猶古之異同也。故華嚴宗與《起信論》之關係特密，而亦與唯識宗始終在角鬥。蓋其入路是一，只一爲阿賴耶系統，一爲如來藏系統而已耳。〔呂秋逸謂《起信論》根據魏譯《楞伽》之誤譯而成誤解。《楞伽》原意，如來藏與藏識（阿賴耶）只是一體二名，只是一藏識名爲如來藏。此論據並不可靠。〕

但天臺宗則與如來藏、阿賴耶一系統並無多大關係。它是直接根據《中論》之空假中（因緣所生法，我說即是空，亦爲是假名，亦是中道義）而收於止觀上講。章安灌頂記《摩訶止觀》緣起云：「智者《觀心論》云：歸命龍樹師」。可見智者對於龍樹之推崇。又云：「天臺傳南岳三種止觀：一、漸次，二、不定，三、圓頓。皆是大乘，俱緣實相，同名止觀」。智者所承于其師（南岳慧思）者是止觀傳統。《摩訶止觀》中凡提到慧思者，皆云其法門是「隨自意安樂行」。從未提及署名慧思之《大乘止觀法門》中所說之系統。可見智者對于其前輩地論攝論師之爭論並不感興趣，亦見《大乘止觀法門》一書之爲僞託，並非天臺家義也。

3.1《摩訶止觀》第七章〈正觀〉，觀不思議境中有云：

問：心起必託緣，爲心具三千法？爲緣具？爲共具？爲離
具？若心具者，心起不用緣。若緣具者，緣具不關心。若
共具者，未共各無，共時安有？若離具者，既離心離緣，
那忽心具？四句尚不可得，云何具三千法耶？答：地人
云：一切解惑、眞妄，依持法性。法性持眞妄，眞妄依法
性也。《攝大乘》云：法性不爲惑所染，不爲眞所淨，故
法性非依持。言依持者阿黎耶是也。無沒無明盛持一切種
子。若從地師，則心具一切法。若從攝師，則緣具一切
法。此兩師各具一邊。若法性生一切法者，法性非心非
緣。非心故而心生一切法者，非緣故亦應緣生一切法。何
得獨言法性是眞妄依持耶？〔案：此評地論師如來藏系
統。此評並不諦，但足見智者並無興趣順他們的分解
說。〕若言法性非依持，黎耶是依持，離法性外，別有黎
耶依持，則不關法性。若法性不離黎耶，黎耶依持即是法
性依持，何得獨言黎耶是依持？又違《經》。《經》言：
非內非外，亦非中間，亦不常自有。又違龍樹。龍樹云：
諸法不自生，亦不自他生，不共不無因。〔……〕云何偏
據法性、黎耶生一切法？當知四句求心不可得，求三千法
亦不可得。既橫從四句生三千法不可得，應從一念心滅生
三千法耶？心滅尚不能生一法，云何能生三千法耶？若從
心亦滅亦不滅生三千法者，亦滅亦不滅其性相違，猶如水
火，二俱不立，云何能生三千法耶？若謂心非滅非不滅生

> 三千法者，非滅非不滅，非能非所，云何能生三千法耶？
> 亦縱亦橫求三千法不可得，非縱非橫求三千法亦不可得。
> 言語道斷，心行處滅，故名不可思議境。〔……〕當知第
> 一義中，一法不可得，況三千法？世諦中，一心尚具無量
> 法，況三千耶？如佛告德女：無明內有不？不也。外有
> 不？不也。內外有不？不也。非內非外有不？不也。佛
> 言：如是有。龍樹云：不自不他，不共，不無因。《大
> 經》云：生生不可說，生不生不可說，不生生不可說，不
> 生不生不可說。有因緣故，亦可得說。謂四悉檀因緣也。
> 雖四句冥寂，慈悲憐憫，於無名相中，假名相說。

據此，則知《摩訶止觀》實據《中論》四句求生不可得，遍破一切偏執，而只假名相說一念三千也。其思路是就一念三千作圓頓止觀，顯「即空即假即中」之實相。自非依據一超越分解講圓教也。此種「理具隨緣」圓教，心思極活，極為空靈，極為警策，亦是極為「作用的」，與華嚴宗真常心之「實體性的」不同也。

華嚴宗之如來藏系統是由唯識宗向超越方面進一步而轉出，天臺宗之理具系統是由空宗向裡收進一步而轉出。在印度，空有平行。在中國，天臺華嚴平行。至禪宗，則是天臺華嚴之簡化，亦是更為作用化。六祖慧能兩語盡之矣。「即心是佛，無心為道」是也。

3.2原智者言一念三千，後來荊溪、知禮所謂理具、性具、體具或圓具，是本以下思路而成：

一、《摩訶止觀》第四章〈攝法〉云：

六、攝一切教者，《毘婆沙》云：「心能爲一切法作名字。」若無心，則無一切名字。當知世出世名字悉從心起。

二、《摩訶止觀》第七章〈正觀〉，第一觀陰界入境開首云：

觀陰入界境者，謂五陰、十二入、十八界也。陰者，陰蓋善法，此就因得名。又陰是積聚，生死重沓，此就果得名。入者涉入，亦名輸門。界各界別，亦名性分。〔……〕若依《華嚴》云：「心如工畫師，造種種五陰。」界內界外「一切世間中，莫不從心造。」世間色心，尚叵窮盡，況復出世，寧可凡心知？〔……〕然界內外一切陰入皆由心起。佛告比丘：「一法攝一切法，所謂心是。」《論》云：「一切世間中，但有名與色。若欲如實觀，但當觀名色。」心是惑本，其義如是，若欲觀察，須伐其根。如炙病得穴。

三、又第四章〈攝法〉云：

復次，心攝諸教略有兩意：一者、一切眾生心中具足一切法門。如來明審，照其心法，按彼心說。無量教法，從心而出。二者、如來往昔曾作漸頓觀心，偏圓具足。依此心觀，爲眾生說。教化弟子，令學如來。破塵出卷，仰寫空經，故有一切經卷。悉爲三止三觀所攝也。

四、又第一章〈大意〉，論六即中云：

> 理即者，一念心即如來藏理。如故即空，藏故即假，理故即
> 中。三智一心中，具不可思議。如上說，三諦一諦，非三非
> 一。一色一香，一切法，一切心，亦復如是。是名理即是菩
> 提心，亦是理即止觀。即寂名止，即照名觀。

根據以上四點，智者所謂「一念三千」，此中「一念」是指刹那心、陰入心，亦即「無明一念心」言。《摩訶止觀》第七章〈正觀〉第四、破法遍中第三橫豎一心明止觀云：「若無生門千萬重疊，只是無明一念、因緣所生法即空即假即中不思議三諦、一心三觀、一切種智、佛眼等法耳。無生門既爾，諸餘橫門亦復如是。雖種種說，只一心三觀，無橫無豎。」「介爾有心，即具三千世間」。此心乃無明一念心，非偏指清淨眞如心也。通過圓頓止觀工夫，此無明一念心即是清淨眞如心；但不是分解地顯示，而是即在一念三千中作用地顯示。此圓頓止觀、不思議三諦、三智即是般若、解脫與法身。般若之用在此顯，而清淨眞如心之體亦在此證。即體（眞如心）即用（般若），即用即體，總在「無明一念心，此心具三諦；體達一觀，此觀具三觀」（破法遍中第三橫豎一心明止觀中語）中顯示。此爲作用地顯示，非分解地預定一如來藏眞如心也。

達成此三諦三觀之方法，大體是根據：

一、《中論》「諸法不自生，亦不自他生，不共不無因，是故總無生」；

二、《涅槃經》「生生不可說，生不生不可說，不生生不可說，不生不生不可說。」

兩方式而觀達一切——亦即遍破一切，遍立一切。

第七章〈正觀〉、破法遍中開頭無生門破法遍云：「《佛藏》云：『劫火起時，菩薩一唾火即滅，一吹世界即成。非是先滅後成，只一唾中即滅即成』。彼經明外用內，合無生門，即破遍，即立遍，破立不須二念。若內無是德，則外無大用。寄外顯內，其相如是。須識觀心者，眾生一期將訖，即是劫盡。三毒三災火為語端。以止止之，如唾滅；以觀觀之，如吹成。」據此可知智者《摩訶止觀》是將一切分解說的經論教義由圓頓止觀作用地、詭譎地而消融之，復是作用地、詭譎地、遮詮地以明圓教，非如華嚴宗之順如來藏系統分解地明圓教也。分解地明圓教，是別教一乘；作用地明圓教，是同教一乘。別教一乘，緣理斷九，圓唯在佛。同教一乘，一念三千，當下即達九界，不待斷九始圓也。是故天臺是《中論》般若學系統，華嚴是《起信論》真常心系統。

3.3智者《法華玄義》卷第二上正解法字中云：

> **南岳師舉三種，謂眾生法、佛法、心法。**
> **心法妙者，如《安樂行》中：「修攝其心，觀一切法不動不退。」**〔此略引《法華安樂行品》〕。又一念隨喜等。〔荊溪湛然《釋籤》云：「又一念心隨喜等者，即觀行位初，秖於貪瞋一念心起，體即權實，諸皆例然。隨順三諦，故云隨喜。是故隨喜名心法妙。」〕**普賢觀云：「我心自空，罪福無主」**。〔《釋籤》云：「普賢觀意者，心體即理，故云自空。誰執罪福？故云無主。應遍十界以明罪福在一念心，方成妙觀。」〕**觀心無心，法不住法。又**

心純是法。〔《釋籤》云：「觀心無心等者，能緣之心既無，所緣之法安在？能所不二，故云純是。」〕破心微塵，出大千經卷。是名心法妙也。

又云：

若廣眾生法，一往通論諸因果及一切法。若廣佛法，此則據果。若廣心法，此則據因。

又云：

三、廣釋心法者，前所明法，豈得異心？但眾生法太廣，佛法太高，於初學爲難。然「心佛及眾生，是三無差別」者，但自觀己心，則爲易。

《涅槃》云：「一切眾生，具足三定」。上定者，謂佛性也。能觀心性，名爲上定。〔《釋籤》「應了此性具足佛法及眾生法。雖復具足，心性冥妙，不一不多。以心性觀，則似可見。若以眾生及佛而爲觀者，則似如不逮。若以心性觀彼界如，界如皆空，常具諸法。非空非具，而空而具。雙遮雙照，非遮非照，亦祇是一念性而已。如是之定豈不尙耶？」〕上能兼下，即攝得眾生法也。

《華嚴》云：「遊心法界如虛空，則知諸佛之境界。」法界即中也，虛空即空也，心佛即假也。三種具，即佛境界也。是爲觀心仍具佛法。

又，遊心法界者，觀根塵相對一念心起，於十界中必屬一
界。若屬一界，即具百界千法〔百界千如〕。於一念中，悉
皆備足。此心幻師，於一日夜，常造種種眾生，種種五陰，
種種國土，所謂地獄假、實、國土，乃至佛界假、實、國
土。〔《釋籤》云：「假即眾生，實即五陰及以國土，即三
世間也。千法皆三，故有三千。」〕行人當自選擇何道可
從。

又，如虛空者，觀心自生心，不須藉緣。藉緣有心，心無生
力。心無生力，緣亦無生。心緣各無，合云何有？合尚叵
得，離則不生。尚無一生，況有百界千法耶？以心空故，從
心所生一切皆空。此空亦空。若空非空，點空設假，假亦非
假。無假無空，畢竟清淨。〔案：此即作用地、詭譎地、遮
顯清淨眞如心也。〕

又復佛境界者，上等佛法，下等眾生法。

又，心法者，心佛及眾生，是三無差別。是名心法也。

此言一心，同于《摩訶止觀》，皆不指清淨眞如心也。

3.4然並非不承認空不空如來藏，唯認其爲別教四門耳。

《摩訶止觀》第七章〈正觀〉，第四破法遍中從假入空破法遍
最後四門料簡云：

次別教四門者，即是觀別理，斷別惑，不與前同；次第修，
次第證，不與後同。《大經》云：「聞大涅槃有無上道，大
眾正行，發心出家，持戒修定，觀四諦慧，得二十五三

昧。」事相次第，不殊三藏，但以大涅槃心導於諸法，以此異前；漸修五行，以此異後。故稱爲別。

言四門者，觀幻化見思，虛妄色盡，別有妙色，名爲佛性。《大經》云：「空空者，即是外道。解脫者，即是不空，即是眞善妙色。如來秘藏，不得不有。」又：「我者，即如來藏，如來藏者即是佛性。」《如來藏經》云：「幣帛裹金，土模內像。」凡有十譬等，即是有門也。〔案：此即不空如來藏〕

空門者，《大經》云：「迦毘城空，如來藏空，大涅槃空。」又云：「令諸眾生悉得無色大般涅槃。」涅槃非有，因世俗故，名涅槃有。涅槃非色非聲，云何而言可得見聞？即是空門。〔案：此即空如來藏〕

亦空亦有門者，智者見空及與不空。若言空者，則無常樂我淨。若言不空，誰復受是常樂我淨？如水酒酪瓶，不可說空及以不空。是名亦空亦有門。

非有非無門者，絕四離百，言語道斷，不可說示。《涅槃》云：「非常非斷，名爲中道」。即是其門也。

如此四門得意，通入實相。若不得意，伏惑方便，次第意耳。《涅槃》名爲菩薩聖行。〈大品〉名爲不共般若。此皆是別教四門意，非今所用也。

圓教四門：妙理頓說，異前二種〔藏通〕。圓融無礙，異於歷別。云何四門？

觀見思假，即是法界，具足佛法。又諸法即是法性因緣，乃至第一義亦是因緣。《大經》云：「因滅無明，即得熾燃三

菩提燈。」是名有門。

空門者，觀幻化見思及一切法，不在因，不在緣。我及涅槃，是二皆空。惟有空病。空病亦空，此即三諦皆空也。

云何亦空亦有門？幻化見思，雖無眞實，分別假名，則不可盡。如一微塵中，有大千經卷。於第一義而不動，善能分別諸法相。亦如大地一，能生種種芽。無名相中，假名相說。乃至佛亦但有名字，是爲亦有亦無門。

云何非有非無門？觀幻化見思即是法性。法性不可思議。非世，故非有。非出世，故非無。一色一香，無非中道。一中一切中。毘盧遮那遍一切處，豈有見思而非實法？是名非有非無門。

據此四門判教，則知智者並非不承認有空不空如來藏之說，惟一方既視爲別教（天臺藏通別圓之別，非華嚴別教一乘之別），一方匠心獨運亦不順此路明圓教。順此路就《華嚴經》明圓教者是華嚴宗，是杜順、智儼、賢首之一系。《起信論》及其所根據之眞常經所說之空不空如來藏，華嚴宗判爲大乘終教。順此終教思路之分解就《華嚴經》明圓教，其所明之一乘圓教，賢首自判爲別教一乘圓教，而判天臺之圓教爲同教一乘圓教。同者，言其開權顯實，「一乘垂於三乘，三乘參於一乘」，以一同三，一三和合也。（賢首《華嚴一乘教義分齊章》建立一乘第一）。別者，言其唯就毘盧遮那佛圓滿法身說，隔別機權，唯是自得自證之一實，所謂「稱法本教」，非「逐機末教」者是也。

　天臺、華嚴俱認《華嚴經》爲佛成道後第一時說。所謂稱法本

教，所謂別教一乘，「即佛初成道，第二七日，在菩提樹下，猶如日出，先照高山，於海印定中，同時演說十十法門。主伴具足，圓通自在。該於九世十世，盡因陀羅、微細境界。即於此時，一切因果理事等，一切前後法門，乃至末代流通舍利、見聞等事，並同時顯現。何以故？卷舒自在故。舒則該於九世，卷則在於一時。此卷即舒，舒又即卷。何以故？同一緣起故，無二相故。〔……〕是故依此普法，一切佛法並於第二七日，一時前後說，前後一時說。如世間印法，讀文則句義前後，印之則同時顯現。同時前後，理不相違。」（《華嚴一乘教義分齊章》，第六「教起前後」）。而天臺則就「譬如日出，先照高山」（《華嚴經·出現品》），判為第一時初說，亦曰華嚴時；就「譬如從牛出乳」（《涅槃經》），判為「乳味」。

　　根據此義，則有一義可說，即：此種圓教亦可說是「形式的圓教」、「形式的一乘」。其言「別」雖可顯此「稱法本教」之獨特、殊勝與最高，然亦有抽象之隔別義。雖在法上說，一切佛法俱在其內，無隔無別，然此只是佛「稱性極談，如所如說」，佛初成正覺，稱所證法性之理而說。故此無隔無別是自證之無隔無別。自其不顧群機而言，實亦是隔別。隔別即抽象。隔別單顯佛自身之圓滿，抽象單顯圓滿真理之本義。此亦如單顯真理之標準，只此標準之自己便是抽象。不隔別，不抽象，不能顯出此標準。雖就佛自所證說，是具體，而非抽象，即，其自己真是證到，而非只是抽象地見到，然就普接群機而為客觀地證現言，則仍是隔別，仍是抽象。即依此義，而說為形式的圓教、形式的一乘。此種圓教，客觀地說，是圓教之在其自身，主觀地說，是佛圓滿法身之在其自身。在

其自身，即是圓教之模型、圓教之標準，即是形式的圓教。但模型、標準在其自身，必須經過「對其自身」而成為「在而對其自身」（在其自身與對其自身之眞實統一），方是客觀地眞實而具體之圓教。此則便不能隔別群機而不顧，便不能只「稱性極談」而顯高，亦須就機而顯普。聖人必須俯就，泛應曲當而無礙，其道方具體，其圓教方具體而眞實，此方是具體而眞實的「圓而神」。就此而言，華嚴宗之就第一時與乳味之《華嚴經》而說圓教實不及天臺宗之就第五時（法華、涅槃時）與醍糊味而說圓教爲眞實而具體，爲眞正之圓教。

就義理之發展說，（凡判教俱就義理秩序說，非就歷史次序說），天臺之判教實比較如理如實，精熟而通透。華嚴之判教以及其所說之圓教，是超越分解思路下的判教與圓教，天臺之判教以及其所說之圓教，是辯證圓融思路下的判教與圓教，是通過那些分解而辯證詭譎地、作用地、遮詮地消融之圓教。天臺五時判教如下：

一、華嚴時：日照高山，乳味，稱理而談，以顯形式的圓教。

二、鹿苑時：日照幽谷，酪味，說四《阿含》小乘教。

三、方等時：食時，生酥味，說《維摩》、《思益》、《楞伽》、《金光明》、《勝鬘》等經。

四、般若時：禺中時，熟酥味，說《般若經》。

五、法華、涅槃時：日輪當午，醍醐味，從《般若》出《法華》、《涅槃》。

經過前四時，至最後第五時而說圓教，便是眞實而具體之圓教，其不順《起信論》走超越分解之路，而順《中論》走辯證消融之路以「一念三千」作用地、詭譎地、遮顯地明圓教，亦其宜也。

4.然無論是天臺宗之一念三千，乃至荆溪、湛然之由之展現而為「十不二門」（《十不二門》乃荆溪就智者《法華玄義》正解妙字中別釋迹中十妙之綜結處所作之《釋籤》，即荆溪《釋籤》于此以「十不二門」收攝十妙。知禮覺此「十不二門」精要，復提出特為之作《指要鈔》），或是華嚴宗之如來藏心「不變隨緣，隨緣不變」，乃至「因圓果滿」之性起所成之大緣起法界，如「三性同異，緣起因門六義，十玄緣起無礙，六相圓融」四門之所說，要皆總是「緣起性空，流轉還滅，染淨對翻，生滅不生滅對翻」敎義下之圓融地說。

就天臺宗說，一念三千之不思議境不是因著有一個「體」而要去積極地肯定的，乃是只順著煩惱心遍而實然地如此說，其當然而必然之理想地說者仍是在就此不思議境而當下寂滅之。寂滅之，即是在圓頓止觀中如實知「即空即假即中」而證實相。實相不空懸，即在三千中。實相是具體，三千始得其必然性。是故知禮云：「況復觀心自具二種：即唯識觀及實相觀。〔……〕實相觀者，即於識心體其空寂，三千宛然，即空假中。唯識觀者，照於起心變造十界，即空假中。」（《指要鈔》解色心不二門。案：于此亦可見即唯識，天臺對之亦無諍）惟有在「即空假中」之實相中，三千世間始得其遍滿不壞之必然性。三千不可亦不必離，不可亦不必壞，但可即之而可寂。如此，則仍是「流轉還滅」下之體用。實亦無所謂體用，體用皆虛說。吾人不能說實相是體，三千是用。三千即空即假即中，吾人亦不能于此說空或中是體，而假是用。此仍是般若、解脫、涅槃三德體備下之出世靜態之實相觀。就即空即假即中之實相，若拆開觀，吾人不能說空假是體用，則空與假之關係仍只是虛

繫無礙之關係。

　　在虛繫無礙中證即空即假即中，此即是實相。實相是抒意字，非實體字。一色一香無非中道，非必滅色滅香也。唯是當體即如（即空即假即中），則雖色而非色，雖香而非香，而色香宛然，此即所謂滅，此是圓融地滅，非分解地滅、隔離地滅。圓融地滅，滅而不滅，去病不去法，則幻假無礙，永無窮盡。此即是煩惱心遍，故佛體遍。遍即圓滿無盡。可是並非因一種積極的創生的實體而可令其不幻假；而使之為積極的無窮盡。佛家對於幻假事總是在這不澈之虛繫狀態中而掛搭著為圓融地無盡，總是不能客觀地積極落實也。

　　4.1就華嚴宗說：「不變隨緣，隨緣不變」是實然地說。在此實然地說下，吾人不能說如來藏心是體，而隨緣流轉是其用。即在十信終心已去，一念即得作佛，「一念即得具足一切教義、理事、因果等，及與一切眾生皆悉同時作佛」，而成為「因該果海，果澈因源」，因圓果滿之性起，十身佛之自境界，如理智中如量境之法性家實德緣起，而緣起就緣起說，亦仍是虛繫無礙之圓融。縱使唯一真心轉，性起具德，一時炳然，或隱映互現，而吾人仍不能說此真心為一創生的實體能創生此緣起事之大用。此體用仍是「緣起性空，流轉還滅，染淨對翻，生滅不生滅對翻」下之靜態的虛繫無礙之體用。而且在此十佛自境界中，海印三昧之大緣起中，實亦可說起而無起，雖「一時炳然」，而亦可說即是寂然。雖「隱映互現」，而實亦無所謂「現」，更無所謂「互」。此真心迴轉之大緣起法實仍是順應實然說的「不變隨緣，隨緣不變」之所有而翻上來圓融無礙地寂滅之，而示現為實德而順成之，雖名曰大緣起法界，

說的那麼豐滿熱鬧，實則亦可以說是一無所有，亦可以說是無一德可現。然而又實可一時炳然，亦實可隱映互現。在此種虛繫無礙的圓融狀態下，實無體可說。體用皆是過渡中的詞語。亦是虛說的詞語。此如來眞心實非創生緣起法之實體也。緣起總是緣起，總是對于不可思議之假名說。第一義諦中，一法不可得，焉有所謂大緣起法界耶？緣起法總是似有無性，即在十身佛自境界亦復如是。不因佛果而即可變爲有自性之實事也。

4.2賢首解「總別同異成壞」六相中之「壞相」云：「第六壞相者，椽等諸緣，各住自法，本不作故。問：現見椽等諸緣，作舍成就，何故乃說本不作耶？答：祇由不作，故舍法得成。若作舍去，不住自法者，舍義即不成。何以故？作去，失本法，舍不成故。今既舍成，明知不作也。問：作去有何失？答：有斷常二失。若言椽作舍去，即失椽法。失椽法故，舍即無緣，不得有故，是斷也。若失椽法而有舍者，無緣有舍，是常也。」各住自法，不作而作；緣而非緣，非緣而緣；不斷不常，就是這樣一種不可思議、虛繫無礙之奇詭緣起。能如實知，不依事識，便是如來眞心。此如來眞心之與奇詭緣起實非體用關係也。縱說是法性家之實德緣起亦非體用關係也。其原初先肯定一超越之眞心，是順應衆生無始已來而分解地實然地如此說。其所以如此說，是爲的憑依超越眞心好便說明流轉還滅。以超越眞心爲準而起修行工夫是還滅的過程。超越眞心離念離相，平等一味，所謂空如來藏。而依之而起之還滅過程，無論是漸是頓，卻總有許多事相、意義、內容之分齊。這些分齊都是在還滅過程中顯。而當還滅至心源時，則這些分齊一起捲藏于超越之眞心而銷溶無餘，而歸于無相，而同時復亦即因捲藏雖無相而

亦示映映射出無量功德，示映映射成無邊果海。此亦即「因位窮滿者，於第三生，即得彼究竟自在圓融果矣。由此因體，依果成故，但因位滿者，即沒於果海中也。為是證境界故，不可說也。」（《一乘教義分齊章》，諸法相即自在門）故真心之果海是經過還滅工夫之因位窮滿而示映映射成者。依真心起還滅行是體用，而此體用是返流，是過渡。及其全沒于果海，則真心呈現，寂滅無相，而體用義亦不存。縱使此海印三昧之果海，于不可說中方便假說為大緣起法，說的那麼豐滿熱鬧，還只是因位內容之映射，而實無真實之緣起，而真心與此虛映之大緣起法（所謂實德緣起）之關係亦非體用之實關係。蓋此大緣起法本是虛映虛說故。實處是在還滅之行修，而沒于果海則全成為「意義」，成為寂滅之「實德」，實無事可指，無相可說，焉有體用之實體與實事？就是著實了，說為大緣起法，其與真心之關係亦仍是虛繫無礙之關係，而非創生的體用關係、因果關係也。

5.兩圓教雖殊塗而實同歸，仍不失佛家寂滅教義也。

就天臺之「空假中」言，此中根本無體用義：空不是體，假不是用。在此，雖無所謂「萬象為太虛中所見之物」，然「物與虛不相資，形自形，性自性，形性天人不相待」，仍是可以說。雖是圓融地無礙，而假究不能因一能生之實體而為真，而只能說「即空即假即中」。雖亦可說是圓融無礙之相資相待，而存有論地不相資不相待仍可說。故其相資相待亦如「因為緣起，故說空；因為空，故說緣起」，而空並非是客觀地存有論地能生起緣起事之體，而緣起事亦非是空性之用。「因此所以」之資待關係只是詮表上之抒意關係，並非客觀實有之因果關係、體用關係。「即空即假即中」之圓

融的資待亦只是詮表上之抒意的資待、證「實相」的資待，並非是客觀實有上因果、體用之資待。是以其圓融無礙之相資相待只是客觀的、存有論的不相資不相待之抒意詮表上之虛繫無礙地說。（理具未顯爲體，事造已顯爲用，此是就或迷或悟之性修關係上說體用、說因果。即行修還滅上的體用、因果，非客觀的存有論的體用因果。橫渠說不相資不相待，是就客觀的、存有論的實體用、實因果說，故只能就空假說）。

5.1就華嚴之海印三昧實德緣起說，妄盡心澄，萬象齊現，則即可說「萬象爲太虛中所見之物」，亦可說「虛與物不相資，形自形，性自性，形性天人不相待。」十身佛自境界，大緣起陀羅尼法，此中實無所謂體用義，只是毘盧遮那佛法身之遍、滿、圓、常而已。而其豐富之意義、內容，皆由還滅工夫之因位上映射而成。即方便假說，展示爲大緣起法，其與如來眞心之關係亦非體用、因果關係，此非如來眞心之所創生，乃是因位窮滿之所映射，說有就有，說無即無者。在此，如果勉強可以說體用，亦仍只是虛繫無礙之體用，而非實體創生、實理所貫之體用。此仍可說物與虛不相資不相待。圓融無礙的相資相待實仍是客觀的、存有論的不相資不相待之虛繫無礙地說，不因唯一眞心迴轉，便可成爲實體用、實因果之實相資實相待也。至於「不變隨緣，隨緣不變」處物與虛之不相資不相待則尤顯。（在還滅工夫上因圓果滿之體用、因果，是行修上之體用、因果，非客觀的、存有論的實體用實因果，非橫渠所意指者。）

5.2是以佛家之空假關係、理事關係、眞如心與緣起法之關係，其本身皆非體用關係。如果可以以體用模式論，則皆是「緣起

性空，流轉還滅，染淨對翻，生滅不生滅對翻」敎義綱領下虛繫無礙之體用，「物與虛不相資，形性天人不相待」之體用。此是貫通空宗之中觀、唯識宗之三性、天臺宗之空假中、華嚴宗之如來藏眞如心，皆是如此而不能違背者。是以就體用之模式說，橫渠謂其「物與虛不相資，形性天人不相待」，雖是籠統，而未始不中肯。而程明道即進一步復就此體用之總論而鞭辟入裡地謂其「只有敬以直內，而無義以方外，要之其直內者亦不是。」蓋其直內只是染淨對翻，生滅不生滅對翻，其所直之內只是心眞如體也。而後來陸象山復進而以義利公私判儒佛，而謂「惟義惟公故經世，惟利惟私故出世。儒者雖至於無聲無臭，無方無體，皆主於經世。釋氏雖盡未來際普度之，皆主於出世。」此蓋是「緣起性空，流轉還滅，染淨對翻，生滅不生滅對翻」敎義下之必然。雖極圓融，甚至說無世可出，無生死可度，無涅槃可得，說出如許圓融、弔詭的妙論，亦仍是圓融地滅、圓融地出世，不可詭飾而辯掩也。

　　5.3橫渠、明道、象山之評判，表面看之，雖極籠統粗略，然實按之，皆極中肯扼要。彼等之如此說，亦只是要顯露一道德創造性的實體用之實相資實相待，亦是很顯明地要呈現出一內在道德性之性理、實理，或天理，亦根本是一道德意識之凸出、道德意識之照體挺立。此是很顯明的一個本質的差異，佛敎的苦業意識總不向此用心也。一般人並無眞正的道德意識，不知道德意識爲何物，又見儒佛體現眞理之形態相似（俱重主體性，皆可成聖，皆可成佛等），許多形容相似，又人間本亦有許多共通者，遂攪混而恍惚。橫渠等，見出此本質的差異，亦未始非善事，而亦並不因此即泯滅或減殺佛敎之價值。

五、道德意識之豁醒，內在道德性之性理、實理、天理之挺立

1.要想于此「虛繫無礙」的非體用的體用進一步轉出實體所生、實理所貫之實理實事之性體因果（意志因果）之實體用，于圓融無礙之相資相待而實不相資不相待轉出客觀的、存有論的實體創生，貫通為一之實相資實相待，則必須正視這真實心之「自律、自給普遍法則，以指導吾人之行為，使吾人之行為成為普遍法則所貫之實事」這一內在道德性之挺立方可能。此即是儒家之著眼點。如此著眼，則真實心不以「緣起性空、流轉還滅、無分別智等等」來規定，而是以道德的自律、內在道德性之心性來規定。就此著眼，則「緣起性空，流轉還滅，染淨對翻，生滅不生滅對翻」只成外圍浮泛之話，而鞭辟入裡，真切于真實人生，直握驪珠，以完成其理想之使命者，則在此不在彼。

1.1握此驪珠，則一般意義的緣起，無論是經驗的或是超越的，總是可以說，而「緣起性空」這特殊化的緣起便不可以說。現實事實總是因緣生起的，而「諸法不自生，亦不自他生，不共不因，是故總無生」，而又生相宛然，這生想不可解的緣起論是特殊化的緣起，「似有無性」的緣起是特殊化的緣起，「橡等諸緣各住自法，本不作故」（賢首所說的壞相）的緣起是特殊化的緣起。這種特殊化的緣起，吾名之曰「弔詭的緣起」（pradoxical theory of occasion）。其所以要如此弔詭，是為的要說空、無性、幻妄、假名。遍計執固是「情有理無」，即依他起亦是「似有無性」。僧肇不真空論云：「非無幻化人，幻化人非真人耳。」緣生就是幻化，

而緣義不可解，生義不可解，而又緣、生宛然。這弔詭的緣起亦是理論化的緣起（theorized occasion）。因為若只局限于緣生的諸緣上，冷冷然而觀之，吾人總可根據一種詭辯的理論而謂其不可解。此與休謨拘因于當下孤零零之感覺而謂因果關係不可能同。休謨只直線地說因果不可能，而這弔詭的緣起，雖緣與生俱不可解，而卻又是緣、生宛然，因果宛然。此種詭辯化的弔詭緣起，亦可曰「封閉的緣起」（occasion in a closed sense）。此是定向上的緣起，亦是加了顏色的緣起。雖曰如實知，而實不必如實知。若是順緣起之為緣起而不必著在定向上，則即是「敞開的緣起」（occasion in an open sense），此即不必是弔詭的緣起。如順經驗而觀之，緣起本有幻化的緣起，如海市蜃樓，如幻如化，世間本有如此之幻假事；亦本有虛妄的緣起，如私意，私欲的偏執，顛倒迷亂的偏執，世間本有如此之虛妄事。然而實者總是實，焉可一律以「弔詭的緣起」而幻妄之？即使是海市蜃樓之幻化，私意私欲顛倒迷亂之虛妄，其幻化是由種種物理條件而成，其虛妄私意、私欲、顛倒迷亂而成，亦不是由弔詭的緣起而成。弔詭的緣起可以幻妄一切，此即破壞世間而違經驗，造成一種顢頇的封閉的緣起論。如依超越的實體而觀之，則道德的性理、實理、天理之所貫，人之所應當為而理上必須去為者，則就其為事言，雖亦是緣起的，而卻是實事而不可以幻妄論。如是，「緣起性空」之弔詭的緣起論、詭辯理論化的緣起論、顢頇封閉的緣起論，即轉化而為順理的緣起論、如實的緣起論、敞開的緣起論。在此種緣起論中，凡道德實理之所貫者皆是生化之實事，亦是道德創始之實事，凡由私意、私欲、顛倒迷亂而來者皆是幻妄。〔劉蕺山解周濂溪《通書・聖學第二十》「無欲則靜虛動

直」句云：「欲原是人本無的物。無欲是聖，無欲便是學。其有焉
奈之何？曰：學焉而已矣。其學焉，何如？曰：本無而忽有，去其
有而已矣。孰爲有處？有水即爲冰。孰爲無處？無冰即爲水。欲與
天理，虛直處只是一個。從疑〔凝〕處看是欲，從化處看是理。」
（《宋元學案·濂溪學案上》）。〕

　　1.2握此驪珠，則流轉還滅在某一意義上亦未始不可說。私
意、私念、私欲、偏執乖謬而無理之流轉當該滅，然而道德實理所
貫而貞定之實事，則雖作過作完，過而不留，然卻是永當作而又
作，而無所謂幻妄可斷者。此即示生滅、流轉、緣起與幻妄不可等
同看。有是實事之生滅、流轉、緣起，有是幻妄之生滅、流轉、緣
起。幻妄可斷可滅，而實事不可斷不可滅。

　　1.3握此驪珠，則染淨對翻，生滅不生滅對翻，以明心真如，
明自性清淨心，明平等一味之法性體，明遍常一之本覺，尤其未始
不可說。然不只是染淨對翻，生滅不生滅對翻，明一個清淨不生滅
之真如體停在那裡而只與幻假（生滅）爲虛繫無礙之圓融（所謂不
變隨緣，隨緣不變），而卻是驪珠朗現，自主自律，自給普遍法
則，以成就實事不妄。此是順佛家之心真如說。因儒家所講之道德
的本心，如心體、性體、誠體、神體、寂感真幾、無極而太極等，
亦是至寂至靜的，亦是空無妄念，一切識念不相應的，亦是自性清
淨的，亦是無思無爲，無聲無臭的，亦是遍常一、平等一味的。凡
形容如來藏自性清淨心的那些形容詞都可用得上。但只有一點不
同，即，不只是如此之形容。乃是所以要有具有如此形容之本心端
在明其唯如此始能毫無條件地、超越感性利害地自給道德的普遍法
則以指導吾人之行爲，以成就道德行爲之實事，此即象山所說「儒

者雖至於無聲無臭無方無體，皆主於經世。」此是儒佛之本質的差異，亦即道德意識與苦業意識之不同。既是對于道德本心所可有之形容可完全同于如來藏自性清淨心之形容，則順如來藏心而直握驪珠以明此內在道德性之性體心體，亦並無不可。蓋對此驪珠言，那些形容俱是外圍的話。如來藏心並非與內在道德性必不相容。只決于有無此道德意識而已。有此驪珠即是儒，無此驪珠即是佛。如果此如來藏心單由緣起性空所指之定向來決定，不准有此內在道德性之意義，則如來藏心即爲特殊敎義所拘限之清淨心，雖清淨無相，然卻因特殊敎義之限定而有相，此即成爲眞心之拘限。吾人以爲眞心就是眞心，可不受任何拘限而解除此拘限。由緣起性空可翻至清淨心，但一旦翻上來而至淸淨心呈現，則可不受那特殊敎義之拘限。清淨心何以必不可自主自律、自給普遍法則，以決定吾人之行爲，以成就道德行爲之實事耶？何以必拘限于起返流還滅之行修而停于「即空即假即中」之虛繫而無礙之境界，或停于「大緣起陀羅尼法」之虛繫無礙之境界，而不准起道德創造而成道德行爲之實事耶？吾以爲此種拘限乃無理由者，對超越之眞心言，乃是一種桎梏、一種虐待，故必須解除此桎梏，而予以解放。解放後，則既清淨而又創造，此即爲大敞開，大自在，大圓融，赫日當空而大用不息。

1.4有此驪珠，便可將如來藏自性清淨心帶起來、挺立起來，豎之以義理的骨幹，使之成爲一立體的直貫，以反而成就道德行爲之實事，此即所以爲「經世」。無此驪珠，則如來藏自性清淨心只是停在那裡而與幻假爲虛繫無礙的圓融，來回地圓轉，弔詭以呈妙，而實骨子仍是「緣起性空，流轉還滅，染淨對翻，生滅不生滅

對翻」之出世，此即象山所謂「釋氏雖盡未來際普度之，皆主于出世」，吾亦進而可說，雖「即空即假即中」，盡圓融之極致，雖無世可出，無生死可度，無涅槃可得，盡不著相之極致，亦是圓融地滅度，圓融地出世，而畢竟亦是著了相，留下個軟點，畢竟未能盡人生之極致。此即陽明所謂「佛氏不著相，其實著相。吾儒著相，其實不著相。佛怕父子累，卻逃了父子；怕君臣累，卻逃了君臣；怕夫婦累，卻逃了夫婦：都是著相，便須逃避。吾儒有個父子，還他以仁；有個君臣，還他以義；有個夫婦，還他以別；何曾著父子君臣夫婦的相？」雖可云不必逃，而即空即假即中，然而父子君臣夫婦卻畢竟不可以空假論。今點出此驪珠，挺立此軟點，使其所說帶歸于大中至正之常道，此即儒釋之大通。無此驪珠，則亦終歸于偏滯而已矣。故象山謂「儒爲大中，釋爲大偏」。所爭只在有無此驪珠而已矣。儒佛之絜和與會通，只在此驪珠之點醒而可能。如不知此關鍵，只看那些形容之相似，以及皆重主體性、皆可成聖、皆可成佛之形態之相似，便以爲是會通，那是無意義者。此亦不能以「不毀世間而證菩提」來辯飾。如曰我不要點醒此驪珠，我只要如此說，則是氣質決定，亦任之而已矣。彼亦自有其價值，世間本不必說一樣話也。

2.握此驪珠，則不但成就道德行爲之實事，且藉以消除一切發自私欲、私意、氣質之偏之不道德反道德之虛妄事，此在儒者即名曰變化氣質、克己復禮，此亦是某意義之還滅。

順佛家說，一切阿賴耶識、無明識念所起之縐縐之心理學的幻妄糾結皆在此內在道德性之性體（本心天理）之呈現中步步消除或轉化，而使之澈底淨盡。這些心理學的幻妄糾結即王陽明所謂「動

於氣」或「動於意」，亦即程明道所喜說之「萬物皆只是一個天
理，己何與焉」，「與則便是私意」之私意之「與」。陽明所說之
「動於氣」與「氣之動」不同。氣之動有善有惡，而動于氣則善者
亦惡。意之動有善有惡，而動于意則善惡皆壞。是以私意之與，動
于氣，動于意，皆是不順理之私，皆是心理之糾結。楊簡之「不起
意」即是不起「意必固我」之意，是以此「意」亦是私。一起意，
縱使有好有壞，亦不是本心天理之至善至公至常與至一。此種意亦
即劉蕺山所謂「兩在而異情」之「念」，不是本心所存（所存之以
爲眞主）之「一機二用」之眞意。化念還心，眞意斯現，于此給有
眞道德之可言。總之，不論是氣之動、意之動，楊氏之意、劉氏之
念，以及動于氣、動于意，乃至私意之與，皆不是天理之本心，在
此皆不能建立起眞正之道德行爲，皆可統攝于心理學之糾結中，亦
皆可統攝于佛家阿賴耶識，無明識念所起之虛妄染汙之生滅流轉
中，凡此皆須憑藉內在道德性之本心以及本心所自給之普遍法則
（天理）以消除之或轉化之。這是在道德意識下憑藉內在道德性之
定、常、遍以消除而淨化之，不是在苦業意識下生滅不生滅對翻，
憑藉眞如空性，無分別智，以寂滅之。這不是後返的滅度或當體即
如的滅度之淨化，而是前向的道德創造之淨化。

　　2.1消除之，使之至于淨盡，則無動于氣、動于意，以及參與
之私；轉化之，則是使其無私，而氣之動純爲順理之氣，意之動、
念之起，純爲順理之意與念。如是，則雖氣也，而有本心天理以貫
之，雖意與念也，而有本心天理以常而貞定之。有本心天理以貫
之，則氣之動即爲天理之流行。有本心天理以常而貞定之，則意而
無意、念而無念，皆是本心天理之呈現。而道德的本心天理不能空

掛，停在抽象的狀態中，亦必須在氣動中而爲分殊的表現，亦必須在意而無意、念而無念中作具體的呈現。作分殊的表現，具體的呈現，始有眞實的道德行爲可言。否則，本心天理只是抽象的「體」，而沒有成爲道德行爲之「用」。

3.氣之動是有分殊的、有分際之不同的，此即是差別相（殊異相）。順本心天理而起之意而無意念而無念亦是有分殊的、有分際的，如陽明所謂意在于事親、意在于讀書等。順本心天理而起之意而無意念而無念實即是本心天理之在具體的分際上之具體的流注。是以如說是意，必須是意而無意，如說是念，必須是念而無念。是以此時即根本亦可以不說意，不說念，而只是本心天理之在具體分際上之具體流注。如流注于父母即爲孝，流注于子女即爲慈，流注于兄弟即爲友愛，流注于夫婦即爲相敬如賓之情愛，流注于國家政治即爲忠義法律，流注于一切人文社會之活動即爲以義和利以禮制事之事功：此皆是在具體分際上之具體的流注、具體的呈現。氣之動有分殊，有分際之差別相，本心天理即就此具體的分際而爲具體的流注與呈現，因而亦有差別的表現。

3.1這些差別相，儒者名之曰分、分位、分際。這些不是虛妄，不是幻假，不是依識而現的。這些「分際相」是不可離的。親親、仁民、愛物、慈、孝、弟、忠、義等等差別相分際相是不可「離」的。這是分之不同，分際分位之不同。有不同之分位，故本心天理亦有差別之表現，在不同之分位上，有不同之表現。有不同之表現而成爲不同之道德行爲，始有眞實之道德行爲可言。這是普遍之在具體中表現，具體中之普遍，亦曰具體的普遍，非抽象的普遍，雖普遍而有具體之內容，不是抽離的光板。而同時具體之差

別、分際、分位亦因普遍之本心天理貫注于其中而有普遍之意義，永恆之意義，必然之意義：雖殊也而普遍，雖變也而永恆，雖實然也，而亦是必然：此謂普遍的特殊，有永恆意義的變化，必然的然（定然而不可移，當然而不容已），也就是眞實、具體而必然的殊異與變，不只是抽離了本心天理之普遍性之無體的殊，無體的變。無體的殊與無體的變是無理由的、偶然的，非具體而眞實的，此或可即是無明識念之所緣起，此而說虛妄幻假則可。然而有本心天理以貫注之之分位之殊與變則不是無明之所緣起，不可以虛妄幻假論。此即是儒者所謂「實事」。事既實，則分位之殊即不可以假論，亦是實。這些實有之分位差別是須要肯定的，是因本心天理之貫注而有自體的，本心天理之貫注使之有自性，使之爲實。否則，便沒有眞實的道德行爲之可言，本心天理亦無成就眞實道德行爲之具體的表現。凡道德行爲都是具體的、獨特的、存在的、當下的，責無旁貸，雖父子兄弟亦不能相爲的，（此即今日海德格存在倫理之所說），而其本則是本心天理之普遍性（遍、常、一）。是以道德的本心天理之成就眞實的道德行爲即必然地肯定了分殊之眞實性，亦必然地肯定了分殊上眞實道德行爲之爲實事。這不是「緣起性空、流轉還滅，染淨對翻，生滅不生滅對翻」敎義下之所顯之如來藏心所能成就。這即是朱子所謂「理一分殊」之眞實意義，亦即明道所喜稱引之以辨儒佛的〈坤文言〉「敬以直內，義以方外」兩語之眞實意義。

4.在「緣起性空，流轉還滅，染淨對翻，生滅不生滅對翻」之不相資之不相待中挺立起一個立體的骨幹，一個內在道德性之性理的敬義骨幹，（「敬義立而德不孤；直方大，不習無不利，則不疑

其所行矣」），則即顯出實事實理相資相待之有機的體用，道德性的創生實體（性體、心體、神體、誠體、寂感眞幾）之創生的體用。此即函說需要吾人對于緣起事要有個簡別。縱使說緣起，說依他起，亦要有簡別：有是虛妄幻假的緣起流轉，有是實事的緣起流轉。發自私意、私欲、私念，以及氣質偏雜之乖謬無理的緣起是虛妄，是幻假，而發自本心天理之實事則不是虛妄，不是幻假。凡是一道德行爲，就其爲一行爲（action）言，是事，就此事之「實際的完成」（material accomplishment）言，需要有緣（各種條件）來助成，此自亦可說是緣起。例如事親之孝行，如純依本心天理精誠無雜地來作此事，（在孝行上說「無雜」是多餘的），則是此事（行爲）之「形式的完成」（天理的完成，formal accomplishment, performed by categorical imperative）；但事親這一具體的孝行需要在奉養之宜溫凊之節以及孝子之聲音笑貌動作趨翔中完成，此即是其實際的完成（材質的完成），此即可曰緣生緣成。若無這些緣助，事親之孝行便不能表現。其形式的完成依天理，天理不可以緣起事說。孝行之事是緣起事，而本心天理不是緣起事。在其實際的完成中，種種緣助亦是緣起事。既是一緣起事，當然作過即完，有生有滅。此即明道所說「雖堯舜事業亦如太空中一點浮雲過目」。明道之說此語是在顯天理德性之尊嚴。但天理德性不能不在事中作具體而有分際的表現，此即事業之不容已。是以雖有生有滅，作過即完，過而不留，然依本心天理之不容已，即須作而又作，永恆地作，一日二十四小時，一生百年之中，以及繼起的無窮生命，總應是在不斷地作，此即「造次必於是，顚沛必於是」，「大孝終身慕父母」，「文王之德之純，純亦不已」諸語之

所示。總起來說，即是道德創造之不容已，亦是恆久而不已。擴大地說，天地之道亦只是創造之不容已，恆久而不已。此即「維天之命於穆不已」一詩語之所示。是以道德行爲，雖有生有滅，緣起流轉，而卻不是虛妄幻假，根于無明，無明識念之所緣起，此乃是天理之實事，天命之不已之所命者。此乃是在本心天理之貫注中（在範圍曲成中）的緣起事，亦是本心天理之道德的創造之不容已之必然地要有這些事。

4.1在佛家，依其心理情意糾結（在此說煩惱礙礙與智礙）之籠罩觀點，普視一切緣生。緣生、無性、生滅、流轉、虛妄、幻化、無明、識念、差別、染汙，俱是相等的同意語，此是緣起之一律看，即，無明一層觀，此亦可謂顢頇世間也。此非儒者所能許可。此一面既顢頇而混漫，則翻過來之還滅即是清淨無相、無分別智、不生不滅、空如平等；而一切「自在用」（不思議業用）只是衆生依其自己之識念之所見，而法身自身實無相可說，無業可用；最後而至圓教，色心不二，亦只是當體即如，而爲「即空即假即中」虛繫無礙之圓融，而緣生無性，假仍是假，是即當體即滅度也。此是苦業意識染淨對翻所必至之結論，而亦只能如此說，無法再可有增減。此所以從判教方面說，無論天臺之藏通別圓，抑或華嚴之小始終頓圓，終于表示佛教爲完整之一套，而天衣無縫也。然而此完整之一套卻就是不能成就道德行爲之實事。此無「義以方外」之過也。（此不能以「衆善奉行，諸惡莫作」來辯飾）當然，人之心理情意之糾結網，上天下地，可以沾染一切，從此悟入人生之懊惱與苦難以及種種離奇古怪之乖謬與荒誕，而直接還滅之以達一清涼自在之境，自亦是生命之一途徑。然心理情意之糾結網雖可

沾染一切，而不必能窮盡一切。邏輯數學之明智開闢邏輯世界，道德意識之尊嚴開闢道德世界。此皆足以拆穿心理情意之糾結網而啓迪理性者也。前者雖只是形式的，不涉及存在之世界，自亦不接觸于生命，然其開闢邏輯理性足以構成科學之知識，使科學知識有客觀獨立之意義，而有非心理情意糾結網所能盡者，則無疑。此層復亦可以使吾人突破心理主義之情意糾結網而暫時得一形式的定常領域（亦函一所謂「本質之領域」）之貞定，西方古希臘柏拉圖即由此路而得一澄清靈魂接近眞實之生命途徑。此雖不必眞切而究竟，要亦不失爲突破情意糾結網而呈現客觀定常之一道。至于道德意識之開闢道德世界，則既涉及存在之眞實，且亦眞切于生命，在邏輯理性以上而呈現出道德理性（所謂實踐理性），既能與邏輯理性以究竟之歸宿，復反而能開出邏輯理性以與之爲有機的統一，此是道德與知識之開合關係，而由道德理性之充盡所必然蘊函者。至于就其涉及存在之眞實，眞切于生命言，則是其自身之本分事，既負面地消除淨化一切心理情意之糾結網，復正面地成就道德行爲之實事，「取日虞淵，洗光咸池」（象山語），而不落于心理主義之「緣起性空，染淨對翻」之寂滅，此則眞「世出世間」之眞實統一，大成圓滿之敎。只要人一旦道德意識豁醒，直下立足于此而不歧出，則立見其爲必然而不可移者。（苦業意識及罪惡意識皆統攝于道德意識中而得其眞實義。）

《牟宗三先生全集》總目